Save Yourself!
여러분 자신을 구원하라

킴 마이클즈 지음 / 우은수 & 광솔 옮김

도서출판 은하문명

♣ 이 책에서의 신(神) 또는 하나님이라는 용어를 무종교인들이나 타종교인들은 "무한" "근원" "우주의식" "우주대령" "조물주" "상제(上帝)" "알라(allah)" "궁극의 실재" "우주심(宇宙心)" "우주대생명" "한얼" "브라마(Brahma)" "태허(太虛)" "법신(法身)" "대일여래(비로자나불)"와 같은 용어로 바꿔서 받아들여도 별 문제가 없을 것이다. 왜냐하면 이 모든 것이 다 절대자 또는 창조주에 대한 다양한 명칭들이기 때문이다. 여기서는 단지 이 책이 그리스도의 〈계시서〉이기에 기독교적 용어로 번역된 것에 불과하며, 언어는 단지 인간들에게 진리를 전하기 위한 매개수단일 뿐이다. 그러므로 단순히 우리가 외적용어에 매여 모든 것을 관통하는 하나의 참된 진리를 보지 못하는 우(愚)를 범할 필요는 전혀 없는 것이다.

- 발행인 -

●●● 서문 ●●●

삶에는 숨겨진 보다 깊은 무엇인가가 있다!

나는 어린 시절과 사춘기 동안에 내 삶에는 무엇인가 빠져있는 것
이 있다는 사실을 알고 있었다. 나는 늘 삶에는 단순히 내가 경험하
고 있던 것 이상의 무엇인가가 있어야만 한다고 느꼈다. 즉 내가 내
주변의 어른들의 삶과 사회 속에서 목격했던 것 이상의 보다 낫고 풍
요롭고 만족스러운 삶의 방식이 있어야만 했다.

18살 때 나는 그 빠져있는 요소를 발견했고, 내가 누구이며 왜 이
곳에 있는가를 - 최소한 그 일부나마 - 이해하기 시작했다. 나는 우
연히 어떤 책을 하나 접하게 되었는데, 그 책은 내가 전혀 알지 못했
던 완전히 새로운 세계를 내게 펼쳐 보여주었다.[1] 내가 알게 된 것은
물질세계는 '빙산(氷山)의 일각(一角)'과 같다는 것이었다. 그리고 그
것은 보다 거대한 전체의 일부이고 그 90%가 우리의 육체적인 감각
들로부터는 감춰져 있다는 사실이었다. 여러분은 내가 여기서 이야기
하고 있는 것이 종교라고 생각할 수도 있다. 결국 이 세상의 대부분
의 종교들은 우리가 볼 수 없는 영적인 세계에 관해 말한다. 그럼에
도 나는 일반적으로 종교라고 불리는 것에 대해서 전혀 흥미를 느끼
지 못했다. 사실 나는 이른바 주류 종교에 의해서 거절당한 바가 있
는데, 왜냐하면 그것이 영적인 세계를 언급하고 있음에도 불구하고
여전히 본질적인 요소를 빠뜨리고 있기 때문이다. 내가 찾고 있던
X-요소는 결코 주류 종교 내에는 존재하지 않았다.

나의 삶과 대부분의 종교들에 결여돼 있던 그 요소는 영적인 길에
관한 개념이다. 내가 18살 때 발견했던 것이 바로 이러한 길이다. 그
리고 나는 그 때 이래 현재까지 거의 30년 동안 그 길을 따라왔다.
나는 이 길이 영적인 세계와 이 세상에 관한 우리의 이해를 높일 수

---

1) 인도의 파라마한사 요가난다(Paramahansa Yogananda)가 저술한 〈한 요기의 자서
전(Autobiography of a Yogi)〉이라는 책이다. (이 책은 우리나라에서는 〈구도자 요가
난다〉라는 제목으로 번역 출판된 바 있다.-편집자)

있는 체계적인 길이라는 것을 안다. 그것에 의해서 우리는 우리 자신이 누구이고, 절대자인 신(神)이 무엇이며, 또 우리가 왜 아름답기는 하지만 어느 정도 위험한 이 작은 행성에 태어나 있는가에 대한 보다 깊은 이해를 얻을 수가 있다.

우리가 우리들 자신이 누구인가에 관한 이해를 증진시켰을 때, 우리는 비로소 영적인 세계와의 상호작용을 시작할 수 있다. 우리는 영적세계의 현실을 우리에게 보여주는 다양한 내면적인 경험들을 가질 수가 있다. 그리고 궁극적으로 그런 경험들은 우리가 그런 영적세계들 및 그런 세계들에 영구히 거주하는 우리들 자신의 일부와 통합하는 것을 도울 수가 있다. 그리하여 우리는 새로운 정체감 형성을 시작할 수 있다. 그리고 우리가 단지 고난의 삶으로 운명 지어진 유한하고 죽음을 면할 수 없는 인간들이 아니라는 것을 이해하고 받아들이게 될 것이다. 우리는 삶이 무의미한 기회의 게임이 아니라는 것과 우리가 단순히 우리의 통제를 벗어난 상황들의 희생자가 아니라는 사실을 깨달을 수 있다. 대신에 우리는 우리들 자신과 우리의 삶, 우리의 세계를 통솔할 잠재력이 있으며, 이것이 우리가 이곳에 존재하는 목적의 커다란 부분인 것이다.

보다 풍요로운 삶

영적인 길을 발견한 이후 나의 삶은 그 의미나 목표 측면에서 보다 풍요로워졌다. 나는 내가 누구인지를 이해하게 되었고, 삶 속에서의 내 사명이 무엇인지, 그리고 내가 어디로 가고 있는지를 안다. 이런 영적인 생활방식과 목적 없고 물질적인 생활방식 간의 상이함은 극적이었으며, 나에게는 가장 중요했다. 영적인 길을 따를 때, 얼마나 삶이 보다 더 만족스럽게 될 수 있는가를 경험한 후에 나는 이런 지식을 다른 이들과 함께 나누고 싶다는 깊은 소망을 갖게 되었다.

사실 그런 욕구는 내가 그 길을 발견한 직후 매우 강렬해졌다. 그리고 나는 그 소망을 나의 비종교적인 가족들을 향해 돌렸다. 잊혀지지 않는 한 파티에서 나는 영적인 길에 대한 나의 열정을 나누고자 시도했고, 완고한 의심과 저항의 벽과 부딪쳤다. 이것은 부분적으로는 모든 사람들이 내 신념들을 받아들이기만 한다면, 세상의 모든 문제들이 확실히 해결될 것이라고 생각했던 나의 오류였다. 그럼에도 그 경험은 나에게 많은 이들이 영적인 길에 전혀 준비돼 있지 않고 그것이 무엇이든 관심이 없다는 것을 가르쳐주었다. 놀랍게도 나는 이것이 많은 종교인들에게도 진실이라는 사실을 발견했다. 그들은 자기들의 특정 종교에는 열려 있지만, 모든 외적 종교들을 초월해 있는 보편적인 길에 관해 듣는 데는 관심이 없다.

다행스럽게도 나는 또한 보다 소규모이긴 하지만 급속히 성장하고 있는 일정 수의 사람들이 영적인 길에 관해 듣는 데 준비돼 있다는 것을 알게 되었다. 그리고 만약 그것을 그들이 이해할 수 있고 받아들일 수 있는 용어로만 묘사한다면, 그들은 그 길의 타당성을 인식할 것이다. 대부분의 이런 사람들은 물질과학과 전통적인 기독교 간의 투쟁의 장(場)인 문화 속에서 성장해 왔고 – 그 양쪽은 영적인 길이 있다는 것을 부정한다 – 다만 자신들이 무엇을 찾고 있는지를 이해하지 못하고 있다.

이런 사람들의 다수가 물질주의(유물론)에 회의적이긴 하지만, 그럼에도 그들은 또한 기존의 종교들에 대해서도 의심하고 있다. 따라서 그들은 참으로 보편적이면서도 그들에게 머리를 삭발할 것을 요구하거나 찬양하는 목소리로 "예수님이시여!"라고 외칠 필요성이 없는 그 (영적인) 길에 관한 설명이 필요하다.

왜 우리는 예수가 필요한가?

나는 수많은 나의 잠재적 독자들이 이 책이 내가 예수님과 나눈 대화의 결과라고 주장하는 것에 대해 어느 정도 의심하리라는 점을 알고 있다. 그렇지만 내가 여러분에게 숙고할만한 몇 가지 생각들을 전해줄 수 있도록 허용해 주기를 바란다. 나는 개인적으로 루터파 교회에 의해서 나에게 제시된 예수의 이미지를 거부했다. 나는 전혀 그런 예수에 대해서 다가갈 수가 없었다. 그리고 결과적으로 그분을 영적인 스승으로 받아들일 수가 없었다. 그렇지만 나를 영적인 길로 이끌어준 그 책은 또한 궁극적으로 예수에 대한 나의 견해를 변화시킨 한 가지 생각을 나에게 제공했다. 그 생각은 오랜 역사적 과정에서 예수의 원래의 메시지가 여러 가지 정치적인 이유들 때문에 왜곡되었다는 것이었다. 이로 인해 나는 어쩌면 전통적인 기독교에 의해 제시되었던 것보다 더 깊고 좀 더 보편적인 예수 그리스도의 모습이 있었다는 사실을 깨닫게 되었다. 영적인 길에 관계된 핵심적인 생각은 물질세계와 나란히 존재하는 영적인 세계가 있다는 것이다.

우리는 물질세계에서 살고 있는 자아의식적인(Self-Conscious) 존재들이다. 그리고 또한 영적인 세계에도 자아의식적인 존재들이 있다. 이런 영적인 존재들의 일부, 또는 대사(大師)들은 우리의 영적인 스승으로 봉사하기로 자원한 바 있다. 그들의 과업은 우리가 진정한 참나(眞我)가 되도록 돕는 것이다. 이러한 작업의 일부로서 우리의 교사들은 우리에게 수많은 가르침들을 주었다. 그중의 어떤 것은 기독교에서 명백히 일어났던 일처럼, 전통적인 교의나 교파주의, 배타적 종교들로 변질되었다. 그럼에도 불구하고 이것은 우리의 영적인 스승들의 원래의 의도가 아니었다. 그들은 항상 우리가 인간이 만들어 놓은 모든 이원적인 분할을 초월해 있는 그 보편적인 길을 발견하도록 돕기 위해 노력해 왔다. 이러한 길이 가르치는 핵심은 우리가 우리의 의식(意識)을 높일 잠재력이 있다는 것이다. 그리고 그에 따라 우리가 이미 있는 이 지구상에서 높은 영적인 존재들이 될 수 있다는 것이다.

내가 영적인 마스터들에 대한 개념을 이해하기 시작했을 때, 나는 예수님이 오늘날 그와 같은 한 대사임을 깨달았다. 또한 나는 예수가 그를 살해했던 유대교만큼이나 편협하고 완고하게 돼버린 또 다른 분파적 종교를 시작하기 위해 오신 것이 아니라는 사실을 이해하기 시작했다. 그는 고등한 의식상태에 이르는 하나의 보편적인 길을 가르치고 시범보이기 위해 왔었다. 그리고 나는 예수를 보편적인 한 영적 스승으로 보기 시작했다. 사실 성서학자들은 예수의 초기 추종자들이 "기독교인들"로 불렸던 것이 아니라 "길(道)을 따르던 사람들(Followers of the Way)"로 호칭되었다는 것을 발견했다. 예수가 보편적인 한 영적 스승이었다는 생각이 나에게는 전통적인 교회에 의해 제시되었던 우상화된 이미지보다 훨씬 더 받아들이기가 용이했다. 그리고 점차 나는 예수님과 화해하기 시작했다. 또한 나는 지구상의 대부분의 사람들이 그들의 개인적인 스승으로서 봉사하는 한 명의 영적 마스터를 갖고 있음을 깨달았다. 다른 책에서[2] 내가 상세히 설명했다시피, 오랜 과정에 걸쳐 나는 예수님이 참으로 나의 개인적인 마스터라는 사실을 알게 되었다. 그리고 이것이 나를 그 다음의 필연적인 단계로 이끌었다.

내가 영적인 대사들의 존재를 받아들이게 된 이후에 그들이 우리와 소통할 능력이 있다는 것이 나에게 명백해졌다. 그리고 그들은 늘 기꺼이 그렇게 한다는 것이다. 그 유일한 한계는 대사들의 말을 들을 수 있는 우리의 능력, 또는 그들이 말해야만 하는 것을 숙고하려는 우리의 자발성이다. 역사의 과정에 걸쳐서 수많은 사람들이 고등한 세계들로부터 오는 그런 의사소통(교신)을 경험했다. 그리고 소수의 일부 사람들은 우리의 영적 대사들의 메신저(Messenger)로 봉사하기 위한 능력을 계발했고 새로운 가르침과 사상들을 낳았다.

오랜 세월 동안 내가 이런 개념을 받아들이긴 했지만, 나는 내 자신이 그런 메신저가 될 수도 있다는 생각을 전혀 고려해보지 않았다. 그럼에도 불구하고 나는 내가 예수님과 개인적인 접촉을 형성했다고 느꼈던 한 지점에 이르게 되었다. 그리고 나는 그분이 내가 새로운 (자신의) 영적인 가르침들을 전달하기를 원한다는 사실을 깨달았다. 예수님은 내가 그를 도와서 2,000년 전에 자신이 제시했던 참되고 보편적인 메시지, 즉 초기 기독교 교회의 정치적인 혼잡상태 속에서 상실돼 버린 메시지를 복원하기를 원하셨다.

그의 핵심적 가르침은 대부분의 사람들이 따랐던 삶의 방식에는 달리 선택할 수 있는 대안이 있다는 것이었다. 우리는 우리를 삶에 대한 보다 깊은 이해와 높은 깨달음의 감각, 고등한 의식상태로 인도하는 체계적인 길을 따를 수가 있다. 우리는 이것을 "이 마음을 품어라, 그 또한 예수 그리스도이니(빌립보서 2:5)."라는 바울(Paul)의 소리를 따름으로써 행할 수 있다. 달리 말하면, 예수께서는 우리 모두가 따르기 위한 하나의 본보기가 되기 위해 왔었다. 그는 자신이 하나의 우상으로 바뀌거나 고등한 의식상태에 도달할 수 있는 유일한 사람으로 숭배되기를 원하지 않았다.

이 책은 여러분이 예수와 다른 영적 대사들에 의해 시범 보였던 의식상태를 성취할 수 있는 보편적인 길을 제공할 것이다. 그러므로 나

---

2) 〈그리스도는 여러분 내면에서 탄생한다(Christ is born in You)〉를 말한다.

는 여러분이 이 책을 탐구하여 우리가 참된 영적 자유에 이르는 길
– 내면의 길 – 을 보여주기 위해 왔었던 진정한 예수, 즉 보편적인
영적 스승으로서의 예수를 발견하도록 초대하는 바이다!

실제적인 주석

내가 예수님과 나눈 소통은 직관적인 교신이다. 나는 나의 의식을
높여 그의 마음에 주파수를 맞추게끔 예수님에 의해 훈련을 받았다.
그런 다음 그분은 나를 통해 말할 수 있었고, 나 역시 그분이 말씀하
시는 것을 기록하거나, 내 컴퓨터의 음성인식 소프트웨어를 이용할
수 있었다. 내가 예수님과의 작업을 시작한 직후 내놓은 책이 〈그리
스도는 여러분 내면에서 탄생한다(Christ is born in You)〉인데, 이
책은 그가 이 시대의 사람들에게 전해주기를 원했던 가장 긴급한 메
시지이다.

그 후 그는 내게 웹사이트를 시작하라고 지시하셨고, 거기서 사람
들은 나를 통해서 답변하는 예수님에게 질문을 할 수 있다.[3] 많은
경우에 나와 예수님과의 교신은 질문으로 시작되었다. 그런 까닭에
이 책의 대부분이 내가 예수님에게 질문하고 그가 내게 답변하는 일
종의 문답식 대화이다. 하지만 때때로 그는 특정 주제에 관해 설교를
하시기도 한다.

마지막으로 이 책은 성모 마리아의 계시서인 〈성모의 메시지: 너희
의 행성을 구하라(Save Your Planet)〉과 한 쌍을 이루는 지침서이기
도 하다. 그 책에서 성모 마리아께서는 나를 통해 높은 영적 자각의
새로운 시대로의 전환을 이루기 위해서 세상을 돕는 방법에 관한 일
련의 강론을 전하고 계시다. 그녀는 또한 개인적인 변형과 지구의 변
형, 양쪽을 촉진시키는 것을 목적으로 한 매우 아름답고 강력한 로사
리오(Rosary)들을 공개하고 있다. 성모 마리아님의 책은 세상의 변형
에 초점이 맞추어져 있다. 그리고 이 책은 개인적인 변형에 이르는
길에 초점을 두고 있다. 따라서 이 두 책들은 개인적인 성장에 도달
하고 여러분이 이 행성에 온 영적인 임무를 실현하는 방법에 관한 완
전한 그림을 함께 제공한다. 성모 마리아께서 언급하셨듯이, 여러분

---

3)www.askrealjesus.com

이 이런 긴급한 시기에 지구상에 있는 것은 이유가 있다. 예수님으로 하여금 여러분이 자신의 개인적인 사명을 깨닫는 것을 도울 수 있게 허용하라. 그럼으로써 여러분이 있는 이곳 지상이 천상과 마찬가지로 천국화(天國化) 될 수가 있는 것이다.

차례

신에 맞서서 반항하는 영혼들 / 신으로부터 숨기 위해 애쓰는 영혼들 / 신에 대해 무관심한 영혼들 / 신에 관해 혼란스러운 영혼들 / 신의 창조를 경험하고 싶어 하는 영혼들 / 신을 이해하고자 하는 영혼들 / 다른 이들이 신을 이해하도록 돕고자 하는 영혼들 / 신과의 합일을 추구하는 영혼들 / 통달의 경지에 도달한 영혼들

1부

보편적인 길을 발견하기

1장

삶의 비밀

• **킴 마이클즈:** 예수님, 이 책을 통해 당신이 손을 내밀고자하는 이들은 어떤 유형의 사람들인가요?

• **예수:** 내 목표는 더 나은 삶의 방식의 가능성에 대해 열려 있는 사람들, 다시 말해 기꺼이 자신의 삶을 증진시키기 위해 노력하고자 하는 이들에게 손을 뻗쳐 돕는 것입니다. 이 책에 대한 나의 목적은 사람들에게 그들의 삶을 향상시키는 힘을 부여할 실제적이고 체계적인 접근법을 제공하는 겁니다.

2,000년 전에 내가 지상을 걸었을 때, 나는 내가 온 목적을 명확히 언급했습니다. 나는 말하기를, "내가 온 것은 양으로 생명을 얻게 하고, 더 풍성히 얻게 하려는 것이라[요한복음 10:10]."고 했습니다. 그 목적은 결코 바뀌지 않았습니다.

현재 나는 영적인 존재입니다. 그리고 나는 아직도 모든 사람들에게 풍요로운 삶에 이르는 길을 베풀기 위해 이곳에 있습니다. 지난

2,000년간에 걸쳐 바뀐 것은 인류가 삶의 여러 가지 측면에 관해 훨씬 더 깊게 이해하는 단계에 이르렀다는 것입니다. 따라서 나는 풍요로운 삶을 향한 길을 설명하는 데 있어서 월등히 나은 조건을 갖고 있습니다. 그리고 그것이 내가 이 책을 내 가슴에서 나온 일종의 선물로서 제공하는 정확한 이유입니다.

나는 - 사람들이 기꺼이 노력만 기울인다면 - 누구나 풍요로운 삶으로 인도될 수 있는 체계적인 방법에 관해 매우 명확하고도 간결한 설명을 하고자 합니다. 나는 인생이 고난과 인간의 한계들에 의해 지배당할 필요가 없다는 것을 사람들에게 보여주고 싶습니다. 누구나 인간적 상황을 넘어서서 그들이 지상에 살아 있는 동안 더욱 영적으로 풍요로운 삶에 이르는 것이 가능합니다. 그렇게 함으로써 여러분은 또한 영원한 삶이라는 목표에 도달하게 될 것인데, 이것은 여러분의 영혼이 육신과 물질세계를 떠난 후 영적인 세계로 영구히 상승하는 것을 의미합니다.

그렇다면 당신께서는 단지 기독교인들에게만 손을 내밀려는 것은 아니라는 말씀인가요?

바로 그렇습니다. 나는 더 나은 삶에 이르는 체계적인 길을 따를 준비돼 있는 모든 사람들을 돕고자 합니다. 결정적인 요소는 여러분의 종파나 인종, 국적, 성별, 나이, 사회적 신분, 또는 사람들이 서로 집착하기 좋아하는 다른 어떤 꼬리표가 아닙니다. 이런 것들은 모두 외적인 요소들에 불과합니다.

내가 찾는 것은 내면의 속성, 즉 영혼의 상태입니다. 나는 오늘날 내가 제공하고자 하는 보편적인 영적인 길 - 2,000년 전에 내가 시범 보이고자 왔었던 길과 같은 길 - 을 위해 준비된 영혼들을 찾고 있습니다.

그것은 많은 사람들을 깜짝 놀라게 할 수도 있겠네요. 왜냐하면 제 경험으로 볼 때, 매우 극소수의 사람들만이 당신을 보편적인 영적 스승으로 보거든요.

나는 - 기독교인이나 비기독교인을 막론하고 - 많은 사람들이 나를 한 특정 종교의 창시자로 보도록 양육돼 왔다는 것을 잘 알고 있습니다. 그리고 그들 가운데 많은 이들이 내가 오직 기독교인들에게만 관심을 기울이고 있다고 생각합니다. 이것은 완전히 그릇된 생각인데, 나는 모든 영혼들을 사랑하고 있기 때문입니다. 그리고 나는 지구상의 모든 영혼들에게 보다 나은 삶에 이르는 길을 알려주고 싶습니다.

　나는 많은 사람들이 나를 거부할 것이고 또 이 책을 거부할 것임을 깨닫고 있는데, 왜냐하면 그들은 나에 대해 잘못된 이미지를 주입받아 왔기 때문이죠. 그럼에도 나는 기존종교와 예수 그리스도에 관한 주류 이미지를 초월하여 진정한 나, 예수를 볼 준비가 된 수많은 영혼들을 돕고자 합니다. 비록 그들 중의 일부가 의식적으로는 자신이 준비돼 있다는 것을 아직 알지는 못하더라도 말입니다.

　여러분이 나의 삶을 연구하기 위해 관심만 가진다면 알 수 있는 나에 관한 기본적인 사실은 내가 전혀 사람들의 정신적인 상자(Mental Box)에 맞지가 않는다는 것입니다. 예를 들면, 나는 많은 유대인들이 메시아(구세주)에 대해 갖고 있었던 기대에 따라 삶을 살지 않았습니다. 오직 소수의 사람들만이 이것이 내 주요 사명의 일부였다는 것을 이해합니다. 살아 있는 그리스도의 사명은 인간의 삶에는 감춰진 보다 깊은 무엇인가가 있다는 것, 즉 대부분의 사람들이 겪었던 삶의 방식보다 더 나은 방법이 있다는 것을 가르치고 보여주는 것이었습니다.

　어떻게 내가 이런 메시지를 전하여 가르칠 수 있을까요? 어떻게 내가 여러분이 사는 방식과 같은 삶을 살면서 더 나은 삶의 방식이 있다는 것을 당신들에게 가르칠 수 있을까요? 즉 여러분의 기대에 따라 내가 모든 것을 말한다면, 어떻게 내가 여러분에게 무엇인가 새로운 것을 가르칠 수 있겠습니까? 나는 오직 여러분의 기대를 넘어선 삶을 살음으로써만이 여러분에게 가르칠 수 있고, 그리하여 나는 당신들의 믿음에 의해 허용되거나 가능케 되었던 인간의 정신적 이미지들을 부숴버릴 수가 있는 것입니다. 나는 모든 인간들이 인간적 한계들을 넘어서서 지상에서의 풍요로운 삶과 천상에서의 영원한 삶에 도달할 잠재력이 있다는 것을 보여주기 위해 왔었습니다.

　그리고 내가 모든 이들에게 말한다고 할 때, 그것은 참으로 기독교인들과 비기독교인들 모두를 의미합니다. 영적인 세계로 영구히 승천하기 위해서 여러분은 모든 인간적 한계들을 뛰어넘어야 합니다. 그러므로 여러분은 자기들의 종교만이 유일한 참된 종교이고 불신자들은 모두 지옥에 갈 것이라고 느끼게 만드는 의식 상태에서 벗어나야 합니다. 그래야만 당신들은 모든 인간적 조건들과 가치판단을 넘어선 의식 상태인 참으로 우주적인 의식 상태에 이르게 되는 것입니다.

나는 인류의 영적 스승으로 봉사하는 영적 존재들로 이루어진 그룹의 한 멤버입니다. 모든 시대에 걸쳐서 우리는 다양한 이름으로 알려져 있지만, 이 시대에 내가 선호해서 사용하는 명칭은 "승천한 집단(Ascended Host)"입니다. 절대자 하나님으로부터 부여받은 우리의 임무는 지구상의 모든 영혼들이 인간적인 한계들을 넘어서도록 돕는 것입니다. 우리들 가운데 많은 이들이 지상에 육화해서 태어났었고, 따라서 우리는 아직 영적인 세계로 승천하지 못한 지상의 우리 형제자매들이 마주하고 있는 난제들을 잘 알고 있습니다.[1] 우리가 이런 어려운 과제들을 정복했기 때문에, 우리는 인간적 조건들을 극복하는 방법을 사람들에게 가르치는데 아주 적임자입니다.

"승천한 집단"은 수천 년 동안 인류와 더불어 일해 왔으며, 사람들의 의식 상태를 끌어 올리고 그들이 누구인가와 왜 아직도 지상에 머물러 있는가에 대한 이해를 높이고자 노력하고 있습니다. 이런 노력의 일환으로서 우리는 삶의 영적인 측면에 관한 것과 여러분의 의식을 높이는 방법에 관한 무수한 가르침을 전해 준 바가 있습니다. 이런 가르침들 중에 어떤 것은 후에 교리적인 종교들로 바뀌었습니다. 그리고 그 가운데 일부는 결국 하나의 종교만이 유일한 참된 종교이고 구원으로 가는 유일한 길이라는 믿음에 의해 지배당하게 되었지요.

이것은 잘못된 믿음입니다. 내가 〈그리스도는 여러분 내면에서 탄

---

1)여기서의 "승천(昇天)"이란 의미는 반드시 성서에 기록된 예수님의 승천과 같이 물리적인 승천을 뜻하지는 않는다. 다시 말해 영혼이 상위차원으로 진화해 올라간다는 의미의 영적인 승천을 뜻한다고 보아야 할 것이다. 그리고 그것을 좀 더 구체적으로 말한다면, 영혼이 더 이상 지구와 같은 3차원의 세계, 즉 카르마의 업보(業報)에 의해 계속 윤회 환생해야 하는 행성에 육화해서 태어나지 않고 4차원 이상의 다른 세계로 옮겨가는 것이다. 다만 예수 그리스도의 승천은 인류에게 시범적인 성격이 있었으므로 물리적인 승천과 영적인 승천, 양쪽을 다 포함했다고 생각된다. (감수자 註)

생한다〉에서 설명하다시피, 하나 이상의 많은 참된 종교들이 있습니다. 참된 종교에 대한 진정한 정의(定義)는 '신도들에게 인간적 한계들을 넘어서서 고등한 의식 상태에 이르게 할 수 있는 종교'입니다. 그러한 의식 상태는 (특별한 사람만이 도달할 수 있는 것이 아니라) 보편적인 것입니다. 그리고 그것에 도달하기 위해서는 사람들이 어떤 우주법칙에 의해 인도되는 길을 따라야만 합니다.

과학이 성취한 위대한 것들 가운데 하나는 종종 자연법칙이라고 부르는 일련의 우주 법칙들을 발견했다는 것입니다. 중력(重力)이 바로 그 완벽한 실례(實例)입니다. 중력은 여러분의 종교나 인종, 국적, 또는 어떤 다른 외적 조건들과는 관계없이 여러분의 신체에 동일하게 작용합니다. 성서는 "하나님은 인간들을 차별하시는 이가 아니다(사도행전 10:34)."라고 말하고 있습니다. 역시 그러한 것이 중력의 법칙입니다. 마찬가지로 인간들의 영적성장을 인도하는 일련의 우주 법칙들이 존재합니다. 이런 우주 법칙들은 특정 종교의 신도라든가 사회적 신분과 같이, 어떤 외적인 조건을 토대로 사람들을 선호하지 않습니다. 결정적인 요소는 변화하려는 영혼의 자발성인데, 즉 모든 인간적 믿음들과 한계들을 던져버리고 향상되려는 의지인 것입니다.

과거 시대에 우리 승천한 대사들의 집단은 이런 법칙들을 이용하여 인간들을 돕기 위해 다양한 영적 가르침들을 사용했습니다. 내가 말했듯이, 그런 노력의 많은 부분들이 그 보편성을 상실한 종교들로 바뀌어졌고, 완고하고 독단적으로 변해버렸습니다. 그런 까닭에 나는 이 책에서 다른 접근법을 취하기로 결정했습니다. 나는 우주 법칙을 어떤 특정 종교에 묶여 있지 않은 문맥으로 설명할 것입니다. 나는 수많은 이들이 개인적이고 영적인 성장에 대한 보편적 접근법을 받아들일 준비가 돼 있다는 것을 알기 때문에 이것을 하고 있습니다. 이들이 바로 내가 이 책을 통해 손을 내밀어 돕고자 하는 사람들입니다.

그럼 이런 보편적인 길에 관해 간단하게 설명해 주실 수 있을까요? 제 말 뜻은 무엇이 예수님이 말씀하고 계신 영적인 길의 핵심이냐는 것입니다.

현실적으로 당신은 당신입니다. 다시 말해 현 시점에서 당신은 당신이 자신이라고 생각하는 것이 곧 당신입니다. 당신이 당신 자신이라고 생각하는 것과 참된 당신, 즉 진정한 자아 간에는 현재 간격이 존재합니다. 삶의 본질, 또는 영적인 길의 핵심은 바로 그 간격을 좁혀서 없애는 것입니다.

그것은 상당히 당황스러운 말씀이네요!

당신은 간결한 설명을 요청했습니다. 구하세요, 그러면 얻을 것입니다. 나는 기쁜 마음으로 당신에게 좀 더 상세한 설명을 하겠습니다.

과학은 모든 것이 에너지로 이루어져 있다고 말했습니다. 과학은 에너지를 진동(Vibration)으로 설명합니다. 알다시피 당신의 눈은 어떤 형태의 에너지, 어떤 형태의 진동, 즉 이른바 가시적인 빛만을 인지할 수 있습니다. 인간의 눈으로 탐지할 수 없는 많은 형태의 진동이 있는데, 그럼에도 이런 에너지들은 여전히 실제로 존재합니다. 물질우주는 어떤 주파수 범위 내에서 진동하는 에너지로 만들어져 있습니다. 그리고 그런 범위를 벗어난 주파수로 진동하는 수많은 형태의 에너지들이 있습니다. 이런 형태의 에너지들은 인간의 감각이나 모든 과학 장비에도 포착되지 않습니다. 이런 이유 때문에 다수의 과학자들을 포함한 그렇게 많은 사람들이 물질우주 외부에는 아무 것도 없다고 믿고 있는 것입니다.

과학은 이미 물질우주 내에 있는 것들보다 더 높은 주파수로 진동하는 어떤 형태의 에너지를 발견했습니다. 하지만 대부분의 과학자들은 아직도 이런 발견들이 의미하는 바에 관해 인식하지 못하고 있습니다. 그리고 그 결과들은 정확히 해석되지 않았습니다. 이러한 발견들은 물질우주 너머에는 일종의 완전한 세계가 존재한다는 것을 나타냅니다. 영적인 사람들이나 종교인들은 전통적으로 이런 세계를 천국, 영혼계, 또는 고차원 세계라고 언급해 왔습니다.

절대자인 신(神)은 엄청난 수의 영적 존재들을 창조했습니다. 그리고 이런 존재들 가운데 일부는 행성 지구를 포함한 물질우주로 내려가기로 선택했습니다. 이런 영적 존재들 중에 어떤 이들은 이곳에 살고자하는 자기들의 욕구가 만족될 때까지 살다가 다시 고차원의 세계로 상승했습니다. 하지만 다른 존재들은 점차 영적세계와의 연결이 끊어지게 되었지요. 그들은 영적세계를 지각할 수 있는 자기들의 능력을 상실했고, 결국 물질세계가 전부라고 믿기 시작했습니다. 낮은 의식 상태로 떨어지는 이런 과정을 통해 이런 존재들은 자기들의 영적인 기원을 망각해 버렸습니다. 그리고 이제 그들은 그들 자신을 인간들로 보기 시작했습니다.

신이 여러분을 영적인 존재로 창조했을 때, 신은 여러분에게 자유의지를 주셨습니다. 여러분은 신이 창조한 현실이나 신과의 접촉이 없이, 전혀 다른 내적인 개념 또는 지각을 창조할 능력이 있습니다. 여러분은 자기 자신만의 세계관이나 정체감을 창조할 수 있습니다. 그리고 그것에 따라 당신들이 – 또는 전체 물질우주가 – 절대자와 분리돼 있다는 환영(幻影)을 창조할 수 있는 것입니다. 심지어 여러분은 신이 존재하지 않는다고 믿을 수도 있습니다. 신은 여러분이 이런 환영을 창조하는 것을 허용하십니다. 하지만 그 환영은 오직 여러분 마음속에만 존재합니다. 그 환영은 다만 여러분이 그것을 지속시키기로 선택하는 동안만 존재할 것입니다.

지구상에서 나타나고 있는 모든 문제들은 인간들이 영적 존재로서의 자기들의 참된 정체성을 망각했다는 데서 파생되고 있습니다. 그들은 저급한 의식 상태로 추락했고 이 행성에서 볼 수 있는 불행과 고난들을 창조했습니다. 이런 상황들을 제거하는 유일한 길은 인간들이 그런 상황을 창조하고 지속시키는 짓을 멈추겠다고 결정해야만 한다는 것입니다. 사람들은 자기들이 유한하고 죽음을 면할 수 없는 존재라는 환영을 극복해야만 합니다. 그리고 자신이 영적 존재라는 현실을 받아들여야 합니다.

영적인 길의 핵심은 인간들이 불행과 고난을 자꾸 유발하는 그런 의식 상태를 벗어날 수 있다는 것입니다. 지구에서의 나의 사명은 이런 사실을 인간들에게 가르치고 시범보이는 것이었습니다. 나는 사람들에게 그들을 현재의 의식 상태에서 보다 높은 의식 상태로 인도하는 체계적인 길을 보여주기 위해 왔습니다. 그리고 이것인 모든 참된 종교와 영적 철학에 의해 가르쳐진 핵심적인 메시지입니다.

인류의 영적 교사들인 우리가 현재 그들 자신을 인간들로 보는 우리의 형제자매들에게 이해시키고자 노력하고 있는 유일한 메시지가 정말로 있습니다. 그 메시지는 여러분이 현재 누구냐에 관계없이, 과거에 저질렀을 수도 있는 실수가 무엇이냐에 관계없이, 현재 겪고 있는 외적상황이 어떠하냐에 관계없이, 그리고 당신들이 삶에 대해 무엇을 믿느냐에 상관없이, 그 모든 것을 극복하여 자신의 참된 정체성에 관해 완전한 의식적인 자각과 회복이 가능하다는 것입니다. 삶의 본질은 고등한 의식 상태로 가는 길이 있다는 것인데, 그 의식 상태에서는 당신과 당신이 자신이라고 생각하는 것 간에 차이가 없습니다.

그것은 매우 흥미로운 관점이군요. 하지만 불행하게도 제 경험에 의하면, 우리가 우리의 문제들을 창조했고, 따라서 그것들을 우리가 해체시켜야 한다는 현실을 많은 사람들이 아직 받아들일 준비가 안돼 있다는 것입니다. 한 영혼이 영적인 길을 받아들일 준비가 되기 위해서는 정확히 어떻게 해야 될까요?

진지하게 영적인 길을 걷는 것에 착수하기에 앞서 영혼은 다음과 같은 결론에 이르러야만 합니다.

• **변화는 가능하다.** 영혼은 자신의 삶을 향상시키는 것이 가능하다는 점을 믿어야 합니다. 다른 사람들이 어려움을 극복하는 것을 관찰함으로서, 책을 읽음으로써, 또는 나와 같은 영적인 스승들로부터 영감을 받음으로써 이런 결론이 도달할 수도 있습니다. 영혼은 또한 삶에 관해 보다 깊은 이해를 얻을 수도 있는데, 그에 따라 왜 변화가 가능한지가 명백해집니다.

• **지식은 힘이다.** 인류에 의해 알게 된 어떤 발전에 대한 열쇠가 삶의 일부 측면에 관한 이해를 증진시켜 왔습니다. 만약 여러분이 자신의 삶을 향상시키고자 한다면, 삶에 관한 이해를 높임으로써 시작해야 합니다. 그러므로 여러분은 영적인 길을 공부하기 위한 노력을 기울여야 하고, 개인적인 성장을 성취하기 위한 방법을 찾아내야 합니다.

• **여러분 자신을 변화시켜라.** 일단 여러분이 이해하게 되면, 기꺼이 그러한 이해를 응용해야하고 진지한 노력을 기울여야 합니다. 여러분은 자신의 외적인 상황을 변화시키기 위한 핵심 열쇠는 자기 내면의 상태를 바꿈으로써 시작되는 것임을 깨달아야 합니다. 세상을 변화시키는 비결 역시 여러분 자신을 변화시키는 것입니다.

• **인내력은 발전의 열쇠이다.** 이런 즉흥적인 욕구충족의 시대에 사람들은 개인적인 성장이란 즉시 이루어지는 기계적인 과정이 아니라는 사실을 깨달아야 합니다. 그럼에도 여러분이 올바른 접근법을 취하기만 한다면, 그 결과를 보게 될 것입니다. 그것이 하룻밤 사이에 일어나지는 않을 수 있지만, 이루어질 것입니다.

저의 견해로는 사람들이 영적인 길을 받아들이는 데 있어서의 주요 장애물들은 많은 사람들이 자기들이 통제불능의 상황에 빠져 있다고 믿게 되었다는 것입니다. 그들은 자기들이 스스로의 삶을 향상시키기 위해 할 수 있는 것이 아무 것도 없다고 믿습니다. 그렇다면 왜 일부러 애를 써야 하느냐는 것이죠? 그런 사람들에게 뭐라고 말씀하시겠습니까?

우선 말하지만, 나는 여러분이 성서에 기록된 나의 삶에 관해 잠시만이라도 대략적으로 흘어본다면, 내가 고난을 겪고 있던 사람들에게 커다란 연민을 갖고 있었다는 것이 분명해지리라고 생각합니다. 사실 나의 전체적 임무는 인간적인 한계에 빠져 허우적대는 사람들이 그런 상황들을 극복하도록 돕는 데 맞춰져 있었습니다. 그래서 나는 매우 어려운 상황을 겪고 있는 사람들과 스스로 어떻게 해볼 수 없다고 느끼는 이들에게 큰 연민을 느낍니다. 나는 여기서 누구나 쉽게 자신이 직면한 상황을 바꿀 수 있다고 말하려고 하는 것이 아닙니다. 내가 말하고 있는 것은 여러분이 자신의 삶과 인생경험을 (점진적으로) 향상시키는 것이 가능하다는 것입니다.

나는 왜 그렇게 많은 사람들이 인간적 한계에 빠져 자기들의 상황을 바꾸기 위해 할 수 있는 것이 아무 것도 없다고 느끼는지를 충분히 이해합니다. 하지만 나는 또한 영적인 교사이기에 사람들이 함정에 빠져 있다고 느끼는 그 원인을 명확히 압니다. 그리고 그 원인은 바로 이해의 결여에 있습니다. 그 단순한 사실은 사람들이 삶의 가장 기본적인 현실에 관한 적절한 이해조차도 갖고 있지 못하기 때문에 자기들이 꼼짝도 못하는 처지에 빠져있다고 느낀다는 것입니다. 전통적인 기독교만이 아니라 – 과학적 물질주의를 포함해서 – 다른 종교나 철학도 삶의 비밀에 관해 이해를 사람들에게 가르쳐 줄 수가 없습니다. 그렇지만 여러분이 일단 삶의 비밀에 관한 알게 되면, 자신들이 실제로는 결코 함정에 빠져있지 않다는 것을 이해하게 될 것입니다. 여러분이 자신들의 상황을 호전시킬 수 있는 무엇인가는 항상 있습니다.

그것은 분명히 흥미로운 이야기네요. 삶의 비밀이란 정확히 무엇인가요?

삶에 관한 비밀을 설명하기 위해서 나는 여러분에게 먼저 거울을 준비하라고 요청하고 나서 시작했으면 합니다.

거울이요?

예, 거울을 가져오세요.

좋습니다, 저는 거울을 준비했습니다.

그것을 올려 당신 앞에다 들고 그 거울에 비치는 당신 모습을 보세요. 자, 이제 당신이 그 거울 속의 자기 이미지가 미소를 짓는다고 상상해 봅시다. 어떻게든 원하는 대로 되나요?

글쎄요, 거울 속의 이미지가 미소를 짓게 되기 위해서는 내 자신이 미소를 지어야만 할 것 같은데요. 명확히 그 이미지는 단지 내 자신의 반영입니다. 따라서 그것은 내 자신의 표정이 바뀌지 않는 한, 바뀔 수가 없지요.

그렇습니다. 이제는 자신의 거울 속 이미지가 미소를 짓고 있는 것을 보고 싶어 하는 사람이 있다고 상상해 보세요. 하지만 그는 단지 거울 속의 이미지가 웃기를 기다리면서 경직된 표정으로 거울 앞에 앉아 있습니다. 그의 태도는 거울 속의 이미지가 그에게 미소를 지을 때, 그 이미지에게 미소를 보내겠다는 것입니다. 그런 사람에 대해 어떻게 생각합니까?

확실히, 그 사람은 삶의 기본적인 사실에 관해 무지하다고 생각되네요. 모든 사람들은 거울이 단지 인간이 하는 것을 그대로 비추어줄 수 있을 뿐이라는 것을 압니다. 거울 속의 표정이 자신에게 미소 짓기를 원한다면, 자신이 먼저 거울에게 미소를 지어야 합니다. 이런 삶의 비밀로 무엇을 하게 되나요?

그 거울은 삶의 비밀을 설명합니다. 간단한 사실은 신이 거울처럼 작용하는 우주를 창조했다는 것입니다. 여러분은 거울들로 이루어진 개인주택 한 가운데서 살고 있습니다. 여러분은 사실상 여러분 자신만의 개인적인 우주의 중심에 있습니다. 그리고 그것은 여러분이 외부로 내보내는 것은 무엇이든 그대로 비추어 당신들에게 반사할 것입니다.

만약 여러분이 우주가 여러분에게 미소 짓기를 원한다면, 당신들이 먼저 우주에게 미소를 지어야만 합니다. 하지만 불행하게도 대부분의 사람들은 삶에 대해 (앞서 거울 앞에서 경직된 표정으로 있던) 가상의 인간과 동일한 태도를 취합니다. 그들은 거울들로 이루어진 자기들의 개인적인 주택 중심에 앉아 있습니다. 그리고 그들은 우주가 자기들에게 미소 짓기를 기다리고 있습니다. 그들은 우주가 그들에게 미소 짓지 않는 한, 자기들이 우주에게 미소 짓지 않을 것이고, 또 미소 지을 수 없다는 태도를 택하고 있는 것입니다.

달리 말하자면, 그들은 자신의 상황과 운명을 통제할 수 없다고 믿는 의식상태 속에 빠져들게끔 그들 스스로 허용했습니다. 그들은 자기들의 행복과 안녕이 그들이 거의 통제할 수 없거나 전혀 통제할 수 없는 외적 요인들에 달려 있다고 믿습니다. 또한 그들은 우주가 자기들의 생각과 세계관, 태도, 그리고 의식 상태에 의해서 영향을 미치기에는 너무 크고 강력하다고 믿고 있습니다.

실제로 우주는 무한자인 신의 에너지로 이루어져 있습니다. 에너지는 어떤 형태든 취할 수 있는 수동적인 재료입니다. 그럼에도 에너지는 그 자체적으로는 형태를 취할 수 없습니다. 형태를 취하기 위해서 에너지는 자아의식적인 마음의 능동적인 힘에 의해서 영향을 받아야만 합니다. 따라서 만약 여러분이 먼저 우주에게 미소 짓기에 앞서 우주가 자기들에게 미소 짓기를 기다리고만 있다면, 당신들은 이 세상의 삶에 관한 가장 기본적인 사실을 완전히 잘못 이해하고 있는 것입니다.

그 기본적인 사실은 인간들이 신의 에너지에 영향을 미칠 수 있는 의식의 능력을 갖고 있다는 겁니다. 그런 능력 때문에 여러분은 누구나 자기 운명의 창조자이고 완성자입니다. 여러분은 자신의 상황을 창조하는데, 즉 당신들은 자신이 사용할 침대를 만들며, 그러면 거기에 필연적으로 누워야만 할 것입니다.

단순한 사실은 대부분의 사람들이 자신의 삶에 대해 행복하지가 않다는 것입니다. 그리고 그들은 외적 조건들이 자기들의 기대에 부응하지 않기 때문에 스스로가 불행하다고 생각합니다. 그런 까닭에 그들은 그런 외적 조건들이 바뀔 때까지는 자기들이 행복해질 수 없다고 결론을 내립니다. 그리하여 그들은 어떤 외부적 조건들이 달라지기만 한다면, 자신들이 자동적으로 행복해질 수 있다고 생각합니다. 하지만 내가 방금 전에 설명했다시피, 이것은 퇴보적인 접근법을 취하고 있는 것입니다.

만약 여러분이 외적 상황이 바뀌기를 바란다면, 반드시 자신의 내면적 상황을 바꾸는데서 시작해야 합니다. 왜냐하면 우주는 오직 당신들이 외부로 내보낸 것을 반사하여 다시 돌려줄 수만 있기 때문입니다. 여러분이 그 우주거울이 자신에게 미소 짓는 표정을 보여주기를 원한다면, 당신이 먼저 우주에게 미소를 지어야만 하는 것입니다.

잠깐만요. 제가 당신이 말씀하시는 것을 이해한다고 생각합니다만, 저는 또한 그것이 대부분의 사람들에게는 받아들이기가 어렵다고 생각될 급진적인 메시지 같습니다. 우선 첫째로, 예수님이 방금 말씀하신 것과 2,000년 전에 우리에게 주신 가르침 사이에 관련성이 있습

니까?

    그 관련성은 매우 직접적입니다. 나는 본질적으로 같은 것을 2,000년 전에 말했고, 단지 그때는 다른 용어를 사용했습니다. 그 이유는 그 당시 사람들이 오늘날의 모든 현대인들이 가진 이해력을 갖고 있지 못했기 때문입니다. 그들은 에너지를 이해하지 못했으며, 그래서 나는 보다 심오한 가르침을 그들에게 줄 수가 없었습니다. 그런 이유로 나는 나의 제자들에게 여러 가지 우화(寓話)나 비유로 말하고 가르쳤습니다.(마가복음 4:34) 그럼에도 불구하고 나의 제자들조차도 모든 것이 에너지로 이루어져 있다는 개념을 이해할 수 없었지요.

    여러분이 성서를 읽어본다면, 내가 방금 전에 준 메시지가 나의 가르침들을 통해서 엮어진 것임을 알 것입니다. 가장 확실한 사례는 "다른 뺨마저 돌려대라는 것(마태복음 5:39)"과 "너희가 남에게 대접받고 싶은 대로 남들에게 행하라(누가복음 6:31)."는 개념입니다. 여러분은 우주가 여러분이 내보낸 것을 그대로 반사하는 일종의 거울이라는 사실에 대해 그 명확한 관계를 보지 못합니까?

    나는 전통적인 기독교에 의해 만들어진 왜곡 때문에 대부분의 사람들이 이 개념을 오해하고 있다는 사실을 잘 압니다. 기독교라는 종교를 지배해온 죄의식과 두려움으로 인해 대부분의 사람들은 나의 율법을 영원한 저주와 처벌의 위협을 수반하는 지시로서 올려다봅니다. 달리 말하면, 그들은 자기들이 그렇게 하지 않을 경우 지옥에 떨어져 영원히 불태워질 것이기 때문에 내가 그들에게 그렇게 말한 것이라고 생각합니다. 하지만 내가 여기서 말하고 있는 것은 단순히 인간의 이기심에 대해서 가르쳐 계도한 것입니다. 지옥은 사람들이 그들 자신의 의식으로 창조하는 어떤 것입니다. 그들 자신의 외적 상황은 그들 내면의 반영이기 때문에 그들은 불완전한 상황에 빠져들게 되는데, 그중에 어떤 것은 그들이 마음상태를 바꿀 때까지는 지구상에서 적당히 지옥이라고 불려질만한 것입니다. 바울은 이것을 이해하고 있었습니다. 그래서 그는 사람들에게 "너희 안에 이 마음을 품어라, 그 또한 예수 그리스도이니(빌립보서 2:5)."라고 말했던 것이죠.

    당신이 거리를 걸어서 내려가고 있는데, 갑자기 무모하게 콘크리트 벽을 향해 돌진하는 한 남자를 보았다고 상상해보기 바랍니다. 벽에 부딪쳐 그는 거의 실신지경이 되었지만, 가까스로 제 발로 일어나더니 또 다시 벽을 향해 곧바로 내달립니다. 분명히 당신은 그가 이상한 사람이라고 생각할 것입니다. 그가 충돌로 인해 몸에 충격을 받았을 때, 당신은 그가 상처를 입은 것에 대해 결코 콘크리트 벽의 탓이라고 생각하지는 않을 것입니다. 즉 그 사람이 불행을 스스로 자초했다는 것은 당신에게 명백해질 것입니다. 여기서 결국 누구나 자신의 머리를 콘크리트 벽에다 부딪칠 경우 상처를 입게 된다는 것을 알았을 것입니다.

사실 대부분의 사람들은 자기 머리를 우주의 콘크리트 벽에다 부딪치고 있습니다. 그런 다음 그들은 자신의 머리에 통증을 얻게 된 사실에 대해 우주나 신, 또는 다른 사람들을 비난하고 탓합니다. 심지어 어떤 이들은 자기들의 여생 동안 그들 자신을 변화시켜서 우주 거울이 더 나은 이미지를 반사할 수 있게 하기보다는 어리석게도 우주 자체를 바꾸려고 시도하는 데다 허비합니다.

대부분의 사람들은 "너희가 남에게 대접받고 싶은 대로 남들에게 행하라."는 나의 메시지가 두려움에 기초한 메시지라고 생각합니다. 그들은 자기들이 나의 "지시"대로 따르지 않을 경우, 신에 의해 지옥에서 영원히 불태워지는 처벌을 받게 될 것이라고 생각하는 경향이 있습니다. 그러나 사실 나의 메시지는 두려움에 기초해 있는 것이 아니라 실제에 기초해 있습니다. 나는 단지 사람들에게 그들이 자신의 머리를 콘크리트 벽에다 부딪친다면, 그들 자신이 상처를 입게 될 것이라는 점을 말하려고 했던 것입니다. 만약 그들이 우주에다 얼굴을 찡그린다면, 우주 역시도 그들에게 얼굴을 찡그릴 것입니다. 나는 죽음 이후에 그들에게 무엇이 일어날 것인지에 관해서는 사람들에게 경고하지 않았습니다. 나는 이곳 지상에서 삶을 향상시키는 방법에 대해서 그들에게 말하려고 했습니다. 나는 그들이 삶에 대한 접근법 내지는 의식 상태를 바꿀 때까지는 한계와 고난의 덫에 걸려 있게 될 거라는 것을 그들에게 말해주려고 애썼습니다.

달리 말해서 만약 여러분이 대접받고 싶은 방식으로 다른 사람을 대우한다면, 전 우주가 여러분을 여러분이 타인들에게 했던 방식대로 대접할 것입니다. 그 간단한 이유는 필연적으로 우주는 여러분이 내보낸 것을 그대로 되돌려 여러분에게 반사할 것이기 때문입니다. 우주는 단지 여러분 자신의 행위들을 여러분에게 다시 반사할 수만 있기 때문에 그 첫 걸음을 내딛는 것은 당신들에게 달려 있습니다. 이제 나의 오래전의 가르침과의 명확한 관련성이 이해되지 않습니까?

예, 이해가 되네요. 그리고 제가 전에는 그 진리를 전혀 깨닫지 못했다는 것이 솔직히 매우 당혹스럽습니다. 당신이 그것을 설명하신 방식이 저에게는 아주 명쾌합니다.

뭐 당혹해 할 필요는 없습니다. 당신은 알지 못했었고, 또 잘 알지 못했을 때 단지 보다 나아질 수 없었던 것뿐이지요. 그렇기 때문에 여러분의 삶을 향상시키는 열쇠는 인간의 삶에 대한 이해를 확장시키는 것입니다.

나는 이런 개념이 매우 심오하고도 미묘한 관련 문제를 갖고 있다는 점을 잘 압니다. 그리고 대부분의 사람들이 이런 메시지를 완전히 받아들여 통합하는 데는 어느 정도의 시간과 노력이 소요될 것입니다. 따라서 나는 사람들이 이런 진리에 의거해 자신들의 삶을 변화시키기 위해서는 시간이 걸린다는 것을 알고 있습니다. 그런 이유로 내가 사람들에게 "너희의 인내로 너희 영혼을 얻으리라(누가복음 21:19)."고 말했던 것입니다. 그럼에도 불구하고 나는 지나치게 스스로 미적거리는 사람들에게 주의를 주고자 합니다.

내가 말했듯이, 여러분의 외적인 상황은 자신의 내면적인 상태를 바꾸기 시작할 때까지는 결코 바꿀 수가 없습니다. 그러므로 의식의 변화를 지연시킴으로써 단지 여러분은 외적상황이 개선되는 것을 볼 시기를 연기시키고 있는 것입니다. 고로 참으로 하나님은 인간들을 처벌하시는 이가 아닙니다. 인간들이 그들 스스로를 벌하고 있는 것인데, 왜냐하면 그들이 자신의 의식 상태에 따라 그들의 외적 상황을 창조하기 때문입니다.

2장

역경투성이의 학교 졸업하기

사람들이 더 낫게 알았다면, 그들이 더 낫게 행동했을 거라는 당신의 말씀에 대해 거론하고자 합니다. 그것이 정확히 무슨 의미의 말씀이신지요? 저는 많은 것을 알고 있는 것으로 보이지만 그럼에도 더 낫게 행동하지 않는 다수의 사람들을 알고 있습니다. 또한 아는 체하며 다른 이들에게 상처를 주는 많은 사람들은 어떻게 생각하시나요?

내 말은 진실입니다만, 거기에다가 단순한 지식이 있고 그것과는 다른 깨달음이 있다는 점을 덧붙여야 할 수도 있습니다. 나는 많은 사람들이 어떤 행위가 잘못되었다는 외적이고 지적인 지식을 갖고 있지만, 그럼에도 그들이 여전히 그런 행위들을 하고 있다는 사실에 동의합니다. 그 이유는 그들이 참된 내면의 깨달음에 이르지 못하여, 자기들의 행위의 결과로부터 도망칠 수 없다는 사실을 충분히 자기의 것으로 내면화하지 못한 데 있습니다.

만약 그 사람들이 우주가 일종의 거울이라는 것을 충분히 이해했다면, 자기들이 남에게 해를 끼칠 경우, 우주가 미래의 어느 시점에 그들에게 그런 행위들을 그대로 반사하게 될 것이라는 사실을 - 절대적으로 확실히 - 깨달았을 것입니다.

그들은 성경이 "스스로 속이지 말라. 하나님은 만홀히 여김을 받지 아니하시나니. 사람이 무엇으로 심든지, 그대로 거두리라(갈라디아서 6:7)."라고 말할 때, 그것이 절대적으로 옳다는 것을 알 것입니다. 이 말은 단지 우주가 일종의 거울임을 말하고 있는 극적인 방식입니다.

나는 사람들이 어느 정도 무지한 행위들을 하지만, 다른 이들의 권리를 침해하는 대부분의 사람들은 그들이 매우 자기중심적이고 이기적이기 때문에 그렇게 행동한다는 사실을 깨닫고 있습니다. 그러므로 만약 이런 사람들이 자기들의 행위가 사실상 그들 자신을 해치고 있다는 것을 진정으로 이해했다면, 그런 행위들을 저지르지 않았을 것입니다. 어떤 인간도 알면서도 고의로 그 자신, 또는 그녀 자신을 해치지는 않을 것이기 때문이지요. 그리고 가장 자신에게 이롭게 행위하는 사람은 아마도 그들 자신을 최소한으로 다치게 하는 사람일 것입니다. 따라서 여러분은 - 다시 한 번- 그 문제가 무지임을 압니다.

한 가지 질문이 있는데, 왜 인간들이 그들의 행위의 결과를 즉각 받지 않고 나중에야 그것이 우리에게 돌아올 수 있는 것인가요? 그리고 지금 지적하고 싶은 것은 제가 관찰한 바에 의하면 많은 사람들이 더 낮게 아는 것을 원하지 않는 것입니다. 그들은 자기들의 행위의 결과에 관해 알고 싶어 하지 않습니다. 그리고 그들은 자신들이 스스로의 삶을 향상시키기 위해 무엇인가를 할 수 있다는 것을 인정하고 싶어 하지 않습니다. 이것이 늘 저를 놀라게 하지요, 그리고 저는 예수님이 저의 관찰결과에 동의하시는지 궁금합니다.

물론이죠. 당신의 삶에 관한 이해에 부연된 (인간들의) 그 마음내켜하지 않음이 영적스승으로서 내가 부딪치는 주요 문제입니다. 많은 사람들이 그들의 마음과 가슴을 확고히 닫아걸고 있기 때문에 내가 참된 영적 가르침으로 그들에게 손을 내밀 기회를 얻기가 어려운 겁니다.

불행하게도, 가장 단단하게 마음을 닫고 있는 사람들의 다수가 매주 일요일마다 교회에 가서 앉아 있습니다. 자기들이 유일하게 참된 종교에 속해 있기 때문에 자동적으로 구원받게 될 것이라고 생각하면서 말이죠. 그들은 과거 내 가르침에 대해 마음을 닫는 핑계로 외적 교리를 이용했던 율법학자들과 바리새인, 사두개인들에게 내가 체계적으로 도전했었다는 사실을 간과하고 있습니다. 분명히 당신은 삶의 일상 속에서 닫힌 마음을 가진 사람들과 열린 마음을 가진 이들을 볼 수 있을 것입니다.

어떻게 영적인 길에 대해 마음을 열고 있는 사람들을 도울 수 있을까요? 제 말은 영적인 길을 발견하게 된 것이 저에게 엄청난 변화를 가져왔다는 것입니다. 그 이후 저는 다른 이들도 삶 속에서 똑같은 기쁨과 평화를 경험할 수 있도록 돕고 싶다고 느꼈습니다. 그래서 저는 종종 어떻게 사람들을 돕고 그들이 영적인 길을 받아들이게 할 것인가에 관해 묵상을 해 왔습니다. 한때 저는 왜 어떤 이들이 마음을 닫아걸고 있는지를 이해하느라 고심하기도 했었지요. 따라서 저는 당신이 왜 그렇게 수많은 사람들이 무지하며, 또 영적인 길을 거부하는지에 관해 제게 보다 깊은 설명을 해주시면 감사하겠습니다.

나는 지구상의 모든 사람들이 궁극적으로 영적인 길을 발견할 수 있고 따를 수 있다는 당신의 희망에 공감합니다. 이제까지 나는 지난 2,000년 동안에 걸쳐 영혼들에게 작업을 해 왔고, 그들이 영적인 길을 발견할 수 있도록 영감을 불어넣는 일을 추진해 왔습니다. 그런데 이런 작업을 하는 동안 나는 영혼들이 영적인 길을 수용하지 않거나 자신의 삶을 향상시키려 하지 않는 데 대해 있음직한 온갖 변명 내지는 구실과 맞닥뜨렸습니다. 그런 까닭에 내가 당신에게 말해야만 하는 것은 지구상의 모든 인간들이 영적인 길을 받아들이게 고취하는 것은 불가능하다는 것입니다. 현재 그 이유는 한 영혼이 영적인 길을 받아들일 수 있기에 앞서 그 영혼은 일정 수준의 영적성숙도에 도달해 있어야만 하기 때문입니다. 그 부분을 좀 더 상세하게 설명하겠습니다.

당신이 한 인간으로서 어떤 남자나 여자에게 다가가 영적인 길에 관해 말한다면, 그 영혼이 영적인 길을 무시한다든가 거부하는 외적인 이유와 마주치게 될 것입니다. 하지만 그런 외적인 이유들은 그들이 그 길을 거부하는 진짜 이유들이 아닙니다. 영적인 스승으로서 나는 그런 외부적인 이유들을 넘어 그 영혼의 심령 내부의 깊은 곳을 꿰뚫어 보고 잠재의식적인 원인들을 찾아내는 능력이 있습니다. 따라서 나는 당신에게 왜 영혼들이 영적인 길을 무시하거나 거부하는지에 대한 근본적인 이유를 말해줄 수가 있습니다.

내가 그 이유를 말하기에 앞서 나는 모든 인간들에게 알리고 싶은 하나의 메시지가 있음을 언급하고자 합니다. 그 메시지는 인류의 영적 스승들은 사람들을 인간의 기준에 따라 심판하지 않는다는 사실입니다. 우리는 사람이 어떠해야 한다는 외적 기준을 세우지 않습니다. 그리고 우리는 사람들에 대한 가치판단을 강요하지 않습니다. 우리는 모든 인간적인 판단을 초월해 있습니다. 우리는 단지 지구상의 모든 인간들에게 조건 없는 사랑을 느낄 뿐입니다. 그럼에도 우리가 느끼는 그 사랑은 또한 늘 조건적인 인간의 사랑을 넘어서 있습니다. 대부분의 사람들은 누군가가 그 사랑을 받아들일만한 가치가 있을지 어떨지를 판단하기 위해 외적인 기준을 이용합니다. 우리는 그런 판단이 없으며, 그런 기준을 이용하지도 않습니다. 우리는 우리의 사랑을 모든 이들에게 아낌없이 주는데, 즉 우리의 사랑의 비를 의로운 자와 불의한 자에게도 내려주지만(마태복음 5:45)[2], 그 사랑이 눈멀지는 않았습니다.

조건 없는 사랑은 보는 것에 대해 가치판단을 둠이 없이 영혼 속에서 일어나는 모든 것을 이해합니다. 그러므로 내가 말하는 것이 사람들의 판단처럼 해석되어서는 안 됩니다. 나는 어떤 영혼을 책망하지 않으며, 나는 단지 영적인 길에 대해 응답하거나 또는 응답하지 않는 수많은 영혼들을 관찰했던 영적인 스승으로서 내가 관찰한 바를 말하고 있는 것입니다. - 비록 모든 영혼들이 이것을 의식적으로는 알지 못하더라도 - 지난 2,000년에 걸쳐서 나는 지구상의 모든 영혼들에게 내면의 수준에서 다가갔고 그들에게 더욱 풍요로운 삶에 이르는 길을 제시했습니다.

---

2)"이같이 한즉 하늘에 계신 너희 아버지의 아들이 되리니, 이는 하나님이 그 해를 악인과 선인에게 비취게 하시며, 비를 의로운 자와 불의한 자에게 내리우심이니라."

나의 관찰에 의한 결과는 영적인 길을 받아들이게 될 때의 결정적인 요인은 영혼이 자기 자신과 자신의 삶, 그리고 자신의 구원에 대한 책임을 기꺼이 지려는 지점에 이르렀느냐의 여부입니다. 만약에 한 영혼이 자신에 대해 책임을 질 수 있는 영혼의 성숙 지점에 도달하지 못했을 경우, 그 영혼은 결코 영적인 길을 받아들일 수가 없습니다. 이런 경우 그 길을 무시하거나, 그것이 중요하지 않다는 식의 교묘히 발뺌을 하거나, 아니면 전적으로 부정할 것입니다.

　영혼이 아직 그런 중요한 성숙상태에 이르지 못했을 때 삶에 관한 기본적인 사실을 수용하지 못하는데, 다시 말하면 인간은 그들이 뿌린 대로 거둘 것이고, 그렇기에 자신의 삶을 향상시키거나 구원을 얻는 것은 각 영혼에게 달려있다는 사실을 그들은 절대로 받아들일 수가 없습니다. 그 영혼은 자신의 상황을 개선하거나 구원받기 위해서는 자기가 변화될 필요가 있다는 것을 결코 받아들이지 못합니다.

　영혼이 스스로 책임지는 것에 준비돼 있지 않다면, 필히 자신의 상황과 영적인 발전, 구원에 대해 책임이 있다는 느낌을 회피하는 길을 찾아야 합니다. 영적인 길은 영혼이 지구상에서 볼 수 있는 한계들에서 벗어나 영구적으로 영적인 세계로 상승할 때까지 자신의 의식 상태를 높이기 위해 적극적인 조치를 취할 수 있는 과정입니다. 그러므로 만약 영혼이 책임을 받아들일 수 없다면, 반드시 그 영적인 길을 무시하거나 거부할 방법을 찾는 수밖에 없습니다.

　그런 변명들은 거의 무한할 정도로 다양하게 존재하지만, 그것은 대략 다음과 같은 범주에 포함될 수 있습니다.

● **무지** – 어떤 영혼들은 그들을 스스로의 통제를 벗어난 외적 상황들의 희생자로 묘사하는 신념체계를 받아들입니다. 따라서 그 영혼은 자신을 구하기 위해 아무 것도 할 수가 없고 그저 외부의 구조자를 수동적으로 기다려야만 합니다. 그런데 우연히 어떤 기독교 교회들에 의해 제시된 교리가 이런 믿음을 촉발시키고 고무하여 굳혀줍니다. 그런 교회들은 인간이 선천적으로 죄인이고, 오직 나, 예수에 의해 집행되는 하나님의 은총을 통해서만 구원될 수 있다고 주장합니다.

● **두려움** – 다른 일반적인 태도는 여러분이 자기 자신을 구하지 못

할 것이라거나, 구하기 위해 어떤 것을 하도록 허용 받지 못했다는 것입니다. 이것의 한 가지 사례는 과학적 물질주의인데, 그것은 주장하기를, 신이 존재하지 않으며, 고로 영적인 길을 걷는 것은 단지 미신적 행위에 불과하다는 것입니다. 다른 사례는 교회의 전통적인 믿음인데, 나 예수가 걸었던 길을 따를 수 있다고 생각하는 것은 신성모독이라고 합니다.

● **무관심** – 어떤 영혼들은 그들의 물질적 삶에 너무 사로잡혀 있어서 삶의 영적인 측면에 대해 관심을 돌릴 여지가 없습니다. 그들은 자기 자신을 구하기 위해 어떤 것을 해야 한다고 전혀 생각하지 않습니다. 그래서 그들은 영적인 길에 관해 완전히 무관심합니다.

현재 이 지구상의 수많은 영혼들이 삶에 대한 이런 접근방식 중의 하나에 빠져 있습니다. 그럼에도 우리는 새로운 시대로 진입했는데, 이 시대에는 많은 영혼들이 그들 자신과 영적인 길에 대해 책임을 질 수 있는 영적 성숙의 지점으로 급속히 다가가고 있습니다. 바로 이것이 내가 이 책을 출판하려는 주요 동기입니다. 나는 이런 사람들에게 손을 내밀어 참으로 보편적인 영적인 길이 있다는 것을 보여주고 싶습니다. 이 길은 모든 종교들뿐만이 아니라 지금 세상의 수많은 사람들에게 영향을 끼친 과학적 유물론의 철학도 넘어서 있습니다.

나는 영혼성숙의 임계수준에 도달한 많은 영혼들이 또한 기존 종교의 어떤 위선을 간파할 수 있는 능력에 이르렀음을 명확히 압니다. 그런 까닭에 그런 이들 가운데 많은 이들이 기독교를 포함한 모든 종교들을 거부했습니다. 내가 사람들의 이런 반응을 이해하기는 하지만, 나는 그것이 건설적인 태도는 아니라고 말해야만 하는데, 왜냐하면 그것이 사람들에게 마음의 평화를 주지는 않을 것이기 때문입니다. 성숙한 영혼들은 잠재의식적 수준에서 삶에는 영적인 측면이 있다는 것을 알고 있습니다. 그렇기에 만약 인간의 의식적인 마음이 영적인 현실을 거부한다면, 그 영혼 안에는 긴장과 갈등이 있게 될 것입니다.

여러분이 오늘날의 세상에서 보고 있는 것은 많은 성숙한 영혼들이 이런 내적 긴장을 느끼지만, 그 원인을 이해하지 못하기 때문에 그것을 해결하는 대신에 감추려하고 있다는 것입니다. 사람들이 그들 영혼 안의 내적갈등을 감추려고 시도하는 데는 다음과 같은 3가지 태도가 있습니다.

• 어떤 사람들은 과학적 유물론의 철학 – 또는 유사한 철학 – 을 채택한다. 그리고 영적인 어떤 것의 정당성을 부정한다. 그들은 종종 이것에 대한 근거로서 자기들이 알아챈 기존종교의 위선과 결점을 이용한다.

• 일부 사람들은 자기들의 종교적 신념에 매우 열정적이 된다 – 그것이 오늘날 여러분이 수많은 사람들이 그렇게 기존의 믿음들에 집착하고 그런 교리들을 의문시하여 숙고하기를 꺼려하는 것을 보게 되는 진정한 이유이다. 이런 사람들은 흔히 자기들의 종교적 믿음들을 옹호하는 데 있어서 거의 광적이 된다. 그리고 그들은 기존 교리에서 벗어난 어떤 것에 대해 살펴보는 것도 거부한다. 여러분은 특히 이런 현상을 기독교와 이슬람교에서 볼 수 있다.

• 어떤 이들은 단지 그 영혼 내의 내면적 고통에서 도피하고 싶어 한다. 그들은 자기들의 모든 주의를 출세나 가족, 권력, 돈, 섹스, 또는 다른 물질적 쾌락과 소유물과 같은 어떤 외적인 목표를 성취하는 데 다 집중함으로써 거기서 탈출하려고 할 수가 있다. 또한 그들은 약물(마약)이나 알코올(술), 다른 중독을 통해 일시적으로 탈출을 시도할 수도 있다.

이런 모든 반응들의 배후에 놓인 맥락은 오늘날의 시대에 많은 영혼들이 영적으로 성숙해가고 있다는 것입니다. 그리고 그들은 삶에는 숨겨진 심오한 무엇인가가 있다는 것을 인식하고 있습니다. 그럼에도 그들은 참된 영성의 존재를 부정하는 문화 속에서 성장했기 때문에 어디서 그 어떤 것을 찾아야 하는지를 모릅니다. 따라서 그들은 자기들 영혼 내의 긴장을 풀 수가 없는 것입니다.

이 책이 그런 사람들의 일부에게라도 도움의 손길을 뻗쳐서 왜 그들이 하는 어떤 것에 의해서 자신들이 충족될 수 없는지를 이해하도록 돕는 것이 나의 소망입니다. 나는 이것이 그들에게 어떤 것이 잘 못돼 있기 때문이 아니라는 것을 그들이 알게끔 도왔으면 합니다. 사실 그것은 그들의 영혼이 영적인 길을 찾아서 걸을 준비가 될 만한 영적인 단계에 이르렀다는 사실에 의해서 유발된 것입니다. 그리고 오직 그 길을 걸음으로써만이 그들이 내면의 긴장을 해소하고 비로소 스스로 평화를 느낄 수가 있습니다. 지난 수십 년 간에 걸쳐서 수많은 사람들이 이런 저런 형태의 영적인 길을 추구해 왔습니다. 그럼에도 수백만 명 이상이 그런 길에 준비돼 있고, 아직 그것을 발견하지 못했습니다. 나는 이 책이 그런 영혼들의 일부를 도울 수 있게 되기를 바라고 있습니다.

영혼이 결정적인 성숙의 수준에 이를 때까지는 그 영혼이 영적인 길을 발견하도록 돕기 위해 할 수 있는 것이 아무 것도 없나요?

당신은 한 영혼이 스스로 책임을 지는 준비가 될 때까지는 영적인 길을 찾게 도울 수가 없습니다. 그것은 마치 갓 태어난 아기에게 홀로 설 수 있을 만큼 몸이 채 발달하기도 전에 걷는 것을 가르치는 것과 같이 될 것입니다. 영혼은 자신을 기꺼이 변화시키고 삶 속의 많은 것들을 향상시키기 위해 적극적인 조치를 취하는 존재의 지점에 이르러야 합니다. 그 영혼이 삶에 대해 수동적 접근법을 취하여 자신 외부의 어떤 것이나 누군가가 자기의 문제를 해결주리라고 기다리고 있는 한은 당신이 그 영혼에게 영적인 길을 받아들이도록 도울 수가 없는데, 왜냐하면 그 길은 스스로 해나가는 과정이기 때문입니다.

앞서 말씀하시기를, 많은 영혼들이 영적인 길을 찾을 준비가 돼 있지만, 그들 중의 어떤 이들은 이런 사실을 의식적으로는 모르고 있다고 하셨습니다. 저는 이런 이들 가운데 많은 사람들이 당신이 이야기하고 계신 내적 갈망을 느낀다고 추측하기는 하나, 그럼에도 외부적인 마음은 영적인 길을 받아들일 수 없다고 추측합니다. 제 말이 맞습니까?

그렇습니다. 그것이 전적으로 진실입니다.

그렇다면 이런 사람들이 고비를 넘겨 자기들이 영적인 길을 열망하고 있다는 것을 의식적으로 깨닫도록 도울 수 있는 어떤 아이디어는 없을까요?

행성 지구가 영혼들을 위한 우주교실(Cosmic Schoolroom)이라는 개념을 고려하는 것이 어떤 영혼들에게는 도움이 될 수가 있습니다. 여러분의 영혼이 지구로 내려온 것은 부분적으로는 신(神)의 에너지를 사용하는 방법을 배우기를 원했기 때문입니다. 그렇기에 말하자면 이 행성은 영혼들에게 에너지 이용법을 가르치는 일종의 과학 실험실입니다. 이러한 맥락에서 중요한 점은 지구라는 교실에서 배우는 데는 두 가지 방식이 있다는 것입니다. 하나는 의식적인 방법이고, 다른 하나는 무의식적인 방법입니다. 하나는 영적인 길이고, 다른 하나는 고난투성이의 학교입니다.

영혼들의 영적인 성장을 인도하는 일련의 우주법칙들이 있다는 내 말을 돌이켜 살펴봅시다. 이런 법칙들 가운데 가장 중요한 것은 〈자유의지의 법칙〉입니다. 신은 여러분에게 그분의 에너지로 실험을 할 수 있는 자유의지를 주셨습니다. 여러분은 이 에너지를 자신이 원하는 것이 무엇이든 그것을 창조하는 데다 사용할 수가 있습니다. 그리고 유일한 제한점은 여러분이 창조하는 것이 어떤 것이든 그것이 우주거울에 의해 반사되어 여러분에게 다시 되돌아오게 될 거라는 것입니다. 따라서 여러분은 불가피하게 자신이 창조하는 그 창조물의 상태를 경험해야만 합니다. 나는 사람들이 현재 직면하고 있는 상황들을 그들이 언제, 그리고 어떻게 창조했는지를 나중에 설명할 것입니다.

한 영혼이 자신에 대해 책임을 지기 시작할 때, 그 영혼은 신께서 여러분이 오늘날 지구에서 보고 있는 한계들과 고난을 창조하지 않았다는 것을 인식할 수 있게 됩니다. 이 행성에 대한 하나님의 원래의 계획에는 인간의 고난과 고통이 포함돼 있지 않았습니다. 신은 오직 사람들이 그들의 행위의 긍정적인 결과들만을 경험함으로써 배우기를 원하셨습니다. 그럼에도 신은 영혼들에게 자유의지를 부여했기 때문에 영혼들이 그들의 자유의지를 이용하여 마음에 들지 않는 결과들을 창조하는 것을 막을 수 없었습니다.

세상의 대부분의 종교들은 오랜 과거시대의 삶에는 고난이 없었다는 개념을 가르칩니다. 그렇지만 한 가지 특별한 사건 때문에 인간들이 그런 순수한 상태로부터 추락했다는 것입니다. 성서에서 여러분은 에덴동산과 인간의 타락이라는 개념을 발견합니다. 이 이야기를 말 그대로 받아들일 필요는 없습니다. 이것은 먼 과거 - 사실 기존의 기독교인들과 과학자들도 받아들일 수 없을 정도로 아주 먼 과거의 시간대이다 - 에는 인간 영혼들이 보호받는 환경에서 살았다는 사실을 설명하기 위한 은유(隱喩)입니다. 우리는 에덴동산이라는 것을 영혼들에게 에너지 사용법을 가르치기 위해 안전한 테두리로 세워진 일종의 학교였다고 생각할 수가 있습니다. 에덴동산의 그 "신(神)"은 궁극적 의미에서의 "절대자 하나님"은 아니었습니다. 그는 영혼들로 이루어진 한 집단의 영적교사로 봉사했던 "승천한 무리"중의 한 멤버였습니다. 이 스승의 이름은 마이트레야(彌勒菩薩)로서 영혼들에게 의식적인 배움의 길을 제공했습니다. 그 스승은 높은 통달의 단계에 도달했고, 그의 학생들은 그의 경험과 통찰을 통해 배울 기회가 있었습니다.

이 신비학교(Mystery School)에서 학생들은 자기들이 영적인 존재들임을 의식적으로 알고 있었습니다. 또한 그들은 자기들의 영혼이 높은 세계에서 창조되었고, 자원해서 물질우주의 조밀하고 낮은 진동으로 내려왔다는 것을 알고 있었습니다. 게다가 그들은 자신들의 일부, 즉 이른바 우리가 영적인 자아, 혹은 신아(神我:I AM Presence)라고 부르는 것이 영적인 세계에 영구히 거주한다는 사실을 인식하고 있었습니다. 그리고 그들은 자기들의 영적인 자아와의 의식적인 연결을 경험했습니다.

그런데 어느 시점에 한 무리의 학생들이 스승에 의해 제시된 등급별 교과과정에 조바심을 내게 되었습니다. 그들은 준비되기도 전에 한 단계 앞선 교과과정을 이수하고 싶은 유혹에 빠지게 되었던 것입니다. 그 교과목은 성서가 "선악과(善惡果)"라고 부르는 지식의 나무로 시험을 받는 것이었습니다. 사실 이것은 이원성(二元性)에 기초해 있는 의식 상태에 관한 하나의 상징입니다. 자, 에덴의 영혼들은 그들의 영적인 자아 및 스승과 일체감을 갖고 있었습니다. 그렇지만 그들이 이원성의 의식에 참여했을 때, 그들은 그런 일체감을 잃어버렸습니다. 결과적으로 그들은 영적존재로서의 그들의 정체감을 상실했으며, 스승과의 접촉을 상실하고 말았던 것입니다.

사실은 영혼들이 강제적으로 에덴에서 쫓겨난 것이 아니었습니다. 그들은 영적인 스승과의 접촉이 끊어지고 자기들의 영적인 기원에 관한 모든 기억들을 상실할 때까지 점차적으로 그들의 의식의 진동이 낮아졌던 것입니다. 이것은 결코 신의 원래 소망이나 계획이 아니었지만, 신이 영혼들에게 자유의지를 주었기 때문에 그분은 스스로 자신의 율법을 어기지 않고는 그들의 추락을 멈추게 할 수가 없었습니다. 그럼에도 신은 영혼들에게 자유의지를 부여할 때, 일부 영혼들이 자신의 에너지를 가지고 근원과 분리된 존재로서의 (그릇된) 정체감을 형성할 수 있다는 것을 알고 계셨습니다. 만약 그런 일이 발생했다면, 그런 영혼들은 더 이상 영적스승이나 영적인 길을 따름으로써 배울 수가 없었습니다. 그래서 신은 영혼들이 배울 수 있도록 다른

방법을 제공했습니다. 그리고 그분은 물질우주가 거울처럼 작용하도록 설계함으로써 그렇게 하셨던 것입니다.

영혼들이 자기들의 영적인 스승과의 접촉을 상실하게 되면, 우주거울이 그들의 교사가 됩니다. 불행하게도 사람들이 그들의 스승과의 접촉을 잃어버렸기 때문에 이것에 관해서 그들에게 말해줄 방법이 없습니다. 그들은 의식적인 배움의 길에서 무의식적인 배움의 길 - 고난의 학교 - 로 떨어지고 말았습니다. 이 학교에서 여러분은 자신의 행위의 결과들이 우주에 의해 반사되어 자기들에게 되돌아오는 것을 목격함으로써 배웁니다.

먼저 길을 걸어보아서 그 길의 장애물을 알고 있는 사랑의 교사에게 가르침을 받는 대신에 이제 여러분은 자신의 행위로 인한 결과들을 겪음으로써 배우고 있습니다. 확실히 이것은 매우 어려운 배움의 과정일 수가 있습니다. 그리고 그것은 무엇이 진행되고 있는가를 깨닫는 데 오랜 시간이 걸릴 수가 있습니다. 이런 이유로 승천한 대사들의 집단은 우주가 어떻게 작용하는가를 인류에게 가르칠 수 있는 영적 교사들을 그들에게 보내기로 했습니다. 사람들을 의식적인 배움의 학교인 우주의 신비학교로 데려오는 것이 우리의 희망이었습니다. 그리고 우리는 원래 가르쳤던 보편적인 영적인 길에 관한 다양한 영적 가르침들을 사람들에게 전해줌으로써 이런 목표를 이루고자 했습니다.

하지만 무의식적인 배움의 학교에 있는 영혼들에게 손을 뻗치는 것은 매우 어렵습니다. 그 한 가지 이유는 우주가 일종의 거울이기 때문에 사람들의 믿음과 태도가 자기실현적인 예언이 되기 쉽다는 것입니다. 달리 말하면, 만약 여러분이 하나님이 분노와 심판의 신이고 사소한 실수에 대해서도 인간을 처벌할 준비가 돼 있다고 믿는다면, 여러분은 두려움에 기초한 엄청난 에너지를 우주로 보낼 거라는 것입니다. 그리하여 그 에너지가 우주거울에 의해 반사되어 여러분에게 다시 돌아올 때, 여러분은 그것을 신의 처벌이라고 보는 경향이 있습니다. 그리고 이것은 여러분의 신에 대한 부정적 이미지를 강화시킬 것입니다. 그렇기 때문에 영혼들을 하나님이 분노의 신이라는 그릇된 이미지에서 벗어나게 하여 조건 없는 사랑의 신이라는 것을 깨닫도록 돕는 것은 매우 어렵습니다.

그것은 믿을 수 없을 정도로 매혹적인 생각인데요, 왜냐하면 사람들이 왜 그렇게 어떤 믿음들에 고착될 수 있는지를 정확하게 설명해 주기 때문이죠. 그들은 삶이 일정한 방식이라고 생각하는데, 신 또는 진화(進化)가 삶을 그런 식으로 창조했기 때문이라는 거예요. 그리고 그들은 사실상 그들의 불행을 자기들이 창조했다는 것을 알 수가 없습니다. 그렇다면 이런 마력(魔力)을 어떻게든 깨뜨릴 수 있을까요?

그 마력을 부수는 데는 상위의 방법과 하위의 방법, 의식적인 방법과 무의식적인 방법이 있습니다. 우선 어떻게 일부 사람들이 고난의 학교를 통해서 그 마력을 극복하는지를 살펴봅시다.

한 영혼이 물질우주로 내려 왔을 때, 그 영혼은 신이 물질세계를 창조하기 위해 이용한 법칙에 따라서 지배를 받게 됩니다. 물질세계의 모든 것이 에너지로 만들어져 있기 때문에 가장 근본적인 법칙들 가운데 하나는 "원인(因)-결과(果)"의 법칙입니다. 물질우주 내에서 영혼이 행하는 - 생각과 감정, 행위 등을 포함한 -모든 것은 신의 에너지로 이루어집니다. 인과법칙은 영혼이 신의 에너지를 어떻게 사용하느냐에 대해서 궁극적으로 영혼이 책임을 져야한다고 말합니다.

물질세계에서 여러분이 살아 있도록 유지시키는 것은 여러분의 영적인 자아로부터 끊임없이 흐르는 높은 주파수의 에너지 흐름입니다. 이 에너지는 영혼 속으로 흐르며, 여러분은 그것을 자신의 잠재의식과 의식적인 마음을 통해 발현합니다. 그리고 이 에너지를 발현하는 과정에서 여러분은 그것의 진동을 변화시킵니다. 이것은 흰빛의 광선을 유리 분광기(Prism)에다 비추는 것에다 비유할 수 있습니다. 분광기는 그 빛을 7가지의 무지개 빛깔로 분할합니다. 마찬가지로 여러분의 잠재의식과 의식적인 마음은 영적인 자아로부터 나오는 순수한 빛을 여러 가지 색채나 진동들로 나누는 것입니다.

우리는 또한 필름 영사기에 대한 비유를 이용할 수가 있습니다. 여러분의 영적인 자아로부터 오는 빛은 영사기 내의 전구에서 비추는 흰빛과 같습니다. 그리고 여러분의 잠재의식과 의식적 마음은 슬라이드 필름과 마찬가지입니다. 여러분이 자신의 마음속에 갖고 있는 이미지들은 영적인 자아로부터 나오는 그 흰빛을 (여러 색깔로) 물들일 것입니다. 그 빛이 슬라이드 필름을 통과할 때, 그것은 필름 위에 있는 색채와 이미지들을 그대로 취합니다. 삶이라는 영사막(Screen) - 우주거울 - 위에 투영된 것은 단지 여러분의 잠재의식과 의식적 마음속에 있는 그대로의 이미지인 것입니다.

만약 인간이 에너지를 신의 법칙에 맞게 사용한다면, 영적 에너지의 진동을 바꿀 것이기는 하지만, 결코 어떤 주파수를 떨어뜨리지는 않을 것입니다. 여러분이 에너지 주파수들을 살펴볼 경우, 경계선을 발견할 것입니다. 그 분할선 위에는 오직 유익하고 건설적인 에너지만이 있습니다. 그런 진동들이 신의 창조와 여러분의 창조적 능력을 확장하고 향상시키는 데 도움이 될 것입니다. 그리고 이것이 바로 내가 성서 속에서 자기들의 달란트를 증식한 하인들에 관한 우화(寓話)(마태복음 25:10~14)3)에서 설명한 것입니다. 여러분이 작은 일에 충직함을 보인다면, 신은 여러분을 엄청난 양의 에너지를 지배하는 통치자로 만드실 것입니다.4)

하지만 임계 주파수 이하의 어떤 에너지는 여러분의 창조력을 포함하여 모든 창조를 붕괴시키고 제한하는 데 기여할 것입니다. 그러므로 에너지를 오용할 때 여러분은 자신에게 부정적인 결과를 창조하게 됩니다. 그리고 필연적으로 그것을 고통이나 고난으로 경험하게 될 것입니다.

우리가 말할 수 있는 것은 영혼들이 최초로 지구로 내려 왔을 때, 신이 그들에게 그들을 더욱 더 큰 자유와 창조적 표현으로 인도할 수

---

3)[14] 또 어떤 사람이 타국에 갈제 그 종들을 불러 자기 소유를 맡김과 같으니
[15] 각각 그 재능대로 하나에게는 금 다섯 달란트를, 하나에게는 두 달란트를, 하나에게는 한 달란트를 주고 떠났더니
[16] 다섯 달란트 받은 자는 바로 가서 그것으로 장사하여 또 다섯 달란트를 남기고
[17] 두 달란트를 받은 자도 그같이 하여 또 두 달란트를 남겼으되
[18] 한 달란트 받은 자는 가서 땅을 파고 그 주인의 돈을 감추어 두었더니
[19] 오랜 후에 그 종들의 주인이 돌아와 저희와 회계할새
[20] 다섯 달란트 받았던 자는 다섯 달란트를 더 가지고 와서 가로되 주여 내게 다섯 달란트를 주셨는데 보소서 내가 또 다섯 달란트를 남겼나이다..
[21] 그 주인이 이르되, 잘 하였도다. 착하고 충성된 종아 네가 작은 일에 충성하였으매 내가 많은 것으로 네게 맡기리니 네 주인의 즐거움에 참예할지어다 하고
[22] 두 달란트 받았던 자도 와서 가로되, 주여! 내게 두 달란트를 주셨는데 보소서 내가 또 두 달란트를 남겼나이다.
[23] 그 주인이 이르되, 잘 하였도다 착하고 충성된 종아 네가 작은 일에 충성하였으매 내가 많은 것으로 네게 맡기리니 네 주인의 즐거움에 참예할지어다 하고
[24] 한 달란트 받았던 자도 와서 가로되, 주여! 당신은 굳은 사람이라 심지 않은데서 거두고 헤치지 않은데서 모으는 줄을 내가 알았으므로
[25] 두려워하여 나가서 당신의 달란트를 땅에 감추어 두었었나이다. 보소서 당신의 것을 받으셨나이다.
[26] 그 주인이 대답하여 가로되, 악하고 게으른 종아! 나는 심지 않은 데서 거두고 헤치지 않은 데서 모으는 줄로 네가 알았느냐?
[27] 그러면 네가 마땅히 내 돈을 취리하는 자들에게나 두었다가 나로 돌아 와서 내 본전과 변리를 받게 할 것이니라 하고
[28] 그에게서 그 한 달란트를 빼앗아 열 달란트 가진 자에게 주어라.
[29] 무릇 있는 자는 받아 풍족하게 되고 없는 자는 그 있는 것까지 빼앗기리라.
[30] 이 무익한 종을 바깥 어두운 데로 내어 쫓으라. 거기서 슬피 울며 이를 갈이 있으리라 하니라
4)"네가 적은 일에 충성하였으니, 내가 너에게 많은 일을 맡기리라.(마태복음 25:21~23)"

있는 계단을 제공하셨다는 사실입니다. 그런데 그 계단을 밟고 올라가는 대신에 어떤 영혼들은 그곳을 내려오기 시작했습니다. 그들이 그렇게 했을 때 그들은 결국 점점 더 작아졌던 최하부로 내려가게 되었습니다. 여러분이 신의 에너지를 잘못 사용함으로써 만들어낸 결과들이 여러분 영혼 주변에 일종의 상자를 창조할 것입니다. 그리고 계속해서 유한한 결과들을 창조함에 따라 그 상자는 여러분 자신의 몸을 더 이상 움직일 수 없을 때까지 점점 더 작아질 것입니다.

어떤 영혼들은 몸을 옥죄는 고통과 고난으로 인해 너무 좁은 곳에 갇혀 있다고 느끼며 이렇게 외칩니다.

"나는 더 이상 이렇게 있을 수 없어! 더 나은 방식이 있어야 해, 삶에는 이 이상의 무엇인가가 있어야만 해."

영혼은 마침내 더 이상은 계단을 내려가기를 원치 않고 고난과 고통에서 탈출하고 싶다고 결정합니다. 영혼의 성장을 인도하는 법칙들 가운데 하나는 다음과 같은 말에 표현되어 있습니다.

"학생이 준비되면, 스승은 나타난다."

그 순간 영혼은 더 나은 방식을 향해 진심으로 손을 뻗치게 되며, 생명줄 역할을 할 수 있는 어떤 사상이나 철학을 발견할 것입니다. 이것은 영혼에게 그의 삶을 증진시킬 수 있는 방법이나 지침을 제공하는 외적인 종교일 수도 있습니다.

불행하게도, 계단을 한참 내려온 수많은 영혼들은 참된 영적인 길에 대해 준비돼 있지 않습니다. 즉 그들은 스스로 창조해낸 결과들에 의해 너무나 무거운 짐을 지고 있어서 자기 자신에 대한 책임을 받아들일 준비가 돼 있지 않은 것입니다. 따라서 그들은 외적인 구세주를 통해 구원을 약속하는 종교를 찾습니다. 이런 영혼들은 단순히 그들이 겪는 괴롭고 불쾌한 상황에서 벗어나기를 원합니다. 그렇지만 그들은 그런 상태를 자신이 창조해냈다는 것을 인정할 준비가 안 돼 있습니다. 그들은 우주에 의해서 반사되어 그들에게 되돌려진 것을 바꾸기 위해서 자기들 자신을 변화시키는 것을 마음내켜하지 않습니다. 그러므로 그들이 영적인 길을 찾아 의식적인 배움의 과정을 시작할 수 있는 성숙의 지점에 도달하는 데는 오랜 시간이 걸릴 수가 있습니다. 그럼에도 영혼은 언제나 스스로 깨어나 자신의 삶을 의식적으로 향상시키는 영적인 길에 합류하기로 결정할 수 있습니다.

지구상의 삶을 계단에다 비유할 수 있는 이미지를 깊이 생각해보는 것은 사람들에게 유익합니다. 여러분은 계단을 올라갈 수 있고, 또는 내려갈 수도 있습니다. 만약 계단을 내려간다면, 여러분은 자동적으로 자신을 고난의 학교에다 등록하게 됩니다. 그리고 그런 방향으로 계속 나간다면, 스스로 그만하자고 결정할 때까지 불운이 점점 더 심해질 것입니다. 그 이유는 그런 불운을 창조하는 것은 바로 여러분 자신의 에너지 오용이기 때문입니다.

　이것은 〈작용과 반작용의 법칙〉에 관한 과학적 발견을 숙고함으로써 이해될 수가 있습니다. 모든 작용에는 동등한 강도로 맞서는 반작용이 존재합니다. 만약 여러분이 매우 자기중심적인 의식 상태로 내려가는 쪽에 몰두한다면, 여러분은 우주로 매우 강렬한 독성 에너지의 작용을 보내게 될 것입니다. 이렇게 되면 우주가 동등한 강도로 정반대의 반작용을 반사하리라는 것은 불가피합니다. 사실상 〈작용과 반작용의 과학법칙〉은 사람들로 하여금 신이 그들의 죄를 처벌한다는 낡은 개념을 버릴 수 있게 할 것입니다.

　하나님은 결코 인간을 처벌하시지 않습니다. 여러분의 영혼은 영적 스승을 저버리고 도망치기로 선택했습니다. 그리고 그에 따라 당신들은 고난의 학교에 스스로 입학했던 것입니다. 신은 단지 우주를 일종의 거울로 설계했습니다. 그러므로 독성 에너지를 내보냄으로써 여러분은 필연적으로 여러분 자신을 처벌할 것입니다. 하지만 신은 여러분이 계속해서 자신들을 처벌하는 것을 보고 싶어 하시지 않습니다. 여러분의 영적 교사들인 우리들도 여러분이 계속해서 자신들을 처벌하는 것을 보고 싶지가 않습니다. 우리는 항상 영적인 길을 제공할 준비가 돼 있지만, 당신들이 자신에 대한 책임을 받아들이고 외부의 상황이 바뀌기 위해서는 먼저 자신을 바꿔야만 한다는 사실을 깨달을 때까지는 그렇게 할 수가 없습니다. 여러분은 많은 영혼들이 불행하게도 파괴점에 이르고야마는 과정과 행위를 되돌리는 결정을 할 수 있는 유일한 사람들입니다. 수많은 탐닉자(중독자)들의 사례에서처럼, 그들은 "바닥을 쳐야만" 합니다.

　한 영적인 스승으로서 나는 영혼이 파괴점에 이르기 전에 그가 태도를 바꾸는 것을 보는 것만큼이나 바라는 것은 없습니다. 이것은 참으로 일부 영혼들에게 일어나며, 그들이 마음의 이성적인 능력을 이용하기 시작했을 때 발생합니다.

저도 그런 희망을 함께 나누고자 합니다. 어떻게 한 영혼이 최악의 상태에 이르기 전에 그가 방향전환을 할 수 있게 도울 수 있을까요?

확실히, 이것은 모든 영혼들에게 있어 개별적입니다. 따라서 모든 이들에게 똑같이 유효한 하나의 특정 철학으로 공식화하는 것은 어렵습니다. 그럼에도 불구하고 가장 유용한 개념들 중에 하나는 영혼들이 물질세계를 경험하고 싶은 욕구 때문에 지상으로 내려왔다는 사실입니다. 이는 여전히 보다 깊은 소망에서 생겨난 경험에 대한 욕구인데, 이것은 그 영혼이 신과 공동창조자가 되어 더 나은 세계를 창조하는 것을 돕기 위해서 어떻게 신의 창조가 작용하는가를 배우려는 욕구입니다.

어떻게 창조가 작용하는가를 배우는 데는 두 가지 방식이 있습니다. 하나는 직접적인 관찰과 경험을 통해서입니다. 그리고 다른 하나는 마음의 이성적인 능력을 통해서입니다. 간단한 예로서 앞서 내가 언급했던 무모하게 콘크리트 벽을 향해 달려가는 남자에 관한 이야기를 생각해 봅시다. 당신이 지구에 처음 온 한 영혼을 데리고 있다고 상상해보십시오. 그래서 그는 이 지구상의 삶에 관해 잘 모릅니다. 당신은 그 사람에게 콘크리트 벽으로 무턱대고 달려갈 경우 상처를 입게 될 거라고 말해줄 수도 있습니다. 하지만 그는 참으로 당신이 말하는 것에다 결부시킬만한 과거의 경험이 없습니다.

정말로 무슨 일이 벌어지는지를 경험하기 위해서는 그 영혼이 콘크리트 벽을 향해 돌진해 부딪쳐보는 것이 필요하지도 모릅니다. 하지만 그 영혼이 단단한 물체로 달려가 충돌할 경우 고통이 유발된다는 경험을 한 이후에는 이런 경험을 다른 상황에다 옮겨 적용할 수 있게 될 것입니다. 달리 말하면, 만약 당신이 그 영혼을 콘크리트 대신에 돌로 만들어진 벽으로 데려간다면, 그는 그 이후 돌이 콘크리트만큼이나 단단하다는 것을 생각하여 그 돌벽으로 달려가면 고통을 일으킨다는 것을 추론할 수 있게 될 거라는 것이죠. 그 영혼은 실제로 돌벽으로 달려가 부딪쳐 느껴보는 것 같은 경험을 할 필요가 없습니다. 그는 직접 육체로 고통을 경험해보지 않고도 마음의 추론능력을 이용하는 것이 가능해질 것입니다.

여기서의 내 요점은 비록 영혼이 경험에 대한 타고난 욕구를 갖고 있더라도, 기꺼이 더 높이 오르려는 결정을 하기 위해서 모든 형태의 인간적 고난을 경험할 필요는 없다는 것이지요. 여러분은 틀림없이 있는 더 나은 방식의 삶을 살기 위해서 인간적 불행의 모든 측면을 다 겪을 필요가 없습니다.

 내가 말했듯이, 지구라는 교실에서 배우는 데는 두 가지 방법이 있습니다. 하나는 직접적인 경험을 통해서인데, 그것이 바로 고난의 학교입니다. 다른 하나는 추론하는 것이며, 이 방식은 특정 경험을 직접 겪음이 없이 그것이 어떻게 느껴질 것이라는 마음의 상상능력을 이용합니다. 그것에 의해서 여러분은 다치지 않고도 어떤 상황을 극복하는 결정을 할 수가 있습니다. 그리고 이런 배움의 방식이 바로 영적인 길인 것입니다.

나는 앞서 언급하기를, 영혼이 일정한 성숙단계에 이르기 전까지는 여러분이 한 영혼에게 영적인 길을 인식하도록 할 수가 없다고 했습니다. 다시 말하자면 그 영혼은 하나의 전환점에 도달해야만 합니다. 그리고 그 전환점은 영혼이 더 이상 고난의 학교에 등록되는 것을 원치 않는다고 결정하는 지점입니다. 이를 달리 표현하면, 영혼이 고난과 고통을 겪을 만큼 겪었으니 이제는 더 나은 삶을 원한다고 결정하는 것입니다.

영혼이 더 이상 고난의 학교를 지속하는 것을 원치 않는다고 결정할 때, 비로소 그 영혼은 영적인 스승을 만날 준비가 됩니다. 그리고 영적스승이 필연적으로 그 영혼이 쉽게 받아들일 수 있는 어떤 형태로든 나타날 것입니다. 그 시점에서 영혼은 그 자신만의 경험을 통해서 배우는 대신에 ― 스승이 제공하는 것을 이용한다면 ― 그 스승으로부터 배우기 시작합니다.

확신하건대, 당신은 이미 있는 것을 또 다시 만드는 것은 별로 의미가 없다는 말을 들어보았을 것입니다. 지구상에 있는 모든 영혼들이 오직 자신의 경험을 통해서만 배워야 한다고 상상해보기 바랍니다. 그 결과, 그들이 충분히 고난을 경험했다고 결정하기 전까지는 모든 영혼들이 일정한 양의 불행을 겪어야만 할 것입니다. 그리고 그러한 결정을 했을 때, 그들 스스로 고등한 의식 상태로 상승하는 방법을 찾아야 할 것입니다. 그것은 마치 읽고 쓰는 것을 아이들에게 가르치는 학교가 없는 것과 거의 마찬가지입니다. 이럴 경우 모든 아이들이 자신의 힘으로 알파벳을 창안해야 할 것입니다.

만약 이것이 정말로 지구상에서 있었던 여건이었다면, 인류는 결코 혈거인(穴居人)의 단계를 벗어나지 못했을 것입니다. 그러나 우리가 오늘날 훨씬 더 세련된 문명을 보고 있다는 사실은 직접적인 경험을 통한 배움에는 일종의 대안(代案)이 있다는 것을 나타냅니다.

오로지 자신의 경험을 통해서만 배우는 대신에 여러분은 다른 이들의 경험으로부터 배우기 위해서 마음의 추론능력을 이용할 수 있습니다. 달리 말하면, 있을 수 있는 모든 인간적 실수를 할 필요가 없다는 것입니다. 어떤 조건들이 고난으로 이끄는지를 깨닫도록 여러분이 일정한 양의 경험을 할 필요는 있습니다. 그럼에도 여러분의 영혼이 그런 경험들에 흠뻑 적셔지면, 다른 사람들의 삶과 수많은 다른 활동들이 또한 어떻게 고난에 이르게 되는지 그 원인을 관찰할 수가 있습니다. 영혼은 그런 까닭에 이런 상황들을 일일이 다 겪는 것은 불필요하며, 스승으로부터 배우는 것을 자발적으로 결정할 수가 있습니다.

이것이 영적인 길에 관한 개념의 배후에 놓인 기본적인 의도입니다. 모든 시대에 걸쳐 지구상의 현실은 단지 각 세대의 소수의 영혼들만이 고통과 고난에 이르는 인간의식을 극복하는 방법을 발견해 왔습니다. 그들은 고난의 학교를 벗어나서 의식적인 배움의 학교를 알게 된 것입니다. 이런 영혼들 가운데 어떤 이들은 지구학교의 최종 시험을 통과해서 영적인 세계로 상승했습니다. 또 그들 중에는 형제 자매에 대한 사랑 때문에 아직 지구권에 남아 있는 존재들이 있는데, 이들은 승천한 대사들의 집단에 합류하기로 결정했습니다. 지구에서 사람들과 함께 활동하는 우리 영적인 교사들은 그들이 고난의 학교를 벗어나 영적인 길을 따를 수 있게끔 고취하고자 애쓰고 있습니다. 우리는 인간들에게 수많은 형태의 영적인 가르침들을 전해줌으로써 이런 일을 하고 있습니다. 그리고 지구상의 모든 참된 종교의 배후에 있는 원래의 가르침들은 특정집단의 영혼들이 보다 높은 의식수준으로 올라서는 것을 돕고자 승천한 대사들에 의해서 주어진 것입니다.

사람들이 고난의 학교에서 지쳐버렸을 때, 우리 승천한 존재들은 그들에게 내가 영적인 길이라고 불렀던 형태로 대안을 제시합니다. 게다가 그 길은 매우 다양화되어 있고 거기에는 참으로 지구상의 사람들이 현재 겪고 있는 의식 상태와 관계없이 그들 모두의 마음에 와 닿을 수 있는 어떤 것이 있습니다. 만약 사람들이 열린 마음과 가슴으로 요청한다면, 그들은 분명히 고난의 학교에서 벗어나 더 나은 배움의 방식을 얻는 데 도움이 될 무엇인가를 발견할 것입니다.

그럼에도 요점은 여러분이 어떤 사람을 물가로 데려갈 수는 있어도 그에게 억지로 물을 마시게 할 수는 없다는 것입니다. 만약 사람들이 고난의 학교에 머물러 있겠다고 주장한다면, 당신들이 할 수 있는 것은 별로 없습니다. 참으로 모든 형태의 인간적 불행과 한계에 빠져 있는 것으로 보이는 어떤 사람들이 있습니다. 한 영적인 스승으로서 그런 이들에게 내가 할 수 있는 것은 단지 옆에 서서 그들이 전환점에 이르러 마침내 이제는 더 이상은 못 참겠다고 결정하기를 기다는 것뿐입니다. 그리고 이 책은 바로 이미 그런 결정을 한 영혼들에게 제공된 것입니다.

2부

보편적인 길에 착수하기

3장

지식의 열쇠

어떤 사람이 전환점에 이르러 삶에는 보다 깊은 무엇인가 있다고 느끼거나, 이미 더 나은 삶으로 가는 길이 있다는 것을 깨달았다고 가정해볼까요. 그럴 경우 당신께서는 이 사람에게 어떻게 그 길을 걸으라고 충고하시겠습니까? 즉 제가 처음으로 그 길을 알게 되었을 때, 그것이 저에게는 아주 압도적이었거든요. 저는 제가 붙잡고 제 자신을 끌어올리기 위한 생명줄로 이용할 수 있는 아주 단단하고 확실한 어떤 것이 필요했습니다.

제가 그 길을 발견했을 때 저는 삶의 영적인 측면에 관해 깊은 이해가 부족했습니다. 저는 제 자신이 한 숨 몰아쉬기 위해 허우적거리는 물에 빠진 사람 같다고 느꼈습니다. 잠시 후 저는 물 위로 머리를 쳐들었고, 주변을 둘러보기 시작했습니다. 그리고 서서히 그 길의 보다 심오한 부분을 발견하고 이해하게 되었습니다. 하지만 그런 초기에 저에게는 아주 단순하고도 실제적인 어떤 것이 필요했습니다. 그래서 말인데, 시작하는 방법에 관한 예수님의 조언은 무엇인가요?

혼란에 빠진 사람의 이미지는 어떻게 많은 사람들이 영적인 길을 발견한 직후 느끼는가에 관한 좋은 실례(實例)입니다. 어떤 사람들은 그 길을 발견하도록 그들의 마음을 여는 과정에서 개인적 위기를 겪습니다. 그리고 그들은 영적인 길로 들어서기 위한 일종의 진입차선으로서의 매우 확고하고 실제적인 생명줄이 필요합니다. 어떤 이들에게 그것은 자기수양의 철학이 되기도 하고, 어쩌면 비즈니스 관련 권한부여 기법이 될 수도 있습니다. 다른 사람들에게 그것은 전통적인 종교나 뉴 에이지(New Age) 단체가 될 수도 있습니다.

중독 증상을 가진 사람들에게는 12단계 프로그램이나 다른 회복 프로그램이 될 수도 있을 것입니다. 정확히 진입차선으로서의 역할을 하는 것이 무엇이냐는 정말로 중요한 것은 아닌데, 왜냐하면 그것은 단지 그 사람이 다음 단계를 밟기 위해 필요해질 것이기 때문입니다. 중요한 점은 사람들이 그들을 그 길로 소개했던 단체나 기법에 감정적으로 집착하지 않는 것이고, 그것이 그들이 필요로 할 모든 것을 갖고 있다고 생각하지 않는 것입니다.

영적인 길은 매우 고도로 개인적인 과정이라는 사실을 명심하는 것은 중요합니다. 각 사람은 독특하며, 자신의 길을 끝내기 위해서는 개인화된 일련의 단계들을 거치는 것이 필요합니다. 그렇기 때문에 사람들이 특정 단체가 구원으로 가는 핵심열쇠이고 필요한 모든 것을 갖고 있다고 믿는 것은 위험합니다. 영적인 길은 여러 가지 단계들로 이루어진 과정입니다. 마치 유치원 학생에게 필요한 물건이 대학 상급생과는 다르듯이, 초기에 여러분에게 필요한 것은 마지막에 필요로 하는 것들이 아닙니다. 양쪽 다 학생이기는 하지만, 그들은 분명히 다른 배움의 수준에 있습니다.

많은 사람들에게 그 길이 초기에는 엄청나 보일 수 있다는 것은 사실입니다. 그런 까닭에 그들이 그 길에 정착되기 위해서는 구명밧줄이 필요합니다. 압도되는 존재감을 극복하는 최상의 방법은 여러분의 생계수단이 되는 실질적인 가르침과 도구들을 선택하는 것입니다. 여러분은 그 길에서 자신의 토대로 사용할 수 있는 견고하고 실제적인 어떤 것이 필요합니다. 여러분은 나중에 거기서 다른 분야로 뻗어 나와 좀 더 정교한 가르침이나 보다 효과적인 도구들을 찾을 수가 있습니다.

따라서 사람들이 압도감을 극복하도록 돕기 위해서 나는 핵심 단어 두 개를 지적하고자 하는데, 그것은 여러분이 영적인 길로 나가는 것에 도움이 될 두 개의 "R"들, 즉 "계시(Revelation)"와 "의식(Ritual)"입니다. 여러분의 진보를 위한 토대는 자신의 삶에 관해 이해를 높여야 한다는 것이며, 이는 다시 말해 삶의 어떤 측면에 관해 개인적 계시를 받거나 계시된 내용을 받아들이는 것입니다. 그것을 성취하기 위한 최상의 방법은 다양한 종교적 가르침들을 공부하는 것입니다. 그렇지만 혼자서 공부하는 것이 최대한의 발전을 가져다주지는 않는데, 여러분이 배우는 개념들이 반드시 실행되어야 하기 때문입니다. 따라서 여러분의 영적성장을 확대시키기 위해 고안된 실제적인 기법을 찾는 것이 필요합니다. 그리고 내가 의식(儀式)이라고 부르는 것을 성실하게 실습할 필요가 있습니다.

사람들이 성장에 이르도록 도울 수 있는 수많은 가르침들과 기법들이 있습니다. 그리고 각자에게는 자신의 현재 영적성숙 수준에 맞고 마음에 와 닿는 가르침과 도구를 발견하는 것이 필요합니다. 나는 나중에 사람들이 성장하는 데 도움이 될 수 있는 몇몇 도구들을 알려줄 것입니다. 그리고 이 장(章)의 나머지 부분에서 우리는 영적 가르침의 공부를 통해 최상의 결과를 얻는 방법에 관한 이야기를 나눌 것입니다. 영적인 길에 착수하기 위해서는 여러분이 걸음을 걸을 때마다 양 다리를 사용한다는 사실을 기억하는 것이 도움이 될 것입니다. 영적인 길에서 당신들을 앞으로 나가게 할 두 다리는 영적 가르침들을 공부하는 것이고, 어떤 형태의 의식을 실행하는 것입니다. 이러한 두 다리가 두 개의 Rs입니다.

사람들이 그 길을 발견했을 때, 왜 사람들이 다른 반응을 보이고 필요한 것들이 다른지에 관해 좀 더 설명해 주시겠습니까?

영적인 길의 목표를 명확히 함으로써 이야기를 시작해 봅시다. 나는 그 목표가 고등한 의식 상태에 이르는 것, 다시 말해서 내가 2,000년 전에 시범 보였던 상태에 도달하는 것이라고 언급한 바가 있습니다. 기독교가 종파적이고 독단적인 종교로 변질되다보니 "그리스도(Christ)"라는 용어가 대부분의 사람들에게 더 이상 보편적으로 생각되지 않는다는 것을 나는 잘 알고 있습니다. 그럼에도 "그리스도"라는 말은 사실 고등한 의식 상태에 대한 보편적인 명칭입니다. 그리고 그렇기 때문에 나는 이 책에 그 용어를 사용할 것입니다. 내가 사람들에게 전해주기 위해 왔었던 참된 메시지는 모든 인간들이 그리스도 의식에 도달할 잠재력이 있다는 것이었습니다. 즉 기독교 교회의 신도가 되지 않고도 말입니다.

나는 나중에 이 그리스도 의식 상태에 대해 좀 더 상세히 설명할 것입니다. 이제 나는 영혼이 지상에 처음으로 내려 왔을 때를 말하겠는데, 그때는 영혼이 자신의 영적인 자아와 의식적으로 연결되어 있었습니다.

따라서 영혼은 자신이 고차원의 세계에서 유래된 영적인 존재임을 압니다. 말하자면, 영혼의 정체감이 영적인 세계와 신아(神我)에 집중돼 있다고 할 수 있겠습니다. 영혼은 더 이상 자신을 그저 신아에 연결된 존재로 보지 않을 때까지 점차 자신의 정체감을 확장하게 돼 있습니다. 이 과정에서 영혼은 자신을 신아의 한 확장체, 또는 한 개체화로 완전히 확인하게 됩니다. 그리고 영혼이 그리스도 의식에 도달하는 시점에 "나와 아버지(신아를 의미한다)는 하나이다."라고 외칩니다.

그러므로 우리는 행성 지구가 영혼들에게 그리스도 의식에 이르는 나선형 계단을 제공했던 일종의 학교로 설계되었다고 말할 수가 있습니다. 영혼이 선악과라는 지식의 나무를 가지고 실험을 시작할 때, 이원성 의식으로의 하강으로 시작되는데, 그에 따라 영혼은 점차 자신을 신아와 분리된 존재로 보기 시작합니다. 영혼이 나선형 계단을 내려오게 됨에 따라 영혼은 결국 자신의 기원을 망각합니다. 결과적으로 영혼의 정체감은 더 이상 영적인 자아에 집중돼 있지 않습니다. 대신에 이제 영혼은 새로운 정체감, 혹은 가짜 자아를 형성하기 시작합니다. 그리고 자신을 이러한 인간적 에고(ego)와 동일시하기 시작하는 것입니다. 에고는 신 본위 대신에 에고 본위가 됩니다.

비록 영혼이 더 내려갈 수 없는 하한선이 있기는 하지만, 그리스도 의식 레벨 아래로 아주 멀리까지 떨어질 수가 있습니다. 여러분이 사람들의 의식 상태를 나타내는 수직선을 긋는다고 상상해보기 바랍니다. 그리고 그 정점에 그리스도 의식이 있는 것입니다.

지구상의 거의 대부분의 사람들이 그리스도 의식 아래로 떨어져 있습니다. 그리고 어떤 사람들은 대단히 깊은 자기중심의 상태에 빠져 있습니다. 만약 여러분이 사람들의 의식을 살펴본다면, 모종의 인간들은 극도로 에고-본위적이라는 사실을 알 것입니다. 그들은 삶의 영적인 측면에 관해서는 관심이 없으며, 흔히 다른 사람들의 권리와 고통에 대해서 신경 쓰지 않습니다. 그들 중에 어떤 이들은 내가 이 책에서 말하고 있는 영적인 길을 걸을 준비가 돼 있지 않습니다. 그럼에도 불구하고 영혼이 얼마나 낮게 떨어져 있는가와는 관계없이 방향전환을 경험하는 것은 가능합니다.

내가 앞서 언급했듯이, 어떤 사람들은 스스로 상자 안에 너무 빡빡하게 갇혀 있어서 더 이상 움직일 수가 없습니다. 그리고 그들은 구해달라고 외칩니다. 많은 사람들이 심각한 개인적 위기에 처하고 나서야 마침내 나선형 계단을 계속 내려갈 수 없고 이제 올라가야겠다고 결심하는 것은 슬픈 사실입니다. 나는 이 책이 사람들이 바닥을 치기 전에 그들이 방향전환을 하도록 도울 수 있기를 바랍니다.

여기서 내가 말하는 요점은 완전히 에고본위적인 사람들은 나선형 계단의 위쪽에 있는 사람들과 상당히 다른 욕구들을 갖고 있다는 것입니다. 사람들이 아래로 더 떨어지면 떨어질수록 더욱 더 그들의 마음이 폐쇄적이 됩니다. 그들은 대단히 에고에 집중하게 되며, 에고가 그들이 믿기를 바라는 것을 벗어난 어떤 개념을 종종 거부할 것입니다. 이런 사람들은 단지 매우 단순하고 경직되고 완고한 철학에만 마음을 열 수가 있는데, 그런 것으로는 신의 처벌을 피하는 것에만 초점을 맞춘 독단적인 종교 같은 것입니다. 이런 사람들은 삶의 영적측면에 관한 보다 깊은 깨달음을 이해할 수가 없습니다. 그러므로 내가 이 책을 통해서 모든 사람들에게 똑같이 좋은 결실을 맺는 것은 사실상 불가능합니다. 나는 이 책의 내용에 귀를 기울일 대상자로서 일정한 범주의 사람들을 신중히 가려내야만 합니다. 그리고 영적인 길에서의 주요 전환점들 가운데 하나를 통과한 사람들을 돕는 것이 나의 목적입니다.

영적인 길에는 수많은 작은 단계들이 있지만, 3가지 중요한 단계가 있다고 말할 수 있습니다. 가장 낮은 단계는 사람들이 자기들의 영적인 기원과 정체성을 망각했을 때입니다. 말하자면, 그들은 무지 속에서 길을 잃은 것입니다. 이런 사람들은 아직 자신의 영적성장에 대해 책임질 준비가 돼 있지 않으며, 따라서 그들은 간단하고도 매우 단순화된 철학을 필요로 합니다. 그 다음의 주요 단계는 영혼들이 자기들의 기원을 상기할만한 준비가 된 지점까지 성숙했을 때입니다. 이런 단계의 영혼들은 매우 신속히 깨어날 수 있고, 곧 착수하여 의식적으로 영적인 길을 따를 수가 있습니다. 세 번째 단계는 사람들이 – 그들 자신의 내면에 있는 – 신아와 다시 연결되어 진지하게 개인적인 신성(神性)에 이르는 작업을 시작하는 단계입니다.

이 책에 대한 내 목표는 나중에 말한 두 가지 범주의 사람들에게 도움의 손길을 뻗치는 것입니다. 책 내의 이런 부분에서 나는 영적인 길을 시작할 준비가 된 영혼들을 위해 실질적인 일련의 도구들을 전해줄 것입니다. 이런 도구들은 사람들이 자신의 기원에 관한 완전한 인식을 되찾도록 도움을 줄 수 있습니다. 일부의 경우, 이런 깨어남이 매우 빠르게 일어날 수가 있습니다. 3부에서 나는 그리스도의 마음을 입는 최종단계에 준비가 된 사람들에게 한 세트의 지식과 도구들을 제공할 것입니다. 따라서 내가 이 책을 일정한 영적성숙의 수준에 이른 사람들과 그들을 내내 고향으로 인도할 길을 이제 의식적으로 걸을 준비가 된 이들에게 보내고 있다고 말할 수 있습니다.

당신께서 우리들에게 전해주고 싶은 실제적인 첫 도구는 무엇인가요?

그것은 내가 2,000년 전에 율법학자들에게 "화(禍) 있을지어다. 너희 율법사들이여! 너희가 지식의 열쇠를 가져가서 너희도 들어가지 않으면서, 또 들어가고자 하는 자들도 막았느니라(누가복음 11:52)."라고 비난할 때 언급했던 도구입니다.

"지식의 열쇠"를 충분히 이해하기 위해서 과거 혈거인 사회를 현대문명과 비교함으로써 이야기를 시작해 봅시다. 우리는 엄청난 양의 발전을 목격합니다. 그리고 현대사회 배후의 추진세력, 즉 모든 세대 내의 일부 사람들은 대담하게 그들의 현 믿음들을 넘어서 있고 삶의 특정 측면에 관해 한층 높은 이해에까지 이르러 있습니다.

고등한 이해를 향한 이러한 적극성, 이런 호기심이 실제로 영혼 안에 형성돼 있습니다. 어떤 영혼들은 자기들의 이런 호기심을 전혀 눈치 챌 수 없을 때까지는 어떻게든 억누르고는 있지만, 결코 완전히 침묵시킬 수 없는 배경음으로 여전히 남아 있습니다. 영혼이 성숙되어 영적인 길을 받아들일 준비가 될 때, 그 호기심은 밖으로 유출됩니다. 그리고 최소한 한 동안은 열심히 새로운 가르침을 공부하고 마음의 새로운 지평을 탐구합니다. 내 요점은 그 호기심, 고등한 이해에 대한 갈망이 여러분의 영적성장을 추진시키는 로켓연료라는 것입니다.

영적인 길에서 최대한의 진보를 이루는 핵심열쇠는 절대로 여러분의 호기심을 스스로 제한하거나 멈추지 않는 것입니다.

제가 거의 30년 동안 영적인 길을 걸었기 때문에 그것이 저에게는 매우 중요한 개념인데요. 저는 영적인 길이 존재한다는 것을 갑자기 깨닫게 만드는 초기의 깨어남을 겪는 많은 사람들을 목격해 왔습니다. 한 동안 이런 사람들은 자신이 습득할 수 있는 어떤 영적 가르침을 대단히 열광적이고도 열심히 공부합니다. 그런 다음, 얼마 후에 그들은 실망하게 되거나, 아니면 특정 단체에 가입하여 그 단체가 자기들이 필요한 모든 것을 갖추고 있다고 믿기 시작합니다.

이런 현상이 저에게는 놀라운데, 왜냐하면 저는 우리를 영적인 길에 착수케 하는 것이 곧 우리가 추구하는 어떤 것임을 명확히 알기 때문입니다. 그래서 저는 우리가 갑자기 그것을 찾았다고 생각하고 나서 추구하기를 멈춘다는 것이 이해가 되지 않습니다. 이 점에 관한 당신의 견해는 어떠신지요?

매우 옳은 지적입니다. 그리고 당신이 지금 이 책을 내기 위해 나의 메신저로 봉사하는 이유는 영적추구를 중단하지 않았기 때문입니다. 인류에 의해 목격된 외부적인 발전에서부터 개인의 영적인 진보에 이르기까지 간단한 사실은 발전의 배후에 있는 추진력은 이해에 대한 추구라는 것입니다. 그러므로 만약 여러분이 영적 탐구를 멈춘다면, 불가피하게 진보과정이 느려지거나 정지하게 될 것입니다. 그리고 여러분이 진보해 나가기를 멈춘다면, 더 이상 신성을 향한 영적인 길에 있지 않게 될 것입니다.

영적인 스승으로서 나는 매우 미묘한 과제에 직면하고는 합니다. 나의 목표는 모든 영혼들을 현재의 의식수준에서 그리스도 의식의 레벨로 끌어올리는 것입니다. 그렇게 하기 위해서 나는 영혼에게 보다 위대한 이해를 전해주고자 노력해야 합니다. 그리고 나는 영혼이 그리스도 의식에 이를 때까지 지속적으로 그렇게 해야 합니다. 그렇지만 그리스도 의식에 도달했을 때조차도 여러분은 탐구하기를 멈추지 않을 것입니다. 반대로, 여러분은 창조가 계속 진행 중인 과정이라는 것을 깨닫습니다. 그리고 그렇기 때문에 절대자에 관해서는 늘 배울 것이 있는 것입니다.

그것은 흥미롭네요. 우리가 영적인 세계로 상승할 수 있다는 개념에 관해 제가 처음 들었을 때, 저는 그것을 받아들이지 않았거든요. 저는 그것이 우리가 더 이상 배우지 않게 될 거라는 것을 뜻한다고 생각했습니다.

내가 당신에게 보증할 수 있는 것은 그리스도 의식에 도달한다고 해서 그것이 배움을 멈춘다는 것을 의미하지는 않는다는 겁니다. 그것은 여러분이 신의 마음에 접근할 수 있게 된다는 것을 뜻합니다. 그리고 신의 마음은 무한합니다. 나는 2,000년 동안 승천한 존재였습니다만, 신의 마음의 모든 측면을 다 탐구하지는 못했습니다.

따라서 여러분이 인간의 육체로 있는 한, 항상 배울 것이 더 있다고 가정하는 것이 좋습니다. 그러므로 특정한 신념체계의 가르침에 감정적으로 집착하게 되어 거기에 빠질 수는 없는 것입니다. 내가 영적인 스승으로서 부딪치는 가장 큰 장애물 가운데 하나는 수많은 사람들이 이제 유일한 참된 종교나 궁극적인 철학을 발견했다는 사고(思考)의 함정에 걸려든다는 것입니다. 그러다보니 그 교리(이론)에서 벗어난 개념에 대해서는 마음을 닫을 수 있거나 닫아야 한다고 생각한다는 것입니다.

일단 이런 태도를 갖게 되면, 여러분의 영적인 진보는 더뎌지게 됩니다. 그리고 당신이 앞서 지적했듯이, 그 길은 단지 나중에 실패하게 되는 길임을 알게 된다는 것입니다. 나는 이 책의 독자들이 혹시라도 이미 그런 상태에 있다면, 이런 함정을 피하거나, 거기서 빠져나오는 것을 정말 보고 싶습니다.

그 열쇠는 영적인 성장이란 무한히 지속될 수 있는 진행 중인 과정임을 깨닫는 것입니다. 그러므로 여러분이 스승을 찾는 것을 결코 멈출 수는 없습니다. 내가 앞서 말했다시피, 영적인 길에는 수많은 단계들이 있습니다. 그것은 빌딩 내의 각 층들 간의 계단들에다 비유할 수 있습니다. 예컨대 어떤 사람이 영적인 길을 발견할 때, 그는 우리 아버지의 집(요한복음 14:2)[1] 내의 특정한 층 위에 있습니다. 그 사람은 이제 영적인 가르침이나 단체의 형태로 이루어진 계단을 발견합니다. 그 가르침은 그 사람이 다음 층으로 올라갈 수 있게 해주는 연속된 작은 계단들을 제공합니다.

그 사람이 그 층에 도착했을 때, 그 또는 그녀는 마치 완전히 새로운 세계가 열린 것 같이 느낄 것입니다. 자연히 대부분의 사람들은 이 층을 탐구하기를 원할 것입니다. 그리고 이 새로운 단계의 길에 놓인 볼거리들을 즐기느라 어느 정도 시간을 보내는 것은 잘못된 것이 없습니다. 하지만 불행하게도 어떤 사람들은 자기들이 꼭대기 층에 도달했고 그 위에는 아무것도 없다는 생각의 함정에 빠집니다. 만약 그들이 남아 있는 여생(餘生) 동안 그 층에만 머물러 있다면, 그들은 자기들을 단 번에 천국으로 끌어올려줄 마법이 일어날 것이라는 착각에 빠져들 수 있습니다. 그들은 이제 자신의 노력으로 천국에 이를 때까지 한 단계씩 인도하는 길이 있다는 것에 대해 마음의 문을 닫습니다. 특정 단체나 철학이 여러분의 천국행을 보장할 수 있다는 꿈이 도대체 무엇인지는 다음과 같은 말에 서술되어 있습니다.

"인간에게 옳은 것처럼 보이는 길이 있지만, 그 끝은 그로인해 죽음에 이르는 길이다(잠언 14:12)."

---

[1] "내 아버지 집에 거할 곳이 많도다. 그렇지 않으면 너희에게 일렀으리라, 내가 너희를 위하여 처소를 예비하러 가노니"

그러므로 지식의 열쇠에 관한 한 가지 측면은 여러분이 결코 고등한 이해에 대한 탐구를 멈출 수 없다는 것입니다. 내 아버지의 집은 수많은 대저택들 또는 층들로 이루어져 있습니다. 여러분이 잠시 동안 한 특정 층의 볼거리들을 구경할 수는 있지만, 다음 층으로 올라가는 계단을 찾을 필요가 있을 때가 올 것입니다. 만약 그렇게 하지 않는다면, 당신들은 그릇된 구원의 길을 따르기 시작할 것입니다. 그리고 그것은 절대로 그리스도 의식에 이를 수가 없습니다. 실제로 그것은 점차 여러분에게 자기중심성에 빠져들게 하여 고난의 학교에 다시 입학하도록 만들 것입니다.

율법학자들은 지식의 열쇠를 빼앗아 갔는데, 왜냐하면 그들은 자신들이 안주해 있던 층에서 떠나기를 거부했기 때문입니다. 그들은 또한 다른 사람들이 다음 층으로 올라가는 계단을 찾는 것을 방해하려고 시도했던 것입니다. 2,000년 전에 내가 출현했을 때, 율법학자들은 유대교의 지도자들이었습니다. 그들은 하나님께서 인류에게 전하라고 내게 주신 새로운 영적 가르침을 탐탁지 않게 생각하고 눈여겨보지 않으려 했습니다. 그리고 그들은 다른 사람들이 내 가르침을 받아들이는 것을 막기 위해 자기들의 권력의 지위를 이용했습니다. 오늘날의 세상에서도 여러분은 그런 율법학자들을 사회의 온갖 분야에서 발견할 수 있습니다. 그들 중의 어떤 이들은 과학의 전당에서 발견됩니다. 그리고 그들은 삶의 영적인 측면에 관한 정당성을 부인하며, 다른 사람들이 신의 존재를 부정하게끔 시도합니다. 또 다른 이들은 전통 종교들 속에서 발견되었습니다. 그리고 그들은 자기들의 종교가 구원으로 가는 유일한 종교이고 모든 비신자들은 지옥에 갈 것이라는 생각을 조장합니다. 슬프게도 이런 현대의 율법학자들의 다수가 기독교 교회들 내에서 지도적 위치에 앉아 있습니다. 심지어 여러분은 이런 율법학자들을 자기들이 지식의 열쇠에 대한 독점권을 갖고 있다는 믿음으로 이미 경직화된 일부 뉴에이지(New Age) 종교들 내에서도 발견할 수 있습니다.

아주 분명하게 말하겠습니다. 지식에 대한 열쇠는 결코 어떤 사람이나 교리, 단체에 의해서 독점될 수 없습니다. 절대로 말입니다! 어떠한 인간적 권위도 감히 진리에 대한 독점권을 갖지 못할 것입니다.

그 이유는 여러분이 결코 외적인 가르침이나 교리 속에서 진리를 발견하거나 규정할 수 없기 때문입니다. 여러분은 진리를 오직 하나의 장소, 즉 신의 왕국 속에서만 찾을 수 있습니다. 그렇다면 어디에 신의 왕국이 있는 것일까요? 내가 했던 가장 중요한 말 가운데 하나인 "하나님의 나라는 너희 안에 있느니라(누가복음 17:21)."를 기억하기 바랍니다.

그럼 왜 그렇게 수많은 교회들이 오직 자기들만이 진리를 갖고 있고 다른 모든 종교들은 잘못돼 있다고 주장하는 것일까요?

그들은 여러분으로 하여금 외적인 단체에 완전히 종속되도록 만들고 싶어 하기 때문이죠. 그들은 여러분이 구원에 대한 열쇠가 외적인 종교에 있다고 생각하기를 바랍니다. 이것이 자동적인 구원에 관한 꿈인데, 그로 인해 사람들은 적당한 교회의 신도가 되고 그곳의 교리를 맹목적으로 믿음으로써 신은 단지 그들을 구원해야한다고 생각하게 됩니다. 그렇지만 하나님은 사람을 차별하시는 분이 아니며(사도행전 10:34), 사람들에 의해 만들어진 구조물이 아닙니다. 어떤 교회도 구원을 보장할 수는 없는데, 왜냐하면 구원에 대한 열쇠는 그리스도 의식이기 때문입니다. 그리고 그런 의식 상태에 도달하는 열쇠는 여러분 자신 속에서 발견됩니다.

2,000년 전에 나는 당시의 종교 지도자들이 유대교를 구원으로 가는 길을 보장하고 약속하는 외적인 종교로 바꿔놓았기 때문에 그들에게 도전했었습니다. 그들은 모든 사람들로 하여금 오직 외적인 종교를 통해서만이 천국에 들어갈 수 있다고 믿게 만들어 놓았습니다. 그런 이유로 그들은 내가 하나님의 나라가 내면에 있다고 말했을 때, 매우 당황하게 되었던 것입니다. 이 말은 구원으로 가는 열쇠가 외부의 종교에 있는 것이 아니라 인간 내부에서 발견된다는 의미입니다. 만약 대부분의 유대인들이 내가 전해주러 왔던 길을 받아들였다면, 유대교는 바뀌어졌을 것이고, 권력자들은 그들의 권력의 지위들을 상실했을 것입니다. 그들은 내가 와서 제시했던 단계들을 걷는 것을 달

갑지 않게 생각했기 때문에 사람들을 지배하는 자기들의 권력을 유지하기 위해 나를 살해하려고 했던 것입니다.

여기서의 내 요점은 그런 믿음체계를 지닌 지도자들에 의해 어떤 주장들이 만들어졌든 관계없이, 여러분의 진리에 대한 탐구가 결코 어떤 외적인 틀에 가두어질 수는 없다는 것입니다. 만약 누군가가 진리에 대한 독점적 권한을 갖고 있다고 주장한다면, 그것은 바로 그들이 진리를 모른다는 것을 나타냅니다. 여러분이 성실한 진리추구자라면, 왜 자기들이 진리를 찾지 못했다고 스스로 증명하는 사람들을 따르려고 합니까? 그리고 어떻게 그들이 자기들조차 발견하지 못한 것을 여러분이 찾도록 도와줄 수 있겠습니까?

만약 제가 예수님이 하신 말씀을 정확하게 이해한다면, 당신은 우리가 본질적으로 우리들 자신 내부의 원천에서 진리를 알 능력이 있다고 말하고 계십니다. 저는 그런 주장을 격렬하게 비난하는 많은 기독교인들을 만났습니다. 그들은 말하기를, 진리는 오직 가톨릭과 같은 외부적인 교회들의 교리 안에만 있고, 우리가 스스로 진리를 알 수 있다고 믿는 것은 오류라고 합니다. 이것에 대한 당신의 입장은 무엇인가요?

내 입장은 그 말의 양쪽 다 진실이기도 하고 진실이 아니기도 하다는 것입니다. 영혼이 그리스도 의식 수준 아래로 너무 멀리 떨어져 있을 때, 그 사람은 자기 스스로는 진리를 알 수가 없습니다. 이제 그 영혼은 내가 육적인 마음(Carnal Mind) 또는 세속적 마음이라고 부르는 저급한 의식 상태에 고착돼 있습니다. 그리고 그것은 상대적인 정반대의 선과 악에 의해 지배되어 있습니다. 이것은 상대적인 용어들인데, 그것이 인간들에 의해 규정되었다는 의미입니다. 여러분이 역사를 살펴본다면, 서로 다른 문화들이 선과 악에 관해 다른 정의(定義)들을 갖고 있었다는 점을 아는 것은 쉽습니다. 사실 "선과 악에 관한 지식의 나무"는 인간들은 자기들이 믿는 것이 곧 진실이라고 규정하는 의식 상태에 있음을 나타냅니다. 그런 까닭에 그들은 하나님의 실체에서 완전히 벗어난 세계관을 형성할 수 있는데, 그럼에도 그들은 그것이 절대적인 진실이라고 믿습니다.

여러분이 육적인 마음의 이원성에 고착돼 있는 한, 선과 악의 상대성을 초월해서 볼 능력이 없습니다. 따라서 이런 영적인 성장수준(또는 성장의 결여 수준)에 있는 사람이 스스로 진리를 알 수 없다는 것은 진실입니다. 여러분이 진리를 알 수 있다고 믿는 것은 그릇된 생각인데, 왜냐하면 여러분의 육적인 마음은 단지 그것이 진실이기를 바라는 것의 정신적 이미지를 규정할 것이고, 그런 다음 그 이미지를 현실에다 투사하고자 할 것이기 때문입니다. 여러분은 자신의 정신적 이미지를 더욱 견고하게 하는 신념체계를 찾을 것입니다. 그리고 여러분의 "진리"를 반박하는 어떤 사상은 거부할 것입니다.

그런 까닭에 이런 수준에 있는 사람들은 그들이 점차 육적인 마음을 넘어서도록 도울 수 있는 생명줄을 갖기 위해서 어떤 외적 원천의 진리가 필요합니다. 내가 말했듯이, 우리 승천한 대사들은 사람들이 이원성을 극복하게끔 도울 수 있는 구명밧줄을 주기 위해서 수많은 영적 가르침들을 공개했습니다. 그런데 문제는 어떤 영혼들은 육적인 마음에 너무 깊이 몰두해 있어서 그것을 극복하는 것을 마음 내켜 하지 않는다는 것입니다. 이런 영혼들 가운데 많은 자들이 영적인 자만에 빠져 있으며, 자기들이 남들보다 더 낫게 알고 있고 심지어는 신보다도 더 잘 안다고 생각합니다. 이런 교만함의 결과로 그들은 자신들이 사회 지도자 내지는 특정 종교의 지도자들이 되어야 한다고 믿고 있습니다.

많은 종교들에서 발생하는 문제는 최초의 창시자가 사라진 후에 그 종교가 주민들을 지배하는 권력의 자리에 오르기 위한 도구로 그 종교를 이용하고자 하는 영혼들에 의해 점거된다는 것입니다. 이들이 바로 2,000년 전에 내가 무수히 책망했던 거짓 예언자들(마태복음 7:15)[2])에 해당되는 영혼들입니다. 나는 그들을 죽은 자들의 뼈로 가득 찬 회칠한 무덤(마태복음 23:27)[3])이라고 비유했습니다.

---

2)"거짓 선지자들을 삼가라. 양의 옷을 입고 너희에게 나아오나 속에는 노략질하는 이리라."
3)"화 있을찐저, 외식하는 서기관들과 바리새인들이여 회칠한 무덤 같으니 겉으로는

모든 기독교인들은 내가 분명히 모든 유대인들을 압제로부터 해방시키기 위해 왔었다는 사실을 깊이 생각해 보아야 합니다. 그럼에도 많은 이들의 기대와는 달리 내가 로마인들에 대항하는 유대인들을 이끌기 위해 오지는 않았었습니다. 그 이유는 내가 로마인들을 유대인들에 대한 1차적인 압제자들로 여기지 않았기 때문입니다. 유대인들을 억압하고 있던 사람들은 유대교의 거짓된 지도자들이었습니다. 그들은 사람들로 하여금 자기들이 오직 외적인 종교를 통해서만 신에게 다가갈 수 있다고 조종했습니다. 즉 이것은 인간들이 자기들 스스로는 진리를 알 수 없었다는 것을 의미합니다. 이런 사실을 깨달을 때, 참된 모든 기독교인들은 기꺼이 거울 속을 들여다보아야 합니다. 그리고 수많은 기독교 교회들이 현재 매우 동일한 사고방식을 조장하고 있음을 알아야하는데, 다시 말해 그들은 여러분에게 진리를 규정할 외적인 교리가 필요한 것 외에는 여러분이 내면의 원천을 통해서는 진리를 알 수 없다고 말합니다. 사람들은 거짓 예언자들이 2,000년 전에 그랬듯이 오늘날에도 여전히 활동하고 있음을 인식해야 할 것입니다.

여기서의 내 요점은 승천한 대사들이 영적인 가르침을 전해줄 때, 그 가르침은 높은 단계의 진리를 내포하고 있다는 것입니다.(그 가르침이 순수한 메신저를 통해서 전달되었다면 말입니다.) 그럼에도 시간이 지남에 따라 영적인 가르침은 종종 저하되고 교묘한 방식으로 왜곡됩니다. 이런 일은 그 가르침이 외적인 교리에 의해 규정돼 있는 조직화된 종교로 바뀔 때 발생합니다. 만약 이런 교리들이 육적인 마음의 이원성에 의해 영향을 받았다면, 그것은 불가피하게 상대적인 진리가 되고 맙니다. 그에 따라 처음에는 참된 영적 가르침으로 출발했던 것이 마지막에는 인간에게는 옳은 길처럼 보이지만 그로 인해 죽음에 이르는 길로 변질될 수 있는 것입니다.

의식이 그리스도 의식 레벨 아래에 상당히 떨어져 있는 사람들의 경우, 특정 종교가 어느 정도 진리를 담고 있다면, 그 외적종교를 따름으로써 도움이 될 수가 있습니다. 그럼에도 여러분이 영혼성숙의 보다 높은 단계에 올라섰을 때, 여러분 안에 있는 하나님의 나라에

아름답게 보이나, 그 안에는 죽은 사람의 뼈와 모든 더러운 것이 가득하도다."

접촉할 자신의 능력을 점차 연마하게 될 것입니다. 그럼으로써 여러분 자신의 내면의 원천으로부터 진리를 수신할 능력을 얻을 것입니다. 그러한 원천에 관해서는 곧 이어서 좀 더 이야기를 나누게 될 것입니다.

내가 말하는 요점은 한 인간이 여전히 육적인 마음에 완전히 사로잡혀 있는 동안은 그 사람 자신의 힘으로는 진리를 알 수 없다는 것입니다. 그러므로 그런 사람의 경우는 외적 종교를 따르는 것이 도움이 될 수가 있습니다. 그럼에도 한 영혼이 성숙되었을 때, 상대적인 선악의 개념을 초월한 진리를 아는 능력에 도달할 것입니다. 이런 진리는 육적인 마음을 넘어선 원천으로부터 옵니다. 그리고 그런 까닭에 그것은 상대적이 아닙니다. 한 영혼이 진리를 알 수 있게 되는 지점에 이르게 되면, 그 영혼이 자신의 영적인 통찰력을 사용하고 연마하는 것은 절대적 요소입니다. 그런데 만약 여러분이 외적인 종교에 집착한다면, 필연적으로 자신의 영적성장을 지체시키거나 멈추게 할 것입니다.

어떤 영혼들에게는 전통적 기독교의 외적 교리에 매달리는 것이 당연하다고 말할 수도 있는데, 그들은 고등한 진리를 인식할 수 없기 때문입니다. 그렇지만 이 책을 받아들일 수 있는 영혼들에게 있어 내면의 원천으로부터 진리를 아는 능력을 연마하는 것은 필수적입니다. 이런 능력은 그리스도 의식에 도달하는 데 절대적으로 필요합니다. 그리고 "나는 길이요, 진리이고, 생명이다, 나로 말미암지 않고는 아버지께 갈 자가 없느니라(요한복음 14:6)."라고 했던 내 말에는 이중적인 의미가 있습니다. 한 가지 타당한 해석은 그리스도 의식을 얻지 않고는 아무도 하나님의 나라에 올 자가 없다는 것입니다. 그리고 여러분이 그리스도 의식에 도달하게 되면, 더 이상 무엇이 진실인가를 당신들에게 말하는 외적 교리들에 의존하지 않습니다. 그런 이유에서 내가 과거에 끊임없이 유대교의 교리에 이의를 제기했던 것입니다. 대신에 여러분은 진리의 원천, 즉 여러분의 내면에 있는 하나님의 나라로부터 직접 진리를 알게 됩니다.

당신은 오늘날 인류가 보다 높은 이해의 수준에 이르렀기 때문에

2,000년 전보다 더 낮게 우리들에게 말할 수 있다고 하셨습니다. 우리의 진리탐구를 특정의 믿음체계에다 절대로 국한시킬 수 없는 다른 이유가 있지 않을까요?

그것은 정말로 진실입니다. 특히 그 믿음체계가 경직되거나 독단적인 되었을 경우가 그러한데, 이것은 더 이상 천상으로부터 오는 진보적인 계시를 받아들을 수 있게끔 열려 있지 않다는 의미입니다. 행성 지구에 관한 중요한 문제를 언급하겠습니다.

나는 대부분의 사람들이 그들 자신을 영적인 근원과 분리된 존재로 보거나 스스로의 정체성을 망각한 의식 상태로 떨어져 있다고 말했습니다. 따라서 이 지구상의 중추적인 문제는 무지(無知)라고 할 수가 있습니다. 이런 무지의 상태에서 사람들은 외롭고 버려졌다고 느낍니다. 그리고 심지어는 신을 믿는 많은 사람들조차도 신이 그들을 도움도 없이 방치해 두고 있다고 느끼고 있습니다. 그런 진실로부터 아무것도 더 이상 나갈 수가 없었습니다!

하지만 신은 결코 인간들이 그리스도 의식 수준 아래로 얼마나 추락해 있는가와 상관없이 그들을 홀로 내버려두지 않으셨습니다. 문제는 사람들의 의식이 더 하강하면 할수록 신이 더욱 더 그들에게 영적인 인도를 해주기가 어렵다는 것입니다. 그들은 결코 내면으로부터 오는 인도의 소리를 들을 수가 없으며, 그렇기에 오직 외적인 가르침을 통해서만 도움을 받을 수가 있는 것이지요. 사람들의 의식이 하강하기 시작했을 때, 신은 승천한 대사들의 집단에게 그들을 도와 집으로 데려오라고 명하셨습니다. 우리는 사람들에게 그들의 의식을 높이기 위한 도구들을 주기 위해 계속해서 노력하고 있습니다. 우리가 노력했던 한 결과로서, 그리고 보다 높은 이해에 이르고자 했던 일부 사람들의 자발성에 의해 인류는 참으로 역사에 기록된 과거의 그 어느 시대보다도 높은 의식수준에 올라와 있습니다.

인류의 의식이 상승되는 만큼, 우리 승천한 대사들이 과거에 할 수 있었던 것보다 더욱 정교한 영적 가르침을 전해줄 수 있다는 것이 전적으로 확실해질 것입니다. 구약성서는 참으로 원시적인 영적 가르침이었습니다. 그것은 오늘날 우리가 전해줄 수 있는 가르침에 비교할 때, 말 그대로 유치원 수준입니다. 그럼에도 불구하고 우리가 직면하는 가장 큰 어려움은 사람들이 우리가 그들에게 준 도구들에 대해 감정적으로 집착하는 경향이 있다는 것입니다. 우리는 사람들을 자유롭게 하고 그들이 다음 단계, 다음 층으로 올라가는 데 도움을 주기 위해 새로운 종교를 줍니다. 그렇지만 어떤 사람들은 그 종교에 집착하게 되고, 그 너머를 보기를 거부합니다. 그들은 같은 층에 머물러 있기로 선언하며, 심지어는 다시 한 번 계단을 밟아 새로운 수준으로 올라가야 할 때조차 그렇습니다. 그런 이유 때문에 여러분은 오늘날의 세상에서 광신(狂信)과 유사한 열정으로 기존의 종교적 교리에 집착하는 사람들을 보고 있는 겁니다.

우리에게 있어서 주요 문제는 우리가 인간들을 자유롭게 하기 위해 그들에게 준 도구가 아주 종종 오히려 그들은 더욱 더 이원적인 의식 상태에다 확고히 감금하는 도구로 왜곡된다는 것입니다. 여하튼 내가 너무 멀리 나가기 전에 당면한 과제로 다시 화제를 돌리겠습니다. 영적인 길을 수용할 수 있는 사람들에게 있어 삶의 고등한 이해에 관해 늘 마음이 열려 있어야 한다는 사실을 아는 것은 어렵지 않을 것입니다. 그런 까닭에 진보적 계시가 모든 종교들에게 핵심적인 요소가 되어야 합니다. 여러분은 항상 영적 스승에 대해 깨어있어야 하는데, 그가 새로이 변장해서 나타나기 때문입니다.

우리가 찾아야 할 필요가 있는 영적 스승은 정확히 어떤 사람인가요?

성서에서 여러분은 다음과 같은 구절을 발견할 것입니다. "구하라, 그러면 너희에게 주실 것이요. 찾으라, 그러면 찾을 것이요. 문을 두드리라, 그러면 너희에게 열릴 것이니, 구하는 이마다 얻을 것이요. 찾는 이가 찾을 것이요. 두드리는 이에게 열릴 것이니라(마태복음 7:7~8)."

나는 영적성장을 인도하는 법칙들 가운데 하나가 여러분이 열린 마음과 가슴으로 이해를 구하기만 한다면 늘 그런 이해를 찾을 것임을 명시하고 있다는 사실을 알고 있었기에 그런 약속을 했습니다. 앞서 언급했듯이, 여러분은 이 법칙을 다음과 같이 묘사할 수가 있습니다. "학생이 준비되면, 스승은 나타난다." 그 의미는 한 영혼이 보다 높은 이해에 대해 준비되면, 그 사람은 즉시 이런 깨달음에 도달한 길을 제공받게 될 거라는 것입니다. 단순한 사실은 우리 승천한 대사들이 절대로 어떤 영혼을 홀로 내버려 두지 않는다는 것입니다. 나는 많은 사람들이 신에 의해 버려졌다고 느끼고 있다는 것을 알고 있습니다만, 여러분의 곁에는 늘 영적인 교사들이 있습니다. 그리고 그 교사는 여러분이 영적으로 성장하는 데 도움이 될 수 있는 가르침을 주고자 애쓰고 있습니다.

잠깐만요. 저는 많은 사람들이 그들에게 오는 어떤 영적교사도 없는 상태에서 응답해 달라고 외쳤다고 말할 것 같은데요. 저는 자기들의 기도가 응답되지 않았다고 느끼는 많은 이들을 압니다.

나는 많은 사람들이 이런 식으로 느낀다는 사실을 알고 있습니다. 그리고 나는 그런 사람들에게 연민을 느낍니다. 그렇지만 영적스승으로서의 내 역할은 그들이 자기들의 고통을 극복하고 그들의 영적교사와 연결되도록 돕는 것입니다. 수많은 사람들이 자기들의 기도가 응답되지 않는다고 느끼는 이유는 그들이 영적스승을 볼 수 없거나, 자진해서 보려고 하지 않는 데 있습니다. 스승을 알아보기 위한 열쇠는 그가 종종 위장해서 나타난다는 점을 깨닫는 것입니다. 그리고 그 설명은 간단합니다.

여러분 자신이 위기에 처해 있고 나에게 도움을 요청하고 있다고 상상해 보십시오. 당신들은 자신이 통제 불능의 상황에 빠져 있으며, 그런 불행이 만들어진 데 대해 자기는 아무런 책임이 없다고 느낄 수도 있습니다. 그럼에도 나는 우주가 일종의 거울임을 압니다. 따라서 여러분의 현 상황은 곧 당신들의 의식상태의 반영입니다. 여러분이 지금의 한계들에서 영구히 벗어나도록 돕는 유일한 방법은 보다 높은 의식수준으로, 영적인 길에 놓인 상위의 수준으로 올라서게 돕는 것입니다.

어떻게 내가 여러분이 상위 수준으로 올라서도록 도울 수 있을까요? 나는 오로지 여러분의 현 믿음들과 지식을 넘어선 아이디어를 제공함으로써 그렇게 할 수가 있습니다. 만약 내가 단지 여러분이 이미 알고 있는 것을 준다면, 어떻게 당신들이 자신의 현재 상황 – 여러분 현 의식상태로 인해 창조된 상황 – 을 개선하도록 도울 수 있겠습니까? 내가 말하는 요지를 이해하나요? 대부분의 사람들은 자신이 영적인 진퇴양난의 상황에 빠져 있음을 발견합니다. 그들은 한계 지어진 일련의 상황들을 창조함으로써 그들 스스로 상자 안에 갇혀 있습니다. 앞서 말했듯이 이런 상황들은 그들의 현재 의식상태의 반영입니다. 그런데도 불구하고 그들은 자기들의 현 상황을 타개할 힘을 줄 보다 높은 이해를 찾기 위해 기꺼이 지금의 믿음 너머를 보려고 하지 않습니다.

한 영적인 스승으로서 나는 자유의지의 법칙을 절대적으로 존중합니다. 그러므로 나는 여러분에게 삶에 관한 고등한 이해를 받아들이라고 강요할 수가 없습니다. 다만 나는 그들이 그것을 요청할 때까지 기다릴 수밖에 없습니다. 그리고 여러분이 그것을 요청할 때, 그렇다고 해서 내가 눈부신 섬광 속에서 나타날 수는 없습니다. 그리고 여러분이 나로부터 들을 능력이 없기 때문에 내가 여러분에게 직접적으로 말할 수가 없습니다. 따라서 나는 여러분을 도울 수 있는 외적인 가르침을 당신들이 발견하도록 인도하고 돕고자 노력해야만 합니다. 내가 여러분에게 보증할 수 있는 것은 한 인간이 인도를 요청한다면, 승천한 대사들은 언제나 그 사람의 현재 이해수준에 적합한 가르침을 그에게 주기 위한 방법을 찾을 거라는 것입니다. 그런데 문제는 많은 사람들이 이런 가르침을 자진해서 구하려고 하지 않는다는 것이지요. 영적인 스승이 사람들에게 다가가려 할 때, 그들이 그 교사를 인식하는 것을 방해하는 몇 가지 요소들이 있습니다.

● 스승이 여러분을 위해 모든 것을 해주기를 기대하지 말라. 나는 여러분이 영적으로 자급자족할 방법을 배울 수 있도록 돕기 위해 이곳에 있다. 나는

여러분이 자신의 문제를 해결할 방법을 보여줄 것이며, 내가 여러분을 위해 그 문제를 직접 해결해 주지는 않을 것이다. 지구는 여러분의 영혼을 위한 일종의 학습장이다. 여러분은 배우기 위해 이곳에 있고, 내가 여러분을 대신해서 여러분의 과제를 배울 수는 없다. 나는 단지 여러분이 교훈을 배우도록 도울 수만 있다.

● 나는 여러분에게 자신의 문제에 대한 완전한 해결책을 주지는 않을 것이다. 나는 다음 단계에 이르는 계단의 첫 걸음을 나타내는 아이디어를 여러분에게 줄 것이다. 첫 걸음을 밟는 것은 여러분에게 달려 있으며, 그리고 여러분이 그렇게 한다면, 나는 그 다음 걸음을 보여줄 것이다. 만약 여러분이 그 첫걸음을 내딛지 않는다면, 나는 여러분에게 강요할 수가 없다. 나는 단지 여러분이 움직이겠다고 결정할 때까지 기다릴 수밖에 없다. 내가 성서 속의 달란트에 관한 우화(마태 25:14~30)에서 설명했듯이. 여러분이 받은 것을 증대시키는 것은 여러분에게 달려 있는 문제이다. 내가 처음 알려준 지시들을 충실히 이행한다면, 나는 여러분에게 추가적인 지침들을 전해줄 것이다.

● 내가 여러분에게 주는 가르침들은 항상 여러분의 현재 지식과 믿음을 넘어서 있다. 그렇지 않다면 그것은 여러분을 돕지 못할 것이다. 파악해야할 요점은 여러분이 기꺼이 자신의 현 믿음들 너머를 보려 하지 않는다면, 내 가르침을 인식하지 못할 거라는 것이다. 그리고 여러분은 내가 자기들의 기도에 응답하지 않았다고 생각할 수도 있다.

● 내가 모든 사람들에게 직접 이야기할 수는 없다. 많은 사람들이 직접적인 가르침에 열려 있지 않고, 단지 간접적인 가르침을 들을 수가 있다. 그럼에도 만약 여러분이 도움을 요청한다면, 나는 여러분에게 필요한 아이디어를 줄 수 있는 사람들을 보낼 것이다. 또는 여러분에게 이런 아이디어를 줄 다른 방법들을 찾아볼 것이다. 많은 경우에 나는 여러분에게 필요한 이런 아이디어를 주는 인간 메신저나 책을 이용한다. 설사 그 사람이 허름한 모습으로 위장해서 나타날지라도 그 메신저를 알아보는 법을 배우도록 하라. 그

리고 나의 메신저를 총살하지는 말라!

● 나는 여러분의 현재 믿음들 내지 정신적 상자들을 너무 지나치게 넘어서 있는 가르침을 줄 수는 없다. 여러분 자신의 마음을 넓히고 그 상자를 확대하는 것은 여러분이 해야 할 몫이다.

그것은 멋진 가르침입니다. 그리고 그것이 참으로 진실이라는 것은 곧 저의 경험입니다. 저는 필요했던 그런 아이디어를 제가 열린 마음으로 요청했을 때, 언제나 그것을 제공받았다는 것을 압니다. 하지만 제가 늘 메신저를 알아본 것은 아니었습니다. 그렇다면 어떻게 해야 우리가 영적인 스승을 좀 더 쉽게 인식할 수 있게 될까요?

지금 세상의 많은 사람들은 자기들의 영적교사를 알아볼 수 없습니다. 그리고 그렇기 때문에 우리가 단지 종교와 같은 외적 가르침을 통해서만 그들을 가르칠 수 있는 것이지요. 하지만 불행하게도 종교는 독단적이 되는 경향이 있습니다. 그리고 그에 따라 지식의 열쇠는 상실돼 버리고 맙니다. 여러분이 영적인 길을 의식적으로 알게 되었을 때, 자신이 영적인 자급자족을 해야만 한다는 사실을 깨닫는 것은 필수적입니다. 여기서 영적인 자급자족이란 여러분이 자신의 내면의 원천으로부터 이해와 지침을 얻을 수 있어야만 한다는 뜻입니다.

그리스도 의식에 도달했을 때, 비로소 여러분은 자신의 신아(神我) 및 신의 마음과 직접적인 관계를 형성하게 됩니다. 이런 연결을 통해서 여러분은 자신에게 필요한 최상의 응답을 얻을 수가 있습니다. 따라서 여러분은 더 이상 외적인 영적 가르침에 의존할 필요가 없습니다. 그때까지 여러분은 여전히 자신의 내면적 원천으로부터 지침을 얻을 수가 있고, 그것은 직관적인 번뜩임의 형태로 옵니다. 그럼에도 대부분의 사람들에게 있어서 외적인 가르침을 그런 직관적인 번뜩임을 촉발하는 도구로 이용하는 것은 매우 유익할 것입니다.

인도에는 이러한 속담이 있습니다. "책들 속에 있는 지식은 그 책 안에 머물러 있다." 사실 이 책은 여러분을 위해 아무 것도 할 수가 없습니다. 그것이 여러분에게 영적인 길에 관한 지적인 이해를 줄 수는 있지만, 이런 분석적인 지식이 여러분에게 자신의 삶을 변화시킬 힘을 주지는 못할 것입니다. 변화를 낳기 위해서는 지식이 내면화되어야만 합니다. 한 예로 여러분이 도로를 따라 차를 몰고 있고 도로 표지판에 다가가고 있다고 상상해 보십시오. 여러분은 자신이 읽는 법을 배웠다는 것을 알고 있기 때문에 의식적으로 결정할 필요가 없으며, 그 표지판을 쉽게 읽을 수 있게 될 것입니다. 즉 읽는 기술이 여러분 자신과 완전히 통합돼 있음으로써 여러분은 표지판을 읽겠다는 의식적인 결정이 없이 자동적으로 그것을 읽습니다.

나는 이 책으로 지식을 줄 수는 있지만, 그 지식이 여러분과 통합되어 한 몸이 될 때까지는 그것이 영적인 길로 움직여 나갈 힘을 주지는 못할 것입니다. 지식이 이렇게 일체화(一體化)가 되기 위해서는 여러분이 이 책의 지식을 직관적인 경험을 낳는 도구로 이용해야 합니다. 달리 말해서 이 책을 열린 마음으로 읽었다면, 여러분에게 개인적인 깨달음이나 아이디어를 줄 수 있는 어떤 직관적인 번뜩임이 가슴 속에서 정말처럼 들릴 것입니다. 그때 그런 아이디어들이 여러분의 존재 자체와 하나가 될 것입니다. 이어서 그런 아이디어들이 여러분 마음의 상위부분에 의해서 여러분에게 다시 반사될 것입니다. 그리고 그것이 여러분 마음에 와 닿는 언어로 표현될 것입니다.

또 다른 실례로서 과학을 살펴봅시다. 과학은 일반적으로 인간의 지성(知性)을 사용하는 매우 분석적인 활동입니다. 그럼에도 일부 가장 위대한 과학적 발견들은 직관적 경험의 결과로서 생겨났습니다. 그 이유는 분석적인 마음 - 흔히 좌뇌(左腦)라고 부른다 - 은 여러분이 개념적인 도약을 이루도록 도울 수 없기 때문입니다. 그것은 인간이 분석하고 이미 가진 지식을 더 낫게 사용하게끔 도울 수는 있지만, 여러분의 현 신념체계 바깥에 있는 지식을 발견하도록 도울 수는 없습니다. 여러분의 현재 믿음들을 능가하기 위해서는 상상력 - 종종 우뇌(右腦)라고 부른다 - 을 이용할 필요가 있습니다.

영적인 길의 본질은 고등한 의식 상태에 도달하는 것인데, 이는 여러분이 수직으로 이동한다는 것을 의미합니다. 분석적인 마음은 여러분이 특정 주제에 관한 지식을 넓히는 것을 돕기는 합니다만, 그럼에도 그것은 수평적인 지식입니다. 말하자면 분석적인 지식은 여러분이 우리의 절대자 아버지 집 내의 자신이 머물러 있는 현재 층에서 볼 수 있는 특성들을 이해하고 이용하는 것을 돕습니다. 그렇지만 다음 층에 이르는 계단을 발견하기 위해서는 여러분이 자신의 직관을 이용하는 것이 필요합니다. 그런 이유로 여러분은 그 수많은 사람들이 영적인 개념에 관한 분석에만 매달리거나 고착돼 있는 것을 봅니다. 이에 대한 한 가지 완벽한 예로 들 수 있는 것이 교회역사와 교리를 연구하느라 평생을 보내는 많은 기독교 신학자들입니다. 그들은 내가 과거에 책망했던 바리새인들과 율법학자들이 그러했듯이(마태복음 5:20)[4], 외적인 모든 율법서들을 알고 있습니다. 그들은 신의 율법에 관한 자기들의 지식을 늘리는 데 지성을 이용하기는 했지만, 외적인 율법 뒤에 감춰져 있는 진리의 영(Spirit of Truth)을 발견하기 위해 그들의 직관을 사용하지는 않았던 것입니다.(고린도후서 3:6)[5]

이런 내면의 지식을 발견하기 위한 열쇠는 무엇입니까?

그 열쇠는 진정한 지식은 살아 있는 말씀, 살아 있는 진리와 마찬가지로 내면에서 온다는 것을 깨닫는 것입니다. 그것을 발견하기 위해서는 여러분이 자기 마음의 고등한 부분, 즉 내가 "그리스도 자아(Christ self)"라고 부르기 좋아하는 것과 수직적 관계 내지는 직관적 연결을 형성해야 합니다. 이제까지 나는 여러분의 의식적인 마음과 신아에 관해 이야기했습니다. 여러분의 영혼이 저급한 의식 상태로 떨어졌을 때, 여러분은 자신의 영적인 자아와의 의식적인 연결을 잃어버렸습니다. 여러분이 그리스도 의식의 어느 단계에 이를 때까지는 현재 끊어져 있는 그러한 관계를 복구할 수가 없습니다. 여러분의 신아는 영적인 세계 속에 거주하고 있는데, 그곳은 물질우주보다 훨씬 더 높은 진동으로 이루어져 있습니다. 대부분의 사람들은 그런 진동

---

[4]"내가 너희에게 이르노니, 너희 의가 서기관과 바리새인보다 더 낫지 못하면, 결단코 천국에 들어가지 못하리라."
[5]"저가 또 우리로 새 언약의 일군 되기에 만족케 하셨으니, 의문으로 하지 아니하고 오직 영으로 함이니, 의문은 죽이는 것이요, 영은 살리는 것임이니라."

들을 직접 지각할 수 없으며, 따라서 그들은 자신의 영적인 자아들을 이해할 수가 없습니다.

다시 한 번 말하지만, 신은 여러분을 쓸쓸히 방치해 두지 않으십니다. 그분은 여러분에게 영적인 자아의 형태로 중개자를 보내셨습니다. 여러분은 이를 자신의 영적인 교사로 볼 수 있는데, – 어떤 이들은 이를 수호천사라고도 부릅니다 – 이 존재는 여러분이 자신의 신아와의 연결 관계를 다시 회복하여 궁극적으로는 신아와 완전한 일체상태에 도달하도록 도우라고 임명을 받았습니다. 여러분이 영적인 길에서 진보해나가기 위한 열쇠는 자신의 그리스도 자아와의 의식적인 연결을 증진시키는 것입니다. 좋은 소식은 만약 여러분이 영적인 길을 의식적으로 알고 있다면, 여러분은 이미 자신의 그리스도 자아와 어느 정도 관계가 형성되어 있다는 것입니다. 여러분은 단지 바울의 "너희 안에 이 마음을 품어라, 그것 또한 예수 그리스도의 마음이니 (빌립보서 2:5)."라는 말처럼 이런 연결 상태가 여러분 안에 확고히 자리 잡을 때까지 그것을 계속해서 확대시켜나갈 필요가 있습니다.

많은 사람들이 그들의 그리스도 자아를 "고요하고 작은 내면의 소리"처럼 듣습니다. 이것은 여러분의 마음속으로 죄의식이나 두려움을 투사하는 양심이나 분별의 소리가 아닙니다. 그것은 어느 정도 진실한 내면의 앎(인식)입니다. 비록 그것이 왜 진실인가에 대해 지적(知的)인 설명을 할 수는 없을지라도 말입니다. 그것은 또한 여러분에게 위험에 대해 경고하고 틀림없는 길을 알려주는 보다 강한 소리일 수 있다. 이 책에 대해 열려 있는 대부분의 사람들은 자신이 늘 이런 내면의 소리를 갖고 있었다는 것을 눈치 챌 것입니다. 그들은 단지 그것을 좀 더 의식적으로 사용하는 방법을 배울 필요가 있습니다.

우리가 이용할 수 있는 특별한 도구들이 있습니까?

주요 도구는 들을 수 있는 귀를 계발하는 것인데, 그로써 여러분은 자기 주의력의 일부를 항상 내면으로 향하게 할 수가 있습니다. 직관적 통찰은 가슴의 중심을 통해 오며, 그것은 여러분의 육체적 심장과 같은 높이에 있는 가슴 한 가운데에 위치해 있습니다. 여러분은 단지 자신의 그리스도 자아와 영적인 스승들이 늘 여러분에게 깨달음과 지침을 전해주고자 애쓰고 있다는 사실을 자각할 필요가 있습니다. 여러분은 그것을 때로는 내면에서 얻고, 또 어떤 때는 외부에서 얻습니다. 예컨대 대부분의 사람들은 갑자기 그들의 마음을 끄는 내용의 책을 발견하여 읽게 되는 경험을 하는데, 마침 거기에 그들에게 필요한 메시지가 담겨져 있다는 것입니다. 또는 어떤 사람이 갑자기 여러분 삶에 나타나 진실이 울려 퍼지는 메시지를 여러분에게 전해주기도 합니다. 여러분이 영적인 길에서 성장하는 만큼, 그런 의미심장한 "우연의 일치"를 점점 더 경험할 것입니다. 그리고 점차 그런 사건들을 더 즉각 인지하게 될 것입니다. 여러분은 결국 모든 상황들이 배울 기회라는 사실을 완전히 수용하는 지점에 이르게 됩니다. 그러므로 감춰진 메시지를 찾고, 위장하고 있는 스승을 찾게 됩니다.

다른 중요한 점은 여러분이 현재의 지식과 믿음을 넘어서려는 자발성을 발달시키는 것입니다. 그리고 결코 자신이 상위의 진리를 발견하는 것을 방해하는 외적인 믿음체계를 허용해서는 안 됩니다. 여러분은 특정한 주제에 관한 고차원적 이해에 대해 자신의 마음을 개방함으로써 여러분 자신을 준비시킬 때, 스승이 언제든 나타날 것이라는 사실을 알고 있습니다. 나는 〈그리스도는 여러분 내면에서 탄생한다〉라는 책에서 직관능력을 증대시키는 실제적인 도구들을 제공하고 있습니다.

4장

여러분의 삶을 지배하라

당신께서는 두 개의 R, 즉 Revelation(계시)와 Ritual(종교적 의식)을 말씀하셨습니다. 제 자신의 경험은 우리가 우리의 그리스도 자아 및 영적인 스승들과의 소통능력을 키우는 것이 핵심적이라는 점을 뒷받침합니다. 저의 경우에는 영적인 길에서 부딪치는 특별한 장애들을 제가 극복하도록 도움을 준 것은 늘 직관적인 통찰이었습니다.

그렇지만 제가 직관적인 접속능력이 거의 없다고 느꼈을 때 저는 시간들이 있었습니다. 그러나 저는 어려운 상황이나 내면적인 교감에 신경 쓸 겨를이 없는 심리적 난제들에 의해 압도된 상태에 놓인 많은 사람들을 만났습니다. 어떻게 하면 이런 사람들이 긍정적인 궤도로 올라설 수 있을까요?

여러분이 자신의 삶을 개선하기 위한 출발점에서부터 반드시 자신의 그리스도 자아와 소통할 필요는 없습니다. 많은 경우에 외적이고 어느 정도 지적인 이해일지라도 여러분이 긍정적인 궤도로 올라서는 데는 충분할 수가 있습니다. 나는 많은 이들이 여러 가지 내적, 외적 상황들에 의해 무거운 정신적인 짐을 지고 있다는 것을 전적으로 이해합니다. 그리고 그렇기 때문에 그들은 결코 명확한 직관적 연결 상태를 형성할 수가 없습니다. 그럼에도 그들은 여전히 왜 자신이 삶에 대한 통제력을 상실했다고 느끼는지를 스스로 깨닫도록 도움을 줄 수 있는 외적인 이해를 얻을 수가 있습니다. 냉엄한 사실은 만약 여러분이 자신의 삶을 통제하고 있지 못하다면, 누군가나 어떤 것에 의해 통제당하고 있다는 것입니다. 그리고 일단 무엇이 여러분의 삶을 지배하고 있는가를 깨닫게 되면, 당신들은 자신의 삶에 대한 통제력을 되찾기 위해서 무엇을 할 수 있는가를 이해하기 시작할 것입니다.

　모든 영적인 구도자들이 이해할 필요가 있는 근본적인 사실은 지구라는 행성이 불안정한 환경이라는 것입니다. 이 행성은 여러분의 영적성장과는 정면으로 배치되는 수많은 조건들을 갖고 있습니다. 불행하게도, 기독교나 물질과학도 이런 힘들에 관해 여러분에게 말해줄 수가 없습니다. 그리고 극소수의 사람들만이 그들의 영적성장을 방해하는 이런 요소들에 관한 이해를 갖고 자라납니다.

　사실주의(realism)와 겸손이라는 쓴 약을 복용하는 것이 사람들에게 도움이 될 것입니다. 한 영적인 스승으로서의 내 관점에서 볼 때, 현재의 문명은 모든 사람들이 생각하기 좋아하는 것만큼 세련돼 있지 않습니다. 사실 대부분 사람들의 삶의 영적인 측면에 관한 이해는 세균이 발견되기 이전의 물질적 현실에 관한 인간의 이해도만큼이나 원시적입니다. 사람들이 세균에 관해 알기 전에 그들이 직면했던 상황으로 돌아가 생각해보십시오. 수많은 치명적인 질병들의 원인이 알려져 있지 않았고, 불가사의하고도 두려웠습니다. 그 실체는 해로운 세균에 의해 둘러싸여 있던 사람들이 사는 환경이었으며, 병원균이 대수롭지 않게 베인 상처나 뒤떨어진 위생, 불결한 음식과 물을 통해 그들의 몸으로 침투할 수 있었습니다. 그럼에도 사람들이 이런 사실에 무지했기 때문에 그들은 질병에 맞서서 그들 자신을 보호할 방법이 없었습니다. 하지만 일단 인간들이 세균을 발견하게 되자, 그들은 그것이 어떻게 질병을 일으키는지를 이해했고 즉각 그들 자신을 보호하는 조치를 시작할 수 있었지요. 그리하여 이 세균이 유발했던 과거의 치명적 질병들이 근절되거나 쉽게 치료되어 감소되었습니다.

이와 마찬가지로 무엇이 영적성장을 방해하는가를 사람들이 이해하기 시작하면, 그들 자신을 방어하고 자기 삶에 대한 통제력을 회복하는 것이 쉬워질 것입니다. 그것은 노력이 필요할 것이지만, 자발적인 마음을 가진 이들이 영적성장에 대한 어떤 위협에 맞서 영적인 보호막을 형성하는 것은 가능합니다. 우선은 영적성장을 방해하는 힘들에 의해 둘러싸인 환경 속에서 자신이 생활하고 있다는 개념에 대해 묵상해봄으로써 출발하는 것이 유용할 것입니다. 세균이 여러분의 육체에 침입할 수 있는 것처럼, 이런 힘들도 여러분의 영적인 "몸"에 침입하여 수많은 문제들을 일으킬 수 있습니다. 사실상, 사람들이 자기들의 외적상황이나 정신을 지배하는 통제력을 잃은 듯이 느껴진다면, 그 이유는 언제나 그들의 영적인 몸들이 어떤 (부정적) 에너지나 힘들에 의해 침범당해 있는 것입니다.

나는 이런 개념이 처음에는 어느 정도 겁먹게 생각될 수 있다는 것을 알고 있지만, 약간의 사색이 그런 두려움을 몰아내는 데 도움이 될 것입니다. 여러분이 어린 시절로 돌아가 생각해본다면, 어느 나이 때에 세균에 대해 배우고 늘 손을 씻을 필요성에 관해서 들은 적이 있음을 기억할 수 있을 것입니다. 어떤 아이들에게는 눈에 보이지 않은 어떤 존재들이 그들을 죽일 수 있다는 것이 매우 무섭습니다. 많은 아이들이 세균에 대해 지나치게 걱정하는 단계를 거치는데, 어쩌면 하루에 수도 없이 손을 씻을 정도까지 이를 수도 있습니다. 그렇지만 얼마 후에는 마음이 적응하고 안정되게 됩니다. 그리고 그때부터 사람들은 세균에 대해 별로 의식하지도 않고 그저 기본적인 위생 규칙들을 따릅니다. 그 새로운 지식은 이제 내면화되고 두려움 없이 일상 생활화됩니다. 여러분이 위험으로부터 자신을 보호하는 방법을 안다면, 더 이상 그 위험을 두려워할 필요가 없습니다. 이것은 영적인 위험들에 관한 사안에서도 마찬가지입니다.

그러므로 내 요점은 어떤 영적인 추구자들은 이 지구상에는 수많은 위험들이 있다는 사실에 관한 인식을 높일 필요가 있다는 것입니다. 일단 여러분이 어떻게 이런 힘들이 여러분에게 작용하는가를 이해하게 되면, 즉시 여러분 자신을 보호하는 방법을 알게 될 것입니다.

제가 처음으로 영적인 위험들에 관해 들었을 때, 그것은 대단히 두렵게 생각되었습니다. 하지만 저는 곧 안도감을 느끼기 시작했는데, 그 이유는 제가 그런 위험들이 어린 시절로부터 온다는 것을 직관적으로 간파했기 때문입니다. 어린 아이였을 때 저는 유령(幽靈)과 초자연적인 힘들에 대해서 매우 무서워했습니다. 그리고 그것은 제가 어둠의 존재들의 에너지를 감지하는 능력이 있기 때문이었습니다. 따라서 저는 이런 힘들이 존재한다는 것을 알고 있었지만, 제 자신을 보호하는 방법을 이해하지 못했던 까닭에 대단히 피해를 입기 쉽다고 느꼈던 것입니다. 그러나 저는 깨닫기 시작하자마자, 제 자신을 보호할 수 있었고, 그것은 커다란 안도감을 안겨주었지요.

당신의 경험은 영적인 길에 대해 열려 있는 사람들 간에 있는 공통적인 체험입니다. 그리고 그 설명은 간단합니다. 즉 이런 이들이 대개 어둠의 에너지들에 대해 민감성이 있다는 것입니다.

내가 앞서 설명했듯이, 수많은 사람들이 그리스도 의식 수준 한참 아래로 추락해 있습니다. 여러분의 의식이 아래로 떨어져 있으면 있을수록, 더욱 더 에고-중심적이 됩니다. 그리고 그로 인해 나타나는 한 가지 결과는 당신들이 타인들의 고통과 고난에 대해 덜 민감해지고 점차 무덤덤해진다는 것입니다. 게다가 동시에 또한 물질세계 너머의 그 어떤 것에 대해서도 무감각해집니다. 그리고 여러분의 현실에 관한 경험이 오직 육체적 감각에만 한정돼 버리는 것입니다. 이런 이유로 해서 그런 사람들은 물질세계 너머에는 아무 것도 없다고 믿고 있습니다. 그리고 그들은 영적인 위험들이 있다는 것을 격렬하게 부정할 것입니다.

여러분이 보다 높은 의식수준으로 성장하는 만큼 삶에 대한 본래의 감수성을 다시 얻게 됩니다. 이런 과정의 일부로서 여러분 영혼의 능력들이 예민해질 것이고, 이것이 바로 일부 사람들이 "심령능력"이라고 부르는 것입니다. 가장 귀중한 영혼의 능력은 직관력입니다. 그리고 그것의 일부가 물질세계 너머에 있는 에너지들에 대한 감수성입니다. 이런 능력을 통해 여러분은 가시적인 빛보다 높거나 낮게 진동하는 에너지들을 느낄 수 있으며, 많은 경우에 그것을 볼 수도 있습니다. 그러므로 영적인 성향의 많은 사람들이 낮은 에너지와 높은 에너지, 양쪽을 다 감지할 수 있는 것입니다.

사람들을 영적인 길로 나가게 하고 그들이 보다 높은 진리를 감지할 수 있게 하는 것이 종종 이런 감수성입니다. 하지만 그러한 동전의 다른 면은 여러분이 또한 어둠의 에너지들도 느낄 수 있다는 것입니다. 모든 사람들이 양쪽측면을 갖고 있습니다. 나는 많은 기독교인들이 이런 개념에 대해 눈살을 찌푸릴 것임을 알고 있지만, 실제로 나는 나의 제자들에게 이것을 가르쳤고, 또한 영혼들을 분별하는 그들의 능력을 키우는 방법을 가르쳤습니다(요한1서 4:1).[6] 이런 영혼의 식별력에는 높고 낮은 에너지들을 감지하는 능력도 포함됩니다. 여러분은 빛과 어둠의 영혼들/에너지들 간의 차이를 알 수가 있습니다.

그래서 우리가 영적인 위험들을 감지하는 우리의 능력을 키우는 것이 영적성장의 자연스러운 일부라는 것이죠? 저는 때때로 제가 보통 사람들보다 그런 에너지들에 대해 취약하지 않았을까하고 생각합니다.

정반대입니다. 당신은 저급한 에너지를 감지했고, 또한 고급의 에너지들을 감지했기 때문에 실제로는 별로 위험한 상황에 노출돼 있지는 않았습니다. 당신은 자신의 에너지적인 민감성이 당신의 동료들이 무턱대고 몰려들었던 어떤 상황들을 종종 피할 수 있게 해주었다는 사실을 이해할 것입니다. 나는 어떤 사람들이 무지가 축복이라고 주장한다는 것을 알고 있지만, 그것은 전혀 진실이 아닙니다. 세균감염에 의해 사망한 수백만 명의 사람들이 (육신에서) 해방되었다고 느꼈을 수는 있습니다. 그러나 그들의 무지는 지복이 아니라, 오히려 그것은 치명적이었습니다!

하지만 당신은 어둠의 에너지들을 감지할 수 있었기 때문에 자연히

---

6)"사랑하는 자들아, 영을 다 믿지 말고 오직 영들이 하나님께 속하였나 시험하라. 많은 거짓 선지자가 세상에 나왔음이니라."

이런 민감성을 갖고 있지 못했던 사람들보다 자신이 더 취약하다고 느꼈던 것입니다. 나는 이것이 당신의 어린 시절 동안에 많은 두려움을 유발했다는 것을 알고 있지만, 그 이유는 당신이 어둠의 에너지들로부터 자신을 보호하는 방법을 가르치지 않았던 문화 속에서 성장했다는 데 있습니다. 일단 당신이 자기 자신을 보호하는 법을 배우고 그런 방어책을 응용하기 시작하면, 당신의 취약성에 관한 생각이 사라질 것입니다. 내말에 동의하나요?

물론입니다! 영적인 방어책을 이용하는 방법을 배운 것은 제가 영적인 길을 발견한 결과로서 받은 가장 큰 선물들 중에 하나였습니다. 그로 인해 저는 평화로움과 삶을 즐기는 제 능력에 있어서 엄청난 차이를 경험했습니다. 저는 오늘날 영적인 보호를 기원하는 방법을 알기 전의 저와는 완전히 다른 사람입니다.

그리고 영적인 길에 관한 가장 중요한 개념들 가운데 하나는 한 인간이 이룩한 것은 다른 모든 이들도 이룰 수 있다는 생각입니다. 따라서 그런 마음을 가지고 어떻게 사람들이 그들의 영적성장을 방해하는 힘들에 맞서 그들 자신을 보호하는 방법을 배울 수 있는지 생각해 봅시다. 우리가 논의할 필요가 있는 첫 번째 요소는 모든 것이 에너지라는 사실입니다. 그리고 그렇기 때문에 여러분이 행하는 모든 것은 에너지로 이루어집니다. 결과적으로 여러분 삶의 모든 측면은 어떻게 에너지가 작용하는가를 규정하는 자연법칙에 의해 영향을 받습니다. 그러므로 여러분이 영적인 길에 관해 진지한 마음이 있다면, 어떻게 에너지가 작용하는가에 대해서 보다 폭넓은 이해에 도달하는 것은 절대적으로 필요합니다.

우리는 이미 이것을 〈빛을 향한 내면의 길(Inner Path of Light)〉이란 책과 성모 마리아님의 심오한 가르침이 담긴 계시서인 〈너희의 행성을 구하라(Save Your Planet)〉에서 아주 상세히 설명한 바가 있습니다. 따라서 나는 이 책에서는 간략한 개요만을 전할 것입니다. 그렇게 함으로써 아직 다른 책들을 읽지 않은 사람들이 큰 그림을 이해할 수 있을 겁니다. 에너지에 관한 주제는 에너지 이용법의 지식이 내면화될 때까지 모든 영적 추구자들에 의해 공부되어야 마땅합니다. 예를 들면, 독성의 에너지로부터 여러분 자신을 보호하는 것은 해로운 세균으로부터 여러분 자신을 보호하는 것만큼이나 자동적이 되어야 합니다.

모든 것이 에너지라는 개념은 진보적인 계시가 왜 필수적인가에 관한 하나의 완벽한 본보기입니다. 내가 2,000년 전에 제자들에게 가르쳤을 때, 어떻게 에너지가 인간의 삶에 영향을 미치는가를 설명하는 것은 불가능했습니다. 그러나 과학의 발견들은 내가 사람들이 영적성장의 이런 중요한 측면들에 관한 보다 높은 이해에 이르도록 돕는 데 훨씬 나은 조건들을 허용해주었습니다.

어떻게 사람들이 모든 것이 에너지로 이루어져 있다는 사실에 기초한 세계관에 적응할 수 있는지 숙고함으로써 시작해 봅시다. 여러분은 내가 어떻게 인간이 그리스도 의식에 도달하여 이원성에 의해 지배되는 마음의 상태에서 벗어나 일체의식의 상태로 옮겨가는가를 설명했던 것을 기억할 수 있을 겁니다. 앨버트 아인슈타인(Albert Einstein)이 모든 것이 에너지라는 것을 발견했을 때, 그는 그것을 인류가 이원성에서 벗어나 근본적인 일체성을 이해할 수 있도록 더 쉽게 만들어 놓았습니다. 하지만 불행하게도 대부분의 사람들은 자기들의 세계관을 아인슈타인이 발견한 것들에 기초해서 바꾸지 않았습니다. 그럼에도 그것이 영적인 구도자들을 멈추게 해서는 안 됩니다.

모든 것이 에너지로 이루어져 있다는 사실은 우주 안에는 장벽이 없다는 것을 의미합니다. 전통적으로 종교인들은 천상과 지상 사이에는 장벽이 있다고 보았습니다만, 그것은 사실이 아닙니다. 물질세계와 영적세계 양쪽은 다 에너지로 이루어져 있습니다. 그리고 두 세계들 간의 유일한 차이는 그 에너지파를 구성하고 있는 진동의 차이뿐입니다. 그러므로 거기에는 정말로 장벽이 없습니다. 그리고 그렇기 때문에 여러분이 영적인 세계로부터 지시와 에너지를 받을 수 있는 것입니다. 인간의 마음은 마치 라디오(Radio)처럼 작용합니다. 여러분이 이원성에 고착돼 있다면, 여러분의 개인적인 라디오는 자신의 육체적 감각으로 탐지할 수 있는 오직 하나의 방송국, 즉 물질세계만을 수신할 수가 있습니다. 그런데 여러분이 그리스도 의식을 향해 올라감에 따라 보다 커다란 안테나를 형성하게 됩니다. 그리고 여러분은 이제 보다 많은 방송들을 수신할 수 있습니다. 이것이 바로 영적 성장이 가능하게 만드는 것입니다.

결코 실제가 아닌 다른 장벽은 마음과 물질 사이의 장벽입니다. 아인슈타인의 발견은 견고한 물질이 에너지로 만들어져 있다는 것을 입증했습니다. 그리고 사념들도 명백히 에너지의 한 형태이기 때문에 생각이 물질에 영향을 미치는 것이 가능합니다. 이것은 왜 인간들이 오늘날 지구상에서 볼 수 있는 고난들을 창조했는가를 설명해줍니다. 그들은 마음의 힘을 통해서 이런 상황을 만들어 냈습니다. 그리고 나중에 우리는 어떻게 하여 그렇게 되었는가를 탐구할 것입니다.

현재, 중요한 개념은 영적인 세계와 물질세계 간에는 장벽이 없다는 것입니다. 사실 물질우주는 영적세계가 확장된 그 일부입니다. 그리고 성모 마리아께서는 물질우주를 '빙산의 일각'에다 비유하셨습니다. 그것은 보다 거대한 전체의 일부이지만, 사람들이 이원성의 의식에 빠져 있는 한 그들은 영적인 세계를 인식할 수가 없습니다. 대부분의 빙산이 수면 아래에 있듯이, 그것은 시야에서 감추어져 있습니다.

여러분이 영적인 길을 올라감에 따라 물질세계 너머에 있는 에너지들에 대한 자신의 감수성을 증대시키게 됩니다. 그리고 그것이 사람들로 하여금 자기들이 육체 이상의 존재들이라는 사실을 받아들이기 쉽게 만들 것입니다. 여러분은 자석(磁石)이 그 주변을 둘러싼 비가시적인 장(場)을 갖고 있다는 것을 압니다. 그리고 여러분의 신체 또한 그 주변을 에워싸고 있는 에너지장을 갖고 있습니다. 사실상 여러분의 존재 전체가 일종의 에너지장입니다. 그리고 육체는 단지 그 에너지장의 가장 농후한 일부분입니다. 영적인 추구자들이 자신의 몸 주변에 에너지장을 갖고 있다는 사실을 숙고하는 것은 중요합니다. 모든 다른 사람들 또한 그런 에너지장을 갖고 있으며, 따라서 여러분이 다른 사람과 만나 교류할 때, 눈을 마주하는 것 이상의 상호작용이 있는 것입니다. 모든 상호작용들에는 우리가 심령적이라고 부를 수 있는 눈에 보이지 않는 에너지들의 교환이 포함돼 있습니다. 나는 분노하고 있는 누군가의 옆에서 큰 고함을 듣고 난 다음 의기소침해지는 경험을 한 적이 누구에게나 있으리라고 생각합니다. 그 이유는 화가 나 있는 그 사람이 방출한 저급한 주파수의 독성 에너지가 여러분의 에너지장에 침투해서 여러분이 자신에 관해 생각하고 느끼는 것에 영향을 미쳤기 때문입니다.

이런 간단한 개념들을 토대로 만약 여러분이 영적인 진보에 대해 진지하다면, 외부의 독성 에너지에 의해 침범당하는 것에 대비해 자신의 개인적 에너지장을 보호하는 방법을 배우는 것은 필수적임이 명백해질 것입니다. 에너지가 어떻게 작용하는가를 알게 될 때, 여러분 자신을 보호하는 방법을 아는 것은 쉬워집니다.

에너지는 단순히 진동입니다. 그리고 어떤 사람이 분노와 같은 부정적인 감정에 사로잡혀 있다면, 그 사람은 어떤 주파수의 에너지파를 방출하고 있는 것입니다. 분노가 사랑과 같은 긍정적인 감정보다 저급한 주파수의 에너지파를 생성하리라는 것은 어렵지 않게 이해할 수 있을 겁니다. 과학은 저급한 주파수의 에너지가 높은 주파수의 에너지를 투과할 수 없다는 것을 여러분에게 말해줄 수 있습니다. 이것은 많은 공상과학 영화들에 설명되어 있는데, 거기서는 우주선이 어떤 미사일이나 레이저 빔도 관통할 수 없는 보호막을 갖고 있다고 묘사합니다.

이제 여러분의 에너지장을 보호하는 한 가지 방법은 (우주선처럼) 그 주변에 보호막을 형성하는 것이라는 사실이 분명해집니다. 이러한 보호막은 지구상에서 흔히 볼 수 있는 수많은 형태의 독성 에너지가 아니라 높은 주파수의 에너지로 만들어져야 합니다. 그렇다면 그런 주파수의 에너지를 찾을 수 있는 천연의 장소가 어디에 있을까요? 확실히 그것은 영적인 세계이며, 그곳은 물질세계의 어떤 진동들보다 높은 진동들로 이루어져 있습니다. 만약 여러분이 자신의 개인적 에너지장 주변에다 높은 주파수의 영적 에너지로 이루어진 보호막을 기원하여 구축한다면, 그것은 실질적으로 물질세계의 어떤 진동들에 대해서도 여러분을 보호해줄 수가 있습니다. 그리고 그 보호막이 충분히 강력하다면, 여러분은 그 어떤 독성 에너지들에도 안전해질 것입니다.

그것은 그처럼 확실한 개념입니다만, 수많은 사람들이 이런 개념을 이해하지 못했다는 생각이 드네요. 제 말은 이런 한 가지 개념이 사람들의 삶과 그들의 영적인 성장에 중요한 영향을 줄 수 있었다는 뜻입니다. 저는 이런 개념이 유치원에서부터 가르쳐져야 한다고 생각합니다.

언젠가는 그렇게 될 것입니다. 하지만 그때까지 그것은 스스로 그것을 배우려는 사람들에게 달려 있을 것입니다.

어떻게 우리가 최상의 영적인 보호를 기원할 수 있을까요?

그 모든 방법은 영적인 보호를 요청하는 것은 어떤 종류의 마법이나 초자연적 능력을 필요로 하지 않는다는 점을 인식함으로써 시작됩니다. 여러분은 이미 자신에게 필요한 모든 것을 갖고 있는데, 왜냐하면 여러분의 영혼과 마음은 그 자체를 통해 영적인 에너지가 물질세계로 흘러들어올 수 있는 도관(導管)처럼 설계돼 있기 때문입니다. 물질세계는 오직 고등한 차원의 세계로부터 이 세계로 흘러들어오는 지속적인 영적 에너지의 흐름이 있기 때문에 계속해서 존재할 수가 있습니다. 하지만 이런 에너지의 흐름은 단순히 기계적인 과정이 아닙니다. 그 에너지는 오직 자아의식적인 존재들의 마음을 통해서만 흐를 수가 있습니다. 이런 존재들 중에 어떤 이들은 영적인 세계들에 거주합니다. 그리고 우리는 승천한 대사들의 집단입니다. 우리의 임무 가운데 일부는 영적 에너지를 유도하여 그것을 육화한 존재들이 받아들일 수 있을 때까지 그 진동을 단계적으로 낮추는 것입니다.

사람들이 성경의 다음과 같은 말을 숙고하는 것은 중요합니다. "그리고 신이 말씀하셨다. 우리의 형상, 우리와 닮은 모습으로 인간을 만들자(창세기 1:26)." 이 말의 한 가지 측면은 인간들이 영적 에너지를 그들의 마음을 통해 흐르게 하는 능력이 있다는 것입니다. 그들은 그 에너지를 (특정 방향으로) 유도할 수가 있고 그 에너지의 진동을 떨어뜨릴 수도 있습니다. 내 요점은 여러분은 이미 높은 주파수의 영적 에너지를 끌어낼 수 있는 타고난 능력을 갖고 있기 때문에 그것을 자신의 마음을 통해 흐르게 하여 자기의 개인적 에너지장 주변에다 보호막을 형성하도록 유도할 수 있다는 것입니다.

　오랜 역사에 걸쳐 승천한 대사들은 영적 에너지를 끌어내고 유도하는 수많은 다른 기법들을 사람들에게 주었습니다. 대부분의 종교적 의식(儀式)들은 사실 원래 그런 기법으로서 주어진 것입니다. 그렇지만 사람들이 에너지에 관한 이해력이 없었기 때문에 그런 의식들의 본래 목적은 거의 이해되지 않았습니다. 결과적으로 많은 의식들이 왜곡되거나 망각되었고, 또 의도했던 성과를 얻지 못한 채 틀에 박힌 방식으로 이용되곤 했을 뿐입니다. 여러분이 영적인 기법을 이용함으로써 최상의 효과를 얻기 위해서는 다음과 같은 사항들이 필요합니다.

● 여러분은 그리스도 자아에 대한 내면적인 연결이 필요하며, 또한 그것을 통해 영적인 세계와도 연결될 필요가 있다. 모든 사람들이 이미 영적세계와 어느 정도의 관계는 갖고 있다. 하지만 그 관계가 더 강해지면 강해질수록, 여러분의 가슴이 더욱 더 그 의식을 실행하여 더 많은 에너지를 끌어낼 수 있다. 여러분의 그리스도 자아 및 영적세계와의 관계는 일종의 열린 문이다. 그리고 그 문이 보다 넓으면 넓을수록 더 많은 에너지가 그 문을 통해 흐를 수가 있다.

● 에너지의 흐름을 기원한 후, 그것을 특정 상황들 속으로 유도할 필요가 있다. 여러분은 이것을 자신의 의식적인 마음으로 실행한다. 이것에는 상상력과 의지력이 포함된다. 여러분이 삶과 자신의 심리에 관해 더 많이 이해하면 할수록, 여러분은 더욱 더 낫게 영적 에너지를 특정 상황들 속으로 유도할 수가 있다. 예를 들어, 여러분이 자신의 영적진보를 방해하는 힘들에 관해 보다 더 이해하면 할수록 더욱 더 낫게 여러분의 영적 보호막을 형성할 수가 있는 것이다. 그리고 그 보호막을 유지하는 데 있어서 더 나은 결정을 하게 될 것이다.

● 에너지를 끌어내어 그것을 어디로 유도할 것인지를 결정한 후, 여러분의 진보를 방해하는 힘들을 제압할 수 있는 힘을 형성할 필요가 있다. 그러므로 여러분에게는 불굴의 인내력이 필요하지만, 또한 최상의 가능한 결과들을 안겨다 줄 기법을 찾을 필요가 있다.

이용할 수 있는 많은 기법들이 있기는 하나, 그것들은 기본적으로 2가지 범주로 분류될 수 있습니다. 명상과 묵상과 같은 일부 기법들은 여러분이 내면으로 들어가 영적인 세계와 관계를 형성하고 그 연결을 강화하는 것을 돕습니다. 이런 기법들이 에너지의 흐름을 개방하는 것을 도울 수 있지만, 여러분이 또한 그 에너지를 유도하고 힘을 형성하는 기법들을 응용하지 않는 한, 최대치의 성과를 얻지는 못할 것입니다. 심상화(心像化) 기법들은 여러분이 에너지를 유도하는 것을 도울 수 있습니다. 그러나 압도적인 힘을 형성하는 최상의 방법은 발언(發言) 또는 발성(發聲)의 힘을 이용하는 것입니다.

구약성서의 "그리고 하나님이 말씀하셨다. 빛이 있으라. 그랬더니 빛이 생겨났다(창세기 1:3)."라는 구절에는 중요한 메시지가 담겨 있습니다. 이 사실은 창조주께서 물질우주를 창조하기 위해 말의 힘, 소리의 힘을 이용했다는 것입니다. 그러므로 영적인 보호를 기원하는 가장 효과적인 의식(儀式)은 발언의 힘을 이용하는 것입니다. 이것은 동양에서 사용한 챈트(Chant)[7]나 그레고리오 성가(聖歌), 발성기도, 확언, 디크리(Decree), 또는 로사리오(Rosary) 등의 어떤 것도 될 수가 있습니다.

영적인 보호를 기원하기 위해 현재 이 지구 행성에서 이용할 수 있는 가장 효과적인 의식은 〈미카엘 대천사의 로사리오〉입니다. 이 로사리오는 여러분의 영적진보를 방해하는 어떤 힘들로부터 여러분을 보호하기 위해 특별히 고안돼 있습니다. 대천사 미카엘은 창조주에 의해 이 세상의 (부정적) 세력들로부터 여러분의 신앙과 생명, 영적발전을 보호하라는 명을 받은 매우 강력한 영적존재입니다. 영적인 진보에 관해 진지한 관심을 가진 그 누구나 자신들의 삶 속에서 미카

---

[7]신을 찬양하는 노래나 구절을 소리 내어 반복해서 읊조리는 것

엘 대천사에게 기원하는 것은 대단히 유익할 것입니다.[8]

저는 1984년부터 미카엘 대천사의 보호를 기원하는 의식을 해 왔기 때문에 그 힘에 대해 증명할 수가 있습니다. 그 때 이전에 저는 종종 심령적, 혹은 어둠의 에너지들에 의해 엄청난 부담감을 느끼고는 했었지요. 그리고 저는 다른 사람들로부터 나오는 독성 에너지에 민감했습니다. 하지만 저는 미카엘 대천사에게 기원함으로써 그것을 극복했고, 훨씬 더 낮게 내 감정과 생각들을 통제할 수 있다고 느꼈습니다.

처음에 저는 어느 정도 기계적인 방식으로 영적인 보호를 기원했습니다. 그렇지만 당신이 말씀하고 계신 내면적인 연결을 제가 갖고 있다고 느끼지 못했습니다. 저는 정말 어떻게 그 에너지를 유도해야하는지도 몰랐지만, 아직도 그것이 유익한 효과가 있다는 것을 느낍니다. 그럼 당신은 독성의 에너지에 눌려서 무력감을 느끼는 이들과 거의 직관적인 접속능력이 결여된 사람들에게 어떻게 충고하시겠습니까?

그런 사람들은 가능한 한 가장 효과적인 도구를 사용하는 것이 절대로 필요합니다. 그리고 그런 이유로 해서 그들은 발언의 힘이 필요합니다. 나는 많은 영적인 구도자들이 명상, 요가, 또는 심상화 등을 이용한다는 것을 알고 있지만, 그런 도구들이 효과적이 되기 위해서는 강한 내적인 연결이 요구됩니다. 발성된 단어, 특히 〈미카엘 대천사의 로사리오〉는 설사 여러분이 내면적인 연결능력이 거의 없고 별로 심상화를 사용하지 않는다고 하더라도 강력한 효과가 있을 것입니다. 그런 까닭에 발성된 특수한 단어는 위축감을 극복하는 최상의 방법입니다. 여러분이 자신의 문제를 해결함에 따라 - 아니면 오히려 독성 에너지가 여러분을 아래로 끌어내린다 - 내면적인 연결형성을 시작할 수 있고 자신의 힘을 심상화할 수 있습니다. 이것이 여러분의 발

---

8)〈미카엘 대천사의 로사리오〉 전문과 그 사용법은 이 책의 맨 뒤에 부록으로 수록되어 있다.(편집자 주)

성기도의 효능을 증대시킬 것입니다. 그리고 그것이 여러분이 명상과 심상화 기법을 이용하는 것을 더욱 용이하게 만들 것입니다.

예수님이 아시다시피, 저는 발성된 단어의 힘을 알기 전까지는 여러 해 동안 명상을 이용했습니다. 그리고 저는 명상이 저를 낮은 에너지들에다 노출시켰다는 것을 느꼈습니다. 이게 사실일까요? 그렇다면 어떻게 해서 그런 일이 발생한 것인가요?

당신이 인류의 역사를 살펴본다면, 엄청난 양의 독성 에너지가 생성되어 지구의 에너장 속을 떠돌고 있다는 점이 명백해질 것입니다. 성모 마리아께서 〈너희의 행성을 구하라〉에서 설명하고 계시듯이, 이런 에너지들이 같은 것들끼리 서로 끌어당기는 유유상종의 법칙에 따라 자연적으로 축적될 것입니다. 그리고 이런 축적이 점차 강화되는 만큼, 그 에너지들은 바다 속의 엄청난 소용돌이와 매우 흡사하게 보텍스(Vortex)를 형성하기 시작할 것입니다. 그런 보텍스들은 여러분의 생각과 감정들을 압도할 수 있습니다.

지난 수십 년 간에 걸쳐 일어났던 일은 서구의 수많은 사람들이 영적성장에 좀 더 관심을 갖게 되었다는 것입니다. 이런 사람들의 영적인 갈망을 충족시켜줄 수 있었던 것은 주류 기독교가 아니며, 과학도 아닌데, 그들 가운데 다수가 영적인 가르침과 기법을 찾기 위해 동양으로 눈을 돌렸습니다.

내 말을 오해하지는 말기 바랍니다. 동양은 뛰어난 많은 가르침들과 기법을 갖고 있습니다. 그리고 사실 나는 과거 소위 잃어버린 세월[9] 동안 동양으로 여행했을 때, 그것들을 공부했고 그 일부를 이용하기도 했습니다. 그럼에도 동양의 가르침들을 서구의 사람들에게

무비판적으로 옮기는 것은 몇 가지 문제가 있습니다. 우선 동양 사람들은 서양인들이 실제적인 반면에 자연히 보다 영적인 지향성의 마음을 갖고 있습니다. 그러다보니 수많은 동양의 기법들은 영적인 세계로 연결되는 부분을 여는 데 초점이 맞추어져 있습니다. 하지만 서구의 영적 구도자들에게는 실제로 그들이 영적 에너지를 유도하여 지구상에서 확고한 변화를 창출하도록 도울 수 있는 기법들이 필요합니다.

서양의 대부분의 사람들은 더욱 활동적이고 외향적이며, 그들은 종종 더 바쁘게 삽니다. 그 좋은 면은 서양이 더 높은 생활기준을 갖고 있고 사람들의 물질적 욕구를 돌보는 데 더 낫다는 것입니다. 한편으로 부정적인 면은 서구의 많은 지역, 특히 거대한 도시들은 독성 에너지로 이루어진 강렬한 보텍스들을 갖고 있으며, 민감한 많은 사람들이 그것을 스트레스로서 경험한다는 것입니다. 사람들이 대단히 스트레스가 많은 환경 속에서 바쁘게 살 때, 그들의 마음은 흔히 어느 정도 혼란스러운 생각들로 채워져 있습니다. 그렇기 때문에 마음을 고요히 가라앉히고 가급적 모든 사념들을 비우게끔 고안돼 있는 동양의 명상 형태를 이용하는 것이 매우 매력적으로 보입니다.

문제는 사람들이 일반적인 의식 상태에 있는 동안, 그들의 의식적인 마음이 적어도 얼마간의 독성 에너지를 - 그리고 스트레스로 가득한 사념들을 - 환경 속으로 방출할 수 있다는 것입니다. 그런데 여러분이 마음의 사념들을 비웠을 때, 모종의 방어책을 쉽게 없앨 수가 있습니다. 그리고 많은 서구인들의 경우 남아 있는 방어책이 없습니다. 따라서 이제 그들의 에너지장은 환경 속에 있는 독성 에너지와 불순한 사념들에 대해 무방비로 노출됩니다. 그리고 흔히 그들은 그것에 의해 압도당합니다. 그런 이유 때문에 여러분 자신과 같은 어떤 사람들은 초기에는 명상을 통해 커다란 고요함을 느끼지만, 나중에는 명상할 때 마음이 흔들리는 것을 느끼기 시작합니다.

그렇다고 내가 여기서 그 사람들이 명상이나 다른 동양의 기법들을 포기할 필요성이 있다고 말하고 있는 것은 아닙니다. 하지만 그들이 알아야할 필요가 있는 것은 대부분의 동양의 수련기법들은 은둔처나 암자(庵子), 수도장(修道場)과 같이 보호돼 있던 환경 속에서 살던 사람들에게 주어졌던 것이라는 사실입니다. 어떤 기법들은 너무나 강력해서 오직 제자에 대한 그 기법의 효과를 통찰할 수 있었던 개인적 스승에 의해서만 주어졌습니다. 여러분이 그런 기법들을 누군가에게 무분별하게 전해준다면, 저급한 에너지에 마음이 노출되는 어떤 사람들이 있게 될 것입니다. 이런 문제를 극복하는 비결은 영적인 보호를 위한 효과적인 기법들을 응용하는 것이며, 그럼으로써 여러분은 환경 속의 독성 에너지와 불순한 사념들로부터 여러분 자신을 봉인할 수가 있습니다. 만약 사람들이 영적인 기법과 그들의 명상을 결합한다면, 그들 대부분은 명상수행에서 더 나은 결과를 얻게 될 것입니다.

저는 실제로 몇 년 동안 명상을 포기해야만 했습니다. 하지만 제가 영적인 보호를 기원하기 시작했을 때, 비로소 저는 어떤 에너지들에 의해 짓눌리거나 방해받지 않고 다시 명상수행을 할 수 있었죠. 당신은 우리가 또한 우리 자신의 에너지장 속에 있는 독성 에너지에 의해 방해받을 수 있다고 언급하셨습니다. 이런 문제로부터 우리 스스로 자유로워지기 위해서 우리가 무엇을 할 수 있을까요?

앞서 우리가 이야기를 나눈 바와 같이, 여러분의 신아로부터 여러분의 마음을 통해 흐르는 지속적인 에너지의 흐름이 있습니다. 그런데 여러분의 마음이 그 진동을 변화시킵니다. 그리고 과학은 일단 한 에너지파가 어떤 진동을 취하게 되면, 그런 진동상태로 무한히 머물러 있게 된다는 것을 증명했습니다.

사람들이 마음에 상처가 되는 경험을 겪을 때, 그들의 생각과 감정들이 어떤 주파수의 에너지파를 생성하고 있다는 사실을 상상하는 것은 어렵지 않을 것입니다. 여러분이 더 이상 분노를 느끼지 않을 때조차도 생성된 그 에너지는 결코 엷은 공기 속으로 사라지지 않습니다. 그 일부는 우주로 방사되어 보내질 것입니다. 그리고 그것이 우주거울에 의해 반사되어 여러분에게 다시 돌아올 것입니다. 하지만 그 에너지의 얼마간은 여러분의 개인적 에너지장 속에 저장될 것입니다. 그러므로 일생에 걸쳐서 상당한 양의 저급한 주파수의 에너지를 자신의 에너지장 안에 축적할 수 있습니다. 여러분도 알다시피, 같은 것들끼리는 서로 끌어당기기 때문에 지구는 여러분에게 중력적인 끌어당기는 힘을 가하고 있습니다. 여러분의 에너지장 속에 저장된 독성 에너지들은 당신들의 심령체(Psychic Body), 즉 잠재의식과 의식적인 마음에다 당기는 힘을 가할 것입니다. 그 축적된 심령적 에너지들이 여러분의 의식적인 생각들과 감정들을 간섭하여 방해할 수 있습니다. 또한 이런 에너지들은 여러분의 에너지장 속에다 의식적인 마음을 압도하는 보텍스를 형성할 수가 있습니다.

자신의 에너지장 속에다 하나의 보텍스를 창조했다고 상상해 보십시오. 이런 에너지의 자기적(磁氣的)인 끌어당기는 힘은 여러 가지 상황에 반응하는 여러분의 능력에 영향을 미칠 것입니다. 만약 자신의 기대대로 따라주지 않는 상황을 경험한다면, 그 자기적인 당기는 힘이 당신들로 하여금 그 상황에 대해 분노로 반응할 가능성을 증폭시킬 것입니다. 심령적 에너지가 증가되어 축적됨에 따라 그 자기적인 힘이 너무나 강력해져서 결국 여러분은 자신의 의식적인 마음을 통제하는 능력을 상실할 수가 있습니다. 이렇게 되면 더 이상 어떤 상황에 대한 자신의 반응을 의식적으로 선택할 수가 없습니다. 여러분의 반응은 미리 결정돼 있는데, 왜냐하면 자신의 에너지장 속의 에너지가 여러분의 의식적인 의지력을 압도해버리기 때문입니다. 그런 이유에서 여러분은 얼마나 그들이 열심히 노력하느냐와는 상관없이 자기들의 분노를 통제할 수 없는 사람들을 보고 있는 것이지요. 그러므로 만약 여러분이 영적인 길을 걷는 것에 진지한 관심이 있다면, 자신의 에너지장을 지배할 필요가 있습니다. 우선 자신의 에너지장 속에 부정적인 심령 에너지가 축적되는 것을 막아야 합니다. 하지만 대부분의 사람들이 그러하듯이, 만약 여러분이 그런 에너지를 이미 축적했다면, 그 에너지를 제거하기 위한 방법을 찾아야만 합니다.

여기서 명백하게 중요한 부분은 더 많은 독성 에너지를 만들어내는 짓을 여러분 스스로 멈추는 것입니다. 여러분의 영적인 자아로부터 내려오는 에너지가 여러분 자신의 잠재의식과 의식적인 마음을 통과할 때, 그것은 여러분의 삶에 대한 믿음과 태도에 걸 맞는 진동의 형태를 취할 것입니다. 만약 여러분이 삶에 대해서 부정적인 태도나 사고방식을 갖고 있다면, 자신의 영적인 자아로부터 오는 에너지의 진동을 낮게 떨어뜨릴 것입니다.

성모 마리아님이 〈너희의 행성을 구하라〉에서 설명하신 것처럼, 여러분의 영적인 자아로부터 나온 에너지는 자연적으로 여러분의 영혼으로 흘러들어갔다가 다시 영적인 자아로 돌아가게 되어 있습니다. 그런데 오직 그 에너지가 충분히 높은 진동을 이루고 있을 때만 여러분의 영적인 자아로 흘러서 돌아갈 수가 있는데, 이것은 사랑의 진동으로 한정돼 있다는 뜻입니다. 여러분의 신아로 흘러 돌아간 에너지는 하늘에 저축한 보물이 됩니다(마태복음 6:20).[10] 하지만 그것은 또한 내가 달란트에 관한 우화에서 설명했듯이(마태 25:14~30), 엄청난 분량으로 불어나 여러분에게 되돌려 보내지게 될 것입니다. 따라서 여러분은 부정적인 감정으로 상황에 반응하지 않는 방법을 배움으로써 자신의 신아로부터 흐르는 에너지를 오염시키지 않는 것이 필요합니다. 이렇게 되기 위해서는 여러분이 받은 감정적인 상처들이 해결되어야 합니다. 그리고 우리는 이에 관해서 나중에 보다 더 상세하게 이야기를 나눌 수가 있습니다.

다른 중요한 점은 여러분의 개인적 에너지장 속에 축적된 저급한 주파수의 에너지를 변형시키는 방법을 배우는 것입니다. 이것은 높은 주파수의 에너지를 기원하여 그것을 낮은 주파수쪽으로 유도함으로써 이루어질 수가 있습니다. 과학자들이 증명했듯이, 만약 여러분이 높은 주파수의 에너지파를 낮은 주파수의 에너지파쪽으로 향하게 하면, 실제로 낮은 주파수의 진동을 높일 수가 있습니다.

여러분은 그런 변형의 에너지를 영적인 보호를 기원하는 것과 동일한 방식으로 기원할 수 있으며, 단지 다른 형태의 영적 에너지를 기원한다는 점만 다를 뿐입니다. 미카엘 대천사의 영적인 빛의 색채는 매우 강렬하며, 맥동하는 짙은 청색입니다. 독성 에너지를 변형시키는 데 가장 효과적인 형태의 에너지는 짙은 보랏빛 색채입니다. 보랏빛은 눈에 보이는 색채들 가운데 가장 높은 진동을 갖고 있습니다. 그리고 내가 이야기하고 있는 영적 에너지는 물질 스펙트럼에 매우

---

10)"오직 너희를 위하여 보물을 하늘에 쌓아 두라. 거기는 좀이나 동록이 해하지 못하며, 도적이 구멍을 뚫지도 못하고 도적질도 못하느니라."

가까운 진동을 지니고 있습니다. 그러므로 그것이 축적된 심령 에너지를 변형시키는 데 매우 효과적인 것입니다.

내가 〈그리스도는 여러분 내면에서 탄생한다.〉에서 설명했듯이, 승천한 대사들의 집단은 1930년대 이래, 이런 보랏빛 에너지 - 종종 보라색 화염(violet flame)이라고 불린다 - 를 기원하는 여러 기법들을 공개하도록 허락해 왔습니다. 이것은 중요한 하늘의 시여(施興)이자 은혜인데, 왜냐하면 과거 시대에는 이런 에너지 이용법을 대중들에게 가르치도록 허용되지 않았기 때문입니다. 그렇지만 인류가 보다 높은 의식수준으로 올라섰기 때문에 보랏빛 화염을 기원하는 기법들을 대중 앞에 공개하도록 결정되었던 것입니다. 이런 조치는 사람들이 더 이상은 이런 에너지를 오용하려고 하지는 않을 것이라는 희망과 함께 이루어졌습니다. 〈너희의 행성을 구하라〉라는 책에서 성모 마리아께서는 훌륭한 여러 로사리오들을 전해주고 계신데, 그것들은 여러분이 자신의 에너지장 속에 저장된 독성 에너지의 자력(磁力)을 극복하도록 돕기 위해 특별히 고안돼 있습니다. 이런 로사리오들은 보랏빛 화염을 기원하여 끌어냅니다.

우리는 앞서 삶에 의해 짓눌려 있다고 느끼는 사람들에 관해 이야기를 나누었습니다. 그리고 우리는 이제 이런 느낌이 저급한 주파수의 심령 에너지에 의해 유발된 것임을 알 수 있습니다. 이런 에너지 가운데 어떤 것은 외부로부터 여러분의 에너지장 속으로 들어간 것이고, 또 어떤 것은 여러분이 내부에서 만들어낸 것입니다. 한편으로는 영적인 보호를 위한 기원을 하고, 다른 한편으로는 축적된 에너지의 변형을 위해 보랏빛 화염을 기원하는 두 갈래 접근법을 적용함으로써 대부분의 사람들이 신속히 개선되는 효과를 인식할 것입니다. 그들은 압박감을 덜 느낄 것이고 점차 자신의 삶에 대한 통제력을 회복할 것입니다.

나는 사람들이 삶에 짓눌려 있다고 느낄 때 영적인 기법을 응용하는 것이 자기들의 수용력을 넘어서 있다고 생각될 수도 있음을 압니다. 그렇지만 대부분의 사람들은 해로운 세균이나 화학물질로부터 자기들의 몸을 보호하기 위해 일상적인 어떤 노력을 합니다. 그러므로 부정적인 심령 에너지로부터 여러분의 마음을 보호하는 방법을 배우는 것은 어렵지 않습니다. 적지만, 마음먹고 노력함으로써 모든 사람들이 스스로 더 많은 에너지를 갖고 있다고 느끼기 시작할 것입니다. 그리고 그들은 마침내 마음의 커다란 평화로움을 느끼게 될 것입니다.

저는 그것을 분명히 증언할 수 있습니다. 과거 1984년도에 저는 영적인 보호와 보랏빛 화염을 기원하기 시작했습니다. 제 경우에는 청소년기 시절부터 종종 저를 사로잡아 감정적 고통을 느끼게 만드는 어떤 상황이 있었습니다. 제가 3~4개월 동안 날마다 보랏빛 화염을 기원한 후에 저는 갑자기 이제는 과거처럼 강한 감정적 고통의 느낌이 없이 이런 상황들에 대해 생각할 수 있다는 것을 깨달았습니다. 나는 이런 상황을 변화시키기 위해 그 밖의 다른 것을 한 것은 아무것도 없으며, 그래서 저는 그것이 오직 보랏빛 화염을 기원한 덕분이라고 할 수가 있습니다. 즉 그 화염이 제 에너지장 속의 안 좋은 어떤 에너지들을 제거했던 것이지요. 때문에 더 이상 과거처럼 제 감정에 가해졌던 자기적(磁氣的)인 당김의 힘이 없어졌습니다. 그때 이후 저는 보라색 화염에 대한 기원을 통해 훨씬 더 극적인 효과를 경험한 바가 있습니다.

당신 말이 맞습니다. 대부분의 사람들이 유사한 결과들을 경험할 것입니다. 하지만 그들의 에너지장 속의 모든 독성 에너지가 바뀌는 데는 시간이 걸린다는 점을 이해하는 것은 중요합니다. 이런 에너지는 오랜 세월에 걸쳐 축적된 것이기 때문에 그것이 단 며칠이나 몇 달 내에 모두 해소될 수는 없습니다.

많은 사람들이 비교적 짧은 기간 후에 극적인 효과를 경험할 것입니다. 그리고 그 이유는 여러분이 덜 농후한 에너지를 빠르게 제거할 수 있다는 데 있습니다. 여러분은 그 전과 후 사이의 현저한 차이를 느끼기 때문에 그것을 극적인 변화처럼 느낍니다. 그럼에도 여러분이 계속해서 보랏빛 화염의 에너지를 기원함에 따라, 보다 깊은 정신 속으로 들어가 더욱 농후한 에너지들을 처리하기 시작할 것입니다. 그러므로 그런 에너지들을 통해 작업하는 것은 더 오랜 시간이 걸릴 것이고, 간과하기 쉬운 더욱 완만한 진전을 경험할 것입니다.

저는 그것 역시도 증언할 수 있습니다. 저는 제가 어떤 진전을 이뤄내지 못한 것처럼 느꼈던 기간이 있었습니다. 때때로 저는 결과들을 보기 전에 여러 해 동안 특정 문제에 대한 변화를 요청해야만 했습니다. 하지만 결과들은 항상 있었습니다. 제가 또한 말해야 하는 것은 1984년 이후 다른 기법들을 이용하여 영적인 기원을 해왔지만, 미카엘 대천사의 로사리오와 결합된 성모 마리아의 로사리오를 이용함으로써 확실히 빠른 진전을 인식할 수 있었다는 것입니다.

그 이유는 성모 마리아님의 로사리오가 보랏빛 화염을 끌어낼 뿐만 아니라, 계속해서 오염된 에너지를 생성케 하는 인간의 어떤 불완전한 믿음과 사고방식을 해결하도록 돕기도 하기 때문입니다. 그러므로 여러분은 이런 로사리오들을 통해 이중의 효과를 얻는 것입니다. 이런 이유로 성모 마리아께서는 이 행성에서 가장 강력한 영적인 의식(儀式)을 그들에게 수행하라고 요구하고 있는 것이지요. 나는 성실한 모든 영적 추구자들이 이런 로사리오들을 응용하여 기한을 정하지 말고 계속 그것을 이용하라고 적극 격려하고자 합니다. 확실히, 어떤 사람들이 극적인 결과를 보기 위해서는 더 많은 시간이 필요할 수도 있지만, 변함없이 지속적으로 영적인 기원을 함으로써 결국은 모든 사람들이 틀림없이 결과들을 볼 것입니다.

내가 여러분에게 보증할 수 있는 것은 이런 로사리오들의 공개가 영적 구도자들에게는 앞을 향한 중요한 단계를 상징한다는 것입니다. 오늘날의 세상에서 여러분은 역사상 그 어느 때보다도 나은 도구들을 갖고 있습니다. 아주 솔직히 말해서 나는 어떤 구도자들이 어떻게 이런 도구들을 무시하거나 거부할 수 있는지 이해하기가 어렵습니다.

당신께서는 영적인 보호와 독성 에너지 변형을 위한 효과적인 도구를 응용하지 않고는 영적인 길에서 최대한의 진보를 이뤄낼 수 없다고까지 말씀하시는 것인가요?

그렇습니다. 왜 오늘날의 세상에서 활용할 수 있는 쓸모 있는 도구들을 이용하려고 하지 않습니까? 그렇게 하기를 거부하는 것은 전기 대신에 양초를 계속 사용하려는 것과 비슷할 것입니다.

도구를 선택하는 것은 어떤가요? 이것은 개인적인 문제입니까? 아니면 모든 사람들이 당신이 권고한 도구들을 응용해야 한다고 생각하시는 겁니까?

분명히 그것은 개인적인 문제입니다. 그리고 사람들은 그들의 현 의식수준에 따라 응용할 수 있는 도구를 찾는 것이 필요합니다. 하지만 이 책에 대해 마음이 열려 있는 사람들은 내가 권고했던 도구이용을 진지하게 고려해야 합니다. 학생이 준비되었을 때, 스승은 나타납니다. 만약 여러분이 이 책을 발견했다면, 그것은 오직 여러분에게 주어질 수 있는 이런 가르침과 도구들에 대해 당신들이 준비돼 있기 때문인 것입니다.

서양의 많은 사람들은 요가나 명상과 같은 도구들을 좋아합니다. 그들이 당신께서 권고한 로사리오들을 사용하지 않고도 여전히 영적으로 진보할 수 있을까요?

그렇기는 합니다만, 문제는 '그들이 얼마나 신속히 진보하느냐'입니다. 여러분이 먼 목적지로 떠날 예정이고, 여러분에게 자전거와 자동차 중에 하나를 고를 수 있는 선택권이 있다고 상상해보기 바랍니다. 양쪽 다 여러분을 그곳에다 데려다 줄 것이므로 단지 얼마나 빨리 목적지에 도착하고 싶은지를 결정할 필요가 있을 뿐입니다.

내가 여러분이 현재 이용하고 있는 도구들을 반드시 포기할 필요가 있다고 말하고 있는 것은 아닙니다. 내가 말하는 것은 영적인 보호와 독성 에너지의 변형을 기원하는 로사리오들을 이용함으로써 다른 영적 도구들의 효과가 극적으로 증폭될 거라는 것입니다. 다시 말하지만, 왜 이 시대에 활용할 수 있는 그런 도구들을 이용하려고 하지 않습니까?

5장

대중의식에서 떨어져 나오라

서문에서 언급했다시피, 저는 제가 영적인 길을 처음 걷기 시작했을 때, 가족들로부터 어떤 부정적인 반응을 얻었습니다. 그리고 저는 저와 유사한 경험을 했던 사람들을 알고 있습니다. 왜 우리가 그런 일을 겪게 되는지 이해할 수 있도록 조언해 주실 수 있나요?

물론입니다. 이야기를 시작하면서 이 부분을 이해하는 것이 모든 영적 추구자들에게 유익할 대단히 중요한 점이라는 사실을 지적하고자 합니다. 내가 앞서 말했듯이, 인간들은 정반대의 상대적인 선과 악, 또는 작용과 반작용과 같은 이원성에 의해 지배되는 의식상태로 떨어져 있습니다. 말하자면 영혼들이 이원성 의식으로 추락했을 때, 그들은 보다 농후한 에너지의 세계 속으로 빠져버렸다는 것입니다. 이 세계 속에서는 모든 것이 고차원의 세계에서 작용하는 영적인 법칙에 종속돼 있고, 또한 보다 낮은 여러 자연법칙들에 의해 지배됩니다.

이 세계에서의 작용과 반작용의 법칙은 모든 것에는 대가(代價)가 따른다는 것을 나타냅니다. 여러분이 무엇을 선택하든 거기에는 결과가 있습니다. 그리고 그 결과는 미래에 (어떤 것을) 선택할 여러분의 자유를 제한할 수가 있습니다. 이 원리에 관한 단순하면서도 심오한 표현은 "케이크를 먹으면서 동시에 그대로 소유할 수는 없다.(즉 동시에 두 가지 일을 같이 할 수는 없다)." 옛 말입니다. 영적인 구도자들이 외견상 단순해 보이는 이 말 뒤에 숨겨진 보다 깊은 의미를 숙고하는 것은 대단히 중요합니다. 이 말은 영적인 길의 핵심적인 요소를 이해할 수 있는 열쇠를 담고 있는데, 다시 말하면 한계를 뛰어넘을 선택을 해야 할 필요가 있다는 것입니다.

영적인 길이란 영혼이 점진적으로 더욱 더 커다란 창조적 자유와 표현의 단계로 올라서는 것이라고 말할 수 있습니다. 그럼에도 보다 높은 자유의 수준으로 상승하기 위해서는 그 영혼이 자진해서 어떤 정신적 한계와 제한된 의식 상태를 뛰어넘어야 하는데, 그런 것들이 영혼의 영적 자유를 한정시키고 있는 것이지요. 내가 앞서 우주가 일종의 거울이라는 개념으로 설명하려고 노력했던 것처럼, 여러분을 과거에다 붙들어 매고 있는 것은 여러분 의식 속의 한계들입니다. 이것을 나비의 삶의 주기(週期)에다 비교해보기 바랍니다. 애벌레는 겨울을 나기 위해 스스로 실을 내어 고치를 만듭니다. 이윽고 봄이 오면, 고치를 부수어 열고 접힌 날개를 펼칩니다. 그리고 (나비가 되어) 영원히 고치를 버리고 태양을 향해 날아오릅니다. 그렇지만 만약 나비가 그 고치에 집착하여 그곳을 떠나기를 거부하면 어떻게 되겠습니까? 나비는 여전히 단단한 고치의 외피 안에서 충분히 성장해 있을 것이지만, 스스로 껍질을 부수고 날개를 펼치기로 결정할 때까지는 날 수가 없을 것입니다. 이것은 영적인 길에 있는 영혼과 매우 유사합니다.

모든 영혼들이 지구상의 삶의 여정 동안에 즐겁지 않은 경험들을 겪었다고 말할 수 있습니다. 이로 인해 그들은 이 세상의 세력들에 대한 하나의 보호수단으로서 자기들 주변에다 고치를 창조했습니다. 이 외피는 여러분이 누구이고 무엇을 할 수 있는가에 관한 한정된 정체감이자, 유한한 의식입니다. 불가피하게 이러한 보호막은 영혼의 자유와 창조성을 제한하는데, 그러므로 그 영혼은 매우 작은 정신적 상자 안에 갇혀서 살아갈 수밖에 없는 운명인 것입니다. 영적인 길의 본질은 영혼이 영적인 도구나 수단들로 자신을 보호하는 법을 배움으로써 자기의 한계들을 극복하고, 자기인식의 상자, 혹은 자신의 정체감을 확대할 수 있다는 것입니다.

나는 일찍이 영적인 길을 건물 내의 층들 간에 있는 계단에다 비유했습니다. 한 영혼이 특정의 층을 탐구할 때, 그것은 마치 영혼이 고치 안에서 자라고 있는 것과 같습니다. 그 층은 영혼이 한동안 성장할 수 있는 안전한 환경을 제공합니다. 그런데 영혼의 날개가 마침내 완전히 발달되었더라도 그 영혼이 다음 단계로 오르기 위해서는 자신이 보호받는 그 고치를 떠나겠다고 기꺼이 결심해야만 합니다. 그것은 그 외피를 약간 바꾸는 문제가 아닙니다. 즉 고치는 영원히 포기되어야 하는데, 왜냐하면 충분히 그 쓸모를 다 했으므로 더 이상은 그것이 필요 없기 때문입니다. 이것은 종종 영적인 길에 있는 영혼에게 주요 장애물 가운데 하나일 수 있습니다. 그들은 유한한 정체감에 감정적으로 집착하게 되고 – 안주하게 됩니다 – 새로운 수준으로 옮겨가야 할 때가 지났음에도 그곳을 떠나기를 거부합니다.

영적인 구도자들에게 있어 그 길이 선택을 해야 하는 과정임을 깨닫는 것은 대단히 중요합니다. 그런 선택들 가운데 어떤 것은 여러분 마음속에 있는 한계들, 특히 여러분이 어떻게 자기 자신과 자기의 능력을 보느냐에 관계된 한계들을 버릴 것을 요구합니다. 영적인 길은 영혼이 "남성, 여성이여! 너희 자신을 알라."라는 옛 격언을 점차 실현해가는 과정이라고 말할 수 있습니다. 영적인 길을 오르는 만큼, 여러분은 자신이 누구이고 무엇이 가능하고 불가능한가에 관련된 모든 한계와 허위들을 뒤로 하게 됩니다. 하지만 여러분이 보다 높은 정체성을 받아들이기 위해서는 유한한 정체감을 영원히 버려야만 합니다.

한계들을 놓아버리는 이 과정이 구약에서는 "누구를 오늘 섬길 것인지를 선택하라(여호수아 24:15)."와 "생명을 택하라(신명기 30:19)."라는 말로 묘사되어 있습니다. 나는 이것을 "한 사람이 두 주인을 섬기지 못할 것이니, 혹 이를 미워하며 저를 사랑하거나, 혹 이를 중히 여기며 저를 경히 여김이라. 너희가 하나님과 재물을 겸하여 섬기지 못하느니라(마태복음 6:24)."라는 내 말 속에서 좀 더 상세히 설명하려고 했습니다.

많은 기독교인들은 이것이 종교인일 경우 돈을 경멸할 필요가 있다는 뜻이라고 오해했습니다. 사실 성서에 나오는 "마몬 Mammon(富 또는 탐욕의 신)"이란 오로지 돈을 말하는 것이 아니라, "이 세상에 속한 것"으로 이해되어야 합니다. 달리 말하면, 만약 여러분이 이 세상의 것들에 감정적으로 집착할 경우, 영적인 길을 따르기가 매우 어렵게 된다는 것입니다. 이것은 또한 내 제자들 중의 한 명이 되는 문제와 관련해서 기꺼이 자신의 재산을 포기하지 않으려 했던 사람에 관한 내 비유에 설명되어 있습니다.(마태복음 19:20~24)[11]

그렇다면 당신께서는 영적인 도상에서 우리를 지체시키는 것은 실제로는 그들 자신의 재산이 아니라, 그것들에 대한 집착이라고 말씀하고 계시는 것인가요? 달리 말하면, 돈이나 이 세상의 어떤 것에 집착하지만 않는다면, 많은 기독교인들이 믿고 있듯이 돈을 가지는 것이 반드시 악이 아니라는 것입니까?

그렇습니다. 여러분이 영적으로 성장하는 것을 방해하는 요소는 세상적인 부(富)의 소유라기보다는 사실상 그런 집착들입니다. 그럼에도 거기에 덧붙여져야 할 것은 사람들이 커다란 재산을 갖게 되면, 그것 없는 삶을 상상할 수 없기 때문에 흔히 그것에 대단히 집착하게 된다는 것입니다. 그런 재산은 그들이 그것이 없이는 자신의 존재를 생각할 수조차 없을 정도로 그들의 정체감을 이루는 필수적인 부분이

---

11)"그 청년이 가로되, 이 모든 것을 내가 지키었사오니 아직도 무엇이 부족하나이까? 예수께서 가라사대, 네가 온전하고자 할진대, 가서 네 소유를 팔아 가난한 자들을 주라. 그리하면 하늘에서 보화가 네게 있으리라. 그리고 와서 나를 좇으라 하시니, 그 청년이 재물이 많으므로 이 말씀을 듣고 근심하며 가니라.

예수께서 제자들에게 이르시되, 내가 진실로 너희에게 이르노니 부자는 천국에 들어가기가 어려우니라. 다시 너희에게 말하노니, 약대가 바늘귀로 들어가는 것이 부자가 하나님의 나라에 들어가는 것보다 쉬우니라.(마태복음 19:20~24)"

됩니다. 그리고 어떤 영혼이 가질 수 있는 가장 커다란 두려움은 그러한 자신의 신분을 잃을지도 모른다는 두려움입니다.

사람들은 "당신은 그것을 가져갈 수 없다."는 말을 깊이 생각해 볼 수도 있습니다. 비록 이 말의 일반적인 해석은 여러분이 죽을 때 물질적 소유물들을 함께 가져갈 수 없다는 의미이지만, 그것은 또한 영적인 길에도 해당됩니다. 여러분은 영적인 길의 보다 높은 단계로 올라갈 때 자신의 유한한 정체감을 함께 가져갈 수가 없습니다. 여러분의 두 주인을 섬길 수 없다는 말의 내면적 의미는 동시에 두 가지 다른 의식 상태로 있을 수 없다는 것입니다. 즉 여러분은 동시에 영적 존재이자 신(神)의 자녀로서, 그리고 비참한 죄인인 죽을 운명의 존재로 여러분 자신을 동일시할 수가 없는 것입니다. 여러분은 어느 정체감이 여러분의 삶의 주인으로서 도움이 될지를 선택해야 합니다.

영적인 길의 새로운 수준으로 올라서기에 앞서, 여러분은 유한한 정체감을 놓아버리기에는 아직 완전히 준비되지 않은 단계를 거칠 수도 있으며, 따라서 거기에 한동안 매달려 있으려 하게 됩니다. 하지만 어떤 한계들을 놓아버리는 힘든 선택을 반드시 해야 하는 진리의 순간이 올 것입니다. 이것은 모든 영적인 추구자들에게 오는 하나의 시험입니다. 그리고 그것은 여러분이 보다 높은 단계, 즉 다음 단계로 올라갈 때마다 옵니다. 내가 앞서 설명했듯이, 여러분은 자기 자신에 대해 기꺼이 책임을 질 때야 비로소 영적인 길을 시작할 수가 있습니다. 그러므로 그 길을 시작하기 전에 여러분은 자신들을 통제를 벗어난 상황의 희생자로 묘사하는 유한한 정체감을 던져 버리는 선택을 해야만 합니다. 오직 그때만이 여러분 자신의 노력을 통해 스스로의 의식을 상승시키는 그 길을 따를 수가 있습니다.

인간의 영적성장을 방해하는 한 가지 요인은 우리자신으로 하여금 영적인 길을 따르지 못하게끔 외부로부터 오는 압력이라고 말하는 것이 합당할까요?

예, 그러합니다. 참으로 사람들이 계단을 오르는 것을 방해하고자 끌어당기는 힘이 존재합니다. 그리고 이에 관해 인식하는 것은 중요합니다. 여러분이 이런 힘이 존재한다는 것을 안다면, 그것이 여러분에게 위장해서 접근할 때 그것을 파악하는 것이 보다 쉬워집니다. 그리고 일단 여러분이 무엇에 자신이 직면해 있는가를 확인하게 되면, 유한한 의식 상태에 머물도록 하는 유혹에 의해 농락당하는 것을 훨씬 더 용이하게 피할 수 있습니다.

카알 융(Carl Jung)은 모든 인간들에게 영향을 미치는 힘으로서의 "집단 무의식"에 관해 말한 최초의 심리학자들 가운데 한 사람입니다. 우리는 또한 대중의식(大衆意識)에 관해 이야기할 수 있고, 그것을 블랙홀(Black Hole)을 형성한 에너지의 보텍스에다 비유할 수 있습니다. 이 큰 소용돌이는 모든 영혼들을 그 속으로 빨아들이려고 시도하는데, 그럼으로써 아무도 그 중력적인 인력(引力)에서 벗어나 영적인 길로 상승할 수가 없습니다. 블랙홀로부터 빠져나오는 어떤 빛도 없듯이, 어떠한 영적인 빛도 대중의식으로부터 빠져나오지 못합니다. 다행히도 대중의식의 하향적인 인력을 완화시키는 것은 가능합니다. 그리고 이것이 지난 몇 천 년에 걸쳐 일어났습니다. 그런 이유에서 여러분이 사회의 발전과 영적인 인식에 있어서의 진전을 보고 있는 것입니다. 내가 말하기를, "내가 땅에서 들리면, 모든 사람을 내게로 이끌겠노라(요한복음 12:32)."라고 했듯이, 마찬가지로 언제나 한 사람이 자신의 의식 상태를 끌어올릴 때마다 그것이 대중의식의 하향적인 인력을 감소시킬 것입니다. 그리고 그로 인해 사람들이 영적인 길을 보다 쉽게 발견하게 될 것입니다.

여러분을 영적인 길에서 멀리 떼어놓고자 하는 두 가지 주요 압력이 있습니다. 하나는 아래로부터 당기는 힘이라고 말할 수 있습니다. 그리고 그것은 여러분의 가족이나 친구들과 같이 동등한 사람들로부터 옵니다. 여러분의 가까운 지인들은 영적인 길이 종종 여러분 자신과 어떻게 당신들이 자신의 삶을 살기를 원하는가에 관한 정신적 이미지를 형성했다는 것을 의식적으로 알게 됩니다. 사람들은 흔히 이런 이미지와 여러분이 새로 형성한 그 영적인 측면에 따라 생활방식을 바꾸도록 내버려두는 것을 별로 마음 내켜 하지 않습니다. 이것은 대개 두려움이나 시샘에 의해서 유발됩니다. 즉 그들은 여러분이 그들을 놔두고 떠나는 것을 원하지 않든가, 아니면 여러분이 자기들보다 더 높아지는 것을 바라지 않든가 입니다. 동시에 아직 이런 사람들 중의 일부는 영적인 길에 있는 여러분을 자진해서 따르는 것이 아닐 수가 있습니다. 그러므로 떠나지 않도록 그들이 할 수 있는 유일한 방법은 여러분을 제지하여 그 길을 걷지 못하도록 방해하는 것입니다. 그들은 자기들 자신이 성장하는 것에는 마음이 없지만, 자기들이 안주해 있는 곳에 남아 있기 위해서 여러분의 성장을 막는 것에는 적극적입니다.

이 문제는 "무릇 내게 오는 자가 자기 부모와 처자와 형제와 자매 및 자기목숨까지 미워하지 아니하면 능히 나의 제자가 되지 못하고, 누구든지 자기 십자가를 지고 나를 좇지 않는 자도 능히 나의 제자가 되지 못하리라(누가복음 14:26)."라는 내 말 속에 있는 참된 메시지입니다. 따라서 많은 사람들이 이 말 때문에 당황스러워했고, 불필요하게 가혹하고 무자비한 소리라고 생각했던 것이지요. 그럼에도 성서 속의 그 구절은 그 메시지의 전체 문맥을 전하고 있지 않습니다. 그 참된 내용은 만약 여러분이 영적인 길을 따르기를 바란다면, 어떤 사람이 여러분을 제지하도록 허용할 수는 없다는 것입니다. 실제로 여러분이 자신의 가족을 미워하거나, 그들을 떠날 필요는 없습니다. 여러분은 단지 자신이 가족에게 종속되어 남아있어야 한다거나 그들의 바람과는 반대로 영적인 길을 걸어서는 안 된다고까지 느끼는 그 감정적 집착을 극복할 필요는 있습니다.

그것은 우리가 앞서 토론했던 내용, 즉 여러분이 영적으로 성장하는 것을 방해하는 요소는 여러분의 소유물이 아니라 그 소유물에 대한 집착이라는 말과 매우 흡사합니다. 여러분의 성장을 가로막는 것은 여러분의 가족이나 친구가 아니라, 그들과 그들의 여러분에 관한 의견에 대한 당신들의 집착인 것입니다.

그렇다면 이런 문제를 극복하기 위해서 사람들이 무엇을 할 수 있을까요? 제 말뜻은 어떤 사람들은 엄청난 갈등을 겪었고, 부모와 형제자매, 배우자 그리고 오랜 친구들을 떠나야만 했다는 것이죠. 그것이 늘 갈등이 되어야 합니까, 아니면 그 문제를 해결한 좋은 방법이

있을까요?

우주는 일종의 거울입니다. 따라서 여러분의 다른 사람들과의 관계는 여러분의 의식(意識) 속에서 진행되는 것이 그대로 반영될 것입니다. 여기서의 문제는 사람들이 처음으로 영적인 길을 발견했을 때, 그들이 대개는 여전히 이원성의 의식에 사로잡혀 있다는 것입니다. 이로 인해 그들은 사물을 더욱 흑(黑)-백(白)의 관점에서 보게 되는데, 이것은 사람들이 상대적인 극성들을 초월한 중도(中道)의 관점으로 사물을 보는 대신에 두 개의 정반대적인 양극성으로 본다는 의미입니다.

어떤 사람들은 영적인 길을 발견하게 되면, 매우 열정적이 되어 그것이 자기들 삶의 가장 중요한 면이라고 생각합니다. 이것은 부분적으로는 사회가 어린 시절에 그들에게 그 길에 관해 가르쳐주지 않은 탓이기도 합니다. 그래서 사람들이 마침내 그 길을 발견하게 되었을 때, 그들은 마치 허비할 시간이 없고 자신의 삶을 완전히 거기에다 바쳐야만 할 것처럼 느낍니다. 이것이 반드시 잘못된 것은 아니지만, 사람들이 성숙했을 때는 좀 더 침착하고 균형이 잡혀지게 됩니다.

나는 사람들이 영적인 길을 발견하고 나서 배우자와 같은 가족 구성원들과 외견상 해결될 것 같지 않은 갈등을 겪는다는 것을 잘 알고 있습니다. 어떤 경우에는 그런 갈등이 초월될 수 있지만, 인간의 자유의지로 인해 항상 그것이 가능한 것은 아닙니다.

좋습니다. 한동안 영적인 길을 따르도록 해 준 무뚝뚝한 배우자가 있다고 가정하자고요. 하지만 그 후 어느 날 우리는 그 길과 배우자 간에 하나를 선택하기를 바라는 상황에 직면합니다. 저는 제 자신과 절대자와의 관계가 저에게는 다른 무엇보다도 더욱 중요하다는 것을 제가 알았을 때 분노하게 된 제 주변 사람들을 만났습니다. 그들은 제가 그 길보다 저를 더 중시하여 자기들과의 관계를 유지하기 위해 근본적으로 그 길을 포기하기를 원했습니다. 이 문제에 대한 예수님의 답변은 무엇인가요?

내 대답은 자유의지의 법칙이 이 우주의 절대적인 법칙이라는 것입니다. 여러분은 영적인 길을 따를 절대적이고도 천부적인 권리가 있고, 또한 어떤 다른 인간과의 관계보다도 여러분의 신과의 관계가 더 높다고 평가할 권리가 있습니다. 사실상 여러분이 이 길을 무엇보다 우선시하지 않는 한, 영적인 길을 끝까지 갈 수가 없고 그리스도 의식에 도달할 수 없습니다.

　내 요점은 어떤 인간도 여러분의 자유의지를 침해하거나 무시할 권리가 없다는 것입니다. 여러분이 영적인 사람이라면, 자신의 가족관계를 포함한 이 세상의 어떤 활동에 앞서서 스스로 영적탐구에 몰입할 권리가 있습니다. 만약 여러분의 가족이 여러분 영혼의 심오한 선택을 번복시키기 위해 당신들의 외적인 마음에다 압력을 가하거나 설복시키려고 한다면, 그들은 자유의지의 법칙을 위반하고 있는 것입니다. 그들에게는 그렇게 할 권한이 없으며, 따라서 여러분은 그들의 요구에 복종할 의무가 없습니다.

　그렇다고 이것이 반드시 여러분과 여러분의 가족 간에는 풀 수 없는 갈등이 있을 필요가 있다는 의미는 아닙니다. 다시 말하지만, 여러분의 관계들은 여러분 의식상태의 반영입니다. 영적인 길의 어떤 단계에서 여러분은 여전히 이원성에 빠져 있습니다. 사물을 이원론적인 마음으로 보는 한, 갈등에 대한 어떠한 해결책도 찾지 못할 것입니다. 그럼에도 이원성을 극복하고 중도(中道)가 존재한다는 것을 깨닫는 것이 가능합니다.

　그 점에 관련해서 구도자들이 고타마 부처님의 삶에 관해 공부하는 것은 도움이 될 수 있습니다. 그분은 왕실에서 태어나 한동안 호사스럽고 안락한 왕궁에서 살았습니다. 그는 세상에 있는 모든 것을 소유하고 있었지만, 그의 삶 속에 영적인 내용물은 없었습니다. 그런 다음 그는 영적인 길을 발견하고는 정반대의 극단으로 뛰어들어 옮겨가는데, 즉 숲 속에서 사는 금욕적 수행자(修行者)가 됩니다. 하지만 이런 생활을 여러 해 동안 한 후에 그는 이것이 너무 극단적으로 치우쳐 있다는 것을 깨닫습니다. 그때 그는 여러분이 양극단으로 건너 뛰지 않고 영적으로 성장할 수 있게 해주는 중도의 길을 발견했습니다.

사람들이 처음으로 영적인 길을 알게 되었을 때, 그들 가운데 많은 이들이 한 극단 ― 세속적인 생활방식 ― 으로부터 모든 주의를 그 길에만 집중하는 다른 정반대의 극단으로 가는 경향이 있습니다. 그럼에도 사람들이 균형을 찾을 필요성, 중도를 찾을 필요성을 고려만 한다면, 그들은 이런 불균형적인 역방향으로의 움직임을 피할 수가 있습니다. 그리고 이것이 사람들과 그들 가족들 간의 갈등을 막거나 해결할 수 있습니다.

중도를 발견하기 위한 열쇠는 여러분이 삶에 있어서의 우선사항에 관해 확고해져야 한다는 것입니다. 여러분은 자신의 첫 번째 우선사항이 영적인 길이라는 것을 결심해야만 합니다. 하지만 여러분은 또한 할 수 있는 한은 자신의 세속적인 책임완수를 위해 최선을 다하겠다고 똑같이 결정해야 합니다. 이런 내면의 해결책을 발견한다면, 그것이 여러분이 영적인 길을 걷는 문제와 관련해서 가족들과 화해하는 데 도움이 될 것입니다. 그들은 그 길을 걷겠다는 여러분의 선택을 존중할 것이지만, 그렇다고 그 일 때문에 그들이 위협을 느끼지는 않을 것인데, 왜냐하면 여러분이 그들을 떠나거나 방치하지는 않으리라는 것을 이해하기 때문입니다.

나는 자유의지가 (어떤 결과를 낳는) 하나의 요인이라는 것을 알고 있습니다. 그러므로 설사 여러분이 위와 같은 결정을 한다고 하더라도 여러분의 배우자는 여전히 타협의 여지가 없는 이원성적인 마음의 틀에 머물러 있을 수 있습니다. 그리하여 영적인 길보다는 자신(그 또는 그녀)을 선택하라고 요구할 수가 있습니다. 이런 경우에는 그 사람을 떠나 여러분의 세속적인 가족보다는 차라리 영적인 가족을 찾는 것이 필요할 수도 있습니다. 이것은 또한 다음과 같은 성서 속의 내 삶에 관한 이야기에 설명되어 있습니다.

"예수께서 무리에게 말씀하실 때에 그 모친과 동생들이 예수께 말하려고 밖에 섰더니, 한 사람이 예수께 여짜오되, 보소서. 당신의 모친과 동생들이 당신께 말하려고 밖에 섰나이다 하니, 말하던 사람에게 대답하여 가라사대, 누가 내 모친이며 내 동생들이냐 하시고, 손을 내밀어 제자들을 가리켜 가라사대, 나의 모친과 나의 동생들을 보라. 누구든지 하늘에 계신 내 아버지의 뜻대로 하는 자가 내 형제요, 자매요, 모친이니라 하시더라."

[마태복음 12:46~50]

　이것은 여러분이 영적인 길을 걷게 되면, 어떤 사람이 여러분을 제지하는 것을 허용할 수 없다는 사실을 예증합니다. 만약 가족이 여러분을 가로막는다면, 여러분은 자신의 영적인 가족을 찾는 것이 필요할 수도 있습니다. 그럼에도 여러분은 또한 나의 삶을 통해서 내 어머니와 일부 형제들이 결국은 나와 합류했다는 사실을 알 것입니다. 하지만 내가 확실히 말할 수 있는 것은 만약 내가 결심하지 않았다면, 그들은 그들을 통해서 작용하고 있던 힘, 즉 나의 사명 수행을 방해하기 위해 그들을 이용하고자 하는 힘을 자유로이 극복할 수 없었을 것입니다.

　그럼 당신께서 진정으로 말씀하시고 계신 것은 우리가 균형 잡힌 방식으로 영적인 길에 접근할 필요성이 있다는 것이죠? 그리고 우리가 균형이 더 잡혀질 수 있으면 있을수록 더욱 더 우리가 다른 사람들로부터 조화로운 반응을 얻게 될 거라는 말씀인가요?

　그렇습니다. 그 길의 초기 단계에서 영혼은 종종 불균형적이며, 모든 것을 옳고 그른 것으로 분류하는 흑과 백의 상대적인 정반대의 속성들로 봅니다. 이것이 바로 어떤 종교인들에게 선(線)을 넘은 광신적 언동을 일으키는 요인입니다. 그리고 그 극단적인 결과는 그들이 신께서 자신들로 하여금 모든 불신자와 무신앙인들을 죽이기를 원한다고 믿기 시작한다는 것입니다. 이것이 바로 역사 속에서 벌어져 왔고 또 여러분이 목격해온 일부 최악의 잔학한 행위들에 해당됩니다. 예를 들면 십자군전쟁, 중세의 종교재판(이단심문), 그리고 오늘날 종교적 동기로 유발된 테러행위들 같은 것이지요.
　광신주의와 극단적 과격주의는 참된 영적인 길과는 아무런 관계가 없습니다. 그것은 외견상 인간에게 옳은 것처럼 보이지만, 그 끝은 그로인해 죽음에 이르는 길(잠언 14:12)을 나타냅니다. 참된 영적인 길은 모든 것들 속에서 균형을 이루는 중도(中道)입니다. 내 요점은 한 영혼이 영적인 길을 처음으로 알게 되면, 종종 약간은 극단적이 되는 성향이 있다는 것입니다. 그럼에도 균형을 찾을 필요성을 의식적으로 인식함으로써 그 영혼은 이런 기간을 단축하고 신속히 중도를 발견할 수가 있습니다. 그리고 이것은 여러분이 갖고 있는 가족이나 친구와의 갈등을 상당히 최소화할 수 있습니다.

균형이 잡혀지면 질 수록에 더욱 더 당신들은 여러분을 잃는 것에 관한 사람들의 두려움을 덜 자극할 것입니다. 사실상 많은 사람들이 자신의 가족들에게 두려움을 일으키는데, 왜냐하면 가족구성원들은 명확히 그들이 불균형적이고 건강에 해로운 길을 따르고 있다는 것을 알 수 있기 때문입니다. 이것은 합리적인 걱정이자 관심이며, 반드시 공포나 시샘에 의해 유발된 것은 아닙니다. (비록 그런 느낌이 뒤섞여 있을 수 있더라도 말입니다) 달리 말하자면, 실제로 더 균형 잡혀 있는 것이 가족구성원들일 수가 있습니다. 문제는 사람들이 종종 자기들이 영적인 길을 걷고 있기 때문에 옳고 또 해야 하는 것을 하기 위해 그것이 자신에게 필요하다고 확인하기 위해 영적인 가르침을 이용한다는 겁니다. 그들은 영적인 길을 자진해서 이해하려 하지 않는 것이 가족들이라고 추측해서 생각합니다.

이런 난국에서 벗어나는 유일한 방법은 영적인 길에 있는 사람이 균형에 대한 필요성을 깨닫고 그 길에 대한 극단주의자의 접근법에서 신속히 옮겨가는 것입니다. 불행하게도 이런 극단적 접근법은 그 사람이 영적인 가르침을 가지고 자신이 더 이상 움직일 수 없는 정도까지 상자에다 넣기 위해 이용할 때만 일어납니다. 달리 말하면, 영적인 길은 여러분을 유한한 정체감, 즉 자신의 정신적 상자로부터 해방시키게 되어 있습니다. 그럼에도 어떤 사람들은 영적인 가르침을 발견하고 나서 그것을 이전의 상자보다 더 좁은 새로운 정신적 상자를 창조하기 위해 이용합니다. 그들은 자기들이 영적인 가르침으로 이해한 것을 더 이상 유지할 수 없을 때까지 광적으로 따릅니다. 그러다 어떤 것은 마침내 붕괴되는 지경에 이르게 되고, 그들은 종종 그 길을 포기합니다. 그들 중의 일부는 냉소적이 되며, 자기들이 농락당했다고 생각합니다. 반면에 다른 이들은 최종적으로 그 길로 다시 돌아가는 방법과 좀 더 균형 잡힌 접근법을 발견합니다.

이 책이 사람들이 상하로 움직이는 반응을 이해하는 데 도움이 됨으로써 한 극단에서 다른 극단으로 옮겨가는 함정을 피할 수 있으면 하는 것이 나의 소망입니다. 영적인 길은 참으로 균형이 그 모든 것입니다. 극단주의 방식은 진정한 영적인 길이 아닌데, 그것이 육적인 마음에서 생겨난 상대적인 정반대의 속성들에 기초해 있기 때문인 것입니다. 또한 중도가 그리스도 의식으로 가는 방법인데, 왜냐하면 그것이 상대적인 반대의 속성들을 초월할 수 있게 해주기 때문인 것이죠. 그것은 여러분이 이원성을 넘어서서 그리스도 마음의 올바른 시각에 도달하도록 돕습니다.(누가복음 11:34)[12]

앞서 말씀하시길, 대중의식으로 우리를 끌어당기는 두 가지 주요 요인들이 있다고 하셨는데요. 하나는 확실히 가족들이고, 그럼 다른 하나는 무엇인가요?

다른 요인은 자기들이 일반 대중들을 지배할 자격이 있다고 믿으면서 여러분의 통치자 내지는 파워 엘리트(Power elite)로 자처하고 있는 자들로부터 오는 압력입니다. 그런데 여러분의 동료들은 여러분이 자기들을 떠나거나 넘어서는 것을 두려워하는 반면에, 파워 엘리트들의 멤버들은 여러분이 그들의 통제에서 벗어나는 것을 두려워합니다. 그들은 여러분이 그들의 권력놀음에 더 이상 조종당하지 않는 지점에 도달하는 것을 원치 않는데, 그로 인해 대중들에 대한 그들의 지배가 뒤엎어질 수도 있기 때문이지요.

이것이 바로 2,000년 전에 그들이 나를 살해했던 정확한 이유입니다. 만약 여러분이 성서의 행간에 숨은 의미를 알아차린다면, 나를 죽였던 자들이 유대교의 파워 엘리트들이었음을 알 것입니다. 그리고 그들이 그렇게 했던 것은 내가 자기들의 대중들에 대한 지배를 위협한다고 간주했기 때문이었습니다. 다행히 오랜 시간이 흘러 문명이

---

12) "네 몸의 등불은 눈이라. 네 눈이 성하면 온 몸이 밝을 것이요, 만일 나쁘면 네 몸도 어두우리라."

개화되었고, 영적인 길을 걷는 것이 더 이상 위험스럽지는 않습니다. 그럼에도 불구하고 모든 영적 추구자들은 이 세상에는 참으로 권력 엘리트 집단이 존재한다는 것을 알 필요가 있습니다. 그리고 그들은 여러분이 영적인 길을 걷는 것을 방해하고 다른 이들이 임계질량에 이르는 것을 막기 위해 활용 가능한 어떤 수단이든 이용할 것입니다. 여러분이 이런 사실을 이해하지 못하는 한, 당신들은 그들의 지배 음모의 쉬운 먹이가 될 것입니다.[13) 그리고 왜 자신이 영적인 길에서 최대한의 진보를 이루어내고 있지 못한지 이해할 수 없게 될 것입니다.

파워 엘리트들의 당면한 목표는 대중들로부터 그 어떤 사람도 튀어나와 진리에 대한 입장을 정하지 못하도록 사람들을 적당히 진정시키는 것입니다. 하지만 그들의 진짜 목표는 대중들에 대한 통제를 유지함으로써 누군가가 그리스도 의식에 도달하는 것을 막는 것입니다. 그들이 인간을 조종하는 책략에는 다음과 같은 3가지 요소가 있습니다.

● 무지 – 그들의 첫 번째 목표는 사람들이 그리스도 의식에 도달할 수 있는 그들의 잠재력에 관한 어떤 것도 알지 못하게 하고, 고등한 의식 상태에 이르는 체계적인 길을 발견하지 못하게끔 방해하는 것이다. 이러한 목적을 달성하기 위한 그들의 방법상의 사례에는 두 가지가 있다. 하나는 전통적 기독교인데, 기독교는 누구나 내가 갔던 길을 따를 수 있다는 것을 부정한다. 그리고 다른 하나는 물질과학이며, 이것은 삶에는 영적인 측면이 있다는 것을 부정한다.

● 오도 – 수천 년 간에 걸쳐서 파워 엘리트들의 대표자들은 사람들이 그리스도 의식을 구현하는 것을 막기 위해 특별히 고안된 다수의 거짓 사상들을 퍼뜨려 왔다. 이런 개념들은 육적인 마음에서 생겨난

---

13)현재 이 지구를 지배하고 조종하고 있는 파워 엘리트 집단의 정체가 과연 무엇이고, 오늘날 그들이 어떤 음모들을 통해 인류의 노예화를 획책하고 있는가에 대해서는 은하문명에서 출간한 〈UFO와 신과학- 그 은폐된 비밀과 충격적 진실들〉에서 소상히 다루고 있다. (편집자 주)

116

것이다. 그리고 그것이 수많은 사람들로 하여금 평생 동안 상대적이고 세속적인 신념체계나 생각을 정당화하는 데 허비하도록 이끌었다. 확실히 이것이 사람들의 영적인 길을 따르는 것에 대한 관심과 에너지를 빼앗아 갔다.

● **위협** - 사람들이 영적인 길을 따르지 못하게 하고 그리스도 의식으로 가는 모든 길을 차단하기 위해 시도된 무수한 협박들이 있었다.

어떻게 사람들이 그 길을 따르지 못하도록 위협을 받았는지 설명해 주실 수 있습니까?

이런 위협에는 다음과 같은 세 가지 요소가 있습니다. 그리고 그것들은 내가 앞서 언급했던 구실들과 유사합니다.

● **당신들은 그것을 할 수 없다** - 어떤 거짓말들은 여러분이 결코 그리스도가 될 수 없다는 믿음을 조장했다. 그 한 가지 예는 내가 하나님의 유일한 독생자이고, 그렇기에 내가 한 것은 아무도 할 수 없다는 기존의 거짓말이다. 또 다른 거짓말은 오직 어떤 사회적 계급으로 태어난 사람들만이 지도자가 될 수 있다는 것이다. 여러분이 그리스도가 되는 것이 절대로 불가능하다는 기본적 거짓말에는 수많은 변형들이 있다. 그것들은 모두 잘못된 것이다. 지구상의 그 어떤 권위자가 뭐라고 말했든 관계없이 신은 모든 인간들에게 그리스도 의식을 구현할 잠재력을 주셨다. 그 잠재력이 여러분의 그리스도 자아인데, 그것은 참으로 어떤 인간, 어떤 인간 권위자도 닫을 수 없는 열린 문이다.

● **당신들은 그것을 하도록 허용돼 있지 않다, 그리고 그런 시도를 하게 되면 처벌받게 될 것이다** - 이런 사례들로는 여러분이 내가 했던 일을 하겠다고 생각하는 것과 여러분 스스로 진리를 알 수 있다고 생

각함으로써 신의 수준에 도달하려는 것 자체가 신성모독이라는 개념이다. 그 목표는 여러분으로 하여금 신성모독의 대가로 지옥에 갈 것이라든가 세상의 권위자가 처벌할 것이라고 믿게 만드는 것이다. 그모든 것들을 무시하라. 왜냐하면 어떤 이 세상의 권위자도 여러분을 천국에서 떼어 놓을 권한이 없기 때문이다.

● 당신들은 그것을 하기에는 어울리지 않는다 - 누가 여러분이 그렇다고 생각하는가? 어떻게 한 사람이 여러분의 사회 내의 출생이나 상태 또는 성취에 관련해서 어떻게든 여러분이 그리스도가 될 수 있다고 생각할 수 있었을까? 그들은 여러분에게 이렇게 말한다. 어떻게 너희들이 자신이 저지른 실수들을 극복할 수 있다고 생각할 수 있는가? 오직 소수의 엘리트들만이 지구상에서 어떤 경지를 성취할 수 있고, 너희들은 시도조차 해서는 안 된다. 너희들은 죄인이다. 그리고 이런 저런 결함들을 갖고 있다. 또한 너희들은 이런 저런 잘못 등을 저질렀다.

하지만 어떻게 그들이 내가 사명을 수행하지 못하도록 위협했는지를 주목하라. 그럼에도 나는 그런 모든 시도들을 무시했다. 그리고 그렇게 함으로써 나는 우리가 지구상의 모든 한계들을 극복할 수 있다는 것을 시범적으로 예증했다. 사실 그리스도의 본질은 이 세상의 모든 한계들을 넘어서는 것이고 그들이 여러분이 누구라고 규정하는 것을 거부하는 것이다. 여러분은 하나님의 아들과 딸로 창조되었으며, 이 세상의 어떤 권력도 그런 신분을 여러분으로부터 빼앗아 갈 수가 없다. 그들이 여러분의 자유의지를 조종하여 그렇게 하도록 여러분이 허용하지 않는 한 말이다.

많은 종교들이 어떻게 사람이 자신의 삶을 살아야 하는지에 관한 여러 가지 율법들을 규정합니다. 그리고 그들은 사람들이 그 율법을 따르게 만들기 위해 두려움을 이용하고자 합니다. 예수님은 이런 두려움에 기초한 종교 접근법을 조장했던 종교적인 권력자들에게 도전했던 것으로 생각됩니다. 하지만 저는 그렇다고 해서 영적인 추구자들이 자기들이 원하는 무엇이든 할 수 있다고 추측하지는 않습니다.

　나는 종교에 대해서 두려움에 기초한 접근법을 조장했고 스스로 종교 지도자로 자처했던 거짓된 자들에게 도전했었습니다. 사람들이 그리스도 의식 레벨 아래로 한참 떨어져 있고 이원성 속에서 길을 잃었을 때는 두려움에 기반한 종교가 그들에게 외적인 지침을 주는 도움을 줄 수도 있습니다. 하지만 여러분의 의식이 높아졌을 때는 이런 두려움에 토대를 둔 접근법을 버릴 필요가 있습니다. 여러분이 어떤 두려움에 의해서 동기유발이 되는 동안은 절대로 영적인 길을 성공적으로 걸을 수가 없으며, 적어도 그 길의 일정 지점을 통과할 수가 없습니다.

　만약 여러분이 내 가르침에 관해서 공부를 한다면, 내가 사랑의 중요성에 대해 빈번하게 이야기하고 있음을 알 것입니다. 내 메시지의 핵심은 여러분이 육적인 마음에서 벗어나서 높아지는 만큼, 두려움으로 삶에 접근하는 상태를 벗어나 그것을 넘어서게 된다는 것입니다. 그리스도 의식을 향해 성장함에 따라 여러분은 삶에 대해 사랑으로 반응하기 시작합니다. 여러분이 신약성서를 공부하고 행간의 숨은 의미를 이해한다면, 내가 사람들에게 실제로 가르치려고 노력했던 것이 무엇인지를 알 것입니다. 그것은 바로 영적인 길에서의 핵심요소는 사랑으로 모든 상황에 반응하는 방법을 배우는 것이란 사실입니다.

　내 요점은 비록 경직된 외적종교가 의식수준이 낮은 사람들에게는 도움을 줄 수 있을지라도 그런 교리적 율법들이 참된 영적 추구자들에게는 별로 가치가 없다는 것입니다. 일단 여러분이 진정으로 영적인 길을 걷기 시작하면, 자신의 행위와 비행위들(non-actions)이 사랑에 의해 동기유발이 되도록 두려움에서 벗어나 옮겨갈 필요가 있습니다. 다시 말해 지옥의 불이나 유황이 두려워 어떤 행동을 자제하는 것이 아니라, 삶과 하나님, 여러분 자신과 다른 이들을 사랑하기 때문에 어떤 것을 절대로 생각조차 하지 않는 것입니다.

　내가 여기서 말하고 있는 것은 모든 영적인 추구자들은 그들을 저급한 대중의식으로 끌어내리는 어떤 행위들과는 거리를 둘 필요가 있다는 것입니다. 하지만 여러분은 이것을 두려움으로 인해 그렇게 해서는 안 되며, 현명한 자기이익을 위해 그렇게 해야 합니다. 여러분은 대중의식이 자신의 영적성장을 방해한다는 것을 깨달았기 때문에 그것으로부터 거리를 두는 것입니다. 즉 여러분이 어떤 것을 외면하는 동기가 그런 활동에 참여해서 일시적으로 얻는 이익이나 즐거움 이상의 어떤 것을 사랑하기 때문인 것이죠.

우리가 최대한의 영적성장을 성취하기 위해서 거리를 둘 필요가 있는 것에 관한 특정 사례들을 알려주실 수 있을까요?

그러지요, 하지만 우선 이 지구상에는 여러분의 영적성장을 저하시키고 대중의식으로 끌어내리는 수많은 활동들이 있다는 것을 언급하겠습니다. 이런 활동들 가운데 많은 것들이 아주 흔해빠진 것들입니다. 그리고 그것들은 수십억의 사람들이 그것을 아주 만족스러운 것으로 볼 정도로 많은 문화들에 융합되어 있습니다. 어쩌면 심지어는 그것이 필요하고 정상적이며 유익하기까지 하다고 생각할 정도입니다. 그들은 그것이 단지 생활의 한 방식이라고 생각합니다. 그리고 그들은 그것이 자기-파괴적일 수도 있다는 점에 대해서는 고려하기를 매우 꺼려합니다.

한편 내가 여러분의 영적성장을 방해할 수 있는 모든 하나하나의 행동을 열거하지는 않을 것입니다. 영적인 길에 있는 사람들은 자기들이 피해야 하는 것들을 직관적으로 감지할 수 있는 분별력을 계발할 필요가 있습니다. 무엇이 방해가 될 수 있고 아무런 영향이 없는지를 이해하는 것은 중요합니다. 일단 여러분이 종교에 대해 두려움에 기초한 접근을 극복하게 되면, 모든 인간들에게 적용되는 아주 명확한 몇몇 법칙들이 있음을 깨닫습니다.

잠깐만요. 제 생각에 그것은 많은 사람들이 받아들이기에는 어려운 메시지 같은데요. 특히 거의 평생 동안 어떤 율법들을 따라온 열렬한 종교인들에게는 말이에요.

예, 그럴 것입니다. 하지만 그것이 그럼에도 불구하고 진리입니다. 그런 사람들은 성서에 나오는 다음과 같은 구절을 깊이 숙고할 필요가 있습니다. "내가 너희에게 이르노니, 너희의 의(義)가 서기관과 바리새인보다 더 낫지 못하면 결단코 천국에 들어가지 못하리라(마태복음 5:20)." 율법학자들과 바리새들은 문자 그대로 모든 외적인 율법을 따랐지만, 그럼에도 그들은 두려움과 교만으로 인해 그렇게 했습니다. 그들은 종교를 향해서 사랑에 기초한 접근법으로 밟아 올라가는 것을 꺼려했습니다. 그리고 그런 이유로 그들은 하늘나라에 들어갈 수 없었지요,

하지만 내가 여기서 어떤 종교인들이 이 방법으로 어떤 활동들을 절제하는 것이 잘못되었다고 말하고 있지 않음을 주목하기 바랍니다. 나는 단지 그들이 이것을 두려움 대신에 사랑으로 행하는 방법을 배울 필요가 있다고 말하고 있을 뿐입니다. 내가 이전에 말했듯이, 육적인 마음은 상대적인 정반대의 속성들에 의해 지배되어 있습니다. 이것은 둘 다 불균형적인 극단들을 나타내는 두 가지 기본적인 반응을 일으킵니다. 하나는 열렬한 종교인들에 의해 취해진 두려움에 기초한 반응입니다. 이 사람들은 지옥에서 영원히 불태워진다는 것과 같은 처벌의 두려움에 사로잡혀 있거나 그것에 의해 움직입니다. 그리고 그들은 외적인 율법들을 따름으로써 자기들이 천국에 들어갈 것이라고 생각합니다. 여러분은 기존의 기독교 교회 내의 많은 사람들이 이런 접근법을 받아들이고 있음을 알 것입니다. 그리고 그 부정적인 면은 이런 사람들이 종종 자기들의 외적인 기준을 따르지 않는 어떤 사람들에 대해 매우 비판적이고 심판적이 된다는 것입니다. 그런 이유 때문에 내가 사람들에게 비판을 멈추라고 말했던 것입니다.(마태복음 7:1~2)14)

이와 정 반대의 극단은 어떤 것이 진행되어 만약 좋다고 느껴지면 아무 것도 잘못된 것이 없고, 그렇게 하는 것이 그냥 O.K라는 식의 접근법입니다. 이러한 접근법은 과학적 물질주의에 찬성하는 사람들

---

14)"비판을 받지 아니하려거든 비판하지 말라. 너희의 비판하는 그 비판으로 너희가 비판을 받을 것이요, 너희의 헤아리는 그 헤아림으로 너희가 헤아림을 받을 것이니라."

에 의해 취해진 것이고, 그런 까닭에 삶의 영적인 측면과 여러분의 행위가 자신의 영혼에게 장기간에 걸쳐 결과를 가져온다는 개념을 부정합니다. 불행하게도 이런 접근법은 또한 뉴 에이지 운동 내의 많은 사람들에 의해서도 취해진 것인데, 이 사람들은 영적인 길을 발견하기는 했지만, 어떤 활동들에 대한 집착 때문에 그것을 따르느라 거기에 마음이 쏠려있는 이들입니다.

여러분이 "두 마리의 토끼를 동시에 쫓을 수는 없다."는 말 속에 표현되어 있듯이, 사실주의라는 쓴 약은 도움이 됩니다. 필연적으로 불완전한 에너지를 생성하는 어떤 활동들이 있습니다. 그리고 이것이 여러분의 영적진보를 저하시키거나 후퇴시킬 것입니다. 우주는 하나의 거울이고, 그것은 작용과 반작용의 법칙에 따라 작용합니다. 그러므로 모든 영적인 추구자들은 자기들 삶의 모든 측면들을 살펴보고 그것이 자신의 영적성장을 돕는지, 아니면 방해하는지를 숙고해보는 것이 필요합니다. 내 요점은 이러한 평가가 두려움에 기초해 있어서는 안 되며, 사랑에 토대를 두어야 한다는 것입니다. 나는 사람들이 처벌의 두려움 때문에 어떤 활동을 절제하는 것을 바라지 않습니다. 나는 그들이 성장을 사랑하고, 신(神)을 사랑하기 때문에 그것을 하기를 원하며, 그런 만큼 그들은 결코 자신들의 영적진보를 저하시킬 어떤 행위를 하지 않을 것입니다. 그 차이는 어떤 사람들에게 미묘해 보일 수도 있지만, 그것이 영적 추구자들에게는 가장 중요한 것입니다.

그렇다면 어떤 형태의 활동들이 우리의 영적진보를 저하시키게 될까요?

어떤 활동이 여러분의 영적성장을 방해하는지를 평가할 때는 고려해야 할 다음과 같은 몇 가지 요소들이 있습니다.

● **그 활동이 불완전하거나 독성의 에너지를 불러일으키는가?** 만약 그렇다면, 이 활동은 여러분의 성장을 저하시킬 하중(荷重)을 형성할 것이다.

122

여러분은 궁극적으로 그 에너지를 변형시켜야만 할 것이다. 그런 명확한 사례들로는 두려움과 분노, 죄의식과 같은 부정적 감정들을 생성하는 활동들이다. 또한 어떤 것은 다른 사람들의 자유의지를 침해하는 활동이다. 기본적으로 결코 사랑이 아닌 반응으로 귀결되는 어떤 활동은 독성 에너지를 유발할 것이다.

● 그 활동이 여러분의 영적성장을 정지시키기 위해 고안된 거짓말 중의 하나에서 나왔거나, 여러분을 그 거짓말에다 묶어두는가? 이에 관한 확실한 사례들로는 물질주의 철학뿐만이 아니라, 여러분의 영적잠재력을 부정하는 많은 경직된 종교들이다.

● 사랑의 법칙을 위반하는 어떤 활동들. 만약 여러분이 다른 이들이 여러분 자신에게 하기 원치 않는 어떤 행위를 타인에게 한다면, 자신의 영적진보를 저하시키게 될 것이다.

● 영적인 길은 에고-중심에서 신-중심 상태로 올라서는 것에 관련돼 있다. 여러분을 더욱 에고-중심적으로 만드는 어떤 활동은 여러분의 영적성장을 가로막는다. 오늘날의 세상에는 통상적이고 충분히 받아들일만하다고 고려되는 그런 수많은 활동들이 있다. 그런 명확한 사례들로는 권력과 통제, 돈, 또는 쾌락을 숭배하는 데 집중된 유행이나 유사종교 집단들이다.

● 육체는 여러분의 영적여정에서 (주인이 아닌) 일종의 하인이나 탈 것이 되어야만 한다. 영적인 추구자로서 여러분은 육체적 욕망이 자신을 영적인 길에서 멀어지도록 끌어당기게 허용할 수 없다. 이것이 성행위(sex)와 같은 여러분의 모든 육체적 즐거움을 끊어야 한다는 것을 의미하지는 않지만, 그런 활동들이 여러분의 삶을 지배하게 하는 대신에 적절히 통제할 필요가 있음을 뜻한다. 영적인 길의 어떤 단계에서 여러분은 참으로 이런 육체적 쾌락을 완전히 포기할 수도 있다.

● 여러분의 영적인 보호막을 약화시키거나 파괴하는 어떤 것들은 피할 필요가 있다. 이것은 담배나 술, 마약 등과 같은 모든 중독성 물질에 해당된다. 이런 에너지들의 영향 하에 있게 되면, 여러분의 에너지장과 잠재의식은 의식적으로 물리칠 수 없는 저급한 에너지들에 폭넓게 노출된다.

요점은 여러분이 두 주인을 섬길 수는 없다는 것입니다. 다시 말하면, 여러분이 영적인 길에서 최대한의 진보를 성취하는 동시에 세속적인 활동을 추구하거나 통상적인 삶을 살 수는 없다는 사실입니다. 여러분은 어느 주인을 섬길 것인지 선택해야만 합니다. 그리고 영적인 추구자들은 십계명(十誡命) 가운데 가장 첫 번째 조항, 즉 "너희는 내 앞에서 다른 신들을 섬기지 말지어다(출애굽기 20:3)."를 숙고하는 것이 필요합니다. 대중의식은 인간들이 유일의 참된 절대자에 앞서서 숭배하는 수많은 신들을 창조했습니다. 이런 신들 가운데 어떤 것은 종교적인 이미지와 교리의 형태로 위장하고 있고 또 어떤 것은 세속적인 가면을 쓰고 있습니다. 영적인 추구자로서 여러분은 점차 거짓된 신들을 숭배하는 그런 의식으로부터 빠져나올 필요가 있습니다. 여러분은 황금송아지 주변에서 춤추는 것을 멈추고 신(神)의 산으로 오르기를 시작할 필요가 있습니다.

여러분이 사랑으로 그 길에 접근하는 것을 배우게 되면, 어떤 활동을 버려야 하는지 분별하는 것이 쉽다는 점을 발견할 것입니다. 또한 그것들을 놓아버리는 것 역시 쉽다는 것을 알게 될 것입니다. 때로는 사람들이 다음과 같은 인용구를 곰곰이 생각해 보는 것이 도움이 될 수도 있습니다. "내가 어렸을 때에는 말하는 것이 어린 아이와 같고, 깨닫는 것이 어린 아이와 같고, 생각하는 것이 어린 아이와 같다가 장성한 사람이 되어서는 어린 아이의 일을 버렸노라(고린도전서 13:11)."

여러분이 스스로 영적인 길에 닻을 내리게 되면, 더 이상 어린아이가 아니며, 고로 자연스럽게 유치한 짓들을 버리게 됩니다. 여러분은 진정한 사랑인 커다란 자애(慈愛)의 힘을 통해 대중의식의 부정적인 인력(引力)을 정복할 수 있게 해주는 명확한 비전에 도달합니다. 그렇기 때문에 사랑이 영적인 성장에 대한 진짜 열쇠입니다. 여러분이 분열된 사람들로부터 떨어져 나와 "선민(選民)"에 속할 수 있게 해 주는 것은 사랑인데, 여기서 "선민"이란 그리스도 의식에 보다 가까이 다가가고 영적인 근원과 합일에 이르는 것을 방해하는 모든 것들을 버리기로 선택한 사람들을 의미합니다.

당신께서는 우리가 마음의 힘을 통해서 창조한다고 말씀하셨는데

124

요. 그렇다면 어떻게 우리가 우리의 마음속에 받아들인 생각들이나, 아이디어, 이미지들에 의해서 영향을 받을까요?

성서는 "비전이 없는 사람들은 망한다(잠언 29:18)."라는 중요한 구절을 담고 있습니다. 여러분이 우주가 일종의 거울이라는 것을 깨닫게 되면, 자신이 거기에다 투사한 것들이 그대로 여러분에게 다시 반사되리라는 것을 압니다. 이런 투사물들은 내가 영사기(映寫機)에 관한 비유에서 설명했듯이, 여러분의 마음을 통해서 외부로 내보내집니다. 이런 간단한 추론과정을 토대로 할 때, 여러분이 마음속에 담고 있는 생각들이나 믿음들, 견해, 이미지들이 우주거울에다 투사하는 데 중요한 영향력을 갖고 있다는 사실이 명백해질 것입니다.

그릇된 생각들의 영향에 관해서는 우리가 나중에 좀 더 이야기를 나눌 것이므로 눈에 보이는 이미지의 중요성에 대해 특별히 주목해 줄 것을 요청합니다. 성서에 나오는 다음과 같은 내 말을 깊이 생각해보기 바랍니다. "네 몸의 등불은 눈이라. 네 눈이 성하면 온 몸이 밝을 것이요, 만일 나쁘면 네 몸도 어두우리라(누가 11:34)." 우리는 여러분이 가진 개인적인 에너지장에 관해 이야기를 나눴습니다. 그리고 그 에너지장은 흔히 "차크라(Chakra)"라고 부르는 여러 개의 에너지 센터들을 갖고 있습니다. 그런 센터 중에 하나는 이마의 중심에 위치해 있고, 흔히 "제3의 눈, 차크라"라고 불립니다. 내 말은 이 차크라에 대한 부분적인 언급에 불과한데, 왜냐하면 그 차크라가 순수하면, 여러분이 이원성의 필터를 통해서 보는 것이 아니라 그리스도 마음의 통합된 시각으로 볼 것이기 때문입니다. 그러므로 여러분의 "제3의 눈"이 순수하면, 4가지 하위 체(體)들이 빛으로 채워질 것이지만, 만약 그 눈이 부조화된 이미지들로 오염돼 있다면, 여러분의 4가지 하위 체들은 어둠으로 채워질 것입니다.

나의 사랑하는 어머니께서는 내 사명의 성공에 관해 중요한 영향력을 행사하셨는데, 그녀는 마지막 순간까지 나에 대해 완전한 미래상과 순수한 생각을 유지하셨기 때문입니다. 여러분 역시 자기 자신에 대해 이런 비전을 유지할 필요가 있습니다. 오늘날의 컴퓨터 시대에 현대인들은 "당신이 보는 것이 곧 당신이 얻는 것이다. 즉 보는 그대로 얻는다."라는 개념을 갖고 있습니다. 그리고 이것은 우주에도 적용됩니다. 여러분이 마음의 눈으로 "보는" 이미지들은 우주거울에 투사됩니다. 그리고 결과적으로 여러분의 의식과 잠재의식의 마음 속에 있는 그 이미지들이 여러분이 우주로부터 돌려받는 것을 결정할 것입니다. 따라서 여러분의 제3의 눈을 불완전하고 부조화된 이미지들로부터 벗어나 자유롭게 유지하는 것은 대단히 중요합니다.

어떻게 여러분은 자신의 마음을 순수하게 유지합니까? 컴퓨터 시대는 또한 다음과 같은 말을 낳았습니다. "완전하지 못한 프로그램을 입력하면 완전하지 못한 답밖에는 얻지 못한다." 만약 여러분이 부조화된 이미지들을 자신의 마음속에다 허용한다면, 불가피하게 불완전한 이미지들을 우주거울에다 보낼 것입니다. 그리고 그 거울이 무엇을 여러분에게 반사해 되돌려 보낼 것인지를 추측해 보기 바랍니다. 그러므로 모든 성실한 영적 추구자들이 불완전한 이미지를 받아들이지 않도록 마음을 유지하는 것은 절대적인 요소입니다. 오늘날의 세상은 사람들이 말 그대로 TV, 광고, 잡지, 빌보드, 영화 등에 의해 둘러싸인 환경 속에 있기 때문에 이것은 쉽지 않은 과제입니다.

사회를 통제하려고 하는 세력들은 미래를 상상하는 힘을 아주 잘 알고 있고, 또한 그들은 사람들이 이상적인 사회를 마음으로 그릴 수 없는 한, 그런 사회를 창조할 수 없다는 사실을 알고 있습니다. 따라서 그들은 사람들이 보는 어떤 종류의 이미지들을 조종함으로써 사회를 통제하고자 시도합니다. 내가 여러분에게 말할 수 있는 것은 많은 영화들이 사람들의 마음에다 불완전한 이미지들을 투사하기 위해 계획돼 있다는 것인데, 그 이미지들은 여러분이 그리스도 마음에 관한 올바른 비전에 이르거나 그것을 유지하기 어렵게 만든다는 것입니다. 이것은 특히 공포영화와 노골적이고 음란한 섹스영화, 폭력영화 등이 그렇습니다.

다시 한 번, 사실주의라는 쓴 약이 도움이 됩니다. 지구는 불안정한 환경이고, 그 한 가지 양상은 사람들이 그런 결함 있는 이미지들에 노출돼 있다는 것입니다. 그런 까닭에 여러분은 자신의 마음을 불완전하고 부조화된 이미지들로부터 보호할 필요가 있습니다. 이것은 또한 음악에도 적용된다는 사실입니다. 우리는 영적인 에너지를 기원하기 위해 발성된 언어를 이용하는 힘에 관해서 이야기를 나누었습니다. 하지만 또 다른 면은 타격음(打擊音)을 통해 조화되지 않은 리듬과 프로그래밍된 언어로 잠재의식 속을 오염시켰을 때는 소리가 매우 파괴적인 힘이 될 수 있다는 것입니다. 그러므로 진실한 영적 추구자들은 받아들이는 음악의 종류에 관해 신중히 분별할 필요가 있습니다. 어떤 형태의 현대 음악들은 불협화음(不協和音)이 심하기 때문에 여러분의 에너지장에 이로울 것이 전혀 없습니다. 나는 사람들에게 직관능력과 감수성을 연마하라고 적극 권고하며, 그럼으로써 그들이 어떤 영상들과 음악들이 영적인 도상에서 자신들의 발전에 해로운지를 깨달을 수가 있습니다.

6장

사랑의 흐름

저는 현명한 자기이익이라는 개념을 포함해서 사랑이 영적진보의 열쇠라는 인식에 대해 좀 더 이야기를 나누고 싶습니다. 많은 사람들이 어려서부터 종교에 대해 두려움에 기초한 접근법을 가지고 성장해 왔기 때문에 이것을 이해하기가 어렵다고 생각합니다. 저는 제가 오랫동안 사랑의 중요성을 이해하기 위해 고투해 왔음을 알고 있습니다. 그래서 말인데, 바로 당신이 말씀하고 계신 의식의 변화를 시작하기 위한 그 열쇠는 무엇인가요?

내가 앞서 언급했듯이, 나는 사실 내가 2,000년 전에 주었던 가르침들 속에서 삶의 비밀을 설명한 바가 있습니다. 우주가 일종의 거울이라는 가르침은 성서의 행간에 숨겨진 가르침을 기꺼이 읽고 이해할 수 있는 사람들에게는 늘 거기에 있었습니다. 하지만 영적인 교사들은 결코 사람들에게 목적지에 이르는 길을 보여줌이 없이는 어디로 가야할 필요가 있다고 말하지 않습니다. 그러므로 나 역시도 사람들에게 의식의 변형이라는 목표를 성취하는 방법을 설명했습니다. 그 메시지는 내 가르침들을 통해서 엮어졌으며, 그 단편적 내용들은 공식적인 성서 속에서 찾아볼 수 있습니다. 타인들에게 다른 뺨을 돌려 대고, 남들에게 대접받고 싶은 대로 그들에게 행하라는 내 말을 다시 한 번 살펴보기 바랍니다. 그리고 "원수를 사랑하고 자신을 핍박하는 자들을 위해 기도하라(마태복음 5:44)."는 말에 대해 주목하십시오. 당신은 내가 바리새인들에게 이의를 제기 받은 상황에서 그들이 나에게 율법 가운데 무엇이 가장 중요한 계명이냐고 물었던 것을 기억합니까?

예, 기억합니다. 예수님께서는 "온 마음과 목숨과 뜻을 다하여 주 하나님을 사랑하고, 네 이웃을 네 몸과 같이 사랑하라(마태복음 22:37~39)."고 하셨지요. 당신은 또한 그 두 가지 계명이 나머지 모든 율법의 핵심강령이라고 말씀하셨습니다.

정확합니다. 그렇다면 그러한 계명이 정말로 당신에게 말하고 있는 것이 무엇일까요?

그것이 저에게 신을 사랑하고 다른 이들을 사랑하라고 말하고 있지만, 어떻게 사랑해야 하는지를 말하고 있지는 않습니다.

사실, 그 말의 이면에는 보다 깊은 메시지가 담겨져 있습니다. 여러분이 그 말과 우주가 거울이라는 것에 관한 가르침과의 관계를 알게 되면, 내가 여기서 설명하고 있는 것이 삶에 대한 매우 특수한 접근법이라는 사실을 이해합니다. 그것은 근본적으로 다른 형태의 접근법이며, 사실 대부분의 사람들이 취하고 있는 삶에 대한 접근법과는 완전히 정반대의 접근법입니다. 이런 말을 하기는 슬프지만, 대다수의 기독교인들은 내가 보여주려고 왔었던 삶에 대한 접근법을 이해하지 못하고 있습니다. 이것의 상당 부분은 기독교가 두려움에 기초한 종교가 돼버렸다는 데서 기인합니다. 그럼에도 여기서 중요한 점은 내가 2,000년 전에 제시하려고 했던 것은 삶에 대해 특수한 접근법을 채택할 필요성이었음을 이해하도록 돕는 것입니다.

내가 제공하여 보여주려고 왔던 삶에 대한 접근법은 매우 단순했습니다. 그것은 삶이 여러분에 무엇을 가하더라도, 그것에 관계없이 항상 사랑으로 응답해야 한다는 것입니다. 달리 말하자면, 모든 상황들에 대해 사랑으로 반응하라는 것이지요!

이 말에 관한 보다 깊은 의미는 오직 여러분이 우주가 일종의 거울이라는 것을 이해했을 때만이 비로소 이해될 수가 있습니다. 이 사실을 이해하게 되면, 만약 어떤 좋지 않은 일이 여러분에게 일어날 경우, 그것이 단지 우연히 일어난 것이 아니고, 오로지 다른 사람에 의해 유발된 것도 아니며, 또한 신의 처벌이나 악마에 의한 것도 아님을 깨닫습니다. 그것은 여러분의 현재 의식상태의 직접적인 결과이자 과거의 행위들로 인한 사건입니다.

여러분은 과거의 어느 시점에 그런 원인을 우주로 보냈고, 우주는 이제 여러분이 보냈던 것을 반사해서 여러분에게 다시 되돌려주고 있는 것입니다. 만약 여러분이 되돌려 받고 있는 것이 불쾌한 것이라면, 내보냈던 것 역시 틀림없이 불쾌한 것이었음을 확신해도 좋습니다. 즉 여러분은 우주가 여러분에게 해주기를 원했던 것을 다른 이들에게 행하지 않았습니다. 달리 표현하면, 여러분은 우주에다 사랑을 보내지 않았던 것입니다. 우주로부터 즐겁지 않은 응답을 받는다면, 그것은 과거의 어느 때인가 행한 사실의 결과이자, 당신들이 두려움과 분노와 같은 부정적인 감정에 의해 지배되어 우주로 보냈던 것들의 결과입니다.

여러분이 이런 사실을 받아들을 때, 우주에 대해 분개하거나 신이 불공평하게 여러분에게 벌을 주었다고 느끼지 않게 될 것입니다. 대신에 여러분은 우주가 여러분에게 반사해서 돌려보내고 있는 것들을 바로 자신이 생성했다는 사실을 깨달을 것입니다. 그때 여러분은 자기 스스로 논리적으로 생각할 수 있게 되고, 그렇게 함으로써 매우 단순한 사실을 발견할 것입니다.

만약 여러분이 현재 마음에 들지 않는 상황을 겪고 있다면, 여러분의 가장 우선적인 중대사는 그 상황에 대해 최악의 문제를 만들지 않는 방식으로 응답하는 것이 되어야 합니다. 앞서 예를 들었듯이, 콘크리트 벽을 향해 돌진하고 있는 상황이라면, 여러분의 머리를 거듭해서 벽에 부딪치는 것을 예방하기를 원할 것입니다. 여러분의 반응은 그 문제를 멈추기 위한 현명한 욕구에 의해 결정되어야 하며, 그럼으로써 불쾌한 상황들이 종식될 것이고 더 나은 미래를 경험할 수가 있습니다.

우주가 거울이라는 사실을 받아들일 때, 비로소 여러분은 어떻게 해야 할지를 알게 됩니다. 만약 마음에 들지 않는 상황에 대해 두려움과 분노, 비난과 같은 부정적인 감정으로 반응한다면, 단지 그런 부정적 감정에 의해 지배되는 새로운 진동주파수를 내보내게 될 것입니다. 그리고 미래의 언젠가 여러분은 우주가 여러분이 내보낸 것들을 다시 자신에게 반사할 것이라는 사실을 압니다. 따라서 여러분은 이제 불쾌한 상황들을 멈추고 자신을 위해 보다 나은 미래를 창조하는 유일한 방법을 논리적으로 생각할 수 있습니다. 그리고 그것은 여러분 자신의 상념들과 감정을 지배하는 것이며, 그렇게 함으로써 마음에 들지 않는 상황에 대해 부정적인 감정으로 반응하는 것을 피할 수가 있습니다. 어떻게 여러분이 이것을 할 수 있을까요? 당신들은 사랑으로 그런 상황에 반응하는 것이 필요합니다.

만약 여러분이 자신의 외부상황이 바뀌기를 바라고 여생 동안 똑같이 불쾌한 상황들이 반복되는 것을 피하고 싶다면, 삶에 대한 여러분의 태도, 접근법, 그리고 의식상태를 바꿀 필요가 있습니다. 그렇게 함에 따라 모든 상황에 대해 사랑으로 반응하기를 시작할 수 있습니다. 여러분이 어떤 상황에 대해 부정적인 감정으로 반응할 때마다, 우주에다 부정적인 전기적 충격파들을 내보냅니다. 그리고 우주는 이것을 다른 형태의 불쾌한 상황으로 다시 여러분에게 반사할 것입니다. 하지만 여러분이 어떤 상황에 대해 사랑으로 반응할 때마다 사랑의 전기 충격파를 우주로 내보냅니다. 그러면 우주는 그 사랑을 긍정적인 상황의 형태로 반사해 여러분에게 다시 되돌려 보낼 것입니다.

삶에 관한 단순한 사실은 여러분이 부정적인 방식으로 상황들에 반응하는 습관을 갖고 있을 경우, 하향적인 에너지 나선을 창조한다는 것입니다. 과거의 부정적인 전기 충격파가 자신에게 다시 되돌아 왔을 때, 여러분은 더 많은 부정성을 창조하는데, 그것이 결국 다시 여러분에게 반사되어 훨씬 더 많은 부정적인 것들을 만들게 됩니다. 이것이 바로 많은 사람들이 그들 자신을 상자 안에다 가두는 방법이며, 삶에 대한 그들의 부정적인 태도가 어떻게 말 그대로 자기실현의 예언이 되는가를 보여줍니다. 그럼에도 이런 상황의 원인은 우주가 여러분이 내보낸 부정적인 전기 충격파들을 계속해서 여러분에게 다시 반사할 것이라는 데 있습니다. 우주에게는 다른 선택의 여지가 없습니다. 만약 여러분이 거울 앞에 앉아서 인상을 쓰거나 소리를 지르는 등의 불경한 언행을 한다면, 거울은 그런 모습을 그대로 여러분에게 되비출 것입니다. 또한 거울은 여러분이 자신의 행위를 바꿀 때까지 그런 반사작용을 계속할 것입니다.

여러분이 그런 하향나선을 멈추는 유일한 방법은, 그리고 매우 솔직히 말해 대부분의 인간들이 ― 심지어는 전체로서의 인류가 ― 현재 빠져 있는 삶에 대한 부정적인 접근법을 중단하는 방법은 모든 부정적인 상황들에 대해 반응하는 방식을 바꾸는 것입니다. 여러분이 모든 상황들에 대해 사랑으로 반응하는 것을 배울 때, 필연적으로 여러분을 더 낫고 밝은 미래로 인도할 긍정적인 나선을 창조할 것입니다. 여러분은 갑자기 자신이 긍정적인 사람들과 긍정적인 상황들을 끌어당긴다는 것을 발견하게 될 것입니다. 나는 이것이 금방 일어나지는 않을 것이라는 사실을 알고 있는데, 그 이유는 우주의 어떤 구조적인 측면이 있기 때문이며, 이에 관해서는 나중에 논할 수 있을 것입니다.

그렇지만 내가 전해주고 있는 삶의 비밀에 관한 간단한 버전 내지 기본적인 개념은 진실이고, 정확한 것입니다. 우주는 여러분이 내보낸 것들을 그대로 반사해 되돌려주는 거울입니다. 자신의 외부적 상황을 개선하는 유일한 방법은 모든 상황에 대해 사랑으로 반응할 수 있도록 삶에 대한 여러분의 접근법을 뜯어고치는 것입니다. 만약 여러분이 우주가 여러분에게 보내는 모든 것을 사랑한다면, 필연적으로 우주는 여러분을 다시 사랑할 것입니다. 이것은 어떤 먼 공상이나 이상주의적 몽상이 아닙니다. 그것은 여러분이 거울 앞에서 미소 지을 경우, 거울 속의 그 이미지가 여러분에게 다시 미소 지을 것이라는 사실만큼이나 정확한 현실입니다. 그러므로 여러분이 세상을 향해 자진해서 미소를 짓기에 앞서서, 우주거울 앞에 앉아 우주가 여러분에게 미소지어주기를 기다리는 어리석은 짓을 멈추기 바랍니다. 자신의 삶을 지배하고 삶에 대해 사랑으로 반응하겠다고 결정하십시오. 계속해서 사랑으로 응답한다면, 여러분은 반드시 우주가 그 사랑을 다시 여러분에게 반사한다는 사실을 알 것입니다.

우리가 모든 상황들에 대해 사랑으로 반응할 필요가 있다는 개념은 매우 멋진 가르침입니다. 그리고 저는 그것이 참다운 진리이고 심오하다는 점에는 의심이 없습니다. 하지만 그것이 저에게 모종의 느낌을 남기는데, 글쎄요. 그것을 어떻게 말해야 할런지 모르겠네요 …

나는 당신 말을 여기서 멈추게 하고 싶군요. 왜 이 질문을 나에게 하는 것을 주저하고 있습니까?

음, 예수님은 제게 매우 심오한 가르침을 주셨습니다. 그리고 저는 당신께 실례되는 것으로 보일 수도 있는 질문을 함으로써 당신 기분을 상하게 해드리고 싶지는 않습니다.

나는 그것이 문제였다고 생각합니다. 그리고 나는 그것을 논하고 싶습니다. 왜 당신은 당신이나 다른 사람들이 혹시라도 나를 불쾌하게 할 수도 있다고 생각하죠?

글쎄요, 솔직히 말씀드리자면, 저는 어린 시절 저의 기독교인으로서의 양육기 동안에 우리가 예수님과 하나님, 두 분에게 죄를 짓기가 아주 쉽다는 확실한 인상을 받았기 때문이었습니다. 그리고 만약 우리가 그렇게 할 경우, 불지옥이나 유황불의 고통과 같은 두려운 체벌을 받을지도 모른다고 생각되었죠.

이해합니다. 그리고 나는 많은 사람들이 그런 식으로 느낀다는 것을 알고 있습니다. 이런 이유 때문에 나는 그 주제를 논의하기를 원합니다. 이런 대화 속에서 내가 이해시키고 싶은 것들 중에 하나는 전통적 기독교에 의해 묘사돼온 하나님, 내 자신 및 나의 가르침과 진정한 하나님의 실체와 나의 참 모습 및 나의 참된 가르침과는 엄청난 차이가 있고, 많은 경우에는 근본적인 차이가 있다는 것입니다. 나는 사람들이 주의 깊게 살펴본다면, 그들의 신과 종교에 관한 많은 믿음들이 모순되고 사리에 맞지 않는다는 점을 깨닫도록 도와주고 싶습니다. 그런 불합리한 믿음의 완벽한 사례는 내 자신과 같은 영적인 존재가 이 세상의 어떤 것에 의해서 감정이 상할 수도 있다는 생각입니다. 당신은 성서 속에서 내가 제자들에게 "가라사대, 너희는 나를 누구라 하느냐?(마태복음 16:15)"라고 질문했던 상황을 기억할 수 있을 것입니다. 따라서 나는 지금 당신에게 묻습니다. "도대체 당신은 내가 누구라고 생각하고, 무엇이라고 생각합니까?"

당신은 예수 그리스도이십니다. 그리고 당신은 승천한 존재이고, 승천한 대사(Ascended Master)입니다. 당신은 모든 사람들이 천국이라고 부르는 높은 진동 수준의 영역에 거주하고 계십니다.

맞습니다. 당신이 이야기하고 있는 것은 내가 현재 지상에서 승천해 있고, 이곳 영적인 세계 안에서 영구적인 지위를 얻었다는 말입니다. 당신은 한 영혼이 그런 과정을 거치는 것에 대해서 어떻게 생각합니까?

당신께서 앞서 설명하셨듯이, 저는 늘 지구를 영혼을 위한 영적인 학교라고 상상했습니다. 그러므로 구원을 얻는 것은 최종시험을 통과해서 학교를 졸업하는 것과 같습니다.

훌륭한 답변이긴 합니다만, 내가 논하고 싶은 것은 영원히 천상으로 들어갈 자격을 얻기 전에 영혼이 거쳐야만 하는 변형에 관해서입니다. 만약 당신이 결혼잔치에 관한 내 비유(마태복음 22:1~14)[15]를 받아들인다면, 그 이야기가 결혼예복을 입지 않고 그 잔치자리에 입장했던 한 사람으로 끝난다는 사실을 알 것입니다. 그는 그 잔치에 남아 있을 수 없었을 뿐만 아니라 손과 발이 결박되어 어두운 바깥으로 내던져졌습니다. 나는 이것이 매우 모질고 가차 없는 소리로 들린다는 것을 잘 압니다. 그리고 그것은 기독교 목사들을 포함한 많은 사람들의 의해서 잘못 해석되어 왔습니다. 그럼에도 이 상황의 진실은 결혼잔치가 하늘나라로 들어가는 입구에 비유될 수 있다는 것입니다. 인간이 영원히 천국으로 들어가기 위해서는 내가 이야기한 의식의 변형을 거칠 필요가 있습니다. 여러분은 모든 상황에 대해서 사랑으로 반응할 수 있는 마음의 틀로 바꿀 필요가 있습니다. 그리고 그런 마음의 틀로 바꾸기 위해서는 결코 사랑이 아닌 어떤 것으로 상황에 반응하게 만드는 의식 상태와 삶에 대한 태도 및 접근법을 버릴 필요가 있습니다. 이러한 의식상태가 바로 내가 앞서 육적인 마음이라고 불렀던 것입니다. 그리고 우리는 이에 관해서 나중에 좀 더 상세히 이야기를 나눌 수 있게 될 겁니다.

지금, 여기서의 내 요점은 지구상의 대부분의 인간들이 현재 모든 상황에 대해 사랑으로 반응할 수 없는 의식 상태에 빠져 있다는 것입니다. 오늘날의 컴퓨터 시대에 우리는 인간의 잠재의식적인 마음을

---

15)예수께서 다시 비유로 대답하여 가라사대, [2] 천국은 마치 자기 아들을 위하여 혼인 잔치를 베푼 어떤 임금과 같으니 [3] 그 종들을 보내어 그 청한 사람들을 혼인 잔치에 오라 하였더니 오기를 싫어하거늘 [4] 다시 다른 종들을 보내며 가로되 청한 사람들에게 이르기를, 내가 오찬을 준비하되 나의 소와 살진 짐승을 잡고 모든 것을 갖추었으니 혼인 잔치에 오소서 하라 하였더니, [5] 저희가 돌아보지도 않고 하나는 자기 밭으로, 하나는 자기 상업차로 가고 [6] 그 남은 자들은 종들을 잡아 능욕하고 죽이니 [7] 임금이 노하여 군대를 보내어 그 살인한 자들을 진멸하고 그 동네를 불사르고 이에 종들에게 이르되, 혼인 잔치는 예비되었으나 청한 사람들은 합당치 아니하니, [8] 이에 종들에게 이르되, 혼인 잔치는 예비되었으나 청한 사람들은 합당치 아니하니 [9] 사거리 길에 가서 사람을 만나는대로 혼인 잔치에 청하여 오너라 한 대 [10] 종들이 길에 나가 악한 자나 선한 자 만나는 대로 모두 데려오니 혼인자리에 손이 가득한지라 [11] 임금이 손을 보러 들어올쌔, 거기서 예복을 입지 않은 한 사람을 보고 [12] 가로되 친구여, 어찌하여 예복을 입지 않고 여기 들어왔느냐 하니 저가 유구무언이어늘 [13] 임금이 사환들에게 말하되, 그 수족을 결박하여 바깥 어두움에 내어 던지라. 거기서 슬피 울며 이를 갊이 있으리라 하니라 [14] 청함을 받은 자는 많되 택함을 입은 자는 적으니라.

컴퓨터에다 비유할 수 있습니다. 내가 〈빛을 향한 내면의 길〉이란 책에서 설명했듯이, 모든 사람들은 특정 상황에서 작동되는 다수의 잠재의식 컴퓨터 프로그램들을 갖고 있습니다. 삶에 대한 그들의 기대대로 되지 않을 때마다 특정 프로그램이 활성화됩니다. 그리고 그 프로그램이 어떤 주어진 상황에 사랑이 아닌 방식으로 반응하도록 그들의 의식을 점거해 버립니다. 이것이 바로 손발이 묶인 채로 어두운 바깥으로 쫓겨나 살게 된다는 말의 참된 의미입니다. 나의 비유는 사실상 무한한 절대자 및 신의 왕국과 분리돼 있다고 느끼는 여러분의 의식 상태를 묘사한 것입니다. 여러분은 "바깥의 어둠" 속에 빠져 있는데, 이것이 신의 왕국 외부에 있다는 것을 뜻하기는 하지만, 사실은 여러분 자신의 의식 속에 존재하는 어둠인 것입니다.

천국으로 영원히 올라가기 위해서는 여러분이 이런 육적인 마음과 일종의 컴퓨터처럼 삶에 반응하게 만드는 모든 잠재의식 프로그램들을 버려야 합니다. 이것은 입력되는 데이터에 대해 인간이 원래 예정된 천부적으로 자유로운 존재로서 행동하는 대신에 기계적으로 반응한다는 것을 의미합니다. 여러분은 의식적으로 사랑으로 반응하는 것을 선택하지 않고 잠재의식 컴퓨터가 여러분의 반응을 지배하게 하고 있습니다. 여러분의 영혼이 자신의 삶을 통제하지 못하고 잠재의식의 마음이 그것을 운영하도록 허용하고 있는 것이지요. 내 요점은 나 역시도 육적인 마음을 극복하는 이런 과정을 거쳤다는 것입니다. 나는 세속적이고 육적인 의식의 옷을 벗어 던지고 그리스도 의식이라는 결혼예복을 입었습니다. 여러분이 육적인 마음을 버리게 되면, 화를 내는 성향에서 벗어나게 됩니다. 당신은 내가 광야에서 홀로 있을 때 악마에 의해 유혹을 받았던 상황을 기억합니까?

그럼요, 하지만 저는 그것이 무엇을 의미하는 지 전혀 이해하지 못했습니다.

그것은 참으로 내 영혼이 사명을 완수하기 위해 육적인 마음의 수준을 충분히 초월했는지를 보기 위한 시험이었습니다. 그 악마 – 사실은 현재 지구 행성을 지배하고 있는 저급한 대중의식의 대표자 – 는 자신이 나로 하여금 육적인 마음의 상태로 반응하게 할 수 있다고 생각했던 어떤 것을 실행하고 있었습니다. 만약 그가 성공했다면, 그것은 내가 내 사명에 대해 완전히 준비되지 않았거나 하늘나라로 들어갈 준비가 되지 않았다는 사실을 나타냈을 것입니다.

그러므로 삶은 모종의 게임처럼 보일 수도 있다고 말할 수 있습니다. 이 세상에는 여러분이 여러 상황들에 대해 사랑에 기초하지 않은 반응으로 응답하도록 끊임없이 농락하려고 시도하는 세력들이 있습니다. 사랑이 결여된 반응으로 끌어당겨지는 것을 피하는 유일한 방법은 세속적이고 육적인 마음과 그 잠재의식의 프로그래밍을 넘어서는 것입니다. 그렇게 하는 것이 "이 세상의 군주가 오겠음이라, 그러나 저는 내게 관계할 것이 없으니(요한복음 14:30)"라는 내 말의 참뜻입니다. 여러분이 육적인 마음을 초월하게 되면, 이 세상의 세력들이 여러분으로 하여금 사랑이 아닌 어떤 것으로 반응하도록 유혹하거나 위협하고자 이용할 수 있는 그 어떤 것도 찾아내지 못할 것입니다.

그러므로 한 마디로 말하자면, 나는 승천한 존재이기 때문에 세속적이거나 인간적인 의식 상태를 영원히 초월했다는 사실을 알기 바랍니다. 그런 까닭에 내가 당신이 나에게 질문하거나 말하는 어떤 것에 의해서 내가 조금이라도 기분이 상해지는 일 따위는 전혀 있을 수 없습니다. 그 결과 나는 당신 – 그리고 이 지구상의 모든 이들 – 이 생각할 수 있는 그 어떤 것을 나에게 질문함에 있어서 완전히 자유롭다고 느끼게 하고 싶습니다. 사람들은 그들이 내게 말할 필요가 있다고 생각하는 어떤 것을 말하는 데 자유롭다고 느껴야만 합니다. 만약 여러분이 자유롭지 못하다고 느낀다면, 이 지구상에서 가장 오래된 문제들 가운데 하나의 포로가 되고 있는 것인데, 다시 말하면, 사람들은 그들 자신의 의식상태, 그들 자신의 세계관, 그들 자신의 삶에 대한 태도를 다른 이들에게 투사하고 있는 것입니다. 이것은 특히 여러분이 자신의 의식 상태를 투사할 때의 문제이며, 즉 세속적인 의식 상태를 영적 존재나 신에게 투사하는 겁니다. 그러나 나는 그런 의식 상태를 초월했기 때문에 아직 이원성에 빠져 있는 인간들에 의해서 창조된 정신적 상자들 – 기대들 –에 맞을 수가 없고 어울리지도 않을 것입니다.

사람들이 그들의 정신적 이미지들을 내 자신이나 신에게 투사했을 때, 그들은 사실 두 번째 계명을 어기고 있는 것입니다(출애굽기 20:3~4). 그들은 다른 신들을 섬기고 있는 것인데, 다시 말하면 그것은 참된 신의 면전에서 그들이 창조한 정신적 이미지(像)들입니다. 그리고 그들의 정신적 이미지들은 그들이 스스로 받아들여 숭배했던 우상들이 되고 맙니다. 육적인 마음에서 창조된 그 어떤 정신적 이미지들도 초월해 있는 참다운 절대자를 숭배하는 대신에 말입니다.

내 요점은 나는 육적인 마음상태를 넘어서 있기에 내가 그런 마음상태에서 말한 어떤 것들에 의해 모욕을 받거나 비위가 상할 수는 없다는 것입니다. 나는 또한 대부분의 사람들이 그런 마음의 상태에 빠져 있다는 것을 깨닫고 있습니다. 그리고 한 영적인 스승으로서 사람들이 그런 유한한 의식 상태를 극복하도록 돕는 것이 나의 소명이자 커다란 기쁨입니다. 나는 여전히 이원성 속에 빠져 있는 사람들에게 그저 사랑과 연민을 느낄 뿐입니다. 그러므로 사람들이 육적인 마음에 의해 영향을 받은 어떤 질문을 나에게 한다고 해서 문제될 것이 전혀 없습니다. 만약 여러분이 이미 그런 마음상태를 넘어섰다면, 내가 그 방법을 보여주는 것이 불필요할 것입니다. 그렇지 않습니까? 따라서 나는 사람들이 내게 말하는 것에 마음의 부담을 느끼지 않기를 바라며, 또한 내가 기분이 상할 일이 없다는 점을 알았으면 합니다. 나는 그들에게 늘 사랑으로 응답할 것입니다. 물론 그것이 때로는 거친 사랑이 될 수도 있습니다만, 그것은 언제나 그들 영혼의 성장을 위한 참된 사랑일 것입니다. 이제 잊기 전에 당신의 원래 질문으로 돌아가 봅시다.

저의 질문은 왜 우리들 대부분이 모든 상황들에 대해 사랑으로 반응하는 것이 그렇게 어려운가라는 것이었습니다. 저는 저의 삶에는 알아듣거나 받아들이기가 매우 어려운 메시지를 접하곤 했던 시기가 있었음을 알고 있습니다. 그리고 저는 많은 사람들이 저와 같은 식으로 느낄 것이라고 생각합니다. 우리가 매우 어려운 상황을 겪을 때 사랑을 갖게 된다는 것을 거의 불가능합니다. 따라서 얼마나 상황이 힘드냐와 관계없이 단지 사랑으로 대할 필요가 있다는 말은 받아들이기가 쉽지 않습니다. 제 말은 우리들 대부분이 사랑으로 전환하는 방법을 전혀 모른다는 것입니다.

저는 사랑이 이 지구상에서 가장 잘못 이해하고 있는 개념들 가운데 하나라고 생각합니다. 그것은 앞으로 어떻게 될지를 아무도 모르면서도 누구나 그것에 관해 한 마디씩 하는 날씨와 거의 비슷합니다. 저는 모든 사람들이 예수님의 조언을 따르고 싶어 할 거라고 생각하지만, 우리는 사랑하게 되는 방법을 전혀 모릅니다. 즉 우리는 어떻게 해야 사랑으로 바뀌게 되는지를 모릅니다.

이해합니다. 그리고 나는 사랑이 오해되고 있다는 점에 동의합니다. 나는 사람들이 (책을 통해) 내 말을 읽었다고 해서 내가 그들이 금방 사랑의 흐름으로 바뀔 수 있다고 기대하지는 않는다는 것을 분명히 해야겠습니다. 여러분이 삶에 대해 사랑으로 반응하는 법을 배운다는 것 ─ 육적인 마음을 극복한다는 것을 의미함 ─ 은 즉각적으로 이루어질 수가 없습니다. 그것은 시간이 걸릴 것인데, 왜냐하면 여러분은 바울이 말했던 것, 즉 "옛사람을 벗어 버리고 새사람을 입으라(에베소서 4:22~24)."[16]라는 일을 실행해야하기 때문입니다. 이것은 시간이 걸리는 과정입니다. 그리고 오늘날의 즉석식품과 즉흥만족 세상에서 우리는 많은 이들이 자진해서 시간을 들여 노력하지 않는다는 문제에 부딪칩니다. 그럼에도 여러분이 일단 구원을 얻게 되면, 그것은 영원히 지속될 것입니다. 그러므로 그런 목표를 성취하기 위해 시간을 들이는 것이 합리적이지 않겠습니까?

사람들이 세속적이고 육적인 마음을 극복하기 위해 할 수 있는 많은 것들이 있습니다. 그리고 우리는 나중에 그것에 관해 논의할 수 있을 것입니다. 지금, 나는 삶에 대해 사랑으로 반응하는 방법을 배우는 것이 올바로 나가는 과정임을 지적하고 싶습니다. 거기에 이르기 위해서는 어느 정도 시간이 걸릴 수 있는 반면에 그것을 실행하는

---

16)"너희는 유혹의 욕심을 따라 썩어져 가는 구습을 좇는 옛 사람을 벗어 버리고, 오직 심령으로 새롭게 되어 하나님을 따라 의와 진리의 거룩함으로 지으심을 받은 새사람을 입으라."

방법을 아는 것은 쉽습니다. 당신은 사람들이 사랑으로 전환하는 방법을 모른다고 말합니다. 하지만 사실 이것을 행하기 위해 무슨 조치를 취해야 하는지를 이해하는 것은 쉽습니다. 여러분은 단지 사랑의 흐름을 막는 것을 멈출 필요가 있습니다.

그것은 2,000년 전에 당신께서 하셨던 불가해한 말씀들 가운데 하나처럼 들립니다. 생각하건대, 아마도 대부분의 사람들이 좀 더 상세한 설명을 듣고 싶어 할 것입니다.

내가 2,000년 전에는 사람들에게 전혀 전해줄 수 없었던 설명을 당신에게 하도록 하겠습니다. 왜냐하면 당시 그들은 이런 설명을 이해하는 데 필요한 지식이나 개념상의 용어조차도 갖고 있지 않았기 때문입니다. 그 설명은 우리가 앞서 이야기를 나누었던 내용을 토대로 한 것인데, 다시 말해 모든 것이 에너지로 이루어져 있다는 것입니다.

현재 과학자들은 에너지는 창조되거나 파괴될 수 없다는 것을 믿고 있습니다. 이것은 어느 한도 내에서만 진실인데, 과학자들이 그것을 언젠가 발견할 것입니다. 과학자들은 이미 원자 내에는 엄청난 양의 에너지가 저장돼 있다는 사실을 알고 있습니다. 그리고 그들은 원자를 쪼갬으로써 그 에너지의 일부를 방출할 수 있다는 것을 압니다. 즉 진실은 에너지가 원자 속에 저장되기만 하는 것이 아니라는 사실입니다. 소립자의 수준에서는 영적세계의 높은 주파수 에너지가 물질세계의 주파수 범주로 통과해 들어올 수 있는 일종의 입구가 존재합니다.

달리 말하면, 물질우주는 오직 이 세계로 계속해서 흐르는 영적세계의 높은 주파수 에너지의 끊임없는 흐름이 있기 때문에 존속할 수가 있습니다. 그 에너지가 두 세계들 간의 입구를 가로지를 때, 그것의 진동수가 물질세계를 구성하는 주파수 범주 내에서 진동할 때까지 낮아집니다. 나는 일부 과학자들이 내가 말하고 있는 것, 또는 내가 그것을 지나치게 간략화해서 부르는 것에 대해 논쟁하리라는 것을 알고 있습니다. 그럼에도 불구하고 그것은 기본적으로 물질세계의 창조에 이르는 과정에 관한 정확한 묘사입니다.

나는 이 책을 읽는 것에 마음에 열려 있는 사람은 누구나 이미 인간에게는 겉으로 보기와는 다른 것이 있음을 깨닫고 있다고 추측합니다. 다시 말해서 여러분의 믿을 수 없이 복잡한 개성은 육체의 산물이 아닙니다. 모든 인간은 영혼을 갖고 있고, 그 영혼은 육체적 존재가 아닌 것입니다. 영혼은 육체에 의해 생겨난 것이 아니라, 단지 일시적으로 그 육신에 거주하고 있는 것뿐입니다. 말하자면 육체는 자동차와 같고, 영혼은 그 차의 운전사와 같다고 할 수가 있습니다. 비록 그 자동차가 운전사 스스로의 힘으로 걸을 수 있는 것보다 더 멀리 운전사를 태우고 갈 수는 있어도, 운전사는 그 차와는 별개로 살아갈 수 있는 완벽한 능력이 있습니다. 대부분의 사람들은 육체의 죽음 이후에도 영혼이 생존할 수 있다는 것을 이해하고 있고, 그런 이유로 우리가 구원의 개념에 관해 이야기를 나누고 있는 것이지요. 모든 사람들은 육체가 짧은 수명을 갖고 있다는 것을 압니다. 따라서 영혼이 그 육신의 죽음 이후에도 생존할 수 없다면, 어떻게 영혼이 혹시라도 구원될 수가 있겠습니까?

오늘날의 세상에서 내가 부딪치는 문제는 대부분의 사람들, 특히 많은 기독교인들이 영혼에 관해 불충분하게 이해하고 있다는 것입니다. 이것은 부분적으로는 내가 2,000년 전에 줄 수 있었던 영혼에 관한 기본적 가르침들이 왜곡되거나 전통적 교리에서 제거되었던 탓이기도 합니다. 하지만 진짜 문제는 주류 기독교가 진보적 계시의 필요성을 인정하지 않았다는 것입니다. 여러 세기에 걸쳐서, 특히 지난 100년 동안 승천한 대사들 그룹에 속한 나와 나의 동료들은 영혼에 관한 수많은 새로운 가르침들을 인류에게 전해준 바가 있습니다. 그러나 불행하게도 주류 기독교인들은 이런 가르침들의 대부분을 거부했습니다. 그리고 그들은 거기에다 "뉴에이지"라고 딱지를 붙여버렸는데, 많은 기독교인들은 그것을 "사탄"으로 여기고 있습니다.

나중에 우리가 영혼에 관해 좀 더 이야기를 나눌 수 있겠지만, 여기서 중요한 점은 영혼이 육체를 이루고 있는 에너지와 같은 형태의 에너지로 만들어져 있지 않다는 것입니다. 나는 이것을 2,000년 전에 "하늘에서 내려온 자 외에는 아무도 하늘로 다시 올라갈 수가 없다(요한복음 3:13)"라는 말로 설명하려고 노력했습니다. 이 말에 관한 한 가지 해석은 영혼은 영적세계의 높은 에너지로 이루어져 있다는 것입니다. 영혼이 물질우주로 내려와 자신을 육체의 기능과 결합하지만, 그렇다고 이것이 영혼이 육체가 되었다거나 자체의 진동이 저하되었다는 것을 의미하지는 않습니다. 영혼은 여전히 영적존재입니다. 그리고 그것은 영혼이 이 세상에 속하지 않은 채 (잠시) 이 세상 존재한다는 것을 뜻합니다.

대부분의 기독교인들에게 결여돼 있는 것은 영혼이 실제로 어디서 유래한 것인가에 관한 깊은 이해입니다. 영혼이 영적세계의 높은 진동으로 창조되었다는 사실이 참으로 어떤 것을 의미하는 것일까요? 영혼이 영적존재라는 것에 무슨 뜻이 있다는 것일까요? 책 〈그리스도는 여러분 내면에서 탄생한다〉와 〈성모의 메시지: 너희의 행성을 구하라〉에서 상세히 설명했듯이, 영혼은 자기 스스로의 힘으로 존재하기 위해 창조되지 않았습니다.

여러분이 "하늘에서 내려온 자 외에는 아무도 하늘로 다시 올라갈 수가 없다."는 내 말을 깊이 생각해 본다면, 영혼이 육신으로 내려오기 전에 틀림없이 영적세계에 존재했던 모종의 의식적인 존재가 있다는 것을 깨닫습니다. 그 의식적인 존재는 내가 앞서 영적인 자아, 또는 신아(神我)라고 불렀던 바로 그것입니다. 이 영적인 자아가 여러분의 참된 자신, 즉 진아(眞我)입니다. 그것은 절대자에 의해 창조되었고, 영적세계의 높은 에너지로 창조되었습니다. 신은 여러분의 영적인 자아를 자신의 모습과 닮은꼴로 창조하셨습니다.(창세기 1:26)

어느 시점에 이 영적인 존재, 즉 여러분의 진정한 실체인 신아는 자신의 일부를 물질우주로 내려 보내기를 원했고, 그렇게 하기로 결정했습니다. 이것이 바로 여러분의 영혼이 형성된 방식입니다. 여러분의 영혼은 신아의 한 확장체이며, 그런 만큼 그것은 여러분의 신아와 절대로 단절될 수가 없습니다. 여러분의 영혼과 신아와의 참된 관계는 태양 주변의 궤도 내에 있는 한 행성에 비유될 수 있습니다. 말하자면, 여러분의 신아는 영적인 에너지를 방사하여 여러분의 영혼에게 생명력을 공급하는 태양입니다.

어떻게 이것이 사랑의 흐름과 관련돼 있을까요? 나는 물질우주가 일정한 범주의 주파수 내에서 진동하는 에너지로 이루어져 있다고 언급한 바 있습니다. 또한 나는 영적인 세계는 보다 높은 주파수의 에너지로 이루어져 있다고 말했습니다. 여러분이 최상의 주파수에 도달할 때까지, 물질우주의 하위 주파수에서부터 상위의 주파수에 이르기까지 연속해서 이어지는 진동들의 연속체가 존재하는데, 가장 높은 것이 신의 빛입니다. 이것이 신께서 "빛이 있으라(창세기 1:3)."고 말씀하셨을 때, 창조하신 질료인 것입니다. 신이 창조하신 원래의 빛은 조건이 없고 신성한 사랑입니다. 하나님은 참으로 사랑의 신이시며, 일찍이 사랑의 에너지로 창조된 모든 것을 창조하셨습니다. 말하자면, 우주의 모든 것이 신의 빛이라는 최고의 진동으로부터 신이 창조한 온갖 수준의 세계들로 영원히 흘러내려가고 있는 사랑의 흐름에 의해 유지되고 있다고 할 수 있습니다.

　하지만 이 사랑의 흐름은 절대로 기계적으로 움직이지 않습니다. 그것은 신이 창조하신 모든 수준의 창조계에 존재하는 자아의식을 지닌 지성적인 존재들에 의해 유도됩니다. 예컨대, 성서에서는 지구가 엘로힘(Elohim)에 의해 창조되었다고 말하는데, 히브리어로 그것은 복수(複數)를 뜻하는 단어입니다. 영적인 세계 내에는 신의 사랑의 에너지를 자신들을 통해 흐르도록 허용한 다수의 지성적 존재들이 있으며, 그에 따라 그들이 지구행성을 창조했던 것입니다. 성모 마리아께서는 이것을 〈너희의 행성의 구하라〉에서 아주 상세히 설명하셨습니다. 그리고 그녀는 또한 모든 인간들이 함께 도와 이 행성을 공동으로 건설해나가기로 돼 있었다고 말하고 계십니다. 달리 말하자면, 여러분의 영혼은 이 지구상에다 신의 왕국을 창조하는 것을 돕기 원했기 때문에 육신 속으로 내려왔던 것입니다. 영혼은 이런 일을 신의 사랑이 신아로부터 자신을 통해 흐르도록 허용함으로써 행할 수가 있습니다. 즉 영혼은 그때 그 사랑의 에너지를 유도하여 이 세상에다 아름다운 것들을 창조하는 데다 이용하는 것이지요. 만약 영혼이 그런 사랑의 흐름을 유지한다면, 그것이 창조하는 모든 것들이 조화로울 것입니다.

　내가 여기서 말하고 있는 것은 영혼이 지상으로 내려온 원래의 목적이 신의 사랑이 흐를 수 있는 하나의 도관, 또는 열린 문이 되는 것이었다는 사실입니다. 다시 말해 요점은 여러분의 영혼은 신의 사랑이 그것을 통해 흐르도록 계획돼 있었다는 것입니다. 이것이 여러분 영혼의 자연스러운 상태입니다.

하지만 불행하게도 지구상에 육화한 대부분의 영혼들은 저급한 의식 상태로 떨어져 있습니다. 이런 의식상태 속에서 그들은 자신들을 통해 흐르는 사랑의 흐름을 점차 차단합니다. 바꿔 말하면, 사람들은 그들로 하여금 사랑으로 반응하는 것이 절대로 어렵다거나, 불필요하다거나, 옳지 않다고 말하게 만드는 갖가지 상태들을 자기들 마음속에다 형성하게 된 것입니다. 따라서 그들은 사랑의 흐름을 막고 자기들의 진동을 사랑의 주파수 이하로 하락시킴으로써 (사랑으로 반응하는) 대신에 신의 순수한 에너지를 오염시키는 부정적인 감정으로 반응합니다.

앞서 설명했듯이, 행성 지구는 그 주변에 에너지장을 갖고 있습니다. 인간들은 엄청난 양의 오염된 에너지를 창조했고, 이것이 바로 저급한 대중의식을 형성합니다. 성모 마리아께서 〈너희의 행성을 구하라〉에서 설명하신 것처럼, 실제로 사람들을 압도하여 그들의 생각과 감정의 통제력을 상실케 할 수 있는 다수의 에너지 보텍스들(Vortexs)이 존재합니다. 이것이 하향나선을 창조했으며, 대부분의 사람들은 이런 아래로 끌어내리는 자기적인 힘에 의해 함정에 빠져 있습니다. 이런 대중의식은 사람들이 상황들에 대해 사랑으로 반응하는 것을 훨씬 더 어렵게 만드는데, 왜냐하면 그런 의식의 에너지들이 사람들의 감정체(Emotional Body)를 뒤흔들어 그들로 하여금 더욱 두려움이나 분노로 반응하게 만들기 일쑤이기 때문입니다. 그러므로 우리가 정신적으로 붕괴된 사람들과 분리되고 선택된 사람들에 관해 이야기를 나눌 때, 우리는 사실상 사랑이 아닌 감정들로 삶에 반응하도록 끌어당기는 대중의식을 통한 붕괴에 관해 이야기를 하고 있는 것입니다.

내가 이해시키고 싶은 기본적인 개념은 여러분 영혼의 자연적인 상태는 여러분의 마음과 감정을 통해서 흐르는 무제한의 신의 사랑이라는 겁니다. 하지만 대부분의 사람들은 이런 자연스런 사랑의 흐름을 막게 만드는 의식 상태에 빠져 있습니다. 따라서 그 사랑의 흐름을 복구할 수 있는 유일한 방법은 그들의 영혼을 통한 사랑의 흐름을 저해하는 온갖 장애들을 해결하고 극복케 하는 체계적인 과정을 시작하는 것입니다. 여러분의 영혼을 그 원래의 순수성과 청정함, 은총의 상태로 회복시키는 이 과정이 진정한 구원의 과정입니다. 바로 이런 이유 때문에 내가 여러분이 어린아이와 같이 되지 않는 한, 천국에 들어갈 수 없다고 말했던 것입니다(마태복음 18:3). 수많은 아이들은 자연스럽게 사랑이 그들을 통해 흐르도록 허용하며, 그 사랑의 흐름이 차단되게 만드는 일련의 조건들을 아직 형성하지 않았습니다. 이런 어린아이들과 같은 순진무구함은 여러분이 자신을 구원받게 해줄 원래의 순수상태로 돌아가기에 앞서 반드시 회복되어야만 합니다. 이런 과정을 거침으로써 여러분은 결혼축하연에 입장할 수 있는 결혼예복을 입게 되는 것입니다.

인간 본래의 의식 상태로 돌아가는 과정은 사실상 이 지구상에서 볼 수 있는 모든 종교들에 의해 서술되어 있습니다. 그것은 수많은 다른 방식으로 설명돼 있지만, 여러분이 자진해서 행간의 숨은 뜻을 제대로 읽어내기만 한다면, 그것이 모두 동일한 과정임을 알 것입니다. 나는 그 과정을 2,000년 전에 설명했습니다. 그러나 불행하게도 내 설명의 대부분이 성서에서 제거되거나, 원형을 알아볼 수 없을 정도로 왜곡돼 있습니다. 그러므로 주류 기독교의 교리나 성서에서 참된 구원의 과정을 발견하기 위해서는 매우 직관적이 되어야만 합니다.

그럼에도 내가 2,000년 전에 와서 시범을 보여 입증하고자 했던 메시지의 핵심은 모든 인간들이 본래의 의식 상태와 순수성, 은총을 회복할 잠재력이 있다는 것이었고, 그 잠재력으로 인해 영혼이 천국에 들어갈 수 있게 되는 것입니다. 여러분은 "하나님의 나라는 너희 안에 있느니라(누가복음 17:21)."라고 했던 내 말을 기억하십니까? 천국이 여러분 안에 있다는 것은 그것이 곧 여러분의 마음, 즉 의식 상태에 달려 있다는 뜻입니다. 그런 까닭에 신의 왕국은 참으로 일종의 의식 상태인 것이며, 나는 그런 의식 상태를 시범 보였던 것입니다. 나는 모든 사람들이 따를 잠재력이 있는 과정, 다시 말하면 그리스도의 마음을 입는 과정을 보여주기 위해 왔습니다. 모든 내 제자들이 이것을 이해하지는 못했지만, 그들 가운데 몇 명은 이것을 이해했습니다. 그중에 한 명이 바울인데, 그 증거는 "너희 안에 이 마음을 품어라, 그 또한 예수 그리스도이니(빌립보서 2:5)."라는 그의 말에 잘 나타나 있습니다.

만약 제가 예수님의 말씀을 올바르게 이해했다면, 지구상의 상황은 다음과 같습니다.

• 우리의 영혼들은 신의 사랑이 이 세상으로 흘러들어오는 도관이 되기 위해 창조되었다.

• 우리가 저급한 의식 상태로 추락, 또는 타락했기 때문에, 우리는 자신의 마음을 통해 흐르는 사랑의 에너지를 차단하고 있다.

• 우리는 우리의 잠재의식, 정신구조 속에다 장벽들을 만들어 냈으며, 이런 장애물들이 그 사랑의 흐름을 막고 있다.

• 이것이 우리로 하여금 삶에 대해 부정적인 감정들로 반응하도록 만들고 있다. 그리고 우주는 일종의 거울이기 때문에 그것은 단지 우리가 내보낸 것들을 다시 우리에게 반사하고 있다.

• 이로 인해 우리는 운명이나 신에 의해 우리가 불공평하게 취급받고 있다고 느끼게 된다. 그러다 보니 우리는 더욱 많은 독성 에너지를 만들어낸다. 그리고 결과적으로 우리는 지상에다 말 그대로 지옥이라고 할 수 있는 하향나선을 창조했다.

• 우리는 자진해서 사랑의 존재가 되려고 하기에 앞서 신이 우리의 외적상황을 변화시켜주기만을 기다리고 있거나, 어쩌면 기원만 하고 있다. 그렇기 때문에 신이 우리에게 해줄 수 있는 것은 아무 것도 없다.

• 이런 하향나선을 깨뜨리는 유일한 길은 자연적인 사랑의 흐름을 재개하는 것이다.

• 그렇게 하기 위해서는 우리가 삶에 대해 사랑으로 반응해야만 하며, 그럼으로써 우주가 이것을 다시 우리에게 반사할 수가 있다.

• 그럼에도 사랑으로 반응하는 방법을 배우기 위해서는 자연적인 사랑의 흐

름을 방해하고 있는 우리 자신의 정신 속에 있는 장애물들을 해결해야 한다.

• 이런 장애물들을 제거하는 과정이 예수님이 시범 보였던 진정한 구원의 과정이다.

• 우리가 성공적으로 이 과정을 완수했을 때, 우리는 2,000년 전에 당신께서 보여준 그리스도 의식에 도달할 것이다. 그리고 그에 따라 우리는 예수님이 하셨던 일들을 행할 수가 있다.

제가 정확하게 요약했나요?

그것은 정확할 뿐만 아니라, 지구상의 삶에 관한 기본적인 현실과 모든 인간들이 마주하고 있는 과제들을 요약한 뛰어난 방식입니다.

저는 사랑의 흐름을 제한하는 장애물들 가운데 어떤 것은 우리가 앞서 이야기를 나누었던 독성 에너지라고 추측합니다.

그렇습니다. 여러분의 잠재의식 속에다 분노와 같은 독성 에너지를 더 많이 저장하면 할수록, 그로 인해 더욱 더 분노 대신에 사랑으로 반응하는 것이 어렵게 될 것입니다. 반대로 독성 에너지의 자기적인 인력(引力)의 힘을 감소시킴으로써 여러분은 상황들에 대해 사랑으로 반응하는 것을 훨씬 더 쉽게 만듭니다. 그렇지만 앞서 우리가 관련해서 이야기했듯이, 그런 독성 에너지를 변형시키기 위해 단순히 영적인 기법을 이용하는 것만으로는 충분치가 않습니다. 여러분은 또한 더 많은 독성 에너지를 만들어 내도록 유발시키는 자신의 심리상태 안의 한계들을 해결할 필요가 있습니다. 이런 한계들은 여러분으로 하여금 그것이 필요하다고 생각하게 하거나, 정당화시키거나, 불가피하게 부정적 감정들로 반응하게 만드는 (내면의식 속의) 컴퓨터 프로그램들입니다.

7장

여러분의 과거를 초월하라

우주가 일종의 거울이라는 것에 관해 말씀하셨을 때, 당신은 우리에게 무슨 일이 일어나든 그것은 우리가 과거에 우주로 내보냈던 전기충격파 또는 원인의 산물이라고 언급하셨습니다. 정확하게 그것이 무엇을 의미하고, 또 얼마나 먼 과거의 것을 말하고 있는 것인지요?

나는 기존의 많은 기독교인들이 이 책에다 가짜라든가 마귀라고 딱지를 붙일 수 있기 때문에 그들이 특별히 교리에 어긋난 어떤 것을 찾을 경우를 제외하고는 이 책을 읽을 거라고 기대하지 않습니다. 그럼에도 나는 전통적 기독교에 실망한 많은 사람들과 기존의 교리가 자기들의 의문에 답을 줄 수 없다는 것을 발견한 사람들이 이 책에 대해 마음을 열 것이라고 희망을 가져봅니다. 그래서 나는 이런 사람들이 기존의 기독교 교리에 집착할 경우, 우주가 일종의 거울이라는 개념을 결코 완전히 받아들일 수 없게 될 것이라는 사실을 이해했으면 합니다.

그 이유는 기존 교리에 따르면, 영혼은 육신의 수태에 앞서서 존재하지 않기 때문입니다. 이것은 삶에 관련된 부정할 수 없는 사실들을 이해하고 설명하려고 시도하고 있는 기독교인들에게 커다란 문제를 만들어 냈는데, 즉 많은 아기들이 질병이나 선천성 장애들을 갖고 태어난다는 것입니다. 수많은 기독교인들은 그들에게 나쁜 일들이 일어났을 때, 그것이 자기들이 저지른 죄에 대한 처벌이 분명하다고 믿습니다. 사실 죄(罪)의 개념은 우주가 거울이고 여러분이 과거에 내보낸 것을 지금 되돌려 받는다는 개념에 관계된 두려움에 기초한 버전입니다. 하지만 여러분이 이것을 새로 태어난 아기에게 적용했을 경우, 기독교 교리는 아기가 죄를 범했을 수도 있었을 시기에 대해 절대로 설명할 수가 없습니다. 만약 그 아기의 영혼이 육신의 수태 이전에도 존재하지 않았다면, 언제 그 영혼이 죄를 저지를 수 있었다는 말입니까?

나는 어떤 신학자들은 이것에 관해 논리적으로 생각하여 그 영혼이 자궁 속에서 죄를 지은 것이 분명하다고 말하는 것을 알지만, 그것은 결코 대부분의 사람들에게 납득되지 않을 뿐더러 사리에 맞지가 않습니다. 결과적으로 많은 기독교인들이 의구심을 품은 채로 남아 있고, 그들은 자기들이 다니는 교회에서 이런 의문을 해결하는 데 거의 도움을 받지 못합니다. 기존의 기독교가 가진 문제점은 두려움에 기초한 종교에 대한 접근법에 의해 대단히 많은 영향을 받았다는 것입니다. 여러분이 두려움에 기초한 접근법을 받아들일 때, 외적교리에 집착하고 매달리게 됩니다. 그리고 한 가지 의문이 교리에 의해 설명되지 않을 경우, 그 해답을 얻기 위해 기꺼이 교리 너머를 보려고 하지를 않습니다. 그러므로 인간들의 유일한 선택권은 고안된 모종의 추론을 통해 그 의문을 부정하는 것, 또는 교묘히 발뺌하거나 그런 질문하는 사람들을 단념시키는 것입니다. 그런 이유 때문에 기독교 교리가 답해줄 수 없는 질문들을 여러분이 성직자들에게 했을 때, 그 수많은 기독교인들이 "그것은 미스터리에요."라는 상투적인 말을 들어왔던 것이지요.

이 책을 세상에 내놓는 나의 주요 목적 가운데 하나는 사람들에게 종교에 대한 사랑에 기초한 접근법을 취하는 것의 이점을 보여주려는 것입니다. 여러분이 이런 접근법을 받아들인다면, 외적인 교리가 자신의 삶에 관한 의문에 대해 해답을 찾는 것을 방해하도록 허용하지 않을 것입니다. 만약 특정 종교의 교리가 여러분에게 합리적인 답을 줄 수 없다면, 교리 너머에 있는 답에 대해 자신의 가슴과 마음을 열게 될 것입니다. 그래서 내가 만약 여러분이 찾는다면 찾을 것이라고 (마태복음 7:7)[17] 말했던 것이지요. 그럼에도 열쇠는 올바른 장소에서 찾는 것이며, 나는 "하나님의 나라는 너희 안에 있느니라.(누가복음 17:21)"라는 말 속에서 올바른 장소를 언급했습니다. 여러분이 자신의 바깥에서 찾는다면, 자기의 의문에 대한 참된 해답을 발견하지 못할 것입니다. 여러분은 오직 그것을 자신의 내면에서 찾음으로써만 이 참된 답을 얻을 것이고, 여러분의 그리스도 자아로부터 오는 직관적인 통찰에 이르게 될 것입니다.

왜 어떤 아이들이 장애를 갖고 태어나고 매우 어려운 상황 속에 태어나는가라는 수수께끼에 대한 답은 매우 간단합니다. 그 영혼의 이전 생애들, 즉 전생(前生)에 의해 만들어진 조건들에 따라 아이는 태어난 것입니다. 나는 대부분의 기독교인들이 영혼의 환생을 부정하도록 프로그램돼 있다는 것을 알고 있지만, 내가 〈그리스도는 여러분 내면에서 탄생한다〉에서 상세히 설명하고 또 성모 마리아께서 〈너희의 행성을 구하라〉에서 설명하셨듯이, 환생은 참으로 내 원래 가르침의 일부였습니다. 환생의 개념은 5세기 동안에 기독교에서 고의적으로 제거되었고, 이것은 내 가르침의 정당성과는 무관하게 순전히 정치적인 이유 때문에 이루어졌습니다.[18]

명백한 사실은 인간의 영혼이라는 것이 대단히 복잡한 존재라는 것입니다. 오늘날의 시대에는 많은 사람들이 그들 심리구조 내면으로 깊이 들어가기 위해 다양한 형태의 요법들을 이용합니다. 여러분이 믿을 수 없을 정도로 복잡한 인간의 정신을 일부라도 벗겨내기 시작한다면, 그런 복잡함이 결코 단 한 번의 생(生)에서 만들어질 수 없다는 사실을 금방 압니다. 그러므로 여러분이 영적인 길에 대해 진지하다면, 자신의 영혼이 한 번 이상의 많은 생애들을 갖고 있음을 알

---

17)구하라. 그러면 너희에게 주실 것이요, 찾으라. 그러면 찾을 것이요, 문을 두드리라. 그러면 너희에게 열릴 것이니."
18)초기 기독교시대에 어떻게 윤회환생 사상과 카르마(業)의 원리가 기독교에서 고의적으로 제거되었는가에 관해서는 은하문명 출간도서인 〈예수 그리스도의 충격메시지(1)〉의 맨 뒤편 역자 해제(解題)란에 상세히 설명되어 있다.(편집자 주)

아야 합니다. 또한 그런 과거의 생들에서 자신의 심리상태를 형성했고 그때 우주로 내보냈던 원인들을 지금 결과로서 받고 있다는 사실을 인식해야만 합니다.

이런 사실이 대단히 절대적인 이유는 단념시키기가 악마가 가진 도구모음 가운데 가장 예리한 도구이기 때문입니다. 우리는 앞서 사람들이 기존의 삶의 방식과는 전혀 다른 대안이 있음을 알 수 있도록 영적인 길에 대해 깨어날 필요성에 관해 이야기를 나누었습니다. 만약 여러분이 영적인 길에 대해 깨닫는 다면, 그것은 마치 영적으로 다시 태어나는 것과 같고, 여러분에게 열려진 완전히 새로운 세상에서 성장의 기회들을 얻은 것과 같습니다. 나는 영적인 길을 갑자기 알게 된 수많은 영혼들이 커다란 열정과 희망을 가지고 그 길을 걷기 시작하는 것을 보았습니다. 그럼에도 불구하고 나는 또한 이런 영혼들 가운데 많이 이들이 점차 스스로 생각했던 즉각적인 결과나 중요한 성과가 나타나지 않자 낙담하는 것을 목격했습니다. 어떤 경우에 열정은 금방 사라지기도 하고, 반면은 다른 사람들은 최종적으로 포기하기 까지 시간이 걸리기도 합니다.

내가 영적인 스승으로서 여러분에게 말할 수 있는 것은 모든 영혼들이 영적인 길을 발견하고 그것을 성공적으로 따라가는 것을 보고 싶다는 것입니다. 나는 수많은 사람들이 영적인 길에 관해서는 알지도 못한 채 인생 내내 몽유병 환자처럼 살고 있는 것을 비극이라고 생각합니다. 하지만 나는 오히려 그 길을 발견한 많은 사람들이 스스로 기대했던 것을 얻지 못했다고 해서 실망하고 포기하게 되는 것은 더 큰 비극이라고 봅니다. 이것은 모든 영적인 스승들이 회피하고 싶은 상황이며, 그런 일이 일어나는 데는 오직 한 가지 방식만이 있습니다.

만약 여러분이 영적인 길을 성공적으로 걸어서 의식에 있어서의 획기적인 도약을 이루고자 한다면, 그 길에 관해 장기적인 시각을 가져야 합니다. 아울러 여러분은 자신들이 즉각적이고도 확실한 결과를 보장하는 기술에 의해 지배된 사회 속에서 성장했다는 점을 인식해야 합니다. 영적인 길은 자동적이고 기계적인 과정이 아닙니다. 따라서 그 결과가 무조건 보장되어 있지 않습니다. 게다가 영적인 길은 대부분의 사람들에게 있어 즉각적인 성과를 낳을 수가 없습니다. 그 이유는 매우 단순합니다. 다시 말하면, 우선 여러분이 과거에 우주로 내보냈던 불완전한 원인들을 원래상태로 되돌려야 하는 것이 바로 영적인 길의 핵심이기 때문입니다. 만약 여러분이 이것이 단지 며칠이나 몇 주, 또는 몇 년 만에 이루어질 수 있다고 생각한다면, 실망할 수밖에 없습니다. 여러분은 실제로 실패하게 되고 낙담하게 되어, 결국 불행하게도 많은 사람들이 그 길을 포기합니다.

그러므로 영적인 길을 성공적으로 완료하는 유일한 방법은 여러분의 영혼이 수많은 생들을 살았었고, 그런 삶들 동안 우주로 보내졌던 결함 있는 원인들을 만들어냈다는 사실을 깨닫는 것입니다. 결과적으로 이런 원인들을 무효화시키고 여러분 자신의 과거에서 오는 하향적인 인력을 극복하는 데는 시간이 걸릴 것입니다. 여러분이 장기적인 접근법을 채택하고 높은 의식상태와 훨씬 나은 삶의 방식으로 올라서기에 앞서 힘든 작업을 해야 하는 여러 해들이 소요될 수도 있다는 점을 깨닫는 것은 절대로 필수적입니다. 그럼에도 내가 보장할 수 있는 것은 만약 여러분이 자신의 과거를 들여다보고 얼마나 많은 생들 동안 불완전한 원인들을 만들어내야 했는지를 안다면, 그런 과거의 결함들을 극복하기 위해 여러 해들에 걸쳐 어려운 작업을 하는 노력은 그럴만한 충분한 가치가 있다는 것입니다. 내가 여기서 말하고 있는 것은 사람들이 영적인 길에서 주요 단계를 성취하는 데는 시간이 걸릴 것이라는 마음가짐이 절대로 필요하다는 사실입니다. 이런 이유 때문에 내가 "너희의 인내로 너희 영혼을 얻으리라(누가복음 21:19)." 고 말했던 것입니다. 여러분은 현대문화의 즉흥적인 욕구충족 방식을 영적인 길에도 적용하여 즉각적인 성과를 얻을 수 있다는 식으로 그것이 허용될 수는 없습니다. 또한 여러분은 즉각적인 결과가 나타나지 않는다고 해서 낙담하거나 분노해서는 안 됩니다. 그리고 여러분이 이런 실망을 피하는 유일한 길은 여러분의 영혼이 이번 생 이전에 살았었고 매우 오랜 기간 동안 결함 있는 원인들과 아주 복잡한 정신상태를 만들어냈다는 사실을 인식하는 것입니다. 또한 그런 두 가지 요소가 여러분이 영적인 길에서 진보해 나가는 것을 저해하고 있다는 점을 깨닫는 것입니다.

여러분은 단지 영적인 길을 걷는 것은 꾸준함과 힘든 작업을 요구한다는 것을 인식할 필요가 있습니다. 그럼에도 또한 여러분이 자진해서 장기적인 시각을 갖고 지속적인 노력을 기울인다면, 성과를 보게 될 것이라는 점도 이해할 필요가 있습니다. 실제로 대부분의 사람들은 영적인 길에 진지하게 전념하여 그 길을 걸어간다면, 머지않아 결과를 볼 것입니다. 문제는 여러분이 그 길을 처음으로 발견했을 때 종종 모든 것이 새롭고 흥분된 것처럼 느끼는 열광의 파동에 휩쓸려 버린다는 것입니다. 행복한 시기가 지난 후, 그런 열광의 파동이 점차 소멸되기 시작했을 때, 여러분은 어떤 어려운 일의 현실과 마주하게 됩니다. 이것이 바로 대부분의 사람들이 낙담하게 되는 때이며, 많은 사람들이 영적인 길을 포기하는 시기입니다. 그럼에도 여러분이 소매를 걷어 올리고 일을 시작한다면, 앞으로 전진하는 것을 방해하는 장애물들을 돌파해 나가게 될 것입니다. 그리고 언젠가 여러분은 난관을 타개하고 돌아갈 수 없는 지점을 통과하여 자신이 영적인 길에서 일찍이 가능하리라고 생각했던 것보다 훨씬 높은 단계에 올라섰음을 깨닫게 될 것입니다.

저는 제가 사춘기 때까지는 환생의 개념에 대해 전혀 들어본 적이 없었습니다. 하지만 제가 그것에 관해 처음 들었을 때 저는 즉시 그것이 진실이라고 받아들였는데, 왜냐하면 그것이 왜 사람들이 전혀 다른 환경 속에 태어나는가를 포함하여 제가 가진 많은 의문들을 설명하는 유일한 방법이었기 때문입니다. 저는 직감적으로 그것이 이치에 맞는 유일한 것이라고 느꼈습니다.

그리고 나는 모든 이들이 그들의 영혼이 이전 생에 살았었다는 사실에 관한 내적인 확신을 얻기 위해 그들 자신의 직관을 이용했으면 합니다. 전통적인 환생에 대한 부정이 지닌 문제점은 사람들이 그들의 의문에 대해 적절한 답을 얻지 못할 경우, 아이들이 다른 환경 속에 태어나는 것을 두고 그것이 분명히 신이 그 영혼들을 벌하고 싶어 했거나 달리 대접하려 했기 때문이라는 식의 추측을 하게 된다는 것입니다. 이것은 필연적으로 대부분의 사람들에게 부당하고 불공평하게 보일 것입니다. 그리고 대부분의 기독교인들은 또한 신이 분노하고 심판적이라는 개념을 주입받아 왔기에 결국 그들 대부분이 신에 대해 원망하고 분개하는 감정을 느끼고 있다는 것입니다.

모든 기독교인들은 신을 두려워하도록 양육돼 왔기 때문에 그들 스스로 자기들의 원망과 분노의 감정을 인식하지는 못합니다. 따라서 그들은 결국 자기들의 감정을 잠재의식 속에다 밀어 넣게 됩니다. 그리고 현대의 심리학자들은 여러분이 자신의 정신 깊은 곳에다 밀어 넣은 것이 무엇이든 그것이 불가피하게 다시 나타나게 된다는 것, 그리고 그것이 종종 예상치 못한 방식으로 나타난다는 사실을 발견했습니다. 그런 까닭에 여러분은 그렇게 많은 기독교인들이 자기들이 믿고 있는 것을 믿지 않고 자신들이 따르고 있는 외적인 규칙을 따르지 않는 누군가에 대해 극도로 비판적이고 편협해지는 모습을 보고 있는 것입니다.

얼마나 자주 내가 나에 대해 대단히 비판적이었던 전통적 유대교도들에 의해 도전받고 공격받았는가를 생각해 보십시오. 왜 그들이 그렇게 비판적이었을까요? 그들은 신에 대해 분노했기 때문에, 그리고 자신들의 그 분노를 스스로 인식하지 못했기 때문에, 또 그 분노를 풀 수가 없었기 때문에 비판적이었던 것입니다. 그러므로 그들은 그 분노를 자기들의 잠재의식 속에다 밀어 넣었습니다. 그리고 그런 자신의 분노를 무시할 수 있게 해주는 그릇된 신의 이미지를 창조했던 것입니다. 이어서 누군가가 그들의 신의 이미지에 대해 이의를 제기하면, 그 분노가 표면으로 튀어나와 그 사람을 향했던 것이지요. 오늘날의 세상에는 정확히 그런 동일한 메커니즘의 먹이로 전락한 수많은 기독교인들이 존재합니다.

기존 기독교의 교리는 사람들의 의문에 대해 답을 줄 수가 없었으며, 따라서 그들은 그런 의문들을 부정하거나 무시합니다. 그들은 좋은 기독교인은 어떻게 믿어야하고 그런 사람은 어떻게 살아야한다는 식의 정신적 이미지들을 세워놓음으로써 이것을 행했습니다. 그들은 그 밖의 모든 사람들을 심판하기 위해 그런 이미지들을 이용합니다. 그리고 다른 사람들이 자기들이 세워놓은 기준에 따라 살지 않을 경우, 그들의 풀리지 않은 신에 대한 분노가 타인들을 향해 가혹한 비판의 형태로 가해지는 것입니다.

이것은 그로 인해 수많은 기독교인들이 하나님의 순수한 에너지를 오염시키게 되기 때문에 커다란 비극입니다. 여러분이 신에 대해 풀리지 않은 분노를 갖고 있다면, 삶에 대해 사랑으로 반응하는 것은 절대로 불가능합니다. 내가 앞서 언급했듯이, 율법 가운데 가장 중요한 계명은 여러분의 온 가슴과 영혼, 마음으로 신을 사랑하는 것이고, 자신의 이웃을 제 몸처럼 사랑하는 것입니다(마태복음 22:37~39). 여러분이 신에 대해 풀리지 않은 분노와 원망을 갖고 있는 한, 당신들은 결코 신을 사랑할 수가 없습니다. 그리고 내가 오랜 경험을 통해 여러분에게 보증할 수 있는 것은 단지 극소수의 사람들만이 환생이라는 실체를 인식하지 않고도 신에 대한 자기들의 분노를 해소할 수 있습니다. 그렇기 때문에 환생의 개념은 영적인 길을 걷는 누구에게나 절대적인 것입니다.

제가 환생에 관해 처음 들었을 때, 동양적인 표현방식으로 들었는데, 그것이 너무 숙명론적이라는 것을 알았습니다. 저는 모든 것이 과거생의 업(業)에 의해 결정돼 있고 제가 그것에 대해 할 수 있는 것이 아무 것도 없다는 사실을 받아들일 수 없었습니다. 저는 그 후 환생에 관한 좀 더 낙관적인 견해를 발견했습니다. 그리고 저는 많은 서구인들이 환생에 대해 느끼는 저항감의 일부는 아마도 서구에서 우리가 (인간의 운명에 대해) 숙명론적이 아니라 매우 낙관적이기 때문이 아닐까 생각합니다. 우리는 바꿀 수 없는 조건들이 있을 수 있다는 것을 받아들이기 어렵다고 인식합니다.

훌륭한 의견입니다. 그리고 매우 진실한 이야기입니다. 전통적인 기독교가 환생의 개념을 없애버린 것은 크나큰 비극입니다. 그 주된 이유는 이런 상황이 사람들이 삶에 관한 의문에 대해 답을 찾는 것을 방해한다는 것입니다. 다른 이유는 특히 현 시대에 수많은 사람들이 그런 답을 얻기 위해서 어딘가 다른 곳을 찾아 헤맬 수밖에 없다는 것이지요. 지난 수십 년 간에 걸쳐 많은 서구의 영적인 구도자들이 동양의 환생에 관한 개념을 접해왔는데, 왜냐하면 잘 알려진 서구의 대안이 없었기 때문입니다. 불행하게도 여러 동양의 문화들은 당신이 정확히 환생에 관한 숙명론적 견해라고 부르는 것을 발달시켰습니다. 그것 가운데 어떤 것은 여러분의 현 상황이 과거생의 카르마에 의해 이미 결정돼 있기 때문에 기본적으로 변경할 수 없다고 말합니다. 여러분이 자신의 과거를 바꿀 수 없기 때문에 현재 상황을 변화시키기 위해 할 수 있는 것이 아무 것도 없다는 것이죠. 심지어 어떤 문화들은 만약 여러분이 다른 사람의 생명을 구할 경우, 그 사람의 카르마에 간섭하게 되고, 따라서 여러분이 그 사람의 생명에 대해 책임을 지게 된다고까지 믿습니다. 하지만 이것은 환생에 관한 옳지 않은 견해입니다.

많은 기독교인들이 나의 부모님에 관해 어느 정도 피상적인 견해를 갖고 있습니다. 그들은 나의 아버지 요셉이 그저 단순한 목수였고, 내 어머니는 평범한 가정주부였다고 생각합니다. 그것은 전혀 진실이 아닙니다. 나의 어머니는 신전(神殿)의 처녀로 교육받으며 자라났고, 나의 아버지는 현재는 알려져 있지 않은 매우 안목이 높은 신비주의 운동의 한 입문자였습니다. 나의 부모 두 분 다 신의 영적인 신비에 관해 깊은 이해를 갖고 계셨습니다. 그리고 그들은 그런 깨달음을 내 어린 시절 동안 나에게 나눠주셨던 것입니다. 나의 두 양친들은 환생의 실체를 받아들이셨고, 따라서 나도 그렇게 했었습니다. 내가 동양으로 여행하는 동안에 나는 동양의 환생의 개념을 접했는데, 나 역시 상당 부분 당신이 설명한 것과 같은 느낌을 가졌습니다. 내가 이스라엘에서 내 사명을 시작했을 때, 나는 훨씬 더 낙관적인, 즉 현대식 용어를 사용한다면, 환생에 관한 예방적인 버전을 가르쳤습니다.

환생에 관한 기본적인 개념은 여러분이 불완전한 행위, 다시 말해 기독교인들이 죄라고 부르는 행위를 저지를 때마다 동양에서 업(業)이라고 호칭하는 것을 짓게 된다는 것입니다. 오늘날의 에너지에 관한 보다 정교한 이해와 더불어 우리는 여러분이 신의 에너지를 불완전한 진동으로 오염시킬 때마다 불완전한 에너지 충격파, 불완전한 원인을 우주로 보낸다고 말할 수가 있습니다. 그러면 우주거울은 필연적으로 그 에너지를 여러분에게 되돌려 보낼 것입니다. 하지만 그 에너지 충격파가 돌아오는 데는 시간이 걸리기 때문에, 늘 그것이 발생되었던 같은 생애 내에 돌아오지는 않을 것입니다.

전통적인 환생의 개념은 여러분의 현생에 일어나는 모든 것은 과거생에 지은 카르마(業)의 산물이라고 말합니다. 많은 사람들이 자신의 카르마를 바꿀 수 없다고 믿게 되었고, 물론 여러분이 자신의 과거를 바꿀 수는 없지만, 이것은 부정확한 것입니다. 카르마는 단순히 우주거울에 의해서 여러분에게 다시 반사되고 있는 에너지 충격파입니다.

내가 앞서 설명했다시피, 여러분은 불완전한 에너지들로부터 자신을 보호하는 보호막을 자기의 에너지장 주변에다 형성하기 위해 높은 주파수의 에너지를 기원할 수 있습니다. 마찬가지로 여러분은 과거의 불완전한 카르마가 실제로 여러분 삶 속에서 부정적인 사건으로 나타나기 전에 그것을 소멸시키기 위해 높은 주파수의 영적 에너지를 기원할 수가 있습니다.

그러므로 참된 환생의 개념은 부정적인 카르마가 돌아와 여러분의 현 상황을 혼란시키기 전에 그것을 무효화시키기 위해 할 수 있는 몇 가지가 있기 때문에 여러분은 정말로 자신의 과거를 바꿀 수 있다는 것입니다. 사실 내가 이 책에서 이해시키고 싶은 주요 메시지 가운데 하나는 여러분이 과거에 어떤 잘못을 저질렀느냐에 관계없이, 어떤 죄를 범했느냐에 관계없이, 어떤 업을 지었느냐에 상관없이, 그 모든 것을 극복할 잠재력이 있다는 것입니다. 여러분은 개인적인 신성을 향한 길을 걷고 그리스도의 마음을 입음으로써 그것을 할 수가 있습니다. 여러분이 그 길을 따를 때, 자신의 모든 죄들을 넘어서게 되고, 그것들이 당신들이 기원하는 영적인 빛에 의해서 눈처럼 하얗게 씻겨 집니다(이사야서 1:18). 그에 따라 여러분의 영혼이 행성 지구에서 자유로워질 것이고, 영적인 세계로 상승할 수가 있습니다.

환생에 관한 동양의 어떤 견해들은 인간이 불완전한 카르마를 갖고 있는 한, 여러분의 영혼이 영적인 세계로 상승하는 데 자유롭지 못하다고 가르칩니다. 따라서 영혼은 흔히 '환생의 수레바퀴'라고 불리는 지구로 다시 돌아와야만 합니다. 이것이 옳은 개념이기는 합니다만, 잘못된 것은 이것을 끝없이 돌아가는 바퀴나 회전목마처럼 영원한 과정으로 묘사하는 일부 동양의 종교들입니다. 카르마와 환생의 진실은 여러분이 환생의 수레바퀴를 극복하고 자유롭게 되어 영원히 영적세계로 상승할 수 있다는 것입니다. 이것이 참으로 내가 와서 가르치고 보여주고자 했던 길입니다. 당시 나는 환생의 참된 개념을 내 제자들에게 가르쳤지만, 그 시대에 만연한 완고한 태도들 때문에 그것을 대중들에게 자유롭게 가르칠 수는 없었습니다. 그들은 결코 그것을 기꺼이 받아들이려 하지 않았습니다. 그런 이유 때문에 대중들에게는 비유로 가르쳤으나, 내 제자들에게는 모든 것을 상세히 설명했던 것입니다.

그렇다면 당신께서는 우리가 사랑이 아닌 어떤 것으로 상황들에 반응할 때마다 부정적 카르마를 짓고 있다고 말씀하시는 것인가요?

맞습니다. 만약 여러분이 사랑이 아닌 어떤 것으로 상황에 반응한다면, 신의 순수한 에너지를 오염시키고 있는 것입니다. 그리고 그에 따라 당신들은 우주로 보내지는 낮은 주파수의 에너지 충격파를 생성합니다. 그 에너지 충격파가 우주거울에 의해서 여러분에게 다시 돌아올 때, 동양의 종교들이 악업(惡業)이라고 부르는 것으로 돌아옵니다.

나는 이것이 처음에는 많은 사람들이 받아들이기가 어려운 냉혹한 사실이라는 것을 압니다. 그런데 이것이 또한 서구의 많은 사람들이 환생의 실체를 받아들이기를 거부하는 주요 이유들 가운데 하나이기도 합니다. 하지만 적어도 잠재의식적으로는 많은 이들이 대부분의 상황에 대해 자기들이 사랑이 아닌 것으로 반응한다는 사실을 깨닫습니다. 따라서 만약 그들이 부정적인 카르마를 지은 수많은 생들을 살았다는 것을 인식한다면, 그들은 거기에 압도되거나 모든 악업을 청산하는 것이 불가능한 것처럼 느낄 것입니다.

이것은 심리적인 메커니즘에 기초해 있는데, 말하자면 사람들은 자기들이 보호 장치가 없다고 생각하는 데서 오는 위험을 인정하고 싶어 하지 않는다는 것입니다. 많은 영혼들이 전생(前生)에 자기들이 부정적인 카르마를 지었다는 것을 인정하지 않는데, 왜냐하면 그 카르마에서 벗어날 길이 없다고 믿기 때문입니다. 그들은 자신들이 이번 생 안에는 절대로 청산할 수 없는 엄청난 카르마를 지었다고 믿습니다. 그래서 내가 바라는 것은 이 책이 사람들을 도와서 과거의 카르마를 무효화하는 것이 가능할 뿐만 아니라 사실 그렇게 하는 것이 아주 쉽다는 점을 이해시켰으면 하는 것입니다.

모든 시대에 걸쳐서 우리 승천한 대사들은 악업이 여러분 삶 속에 부정적인 사건으로 나타나기 전에 그것을 무효화시키는 것에 관한 많은 영적 가르침들을 전해준 바가 있습니다. 세례, 기도, 나눔, 그리고 선행(善行) 등은 단지 내가 2,000년 전에 알려주었던 그런 것들 가운데 일부입니다. 오늘날 인류는 보다 높은 의식수준으로 올라섰습니다. 따라서 승천한 대사 집단은 과거의 카르마를 무효화시키는 훨씬 더 강력한 기법들을 공개하도록 허가했습니다. 결과적으로 많은 사람들이 실제로 그들의 부정적 카르마를 현생 안에 청산할 수 있었습니다. 이것은 모든 참된 영적 추구자들을 위한 천상의 중요한 은혜이고 믿을 수 없는 기회입니다. 나는 진심으로 이 책이 오늘날의 시대에 활용 가능한 도구들을 사람들이 이용하도록 고취할 수 있기를 바랍니다. 내가 여러분에 보증할 수 있는 것은 (신이) 택하신 자들에게는 시간이 참으로 단축되었다는 것입니다(마태복음 24:22).[19] 이 말은 지금 시대에 공개된 도구들을 이용할 수 있게 택함을 입은 사람들은 그들의 카르마를 균형 잡는 시간을 단축시켜, 다시는 지상으로 돌아올 필요가 없는 불멸의 영적존재로서의 자유를 성취할 수 있다는 뜻입니다.

어떻게 우리가 카르마를 짓는지에 관해 좀 더 상세히 설명해주실 수 있을까요? 예를 들면, 다른 뺨을 돌려대라는 것에 관한 당신의 가르침에 어떻게 카르마가 관련돼 있느냐는 것입니다. 다른 사람들이 우리에게 무엇인가 부정적인 행위를 했을 때 카르마를 짓게 되는 것인가요? 예컨대 많은 기독교인들은 자기들이 혹시라도 이단이라고 부르는 잘못된 교설에 귀를 기울이지 않았는지를 두려워하는데, 그들이 죄를 짓게 되는 걸까요?

인간이 어떻게 카르마를 짓게 되는가를 이해하기 위해서는 여러분이 행하는 모든 것은 신의 에너지로 이루어진다는 점을 먼저 인식해야 합니다. 인간들은 그들의 행위를 통해 신의 에너지를 사용할 뿐만 아니라, 또한 생각과 감정들을 통해서도 그렇게 합니다. 여러분이 신의 에너지를 가지고 자신이 행하는 것에 대해서는 책임이 있습니다만, 다른 사람이 여러분에게 행하는 것에는 책임이 없습니다.

여러분이 잘못된 개념에 노출돼 있는 상황을 상상해 봅시다. 덧붙여 말하자면, 이런 상황은 주류 대중매체들을 통해 여러분에게 날마다 일어납니다. 만약 여러분이 일부러 그런 개념을 찾아내려고 하지 않았다면, 그런 개념을 들음으로써 카르마를 지을 방법은 없습니다.

---

19) "그 날들을 감하지 아니할 것이면 모든 육체가 구원을 얻지 못할 것이나, 그러나 택하신 자들을 위하여 그 날들을 감하시리라."

하지만 여러분이 그런 개념이나 상황에 부정적인 방식으로 반응한다면, 카르마를 지을 수 있습니다. 바꿔 말하면, 여러분이 짜증나거나 분노하게 될 경우, 카르마를 짓게 될 것인데, 왜냐하면 그런 감정들이 여러분의 의식을 통해 흐르는 에너지들을 오염시킬 것이기 때문입니다. 마찬가지로 여러분이 잘못된 개념을 받아들여 거기에 따라 삶을 살았다면, 카르마를 지었을 것입니다. 요컨대 여러분이 다른 사람의 행위들 때문에 카르마를 지을 수는 없습니다. 단지 여러분은 다른 사람의 행위들에 대한 여러분 자신의 반응 때문에 카르마를 지을 수가 있는 것입니다.

이것은 황금률(黃金律)의 배후에 놓인 주요 원리들 가운데 하나이지만, 불행하게도 대부분의 기독교인들은 그 심오한 진리를 이해하지 못합니다. 여러분은 모든 인간들이 자유의지를 가진 세계 속에서 살고 있습니다. 여러분은 또한 신의 본래의 순수성과 의도에서 너무나 멀리 동떨어진 세상 속에서 삽니다. 그렇다 보니 수많은 사람들이 완전히 자기중심적이고 이기적인 아주 저급한 의식 상태로 추락해 있습니다. 따라서 여러분이 이 세상으로 들어올 때, 신의 법칙과 조화되지 않은 방식으로 여러분을 대우할 사람들과 접촉하게 되리라는 것은 불가피합니다.

만약 어떤 사람이 여러분을 학대하거나 혹사한다면, 그 사람은 자동적으로 카르마를 지을 것입니다. 비록 그것이 현생 안에 그 사람에게 돌아오지 않을 수는 있을지라도 결코 그 사람이 그 카르마의 책임에서 벗어날 길은 없습니다. 이것이 성서 속의 "사람이 무엇으로 심든지, 심은대로 거두리라(갈라디아서 6:7)."라는 말 속에 분명히 묘사되어 있습니다. 또한 그것은 "복수는 나의 것이니, 내가 갚아 주리라고 주께서 말씀하시니라(로마서 12:19)."[20]라는 구절에 모든 카르마를 그 사람에게 되돌려줄 것이라고 명확히 언급돼 있습니다.

사람들이 이것을 이해하지 못하기 때문에 어떤 사람이 다른 이에게 학대를 받게 되면, 그들은 그 타인에 대해 부정적인 행동을 취하거나 부정적인 생각과 감정에 돌입하는 일이 종종 일어납니다. 이것은 그 사람이 이제 그 상황 속에서 카르마를 지었다는 것을 의미합니다. 그

---

20)"내 사랑하는 자들아, 너희가 친히 원수를 갚지 말고 진노하심에 맡기라 기록되었으되, 원수 갚는 것이 내게 있으니 내가 갚으리라고 주께서 말씀하시니라."

러므로 단지 한 사람이 신의 법칙을 어기고 카르마를 짓는 상황 대신에 우리는 이제 두 번째 사람 또한 카르마를 짓기 쉬운 '눈덩이 효과'를 갖게 됩니다. 이것은 남은 생 동안이나 심지어는 수많은 생애들에 걸쳐 두 사람 간에 확대되는 하향나선(퇴행과정)을 유발할 수 있습니다. 이것이 바로 여러분이 이 세상 도처의 개인들 사이뿐만이 아니라, 가족이나 사회, 국가, 종교, 인종과 같은 인간 집단들 사이에서 목격하고 있는 것입니다.

오늘날의 세상은 사람들 간의 카르마적인 관계로 구성된 믿을 수 없을 정도로 뒤얽혀 있는 거미줄 망을 나타냅니다. 이 거미줄 망은 대단히 복잡해서 진화하고 있는 영혼들과 그들의 영적 스승들에게 수많은 과제들을 상징합니다. 나는 사람들을 이런 카르마적인 장애물의 망으로부터 자유롭게 하기 위해서 왔습니다. 그리고 나는 사람들이 자유로워지기 위해서는 그들이 서로에게 더욱 더 많은 카르마를 짓게 만드는 부정적인 나선을 어떻게든 깨뜨려야만 한다는 것을 명확히 깨달았습니다. 이 끝없는 카르마적 관계의 사이클을 깨뜨리기 위한 1차적인 도구로서 나는 황금률[21]을 전해준 바가 있습니다.

만약 누군가가 여러분에게 다가가서 뺨을 갈긴다면, 그 사람은 카르마를 지은 것입니다. 그리고 여러분이 그것을 맞받아 그 사람을 가격하거나, 화를 내거나, 두려워하기라도 한다면, 여러분도 또한 카르마를 지을 것입니다. 하지만 만약 여러분이 무집착의 상태인 채로 다른 뺨을 돌려댈 수 있다면 – 즉 사랑으로 그 상황에 대해 반응할 수 있다면, 그때 당신들은 그 상황에서 카르마를 만들지 않을 것입니다. 그것에 의해서 여러분은 카르마적인 소용돌이로부터 자신을 자유롭게 할 것입니다. 그리하여 여러분 자신의 영적성장을 저하시키지 않고 그 상황에서 간단히 벗어나 옮겨갈 수가 있습니다.

불행하게도 카르마와 환생에 관한 나의 가르침들이 기독교에서 제거되었기 때문에 현대의 기독교인들은 황금률의 이면에 있는 심오한 원리를 이해하지 못합니다. 그런 까닭에 그들은 그것을 충분히 내면화하지 못했습니다. 이런 이유로 수많은 기독교인들이 조건 없는 사랑에서 생겨나는 무집착의 참된 영혼으로 이 법칙을 따르기가 어려운

---

[21]마태복음 7:12의 산상수훈 중의 1절이다. "무엇이든지 너희가 남에게 대접을 받고자 하는 대로 너희도 남을 대접하라." (편집자 주)

것입니다. 설사 누군가가 여러분에게 심각한 피해를 입혔더라도 카르마에 관해 이해하고 있다면, 여러분은 그 사람이 결코 자신의 행위에 대한 책임에서 벗어날 수 없다는 것을 알게 될 것입니다. 따라서 여러분은 절대로 그 사람을 처벌하려고 하거나, 혹은 그 사람에 대해 부정적인 생각과 감정을 품을 이유가 없습니다. 즉 당신들은 그 상황을 마음에서 놓아버리고 신께서 그 사람의 카르마를 적절한 시기에 돌려보내도록 사랑의 마음으로 허용할 수 있는 것입니다. 이것이 여러분으로 하여금 수많은 생에 걸쳐 계속 형성될 수 있는 부정적인 소용돌이에 빠지지 않고 그 상황에서 해방시켜 옮겨가게 합니다.

수많은 영혼들이 다른 영혼들로부터 결코 벗어날 수 없을 것처럼 느껴지는 그런 강한 카르마적인 매듭(속박)을 만들어 놓았습니다. 그러므로 황금률을 따르는 주요 동기는 실제로 여러분이 개인적인 영혼의 자유를 원하든가, 아니면 과거 여러분에게 해를 끼쳤거나 현재 여전히 피해를 주고 있는 사람들과 함께 속박된 채로 남아있고 싶든가 입니다. 그런 사람들이 자유로워지는 유일한 길은 황금률을 충분히 내면화하고 조건없는 사랑으로 다른 뺨을 돌려대는 것입니다. 이러한 사랑이 그 사람에 대한 심판이 되고 그 사람이 업보(業報)를 받도록 보증할 것입니다. 그것이 또한 여러분을 자유롭게 하여 보다 높은 영적인 단계로 옮겨가게 할 것입니다. 여러분이 타인들에게 사랑으로 반응할 때마다, 천국에 한 걸음 더 가까이 이동해 갑니다. 여러분은 부정적인 사람들과 분리되어 선택된 사람들이 되는데, 왜냐하면 당신들은 사랑으로 반응하기로 선택했기 때문입니다.

그것은 심오한 가르침이군요. 그리고 황금률에 대해 제가 이해하고 있던 것을 완전히 새롭고도 훨씬 더 의미심장한 수준으로 받아들이게 해주네요. 저는 모든 기독교인들이 - 그리고 그 문제에 관련된 모든 사람들이 - 이것을 하나의 진리로 수용했으면 좋겠습니다. 그것은 정말로 세상을 변화시킬 수 있습니다.

그런 소망에 공감합니다. 하지만 나는 또한 한 영혼이 이 진리를 받아들여 내면화할 수 있기에 앞서 일정 수준의 성숙상태에 도달해야만 한다는 것을 압니다. 어떤 사람들은 여전히 과거라는 무거운 짐에 눌려있고 그들은 결코 분노라든가 타인들에 대한 복수의 욕망 너머를 볼 수가 없습니다.

그렇다면 영혼이 과거의 실수와 카르마를 극복하기 위해서는 어떻게 해야 할까요?

대부분의 영혼들이 직면해 있는 상황에 관해 간략하게 개요를 설명하겠습니다. 신적자아를 뜻하는 모든 인간들의 생명흐름은 영적세계에서 창조되었습니다. 창조된 후에 여러분은 물질우주에서 삶을 경험하고 싶고 지상에다 신의 왕국을 공동창조하는 것을 돕고 싶다고 선택했습니다. 여러분의 신아는 여러분의 영혼을 창조했고, 그런 다음 그 영혼이 물질우주로 내려와 육체, 또는 인간의 몸을 입었습니다.

영혼이 물질우주로 내려올 때, 그것은 인과법칙을 포함한 물질우주를 창조하는 데 사용된 법칙들을 적용받게 됩니다. 이 법칙은 영혼이 신의 에너지를 어떻게 사용하는가에 대해서 책임을 져야한다는 것을 말하고 있습니다.

만약 여러분이 신의 법칙에 맞게 에너지를 사용한다면, 이롭고 건설적인 에너지를 생성하는데, 우리는 그것을 좋은 카르마, 즉 선업(善業)이라고 부를 수 있습니다. 그런 에너지는 신의 창조를 확대하고 강화하는 데 도움을 줄 것입니다. 그리고 그것은 하늘에 쌓은 여러분의 보물이 됩니다(마태복음 6:20).[22] 하지만 일정 주파수 이하의 어떤 에너지는 여러분의 창조적 표현을 포함하여 창조를 저해하고 제한하는 작용을 할 것입니다. 이것은 우리가 나쁜 카르마, 즉 악업(惡業)이라고 부를 수 있는 것입니다.

영혼들이 그들의 영적인 자아와의 접촉을 상실한 이후, 그들은 또한 신의 법칙에 관한 명확한 개념을 잃어버렸습니다. 인간의 타락은 곧 사람들 의식의 타락입니다. 인간들이 단지 더 이상 영적인 세계와 접촉을 유지할 수 없었던 저급한 의식 상태로 떨어졌던 것이지요. 그들이 이런 접촉을 더 이상 가질 수 없었기 때문에 그들은 불가피하게 신의 순수한 에너지를 오염시키고 오용하기 시작했습니다. 원인 및

---

22)"오직 너희를 위하여 보물을 하늘에 쌓아 두라. 거기는 좀이나 동록이 해하지 못하며, 도적이 구멍을 뚫지도 못하고 도적질도 못하느니라."

결과의 법칙은 만약 한 영혼이 신의 순수 에너지를 오염시킬 경우, 그 영혼이 그 에너지의 진동을 높임으로써 원래의 순수상태로 다시 돌려놓아야 할 책임이 있다고 말합니다. 영혼은 자신의 과거의 실수들로부터 자유로워지기에 앞서 부정적인 카르마를 균형 잡아야만 합니다. 영혼이 영적인 에너지를 오염시킬 때, 그 영혼은 결코 지구를 떠날 수가 없습니다. 오염된 에너지가 물질세계에 남아 있는 한, 그 영혼은 삶에 대해 갚아야 할 부채를 갖고 있는 것이고, 물질세계에 묶여 있는 것입니다. 만약 어떤 영혼이 지상의 에너지를 오염시킨다면, 그 영혼은 자신을 이 행성으로 끌어당기는 중력적인 힘을 창조하게 됩니다. 영혼은 삶에 대한 자신의 부채를 모두 갚고 오염시킨 모든 에너지를 정화할 때까지는 (윤회환생을 끊고) 영적인 세계로 올라갈 수가 없습니다.

에너지를 잘못 사용하고 오염시킨 데 따른 다른 결과는 그로 인해 육체가 노화되고 병들게 된다는 것입니다. 이런 이유로 수명이 혈거인 시대 동안의 가장 낮은 수준에 이를 때까지 하락했던 것입니다. 한 동안 수명이 높아져 왔는데, 이것은 인류가 성장의 주기에 속해있음을 나타냅니다. 사람들은 점차 신의 에너지를 오염시키지 않고 사용하는 것을 배우고 있습니다. 분명히 이런 배움의 과정이 그 완료 시기까지는 아직 멀었지만, 그럼에도 불구하고 그것은 긍정적인 조짐입니다.

신은 결코 어떤 영혼이 에너지 오용이나 카르마로 인해 부채를 지도록 의도하지 않았으나, 그 부채가 영혼을 물질세계에다 속박시키고는 합니다. 다만 신은 영혼이 얻고자 하는 모든 것을 성취하고 영적인 세계로 상승하여 귀향할 때까지 지상에 내려가 살게 하려고 생각하셨던 것입니다. 어떤 영혼들이 에너지를 오용했을 때, 그들은 더 이상 (천상으로) 상승할 수 없었습니다. 신은 이런 영혼들에게 지상으로 돌아가 오염시킨 에너지를 정화할 기회를 주어야만 했습니다. 이것이 환생의 과정이 된 것입니다. 영혼은 자신이 이곳에서 만들어낸 모든 오염된 에너지를 정화할 때까지 계속해서 지상에 환생해야 합니다. 영혼이 삶에 대한 자신의 부채를 모두 갚았을 때, 비로소 영구히 천상으로 상승할 수가 있습니다. 에너지 오용의 결과로 인한 여러분의 개인적 구원의 주요 요건들 가운데 하나는 여러분의 영혼이 물질우주에서 축적한 모든 오염된 에너지를 스스로 깨끗이 정화해야 한다는 것입니다.

그렇다면 우리가 이런 에너지를 정화할 수 있고, 또 정화해야만 하며, 또는 우리의 카르마를 균형 잡아야 한다고 말씀하시는 것인가요?

물론입니다. 카르마를 균형 잡는 많은 방법들이 있습니다. 에너지를 정화하는 과정을 충분히 이해하기 위해서는 오용된 에너지에는 두 가지 형태가 있다는 사실을 깨달을 필요가 있습니다. 내적인 에너지와 외적인 에너지가 있다고 말할 수 있습니다. 여러분이 신의 법칙과 조화되지 않는 행위를 저질렀을 때, 두 가지 일이 발생합니다.

하나는 그 행위가 세상으로 방사되는 에너지 충격파를 생성하게 된다는 것입니다. 과학자 앨버트 아인슈타인은 추측하기를, 만약 여러분이 지구에서 출발해 같은 방향으로만 계속 나간다면, 결국 반대방향에서 다시 출발지점으로 되돌아오게 될 것이라고 했습니다. 시공연속체(space-time continuum)는 일종의 폐쇄회로를 형성합니다. 여러분이 에너지 충격파를 우주로 보내게 되면, 그것은 사실상 에너지 연속체인 시공연속체를 통해 여행할 것입니다. 그리고 그것이 결국 여러분의 영혼에게 돌아올 것입니다. 분명히 이것은 시간이 어느 정도 걸릴 것인데, 그렇기 때문에 일반적으로 사람들이 내보낸 부정적인 카르마에 대해 그들이 즉각적인 업보(業報)를 받지 않는 것입니다.

여러분이 신의 법칙을 어길 때 발생하게 되는 다른 하나는 상당한 양의 오염된 정신적, 감정적 에너지를 불러일으킨다는 것입니다. 여러분이 결코 사랑이 아닌 어떤 반응을 할 때마다 임계수준 이하로 진동하는 정신적 감정적 에너지를 유발하게 됩니다. 그런데 이 에너지는 우주로 보내지지 않고 여러분 영혼의 일부인 개인적 에너지장 안에 저장됩니다. 그리고 여러분의 영혼은 육신이 사망한 이후에도 이 에너지를 가지고 다닐 것입니다.

나는 많은 사람들이 자기들이 과거에 행한 것에 대한 개인적 책임을 받아들이고 싶어 하지 않기 때문에 환생의 개념을 수용하지 않으려 한다는 것을 알고 있습니다. 그럼에도 불구하고 도망칠 수 없는 사실은 모든 영혼들이 이 지구상에 몇 백 번씩 환생했다는 것입니다. 그들은 우주로 보내진 불완전한 원인들을 생성했던 수백 번의 생들을 살았습니다. 또한 그들은 부정적인 속성의 정신적이고 감정적인 에너지를 유발했는데, 그것은 그들의 개인적인 에너지장 속에 쌓여 있습니다. 이러한 카르마와 독성 에너지는 영혼에게 일종의 큰 짐이 됩니다. 그리고 그것은 여러분이 자신의 참된 개성과 천부적인 창조성을 발현하는 능력과 삶을 즐기는 것을 엄청나게 제한할 수 있습니다. 그러므로 이런 에너지 제거작업에 착수하는 것은 여러분에게 가장 시급한 사안인 것입니다.

만약 여러분이 영적인 성장에 진지한 관심이 있다면, 반드시 자신이 오용한 에너지의 하중(荷重)을 경감시켜야 합니다. 그 에너지는 앞서 언급했듯이 두 가지로서 여러분의 에너지장 속에 저장된 에너지와 우주로부터 여러분에게 돌아오고 있는 에너지입니다. 인간은 난처한 지경에 빠져 있다는 표현이 우리가 논하고 있는 내용에 적절할 수 있습니다. 영혼은 사실상 그 영혼의 에너지장 속에 저장된 오염된 에너지와 우주에 의해 되돌려지고 있는 카르마라는 진퇴양난의 상황에 처해 있는 것입니다. 따라서 여러분이 최대한의 영적성장을 이루기 위해서는 이런 오용한 에너지를 처리할 수 있는 효과적인 방법을 찾을 필요가 있습니다.

앞에서 설명했다시피, 오염된 에너지를 정화하는 것은 어렵거나 신비로울 것이 없습니다. 여러분은 단순히 오염된 에너지의 주파수를 높일 필요가 있습니다. 그리고 여러분은 천상에다 영적인 빛을 기원하여 그것을 오염된 에너지에다 유도함으로써 그렇게 할 수 있는 것입니다. 이것은 어떤 인간도 배울 수 있는 자연스러운 과정입니다. 한 마디 덧붙인다면, 영적인 성장에 관해 진지한 어떤 사람도 이런 과정을 배울 필요가 있다는 것이지요.

오염된 에너지를 정화하기 위한 실제적인 방법들을 우리에게 알려주실 수 있을까요?

우리는 이미 여러분의 에너지장을 정화하는 방법에 관해 이야기를 한 바가 있습니다. 그러므로 돌아오고 있는 외부의 에너지, 즉 카르마의 응보를 다루는 방법에 초점을 맞추겠습니다. 여러분이 우주로 보내지는 독성의 에너지 파장을 생성하게 되면, 그것이 여러분에게 돌아오기까지는 어느 정도 시간이 걸립니다. 사실 그것이 여러분에 돌아오는 데는 대개 서너 생(生)이 걸립니다. 그리고 그 에너지가 돌아오는 데 소요되는 그 시간은 어쩌면 은총의 기간입니다. 여러분은 그런 에너지를 삶에 대해 갚아야 할 일종의 부채라고 볼 수 있습니다. 만약 여러분이 자신의 시간을 현명하게만 사용한다면, 부채를 갚아야하기 전에 영적인 백만장자가 될 수 있습니다. 그런 경우, 자신의 부채를 갚는 것이 여러분의 삶을 혼란에 빠뜨리지 않게 될 것입니다.

그런 까닭에 내가 사람들에게 하늘의 창고에다 보물을 쌓아두라고 말했던 것입니다(마태복음 6:19).[23] 여러분의 생각과 감정, 행위들이 신의 법칙과 조화돼 있다면, 자신의 긍정적인 카르마이자 하늘의 보물이 되는 건설적인 에너지를 생성합니다. 그리고 만약 여러분이 하늘에 충분한 보물을 쌓아두고 있다면, 부정적인 카르마를 상쇄시켜 소멸시킬 수가 있습니다.

거의 모든 종교적 의식(儀式)이나 수련은 사람들이 긍정적인 에너지나 좋은 카르마를 생성할 수 있도록, 그리고 그에 따라 그들의 삶에 대한 부채를 갚도록 고안돼 있었습니다. 여러분은 또한 이것을 긍정적인 생각과 감정, 행위들을 통해서 할 수도 있습니다. 이것이 성서에서 "선행(善行)"이라고 부르는 것입니다. 선행들이라는 것은 꼭 어떤 외적 행위들에 한정돼 있지 않다는 점에 유의하기 바랍니다. 선행은 여러분의 내면적 생각과 감정들을 포함하는데, 왜냐하면 외적행위라는 것은 단지 생각과 감정 수준에서 시작된 심리적 원인의 결과에 불과하기 때문입니다. 부정적 행위는 난데없이 갑자기 나타나는 것이 아닙니다. 그것은 부정적인 감정을 방출하는 부정적 생각의 형태로 시작되며, 그것이 결국 외적행위를 촉발합니다.

여러분이 성서를 좀 더 면밀히 살펴본다면, 모세의 율법이 사람들의 행위를 교정하는 것에 관련돼 있었음을 알 것입니다. 산상수훈(山上垂訓)[24]에서 나는 간음하지 않는 것만으로는 충분치 않다고 말했는

---

23)"오직 너희를 위하여 보물을 하늘에 쌓아 두라. 거기는 좀이나 동록이 해하지 못하며, 도적이 구멍을 뚫지도 못하고 도적질도 못하느니라."

데, 즉 여러분 간음에 대한 욕망을 극복해야만 하는 것입니다. 우리는 현재 사람들이 부정적인 행위를 하지 않는 것으로는 충분치 않음을 깨달을 필요가 있는 새로운 영적주기에 진입해 있습니다. 여러분은 또한 부정적인 생각과 감정들을 깨끗이 정화할 필요가 있습니다.

만약 여러분이 돌아오고 있는 (부정적) 카르마를 상쇄할만한 긍정

적인 카르마를 만들어내지 않는다면, 불가피하게 그 카르마의 결과를 받게 될 것입니다. 이것은 여러분의 삶에서 불행한 사고(事故)나 질병, 또는 다른 부정적인 사건의 형태로 나타날 수가 있습니다. 그래서 많은 사람들이 "왜 선량한 사람들에게 나쁜 일들이 일어날까?"라고 의아해 합니다. 자, 그 이유는 그런 선량한 사람들이 전생(前生)에는 그리 선량하지 않았기 때문입니다. 그리고

그들은 그때 자신들이 뿌려놓은 것을 지금 거두고 있는 것입니다.

여러분은 필연적으로 과거생에 자기가 지지어놓은 카르마의 균형을 잡아야할 것인데, 왜냐하면 우주거울이 그것을 여러분에게 반사할 것이기 때문이지요. 그러므로 여러분의 선택은 어떻게 그 카르마를 균형 잡을 것인가 입니다. 여러분은 카르마가 부정적인 사건들로 나타나기 전에 그것을 소멸시키기 위해 선행에 열중하거나 영적인 기법을 사용하렵니까? 아니면 그것을 어려운 방식으로 균형 잡는 쪽을 선택하겠습니까? 나는 카르마와 환생에 관한 내 원래의 가르침들이 기독교에서 삭제되었고, 서구세계의 대부분의 사람들이 그 카르마 문제에 대해 선택권이 있음을 모르고 있다는 사실을 이해하고 있습니다. 하지만 그들은 비기독교적인 원천에서 나온 지식을 살펴봄으로써 그것

24)마태복음 5~7장에 실려 있는 예수의 교훈적 설교. 신앙생활의 요체를 간단명료하고 총괄적으로 나타내고 있다.

을 스스로 택해 배울 수가 있고, 그런 다음 자기들의 삶에서 적절한 변화를 만들어낼 수가 있습니다.

　카르마를 균형 잡는 다른 방법은 돌아오고 있는 카르마의 진동을 높이기 위해 높은 주파수의 에너지를 기원하는 영적인 기법을 이용하는 것입니다. 바꿔 말하면, 여러분의 에너지장 속에 저장된 독성 에너지를 변형시키기 위한 기법들이 또한 여러분에게 돌아오고 있는 카르마를 변화시킬 거라는 것입니다. 하지만 모든 영적 추구자들이 이미 오염된 외부와 내부의 에너지를 변화시키는 것만으로는 충분치 않다는 점을 깨닫는 것은 중요합니다. 여러분은 또한 더 많은 그런 에너지를 생성하는 행위를 멈추는 것이 필요합니다. 그리고 그렇게 하는 유일한 방법은 여러분의 심리상태로 들어가 자신으로 하여금 불완전한 생각과 감정, 행위들에 몰두케 하는 내면의 상처들과 잠재의식적인 컴퓨터 프로그램들을 제거하는 것입니다.

8장

여러분의 심리상태를 극복하라

당신께서는 우리의 심리상태 속에 있는 장애물들을 제거할 필요가 있다고 말씀하셨습니다만, 제 경험에 의하면 많은 사람들이 이렇게 하는 것을 별로 마음내켜하지 않는다는 사실입니다, 제가 어른으로 성장했을 때, 인간들의 일반적인 태도는 오직 심각한 정신질환을 가진 사람들만이 그들의 심리상태에 모종의 처치를 하곤 했습니다. 저는 이것이 자기수양과 새 시대 운동을 어느 정도 유연하게 한다는 것을 압니다. 그렇지만 저는 여전히 많은 사람들이 – 특히 남성들이 – 정신의 내면을 깊이 들여다보기를 꺼려한다는 것을 발견합니다. 우리가 이것을 하는 것이 왜 우리에게 유익한가를 설명해 주실 수 있을까요?

나는 많은 사람들이 당신이 말한 태도를 갖고 성장해 왔다는 것을 이해합니다. 그리고 나는 이것이 특히 대장부는 울어서는 안 되고 남자는 감정을 드러내 보여서는 안 된다는 전통문화 속에서 자라난 남성들에게 문제가 된다는 점에 동의합니다. 그런 남성들이 심리적인 치료에 전념한다는 것은 어려울 수가 있는데, 거기서는 여러분이 감정을 다루는 것을 필요로 합니다. 그러므로 나는 사람들이 난관을 극복하고 심리적인 장애들을 이겨낼 수 있는 길을 찾을 수 있게끔 몇가지 방안을 제시하겠습니다.

• 많은 사람들이 자신의 심리상태를 통제하기 위해 할 수 있는 것이 아무 것도 없다고 믿도록 양육돼 왔다는 사실을 언급함으로써 시작해봅시다. 그런 믿음은 세습적이고 환경적인 요인의 산물입니다. 그리고 일단 여러분이 어른으로 자라나게 되면, 여러분 자신을 변화시키기 위해 할 수 있는 것이 아무 것도 없다는 것입니다. 하지만 이것은 여러분이 영적으로 성장하는 것을 원하지 않는 세력들에 의해 조장된 거짓말입니다. 모든 것이 에너지로 이루어져 있다는 것, 그리고 인간이 에너지의 진동 파장을 변화시킬 수 있다는 바로 그 사실은 여러분이 자신의 심리상태의 어떤 측면도 바꿀 수 있다는 것을 보여줍니다. 여러분은 결코 환경적이고 세습적 요인들의 희생자가 아닙니다. 당신들은 자신의 심리상태를 통제할 수 있고, 체계적으로 마음의 평화와 행복, 개인적인 신성의 길에 놓여있는 여건들을 바꿀 수가 있습니다.

• 현실적이 되도록 합시다. 여러분이 자기수양 운동이나 뉴 에이지 운동, 그리고 심지어는 보다 전통적인 종교들 내의 많은 부흥운동에서도 그것이 주로 여성에 의해 주도된다는 것을 목격할 것입니다. 오늘날의 세상에서 여성은 영적성장을 추진한다는 주제에 있어서 분명히 남성보다 중요한 역할을 하고 있습니다. 그 주요 이유들 가운데 하나는 여성이 자신의 심리상태에 작용함으로써 그녀들 자신을 변화시키는 데 좀 더 열려있다는 것입니다. 나는 남성과 여성이 보다 동등하게 참여하는 좀 더 균형 잡힌 상황을 보고 싶습니다. 그렇게 되기 위해서는 더 많은 남성들이 책임을 져야 하고 오늘날 쉽사리 활용할 수 있는 심리치료법에 관한 도구들을 이용해야 합니다.

• 여러분이 원하는 것이 무엇인지, 다시 말해 성장, 또는 정체됨을 원하는지를 단순히 숙고해 보기 바랍니다. 나는 앞서 언급하기를, 영

적성장의 핵심요소는 여러분의 에너지장 안에 저장된 에너지와 외부의 에너지, 즉 우주에 의해 현재 여러분에게 되돌려지고 있는 카르마를 변형시키는 것이라고 했습니다. 여러분은 이것을 하기 위해 영적기법들을 이용할 수 있고, 많은 사람들이 그런 의식(儀式)들을 사용하는 데 마음이 열려 있습니다. 그럼에도 이용하는 한 가지 기법이일정한 양의 독성 에너지를 변형시킬 수 있지만, 즉시 더 많은 오염된 에너지를 창조해낸다는 사실을 상상해 보십시오. 이것은 여러분이마침내 용기 있는 노력을 하고 있다고 할 수는 있겠으나, 진전이 없거나, 아니면 최대한의 진전을 이루고 있지 못한 것입니다. 내 요점은 만약 진정으로 영적성장에 전념해 있다면, 신의 에너지를 오염시키는 것을 중단할 필요가 있다는 것입니다. 그리고 그렇게 하기 위한유일한 방법은 여러분이 독성 에너지와 카르마를 유발하게끔 만드는자신의 심리상태 내의 장애물들을 해결하는 것입니다. 아마도 이러한논의는 흔히 여성보다 좀 더 분석적인 남성에게 크게 마음에 와 닿을것입니다. 여러분은 단지 자신이 변형시키는 독성 에너지의 양을 뜻하는 수입(收入)과 새로이 생성하는 독성 에너지를 뜻하는 지출(支出)에 관한 명세표의 균형을 맞출 필요가 있습니다. 만약 여러분의 지출이 수입보다 더 높다면, 진전은 부정적입니다. 오직 지출을 최소화함으로써만이 당신들은 자신의 영적 진보를 최대한 이룰 수가 있습니다.

• 여러분이 영적인 길에서 어떤 수준에 이르게 되면, 자연히 자신의영적성장에 절대적으로 전념하는 상태에 도달합니다. 여러분은 자신의 신아(I AM Presence)를 사랑하기 시작할 것이고, 그런 만큼 절대로 어떤 것이 당신들 자신이 그 신아와의 합일에 좀 더 가까이 다가가는 것을 방해하지 못하게 할 것입니다. 따라서 자신의 심리적인 문제들을 해결하기 위해 적극적인 조치를 취하는 것은 영적인 길에서자연스러운 부분이 됩니다. 여러분은 결코 자신의 영적인 길에 심리적인 한계들이 존속하지 않게 할 것입니다.

• 오늘날에는 지난 2,000년 전에 이용할 수 있었던 것보다 훨씬 나은 치료 도구들이 있습니다. 만약 현대의 도구들을 과거 그 당시에

172

이용할 수 있었다면, 나는 나의 모든 제자들이 그것을 이용하게 했을 것입니다. 나의 목표는 그들을 완전한 신성(神性)으로 끌어올리는 것이었습니다. 그러나 이것이 일어나지는 않았는데, 부분적으로는 우리가 심리적 치유를 위한 최상의 활용 가능한 도구들을 갖고 있지 못했기 때문입니다. 결과적으로 내 제자들은 그들의 어떤 심리적인 장애들을 극복하지 못했고, 그것이 그들이 자기들의 잠재력을 충분히 발휘하는 것을 가로 막았습니다. 그리고 이것이 왜 기독교가 내가 이루어지길 원했던 운동이 되지 못했는가를 부분적으로 설명해 줍니다. 오늘날 나는 기꺼이 이 시대에 내 사도가 될 사람들을 찾고 있습니다. 그리고 현재 활용할 수 있는 도구들로 인해 사람들은 그들의 신성을 구현할 훨씬 나은 기회를 갖고 있습니다. 나는 나의 참된 가르침을 가르칠 수 있는 사람들이 필요하지만, 내 가르침을 가르치기 위해서는 여러분이 그것을 스스로 체현(體現)하는 것이 필요합니다. 그리고 내 가르침을 체현하기 위해서는 여러분이 자신의 신성을 받아들이는 것을 방해하는 심리적 장애물들을 극복해야만 합니다.

• 여러분이 성장함에 따라 외부세계에 관해서나 자신의 육체에 대해서도 많은 것들을 배우게 됩니다. 그런데 불행하게도 대부분의 사람들은 그들의 삶의 경험을 결정하는 한 가지 요인에 관해 별로 가르치지 않는 문화 속에서 성장합니다. 여러분의 정신은 자신이 행복할지, 아니면 불행할지를 결정하는 주요 요인입니다. 여러분이 우주가 일종의 거울이라는 것을 알게 될 때, 자신의 행복이 외부적인 요인에 달려있지 않다는 것을 이해합니다. 그것은 원래 여러분 정신 내부의 상태에 달려 있습니다. 만약 여러분이 심리적인 장애와 상처들을 갖고 있다면, 그런 문제들이 해결되지 않은 채로 남아 있는 한은 행복해지거나 마음의 평화를 얻지 못할 것입니다. 그러므로 여러분이 진정으로 행복해지고 영적으로 성장하기를 원한다면, 어떻게 정신이 작용하고 어떻게 여러분이 자신의 방식에서 벗어날 수 있는지를 배우는 것이 자연스럽지 않겠습니까? 여러분은 "당신은 당신 자신의 최악의 적(敵)이다."라는 말을 들어보았을 것입니다. 그리고 그것은 해결되지 않은 상처들을 갖고 있는 사람에게는 전적으로 진실입니다. 그럼에도 그런 상처들을 치유하는 것은 확실히 가능합니다. 다시 한 번 대차대

조표(貸借對照表)의 균형을 맞출 수가 있습니다. 여러분은 남은 생 동안 심리적 상처들을 지닌 채로 지금 느끼는 것만큼이나 불행과 불만을 느끼며 계속 삶을 지속하렵니까? 아니면 자진해서 자신의 상처들을 치료하고 그 영향에서 영원히 자유로워지기 위한 노력에 집중하시렵니까? 여러분이 그 길의 어떤 지점에 이르게 되면, 이것을 선택하기가 쉬워집니다.

• 어떤 사람들은 자기들이 안락한 어린 시절을 보냈다는 이유로 이런 심리적 치유작업이 불필요하다고 생각합니다. 하지만 여러분이 환생의 진실을 깨닫게 되면, 설사 걱정 없는 아동기를 보냈다고 할지라도 과거 생에 태어났을 때마다 모두 안락한 어린 시절을 보내지는 않았었다는 것을 압니다. 심리적인 상처들은 영혼의 상처들이고, 그것들은 한 생에서 다른 생으로 옮겨집니다. 다시 한 번 영적 추구자들이 냉정하게 현실을 직시하고 행성 지구가 불안정하고 위험한 환경이라는 사실을 인식하는 것이 유익합니다. 간략하게 역사를 잠시 살펴보고 인류의 폭력적인 과거를 깊이 생각해 보기 바랍니다. 모든 인간들이 전생에 정신외상적인 상황을 경험했으리라는 것은 매우 가능성이 높은 이야기입니다. 그렇기 때문에 적절한 도구들을 이용하여 그런 상처들을 치료하는 것은 모든 사람들에게 유익할 수 있습니다.

저는 심리상태라는 것이 우리가 그 깊이를 가늠하기 어려운 매우 복잡한 주제라는 것을 알지만, 사람들이 그들의 심리치료에 착수하는 데 도움이 될 수 있는 어떤 개념이 있나요? 제 말은 최소한 사람들이 심리학에 관해 알아야만 하는 것이 무엇이냐는 뜻입니다.

나는 앞서 두 개의 Rs, 다시 말해 계시(Revelation)와 의식(Ritual)에 관해 이야기했습니다. 또한 나는 여러분의 심리상태를 통제하는 첫 단계가 독성 에너지의 끌어당기는 힘을 감소시키는 것이라고 설명했습니다. 그런 이유 때문에 여러분의 감정체(感情體)가 혼란 속에 있는 한, 당신들은 결코 자신의 심리상태를 깊이 조사하거나 상처들을 치료할 수가 없습니다. 즉 여러분의 모든 에너지와 주의력이 한 가지 재앙에서 다음 재앙으로 이어지며 계속 진행되는 위기를 처리하는 데 소비돼 버리고 마는 것이죠. 따라서 바로 첫 단계는 이런 위기 양상에서 빠져나오는 것입니다. 그리고 그렇게 하는 최상의 방법은 효과적인 영적인 의식(儀式)을 통해서입니다. 다시 한 번 말하지만, 내가 제시하는 것은 미카엘 대천사의 보호 로사리오와 성모 마리아님의 변형의 로사리오들입니다.

나는 여러분의 모든 문제들을 해결할 특효약으로서 여러 가지 영적인 기법들을 장려하는 많은 단체들이 있다는 것을 압니다. 그렇지만 의식을 통해 독점적으로 여러분의 심리적 상처들을 치료하는 것은 절대로 가능하지 않습니다. 그 이유는 모든 것이 여러분의 자유의지에 달려 있기 때문입니다. 여러분이 독성 에너지를 생성하게 된 것은 스스로 불완전한 생각과 감정에 몰두하기로 한 선택입니다. 이런 선택은 대개 여러분이 가진 삶에 대한 불충분한 이해나 받아들인 잘못된 믿음들에서 생겨납니다. 그리고 이런 그릇된 믿음들을 수용하게 된 것은 과거생에서 일어난 일이기가 쉽습니다. 따라서 이런 믿음들이 여러분의 정신에 깊이 배어들게 된 것일 수가 있습니다. 그럼에도 잘못된 믿음의 수용은 항상 선택으로 시작됩니다. 그런 까닭에 그것은 더 나은 선택을 함으로써 취소될 수가 있습니다.

이것에 관해 시각적인 설명을 해보기로 하겠습니다. 나는 한 영혼을 살아있도록 유지시키는 것은 영적인 자아로부터 끊임없이 흐르는 에너지의 흐름이라고 말했습니다. 여러분은 자신의 의식(意識)을 강(江)에다 비유할 수 있습니다. 만약 여러분의 생각과 감정이 순수하다면, 생명의 강은 자유롭게 흐를 수가 있습니다. 여러분은 자신의 영적인 자아와의 굳건한 연결 상태를 느끼며 풍요로운 에너지를 갖고 있습니다. 하지만 여러분이 잘못된 개념이나 믿음들을 받아들일 때, 그것은 그 강 속에다 바위를 던져 넣는 것과 같습니다. 여러분이 강물의 흐름 속에다 바위를 던져 넣을 경우, 그 물의 흐름을 방해하게 됩니다. 강물은 바위 주변을 돌아 흘러야만 하고, 이로 인해 바위 뒤에 부스러기들이 쌓일 수 있는 보텍스가 만들어집니다. 일단 여러분이 그릇된 개념을 받아들이기로 결정하면, 그 믿음이 여러분의 영적인 자아로부터 오는 빛을 차단할 것입니다. 잘못된 믿음이 빛을 탁하게 만들 것이고, 그 오염된 에너지가 하류에 축적되기 시작할 것입니다. 그것은 강물의 흐름 속의 바위 뒤에 쌓이는 침적토와 같습니다.

이제 한 영혼이 잘못된 믿음들을 받아들였던 수많은 생애들을 살았다는 것을 상상해보기 바랍니다. 그 각각의 믿음은 강물 속에 던져진 바위와 마찬가지입니다. 오염된 에너지가 그 바위 뒤에 쌓이기 시작하고, 그것은 강바닥을 채우기 시작합니다. 이것이 물의 흐름을 방해할 것이며, 그 흐름을 막을 수 있습니다. 물의 흐름이 바위들과 침적토로 인해 완전히 막히게 되면, 사람들은 삶의 영적측면에 관한 모든 인식을 상실합니다. 그들은 자기들의 영적인 기원을 완전히 망각하고, 자신이 그저 물질로 이루어진 육체이고 인간이라고 믿기 시작합니다. 의식적인 마음이 (그리고 영혼의 모든 수준들이) 영적인 자아의 하류에 해당되기 때문에 강 속의 장애물들은 의식적인 마음이 신아를 아는 것을 방해합니다.

어떻게 여러분이 이런 상황을 개선하는 첫 걸음을 시작할 수 있을까요? 여러분은 바위 뒤에 쌓인 침적토를 제거하는 것부터 시작해야 합니다. 그 침적토는 오염된 에너지입니다. 여러분이 높은 주파수의 영적인 에너지를 기원하여 그것을 오염된 에너지쪽으로 유도하면, 그에 따라 오염된 에너지의 진동이 상승합니다. 오염된 에너지를 일소했을 때, 축적의 과정을 시작했던 잘못된 믿음들에 해당되는 바위들을 비로소 볼 수가 있습니다. 그리고 여러분이 일단 그런 잘못된 믿음들을 벗게 되면, 그런 믿음을 받아들이게 만들었던 원래의 결정을 취소해야만 합니다. 이것은 원래의 결정을 대신하는 새로운 결정을 해야 하기 때문에 반드시 의식적인 과정이 되어야 합니다. 이 과정에 관한 것이 〈빛을 향한 내면의 길〉이라는 책에 아주 상세히 설명되어 있습니다.

영적인 성장과정은 점차 생명의 흐름을 맑게 해가는 과정이라고 말할 수 있습니다. 여러분은 바위들을 덮고 있는 침적토를 제거합니다. 그런 다음 강의 흐름을 방해하고 있는 바위들을 제거하는 것입니다. 여러분이 바위 하나를 제거하고 그 뒤에 쌓인 침적토를 제거하게 되면, 자신의 개인적인 길에서 매우 중요한 한 단계를 밟은 것입니다.

오늘날의 시대에는 너무나 많은 사람들이 성급해졌습니다. 기술과 일반 소비자 문화가 사람들에게 즉석에서 만족을 얻을 수 있다는 인상을 주입해 놓았기 때문이지요. 많은 사람들이 영적인 진전 역시도 즉각 이루어질 것으로 생각합니다. 이것은 자동적인 구원과 같은 꿈이며, 그릇된 꿈입니다. 여러분이 상황을 객관적으로 바라본다면, 자신의 영혼이 생명의 흐름 속에다 바위들을 던져 넣는 수많은 생들을 보냈을 수 있다는 점을 알 것입니다. 그러므로 많은 침적토와 엄청난 양의 바위들을 축적했을 수가 있고, 영적인 자아로부터 에너지가 자유롭게 흐를 수 있게 하기 위해서는 그런 것들을 제거하여 맑게 할 필요가 있습니다. 이런 과정이 결코 하룻밤 사이에 완료될 수는 없습니다.

많은 사람들에게 있어서 그 과정은 한 생 안에 완결될 수도 없습니다. 하지만 그렇다고 해서 이것이 낙담의 원인이 되어서는 안 됩니다. 만약 여러분이 미리 포기해 버린다면, 그 과정은 시작조차도 되지 않습니다. 낙담해서는 안 되는 다른 요인은 무한자인 신(神)은 자비로우시다는 것입니다. 신은 영혼들이 물질우주에 고착된 채로 남아 있기를 원치 않으십니다. 그래서 신은 사람들이 그들의 에너지장과 잠재의식을 정화하는 과정에서 그 속도를 높일 수 있는 무수한 방법들을 주셨습니다.

어떤 실제적인 수단들이 사람들의 심리적인 문제를 해결하는 데 이용될 수 있을까요?

영적인 의식(儀式)을 가지고 이야기를 시작해 봅시다. 성모 마리아님의 로사리오들은 불완전한 에너지들을 변형시키기 위해 특별히 고안된 것이지만, 그것은 또한 극복되어야 할 잘못된 믿음들을 영혼들이 인식하게 만드는 기능이 있습니다. 그러므로 사람들은 로사리오의 구절들을 명상하거나 내면화함으로써 중요한 진전을 이룰 수가 있습니다. 확실히, 여러분이 자신의 외부로부터 오는 심리적인 문제들에 감염되지 않도록 영적인 보호를 받는 것 역시 중요합니다. 그럼에도 더 극도로 중요한 것은 사람들이 오직 보다 커다란 자각을 통해서만이 자신의 심리상태를 해결할 수 있다는 태도를 갖는 것이며, 그로 인해 과거의 잘못된 선택들을 현 시점의 더 나은 선택으로 대체하는 것이 가능할 것입니다. 이것이 사람들이 일반적인 심리상태에 관한 보다 깊은 이해와 그들의 특수한 심리적 장애들에 대한 커다란 인식을 늘 추구하는 자기관찰 상태로 이끌 것입니다. 이런 폭넓은 이해는 심리학적인 주제에 관련된 책을 읽거나 강의에 참석함으로써 분명히 증대될 수 있습니다. 그럼에도 또한 여러분 혼자서는 알 수 없는 것을 이해하도록 돕는 개인적이거나 집단적인 형태의 치료법에 전념하는 것도 대단히 유익할 수가 있습니다. 잘못된 믿음들은 분명히 여러 생애 동안 여러분의 일부가 되었을 수 있기 때문에 당신들이 무엇이 진행되고 있는지를 아는 것이 어려울 수가 있습니다. 하지만 다른 사람이 이것을 아는 것은 상대적으로 쉬울 수 있는데, 왜냐하면 사람들은 항상 자기 눈 속에 있는 들보를 보는 것보다 다른 사람의 눈 속에 있는 티를 보는 것이 더 쉽기 때문입니다(마태복음 7:3).[25] 내가 말하는 요점은 여러분이 친구나 훈련된 전문가와 같은 다른 사람들에게 자신의 심리적 장애를 알려달라고 요청함으로써 도움이 될 수 있다는 것입니다. 여러분은 또한 자신의 의식적인 인식 수준 아래에서 진행되고 있는 것에 관한 보다 깊은 자각을 얻기 위해 직관적인 능력을 이용함으로써 가치 있는 통찰을 얻을 수가 있습니다.

많은 사람들이 자기들의 부정적인 습관을 고치기를 원하다보니 자기정신요법이나 효력 있다는 기법에 열중합니다. 하지만 제가 느끼기에 어떤 사람들은 습관의 깊은 원인들은 그냥 놔둔 채로 외적인 행위들만을 바꾸기를 바랍니다. 이 부분에 관한 예수님의 견해는 무엇입니까?

당신의 관찰이 옳습니다만, 나는 이 책을 읽는 독자들이 그 정도 단계는 넘어섰으면 합니다. 이 책의 독자들은 재빠른 외적 결과만을 원하는 수준을 뛰어넘어야 합니다. 영적인 길을 걷는 데 있어서의 핵심은 여러분이 단지 일시적인 해결책을 찾는 것이 아니라, 자신의 삶에서의 영구적인 변화를 추구하는 것입니다. 여러분은 특정 문제에 대한 단기적인 완화방안을 찾는 것이 아닙니다. 즉 자신의 미래에 대해 긍정적인 결과를 가져올 영원한 변화를 찾고 있는 것입니다. 이런 영구적인 변화를 창조하기 위해서는 정신을 이루고 있는 여러 층들과 그 깊은 수준들에서는 어떤 작용들이 일어나고 있는지를 이해하는 것

---

25)"어찌하여 형제의 눈 속에 있는 티는 보고 네 눈 속에 있는 들보는 깨닫지 못하느냐?"

이 도움이 될 수 있습니다.

현대인들은 종종 과거시대의 지식을 돌아다보고 나서 그것을 미개하고 낙후된 것으로 간주합니다. 그렇지만 많은 경우에 고대인들은 현대과학과 기존 종교가 무시해왔던 타당한 지혜를 갖고 있었습니다. 중세시대 동안에 일반적으로 "연금술(鍊金術)"이라고 부르는 운동이 있었습니다. 나는 그 분야에 많은 허풍쟁이들이 있었다는 점을 인정합니다. 그렇다 보니 연금술사들의 평판이 더럽혀졌다는 것은 이해할 수 있는 일입니다. 하지만 문제의 실체는 진정한 연금술사는 영적인 운동을 상징했다는 사실입니다. 진짜 연금술사들의 목적은 비금속(卑金屬)을 금(金)으로 변형시키는 것이 아니었습니다. 그들은 저급한 의식이라는 비금속, 즉 육적인 마음을 그리스도 의식(Christ Consciousness)이라는 황금으로 변형시키는 것을 추구했던 것입니다. 연금술사들이 찾아다녔던 영석(靈石)인 '현자(賢者)의 돌'은 바로 그리스도 의식이었습니다. 여기서의 내 요점은 연금술사들이 5가지 요소들로 조합된 세계관을 갖고 있었다는 것인데, 다시 말하면 그것은 에테르, 불, 공기, 물, 흙입니다.

에테르는 영적인 세계를 상징합니다. 그리고 다른 4가지 요소들은 물질우주를 이루고 있는 4가지 측면인 다른 진동 수준들을 나타냅니다. 나는 물질이 어떤 주파수 범주 내에서 진동하는 에너지로 이루어져 있다고 여러 번 말했습니다. 그리고 연금술사들은 그것을 흙(土)으로 불렀던 것입니다. 그런 범위 바로 위에는 다른 주파수들로 구성된 일정 영역이 있습니다. 이런 주파수들은 연금술사들이 물(水)이라고 불렀던 것인데, 그것은 감정적인 에너지를 나타냅니다. 그 범위 위에는 공기(風)라고 불렀던 다른 영역이 있으며, 그것은 정신 또는 사고(思考) 에너지를 상징합니다. 그 위에는 또 다른 세계가 있는데, 즉 불(火)이라고 불렀던 이 영역은 또한 에테르 에너지라고도 불렸습니다.

이 주제에 관해서 이야기해야 할 것들이 많지만, 내 의도는 어떻게 에너지가 인간의 정신을 통해서 흐르는가에 관해 집중적인 가르침을 주려는 것입니다. 정신은 또한 불, 공기, 물, 흙이라는 4대 요소에 대응하는 4가지 수준으로 나눠질 수 있습니다. 신아로부터 오는 영적인 에너지(에테르)의 흐름은 최초로 기억체(Memory body), 또는 개성체인 에테르적인 단계로 흘러 들어갑니다. 이 수준에서 영혼의 정체감이 정착됩니다. 그러므로 그 에너지는 처음에 영혼의 정체감을 통과합니다. 그리고 그에 따라 그 영적인 에너지는 영혼이 자기 자신과 신, 세상을 어떻게 보는가에 관한 이미지(心像)에 의해 채색됩니다.

그 후, 그 에너지는 정신체(Mental Body)를 통과하고, 생각의 형태를 취합니다. 한 개인의 생각들은 그 사람 정체감의 일종의 반영일 것입니다. 여러분의 생각들은 실제로 당신들의 정체감에서 생겨나지만, 그럼에도 여러분의 정신체는 또한 여러분이 어떻게 세상이 작용한다고 생각하는가에 관한 심상들을 담고 있습니다. 그 다음 단계에서 에너지는 영혼의 감정체(Emotional body)를 통과합니다. 그 에너지가 감정체에 이르렀을 때, 그것은 정신체와 기억체에서 일어났던 것에 의해 영향 받아 이미 채색되어 있습니다. 여러분의 감정체는 삶에 대한 당신들의 마음자세와 기본적인 접근태도를 내포하고 있습니다. 여러분의 생각들은 스스로의 정체감의 산물이고, 감정들은 자신의 생각들의 산물입니다. 그 에너지는 최종적으로 4번째 단계에 해당되고 행위라고 해석될 수 있는 육체, 또는 물질로 흘러들어갑니다. 여러분의 행위들은 자신의 느낌이나 감정에서 생겨나고, 그 감정은 여러분의 생각에서 생겨납니다. 그리고 여러분의 생각들은 자신의 정체감에서 생겨납니다.

만약 여러분이 자기 자신을 불행한 죄인(罪人)인 유한한 인간으로 파악한다면, 여러분의 생각들은 삶의 부정적 측면에 초점을 맞추는 성향을 띨 것입니다. 여러분은 삶을 일종의 위협으로 보기 쉬울 것이고, 스스로 행하는 모든 것이 죄의식을 느끼게끔 만들기에 알맞을 것입니다. 또 여러분의 감정은 두려움과 죄의식에 집중되는 성향이 있을 것인데, 왜냐하면 여러분 스스로 끊임없이 죄의식을 느끼게 만드는 상황과 만날 거라고 기대하기 때문입니다. 여러분은 흔히 스스로 죄의식이나 책망 받지 않는 일들을 하려 할 것이며, 이로 인해 삶을 즐기는 것을 방해받는 수동적인 인생방식에 길들여지게 될 것입니다. 우주는 일종의 거울이기 때문에, 그것은 여러분의 자기 자신에 대한 기본적인 견해와 인생관을 뒷받침하는 것으로 보이는 사건들을 당신들에게 다시 반사할 것입니다. 그리하여 여러분은 외견상 탈출할 수 없는 것으로 보이는 회전목마 위에 꼼짝없이 사로잡힌 것처럼 느낄 것입니다.

일단 여러분이 에너지의 정확한 흐름을 이해하게 되면, 자신의 행위와 감정, 생각들을 바꾸는 방법을 알 수 있습니다. 오랜 세월 동안 인간들은 자기들의 행위를 제어하기 위해 노력해 왔습니다. 하지만 불행하게도 심리학과 자기수양 분야에서 개발된 그 대부분의 방법들이 원인을 다루지 않고 단지 결과만을 가지고 다루고 있습니다. 여러분은 늘 자신의 정체감으로 거슬러 올라가지 않고는 여러분의 행위들을 효과적으로 변화시킬 수가 없습니다.

만약 여러분이 진정으로 변화하기를 원한다면, 수평적인 접근법 대신에 수직적인 방법을 취해야 합니다. 여러분의 행위들을 변화시키기 위해서는 먼저 자신의 감정과 삶에 대한 태도를 바꿔야 합니다. 그리고 자신의 감정들을 바꾸고 싶다면, 삶이 어떻게 작용하는가에 관한 당신들의 생각과 이해를 바꿔야 합니다. 또한 자신의 생각들을 바꾸고 싶다면, 여러분의 정체감을 변화시켜야만 합니다. 그런데 만약 자신의 감정을 감정 에너지를 조종함으로써 바꾸려고 시도한다면, 실패하거나 어려운 싸움에 직면할 것입니다. 이런 이유로 수많은 사람들이 자기수양 기법이나 치료법을 시도했지만 그것이 낡은 생각과 감정, 행동 패턴으로 튀어 돌아옴을 알았을 뿐입니다.

여러분이 영적인 길을 걸어서 개인적인 신성에 도달하게 되면, 영적인 존재로서의 새로운 정체감을 열고 형성하기 시작할 것입니다. 진정한 여러분 자신과 당신들이 존재로서 스스로를 보는 자신 사이의 간격을 메우기 시작할 것입니다. 그 순간 여러분의 정체감이 변화하기 시작할 것이고, 그 순간 여러분의 생각들도 또한 바뀌기 시작할 것입니다. 그것에 의해서 여러분의 감정과 행위들 역시 자연스럽게 제 자리를 잡을 것입니다.

심리적인 장애들을 극복하는 방법의 한 가지 예로서 저는 분노에 대해 초점을 맞추고 싶습니다. 당신께서는 많은 기독교인들이 환생을 받아들이지 않다 보니까 신에 대해서 스스로 해결할 수 없는 잠재의식적인 분노를 느낀다고 말씀하셨습니다. 현대의 많은 치료 기법들은 사람들로 하여금 그들의 분노와 접촉하도록 고무합니다. 그렇지만 대

부분의 종교인들은 그들의 분노를 밀어 넣으라고 가르침 받아 왔습니다. 따라서 그들은 종종 그것을 표현하거나 인정하는 조차도 꺼려합니다. 우리가 분노를 어떻게 다뤄야 하는지 이해하도록 도와주실 수 있겠습니까?

나는 왜 많은 종교인들이 분노에 관해 혼란을 느끼는지를 이해합니다. 현대의 많은 치료기법들이 사람들에게 내면으로 들어가 그들의 억압된 분노와 접촉하도록 장려하는 것은 맞습니다. 하지만 이렇게 하는 목적이 절대로 그들의 분노를 다른 사람들에게 드러내어 옮기는 것이 아님을 명심하는 것은 중요합니다. 여러분이 분노를 폭발시키거나, 주변에 있는 첫 사람을 구타하게 하는 것이 이런 형태 치료법의 목적이 아닙니다. 그 목적은 여러분이 억압한 감정을 인식할 수 있게 하여 그것을 건설적인 방식으로 해결하도록 돕기 위한 것입니다. 여러분이 어떤 사람의 행위에 분노하고 있음을 알게 하는 것과 여러분의 그 분노를 그 사람에게 드러내는 것 사이에는 명확한 차이가 있습니다.

느낌이나 감정들은 몸의 움직임 속에 있는 에너지라고 묘사될 수 있습니다. 그리고 그것들은 감정체에서 시작되어 일어납니다. 감정체는 여러분의 정신체에 공식적으로 나타난 생각들을 받아들이게 돼 있으며, 그것들이 물질세계에서 구체화될 수 있도록 움직임을 주게 됩니다. 그러므로 여러분의 감정들은 흐르게 되어 있습니다. 그리고 만약 여러분이 자신의 감정을 억압하려고 한다면, 의식을 통해서 흐르는 에너지의 자연스런 흐름을 방해하게 될 것입니다. 이것은 불가피하게 여러 가지 심리적인 문제들을 일으킬 것입니다. 그리고 사람들이 그들의 감정 에너지들이 자연스럽게 흐를 수 있도록 이런 장애물들을 해결하는 치료기법을 이용하는 것은 대단히 유익합니다. 여러분의 감정들이 자유롭게 흐를 수 없다면, 어떻게 사랑이 여러분의 존재를 통해 흐를 수 있겠습니까?

감정들이 가진 문제는 그것이 단순히 정신체로부터 감정체로 들어오는 어떤 것에 움직임을 준다는 것입니다. 달리 말하면, 감정체는 어떤 것이 좋다 나쁘다거나, 옳다 그르다거나, 건설적 혹은 자기파괴적이라는 식으로 구분하고 분별하지 않는다는 것입니다. 감정들은 단지 정신체로부터, 또는 외부의 원천으로부터 감정체로 무엇이 들어오든 거기에 작용하여 영향을 줄뿐입니다.

그럼에도 여러분이 실제로 감정들이 행동으로 전환되도록 허용하기에 앞서 그 감정에 대해 행위를 결정하는 순식간의 틈이 있습니다. 바로 그 순간 자신의 감정체를 압도하여 여러분 자신이 부정적인 감정을 표현하는 것을 막을 기회가 있습니다. 대부분의 사람들은 이 결정의 순간에 관해 의식적으로 알아채지 못하는데, 그럼에도 그것은 늘 거기에 있습니다. 자기통제를 얻는 열쇠는 그 결정의 순간을 의식적으로 알게 되는 것이며, 그럼으로써 여러분은 자신의 의식적인 마음을 가지고 감정을 통제하는 데 이용할 수 있는 것입니다.

분노를 표현하는 어떤 상황들이 부정적인 결과에 이르게 경우가 있습니다. 그렇기 때문에 분노를 억누르는 것은 악을 최소화하는 것입니다. 그런데 문제는 사람들이 정신체와 자신의 에테르체 내에 있는 분노의 원인을 해결하려고 하는 대신에 그 분노를 계속해서 억압할 때 나타납니다. 단순한 사실은 분노가 일종의 감정인 동안은 분노가 감정체에서 일어나지 않는다는 것입니다. 그것은 정신체 내에서 생각들의 형태로 일어나며, 특히 삶이 어떤 식이 되어야 한다는 생각과 자신의 기대한 대로 삶이 풀려가지 않을 경우, 뭔가 잘못되었다고 여기게 만드는 생각과 같은 것들입니다. 이것은 여러분으로 하여금 세상이 자기들이 바라는 대로 되지 않을 때 부정행위가 저질러졌고 누군가 비난받아야만 한다고 생각하게 만들 수 있습니다. 또한 이것이 다른 사람의 책임이라는 생각을 유발할 수가 있습니다. 그리고 이런 생각이 여러분이 다른 사람에게 복수를 하거나 처벌하고자 하는 시도를 야기할 수 있는 분노의 감정을 방출하게 됩니다.

문제는 대부분의 사람들이 어떻게 그들의 감정이 생각에서 일어나는지를 이해하지 못한다는 것입니다. 그들은 정신체를 살펴서 생각들이 형성되는 과정을 발견하는 것을 배우지 못했습니다. 그들은 자기들의 삶에 대한 기본적인 믿음과 태도를 검토하여 어떻게 그런 마음가짐이 특정 생각들을 일으키고 그다음에 분노와 같은 감정을 방출하게 되는지를 알기 위한 노력을 하지 않았습니다. 달리 말하면, 대부분의 사람들은 그들 마음의 잠재의식 수준에서 진행되고 있는 것에 관한 이해가 없습니다. 또한 감정체와 정신체가 대개의 사람들이 의식적으로 자각하고 있는 것의 하부 수준이라는 것도 알지 못합니다. 그러므로 대부분의 사람들에게 벌어지는 것은 그들이 자기들의 기대를 거스르는 상황을 경험할 때 그 감정을 유발하는 생각을 보지 못한다는 것입니다. 그들은 다만 그들의 감정체가 거칠어지기 시작하고 자기들이 분노를 느끼는 것을 경험할 뿐입니다.

그 순간, 분노는 이미 생성돼 있고, 그 분기(憤氣)는 이미 계속 타오르고 있으며, 여러분은 그것을 외부로 폭발시키는 상태에 놓여있는 것입니다. 여러분의 의식적인 마음은 이제 그 분노를 가지고 무엇을 할지를 결정해야 합니다. 어떤 사람들은 자기들의 분노를 행동으로 실행하는 것을 취소하기 위한 충분한 자제력을 갖고 있지 못하며, 따라서 그들은 그것을 다양한 방식으로 표출합니다. 이것은 흔히 다른 사람들로부터 부정적인 반응을 유발하는데, 즉 그것이 다시 여러분에게 반사되는 것입니다. 또한 이것이 더욱 더 많은 분노를 생성하는 부정적인 소용돌이의 창조로 이어질 수 있습니다. 감정 에너지가 계속해서 만들어짐에 따라 여러분의 에너지장과 감정체 안에는 에너지 보텍스가 형성됩니다. 이 보텍스는 결국 그것을 통제하려는 여러분의 시도를 압도할 만큼 매우 강력해질 수 있습니다. 그리고 그때 당신들은 자신에 대한 통제력을 상실하게 됩니다. 이로 인해 어떤 사람들은 그들 스스로 멈출 수 없는 상습적인 분노를 발전시키게 되는 것이지요.

그런데 종교적인 마음가짐이나 교리에 의해 인도받은 다른 사람들은 종종 분노를 느끼거나 표현하는 것은 항상 나쁘다는 믿음을 받아들입니다. 그러므로 그들은 그 분노를 억누르기 위해 자신의 모든 의지력을 사용합니다. 어떤 사람들은 이렇게 하는 데 당분간은 성공하지만, 다시 하나의 에너지 보텍스가 잠재의식 속에 형성되기 시작할 것입니다. 그리고 마침내 그것은 사람들의 의식적인 의지력을 제압할 정도로 매우 강해집니다. 한편 어떤 다른 사람들은 일생 동안 분노를 억압할 수 있는 강한 자제력을 갖고 있습니다만, 그럼에도 그렇게 하는 것은 정신과 신체에 여러 가지 영향을 미칠 것입니다. 많은 질병들이 단지 분노를 포함한 억압된 감정들의 영향으로 인한 결과입니다. 내 말의 요점은 많은 기독교인들에 의해 취해진 접근법, 즉 모든 분노를 억압하는 것은 가장 건전한 접근법이 아니라는 것입니다.

여러분이 분노에 대한 보다 건설적인 접근법을 계발하기 위해 할 수 있는 것은 두 가지가 있습니다. 그 첫 번째는 억압된 분노를 밝혀내고 그런 감정들의 원인을 해결하는 현대의 여러 치료기법들을 이용하는 것입니다. 이런 수단들은 여러분의 분노를 여러분과 타인들 간에 부정적인 소용돌이를 만들지 않는 방식으로 발산하고 있습니다. 바꿔 말하면, 분노를 좀 더 통제된 환경 속에서 발산하는 것은 건전할지라도, 당신들의 분노를 타인들에게 직접 드러내는 것은 건전하지가 않다는 것입니다. 〈게슈탈트 요법(Gestalt therapy)〉을 포함한 현대의 어떤 치료기법들은 사람들이 자기들의 분노와 접촉하여 그것을 그들의 감정체를 통해 자연스런 에너지 흐름을 재건할 수 있게 하는 방식으로 발산하도록 돕습니다.[26]

게슈탈트 요법의 창시자, 프리츠 펄스

그런데 그런 치료기법들의 문제점은 여러분의 분노를 발산하는 것이 적절한 에너지 흐름을 재건한다는 점에서 유용하긴 하지만, 발산하는 분노는 여전히 일정량의 오염된 에너지를 상징한다는 것입니다. 여러분의 에너지장 속에 축적되어 자연스런 에너지 흐름을 막는

프리츠 펄스의 게슈탈트 요법에 관한 저서.

장애물로 작용하는 부정적 보텍스를 창조하는 것은 바로 이런 오염된 에너지입니다. 그러므로 치료법을 통해 장애를 푸는 것이 유익하긴 하나, 그럼에도 여러분의 분노를 발산하는 것이 독성 에너지를 변형시키지는 않습니다. 따라서 현대의 모든 치료전문가들과 그들의 내담자들이 독성 에너지를 변형시킬 필요성에 관해 인식하게만 된다면, 그것은 사람들에게 대단히 도움이 됩니다. 더 나아가 전체로서의 인류와

---

26)게슈탈트 요법은 독일 출신의 정신의학 전문의 프리츠 펄스(Friz Perls, 1892~1970))에 의해 창시된 심리치료법이다. 게슈탈트라는 용어는 독일어로서 '전체' 혹은 '모습' '형태'라는 뜻이라고 한다. 1960년대 인본주의 심리학이 등장하면서 각광을 받기 시작했으며, 인간 심신 상태의 "지금여기"와 전체적인 "알아차림"을 중요시한다. (감수자 주)

지구행성에도 유익할 수가 있습니다.

바로 이런 이유로 우리 승천한 대사들의 집단이 보랏빛 화염(Violet Flame)과 성모 마리아님의 로사리오를 포함한, 독성 에너지를 변형시키는 여러 기법들을 공개했던 것입니다. 그래서 나는 사람들에게 치료법과 독성 에너지를 변형시키는 기법들을 함께 결합하여 사용할 것을 강력히 권고하는 바입니다. 이것이 치료과정의 속도를 엄청나게 높일 것이고 훨씬 나은 결과로 이끌 것입니다.

이제 치료과정의 두 번째 단계를 언급하겠습니다. 내가 말했듯이 여러분의 감정들은 생각의 형태로 일어납니다. 여러분이 진정으로 자신의 정신을 치유하기를 원한다면, 자신의 분노와 접촉하여 그것을 발산하고 그 분노에 의해 생성된 독성 에너지를 바꾸는 것으로는 충분치 않습니다. 여러분이 저장된 분노를 철저히 작업하고 자신의 감정체에다 원활한 에너지 흐름을 재건한 후에는 그 다음 단계로 넘어갈 필요가 있는데, 그것은 정신체로 들어가서 분노를 유발하는 생각과 믿음들을 밝혀내는 것입니다. 그때 여러분은 이런 생각들이 당신들의 자아관(自我觀)과 신관(神觀), 그리고 인간과 신의 관계에 관해서 스스로 했던 결정들에서 생겨났다는 사실을 깨달을 필요성이 있습니다. 〈빛을 향한 내면의 길〉이란 책의 마지막 부분에서 설명했듯이, 여러분이 이런 정체감을 밝혀내게 되면, 문제 있는 결정들을 더 나은 결정으로 대체하는 것을 시작할 수가 있습니다.

내가 여기서 말하고 있는 것은 정신체와 정체감을 포함해서 여러분이라는 존재 전체를 지휘하는 것에 관한 과정입니다. 이 과정은 개인적인 신성으로 향한 길입니다. 그리고 여러분이 그 길을 걸을 때, 모든 유한한 태도와 믿음들을 보다 높은 믿음으로 대체하게 될 것입니다. 이런 과정의 마지막에 여러분은 자기 자신에 관한 완전한 통솔상태에 있게 될 것입니다. 그때 비로소 당신들은 이 세상에서 일어나는 무슨 일이든 거기에 대해 감정체 내의 장애물들에 의해 영향 받지 않고, 또는 에테르체의 유한한 정체감에도 구애됨이 없이 반응할 수가 있습니다. 이 세상의 지배자가 와서 여러분을 조종하거나 통제할 수 있는 것이 아무 것도 없다면(요한복음 14:30)[27], 여러분은 모든 상황

---

27) "이 세상 임금이 오겠음이라, 그러나 저는 내게 관계할 것이 없으니."

에 사랑으로 반응할 수 있게 될 것입니다. 이것이 영적인 통달의 올바른 정의입니다.

여러분이 이런 내면의 자유를 성취했을 때, 대부분의 사람들이 경험하는 인간적인 분노를 결코 느끼지 않게 될 것입니다. 이런 형태의 분노는 항상 불공평하다는 느낌이나 비난의식에 기초해 있습니다. 누군가가 어떤 잘못된 것을 저질렀을 때, 그들은 그러한 행위에 대해 비난받을 만합니다. 그리고 여러분은 그것을 그들에게 확실히 알게 하려고 할 것입니다. 이런 형태의 분노는 늘 누군가를 처벌하고자 하는 욕망에서 생겨나는데, 즉 육체적 행위를 통해서 그들을 벌하거나, 아니면 그들이 여러분에게 한 짓에 대해 나쁘게 느끼게 만들고자 하는 것이죠. 이것은 여러분 자신을 처벌하는 것과 자신이 저질렀을 수도 있는 잘못에 대해 나쁘게 느끼게 만드는 것도 포함할 수가 있습니다. 그런데 다른 사람을 향하지 않은 분노(예를 들면, 무서워서 생기는 분노)는 결국 여러분 자신을 향하게 될 것입니다. 그런 까닭에 어린 시절에 학대당한 많은 사람들이 종종 그들 자신에 대해 감춰진 분노를 느낍니다. 그리고 그들은 자기 자신을 용서하고 그 분노를 변형시키기 위해 노력할 필요가 있습니다.

여러분이 이런 분노를 초월했을 때, 필연적으로 늘 모든 상황에 대해 완전히 상냥하고 부드럽게 될 것입니다. 조건 없는 사랑이라는 신의 법칙에서 확실히 빗나가 있는 이 지구상에서 벌어지는 수많은 일들이 있습니다. 그렇기에 다른 이들의 불법행위에 대해 이의를 제기하는 것은 매우 타당합니다. 그리고 이것은 대부분의 사람들이 분노로 인식하곤 하는 강한 감정적 표현을 포함할 수가 있습니다. 하지만 신성의 어떤 수준에 이르기 시작함에 따라 당신들은 인간적 분노의 저급한 진동에 빠지지 않고도 준엄하게 똑바로 이야기할 수가 있습니다. 여러분은 누군가를 비난하기 위해 감정을 드러내는 것이 아닙니다. 단지 그들의 현 의식 상태에 자극을 주기 위해 강한 감정을 표현하는 것입니다. 그리고 그렇게 함으로써 그들은 자기들이 신의 법칙에서 벗어나 있고, 따라서 오직 부정적인 결과만이 자신에게 초래될 수 있음을 깨달을 수가 있는 것이지요.

나는 사람들이 여전히 세속적인 마음의 저급한 진동에 빠져 있는 한, 이런 구별을 이해할 수 없을 거라는 사실을 압니다. 그럼에도 인간의 분노와 우리가 신성한 분노라고 부르는 것 사이에는 그 진동에 있어서 명확한 차이가 있습니다. 여러분은 인간적 분노와 신성한 분노 간의 차이가 무엇이라고 말하겠습니까? 신성한 분노는 강력할 수 있지만, 일단 그 목적이 성취되면 즉시 사라질 것입니다. 그리고 그 것은 다른 사람에 대한 여러분의 견해나 감정에 영구적으로 영향을 주지 않을 것입니다. 반면에 인간적 분노는 그것이 표출된 후에도 한동안 여러분에게 오래도록 머물러 있을 것이며, 연기 나는 불처럼 완전히 타서 사그라지는 데는 시간이 걸릴 것입니다. 그것은 다른 사람에 관한 여러분의 생각과 감정들을 일생 동안 물들일 수 있으며, 적어도 그 사람을 충분히 용서할 때까지는 그러할 것입니다.

신성한 분노는 신의 조건 없는 사랑의 표현인데, 그것은 대부분의 사람들이 알고 있는 부드럽고 감상적인 사랑이 아닙니다. 조건 없는 사랑은 여러분을 여전히 유한한 정체감에 멈춰 서 있게 하지 않을 것입니다. 그러므로 만약 여러분이 그런 한계들에 머물러 있기를 고집한다면, 어떤 신성의 단계에 도달한 사람이 자신을 통해 신의 조건 없는 사랑이 표현되고 당신들의 현 믿음에 이의를 제기하는 일종의 열린 문이 될 수 있습니다. 이 조건 없는 사랑은 여러분이 결국은 자기파멸에 이르게 되는 자신의 현 의식 상태에서 벗어나도록 충격을 주기 위해 매우 준엄한 방식으로 표현될 수 있습니다. 분명히 조건 없는 사랑은 여러분이 자기 스스로를 파괴하는 것을 바라지 않습니다. 따라서 그것은 기꺼이 여러분이 신의 법칙에서 벗어나 잘못된 방향에 놓여 있음을 매우 직접적으로 알게 하고자 하는 것입니다.

여기서의 내 요점은 성서에 기록된 여러 사례에서 내가 개인적으로 이런 조건 없는 신의 사랑을 위한 도구가 되었다는 것입니다. 이런 사례들은 종종 인간적인 분노로 잘못 해석되었고, 여러 세기들에 걸쳐 많은 사람들이 그들 자신의 인간적 분노를 표출하기 위한 구실로 이용했습니다. 이것은 불행한 일인데, 왜냐하면 이것이 사람들이 그들의 인간적 분노의 원인을 해결하고 보다 높은 의식 레벨로 올라가는 것을 방해했기 때문입니다.

나는 내가 때때로 인간적 분노를 표현했다는 것을 인정할 것입니다. 그리고 그 한 가지 사례는 내가 무화과나무를 저주했을 때입니다 (마태복음 21:19).[28] 수많은 기독교인들에 의해 유지돼온 우상숭배적인 믿음과는 반대로, 나는 완전한 인간이 아니었습니다. 그리고 나는 십자가형 이전에 내 심리상태의 모든 측면을 완전히 해결하지는 못했었습니다. 만약 나에게 조금만 더 시간이 주어져있었다면 그 지점에 도달했을 것이지만, 사건들이 나타내듯이 나는 십자가형 전에 내 심리적 상처들과 장애물들을 완전히 해결하지 못했습니다.

분노는 인간 존재의 영적인 부분이나 영혼 속에 내장된 것이 아님을 분명히 하도록 하겠습니다. 즉 단지 그것은 육적인 마음속에 내장된 것입니다. 그러므로 인간적인 분노를 극복하는 열쇠는 여러분 자신을 근원과 분리된 것으로 보게 만들고 그에 따라 다른 사람들과도 분리된 존재로 보게 만드는 이원적인 의식 상태를 넘어서는 것입니다. 여러분이 이원성을 초월할 때, 모든 생명과의 근본적인 일체성(一體性)을 보기 시작합니다. 자신이 절대자의 한 파생물(자손)임을 안다면, 여러분이 어떻게 자기 자신에게 화를 내고 신께 화를 낼 수 있겠습니까? 또한 다른 사람들 역시 신의 자손들임을 알았을 때, 어떻게 그들에게 분노할 수 있겠습니까?

---

28)"길 가에서 한 무화과나무를 보시고 그리로 가사 잎사귀 밖에 아무 것도 얻지 못하시고 나무에게 이르시되, 이제부터 영원토록 네게 열매가 맺지 못하리라 하시니, 무화과나무가 곧 마른지라."

9장

이 세상의 지배자로부터 벗어나기

당신께서는 행성 지구가 우리 영혼들을 위한 교육장이고 모든 상황은 배움의 기회라고 말씀하셨습니다. 그럼에도 불구하고 이 행성에서 발생하고 있는 부정적인 일들이 있습니다. 그리고 저는 그것들이 우리 영혼들을 위한 교육으로 계획되었다고 믿기가 어렵다는 사실을 알게 되었습니다.

우주는 일종의 거울이고, 따라서 그것은 인간들이 매우 오랫동안 내보낸 것들을 행성 지구로 다시 반사합니다. 그렇기 때문에 이 지구상의 부정적인 상황들은 신에 의해 계획된 것이 아닙니다. 그럼에도 이 지구상의 그런 부정적인 조건들이 사람들에게 그들이 뿌린 대로 거두게 될 것이라는 교훈을 가르치는 데 도움이 될 수 있습니다.

악(惡)에 관계된 미묘하고도 중요한 특성이 있습니다. 어떤 사람들은 – 심지어 일부 종교들도 – 악이 어느 정도는 신의 계획의 일부라는 개념을 발전시켰습니다. 그들은 선(善)은 단지 악에 대비되어 보

190

일 때 선이고, 인간은 오직 악을 다룸으로써 성장한다고 생각합니다. 일부 사람들은 악마가 신의 봉사자이고 단지 그가 하기로 돼 있는 것을 하는 데 대해 비난을 받고 있을 뿐이라고 생각하는 듯합니다. 그러나 이런 생각들은 모두 잘못된 것입니다. 악은 신에 의해 창조된 것이 아니며, 신의 계획의 일부가 아닙니다. 어떠한 악과 조우함이 없이도 영혼들이 성장하는 것은 전적으로 가능합니다. 이것은 실제로 타락이 일어날 때까지는 이 지구상에서 이루어졌던 일입니다. 단지 인간들이 저급한 의식 상태로 추락함으로써 악의 세력들이 이 세상으로 들어올 수 있도록 문을 열어 허용했던 것입니다.

악의 세력들은 사람들을 자유롭게 하는 능력이나 그런 목표가 없습니다. 그들은 인간들을 노예화하려는 매우 탐욕스런 충동을 갖고 있고, 계속해서 그 영혼들을 영원히 포로로 만들고 있습니다. 성모 마리아님이 〈너희의 행성을 구하라〉에서 설명하셨듯이, 이 세력들은 신이 잘못되었다는 것을 입증하기를 원하며, 여러분의 영적인 빛을 도둑질하고자 합니다. 이것이 그들의 상투적인 활동방식이고, 인간들이 악에 대해 모종의 동정을 느낄 이유가 전혀 없습니다. 악마는 그 자신의 선택을 했고, 그는 이런 선택의 결과들을 거두어들이고 있습니다.

악이 꼭 신의 계획의 일부가 아니긴 하지만, 지금 이곳에서 악은 지구상의 삶의 일부입니다. 그것이 비록 신의 계획의 일부가 아닐지라도 이런 상황을 인정하고 차라리 그것을 여러분의 영적성장을 강화하기 위해 이용하는 것이 낫습니다. 바꿔 말하면, 악이 실제로 어떤 교훈들을 배우는 데 이용될 수 있지만, 이것을 어느 정도 정당화하거나 악의 존재가 필요하다는 식으로 생각하는 함정에 빠지지는 말라는 것입니다.

나의 사례와 부처님에 의해 형성된 사례에서 배우기 바랍니다. 악의 세력을 다룰 때, 명심해야 할 가장 중요한 것은 무집착의 상태인 채로 다른 뺨을 돌려대는 것입니다. 악의 세력들의 주요 목표 가운데 하나는 여러분의 에너지를 훔치는 것입니다. 그들은 사람들이 투쟁에 몰두하도록 유발함으로써 그렇게 합니다. 여러분이 악과 싸우게 되면, 불가피하게 악에게 에너지를 주게 됩니다. 다시 말해 무집착의 상태로 남아 다른 뺨을 돌려댔을 때, 당신들이 악에게 먹이를 주지 않게 되는 것입니다. 그때 여러분은 우주거울과 하나가 됩니다. 그리고 어둠의 에너지를 그 발원자에게 반사해서 되돌려 보내는 것이지요. 이것이 악의 세력을 다루는 올바른 방법입니다.

제가 말해야 할 것은 저는 어둠의 세력들의 존재를 인식하는 중요성을 완전한 증명할 수 있다는 것입니다. 저는 늘 심령적 에너지에 민감했습니다. 그리고 제가 제 자신을 보호하는 법을 배우기 전에 그것은 저를 엄청나게 괴롭히고는 했습니다. 그렇지만 많은 사람들이 이런 주제에 대해서 불편해 한다는 것을 알게 되었는데, 왜냐하면 과학이 그들에게 악령들이란 낡아빠진 미신이라고 말했기 때문입니다. 아주 솔직히 말씀드리자면, 저는 현대의 기독교가 사람들이 이런 주제를 이해할 수 있도록 큰 도움을 주고 있다고는 생각하지 않습니다. 제 말은 모든 기독교인들이 당신께서 악령들을 내쫓은 것을 알고는 있지만, 자기들이 그것을 이해할 수는 없으므로 그들 대부분은 그런 주제를 무시하는 경향이 있다는 것입니다. 왜 그렇게 많은 사람들이 어둠의 세력들이나 악령들에 대해 생각하는 것조차 꺼려하는 것일까요?

거기에 대한 설명은 간단합니다. 인간의 정신은 방어책이 없는 것으로 생각되는 것으로부터의 위험들을 무시하려는 성향이 있습니다. 여러분은 동물들이 이른바 공격-도피 반응을 갖고 있다는 것을 압니다. 위험한 상황에 직면했을 때, 그 첫 번째 충동은 달아나는 것입니다. 만약 그것이 가능하지 않다면, 모든 동물들은 그 공격자에 맞서 싸움으로써 그들 자신을 방어하려고 할 것이다. 그럼에도 어떤 경우에는 동물이 도망치지도 않고, 자신을 방어하지도 않습니다. 예를 들면, 여러분이 타조를 겁먹게 할 경우, 그것은 때때로 자신의 머리를 모래 속에 파묻어 감춰버릴 것입니다.

대부분의 사람들이 (어둠의 세력과 악령들을) 인식하지 못하는 것은 이런 반응들이 또한 정신 속에 프로그램되어 있기 때문입니다. 만약 당신이 어떤 사람에게 그가 전혀 도피하거나 막을 수 없다고 믿는 위험에 관해 말한다면, 그는 그 위험의 실체를 인정하길 거부할 것입니다. 그는 그 위험이 존재하는 것을 부정하거나, 자신이 그것을 무시할 수 있도록 그것이 멀리 떨어져 있다고 설명하려들 것입니다. 아니면 그가 태도를 바꾸어 당신이 그 주제에 관해 이야기하는 것에 대해 비난할 것입니다.

오늘날의 세상에서 많은 사람들이 과학적 물질주의의 주장과 과학 기기들에 의해 관측되지 않는 것은 존재하지 않는다는 기본적 믿음을 받아들였습니다. 그렇다 보니 악령들을 탐지할 수 있는 과학기기는 없고, 그런 영들은 실제가 아니라 분명히 과도한 상상의 산물일 수 있다는 것이죠. 그러나 실제로 어떤 기기들은 악령들의 존재를 관측할 수 있습니다만, 이것은 아직 주류 과학에 의해 이해되지는 않고 있습니다.

당신이 지적했다시피, 대부분의 기독교인들 또한 이런 주제를 무시하려는 경향이 있습니다. 그리고 그 이유는 전통적인 기독교가 악령들에 맞서 여러분 자신을 보호할 수 있는 효과적인 방법을 제공해줄 수 없기 때문입니다. 그럼에도 그런 수단들은 존재하고 있고, 영적인 길을 따르는 것에 마음이 열려 있는 누구나 이용이 가능합니다. 그것에 관한 한 가지 확실한 수단은 〈미카엘 대천사의 로사리오〉입니다.

저는 그런 기법들의 효능에 대해 증언할 수가 있습니다. 어렸을 때부터 저는 영적인 존재들과 어둠의 영혼들에 대해 매우 민감했어요. 그리고 저는 악령들의 존재와 어떻게 그들이 저를 공격하는지를 직관적으로 감지하고 있었습니다. 그럼에도 제가 말해야만 하는 것은 그런 영혼들에 대항해 제 자신을 보호하는 방법을 배우기 전, 저는 그들의 존재를 의식적으로 인정하기를 꺼려했다는 것입니다. 그리고 그 이유는 당신께서 설명하셨듯이, 아무런 방어책이 없는 것으로 보이는 데서 오는 위험을 받아들인다는 자체가 전혀 견딜 수 없었던 것이었죠. 사악한 영혼들에 관해 많은 것을 배우고 그에 따라 제 자신을 방어하는 방법을 배울 수 있었던 것은 저에게 믿을 수 없는 구원이었습니다. 제가 영적인 보호 기법들을 응용하기 시작한 후에, 저는 참으로 저의 삶에 대한 커다란 통제력과 크나큰 마음의 평화를 얻었다는 것을 실감했지요. 그래서 저는 그런 기법들이 다른 사람들에게도 효과가 있을 수 있다는 것을 정말로 믿고 있습니다.

당신 말이 옳습니다. 어둠의 영혼들로부터 여러분 자신을 보호하는 가장 간단한 방법은 영적인 보호를 기원하여 불순한 심령적 에너지들로부터 자신을 봉인하는 것입니다. 어떤 면에서 악령들이란 단순히 불순한 심령적 에너지가 뭉쳐있는 것이라고 말할 수가 있습니다. 그러므로 여러분이 자신의 에너지장 주변을 에워싸는 높은 주파수의 에너지 장벽을 기원하게 되면, 악령들이 그 에너지장으로 침입하거나 여러분의 마음에다 사념들을 투사하는 것이 훨씬 더 어렵게 됩니다.

어떻게 어둠의 세력들이 우리에게 영향을 미치는지 말씀해 주실 수 있을까요?

앞서 언급했듯이, 모든 인간은 해로운 세균으로부터 몸을 보호하는 법을 알고 있습니다. 나는 영적인 길을 걷는 사람들이 어둠의 세력의 영향으로부터 그들 자신을 보호하는 방법을 배우는 것은 이와 똑같이 중요하다고 생각합니다. 영적인 길을 성공적으로 걷기 위해서는 어둠의 세력이 존재한다는 것을 인식할 필요가 있습니다. 그리고 그들이 계속해서 여러분을 조종하려 하고 영적인 진보를 방해하기 위해 시도한다는 사실을 이해할 필요가 있습니다. 여러분이 어둠의 세력에 의해 이용되는 주요 방법들을 이해한다면, 그런 악영향으로부터 자신을 보호하는 것은 비교적 쉬워질 것입니다. 그리고 이로 인해 여러분이 영적인 길에서 진보하는 속도가 엄청나게 높아질 것입니다.

사람들이 어둠의 세력의 두 가지 주요 목표를 이해하는 것은 대단히 유용합니다. 어둠의 세력들의 존재는 어떤 천상의 존재들이 신의 창조 계획에 대항해 반란을 일으켰을 때 시작되었습니다. 성모 마리아님은 이 과정을 〈너희의 행성을 구하라〉에서 아주 상세히 설명하고 계신데, 그러므로 나는 여기서 간략한 개요만을 언급할 것입니다.

한 무리의 천상의 존재들은 신이 인간들에게 자유의지를 주셨다는 것과 천사들이 인간들에게 봉사하기를 원하셨다는 사실에 대해 반발했습니다. 이 존재들은 인간들에게 자유의지를 준 것은 하나님의 실수라고 믿었는데, 왜냐하면 자유의지로 인해 인간들이 그들 자신을 파괴하고 멸망에 이르게 될 것이기 때문이라는 것이었습니다. 절대자의 목적에 맞선 그들의 반란의 결과로 이 존재들은 더 이상 영적인 세계에 남아 있을 수 없었고, 낮은 진동의 물질세계로 내려오게 되었습니다. 이 존재들의 일부는 실제로 행성 지구에 육화되어 있으며, 여러분은 이에 관한 힌트를 구약성서에서 찾아볼 수 있습니다. 하지만 이것은 〈에녹의 서(Book of Enoch)〉라는 문헌에 보다 명확히 묘사되어 있는데, 그 문헌은 공식적인 성서에서는 제거되어 있습니다. 다른 반란자들은 육체로 태어나 있지는 않지만, 지구 행성을 둘러싼 에너지장 속에 존재하고 있습니다. 그들 가운데 많은 이들이 감정체로 거주하고 있고, 이런 상태에서 그들이 인간들에게 영향을 미칠 수가 있습니다.

한 영혼이 낮은 의식 상태로 추락했을 때, 그 영혼은 신아와의 의식적인 접촉을 상실하게 됩니다. 그에 따라 그 영적인 자아로부터 영혼으로 흐르는 영적 에너지의 흐름이 점차 감소할 것입니다. 그리고 그것은 결국 완전히 단절될 수가 있습니다. 한 존재가 자신의 신아와 단절되었을 때, 그 존재는 더 이상 신아로부터 에너지를 흡수할 수가 없습니다. 그 존재의 의식의 진동이 너무 낮아졌기 때문에 그것은 더 이상 높은 주파수의 영적 에너지를 흡수할 수가 없는 것이지요. 생존하기 위해서 이제 그런 존재는 주변에서 에너지를 훔쳐야만 합니다. 그것은 수직적으로(위에서) 에너지를 얻는 대신에 수평적으로(주변에서) 에너지를 얻을 수밖에 없는 것입니다.

어둠의 영혼들은 더 이상 사랑의 진동을 흡수할 수 없다고 말할 수도 있습니다. 하지만 그들은 여전히 분노와 증오와 같은 저급한 감정들을 통해 생성된 주파수들을 흡수할 수가 있습니다. 그들은 위에서 에너지를 받을 수 없기 때문에, 그들이 (상위차원에서 내려온) 영적인 에너지를 오용할 수는 없지만, 생존을 위해 자기들 주변에서 에너지를 도둑질해야만 합니다. 즉 살아남기 위해서 어둠의 세력들은 아직도 영적인 세계로부터 에너지를 받고 있는 인간들을 조종해야만 하는데, 그것은 바로 그 에너지를 그들이 흡수할 수 있는 주파수로 떨어뜨리는 것입니다. 달리 말하면, 어둠의 세력들은 인간들이 불완전한 생각과 감정, 행위들에 몰두하도록 조종하고자 하며, 그로써 사람들은 그 세력들이 영적 에너지를 훔쳐서 그것을 자기들의 생존에 이용할 수 있도록 신의 에너지를 오염시키게 되는 것이지요.

여러분이 이런 역학구조를 이해했을 때, 이 행성에 있는 어둠의 세력들이 두 가지 주요 목표를 갖고 있다는 것을 알게 됩니다. 한 가지 목표는 신이 인간들에게 자유의지를 준 것이 잘못되었다는 사실을 입증하는 것입니다. 이런 존재들은 교만한 의식에 완전히 빠져 있고, 자기들이 시초부터 잘못돼 있다는 것을 자진해서 인정하려하지 않습니다. 그들의 삶은 거짓을 기반으로 하고 있으며, 그런 이유 때문에 내가 마귀는 거짓말의 아버지라고 말했던 것인데(요한복음 8:44),[29] 이 말은 그들의 신에 맞선 반란이 거짓에 기초해 있다는 뜻입니다.

반란자 존재들이 이 세상으로 내려온 이후 지금까지 그들은 인간들이 자유의지를 오용하고 인간 자신들을 파괴하도록 조종함으로써 자기들이 옳았다는 것을 증명하고자 시도해 왔습니다. 만약 이런 어둠의 존재들이 결국 인간사회의 파멸 내지는 개체 영혼들의 멸망에 이르게 되는 하향의 소용돌이를 창조하도록 사람들을 조종할 수 있다면, 그들은 신이 잘못했다는 점을 자기들이 입증했다고 느낄 것입니다.

그들의 계획의 다른 부분은 사람들이 자유의지를 오용하도록 만듦으로써 신의 에너지를 오염시키게 하는 것입니다. 그렇게 함으로써 어둠의 세력들은 그 에너지를 훔쳐 자기들이 생존하는데 이용하거나 인간들을 지배하는 자신들의 힘을 강화시킬 수도 있는 것이죠. 성모 마리아님이 〈너희의 행성을 구하라〉에서 언급하셨듯이, 인간들은 수많은 영적 에너지를 오염시켰고 지구의 에너지장 속에는 수많은 보텍스들이 있습니다. 만약 이런 보텍스들이 계속해서 커졌다면, 그것은 대단히 강력해져서 인간이 더 이상 사랑으로 반응할 수 없을 정도로 모든 인간들의 의식적인 마음을 압도할 수 있었을 것입니다. 그때 전체로서의 인류는 신속히 그들 자신의 파멸에 이르렀을 하향의 소용돌이 속으로 빠져들 수 있었습니다. 이것은 참으로 어둠의 세력들의 계획입니다. 그리고 여러분이 그들의 목적과 방법들을 깨닫게 되면, 사람들이 이런 어둠의 세력들의 부정적인 영향에서 자유로워지기 위해서는 영적인 길을 걷는 것이 절대적이라는 사실을 압니다.

---

29)"너희는 너희 아비 마귀에게서 났으니, 너희 아비의 욕심을 너희도 행하고자 하느니라. 저는 처음부터 살인한 자요, 진리가 그 속에 없으므로 진리에 서지 못하고 거짓을 말할 때마다 제 것으로 말하나니, 이는 저가 거짓말쟁이요, 거짓의 아비가 되었음이니라."

어떻게 어둠의 세력들이 인간들을 조종하려고 할까요? 한 가지 방법은 그들이 여러분의 마음속에다 사념들을 투사하려고 한다는 것입니다. 여러분이 모든 것이 에너지라는 사실을 이해했을 때, 사념들역시 단순히 에너지 형태라는 것을 깨닫게 됩니다. 아인슈타인의 발견 이후, 사람들이 텔레파시가 확실한 가능성이 있다는 것을 이해하기가 훨씬 쉬워졌습니다. 모든 생각은 에너지파를 생성하며, 그것 가운데 일부는 우주로 보내집니다. 이런 파동들이 다른 사람들의 에너지장 속으로 들어갈 때, 그것들은 그 사람들의 생각에 잠재적으로 영향을 미칠 수 있습니다.

어둠의 세력들은 사념들을 사람들의 마음속에다 투사하는 완전한능력을 개발했습니다. 그리고 나는 대부분의 사람들이 때때로 그들자신의 것이 아닌 걸로 인정할 수 있는 생각을 가진다는 점을 직관적으로 알아차린다고 생각합니다. 논리적인 결론은 그 생각이 어떤 외부의 원천으로부터 그들의 마음속으로 투사되었다는 것입니다. 그리고 그 원천은 바로 늘 사람들을 속이고 현혹시키려하고 있는 어둠의영혼들일 수 있는 것이지요.

어둠의 세력들이 사념들을 사람들의 마음속에다 투사하는 주요 목적은 그들이 진리가 여러분을 자유롭게 할 것이라는 사실을 알고 있고, 따라서 그들은 사람들이 진리를 발견하는 것을 방해하고자 시도하고 있는 것입니다. 그들은 매우 교묘하고도 정교한 수많은 거짓말들을 인간들의 마음속에다 투사함으로써 이것을 실행하고 있습니다. 다른 목표는 사람들이 삶에 대해 부정적이고 자기파괴적인 태도를 갖게 만들 사념들을 투사하는 것입니다. 앞서 언급했듯이, 낙담시키기는 악마의 도구모음 안에 있는 가장 예리한 도구입니다. 부정적인 태도는 사람들이 더욱 부정적인 감정들에 몰두하도록 만들 것인데, 그에 따라 그들은 신의 에너지를 오염시키게 될 것입니다. 이런 목표를달성하기 위해서 어둠의 세력들은 또한 감정적인 에너지의 파동을 사람들의 에너지장 속으로 투사합니다. 그들의 목표는 여러분이 더 이상 평화와 조화를 유지할 수 없을 때까지 당신들의 에너지장을 휘저어놓는 것입니다. 이것이 많은 사람들이 스트레스라고 부르는 것입니다. 그리고 모든 사람들이 스트레스를 가지면 가질수록 더욱 더 상황들에 대해 사랑으로 반응하기가 어려워진다는 것을 깨닫습니다.

어둠의 영혼들에 관해 더 나은 이해를 얻게 된 것은 실제로 저에게 깊은 통찰력을 주는군요. 왜냐하면 왜 어떤 인간들이 그런 극악한 행위들을 저지를 수 있는지를 제가 갑자기 깨닫기 시작했기 때문이죠. 저는 덴마크에서 성장했고, 어린 시절부터 나치들(Nazis)에 의해 자행된 유대인 대학살과 잔학 행위들에 관해 배웠습니다. 저는 어떻게 인간들이 생명에 대해 그토록 무감각해질 수 있는지 전혀 이해할 수가 없었어요. 그럼에도 그런 극악한 행위들이 일어나는 것이 이제 이해가 되는데, 사람들이 어둠의 영혼들에 의해 조종당했기 때문입니다. 제 견해가 옳은가요?

우리가 인간 영혼들에 관해 이야기를 나누고 있는 한도 내에서는 그렇습니다. 앞서 내가 언급했듯이, 어떤 영적 존재들이 천상에서 추락해서 결국 행성 지구에 와있게 되었습니다. 이런 존재들 중에 일부는 교만한 의식에 빠져 있고 자기들이 어떤 잘못을 저지를 수 있다는 것을 인정하려하지 않습니다. 만약 여러분이 자신의 실수를 자진해서 인정하지 않는다면, 그런 실수들을 바로잡을 수가 없습니다. 그렇기에 그런 존재가 얼마나 멀리 악의 의식, 죽음의 의식, 지옥의 의식으로 옮겨갈 수 있는가에는 한도가 없습니다. 한편 인간의 영혼들은 천부적으로 교만한 본성으로 창조되지 않았으며, 따라서 인간이 자기 스스로 얼마나 멀리 나갈 것인지에는 한계가 있습니다. 여러분이 인간들의 잔학한 행위들을 목격한다면, 거기에 대한 설명은 인간들이 자연 상태에서는 저지르지 않았을 행위들을 자행하게끔 외부의 힘들에 의해서 조종당했다는 것입니다.

그렇다면 사람들이 어둠의 세력의 영향으로부터 자유로워지는 방법을 배웠을 경우, 우리가 여전히 날마다 일어나고 있는 믿기 힘든 흉악한 사건들의 일부를 막을 수 있을까요?

그렇습니다. 하지만 그것은 사람들이 그들 자신을 보호하는 방법뿐만이 아니라 특히 지구에서 어둠의 세력들을 제거하는 적극적인 역할을 맡는 방법을 배웠을 경우 효과가 있을 것입니다. 어둠의 세력들을 지구 행성에서 지속시키고 그들에게 인간들을 조종하는 그런 힘을 주는 것은 대부분의 사람들이 자신을 보호하는 방법이나 어둠의 영혼들을 제거하기 위해 요청하는 법을 모른다는 사실에 있습니다. 나는 여러분에게 우리 승천한 대사들의 그룹은 지구상에서 현재 활동하고 있는 모든 어둠의 세력들을 없애버릴 힘이 있다는 것을 보장할 수 있습니다. 미카엘 대천사는 지구로 내려와 이 행성을 조종하고 있는 모든 어둠의 세력들을 신속히 결박할 수 있는 천사들의 군단(軍團)을 보유하고 있습니다. 그럼에도 우리는 그렇게 할 권한이 없으며, 그 이유는 자유의지의 법칙 때문입니다. 어둠의 세력들이 최초로 이 지구에 들어올 수 있도록 허용한 것은 인간들에 의한 선택이었습니다. 그러므로 인간들이 깨어나 무엇이 진행되고 있는가를 깨닫고 자기들의 자유의지를 사용하여 어둠의 세력들의 조종을 거부하겠다는 결정을 할 때까지는 우리 승천한 대사들이 결코 이 세력들을 지구에서 제거할 수가 없습니다. 이것은 밀밭의 가라지(독초)에 관한 내 비유에 설명되어 있습니다(마태복음 13:24~30).[30]

하지만 만약 인간들이 깨어나 그 가라지들과 따로 분리된다면, 그때는 우리가 아주 신속히 그들을 제거할 수가 있습니다.

한 인간이 우리의 보호를 기원하거나 어둠의 세력에 대한 심판을 요청할 때, 그 사람은 우리에게 그 또는 그녀를 공격하고 있는 어둠의 세력을 제거할 권한을 주게 됩니다. 만약 임계수치의 사람들이 이렇게 하게 된다면, 이 행성을 통제하고 조종하고 있는 어둠의 세력들의 숫자가 감소되는 것을 금방 목격할 수 있

우크라이나의 수도 키에프 시에 서 있는 미카엘 대천사의 동상

---

30)"예수께서 그들 앞에 또 비유를 베풀어 가라사대, 천국은 좋은 씨를 제 밭에 뿌린 사람과 같으니 사람들이 잘 때에 그 원수가 와서 곡식 가운데 가라지를 덧뿌리고 갔더니 싹이 나고 결실할 때에 가라지도 보이거늘, 집 주인의 종들이 와서 말하되, 주여 밭에 좋은 씨를 심지 아니하였나이까? 그러면 가라지가 어디서 생겼나이까? 주인이 가로되, 원수가 이렇게 하였구나. 종들이 말하되, 그러면 우리가 가서 이것을 뽑기를 원하시나이까? 주인이 가로되, 가만 두어라. 가라지를 뽑다가 곡식까지 뽑을까 염려하노라. 둘 다 추수 때까지 함께 자라게 두어라. 추수 때에 내가 추수꾼들에게 말하기를, 가라지는 먼저 거두어 불사르게 단으로 묶고 곡식은 모아 내 곳간에 넣으라 하리라."

을 것입니다. 이에 따라 영적인 길을 모르고 있는 많은 사람들이 그런 어둠의 세력들의 영향에서 자유롭게 될 것입니다. 결과적으로 그런 무지한 이들이 오늘날 저지르고 있는 악행의 일부가 멈추어지게 될 것입니다. 여러분 자신을 보호하고 어둠의 세력을 이 행성에서 제거하는 가장 효과적인 도구는 〈미카엘 대천사의 로사리오〉입니다.

만약 이 행성에서 모든 어둠의 세력들이 없어진다면, 곧 바로 현재 일어나고 있는 잔학 행위들이 극적으로 줄어드는 것을 보게 될 것입니다. 인간들은 갑자기 악행을 멈추게 될 것인데, 왜냐하면 이제 수많은 사람들이 무엇이 일어나고 있는지도 모른 채 사악한 행위에 몰입하도록 농락하는 어둠의 세력의 조종으로부터 자유로워지기 때문입니다. 여러분은 십자가상에서 내가 했던 이런 말을 기억할지도 모르겠습니다. "아버지시여, 저들을 용서하소서. 저들은 자기들이 하는 짓을 모르나이다(누가복음 23:34)." 대부분의 사람들은 왜 자기들이 악행을 저지르는지 모릅니다. 그리고 그들은 자기들이 어둠의 세력에 의해 조종당하고 있다는 것을 이해하지 못합니다. 그러므로 그런 어둠의 세력들이 그 등식에서 들어내 진다면, 여러분은 즉시 이 지구상의 문제들이 개선되는 것을 볼 것입니다.

그럼에도 불구하고 여전히 많은 사람들은 이기적 행위에 쉽게 빠지게 만드는 저급한 의식 상태로 남아 있을 것입니다. 그러므로 여러분이 이 행성에서 모든 악이 즉시 제거되는 것을 보지는 못할 것입니다. 그것은 단지 사람들의 의식이 높아지는 만큼 점진적으로 이루어질 수 있을 것입니다. 그럼에도 만약 어둠의 세력이 이 행성에서 제거되었다면, 인간들이 그들의 의식을 높이는 것이 훨씬 용이해졌을 것입니다. 그리고 지구가 훨씬 나은 여건에 신속히 이르게 되는 상향 나선으로 즉각 진입했을 것입니다. 인류의 하향나선이 방향전환을 하는 것은 전적으로 가능하며, 그럼으로써 내가 "지상천국"이라고 불렀던 "황금시대"로 지구가 진입할 수가 있습니다. 그 핵심요소는 인간들이 그들 자신의 외부의 적과 내부의 적을 극복하기 위해 자유-의지를 사용하는 법을 배우는 것입니다.

어떤 교회들은 우리가 선천적으로 죄인이라고 주장하는데, 당신께서는 이것이 사실이 아니라고 말씀하시는 것인가요?

200

그렇습니다. 그것이 바로 내가 말하고 있는 것입니다. 이런 기독교 인들의 견해에 관련된 문제점은 만약 인간이 선천적인 죄인일 경우, 그들이 틀림없이 신에 의해 그런 식으로 창조된 것으로 돼버린다는 데 있습니다. 하지만 하나님은 조건 없는 사랑의 신이십니다. 그런데 어떻게 사랑의 신이 천성적으로 사악한 행위를 저지르기 쉬운 존재들을 창조하실 수 있겠습니까? 이것은 여러분이 그것에 관해 생각해본 다면, 절대로 이치에 맞지가 않음을 알 수가 있습니다. 천상에서 추락한 존재들조차도 악으로 창조되지 않았습니다. 그들은 신에 의해 창조되었고, 신의 완벽한 비전에 따라 창조되었습니다. 하지만 신은 천사들과 인간들, 양쪽에게 모두 자유의지를 주셨고, 그런 까닭에 그들은 신의 원래의 비전에서 벗어난 정체감을 가질 가능성이 있습니다. 이로 인해 그런 존재들이 자기 스스로 사악한 행위를 자행하고 있는지 인식조차도 못하는 저급한 의식 상태로 떨어지는 것이 가능합니다. 내가 〈그리스도는 여러분 내면에서 탄생한다〉에서 설명했듯이, 이른바 모든 악행이라는 것은 사실상 무지에서 생겨납니다.

나는 이것이 여러분이 인간들에 의해 저질러진 어떤 잔인한 행위들을 보았을 때, 이해하기가 어려울 수 있다는 점을 압니다. 그럼에도 그런 행위를 저지른 자들이 스스로 창조해 놓은 그들 자신의 이중적 의식 상태에 기초한 기준에 따라 그 행위들이 필요하다거나 정당하다고 믿는 것은 슬픈 일입니다.

실제로 어둠의 세력들에서 시작되어 이 지구상에서 발생하고 있는 악이 얼마나 많은가요?

어떤 면에서는 그 모든 것이 어둠의 세력들로부터 기원했다고 말할 수도 있습니다. 여러분이 에덴동산에 관한 이야기를 살펴본다면, 아담과 이브가 외부의 세력에 의해 유혹을 받았다는 사실을 알 것입니다. 에덴동산에서의 뱀은 영적인 세계에서 물질우주로 내려온 어둠의 세력들 내지는 반란을 일으킨 존재들의 대표자라고 볼 수 있습니다. 그들은 신이 잘못됐다는 것을 증명하기 위한 계획을 가지고 이곳에 왔기 때문에, 즉시 사람들이 그들의 자유의지를 오용하도록 충동질하기 시작했습니다. 그럼에도 지구상에서 발생한 일에 대해 인간들에게 책임이 없다고 말하는 것은 옳지 않습니다. 인간의 영혼들이 오직 유혹에 취약했기 때문에 어둠의 세력들에 의해 조종될 수가 있었습니다. 그리고 그들이 자기들의 자유의지를 오용했기 때문에 이런 조종을 당하기가 쉬웠던 것입니다. 에덴동산에는 유혹에 빠지지 않은 수많은 영혼들이 있었습니다. 이런 영혼들은 지금 영원히 영적세계로 올라가 있습니다. 그리고 뱀의 유혹에 빠졌던 이들은 결국 이 지구상에서 육체를 입고 있게 된 것이지요.

그러므로 원래의 충동적 자극은 어둠의 영혼들에 의해 야기된 것이지만, 인간들이 이런 조종에 대해 반응하도록 만든 것은 그들의 심리상태 내의 취약성이었습니다. 이것이 내가 "이 세상의 군주(지배자)가 와도 너희에게서 얻을 것이 없나니(요한복음 14:30)"라는 말로 설명하려고 했던 것입니다. 여러분이 잘못된 믿음이나 이기적인 태도를 가지게 되면, 어둠의 세력의 조종에 매우 취약해집니다. 나는 자유의지의 법칙이 우주의 궁극적인 법칙이라고 말했습니다. 이 사실은 어둠의 세력은 여러분이 그렇게 하도록 허용하지 않는 한, 당신들을 조종할 수가 없다는 뜻입니다. 그리고 그들은 오직 여러분 안에 그들이 조종의 도구로 이용할 수 있는 무엇인가가 있기 때문에 조종할 수 있습니다. 여러분은 잘못된 믿음들과 부정적인 태도, 또는 자신의 개인적 에너지장 속에 축적된 오염된 에너지를 갖고 있을지도 모릅니다. 이런 모든 요인들이 어둠의 세력이 여러분을 조종하는 데 이용될 수 있고 여러분이 삶에 대한 통제력을 잃고 결국 점차 자멸하게 만드는 부정적 소용돌이에 빠져들게 할 수가 있습니다.

그럼 당신께서 사람들이 어둠의 세력의 영향에서 자유로워지기 위해 취하라고 권고하는 1단계 조치는 무엇인가요?

여러분은 우선 그들의 영향력으로부터 자신을 보호해야만 합니다. 그리고 그렇게 하는 열쇠는 여러분의 마음과 에너지장을 에워싸는 높은 주파수의 영적 에너지로 이루어진 장벽을 기원하는 것입니다. 나는 많은 사람들이 어둠의 세력에 관한 이런 가르침에 대해 두려움으로 반응하리라는 것을 압니다. 그 이유는 그들이 자기 자신을 방어할 수 없다고 생각하기 때문이지요. 하지만 어둠의 세력들은 높은 주파수의 영적 에너지를 상대로 아무 것도 할 수가 없다는 사실을 기억하기 바랍니다. 그들은 오직 물질세계의 낮은 주파수의 에너지들만을 이용할 수가 있습니다.

여러분이 자신의 성(城) 안에 앉아 있는 중세의 왕이라고 상상해 보십시오. 당신은 지금 성난 농민들로 이루어진 폭도들에게 공격받고 있지만, 그들은 단지 쇠스랑만을 갖고 있고 당신의 성은 6피트 두께의 석벽(石壁)으로 되어 있습니다. 쇠스랑을 가지고는 석벽에 맞설 수 없기 때문에 여러분은 자신의 성 안에서 완전히 안락하게 있을 수가 있습니다. 그러므로 여러분이 자신의 에너지장을 에워싸는 높은 주파수의 영적 에너지 보호막을 기원하기만 한다면, 어둠의 세력들이 그 보호막을 뚫을 수는 없을 것입니다. 이것은 실제로 여러분이 자신의 삶에 대해 보다 커다란 통제력을 되찾고 정신적 감정적 스트레스를 줄이는 데도 도움을 줄 수 있습니다.

그럼에도 장기적으로 볼 때, 보호를 기원하는 것만으로는 충분하지가 않습니다. 여러분은 또한 어둠의 세력들의 조종과 유혹에 취약하고 이용당하기 쉬운 자신의 심리상태 내의 결함들을 해결할 필요가 있습니다. 영적인 기법들을 이용하는 것은 여러분 주변에 견고한 장벽을 쌓을 수 있지만, 여러분의 잘못된 믿음과 태도들은 그 벽에 나 있는 창문들과 같다고 말할 수 있겠습니다. 성난 폭도들의 무리가 성 안으로 들어올 수는 없어도 그들이 성벽의 창문으로 돌이나 쇠스랑을 던질 수는 있으므로 여전히 당신들은 해를 입을 수가 있습니다.

이야기가 진전되는 동안, 우리가 이제까지 나눈 이야기는 사람들의 에너지장 안팎에서 그들을 조종하고자 하는 어둠의 세력들에 관계된 것이었습니다. 하지만 성서에는 예수님이 어떻게 악령들을 내쫓았는지에 관한 사례들이 있습니다. 그리고 저는 이런 악한 영혼들이 실제로 사람들의 에너지장 속으로 침입해서 그 안에서 그들을 조종하고 있다고 추측합니다.

그것은 옳습니다. 그리고 자기 통제력을 완전히 상실한 사람의 경우, 수많은 악한 영혼들이 그 사람의 에너지장 안에 들어와 있는 것은 얼마든지 가능합니다. 그럼에도 내가 말하고자 하는 것은 만약 어떤 사람이 이 책의 가르침에 열려 있다면, 그 사람이 악한 영혼들에 의해 완전히 통제될 수는 없다는 것입니다. 그런 악령들은 그 사람이 이런 책을 읽은 것조차 가로막았을 것입니다. 그러므로 그 사람들은 이 사실로 어느 정도 위안을 얻을 수 있겠지만, 그들은 여전히 어둠의 영혼들이 완전히 장악하지 않고도 침입할 수 있다는 것을 인식할 필요가 있습니다.

어떤 경우에 한 어둠의 영혼이 어떤 사람의 에너지장 속에 거주할 수 있는데, 그것은 단지 그 사람의 어떤 상황들에 대한 통제력을 손에 넣은 것입니다. 예컨대, 어떤 사람들은 비교적 정상적인 삶을 영위하지만, 때때로 그들은 술을 마시고 싶은 욕구에 굴복하고 맙니다. 그리고 그 사람이 술을 마시자마자, 여러분이 마치 완전히 다른 사람과 상대하는 것처럼 느껴지는 경우가 있습니다. 그 이유는 어둠의 영혼이 이제 그 사람의 마음과 행위들을 점거했기 때문입니다. 그리고 나중에 술에서 깨게 되면, 그 사람은 전혀 아무 일도 없었던 것처럼 보통의 자아로 돌아오게 되는 것입니다.

일시적으로 악령들이 어떤 사람의 에너지장 속에 들어올 수 있고 결국 다시 내쫓는 것도 가능합니다. 사랑하는 이의 상실, 심각한 질병, 실직, 이혼과 같이 정신외상적인 상황을 겪는 사람들은 일시적으로 어둠의 영혼들에게 빙의(憑依)될 수 있고, 그로 인해 그들은 우울해지거나 분노할 수 있습니다. 하지만 얼마 후, 그 사람의 감정체가 치유되기 시작하면 그 어둠의 존재들은 남아 있을 수가 없습니다. 사람들이 그들 자신을 보호하기 위해 무엇을 할 수 있을까요? 영적인 보호를 기원하는 것은 확실히 어둠의 영혼들이 여러분의 에너지장으로 침입할 수 있는 가능성을 낮춰줍니다. 그리고 만약 어둠의 영혼들이 이미 여러분의 에너지장 안에 들어와 있다면, 영적인 보호와 영적인 에너지를 기원하는 것은 그 영혼들을 내쫓는 데 도움을 줄 것입니다. 그런 영혼들은 높은 주파수로 이루어진 에너지의 진동을 견딜 수가 없으며, 따라서 그러한 에너지들을 기원했을 때 여러분의 에너지장은 어둠의 영혼들에게는 괴로운 거처(居處)로 바뀌게 될 것입니다.

성서에 서술되어 있듯이, 나는 악한 영혼들을 내쫓았습니다. 그리고 나는 사람들이 내가 행하고 말했던 모든 것을 신성으로 가는 길을 보여주기 위한 것으로 이해하기 바라며, 신성을 향한 그 길은 모든 인간들이 따를 수 있는 잠재력을 갖고 있습니다. 전통적 기독교에 의해 창조된 나의 인품에 대한 맹목적 숭배 때문에 대부분의 사람들은 그들 자신 외의 어떤 사람만이 악한 영혼들을 내쫓을 수 있다고 생각합니다. 하지만 사실은 모든 사람이 그리스도 자아를 갖고 있고, 그것은 그 사람에 관련된 보편적 그리스도 마음의 대리자입니다. 여러분이 신성의 길을 걸음에 따라 점차 자신의 그리스도 자아와의 의식적인 접촉이 증가하게 될 것입니다. 그런 접촉에 의해 여러분의 그리스도 자아가 서서히 여러분 자신의 에너지장 속으로 내려올 수가 있습니다. 그리고 그렇게 함으로써 그것이 필연적으로 여러분의 에너지장 속에 있는 어떤 악령들도 추방하게 될 것입니다. 여러분이 그리스도 의식이라는 결혼예복을 입게 되면, 모든 어둠의 영혼들에 대해 난공불락의 불사신(不死神)이 될 것입니다. 그러나 그 결혼예복을 온전히 입고 그리스도 자아와 하나로 결합하기 위해서는 여러분의 영혼이 어둠의 세력들에 대해 취약해지게 만드는 자기 마음의 상처들을 치료해야만 합니다.

악령들이 더 밀집해 있는 어떤 장소들이 있나요? 저는 늘 일부 장소들은 매우 불편하다고 느끼곤 했었어요. 반면에 다른 장소들은 훨씬 더 순수한 진동을 갖고 있었습니다.

당신의 느낌은 맞습니다. 그리고 다른 많은 사람들도 여러 장소들 간에 진동의 차이를 직감적으로 느낄 수가 있습니다. 예를 들면, 교도소는 흔히 매우 부정적인 진동을 갖고 있으며, 술집이나 사람들이 마약을 흡입하거나 범죄를 자행하는 장소들 역시 마찬가지입니다. 당신은 아마도 "인간들은 천사들이 지나가기를 두려워하는 곳으로 몰려든다."라는 말을 들어보았을 것입니다. 그 의미는 인간들이 진동에 대해 둔감할 경우, 탁한 에너지가 심각하게 밀집된 장소들로 몰려갈 것이라는 이야기입니다. 지구상에는 부정적인 심령 에너지의 보텍스들이 있는 많은 장소들이 존재합니다. 어둠의 세력들은 그런 에너지들을 먹이로 흡입하기 때문에 그런 장소들에 이끌립니다. 만약 여러분이 영적인 보호조치가 없이 그런 장소에 들어간다면, 그 에너지 자체가 여러분의 생각과 감정에 부정적인 영향을 미칠 것입니다. 그리고 그에 따라 악령들의 침입에 더욱 취약해질 것입니다. 확실히 여러분이 악령들로부터 자신을 보호하고자 한다면, 가능한 한, 그런 장소들을 피하고 싶어 할 것입니다. 만약 그런 장소들에 부득이 갈 수밖에 없다면, 열심히 영적인 보호를 기원할 필요가 있으며, 그럼으로써 그런 에너지들과 어둠의 영혼들에 의해 침범당하지 않고 그곳에 들어갈 수가 있습니다.

사람들이 악령들로부터 해방되기 위해 다른 누군가의 도움을 필요로 하는 어떤 경우들이 있습니까?

물론입니다. 귀신을 내쫓는 퇴마의식(退魔儀式)을 수행하기 위해 훈련받은 일부 성직자들이 있습니다. 극단적인 상황에서는 그들이 도움이 될 수가 있습니다. 하지만 우리가 이야기한 극단적인 상황을 제외하고는 사람들이 영혼해방요법의 형태로 전문적으로 치료하는 전문가에게 가는 것이 더 건설적입니다. 최근에 이런 목적으로 개발된 여러 가지 형태의 치료법들이 존재합니다. 그리고 그것은 매우 효과적일 수 있는데, 특히 그것을 내가 언급한 영적 기법들과 결합해서 이용할 때 그렇습니다.

술이 사람들을 악한 영혼들에게 영향을 받기 쉽게 만드는 한 가지 요인이 될 수 있다고 말씀하셨는데요. 제가 추측하기로는 그것이 다른 중독 물질에도 마찬가지로 해당되지 않을까요?

물론 그렇습니다. 악령들의 속성은 그들이 인간들을 통제하고자 한다는 것입니다. 그리고 중독물질들의 특성은 인간의 이성적 통제력을 잃어버리게 만든다는 것이지요. 따라서 어둠의 세력들은 사람들이 중독물질을 섭취하게끔 조종하기 위해 끊임없이 시도하고 있습니다. 그리고 사람들이 중독되었을 때, 그 세력들은 계속해서 그들의 에너지를 도둑질하고 갈취할 수가 있습니다. 만약 어떤 사람이 그 중독으로 인해 사망한다면, 어둠의 세력들은 간단히 다른 희생자에게로 옮겨갈 것입니다.

어떤 형태의 중독 물질들과 중독된 행동들, 중독된 감정들은 어둠의 세력들이 침범하기 쉽게 만들 것입니다. 기본적으로 어떤 중독도 어둠의 세력의 조종으로 시작됩니다. 하지만 그들은 오직 여러분이 이미 심리적인 상처들과 자기 파괴적인 믿음들을 통해 취약해져 있기 때문에 조종할 수가 있습니다. 일단 이런 허점이 만들어지면, 그들은 옮겨와 살면서 그 사람의 에너지를 무자비하게 착취할 것입니다. 여러분은 그런 영혼들이 철저하게 이기적이고 여러분이나 여러분의 생명을 전혀 존중하지 않는다는 사실을 이해해야만 합니다. 그들은 당신들을 한 인간으로 보는 것이 아니라 단지 자기들이 필요한 에너지를 얻기 위해 이용할 수 있는 먹이나 도구로 볼뿐입니다. 조금이라도 기회를 준다면, 그들은 사람들이 중독에 빠져들도록 잔인하게 조종할 것입니다. 그리고 그때 그 중독은 사람들이 스스로의 힘으로는 벗어날 수 없는 하향의 소용돌이가 되고 마는 겁니다.

사람들이 중독을 극복하기 위해 할 수 있는 것이 뭐가 있을까요?

그것은 당신이 말하고 있는 중독이 어떤 종류이냐에 어느 정도 달려 있습니다. 만약 그 중독이 술과 담배와 같이 육체적/화학적 중독을 포함하고 있다면, 육체와 마음 양쪽을 치료하는 것이 필요합니다. 일단 화학작용에 의한 중독이 형성되면, 몸이 그 화학적 중독에서 회복되도록 돕기 위해 육체적 수단을 이용해야 합니다. 하지만 화학적 중독은 문제의 원인이 아닌데, 왜냐하면 중독이 마음에서 시작되었기 때문입니다. 그러므로 또한 여러분은 반드시 마음속의 중독을 치료해야만 합니다.

마음의 중독을 성공적으로 치료하기 위해서 나는 여러분에게 실제로 자신의 영혼을 위한 전쟁을 수행한다는 자세를 가지라고 권고합니다. 이 전쟁에는 참으로 적수인 악당이 있으며, 말하자면 그것은 중독을 통해 여러분의 영적진보를 가로막고자하는 어둠의 세력들인 것이죠. 중독의 핵심문제는 그것이 여러분에게 영적인 도상에서 자신이 어떤 지점을 넘어설 수 없고 어떤 수준을 극복할 수 없다고 느끼게 만든다는 것입니다. 달리 표현하면, 중독은 여러분을 어떤 수준으로 끌어내리고 어쩌면 더 낮은 단계로 타락시키는 마음속의 갈고리와도 같습니다.

모든 중독에는 내부의 적과 외부의 적이 있습니다. 내부의 적은 인간의 에고(ego)이고, 우리는 이것에 관해 나중에 좀 더 이야기를 나누게 될 것입니다. 외부의 적은 우리가 이 장(章)에서 이야기해온 어둠의 영혼들입니다. 그러므로 여기서 발생한 것은 인간의 에고와 외부의 적 사이에 형성된 부정한 제휴인데, 즉 내부의 에고는 여러분이 그리스도 자아와 합일되는 것을 저지하고 방해하고자 하고. 한편 외부의 세력은 인간이 물질세계에 계속 빠져있게 만들고자 하는 것입니다. 만약 여러분의 영혼이 이런 세력들을 알지 못한다면, 자신을 효과적으로 보호할 수가 없고, 그렇기에 희생제물이 되기 쉽습니다. 그런 공격에 맞서 효과적으로 싸우기 위해서는 여러분이 이 책에서 언급한 모든 도구들을 이용할 필요가 있습니다. 여러분은 영적인 방어작업에 부지런해야 하고 내부와 외부 양쪽에서 자신의 영혼을 공격하는 모든 불순한 세력들을 결박해달라고 요청할 필요가 있습니다. 여러분은 자신의 에고와 육적인 마음을 결박하고, 소멸시키고, 바꿔놓기 위해 미카엘 대천사와 나 예수 그리스도를 부를 수가 있습니다. 여러분은 또한 그리스도 자아가 자신에게 내려와 여러분의 의식과 에너지장을 빛으로 채워달라고 요청할 수 있으며, 그럼으로써 어떤 저급한 세력이 침입할 여지가 없게 될 것입니다. 그리고 자신의 에너지장 속에 저장된 모든 불완전한 에너지를 소멸시키기 위해 영적 에너지를 기원할 수 있습니다. 그럼에도 결국 어떤 중독의 원인은 여러분 자신과 신, 그리고 여러분의 신과의 관계에 관한 잘못된 믿음들입니다. 이런 믿음을 효율적으로 극복하기 위해서는 그 믿음의 실체, 즉 그것이 거짓임을 의식적으로 이해할 필요가 있습니다. 그런 다음 여러분은 더 나은 결정을 하고 자신들이 신의 아들과 딸이라는 진실

사탄을 제압하는 미카엘 대천사를 묘사한 17세기의 성화(聖畵).

을 확신함으로써 그 거짓을 바꾸어 놓겠다고 결정해야 합니다. 이것은 여러분의 그리스도 자아와의 조율을 통해서 가장 잘 이룰 수가 있습니다.

나는 어떤 중독에서 회복되기 위한 핵심적인 요소는 의지력이라고 말하고자 합니다. 중독은 여러분이 했던 결정으로 시작됩니다. 그리고 그런 결정은 그 (습관적) 패턴을 깨뜨리는 여러분의 의지를 약화시켰던 많은 작은 결정들에 의해 보강되었습니다. 어떤 중독과 싸우는 데 있어서의 핵심은 반복적 습성을 깨기 위해 자신의 의지를 강화해야 한다는 것입니다. 여러분은 자신의 그리스도 자아나 나 예수에게 의지를 강하게 가질 수 있게 해달라고 요청할 수 있지만, 가장 효과적인 방법은 사랑을 통해 자신의 의지를 강화하는 것입니다. 이런 경우 자신이 대단히 좋아하는 어떤 것을 찾아야만 하는데, 다시 말해 중독물 대신에 그것을 표현하거나 경험하는 방식으로 중독을 견디고 있다고 깨달을 수 있는 것을 말입니다. 그리하여 여러분은 자신이 좋아하는 것을 보상으로 받기 위해 기꺼이 중독을 포기하게 됩니다. 예를 들어 여러분은 어떤 사람이나 특정 활동, 자신의 영혼, 영적성장, 나 예수, 또는 신을 사랑할 수도 있습니다.

만약 여러분이 그 중독물의 하향적인 인력(引力)보다 훨씬 더 사랑하는 것을 찾을 수 있다면, 이미 절반은 이긴 것입니다. 그러나 그런 사랑하는 요소를 찾지 못했다면, 성모 마리아님의 사랑의 기적으로 여러분의 존재를 채워달라고 요청하기 위해 그녀의 로사리오들을 이용하기 바랍니다. 나는 성모님이 여분에 대한 사랑을 갖고 계시고, 자신의 그 사랑의 일부를 기쁘게 여러분에게 나눠주시리라는 것을 보증할 수 있습니다.

다른 중요한 도구는 중독의 일부가 어떤 생각과 행위들을 수없이 반복함으로써 창조되고 강화된 일종의 습관이라는 사실을 깨닫는 것입니다. 그런 습관의 고리를 끊기 위해서는 시간이 걸릴 것입니다. 그리고 해로운 결정을 대체하기 위해 긍정적인 결정을 뒷받침하는 짤막한 확언들을 만드는 것은 도움이 됩니다. 하지만 새로운 것을 만듦으로써 과거의 것을 억누르려고 하지는 마십시오. 항상 불완전한 생각과 감정을 소멸시키기 위해 여러분의 그리스도 자아에게 물어 보기 바랍니다. 여러분이 지속하기에 저항감이 생기는 대중적인 말을 들을 수도 있습니다. 그러나 여기에는 어떤 진리가 있으며, 어떤 면에서 만약 당신들이 부정적인 생각에다 지나치게 신경을 쓴다면, 오히려 그것을 강화시켜 주게 됩니다. 그러므로 그런 생각들을 여러분의 그리스도 자아에게 의식적으로 내 맡기고 그것을 소멸시켜 그리스도의 진리로 대체해 달라고 요청하는 것이 낫습니다. 만약 여러분이 불완전한 생각들을 내맡기는 습관을 형성하기 위해 노력한다면, 영적인 길로 나감에 있어서 중요한 도약을 이룰 것입니다.

이런 모든 도구들이 효과적일 수 있지만, 심각한 중독들에 성공적으로 맞서기 위해서는 장기간의 접근법을 취하는 것이 필요합니다. 현재의 중독 증상에 이르게 된 결정이 어쩌면 전생(前生)에 이루어졌을 수도 있습니다. 그렇기 때문에 여러분은 그 중독이 하룻밤 사이에 해결되리라고 기대할 수가 없습니다. 이 같은 문제의 뿌리에까지 도달하는 데는 몇 년이 걸릴지도 모릅니다.

어떤 경우에는 그 중독이 얼마나 심각한가에 따라서 숙달된 전문가의 도움을 받는 것이 가장 바람직할 것입니다. 여러분이 중독의 배후에 있는 근본적인 원인을 찾는 데 도움을 줄 수 있는 수많은 형태의 치료법들이 있습니다. 인간심리에 관한 과학이 현재 물질주의적 세계관에 토대를 두고 있기 때문에 이용할 수 있는 최상의 도구는 아닙니다. 그러나 이보다 훨씬 나은 수많은 새 대안적 심리치료법들이 존재합니다. 나는 여기서 모든 치료법의 리스트를 열거할 의도는 아니며, 몇 가지만 추천하겠습니다. 일부 심리학자들은 〈눈 운동 탈감작(脫感作) 재처리(Eye Movement Desensitization Reprocessing:EMDR)〉라고 부르는 방법을 개발했는데, 이것이 아주 효과적일 수 있습니다. 어떤 형태의 건강 운동생리학 역시 여러분이 심리적인 문제를 해결하는 데 도움이 될 수 있습니다. 마지막으로 나는 모종의 최면치료법을 추천하려 합니다. 내가 깊은 인사불성 상태로 빠뜨려 통제력이 없어지는 전통적인 최면술을 권고하는 것은 아니라는 점을 분명히 하겠습니다. 나는 치료자가 여러분의 마음속에다 암시적인 생각들을 주입하는 종류의 요법들은 하지 말라고 철저히 말리고자 합니다. 설사 그 치료자가 이것에 관해 잘 모르고 최선의 의도를 갖고 있다고 하더라도 이런 요법은 아주 쉽게 여러분의 자유의지를 침해하게 됩니다.

어떤 형태의 치료법은 최면요법이라고 불리지만, 그것은 여러분을 깊은 인사불성 상태로 들어가게 하지 않습니다. 여러분은 그 과정에 대한 충분한 통제력을 갖고 있고 치료자는 어떠한 암시도 여러분의 마음에다 주입하지 않습니다. 이런 형태의 치료법은 여러분이 보다 깊은 자신의 정신수준과 접촉하도록 도울 수 있는, 인도자가 딸린 명상과 좀 더 비슷합니다. 그런 요법을 이용할 것인지를 결정하기 위해서 자신의 가슴에서 얻어지는 신호를 따라가기 바랍니다. 요법에 열중하기로 결정했다면, 치료과정을 준비하고 따르기 위해 영적인 도구들을 이용하십시오. 바꿔 말하면, 영적인 보호를 요청하고 독성 에너지를 변형시키기 위해 영적인 도구들을 이용하는 시간을 어느 정도 가지라는 것입니다. 그런 다음 커다란 명쾌함을 얻었다고 느껴질 때까지 필요한 만큼의 치료과정을 밟으면 되는 것이죠. 그 과정들 중간 중간에도 영적인 도구들을 이용하십시오. 여러분의 길을 막고 서 있는 어떤 내부와 외부의 세력들을 결박해달라고 요청하세요. 그리고 그 기간 동안 커진 불완전한 에너지들을 소멸시키기 위해 보라색 화염과 성모 마리아님의 로사리오를 이용하기 바랍니다. 만약 이런 요법과 영적인 도구들을 결합해서 이용한다면, 훨씬 더 빠른 진전을 이루어낼 수 있고, 그 결과에 참으로 놀라게 될 수도 있습니다.

여러분은 귀중한 도구들이 삶의 여러 분야에 제시된 시대에 살고 있습니다. 여러분이 영적인 길에서 진보하는 속도를 높이기 위해 이런 도구들을 이용하지 말아야 할 이유는 절대로 없습니다. 나는 사람들이 과거를 돌아다보고 그리스도를 따르기 위해 2,000년 전의 나와 내 제자들이 살았던 방식으로 살아야 한다고 생각한다는 것에 놀랐다고 말하겠습니다. 이것은 정말로 내가 권고하는 것이 아닙니다. 내가 여러분에게 보증할 수 있는 것은 만약 그 당시에 이용할 수 있던 어떤 유익한 기술이 있었다면, 나는 그 무엇이라도 사용했을 것이라는 겁니다.

어둠의 영혼들에 관해 이야기하고 싶은 그 밖의 무엇인가가 있으십니까?

예. 현명한 사람인 성 토마스 모어(Thomas More)[31]는 일찍이 이렇게 말했습니다. "악마, 그 교만한 영혼은 조롱받는 것을 참을 수가 없다." 여러분은 어둠의 영혼들이 엄청난 자만심을 갖고 있고 그들 자신을 매우 진지하게 받아들인다는 것을 늘 기억해야 합니다. 그러므로 만약 여러분이 자기 자신을 너무 심각하게 받아들이지 않는다면, 어둠의 영혼들의 영향에 훨씬 덜 취약해질 것입니다. 매우 많은 사람들이 교만에 사로잡혀 있거나, 자기중심적인 태도를 갖고 있습니다. 그리고 그로 인해 그들의 영혼이 사람들의 교만을 무기로 이용하는 데 숙달해 있는 어둠의 영혼들에 의해 조종받기 쉽게 됩니다.

많은 경우에 가벼운 유머(humor)가 어둠의 영혼들에 대한 최상의 방어책이 될 수 있고, 또한 그런 영혼들에 관한 여러분의 두려움을 극복하는 데도 마찬가지입니다. 두려움은 어둠의 영혼들에 의해 매우 교묘하게 이용되는 다른 감정입니다. 수천 년 동안 그들은 지구상의 사람들을 통제하기 위해 두려움을 이용해 왔고, 이런 두려움을 만들어내기 위해 종종 종교를 이용했습니다. 이것은 내가 바로잡는 것을 보고 싶은 하나의 비극이고 곡해(曲解)입니다. 나는 자신의 그리스도 자아와 연결되기 위해 영적인 길을 걷는 모든 사람들을 격려하며, 그럼으로써 그들은 신의 조건 없는 사랑인 완전한 사랑의 흐름을 받아들일 수가 있습니다. 그리고 그 사랑이 그들의 모든 두려움을 몰아낼 것입니다. 다시 한 번 말하지만, 어둠의 영혼들을 극복하는 열쇠는 항상 사랑으로 반응하는 것입니다. 여러분이 늘 사랑으로 반응할 때, 이 세상의 지배자는 여러분에게 얻을 것이 아무 것도 없게 됩니다. 한편 여러분이 유머로 반응한다면, 오히려 그로부터 뭔가를 얻어내게 되는 것입니다.

---

31) (1478-1535) 영국의 저명한 정치가이자 인문학자.

10장

어려운 상황들을 넘어서라

　이것이 약간 반복된다는 것을 알고 있지만, 다른 각도에서 이 주제를 다루는 것이 중요하다고 생각합니다. 저는 이번 생에서 심각한 학대에 노출돼 있거나 정신적 상처를 갖고 있는 많은 사람들을 만났습니다. 그리고 이런 사람들 중에 어떤 이들은 자기들의 심리상태를 치료할 필요가 있다는 데 대해 마음이 열려 있습니다. 나머지 다른 사람들은 자기들이 변화하지 않으면 안 될 위기를 겪을 때까지는 바뀌지 않을 것입니다. 그리고 저는 그 이유 중의 일부가 우리가 정신적 충격에 무방비 상태로 놓여있을 때, 자신의 의지력과 삶에 대한 통제력을 상실할 수 있는 것이라고 생각합니다. 이것이 결과적으로 우리가 방금 이야기 나눈 것과 같은 어떤 중독에 이를 수가 있습니다.

　당신은 또한 어쩌면 우리 모두가 전생에서 얻은 상처들을 갖고 있다고 말씀하셨는데요, 따라서 그런 상처들을 치유하는 방법을 우리가 앎으로써 모두에게 도움이 될 수 있다고 생각됩니다. 상처들을 극복

하고 우리의 삶에 대한 통제력을 되찾는 방법에 관한 예수님의 제안은 무엇인가요?

　이와 같은 질문에 대해 포괄적인 답변을 주는 것은 어렵습니다. 그 이유는 거기에 작용하는 수많은 개인적인 요인들이 있기 때문입니다. 달리 말해서, 한 영혼이 심각한 학대에 노출되는 것에는 여러 가지 원인들이 있을 수 있습니다. 그리고 그런 학대가 어떻게 영혼에게 영향을 미치는가에 관해서도 많은 다른 시나리오들이 있습니다. 그러므로 가장 이 책을 읽을 가능성이 있는 영혼들의 유형에다 초점을 맞추겠습니다. 이 책에 끌리기 쉬울 법한 유형의 영혼들은 좀 더 진보된 영혼성숙의 레벨에 이른 사람들이고 개인적인 신성을 향한 길에 있습니다. 이들이 바로 인류 및 개체 영혼들에 대한 신(神)의 비전에 대적하여 활동하는 어둠의 영혼들에게 위협받고 있는 영혼들의 유형입니다. 내가 말했듯이, 여러분이 자신의 신성을 구현하기 시작하면, 어둠의 세력들의 목표물이 될 것입니다. 그런 세력들에 의해 이용되는 계략 중의 하나는 여러분의 삶의 임무가 시작부터 왜곡되거나 심지어는 실패하도록 어린 시절에 가능한 한 최대한의 혼란을 조성하는 것입니다. 이것을 실행하기 위한 시도로 어둠의 세력들은 여러분 주변에 있는 심약하고 어리석은 인간들을 점거하고자 할 것이며, 그들을 이용하여 여러분을 심각한 학대에 노출시키려 할 것입니다. 분명히, 나는 학대받은 모든 사람들이 신성으로 가는 길에 있다거나, 그 길에 있는 모든 사람들이 학대받을 필요가 있다고 말하는 것은 아닙니다. 다만 내가 말하고 있는 것은 만약 여러분이 어린 시절에 학대를 받았고 이 책의 가르침에 대해 열려 있다면, 자기 자신을 진보된 영혼으로 생각해야 한다는 것입니다. 그러므로 여러분은 자신이 과거에 겪은 그 학대가 어둠의 세력에 의해 촉진된 여러분 영혼에 대한 직접적인 공격이었다고 간주해야만 한다는 겁니다. 설사 여러분이 이번 생에 학대를 받지 않았더라도, 전생에 학대에 노출돼 있었을 수가 있으며, 여전히 치유될 필요가 있습니다.

　이런 인식을 토대로 나는 사람들이 다음과 같은 결론에 도달했으면 합니다. 즉 그것은 여러분이 이 세상에서 자신에게 일어나는 어떤 것도 이번 생에 신성을 구현하고 자신의 영적인 임무를 수행하는 목표

214

에 지장을 주도록 허용할 수 없다는 것입니다. 그래서 나는 사람들이 어린 시절에 - 또는 전생에 - 받은 상처들을 치료하고 그것을 영원히 떨쳐버리기 위해 어떤 가능한 수단을 추구하겠다는 결정을 하기바랍니다. 그리하여 그들은 자기들의 신성구현과 임무수행을 함께 잘 해나갈 수가 있습니다.

만약 여러분이 이런 결정을 하고 모든 치료 수단들을 이용함으로써 철저히 노력해 나간다면, 하늘의 엄청난 도움과 뒷받침이 있음을 알게 될 것입니다. 여러분이 자라나며 배운 것이나, 어쩌면 학대의 결과로 인해 결론지은 것과는 반대로 여러분은 혼자가 아닙니다. 여러분은 자신의 그리스도 자아와 천사들을 갖고 있습니다. 그리고 모든 장애물을 극복하고 신성을 구현하도록 당신들의 생명을 도우라고 임명받은 승천한 존재들이 있습니다. 만약 여러분이 열린 마음으로 우리를 부른다면, 다음 단계의 치료를 받기 위해 필요한 도움과 인도를 받게 될 것입니다.

어린 시절의 학대(또는 어떤 형태의 학대든)를 잊기 위한 실질적인 첫 단계는 그 학대가 어둠의 세력에 의해 여러분의 영혼에 가해진 공격이었다는 사실을 인식하는 것입니다. 이것이 자신의 영적인 보호책을 확립하거나 재건하기 위한 매우 단호한 노력을 할 필요가 있음을 확실하게 만들 것입니다. 이것은 앞서 언급한 것과 같은 적절한 영적인 보호 기법들을 열심히 이용하는 것을 포함합니다.

여러분이 취할 수 있는 그 다음 단계는 심각한 정신적 외상이나 학대에 노출되었을 때, 특히 그것이 어린 시절에 발생했을 때, 우리가 나중에 논의하게 되겠지만, 그때 여러분의 영혼이 분열하게 되었던 것은 사실상 불가피했음을 인식하는 것입니다. 여러분을 도와 심리적 상처들을 치료할 도구들은 또한 분열된 영혼을 치유하는 데도 도움을 줄 것입니다. 그리고 영적인 가르침들을 공부하고 영성 및 심리학에 관한 책들을 읽는 것 역시 둘 다 커다란 도움이 될 것입니다. 영혼 또는 내면의 아이를 치유하는 기법들 또한 찾아볼 수가 있는데, 예를 들어, 성모 마리아의 동서양의 로사리오[32]는 분열된 영혼을 치유하기 위해 특별히 고안된 것입니다. 하지만 결국 심각한 학대를 견뎌냈던

---

32)동서양의 로사리오는 〈성모의 메시지 - 너희의 행성을 구하라〉 351 페이지에 수록돼 있다. (편집자 주)

사람들은 훈련된 전문가와 함께하는 모종의 요법을 받는 것이 대단히 유익할 것입니다. 나는 도움이 될 수 있는 몇 가지 치료법을 앞서 설명한 바가 있습니다.

나는 또한 여러분의 영혼이 심한 학대 공산이 있던 상황 속으로 태어나기로 선택했을지도 모를 가능성에 관해 묵상해 볼 것을 적극 권고합니다. 여러분의 영혼이 이런 선택을 했을 수도 있는 것에는 여러 가지 이유가 있습니다. 그 하나는 여러분의 영혼이 자신의 심리상태 속에 있는 어떤 것을 푸는 데 도움을 주는 특정 교훈을 배우고 싶어했다는 것입니다. 만약 이런 경우라면, 그 교훈이 무엇인가를 찾아내어 자신의 존재와 완전히 통합하는 것은 매우 중요합니다. 잠재적인 다른 이유는 여러분의 영혼이 내면으로 들어가 그리스도 자아와의 접촉을 이루는 것 외에 자신 외부의 어떤 것이나 누군가에 의존할 수 없다는 교훈을 배우고자 했다는 것입니다.

어려운 어린 시절을 선택하는 또 다른 이유로는 여러분이 다른 영혼들을 돕고 싶어 하는 성숙한 영혼이라는 겁니다. 여러분은 어려운 상황을 몸소 경험해 봄으로써 학대의 부정적인 영향이 어떻게 느껴지는지를 알게 되며, 그에 따라 다른 이들이 그것을 극복하는 것을 좀 더 효율적으로도 도울 수 있기 위해 이렇게 하기를 선택합니다. 하지만 다른 사람을 돕는 여러분의 임무를 수행하기 위해서는 먼저 자신을 치료해야만 합니다.

마지막으로, 여러분이 과거에 학대를 저지른 어떤 영혼들을 심판하고 싶어 했기 때문에 학대에 이를 수 있는 상황을 선택했을 수가 있습니다. 당신은 자신을 학대했던 영혼들과 그 영혼들을 통해 작용했던 모든 어둠의 세력들에 대한 신의 심판을 이끌어내야 할 자신의 권리와 의무를 고려했을 것입니다. 이것이 참으로 내가 내 자신이 십자가에 못 박히는 것을 허용했던 이유들 가운데 하나입니다. 즉 완전한 신성을 가진 한 인간에게 이런 학대를 자행하는 가운데, 이런 영혼들과 그들을 통해 활동했던 어둠의 세력들은 스스로에 대한 심판을 초래하게 되었던 것이죠. 비록 바로 그 학대 행위가 일종의 심판일지라도 심판을 이끌어내는 것은 여전히 유용합니다.

매우 중요한 다른 단계는 용서의 불꽃으로 전체 상황을 감싸는 작업을 하는 것입니다. 성모 마리아님의 용서의 로사리오는 이것을 실행하기 위한 강력한 도구입니다. 〈너희의 행성을 구하라〉에서 그녀는 용서에 관한 가르침을 전해주고 계십니다. 그리고 그것을 공부하는 것은 대단히 중요한데, 왜냐하면 학대를 떨쳐버리는 유일한 길은 여러분을 학대한 자들을 완전히 용서하는 것이기 때문입니다. 완전히 용서하기 위해서는 그 사람과 행위를 분리할 필요가 있습니다. 사람들은 그들을 어둠의 세력의 영향력에 대해 취약해지게 만드는 내면의 상처들로 인해 학대 행위를 저지릅니다. 여러분이 이것을 깨달았을 때, 설사 그 행위를 용서할 수는 없다고 하더라도 그 영혼은 용서할 수가 있습니다. 나는 사람들에게 그들이 결코 받아들일 수 없는 학대 행위들을 어느 정도 수용 가능한 것으로 보라고 요청하고 있는 것이 아닙니다. 나는 다만 무지에서 그런 행위를 저지른 사람을 용서하라고 말하고 있는 것입니다.

여러분이 그 학대에 대한 자신의 반발이나 결과적으로 행했을 수도 있는 어떤 것에 대해 자기 자신을 용서하는 것 또한 중요합니다. 아이였을 때 대부분의 사람들은 자기들에게 뭔가 나쁜 일이 일어날 경우, 자기가 그럴만한 짓을 했음이 틀림없다고 생각하는 경향이 있습니다. 이것은 많은 아이들에게 그들 주변에 있는 어른들의 행위에 대한 그릇된 책임감을 받아들이게 만듭니다. 사실 그 아이에게는 어른들의 행위에 대한 책임이 없으며, 단지 그 어른들은 미해결된 자신의 심리적 충동을 나타내고 있었던 것입니다. 그리고 그들은 어둠의 세력에 의해 영향을 받았거나 조종당했을 가능성이 있는 것이죠.

죄에 관한 기독교 교리의 한 가지 부정적 결과는 많은 아이들이 자기들이 학대받을 경우, 자신이 분명히 그런 학대를 당할만한 죄를 지었을 것이라고 느낀다는 것이고, 이것은 그들이 나쁜 사람이라는 것을 의미할 수 있는 것이지요. 여러분이 자신에 관한 그런 부정적인 느낌을 극복하는 것은 대단히 중요합니다. 그리고 여러분은 오직 자신을 완전히 용서함으로써만이 그렇게 할 수가 있는데, 이것은 그 학대 자체에 대한 것이라기보다는 학대에 대한 자신의 반발 내지는 그 학대에 수반된 고통을 완화하기 위해 술과 마약 같은 것으로 시도했던 어떤 행위들에 대한 용서입니다.

〈너희의 행성을 구하라〉에서 성모님은 어떻게 어둠의 세력들이 여러분을 유한한 자아상(自我像)에 사로잡히게 하여 자신이 결코 하나님에게로 귀향할 가치가 없다고 느끼게끔 시도하는지를 설명하고 있습니다. 이것이 여러분을 영적인 진퇴양난의 상황으로 밀어 넣을 수 있으며, 그런 상황에서는 당신들이 어둠의 세력들의 수법과 의도를 꿰뚫어 볼 때까지는 회복하는 것이 어려울 수 있습니다. 심각한 학대로 인한 가장 불행한 결과는 아이가 자신이 학대에 의해 신성이 더럽혀졌고 결코 다시는 신을 대면할 자격이 없다고 느낄 수 있다는 것입니다. 성모님이 설명하셨듯이, 이것은 어둠의 세력들에 의해 이용된 최악의 거짓말입니다. 그리고 여러분이 이러한 거짓을 꿰뚫어 보고 그것을 무시해버리거나 의식적으로 잊어버리는 것은 매우 중요합니다. 여러분은 이 세상에서 자신에게 일어날 수 있던 일들 중에 극복하거나 떨쳐버릴 수 없는 것은 아무 것도 없다는 사실을 받아들여야 합니다.

여러분의 영혼과 자신의 신아와의 올바른 관계를 이해하는 것 역시 중요합니다. 여러분의 영혼은 결코 신아에 대한 지배력이 없으며, 그러한 지배력을 갖는 것은 허용돼 있지 않습니다. 여러분의 영혼이 신아에 연결되었을 때, 그 신아가 여러분의 영혼에 대한 지배력을 갖게 됩니다. 그러므로 여러분은 자신의 신아가 영혼에 대한 지배권을 회복하게 할 필요가 있습니다. 그리고 여러분은 자신의 영혼을 치유하고 그리스도 자아와의 연결을 재건함으로써 이것을 실행하며, 그것을 통해 신아와도 연결될 수 있는 것입니다.

나는 한 영혼이 깊게 상처받았을 때, 그 학대를 둘러싼 전체 상황에 관해 생각하는 것이 매우 고통스러울 수 있음을 이해합니다. 그렇기 때문에 그 사람이 아무도 여러분에게 어떤 짓을 하지 않았다는 성모님 가르침을[33] 깨닫고 인정하는 것은 매우 어려울 수 있습니다. 그런데 그녀가 실제로 언급하고 계신 것은 비록 누군가가 아이였을 때 여러분을 학대했다고 하더라도, 여러분의 영혼에 상처를 일으킨 것은 학대라는 외적행위가 아니라 그것에 대한 여러분의 반응이라는 것입니다. 아마도 여러분의 영혼이 어느 정도 치유되었을 때까지는 이것을 받아들이기가 어려울지도 모릅니다.

인간의 영혼이 학대받았을 때, 영혼이 부서져서 일부 조각들이 그

---

33)〈성모의 메시지 - 너희의 행성을 구하라〉를 참고할 것.

영혼으로부터 분리되는 것은 거의 불가피합니다. 이것은 여러분의 영혼구조 내에다 빈 공간들을 남기게 됩니다. 그리고 그 빈 공간들이 불순한 에너지들이나 심지어는 여러분을 통제하고자 하는 어둠의 영혼들에 의해 채워질 수가 있습니다. 그런 학대 이후에 남겨진 영혼의 자산이 충분하지 않기 때문에, 또한 여러분의 영혼을 조종하고 있는 하는 외부의 세력들로 인해 마치 여러분의 의지가 자기 자신으로부터 제거당한 듯이 느낄 수도 있습니다. 그 이유는 남은 영혼의 자산이 여러분의 영혼구조를 지탱할 만큼 든든하지 않기 때문이지요. 그렇지만 여러분이 영적인 보호조치를 취하고 자신의 영혼을 치료하기 시작함에 따라 잃어버린 영혼의 조각들을 다시 자신에게 끌어당길 것이고, 외부의 에너지들과 존재들을 내쫓게 될 것입니다. 이것이 점차 임계질량을 형성할 것입니다. 그리고 여러분은 결국 훨씬 진전된 치유 상태에 이를 것인데, 이때 비로소 자신의 의지에 대한 지배력을 회복하게 될 것입니다.

그러나 내가 분명히 해야 하는 것은 이것은 자동적인 과정이 아니라는 것입니다. 냉엄한 사실은 이 세상의 어떤 세력도 여러분의 의지를 제거할 수 없다는 것입니다. 이 세상의 세력들이 여러분에게 심각한 상처와 학대를 가했을 때, 여러분의 영혼은 자신의 의지를 자발적으로 내줄 수 있는 그런 혼란 속에 있습니다. 영혼은 무거운 실수를 했다고 느낄 수 있고, 그런 상황을 스스로 해결하기 위해 어떤 것도 할 수 없을 만큼 그것이 심각한 타격이 되거나 자체의 상황이 대단히 혼란스러웠던 것이죠. 그런 까닭에 영혼은 자진해서 자신의 의지를 포기할 수가 있습니다. 그러나 여러분이 치유과정을 시작함에 따라 자신의 의지를 되찾을 수 있는 영혼의 조각들을 충분히 끌어당기는 단계가 올 것입니다. 그럼에도 자신의 의지를 되찾는 것은 의식적인 결정이 되어야 합니다. 여러분은 오직 의지의 행위를 통해서만이 자신의 의지를 되찾을 수 있습니다. 그것을 의지의 행위를 통해 내주었고, 따라서 그것을 동일한 방식으로 되찾아야만 하는 것입니다.

여러분이 어떤 외적인 의식(儀式)에 열중하기만 하면, 자동적으로 치유가 될 것이라고 믿게 만들기 위해 고안된 교활한 거짓말들이 있습니다. 물론 외적인 치료 의식은 여러분의 영혼을 치유하는 데 참으로 도움이 될 수가 있습니다. 하지만 최종적으로 여러분은 자신의 상황에 대한 전적인 책임을 받아들이겠다는 결정을 함으로써 의지를 의식적으로 되찾아야 합니다.

나는 심각하게 학대를 받았던 사람이나 다른 형태의 정신적 충격에 노출되었던 사람이 그 상황에 대해 모종의 개인적 책임을 느끼는 것이 얼마나 어려울 수 있는가를 충분히 깨닫고 있습니다. 부디 이점을 이해하기 바랍니다. 나는 다른 사람이 여러분에게 행한 것에 대해 여러분의 책임이 있을 수 있음을 느껴보라고 요청하는 것이 아닙니다. 또한 나는 여러분에게 일어난 그런 일들을 겪은 것에 대해 자신이 틀림없이 악한 사람이기 때문임을 느껴보라고 요청하고 있는 것도 아닙니다. 다만 나는 여러분에게 그 상황에 대한 자신의 반응에 대해서 책임을 받아들이라고 요청하고 있는 것입니다. 그럼으로써 여러분은 실제로 자신의 영혼에 상처를 주었던 것은 그런 학대가 발생하는 동안이나 나중에 여러분이 했던 결정 - 여러분이 받아들였던 그릇된 자아상(self-image) - 이라는 사실을 받아들이게 됩니다. 그래서 나는 그런 결정이 당시 주어진 여러분의 의식상태 내지는 영혼 성숙도에서 당신들이 할 수 있던 최선의 결정이었다는 사실을 받아들이라고 요청하고 있습니다. 이것은 특히 어린 시절 동안 발생했던 학대에 확실히 관계된 것이지만, 참으로 모든 이들에게 해당됩니다.

이어서 나는 여러분이 지금은 보다 높은 영적 성숙 수준에 도달했기 때문에 과거 그때 했던 결정보다 오늘날 더 나은 결정을 할 수 있다는 것을 받아들이라고 요청합니다. 이런 인식에 이르게 되면, 여러분은 그 상황을 다시 경험하고 원래의 결정을 더 나은 결정으로 대체하도록 스스로 허용할 수가 있습니다. 나는 이것이 고통스러울 수 있다는 것을 알지만, 여러분이 영적인 보호조치를 취하고 독성 에너지를 변형시키는 단계를 거친다면, 그 고통의 강도가 훨씬 감소될 것입니다.

내가 지금 말하고 있는 것은 여러분의 영혼에 입혀진 손상은 여러분이 했던 결정을 통해서 이루어졌다는 것입니다. 그렇기에 그 손상을 영구적으로 소멸시킬 수 있는 유일한 방법은 그 낡은 선택을 더 나은 결정으로 대체시킴으로써 입니다. 다시 한 번 말하지만, 노련한 치료전문가의 도움은 여러분의 영혼이 과거의 결정과 마주하는 어려운 과정을 거쳐 그것을 더 나은 것으로 대체시키는 데 매우 귀중한 역할을 할 수가 있습니다.

　나는 또한 어린 시절의 학대 영향이 충분히 치유되기 위해서는 긴 시간이 걸릴 수 있다는 것을 이해합니다. 그럼에도 내가 보증할 수 있는 것은 여러분에게 일어난 일이 무엇이냐에 관계없이, 그 모든 것을 떨쳐버리고 여러분의 개인적인 신성을 구현하는 것이 가능하다는 것입니다. 또한 나는 여러분이 치료하기 위한 노력을 함으로써 그 모든 것에 상응한 보상을 받을 것임을 약속합니다. 일단 과거의 그런 상처로부터 자유롭게 되면, 영적으로 다시 태어난 것을 느낄 것입니다. 그리고 그때 비로소 여러분은 자신의 신성을 발현하기 시작하고 신성한 계획을 실행할 수가 있습니다.

　덧붙여 말하자면, 여러분의 이번 생의 임무가 학대받은 희생자들을 돕고 어떻게 치유될 수 있는가를 그들에게 보여주는 것일 수도 있습니다. 또는 그것이 학대에 관한 인식을 높이고 사회가 학대를 없애도록 돕기 위한 것일 수도 있는데, 거기에는 어둠의 세력들의 실재에 관한 것과 더불어 학대의 영적인 원인에 관한 깊은 이해가 포함되어야 합니다.

　제가 저 자신의 삶을 통해 입증할 수 있는 것은 영적인 보호와 독성 에너지 변형 기법들을 이용하기 시작했을 때, 제 감정에 대한 훨씬 나은 통제력을 얻었다는 사실입니다. 결과적으로 또한 제가 어려운 상황들을 처리하고 그런 상황들에 대해 사랑으로 반응하는 것이 상당히 쉬워졌습니다. 그럼에도 혹시 당신께서는 사람들이 좀 더 어려운 삶의 상황들에 대해서 – 그들의 성장을 돕는 방식으로 – 대처하는 방법에 관한 제언을 갖고 계신지요?

　나는 여러분에게 일어난 모든 일들이 일종의 성장의 기회라는 태도를 가지라고 권고하고자 합니다. 가장 어려운 상황들조차도 여러분에게 인생과 여러분 자신의 심리상태에 관해 무엇인가 배울 기회를 제공합니다. 어떤 상황은 저급한 의식의 일부 요소나 이 세상의 것들에 대한 어떤 집착들을 놓아버릴 기회로 이용될 수가 있습니다.

　그렇다고 내가 여기서 여러분에게 일어나는 모든 것이 어떤 궁극적인 기준에 따라 수용할 수 있다고 말하고 있는 것은 아님을 분명히 하고 싶습니다. 만약 누군가가 여러분을 학대할 경우, 그것이 단지 여러분이 배울 기회이고, 따라서 일들에 관한 거대한 계획에 꼭 들어맞는다고 말하는 것은 옳지 않습니다. 학대나 폭력, 다른 형태의 냉혹한 행동들은 이 우주에 대한 신의 계획이나 비전의 일부가 아닙니다. 내가 말하고 있는 것은 타인들이 그 상황에 대해 어떻게 행동하거나 반응하느냐에 상관없이 모든 상황을 여러분이 성장할 기회로 보고 다가가야 한다는 것입니다. 그 점에서 인과(因果) 법칙을 이해하는 것은 대단히 중요합니다. 이 법칙에 따르면, 아무도 자신의 행위로 인한 결과에서 도피할 수가 없습니다. 만약 누군가가 여러분을 학대한다면, 그 사람은 개인적 카르마를 지을 것이고, 그러한 카르마의 균형 작용에서 절대로 벗어날 수 없습니다.

여러분이 신의 법칙이 얼마나 정확한가를 이해하게 되면, 영적인 길에서의 주요 장애물 가운데 하나를 극복할 수가 있습니다. 역사를 살펴본다면, 수많은 사람들이 타인들과의 충돌에 이끌려 몰두했다는 것을 알 것입니다. 많은 경우에 그런 싸움은 한 사람이 다른 사람에게 무엇인가를 잘못했기 때문에 시작됩니다. 하지만 이제 그 두 번째 사람은 첫 번째 사람을 반드시 처벌할 필요가 있다고 느끼는 의식 상태로 들어갑니다. 그런데 사람들이 그런 의식 상태로 진입했을 때, 즉 그들이 분노나 증오, 복수의 욕망으로 반응했을 때, 그들은 사실상 자기 자신을 처벌하고 있는 것입니다.

여러분이 다른 사람에게 복수하려고 하게 되면, 불가피하게 신의 에너지를 오염시키고 자신의 부정적 카르마를 생성하게 됩니다. 그런 점에서 다른 이가 여러분에 행한 것은 사실 별로 중요하지가 않습니다. 다른 사람은 이미 자신의 행위에 대한 개인적 카르마를 지었습니다. 그리고 신의 법칙은 이미 그 사람이 확실하게 정확한 응보를 받도록 만들어 놓았습니다. 신의 법칙이 그 처벌이 할당되는 것을 보장할 것입니다. 그것이 이번 생에 일어나지 않을 수는 있지만, 언젠가 필연적으로 일어날 것입니다.

많은 사람들이 서로 복수하고자 하는 부정적인 카르마의 소용돌이에 빠져 몰두했습니다. 이것이 가족의 원한이나 국가 간의 전쟁으로 전개될 수 있는 계속적인 소용돌이를 창조합니다. 여러분이 환생의 실체를 깨닫게 될 때, 어떤 사람들이 같은 사람들과 더불어 몇 번이고 거듭해서 다시 태어난다는 것에 무지하다는 사실을 압니다. 만약 누군가가 여러분을 학대한다면, 왜 그 사람과 함께 카르마적인 소용돌이를 만들려고 합니까? 왜 그 사람과 함께 수많은 생들에 걸쳐 다시 태어나고자 하나요? 어떤 사람이 학대적 성향의 인간이라면, 왜 단순히 그 사람을 떠나 더 나은 것들로 옮겨가지 않습니까?

어떻게 가학적인 사람을 떠날 수 있을까요? 다른 뺨을 돌려대라는 내 충고를 따르기 바랍니다. 만약 어떤 사람이 여러분을 학대한다면, 그 사람은 카르마를 지을 것입니다. 그런데 만약 여러분이 분노나 증오, 복수의 욕망으로 반응한다면, 여러분 역시 카르마를 지을 것입니다. 하지만 여러분이 무집착인 채로 다른 뺨을 돌려댄다면, 그 상황에서 카르마를 만들지 않을 것입니다. 여러분은 충돌에 말려들지 않을 것이고, 따라서 여러분 자신과 그 학대적인 사람 간의 카르마적 인연(속박)을 만들지 않을 것입니다. 다른 뺨을 돌려댔을 때, 여러분은 자신의 영적인 길에서 중요한 승리를 얻을 것입니다.

이런 설명을 해주는 내 목적은 어떤 일들이 비록 신의 법칙에 비추어 옳지 않다고 할지라도 그것이 여전히 성장의 기회임을 사람들이 깨닫도록 돕기 위한 것입니다. 만약 여러분이 다른 뺨을 돌려대게 된다면, 가장 어려운 상황들에서도 성장할 수가 있습니다.

우리가 어려운 상황들에 대해 좀 더 긍정적인 방식으로 반응하는 데 도움이 될 수 있는 의견이 있으신가요?

여러분의 우선적인 관심사는 자신의 부정적인 카르마가 형성되지 않도록 피하는 것이 되어야 합니다. 그러므로 다른 뺨을 돌려대고 그 상황에 대해 분노나 복수의 욕망 같은 부정적 감정으로 반응하지 않아야 합니다. 나는 여러분이 진정으로 다른 뺨을 돌려대기에 앞서 내면의 결심이라는 어떤 지점에 도달해있어야 한다는 것을 이해합니다. 그리고 여러분은 삶이 성장을 위한 기회라는 것을 충분히 이해하고 받아들여야 합니다. 이런 내면의 결심에 이르기 위해서는 노력이 필요할 것이지만, 또한 물질우주 속에서 삶이 어떻게 작용하는가에 관한 이해가 필요할 것입니다. 따라서 나는 이 주제에 대한 간략한 개요를   설명해주려 합니다.

나는 수많은 사람들이 스스로가 자신의 통제를 벗어난 상황의 희생자처럼 느낀다는 것을 충분히 이해하고 있습니다. 어려운 상황과 직면하는 사람들이 묻는 가장 공통적인 질문 가운데 하나는 "왜 나에게 이런 일이 일어났나요?"입니다. 대부분의 사람들은 인생에서 마주한 어려운 과제들을 자기들이 결코 선택했을 리가 없다고 생각합니다. 이런 반응을 이해할 수 있기는 하지만, 나는 그것이 종종 옳지 않다고 말할 수밖에 없습니다.

　　내가 여러 번 언급했듯이, 인간들은 지구상의 현 상황들을 스스로 창조했습니다. 그들은 잘못된 선택을 하고 그에 따라 신의 에너지를 오용함으로써 이런 조건들을 창조했던 것입니다. 그렇게 함으로써 사람들은 개인적 카르마를 짓게 되고, 이 카르마가 그들을 물질세계로 다시 끌어당기는 일종의 자석처럼 작용하는 것이지요. 나는 여러분이 육체로 태어나 있으면서 괴롭고 힘든 상황에 처해 있을 때, 그 상황을 자신이 선택한 결과라고 인식하는 것은 어렵다는 점을 충분히 이해합니다. 그 이유는 영혼이 육화돼 있을 때는 종종 외적환경에 의해 압도되거나 거기에 흡수되기 때문입니다. 하지만 영혼이 육체에서 벗어났을 때는 그런 곤란에서 자유롭게 되어 그 상황을 보다 높고 덜 감정적인 시각에서 볼 수가 있습니다. 서점에 가보면, 중간생(中間生)이나 임사체험(臨死體驗) 동안에 영혼들이 마주했던 상황들을 묘사한 여러 책들이 나와 있습니다. 나는 사람들에게 그런 책들을 공부해보라고 적극 추천하는 바입니다.

　　영혼이 육화되기 전에 그 영혼은 자신의 영적인 스승과 만나 그 특정 생에 관한 계획을 세웁니다. 그때는 영혼이 외적 상황들에 의해 압도돼 있지 않기 때문에, 영혼은 장기간의 전망을 택하여 자신의 길에서 상위 레벨로 올라서는 데 도움이 되는 목표를 지향할 수 있습니다. 영혼이 자신의 다음 육화를 계획했을 때, 그것은 종종 최대한의 영적성장을 제공하는 환경 속에 태어나기로 선택합니다. 내가 최대한의 영적성장의 기회라고 말할 때, 그 영혼이 모든 것이 쉽고 안락한 환경을 선택한다는 의미가 아닙니다. 대중적인 믿음과는 반대로, 행성 지구로 내려온 어떤 영혼은 용기 있는 영혼입니다. 이 지구상의 현재 상황은 매우 어렵습니다. 그리고 영혼이 지구에 태어나는 것은 엄청난 용기를 필요로 합니다. 그렇기에 자신의 교훈을 배우기로 결

224

정하고 삶을 옮겨온 모든 영혼들은 용기 있는 영혼인 것입니다. 그들은 종종 중요한 과제를 제공하거나 자신의 개인적 카르마를 균형 잡을 기회를 부여하는 환경들을 선택합니다. 실제로 어떻게 용기 있는 영혼들이 상상할 수 있는 가장 어려운 상황 속에 육화하기로 선택하는가에 관한 수많은 실례들이 있습니다. 그 이유는 이런 특별한 환경들이 그 영혼에게 영적으로 성장하고 카르마를 청산할 최상의 기회를 주기 때문입니다.

성장의 핵심은 여러분이 자신과 세상에 관계된 유한한 이미지에 대한 집착들을 버리는 것입니다. 영혼은 종종 자신의 한계와 집착을 다룰 수밖에 없는 환경 속에 태어나기로 선택할 것입니다. 그 영혼은 일단 자신이 육체 안에 있게 되면, 도전과 어려움을 피하고자 하는 충동에 빠지기 쉽다는 것을 압니다. 많은 사람들이 과제들을 피하려고 애쓰거나 그들 자신을 안락하게 만들고자 노력하는 데 평생을 소비합니다. 하지만 이것은 흔히 그 영혼이 자신의 교훈을 배워서 진보해 나가는 것을 방해합니다. 영혼은 종종 자신의 집착들을 모른 체하기가 더욱 곤란해지도록 매우 어려운 일련의 환경들을 선택합니다. 예를 들어, 수많은 생에 걸쳐 사람들이 자신을 혹사하는 것을 허용했던 한 영혼을 상상해봅시다. 그 영혼은 스스로 홀로 서는 것을 거부했고 그 이상은 하지 않았습니다. 그런 영혼이 학대성향이 있는 아버지의 딸로 태어나기로 선택하는 수가 있습니다. 자기 아버지의 학대에서 벗어날 수 없게 됨으로써 그 영혼은 마침내 스스로 설 수 있는 최대의 기회를 얻게 되며, 분명하게 선을 긋고 이렇게 말합니다. "여기까지 에요. 더 이상은 안돼요."

말씀하시는 것을 이해합니다. 그리고 우리가 자신의 삶의 환경을 선택했다는 사실을 받아들였을 때, 그런 처지를 수용하고 그것을 최대한 이용하도록 만들기가 더 용이해진다는 것에 동의합니다. 하지만 저는 이것이 여전히 사람들이 개인적인 비극을 감당할 수 있게 돕는 데는 충분치 않다고 생각합니다. 제 말뜻은 우리가 비극을 겪게 되면, 감정들에 압도되기가 쉽다는 것이죠. 최선의 대처법은 무엇이 있을 수 있을까요?

다시 한 번, 나는 사람들이 내가 그들의 겪는 고난에 대해 커다란 연민을 갖고 있다는 것을 생각해줬으면 좋겠습니다. 나의 전체적인 봉사는 그런 연민에서 생겨난 것입니다. 이런 이유 때문에 내가 종종 사람들의 병을 치료하고 감정적인 고통을 겪는 사람들을 위로하려고 했던 것이지요. 하지만 나는 또한 나의 사명이 단지 사람들에게 만족감을 주는 봉사가 아니었음을 이해하는 사람들을 좋아합니다. 현대적인 표현을 사용한다면, 나는 사람들이 그들의 현 의식 상태에 그대로 안주할 수 있게 하지 않았습니다. 사실 나는 사람들이 더 높이 올라서고 풍요로운 삶을 경험하도록 힘을 주려고 노력했습니다. 사람들이 안 좋은 상황 속에 있는 것에 대해 더 낮게 느끼게 만들고자 하는 인간적인 동정과 그들의 한계를 극복하도록 돕고자하는 진정한 공감과는 매우 중요한 차이가 있습니다. 참된 영적 교사는 늘 학생들이 의식(意識)에 있어서 더 높이 올라설 수 있도록 힘을 불어넣어주려고 애쓸 것입니다. 나는 지속적인 고난이나 일시적인 비극을 겪고 있는 수많은 사람들에 대해 진정으로 커다란 연민을 느끼기 때문에 이런 말을 하고 있습니다. 나는 그런 사람들이 내가 그들이 겪는 고통에 둔감하다고 느끼기를 바라지 않습니다. 하지만 이것은 책이고, 그렇기에 내가 이 책을 읽는 각 사람들에게 개인적인 공감을 보여줄 수는 없습니다. 여기서의 내 의도는 사람들에게 비극을 자신의 길에서의 일종의 디딤돌로 이용함으로써 부정적인 감정에 사로잡히지 않을 수 있는 방법을 보여주는 것입니다.

　여러분이 개인적인 비극을 겪게 되면, 감정의 에너지에 의해 압도되기 쉬운 것은 당연합니다. 그런 점에서 여러분이 지구상에 있을 때, 사실상 독성의 감정 에너지의 바다에서 헤엄치고 있다는 사실을 이해하는 것은 매우 중요합니다. 여러분의 개인적인 에너지장은 그 에너지 바다 속에 있는 한 방울의 물과도 같습니다. 그런데 만약 여러분이 자신의 에너지장을 보호하기 위한 조치를 취하지 않는다면, 자기를 둘러싼 그 에너지에 의해 압도당하기가 쉽습니다. 또한 개인적인 비극을 겪게 되면, 말 그대로 여러분을 휩쓸어버리는 감정 에너지의 홍수에 의해 자신의 에너지장이 열리기가 쉽습니다. 이런 이유로 어떤 사람들은 사랑하는 이를 잃는 슬픔에 의해 압도되거나 외견상 벗어날 길이 없는 영구적인 우울 상태에 빠져들게 되는 것이지요.

이런 사람들은 단순히 대중의식의 감정 에너지에 의해 매몰된 것입니다. 어떤 경우에는 그런 감정 에너지가 여러분의 영적진보를 무산시키고자 하는 어둠의 세력들에 의해 여러분에게 향할 수가 있습니다. 그러므로 다시 한 번 나는 이런 감정 에너지에 대한 영적인 보호의 중요성을 강조하지 않을 수가 없습니다.

어둠의 세력들이 사람들을 조종하기 위한 침입수단으로서 항상 감정들을 이용한다는 사실을 깨닫는 것 역시 도움이 될 것입니다. 감정은 그 속성상 본래 불안정하고 유동적이며 조종하기가 쉽습니다. 그러므로 여러분은 세상의 공격으로부터 자신의 감정체를 보호하는 데 방심하지 않을 필요가 있습니다. 또한 내가 앞서 알려주었던 여러분의 감정과 생각, 정체감 간의 관계에 관한 가르침들을 내면화하고 응용할 필요가 있습니다. 일단 여러분이 자신의 정체의식(正體意識)을 바꾸고 스스로 자신의 환경을 선택한 영적존재라는 사실을 받아들이기 시작하면, 여러분의 인생관(人生觀)이 변하기 시작할 것입니다.

대부분의 사람들은 삶이 안락하고 평탄해야 한다는 교묘한 기대감을 갖고 있습니다. 이러한 기대는 물질적인 문화를 창조한 어둠의 세력들에 의해 그들의 마음속에 프로그램된 것입니다. 그것은 이상적인 부(富)와 젊음, 아름답고 건강한 사람을 제시하고 그것이 삶이 되어야만 하는 방식이라고 말합니다. 어둠의 세력들은 그런 다음에 사람들을 자기들이 만든 기대와 어긋나는 어려운 상황 속에다 몰아넣고자 시도합니다. 그 목적은 - 여러분이 쓸 데 없는 제품과 서비스 업무를 파는 것과는 별개로 - 여러분의 성장을 무산시키고 오염된 에너지를 생성하도록 만들기 위해서입니다. 이런 거짓된 이미지 대신에 사람들은 삶을 성장의 기회로 보아야하고, 어둠의 세력이 제시한 방식을 수용하기 보다는 자신의 어려움에서 배워야 합니다.

많은 사람들이 어려운 상황에 부딪쳤을 때, 그들은 먼저 그 상황이 잘못됐고, 어느 정도 불공정하며, 자기들이 그 상황의 희생자라고 생각합니다. 그들이 두 번째로 생각하는 것은 어떻게 하면 자신들의 삶에 대한 태도를 바꾸지 않고 그 상황에서 벗어날 수 있는가 입니다. 하지만 여러분이 자신이 영적존재이고 현재의 상황을 스스로 선택했다는 것을 받아들이게 되면, 이런 생각은 좀 더 건설적인 생각으로 대체될 수가 있습니다. 다시 말하면 삶이 쉬워야하고 평탄해야한다는 일반적인 기대를 갖지 않을 것입니다. 그리하여 당신들은 자연히 삶의 어려운 과제들을 성장을 위한 기회로 볼 것이고, 거기에 숨겨진 교훈을 찾을 것입니다. 그 상황의 곤란에서 무턱대고 벗어나려고 하기보다는 그것이 주는 교훈을 배우려고 노력할 것입니다. 여러분은 자발적으로 자신을 바꾸고 태도를 바꾸어 삶에 관한 이해를 높이게 될 것입니다. 또한 교훈을 배우고 영원한 승리를 얻기 위해 기꺼이 일시적인 어려움을 견딜 것입니다.

심지어 여러분은 그 상황이 감정적인 고통을 일으킬 경우, 그 고통이 단지 한 가지 요인, 즉 집착에 의해 유발되었다는 사실을 깨달을지도 모릅니다. 집착이 강하면 강할수록 감정적 고통도 그 만큼 커지게 됩니다. 그런데 그 감정적 고통이 자신의 집착들을 밝히는 도구로 이용될 수도 있습니다. 그리고 여러분이 집착을 극복했을 때, 감정적 고통도 사라지게 될 것입니다. 감정적 고통은 억압되지 않을 것인데, 즉 그 고통을 일으킨 집착이 영구히 해결되어 제거될 것이기 때문이지요. 내가 여기서 말하고 있는 것은 일단 삶에 대한 건설적인 접근법을 발전시키게 되면, 사람들이 개인적인 비극의 결과로서 경험하는 부정적인 생각과 고통스런 감정들에서 벗어나게 될 거라는 것입니다. 여러분의 행위들이 좀 더 균형 잡혀지게 될 것입니다. 그리고 개인적 위기에 대해 추가적인 위기를 피하고 대응할 수가 있습니다.

사람이 개인적인 위기를 겪고서 에너지가 점차 소모되어 완전히 고갈되었다고 느끼는 문제에 대해 이야기했으면 합니다. 이런 사람의 경우 기도를 해보지만, 어떤 내면적 평안과 신과의 연결도 발견할 수가 없습니다. 이와 같은 처지의 사람이 삶의 긍정적인 궤도를 회복하기 위해 할 수 있는 것이 무엇일까요?

그 상황의 현실을 올바로 인식함으로써 새로 시작할 수 있는데, 현실은 여러분이 상처받았고 치유될 필요가 있다는 것입니다. 나는 감정적으로 상처를 얻은 많은 사람들을 보지만, 그들은 자신을 치료하는 방법을 모릅니다. 사람들이 자신의 에너지장과 심리상태를 치료하는 방법에 무지한 채 자라났다는 것은 서구문화의 커다란 결점 가운데 하나입니다. 이 모든 것이 다가오는 시대에는 바뀔 것이지만, 지금 당장은 여러분을 도울 수 있는 것이 적습니다. 그러므로 여러분은 자신의 몸이 상처받을 수 있는 것처럼, 여러분의 에너지장, 즉 감정체나 정신체, 개성체 역시도 그럴 수 있다는 것을 인식할 필요가 있습니다.

만약 여러분의 다리 하나가 부러졌다면, 병원에 갈 거라는 것은 의문의 여지가 없습니다. 또한 일상생활로 복귀하기에 앞서 그 다리를 치료하는 데 일정한 시간을 보낼 것입니다. 문제는 대부분의 사람들이 신체와 마찬가지로 자기들의 에너지장이 손상될 수 있다는 점을 인식하지 못한다는 것입니다. 그리고 여러분의 에너지장이 손상을 받았을 때는 일상생활을 중단하고 육체를 치료하듯이 자신을 돌보며 정신체와 감정체를 치료할 필요가 있습니다. 하지만 대부분의 사람들은 감정적으로 상처를 입었을 경우, 마치 아무 일도 없었던 것처럼 일상적인 업무들을 수행할 수 있을 거라고 생각합니다. 다리가 부러졌다면, 여러분은 그 다리가 치료될 때까지는 마라톤을 달릴 수 있다고 기대하지 않습니다. 마찬가지로 만약 여러분의 에너지장이 정신외상적인 경험들을 겪음으로써 심각하게 손상을 입었다면, 자신을 치료하려는 노력 없이 일상적 활동을 영위할 수 있다고 기대해서는 안 됩니다.

여러분이 기도나 명상, 또는 신과 연결되는 다른 방법들이 어렵다는 것을 발견했을 때, 그것은 자신의 에너지장이 손상되었기 때문입니다. 여러분의 에너지장이 독성 에너지나 어둠의 영혼들에게 열려 있기 때문에 그것들이 그 에너지장으로 흘러들어가고 있는 것이죠. 그것들이 여러분의 생각과 감정을 압도할 수 있고, 명상이나 기도를 하기 어렵게 만들 수가 있습니다. 그러므로 여러분은 바로 자기의 몸을 치료하는 것처럼, 에너지장을 치료할 시간을 가져야만 한다는 사실을 자각할 필요가 있습니다.

에너지장을 치료하기 위해 휴식할 필요가 있겠지만, 그렇다고 그것이 반드시 활동이 전혀 없다는 것을 의미하지는 않습니다. 다리가 부러졌을 경우, 움직이지 말아야 할 필요가 있지만, 거기에 따른 불가피한 부작용은 여러분의 근육이 약화된다는 것입니다. 에너지장을 치료하기 위해서 일상생활 가운데 정신적 긴장을 일으키는 활동 같은 것은 중단할 필요가 있습니다. 그러나 절대로 나태해지거나 소극적이 되어서는 안 됩니다. 나는 여러분이 할 수 있는 수많은 일상 활동만큼은 제쳐놓으로고 권고합니다. 그런 다음에 날마다 행하는 여러 수련기법들을 열심히 하는 것입니다. 여러분이 병에 걸려서 약을 복용해야할 경우, 의사에게 지시받은 대로 하루에 두세 번 약을 먹을 것입니다. 마찬가지로 에너지장을 치료하게 될 때 역시도 영적인 약이 필요합니다. 따라서 여러분은 특별한 영적의식에 몰두하여 매일 그것을 수련하겠다는 결심을 할 필요가 있습니다. 즉 특정의 영적기법을 2주나 3주 같은 일정 기간 동안 계속 수행하리라는 확고한 결정을 하는 것입니다.

나는 사람들이 정신적 충격을 받는 경험을 한 후에 기진맥진하게 되었다고 느낀다거나, 어떤 영적기법을 수행하는 것이 상당히 부담스럽게 보일 수 있음을 이해합니다. 그럼에도 사실 여러분의 감정체는 그런 영적수행을 환영할 것인데, 그것이 에너지장의 질서를 재건하고 통합하는 데 도움이 될 것이기 때문입니다. 결국 상처를 유발했던 것은 부정적 경험으로 인한 혼란과 불규칙성이었습니다. 그러므로 치료의 열쇠는 결코 모든 활동들을 그만두는 것이 아닙니다. 그 열쇠는 질서를 재건하는 것이고, 영적인 의식(儀式)을 수행하는 것이 치료를 하는 최상의 방법입니다.

부담스럽게 보일 수 있는 것은 결심을 해야 한다는 생각과 영적인 의식을 날마다 해야 한다는 것입니다. 그래서 나는 마치 의사가 육체적 질병에 대해 약을 처방한 것처럼, 그것에 접근하라고 제안합니다. 이런 경우 약은 필요성에 의해 만들어지며, 일단 확고한 결정이 이루어지면, 그것에 대한 스트레스가 없습니다. 여러분은 단순히 그것을 하기만 하면 되는 것이죠. 영적인 의식을 날마다 수행하는 가운데 여러분은 결국 자신의 에너지장을 치유하고 그것을 독성 에너지로부터 다시 봉인할 긍정적인 나선을 형성할 것입니다. 그리고 바로 그 독성 에너지가 명상이나 기도하는 것을 불가능하게 만들었던 것입니다.

내가 영적인 의식을 말할 때, 여러분이 복잡하게 생각하거나 집중해야할 의식을 의미하는 것이 아닙니다. 내가 말하고 있는 의식은 치유될 때까지 거의 자동적인 방식으로 따라할 수 있는 의식인데, 이것은 다시 가슴을 좀 더 거기에다 몰입해서 시작할 수가 있습니다. 내가 제안하는 것은 독성 에너지와 어둠의 세력들에 맞서 여러분의 에

230

너지장을 보호하기 위해 〈미카엘 대천사의 로사리오〉를 수행하라는 것입니다. 나는 이 로사리오를 하루에 한 번, 일정한 시간에 할 것을 제안하는데, 되도록이면 아침에 하는 것이 좋습니다. 또한 나는 〈성모 마리아님의 로사리오〉들 가운데 하나를 날마다 수행할 것을 제안하며, 가급적 저녁에 해주었으면 합니다. 단지 여러분이 이 영적의식을 할 수 있다고 생각되는 시간을 정하고 나서, 그것을 날마다 반복하면 됩니다. 여러분은 매일 번갈아 가며 다른 로사리오를 할 수 있고, 일요일에는 여러분의 영혼 조각들이 돌아올 수 있도록 〈동-서양의 로사리오〉를 하기 바랍니다.

만약 여러분이 그런 의식을 종교적으로 수행한다면, 향상되는 것을 보기 시작할 것이고, 다시 신과 연결되었다는 것을 느낄 수 있게 될 것입니다. 나는 이런 치유의 과정을 거치는 동안 신과 연결되는 느낌에 관해 우려해서는 안 된다는 점을 언급하겠습니다. 만약 여러분의 에너지장이 오그라들어있거나 손상되었을 경우, 연결되는 것을 느끼기는 매우 어렵습니다. 하지만 절대로 이것에 관해 걱정하지 말고, 그 연결이 회복되었다고 자연스럽게 느껴질 때까지 영적의식을 수행하십시오. 내 말대로 이것을 계속해서 수행한다면, 연결이 회복될 것입니다. 그렇지만 만약 여러분이 신과 연결되는 것이 느껴지지 않는다고 해서 초조해하거나 스트레스를 받기 시작하면, 단지 그 상황을 악화시키게 만들 것입니다. 이런 이유에서 내가 여러분의 에너지장이 신과의 관계가 재건되기에 충분할 만큼 온전히 회복될 때까지 자동적으로 따라할 수 있는 영적의식을 권고한 것입니다.

왜 우리가 전혀 바뀌지 않을 것 같은 상황들에 부딪치게 되는 것일까요?

거기에는 두 가지 주요 원인이 있습니다. 하나는 삶의 교훈을 배울 기회를 나타내는 상황입니다. 이런 경우, 영혼이 그 교훈을 배울 때까지 상황은 바뀌지 않을 것입니다. 이것은 어떤 종류의 마력(魔力)의 결과가 아닙니다. 많은 경우에 사람이 어떤 행위를 취할 때까지는 그 상황이 변하지 않을 것입니다. 그리고 그 사람의 심리적인 한계들로 인해 영혼이 그 상황에서 배울 필요가 있는 교훈을 배웠을 때야 비로소 그런 행위를 취할 수 있게 될 것입니다.

다른 원인은 그 상황이 그 영혼의 전생의 업보(業報)로 인한 결과인 경우입니다. 많은 경우에 있어서 질병과 같은 특정 상황이 카르마를 갚는 효과적인 방법일 수 있으며, 그에 따라 미래에는 더 큰 자유를 얻을 수가 있는 것이죠. 즉 영혼이 카르마 청산을 앞당기기 위해 그런 상황을 선택했을 수가 있습니다. 그러므로 그 상황은 카르마가 완전히 균형 잡혀지거나 청산될 때까지는 변하지 않을 것입니다. 하지만 나는 여러분에게 카르마를 균형 잡기 위해 질병이나 다른 괴로운 상황을 겪는 것보다 훨씬 나은 방법들이 있다는 것을 보증할 수 있습니다.

만약 여러분이 어려운 상황에 직면해 있고 그것이 바뀌기를 원한다면, 나는 카르마를 균형 잡는 영적인 기법들을 응용하여 엄격한 계획을 시행하라고 권고하며, 특히 보라색 화염과 성모 마리아님의 로사리오들을 활용하는 것이 적절합니다. 동시에 여러분의 마음상태를 탐사하고 그 상황에서 배울 필요가 있는 교훈이 무엇인지를 찾아내기 위해 할 수 있는 모든 것을 행하기 바랍니다. 여러분이 삶 속에서 부딪치는 거의 모든 상황이 카르마와 배울 필요가 있는 교훈, 이 두 가지의 산물입니다. 양쪽 방면에서 그 문제를 공략함으로써, 여러분은 상황이 바뀌어 질 수 있는 해결책에 이르는 도달시간을 단축시킬 것입니다.

수많은 사람들이 한 동안 영적인 길을 걸은 후에 그것을 경험했으며, 수십 년 동안 그들을 따라다녔던 상황에서 갑자기 자유로워졌습니다. 실제로 그런 상황들은 여러 생 동안 그 영혼을 따라다녔을 수가 있습니다. 여러분이 외견상 영원히 지속될 것처럼 보였던 상황들이 얼마나 신속히 사라지는지를 경험한 후에는 아마도 영적인 길을 걷겠다는 자신의 마음가짐을 새롭게 다지는 계기가 될 것입니다.

"왜 이런 (불행한) 일이 나에게 일어났던 것이죠?"라고 묻는 사람들에 뭐라고 대답해 주시겠습니까?

나는 그들에게 왜 늘 사람들이 그런 질문을 하는지를 깊이 생각해 보라고 말할 것입니다. 왜 비극을 경험한 거의 모든 사람들이 왜 이런 일이 일어났느냐고 본능적으로 묻는 것일까요? 영적인 길에서 가장 큰 장애물 중에 하나는 여러분이 자신의 통제를 벗어난 상황들의 희생자라는 생각입니다. 그리고 그 길에서의 주요 전환점 가운데 하나는 영혼이 자신의 상황을 스스로 창조했고 또 그것을 자신이 해체시켜야 한다는 것을 깨닫는 때입니다. 사람들이 왜 어떤 일이 자기들에게 일어났느냐고 항상 묻는다는 바로 그 사실은 영혼이 통제를 벗어난 상황의 희생자가 아니라는 내적인 앎을 갖고 있음을 보여줍니다. 영혼은 우주가 불규칙적이거나 제멋대로가 아니라는 사실을 압니다. 영혼은 우주가 법칙들에 의해 인도되고 있고 어떤 일들이 발생하는 데는 원인들이 있다는 것을 알고 있습니다. 또한 영혼은 일단 자신이 그런 원인을 발견하게 되면, 상황을 바꿀 힘을 얻을 거라는 것을 압니다.

그러므로 나의 답변은 사람들이 그 질문을 삶과 그들 자신에 관한 보다 깊은 이해를 향한 여정의 출발점으로 이용하라고 격려하는 것입니다. 이해를 높임으로써 그들은 자기들의 상황을 개선하고 자신에게 일어나는 바람직하지 않을 일들을 막을 힘을 증대시킬 것입니다. 왜 어떤 일들이 사람들에게 일어나는가에 관해서 간략한 개요를 설명하도록 하겠습니다.

• 어떤 사건은 배울 기회일 수 있다. 여러분의 영혼은 자기 스스로 어떤 교훈을 억지로라도 배우게 하기를 원했기 때문에 특정 상황을 선택했을 수가 있다. 상황을 변화시키는 최상의 방법은 그 교훈을 배우고 심리적인 상처들을 해결하는 것이다.

• 어떤 사건은 전생의 카르마가 돌아오는 결과일 수 있다. 그 카르마를 균형 잡을 기회를 환영하고 카르마를 가능한 한 신속히 균형 잡기 위한 수단으로 영적인 도구들을 이용하라.

• 어떤 사건은 여러분이 이번 생에 했던 선택의 결과일 수 있다. 그것은 카르마나 이전의 선택과는 관계가 없다. 하지만 그것은 여러분의 현 심리 상태의 결과인 자신의 결정에서 생겨난 것이다. 그 상황을 여러분의 심리

적인 문제를 풀기 위한 도구로 이용하라. 그러면 더 나은 선택을 할 수 있다.

• 어떤 사건은 다른 사람이 그들 자신의 자유의지를 오용한 결과일 수 있다. 그 상황을 여러분이 모든 상황들에 대해 사랑으로 반응하는 자기의 능력을 강화시킬 기회로 이용하라. 그 다른 사람이 보호받고 깨닫게 될 수 있도록 그를 위해 기도하라.

• 어떤 사건은 어둠의 세력들이 여러분의 영혼을 곤경에 빠뜨리기 위한 직접적인 공격일 수 있다. 많은 경우에 그런 세력들은 그 공격을 실행하기 위해 나약하고 어리석은 사람들을 이용할 것이다. 영적인 보호기법을 이용하고 그런 어둠의 세력들에 대한 심판을 요청하라. 그리고 여러분 자신을 보호하기 위해 적절한 조치를 취하라.

분명히 여러분은 다른 사람들이나 어둠의 세력들에 의해 유발된 상황들을 선택하지 않았습니다. 그럼에도 불구하고 어떤 면에서는 여러분이 그 상황을 간접적으로 선택한 것인데, 왜냐하면 지구에 태어나기로 결정했기 때문이지요. 이 행성에서 대부분의 사람들은 저급한 의식 상태로 있고 어둠의 세력들이 활개 치며 세상을 돌아다니고 있습니다. 여러분의 영혼은 그것을 알고 있었으며, 이곳에 옴으로써 부딪쳐야 할 위험을 무릅썼던 것입니다. 비록 어떤 사건이 여러분 자신의 선택에 의한 것이 아닐지라도 그것은 여전히 하나의 기회로 볼 수가 있습니다. 즉 설사 여러분이 다른 이들에 의해 학대나 부당한 대우를 받더라도 다른 뺨을 돌려대고 참된 여러분 자신이 될 수 있음을 증명할 수 있으며, 사랑으로 반응할 수 있는 것입니다.

나는 왜 어떤 일들이 여러분에게 일어나는가와 관련해서 매우 멋진 균형을 발견할 수 있다는 점을 지적하고 싶습니다. 앞서 의견을 나눈 바와 같이, 일부 동양의 종교들은 매우 숙명론적인 인생관을 발전시켰으며, 거기서는 여러분에게 무슨 일이 일어나든 그것은 전생의 업(業)으로 인한 결과라고 말하고 있습니다. 이것은 서양 사람들이 모든 것을 신의 뜻에 의한 결과라거나 기계적인 작용이라고 믿고 있는 것과 유사합니다. 하지만 내가 막 설명했듯이, 여러분의 삶의 많은 측면들이 미리 결정돼 있지 않습니다.

인생의 그런 많은 측면들은 여러분의 선택과 다른 사람들의 선택에 의해서 결정됩니다. 여러분이 자유의지에 대한 절대적인 존중을 충분히 고려한다면, 다른 사람들이 그들의 선택을 하는 것을 허용할 것이고 신이 그들에게 스스로 선택할 권리를 주었다는 사실을 받아들일 것입니다. 또한 여러분은 자신이 지상에 태어나기로 선택했을 때, 위험을 예측했다는 것을 받아들일 것입니다. 그리고 실제로 여러분이 타인들의 부당한 대우에 노출될 수 있는 것입니다. 아울러 자신의 자유의지를 계속 존중함으로써 타인들에게 여러분이 어떻게 대우를 받느냐에 관계없이 진정한 여러분 자신이 될 수 있다는 것을 깨달을 것입니다. 이것은 영적인 길을 걷는 누구에게나 핵심적인 과제이기 때문에, 다른 이들이 그들의 자유의지를 오용했을 때일지라도 그들은 여전히 여러분에게 성장할 기회를 주었다고 말할 수 있습니다.

만약 어떤 상황이 여러분에게 교훈을 가르치기로 예정돼 있었다면, 여러분은 그 교훈을 배움으로써 그 상황을 바꿀 수가 있습니다. 그리고 어떤 상황이 여러분의 과거의 카르마로 인한 결과라면, 카르마의 균형을 잡음으로써 그 상황을 변화시킬 수가 있습니다. 하지만 만약 어떤 상황이 다른 사람의 선택에 의한 결과라면, 여러분이 그들의 선택을 변화시킬 수 없을지도 모르며, 그에 따라 외부의 상황은 달라집니다. 그럼에도 여러분이 그 상황에 반응하는 방식을 바꿈으로써 여전히 그 상황을 자신의 더 나은 발전을 위해 이용할 수가 있습니다. 여러분은 자신이 외적상황에 대해 집착하지 않는 상태를 유지하며 진정한 여러분 자신으로 머물러 있을 경우, 어떤 위기가 마치 마법에 의한 것처럼 저절로 풀릴 수 있음을 신속히 깨닫게 될 것입니다. 여러분은 또한 그런 상황들이 점점 더 감소한다는 것을 알기 시작할 것입니다.

영적인 길은 극기(克己), 즉 자기 극복을 성취해가는 과정이라고 할 수 있습니다. 이런 숙련의 과정에서 중요한 부분은 여러분이 삶속에서 마주치는 다른 사람이나 상황들에 대한 자신의 반응을 통제할 수 있게 되는 것입니다. 대부분의 사람들은 그런 통제력을 갖고 있지 못합니다. 왜냐하면 그들은 모든 상황에 대해 그들 스스로 선택해서

반응하는 것을 방해하는 잠재의식 컴퓨터 프로그램이나 감정적인 상
처들, 독성 에너지로 이루어진 보텍스, 또는 악한 영혼들을 지니고
있기 때문이지요. 이런 경우, 주어진 상황에 대한 반응은 잠재의식적
인 한계들에 의해 미리 결정돼 있고, 그 사람은 의식적인 마음으로
그것을 제어할 수가 없습니다. 하지만 여러분이 영적인 길을 걸음에
따라 점차 이런 잠재의식적 한계들을 제거할 것이고 4가지 하위 체
(體)들에 대한 통제력을 얻게 될 것입니다. 그럼으로써 외부의 상황
들에 대해 자신의 반응을 의식적으로 선택하는 능력을 증진시킬 것입
니다. 여러분은 내면의 평화와 무집착의 상태를 얻을 것이며, 이런
마음의 상태가 여러분이 자유로워지고 의식적으로 모든 상황에 대해
사랑으로 반응할 수 있는 힘을 줄 것입니다. 이것이 바로 진정한 극
기입니다!

**저는 이런 가르침이 "왜 기도가 항상 응답받지는 못하는가?"라는
오래된 의문에 적용될 수가 있다고 생각합니다.**

옳은 이야기입니다. 모든 것은 인간의 자유의지에 맡겨져 있습니
다. 따라서 신은 누군가의 자유의지를 침해하게 될 기도에는 응답하
지 않으실 것입니다. 왜 어떤 기도는 응답되지 않는가에 관한 가장
공통적인 이유들은 다음과 같습니다.

● 누군가 어려운 상황을 겪게 되면, 그 사람은 상황이 기적적으로 바뀜으로
써 제발 자신의 고통을 가져가 달라고 신께 기도한다. 하지만 그 기도는 그
영혼의 표면의식 내지는 의식적인 마음에서 나온 것이다. 그러므로 그것은
영혼의 보다 깊은 수준에서 이루어진 결정을 무효화하지 못할 것이다. 예를
들어, 만약 그 영혼이 특별한 교훈을 배우기 위해 어떤 상황 속에 태어나기
로 결정했다면, 신은 그런 상황의 고통을 없애달라는 기도에는 응답하지 않
을 것이다. 혹시라도 신이 그 상황의 고통을 없애준다면, 영혼은 그 상황을
묵살할 수 있고, 그에 따라 자신의 교훈을 배울 기회를 놓치게 된다.
고통을 없애달라고 기도하는 대신에 여러분의 영혼이 교훈을 배우는데 도움
이 되도록 내면적으로 인도해달라고 기도하라. 그런 기도에 대해 승천한 대
사들이 어떻게 응답하는지 놀라게 될 것인데, 특히 여러분이 높은 깨달음에

대한 진지한 소망을 가지거나 현재의 믿음 너머를 보려는 자발성을 가질 경우 그러할 것이다. 영혼이 보다 깊은 수준에서 원하는 것과 사람이 표면적 수준에서 원하는 것 사이에는 차이가 있을 수 있다는 것, 즉 때로는 커다란 차이가 있을 수 있음을 인식하는 것이 이롭다.

● 어떤 경우에는 그 사람의 카르마에 의해서 어려운 상황이 초래된다. 그 카르마는 그 영혼의 과거 선택으로 인한 결과이므로 개인의 책임이다. 신은 절대로 기도에 대한 응답으로서 그 카르마의 고통을 없애주지 않을 것인데, 왜냐하면 그렇게 할 경우, 영혼이 자신의 - 과거, 현재, 미래의 - 선택에 대해 책임을 져야한다는 근본적 교훈을 배우는 것을 방해하게 되기 때문이다. 신에게 자신을 위해 그것을 없애달라고 요청하지 말고, 그 카르마를 변형시킬 수 있는 영적인 기법들을 이용하라.

● 많은 경우에 사람들은 다른 이들을 변화시켜 달라고 신께 기도한다. 하지만 그렇게 하는 것은 이런 타인들의 자유의지를 침해하는 것이 될 것이다. 신은 만약 그렇게 하는 것이 여러분 영혼의 선택이나 자유의지의 법칙을 침해할 경우에는 기도에 응답하지 않으실 것이다. 여러분이 무집착의 상태가 되어 타인들에게 사랑으로 반응할 수 있게 되도록 여러분의 심리적인 상처들을 해결하라.

● 어떤 경우에는 여러분이 특정한 사람의 영적인 진보를 돕기 위해 그 사람과 함께 육화하기로 선택했을 수가 있다. 만약 그 사람을 다루거나 대하는 것이 어렵다면, 부정적인 감정으로 반응하는 것을 피하라. 대신에 그 사람이 보호받고 깨닫게 되도록 요청하는 영적인 도구들을 이용하라. 스스로 배우고 수양하라. 그럼으로써 여러분은 그 사람이 삶에 관해 보다 커다란 이해에 도달하도록 도울 수가 있다.

　기도가 어떻게 작용하는지 이해하는 것에 관련된 주요 문제는 종교들이 매우 오랫동안 신에 관한 잘못된 이미지를 조장해 왔다는 것입니다. 수많은 종교들이 신을 절대로 확실하고 전능한 존재로 묘사했습니다. 따라서 많은 사람들이 만약 신이 완전하지 않거나 전능하지 않다면, 자기들의 신앙과 종교가 와해될 것이라고 느끼고 있습니다.

이런 난국을 극복하는 열쇠는 자유의지의 법칙을 전적으로 인정하는 것입니다. 신은 인간에게 자유의지를 주었고 자신의 그 법칙을 어기지 않으실 것입니다. 만약 여러분이 자기의 자유의지나 다른 인간의 자유의지에 어긋나는 어떤 것에 대해 기도를 한다면, 신은 여러분의 기도에 응답하지 않을 것입니다. 신은 많은 사람들이 생각하는 것처럼, 어떤 이들은 구원하고 다른 이들은 영원한 천벌로 저주하는 식으로 제멋대로인 존재가 아닙니다. 신은 인간들이 법칙에 따라 그들 자신을 구원하거나 아니면 스스로 고난의 운명을 선택하도록 그 법칙을 만드신 합리적인 존재입니다.

이런 문제를 좀 더 높은 수준에서 생각해 봅시다. 우리는 인류가 그들 자신에 관해 한층 더 높은 이해의 단계로 올라서야만 하는 시대로 진입하고 있습니다. 또한 우리는 사람들이 그들 자신을 신과 공동 창조자로 보아야 하는 시대로 들어가고 있습니다. 내가 2,000년 전에 출현했을 때, 나는 하나님의 이미지를 사랑이 깃든 아버지 모습으로 제시했습니다. 이것은 지난 2,000년간에 걸쳐서 인간들을 인도하기로 돼 있었던 신의 이미지였습니다. 그런 시대 동안, 사람들이 신에게 자기들을 위해 무엇인가를 해달라고 기도했던 것은 받아들일만한 것이었고, 필요한 것이었습니다. 하지만 사람들은 또한 기도가 늘 자유의지의 법칙이나 인과법칙과 같은 신의 법칙들에 의해 인도될 것이라는 점을 이해하고 수용할 수 있게 합리적인 의식 상태를 발전시켜야만 했습니다.

사람들은 이제 (신에게 일방적으로 무엇을 해달라고 매달리는) 그런 과거의 낮은 의식 상태를 초월해야 합니다. 과거에 사람들은 신을 그들 자신과 분리된 존재로 인식했는데, 이 말은 그들이 신을 "저 위 어딘가에" 계시는 존재로 보았다는 뜻입니다. 이제 사람들은 신과의 분리의식을 극복해야만 합니다. 그리하여 신을 "저쪽 바깥"이 아닌 "이곳 안에" 있는 존재로, 즉 그들 자신의 내부에 있는 존재로 보기 시작해야 합니다. 여러분이 신과 공동창조자라는 사실을 이해했을 때, 신이 인간의 모든 요청에 응하고 여러분을 위해 모든 것을 해줄 모종의 심부름꾼이 아님을 깨닫습니다. 또한 신이 여러분의 기도에 응답하실 것이지만, 그것이 어떤 기적의 형태로 일어나지는 않을 것임을 이해합니다. 신은 인간이 신의 법칙을 이용하려고 노력하는 한,

여러분을 통해서, 여러분의 노력을 통해서 기도에 응답하실 것입니다. 여러분의 기도가 응답을 얻기 위한 방법은 신이 우주를 창조하기 위해 이용한 법칙을 아는 것입니다. 여러분이 경험하기 바라는 세계를 공동창조하기 위해서는 그런 법칙들을 이용하는 것을 배워야 합니다.

인간이 그리스도 의식을 계발하기 시작하면, "내 혼자서는 아무 것도 스스로 할 수 없노라(요한복음 5:30)."라고 표현된 내 말을 자각하게 됩니다. 여러분이 낮은 의식 상태에 사로잡혀 있을 때는 자신이 행위자라고 생각합니다. 그리고 자기가 오직 신의 에너지를 이용함으로써만이 행위를 할 수 있다는 것을 깨닫지 못합니다. 하지만 여러분이 저급한 의식 상태에서 벗어나게 되면, 외적인 의식, 외적인 사람은 자신의 힘으로 아무 것도 할 수 없다는 것을 깨닫습니다. 그것은 오직 내부에서 오는 신의 에너지를 이용함으로써 어떤 행위를 할 수가 있습니다.

여러분이 자기 자신을 그리스도적인 존재로 확인했을 때, "내 아버지께서 이제까지 일하시니 나도 일한다(요한복음 5:17)."라고 표현했던 내 말을 이해하게 됩니다. 신께서 토대를 창조하셨고, 그러고 나서 이제 여러분이 그 토대위에다 무엇인가를 형성해야 한다는 것을 깨닫습니다. 여러분은 실에 매달려 있는 꼭두각시가 아니며, 신이 여러분을 통해 작용하고 활동하고 계신 것입니다. 여러분이 그리스도 의식에 도달하게 되면, 자신이 행하는 모든 것이 여러분과 신 사이에, 또 여러분과 그리스도 자아 간에 이루어지는 협력적인 노력이라는 것을 깨닫습니다. 여러분의 영혼은 하나의 로봇이 아니며, 그것은 여러분의 신아의 자연스런 한 확장체입니다. 그리고 여러분의 영적인 자아는 자기의 천부적인 개성을 위한 고정 장치이고, 여러분은 그런 개성을 자신의 영혼을 통해서 표현하고 있습니다. 여러분의 영혼은 자신의 개성을 이 세상에서 어떻게 표현할 것인가를 선택하고 있습니다.

여기서의 내 요점은 사람들이 이런 자각의 수준에 이르게 되면, 기도에 대해 완전히 다른 시각을 얻게 된다는 것입니다. 여러분은 더 이상 신을 인간의 모든 요청에 - 호리병 속의 있는 마법사의 심부름꾼처럼 - 마술적으로 응답할 외부의 존재로 보지 않습니다. 또한 여러분은 자기 자신을 신의 한 확장체로 보며, 따라서 신은 여러분을 통해서 작용하고 있는 것입니다. *신은 여러분의 기도를 **여러분에게** 응답하는 것이 아니라, **여러분을 통해서** 응답하십니다.* 여러분의 기도는 더 이상 요청의 형태를 취하지 않는데, 즉 그것은 여러분이 원하는 것이 구현됨을 보는 시각화와 확언의 형태를 취합니다. 그저 성서를 읽고 내가 이미 내 것으로 받아들인 것은 신께서 이루어주실 것이라는 나 예수의 절대적인 확신에서 배우기 바랍니다.

여러분은 스스로 요청하는 것을 자신이 갖고 있지 않다는 의식으로 기도하지 않습니다. 여러분은 자신이 바라는 것이 이미 영적세계 안에 구현되어 있다는 의식으로 기도합니다. 여러분은 단지 그것을 물질세계로 가져오기 위해 신의 법칙을 이용할 필요가 있습니다. 나는 모든 것이 의식적 존재의 마음을 통해서 창조되었다는 것을 설명하려고 노력하고 있습니다. 신은 오직 여러분의 의식을 통해서 온갖 사물들을 물질세계에다 생겨나게 할 수 밖에 없습니다. 그리고 여러분이 신과 공동창조자일 때는 신이 여러분의 기도에 응답하시길 수동적으로 기다리지 않습니다. 여러분은 자신이 바라는 것을 구현시키기 위해 신과 더불어 적극적으로 일을 합니다.

요컨대, 만약 인간의 모든 기도들이 외부의 신에 의해 응답되는 것이었다면, 여러분은 결코 내부의 신과 함께 공동창조를 시작할 수 없다고 말할 수가 있습니다.

어려운 상황들이 종종 전생의 카르마의 결과라고 말씀하시는 것으로 생각됩니다. 저는 당신이 우리에게 이야기하고 계신 전체적 요점은 우리가 그 카르마의 노예가 될 필요는 없고 그것을 극복할 적극적인 조치를 취할 수 있음을 보여주기 위한 것이라고 이해합니다. 하지만 많은 사람들은 이것이 상당히 부담스러운 과업일 수 있다고 느끼는 것 같습니다. 저는 커다란 열정을 가지고 영적인 길을 시작한 사람들이 나중에 그것을 포기한다는 것을 알게 되었는데, 왜냐하면 자기들이 별 진전이나 성과를 거두지 못하고 있는 것처럼 보이기 때문입니다. 사람들이 낙담하게 되거나 그 길을 포기하지 않도록 돕기 위해 뭐라고 말씀하시겠습니까?

인생의 목적은 단지 카르마를 갚는 것이 아니라는 사실을 이해하는 것이 도움이 될 것입니다. 한 영혼이 자신의 삶에 대한 모든 카르마적 부채를 갚고 잘못된 믿음들을 모두 해결했을 때일지라도 여전히 영적인 세계로 영원히 상승할 준비가 안 되는 수가 있습니다. 이것을 이해하기 위해서는 영적인 성장의 두 가지 단계에 관해 이야기할 필요가 있습니다. 우리가 삶에 대한 부채를 갚는 것에 관해 이야기를 나누고 있을 때, 우리는 저급한 의식 상태로 타락하거나 추락한 영혼에 관한 이야기하고 있었습니다. 그 영혼은 신의 에너지를 오염시켰습니다. 그렇지 않다면 삶에 대한 카르마적 부채를 지지 않았을 것입니다. 그러한 오염된 에너지는 그 영혼을 물질세계에다 계속 묶어두는 중력적인 당기는 힘을 창조합니다. 그 영혼은 카르마가 균형 잡혀질 때까지 영적인 세계로 다시 상승할 수가 없습니다. 말하자면, 그 영혼의 카르마가 그 영혼을 지구로 다시 끌어당기는 고무 밴드처럼 작용한다고 할 수 있겠습니다.

그러므로 우리가 구원의 필요성에 관해 이야기할 때, 우리는 영혼이 저급한 의식 상태로 추락한 후에 창조한 상황들에서 영혼 스스로 자유로워지는 것에 관해 말하고 있는 것입니다. 여기서 기억해야 할 요점은 영혼이 지상으로 내려오기로 선택했을 때, 카르마를 짓거나, 신의 에너지를 오염시키거나, 또는 신에 관한 진실에서 벗어난 믿음을 받아들이기로 계획한 것은 아니었다는 사실입니다. 지상으로 내려오기로 결정했을 때, 영혼은 이곳에 오는 것에 대해 긍정적인 목적을 갖고 있었습니다. 영혼이 지구를 영원히 떠날 수 있기에 앞서 그 영혼은 목표를 완수해야만 합니다. 영혼이 지상에 내려오기를 원했던 이유들은 다음의 사항들 가운데 하나이거나 모두에 해당될 수가 있습니다.

● 그 영혼은 신의 창조계 중에 이런 단계의 삶을 경험해보려는 진정한 욕구를 갖고 있었다.
● 그 영혼은 육체를 통해 자신을 표현해 보려는 진정한 욕구를 갖고 있었다.
● 그 영혼은 자신의 천부적인 개성을 물질세계에서 표현해보고자 하는 욕

구를 갖고 있었다.

● 그 영혼은 신의 빛을 물질세계로 가져오려는 소망을 갖고 있었다. 그리고 자신의 개성을 표현함으로써 신의 왕국이 지상에 구현되는 것을 돕는 공동창조자로 일하고자 했다.

● 수많은 영혼들이 타락한 후에, 일부 영혼들은 타락한 영혼들을 다시 고향으로 데려가기 위한 구조임무를 갖고 지상에 내려오기로 선택했다.

모든 영혼이 지상으로 내려오고자 했던 것에 관련해 신성한 목적이라고 부를 수 있는 하나의 목적을 갖고 있었습니다. 그 신성한 계획이 실현되지 않는 한, 영혼은 영적세계로 다시 자유롭게 상승할 수가 없습니다. 또한 영혼은 지상에서의 임무가 아직 완수되지 않았다고 느끼기 때문에 영적세계로 다시 돌아가기를 원하지 않습니다. 따라서 설사 영혼이 삶에 대한 자신의 모든 부채를 갚았다고 하더라도, 그 영혼은 자동적으로 다시 천상으로 상승하지 않을 것입니다. 영혼은 이곳에 온 자신의 이유를 이행해야 하며, 그럼으로써 지상을 떠나 영적세계로 올라가는 것을 자발적으로 선택할 수 있습니다. 신은 절대로 영혼에게 영적세계로 상승하라고 강요하지 않는데, 그것은 자유로운 선택이어야 하기 때문입니다. 하지만 여러분의 카르마가 균형 잡혀질 때까지는, 상승할 선택권이 없습니다.

영혼이 저급한 의식 상태로 떨어져서 오염된 에너지와 잘못된 믿음들을 쌓기 시작하게 되면, 이곳에 온 원래의 목적을 망각할 수가 있습니다. 지구상의 많은 영혼들이 현재 그들의 개인적 카르마와 왜곡된 믿음이라는 무거운 짐에 의해 심하게 부담을 받고 있다 보니 삶의 높은 목적에 관한 모든 것을 잊어버렸습니다. 그들은 단지 먹고 살기 위해 발버둥치고 있고, 하나의 위기에서 그 다음 위기로 나아가고 있을 뿐입니다. 하지만 영혼이 오염된 에너지를 제거하고 자신의 잘못된 믿음을 극복하는 과정에 착수함에 따라, 말하자면 물 위로 머리를 쳐들게 됩니다. 오염된 에너지의 바다 속으로 자신이 가라앉고 있는 것처럼 느끼는 대신에, 영혼은 이제 한 숨 돌릴 수 있고 주변을 둘러보기 시작합니다. 다행스럽게도 영혼은 그리스도의 바위 - 영적인 길을 의미함 - 를 발견할 것이고, 그 바위로 헤엄쳐가기로 결정합니다.

영혼이 영적인 길을 향해 움직일 때, 그것은 카르마를 균형 잡는 시간과 에너지를 덜 소비하고 더 많은 시간과 에너지를 긍정적인 욕구와 목표들에다 쏟아 부을 수가 있습니다. 만약 여러분이 영적인 길에 열심히 매진하며 카르마를 제거하고 잘못된 믿음들을 극복하는 어렵고 싫은 작업을 실행한다면, 결국 난관을 돌파하는 지점에 이를 것입니다. 그리고 일단 그 지점을 통과하면, 영적인 길이 더 이상은 그렇게 힘든 작업처럼 생각되지 않을 것입니다. 여러분은 더 이상 자신이 궁지에 빠져 진전이 없는 것처럼 느끼지 않습니다. 대신에 긍정적인 목표들을 연구하기 시작하고 삶이 반복되는 단조롭고 피곤한 작업이 아니라는 것을 깨닫습니다. 삶은 여러분의 천부적인 개성을 표현하고 세상이 더 나은 장소가 되도록 돕기 위한 멋진 기회입니다.

내 가슴은 참으로 현재 자기들의 개인적 카르마와 삶의 목적에 관해 신경 쓸 여지도 없는 마음에 의해 무겁게 눌려 있는 수많은 사람들에게 쏠리고 있습니다. 나는 진심으로 이런 영혼들에게 손을 뻗쳐 그들을 난관에서 해방될 수 있는 영적인 길에 몰두하게 만들 방법이 있었으면 좋겠습니다.

정말로 나는 모든 영혼들이 창조주라는 근원으로 귀향하는 것을 보고 싶습니다. 하지만 나의 좀 더 당면한 소망은 모든 영혼들이 난관타개 지점을 넘어서는 모습을 보는 것입니다. 그럼으로써 그들이 분노의 신이나 무지한 지배집단에 의해 가해진 어떤 형태의 처벌보다는 오히려 긍정적인 경험으로 삶에 대한 접근을 시작할 수 있습니다. 나는 개인적인 구원에는 체계적인 길이 있다는 것을 모든 사람들이 깨닫도록 돕고 싶습니다. 나는 모든 영혼들이 그 길을 인식하고 확고히 정착하여 난관타개 지점을 통과하는 것을 보고자 합니다.

나는 모든 이들이 그 지점에 이르러 삶을 신이 주신 멋진 선물, 멋진 기회로 보게 되도록 돕고 싶은 나의 열망과 간절한 소망을 느낄 수 있기를 바랍니다. 나는 2,000년 전에 내가 지상을 거닐었을 때 그런 바람을 갖고 있었습니다. 이런 이유에서 내가 개인적 카르마와 유한한 믿음의 무게에 눌려 핍박받고 고통 받고 있는 사람들에게 그런 연민을 갖고 있는 것입니다. 나의 소망은 단지 그때 이후 더욱 강해졌습니다.

이것은 내가 나의 제자들이 널리 알리기를 원했던 메시지입니다.

나는 그들이 다음과 같이 외치기를 원했습니다. "삶이 이런 방식일 필요는 없습니다. 삶이 꼭 투쟁이나 발버둥일 필요가 없습니다. 그것은 그런 싸움을 만들어낸 여러분 자신의 갈등의식일 뿐입니다. 하늘나라는 가까이에 있습니다. 하늘나라는 여러분 안에 있습니다. 그것은 고등한 의식 상태이며, 여러분을 그런 의식 상태로 인도하는 체계적인 길이 있습니다. 여러분이 해야 할 모든 것은 그런 길이 있다는 것을 알고 다른 이들 앞에서 기꺼이 발을 내딛기로 결정하는 것입니다. 계속해서 한 번에 한 걸음씩 나아가기만 한다면, 난관돌파 지점에 이르게 될 것입니다. 여러분은 더 높은 의식으로 올라서게 될 것입니다. 삶이 신에게 받은 경이로운 선물이라는 사실을 깨닫고 받아들일 것이며, 풍요로운 삶을 누리게 될 것입니다. 나는 그 길을 걸었습니다. 신의 영광과 기쁨을 향해 어서 나를 따르기 바랍니다. 나는 선한 목자(牧者)이고, 여러분을 고향으로 부르기 위해 여기에 있습니다!"

그것은 전적으로 제 경험을 설명하시는 것 같네요. 저는 여러 해 동안 고투했던 것으로 기억하며, 영적인 길이 단지 힘든 작업이라고 느꼈고 제가 조금이라도 성과를 내고 있는지를 의심하고 있었습니다. 그때 저는 갑자기 난관돌파 지점에 이르게 되었습니다. 비록 아직 이루어져야 할 일들이 남아 있기는 하지만, 삶이 과거보다는 훨씬 더 즐겁습니다. 저 역시 모든 사람들이 그런 난관돌파 지점에 도달할 수 있었으면 합니다.

그 소망은 천상의 모든 존재들에 의해 공유되고 있습니다. 신은 결코 인간들이 그들의 오염된 에너지와 유한한 믿음들에 의해 고통 받기를 원하지 않습니다. 또한 신은 사람들이 영적인 세계와의 접촉을 상실하고 희망을 잃은 채, 삶이 자기들의 통제를 벗어난 힘과의 무의미한 싸움이라고 느끼는 것을 바라지 않습니다. 신은 절대로 이런 상황을 원치 않으며, 그것이 가능한 한 신속히 바뀌는 것을 보고 싶어 하십니다.

당신이 내 설명에서 자신의 경험을 생각해내는 이유는 이것이 모든 사람이 따라야 하는 보편적인 길이기 때문입니다. 일찍이 영적인 통달의 경지에 도달한 모든 이들은 고등한 의식 상태에 이르는 동일한 길을 따랐습니다. 사람들이 나를 하나의 우상으로 바꿔놓다 보니 그들은 나 역시도 그 길을 걸었다는 사실을 거의 고려하지 않습니다. 그러나 나는 지구상의 모든 인간들이 현재 겪고 있는 똑같은 갈등과 싸움을 겪어야만 했습니다. 나는 지상에서 사는 것이 어떠한지를 압니다. 나는 지상으로 내려왔고 낮은 의식 상태에 빠졌습니다. 그리고 나 역시 에너지를 오염시켰으며 유한한 믿음들을 받아들였습니다. 그리하여 나는 이런 상태를 극복하기 위해 체계적인 길을 걸어야 했고 고등한 의식 상태를 되찾아야만 했던 것입니다.

고등한 의식 상태로 진입하는 나의 실제적인 난관돌파 시점은 내가 광야에서 40일 동안 있었던 때에 다가왔습니다. 내가 영적인 존재로서의 나의 참된 정체를 깨닫기 시작한 것은 바로 그때였습니다. 그러한 자각으로 인해 나는 여러분의 손위 형제로서의 예수 그리스도로서 나의 사명을 시작할 수 있었습니다. 나는 결코 여러분 위에 있거나 여러분과 떨어져 있지 않습니다. 나는 여러분이 지금 걷고 있는 똑같은 길을 걸었습니다. 나는 여러분이 분투하고 있는 똑같은 싸움들을 치렀습니다. 그리고 나도 여러분이 직면하고 하는 똑같은 과제들과 마주해야 했습니다. 나는 낮은 의식 상태라는 정글을 뚫고 나가기 위해 고군분투 했습니다. 그리고 만약 여러분이 나를 하나의 본보기로 받아들인다면, 내 발자국을 따를 수가 있습니다.

내가 지상에 왔던 유일한 이유는 모든 사람들이 보고 따를 수 있는 하나의 예증(例證)을 보이기 위한 것이었습니다. 부디 용기를 내어 그 본보기를 따르기 바랍니다. 부디 여러분이 나의 실제적 사례를 따를 자격이 있고 그런 능력이 있다는 것을 받아들이도록 하십시오. 이렇게 실행한다면. 언젠가 여러분은 자신을 영적세계로 인도하는 입구에 이르게 될 것입니다. 여러분에게 약속하건대, 나는 거기서 열린 팔과 사랑이 넘쳐흐르는 가슴으로 여러분을 맞이하기 위해 기다리고 있을 것입니다.

내가 승천하기 전에 나는 이렇게 말했습니다. "내가 땅에서 들리면, 모든 사람을 내게로 이끌겠노라(요한복음 12:32)." 모든 사람을 내게로 이끄는 것은 내가 기꺼이 자신의 가슴을 열고 내 사랑을 받아들이고자 하는 누구에게나 끊임없이 퍼부어주는 내 신성한 가슴의 사랑입니다. 부디 나와 내 사랑이 여러분의 가슴 속에 머물러 있게 하고, 그것이 여러분을 원래의 고향인 영적인 세계로 이끄는 자석이 될 수 있게 해주기 바랍니다.

11장

죄의식에서 벗어나라

우리는 일반 대중의식과 따로 분리돼야 할 필요성에 관한 이야기를 나누었습니다. 그리고 제 의견으로는 이런 의식의 한 측면은 우리 모두가 죄인이며 살아 있다는 것에 죄의식을 느껴야한다는 개념입니다. 저는 우리가 실수를 인정할 필요가 있고, 그리하여 그 실수를 반복하지 않는 방법을 배울 수 있다고 이해합니다. 하지만 우리가 어떤 실수를 저지를 성향을 극복한다면, 어떤 죄의식을 느낄 이유가 있을까요? 죄책감이 실제로 영적성장에 필요한 부분일까요? 그리고 그것이 우리가 그리스도 의식으로 가까이 다가서는 데 도움이 되겠습니까?

나는 앞에서 그리스도 의식 레벨보다 한참 아래로 추락해서 아직 회복되지 못한 사람들에 관해 언급했습니다. 그런 사람들에게는 죄의식이 더 아래 계단으로 떨어지는 것을 막는 데 도움이 되며, 깨어나는 데 필요한 부분일 수가 있습니다. 어떤 영혼들은 실제로 방향전환을 해서 죄책감의 결과로 오르막길을 시작했습니다. 하지만 불행하게도 수많은 다른 영혼들은 죄의식으로 인해 막다른 골목을 택해 나아 갔습니다. 그들은 죄의식이 너무 깊어서 자기들이 감히 영적인 길의 어떤 단계를 넘어설 수 없다고까지 느낍니다. 확실히 이런 모습은 내가 보고 싶어 했던 것이 아니었습니다.

나는 모든 사람들이 죄의식과 두려움, 다른 부정적인 감정들에 이르는 위기로 돌아서기보다는 영적인 진실에 관한 보다 큰 자각 쪽으로 방향 전환할 수 있기를 훨씬 더 선호했습니다. 나는 여러분이 그런 부정적인 감정들을 가지고는 천국에 들어갈 수 없다는 점이 명백해져야 한다고 생각합니다. 우리 승천한 대사들의 멤버들은 죄의식이나 두려움, 그 어떠한 부정적 감정들도 느끼지 않습니다. 결국 여러분이 만약 죄의식을 느낀다면, 그 상황에 대해 사랑으로 반응하고 있지 않은 것이며, 다시 말하면 여러분 자신을 사랑하고 있지 않은 것입니다. 영적인 길을 올라감에 따라 여러분은 모든 죄의식과 자신을 책망하는 성향, 혹은 세상적인 비난을 수용하는 성향을 극복해야 할 것입니다. 죄의식은 영적인 길에서 절대적으로 떨쳐버려야 할 마음의 한 구조물입니다.

만약 우리가 죄의식을 버려야 한다면, 저는 우리가 어떤 종교들은 – 가장 우선적인 예는 기독교 – 우리가 죄 속에서 생각하고 우리가 행하는 어떤 것도 죄악적인 것처럼 만든다는 사실에 관해 이야기할 필요가 있을 것 같습니다. 이것에 대해 어떤 의견을 갖고 계신지요?

신아(神我)를 의미하는 모든 인간의 생명흐름은 한 쌍의 영적인 부모에 의해 창조되었습니다. 이 양친은 영적인 세계에 거주하며, 신의 비전과 완전함에 완벽하게 조율되어 있습니다. 영적인 존재들이 새로운 생명흐름을 창조할 때, 그들은 신의 비전과 신의 법칙이라는 틀 내에서 창조적 능력을 이용합니다. 결과적으로 모든 인간의 신아는 완벽하게 창조되었습니다.

여러분의 영혼은 자신의 신아에 의해 창조되었고, 그것은 또한 신의 완전함을 표현하기 위해 창조되었습니다. 그럼에도 신의 법칙에 의해 지시된 대로, 모든 영혼은 자유의지라는 선물을 부여받았습니다. 그렇기 때문에 영혼은 자신의 영적인 양친이 구상했던 원래의 완전함에서 멀리 벗어나 움직이는 것을 선택할 수 있습니다. 이것은 즉시 일어나는 것이 아니라 여러 생에 걸쳐 발생합니다. 영혼은 점차 원래의 순수성에서 아주 멀리 떨어져 옮겨가게 되고 자신의 참된 정체성에 관한 의식적인 자각을 상실합니다. 그 영혼은 더 이상 자기 자신을 영적인 양친에 의해 창조된 완전한 존재로 보지 않습니다. 대신에 자신을 불완전하고 죽음을 면할 수 없는 인간으로 봅니다. 그리고 영혼은 자신이 어디서 왔는지를 모릅니다.

우주는 하나의 거울이기 때문에, 여러분은 자신의 의식을 구성하는 내용물에 따라 창조를 할 것입니다. 만약 여러분이 자신을 불완전하고 유한하다고 본다면, 불완전한 것들과 유한한 것들을 창조할 것이며, 우주는 다시 이것을 여러분에게 반사할 것입니다. 하지만 얼마나 심하게 불완전한 상태로 하락해 있는가와 관계없이, 여러분이 일찍이 저지른 어떤 행위도 인간 존재의 원래 순수성을 없애거나 저하시키지 못합니다. 보이는 겉모습이 어떻게 보일지라도 여러분 존재의 내면 깊은 곳은 여러분의 영적인 양친에 의해 창조된 원래의 청사진과 모형(母型) 그대로입니다. 원래의 영혼 청사진은 진흙층에 의해 표면이 덮여진 진주(珍珠)와도 같습니다. 만약 그 진흙을 씻어내려는 노력을 기울인다면, 여러분은 엄청난 가치가 있는 진주, 즉 여러분이라는 존재의 진주를 찾아낼 수가 있습니다(마태복음 13:46).[34] 외적인 모습이 얼마나 불완전해 보이는가에 상관없이, 그 어떤 것도 영혼이 다시 돌아서서 신을 향해 움직이는 잠재력과 그 정체성을 파괴할 수가 없습니다. 모든 영혼이 그런 잠재력을 갖고 있습니다. 이 세상에서 신에게로 다시 돌아가려는 영혼의 잠재력을 빼앗을 수 있는 힘은 절대로 존재하지 않습니다. 세상에는 이런 힘을 갖고 있다고 주장하는 수많은 세력들이 있습니다. 이런 세력들은 인간이 신에게 돌아가기 위해 개인적으로 할 수 있는 것은 아무 것도 없다고 사람들에게 확신시키고자 끊임없이 시도하고 있습니다. 그런데 이런 세력들의 일부는 자기들이 창조주의 대리자라고 주장하고 있고, 어떤 종교들 내에서 높은 직책을 차지하고 있습니다.

내가 수없이 말했듯이, 모든 것이 여러분의 자유의지에 달려 있습

---

34) "극히 값진 진주 하나를 만나매, 가서 자기의 소유를 다 팔아 그 진주를 샀느니라."

니다. 이 세상의 어떤 세력이 무슨 말을 하느냐와 관계없이, 여러분을 신에게로 다시 인도하는 체계적인 길을 시작할 수 있다는 사실은 변함이 없습니다. 아무 것도 여러분이 그 길을 따르는 것을 막을 수가 없습니다. 여러분 스스로 자신이 신에게 다가갈 자격이 없다거나 그럴 능력이 없다고 받아들여 결정하는 경우를 제외하고는 말입니다. 만약 여러분이 누군가가 여러분 자신이 신에 의해 거부당하게 될 비참한 죄인이라고 확신하게 만드는 것을 허용한다면, 그때 신은 여러분의 그런 결정을 존중할 수밖에 없습니다. 하지만 여러분이 나 예수나 다른 어떤 영적스승이 여러분에게 신의 조건 없는 사랑을 이해하도록 영감을 불어넣을 수 있게 해준다면, 여러분은 불완전한 것들에서 벗어나 다시 신의 빛과 사랑에 이르는 길을 시작할 수 있습니다.

만약 충분한 숫자의 인간들이 그 길을 걷게 된다면, 지구 행성 전체가 현재의 불행과 불완전한 상태에서 벗어나 상승될 것입니다. 그것은 말 그대로 신의 완전한 상태로 끌어올려질 수가 있습니다. 그리고 그에 따라 완전한 신의 왕국이 이 지구상에 물리적으로 구현될 것입니다. 어떻게 이런 신의 왕국이 이 행성 위에서 이루어질 수 있을까요? 그것은 오직 (신과) 공동창조자가 되기로 예정된 사람들의 마음을 통해서만이 이룩될 수가 있습니다. 신이 갑자기 하늘에 나타나 인간들에 의해 창조된 모든 문제들과 불완전한 것들을 휙 가져가시지 않을 것입니다. 그렇게 하는 것은 인간의 자유의지를 침해하고 그들이 자기들 행위의 결과를 받음으로써 배울 권리를 방해할 것입니다. 신의 왕국은 단지 인간들이 자신의 영적 정체성과 신과 공동창조를 할 잠재력을 받아들일 경우에만 이룩될 수가 있습니다. 그때 사람들은 현재 이 행성에서 목격되는 인간의 불완전한 것들 대신에 신의 완전한 것들에 대한 공동창조를 시작할 수 있습니다.

그러므로 나의 기본적인 답변은 누가 뭐라고 말하든 간에 이 지구상에 원래부터 죄악적인 것이나 불완전한 것은 아무 것도 없다는 것입니다. 이 행성 위의 모든 것은 절대자의 순수한 빛으로 창조되었습니다. 신의 빛은 결코 본질적으로 바뀌어 질수가 없습니다. 영화 영사기에 관한 내 비유로 돌아가겠습니다. 영사기 속의 백열전구는 계속해서 흰빛의 흐름을 만들어냅니다. 그 흰빛이 슬라이드 필름을 통과할 때, 필름상의 이미지들에 의해 거기에 특색이 부여됩니다. 그리

250

고 그런 이미지들이 영화 스크린 위에 투사됩니다. 하지만 그 흰빛은 근본적으로 바뀌지 않았습니다. 그리고 그 영상들은 스크린 위에 영원히 새겨져 있는 것이 아닙니다. 그런데 영화 스크린 위에 나타난 영상들을 바꾸기 위해서, 여러분은 단지 슬라이드 필름에 있는 이미지들을 바꿀 필요가 있습니다.

여러분 자신이 영화관에 앉아서 공포영화를 보고 있다고 상상해 보십시오. 그 영상들은 단순히 일시적으로 스크린 위에 투영된 것에 불과합니다. 어떤 순간에 여러분은 슬라이드 필름을 바꿀 수 있습니다. 그리고 그 즉시, 불과 조금 전까지 공포영화가 보이던 동일한 스크린에서 거기에 투영된 새로운 영상들을 볼 것입니다. 현재 인간들이 지구 행성이라고 부르는 삶의 스크린에는 불완전한 이미지들이 투영되고 있습니다. 그럼에도 만약 충분한 수의 인간들이 그들 자신의 마음속에 있는 슬라이드 필름을 바꾸려고 노력한다면, 지구는 점차 좀 더 아름다운 영상을 투영하기 시작할 것입니다. 물질세계의 밀도 때문에 그런 변화가 즉시 일어나지는 않을 것입니다. 그것은 점진적인 변화가 될 것이지만, 충분한 수의 사람들이 그들의 의식을 높이기만 한다면, 신속한 진전을 보기 시작할 것입니다. 대단히 극적이어서 대부분의 사람들이 그런 변화가 일어날 수 있다는 것을 인식 못하거나 믿지 못할 만큼의 긍정적인 변화를 가져올 잠재력이 있습니다.

이 행성이 급속히 몰락할 운명이라는 저급한 의식 상태에 빠져 있는 사람들의 주장과 믿음에 영향 받지 마십시오. 고정되거나 불변인 것은 아무 것도 없습니다. 아무 것도 미리 운명 지어져 있지 않습니다. 신의 목적에 대항해서 활동하고 있는 자들에 의해 조장된 최대의 거짓말은 일단 여러분이 어떤 선을 넘어서게 되면, 돌아올 수 없다는 것입니다. 즉 여러분이 일단 죄를 짓게 되면, 여러분 스스로의 힘으로는 구원받을 길이 없다는 것입니다.

이것은 악의적인 거짓입니다. 그것은 신의 실체와는 완전하고도 철저하게 어긋나 있습니다. 그 원래의 신의 순수성으로 다시 변형될 수 없는 불완전한 상태라는 것은 절대로 없습니다. 여러분이 영화를 보고 있을 때, 불변인 요소는 영사기를 통해 흐르고 있는 빛과 영화 스크린 그 자체뿐입니다. 이런 요소들은 극장에서 현재 상영되고 있는 영화가 어떤 영화냐에 상관없이 그대로입니다. 스크린 위에 어떤 영상들이 나타나느냐와는 무관하게 그 흰빛과 흰 스크린은 바뀌지 않은 채로 있습니다.

지구행성에 나타나고 있는 현재의 불완전한 영상들과는 관계없이 신의 창조의 기본적인 요소들은 전적으로 불변입니다. 일시적인 그 영상들을 바꾸기 위해서 여러분은 단지 슬라이드 필름을 바꿀 필요가 있습니다. 그리고 그 슬라이드 필름은 인간들의 마음속에 위치해 있습니다.

슬라이드 필름을 바꾸기 바랍니다. 그러면 여러분은 지구상의 삶이라는 스크린 위에 나타나는 것을 변화시키게 될 것입니다. 나는 이것이 많은 사람들이 받아들이기가 어려울 수도 있는 메시지라는 것을 이해합니다. 그럼에도 그것이 삶에 관계된 단순하고도 기본적인 진리입니다. 지구상의 상황은 삶의 스크린 위에 투영된 일종의 영화입니다. 그리고 현재 상영되고 있는 그것은 공포영화인 것이죠. 하지만 여러분이 슬라이드 필름을 바꾸게 된다면, 그 영화를 자신이 상상할 수 있는 가장 아름답고도 영감적인 영화로 바꿀 수가 있습니다. 사실 여러분이 무엇을 상상하든, 그것이 스크린 위에 투영될 것입니다. 만약 여러분이 자신의 외적인 현실을 바꾸고 싶다면, 여러분의 "현실"에 관한 내면적인 인식을 바꿈으로써 시작하십시오.

그것이 매우 간단하고도 쉬운 것처럼 보이게 말씀하시네요.

그것은 내가 사람들이 그 기본적인 과정을 이해하기를 바라기 때문입니다. 그리고 그 과정은 실제로 아주 단순합니다. 물질우주는 사실상 신의 의식이라는 스크린, 또는 우주거울에 투사된 일종의 영상입니다. 그것에 관해서는 복잡한 것이 아무 것도 없습니다. 그것을 복잡하고 난해한 것처럼 만드는 것은 단지 육적인 마음의 이원성일 뿐입니다. 내가 지구상에 육화했었다는 것을 잊지 마십시오. 나는 여러분이 그런 세속적인 마음의 상자 속에서 그것을 볼 때 모든 것이 다르게 보인다는 것을 충분히 이해합니다. 하지만 그런 상자 안에 갇혀 있는 느낌(또는 그 상자의 외부에는 아무 것도 없는 것 같은 느낌)과 그 상자에서 벗어나도록 인도하는 실행 가능하고 체계적인 길이 있다는 실감 간에는 차이가 있습니다.

일단 여러분이 탈출구가 있다는 것을 깨닫고 받아들이게 되면, 삶에 대해 완전히 새로운 전망을 얻게 됩니다. 새로운 희망, 새로운 방향감각과 목적으로 채워지게 되는 것입니다. 여러분은 삶이 실제로 이치에 맞게 작용한다는 것을 깨닫습니다. 여러분에게 벌어지는 상황들이 불합리하다고 생각되게 만들었던 것은 단지 저급한 마음의 이원성(그리고 그 이원성에서 생겨난 교리들)이었습니다. 여러분은 만약 외적인 교리가 자신의 의문에 답을 줄 수 없다면, 단순히 그 교리 너머를 살펴보고 고등한 원천에서 해답을 찾을 수 있다는 것을 이해합니다. 또한 신이 논리적이고 질서정연한 우주를 창조하셨고 저급한 의식 상태로 인한 불행에서 벗어날 길이 있다는 것을 깨닫습니다.

어떤 영혼이 신으로부터 벗어나 수많은 생애들을 보내다 보니 저급한 의식 상태에 아주 깊이 빠져 있을 수가 있습니다. 그럼에도 모든 영혼들은 그것을 극복할 잠재력이 있습니다. 그렇다면 그 잠재력을 사용할 수 있을까요? 그렇습니다. 그것은 가능합니다. 그런 이유에서 내가 "너희의 인내로 너희 영혼을 얻으리라(누가복음 21:19)."고 말했던 것입니다. 또한 그것 때문에 내가 체계적이고 점진적인 영적인 길에 관해 이야기하고 있는 것이지요. 그 길에는 많은 단계들이 있고 그것이 금방 완결될 수는 없습니다. 하지만 대부분의 사람들이 이미 그 길을 걷고 있으며, 단지 의식적으로 그것을 인식하지 못하고 있을 뿐입니다. 다수의 영혼들이 이미 상당한 진전을 이루었습니다. 그리고 만약 그들이 그 길을 의식적으로 깨닫게만 된다면, 좀 더 신속한 성과를 만들어낼 수가 있습니다.

수많은 영혼들이 이번 생의 나머지 기간 동안 낮은 의식 상태를 끌어올릴 잠재력을 갖고 있습니다. 그들이 그렇게 하려는 의식적인 노력을 기울인다면, 그들은 이번 생 안에 이 지구상에 신의 왕국, 즉 지상천국이 이룩되는 것을 도울 것입니다.

그것은 확실히 가능성이 있습니다만, 제가 말씀드리지 않을 수 없는 것은 신의 왕국에 대해 관심이 없는 사람들이 있다는 것입니다. 왜냐하면 그들은 그것이 자기들의 자유와 창조성을 빼앗아갈 것이라고 생각하기 때문이에요.

나는 그것에 관해 알고 있고, 왜 수많은 사람들이 그런 식으로 느끼는지를 충분히 이해합니다. 하지만 이런 개념이 기존 여러 종교들에 의해 묘사된 신의 이미지에서 생겨났다는 것을 솔직히 인정하도록 합시다. 이런 종교들은 신의 이미지를 그분의 율법과 뜻에서 벗어나 있는 그 누구나 처벌할 준비가 된 분노와 심판의 신으로 그려왔습니다. 내가 〈그리스도는 여러분 내면에서 탄생한다〉에서 설명했듯이, 이런 이미지는 신의 실체와는 전혀 맞지가 않습니다.

창조주께서는 사랑의 신이십니다. 그리고 신은 인간의 창조적 표현의 기초인 상상력과 자유의지를 여러분에게 주셨습니다. 여러분의 영적인 양친은 여러분이 자신의 창조성을 놀라운 방식으로 사용하길 원합니다. 하지만 그분들은 이와 반대로 여러분이 그런 창조성을 가지고 자기 자신이나 형제자매들에게 파괴적으로 사용하지 않길 바랍니다. 이 맥락 내에서의 주요 문제 가운데 하나는 수많은 사람들이 "완전함"이나 "신의 왕국"같은 말들이 정적(靜的)인 어떤 것을 서술한다고 생각하는 경향이 있다는 것입니다. 육적인 마음의 이원성은 사람들에게 만약 어떤 것이 완전하다면, 그것은 조금도 바뀔 수 없다고 생각하게 만듭니다. 이것은 완전함에 대한 잘못된 정의입니다.

완전이라는 것은 신의 법칙과 조화되어 있는 어떤 것을 의미합니다. 어떤 인간이 그리스도 의식에 도달했을 때, 그 사람은 진정한 완전함의 정의에 따라 실제로 완전해집니다. 이것은 그 사람이 모든 개성이나 창조성을 상실한다는 것을 의미하지 않습니다. 반대로 오히려 그 사람은 자신의 신아에 닻이 내려져 있는 진정한 개성을 얻습니다. 또한 그 사람은 천부적인 개성에서 생겨나는 무한한 창조성에 도달하게 됩니다.

여러분의 영혼은 신과 공동창조자가 되도록 설계되었습니다. 이것을 화려하게 꾸민 성(城)을 건축하는 것에다 비유해 봅시다. 모든 사람들이 창조주 내지 신이라고 부르는 영적존재는 단순히 구조 기술자로서의 역할을 합니다. 신은 성이 붕괴되지 않도록 보장하는 자연법칙들을 규정합니다. 하지만 신은 그 성의 정적인 설계도를 도안하지는 않습니다. 그리고 그 설계가 기본적인 구조상의 법칙을 따르는 한, 자체적으로 붕괴되지는 않을 것입니다. 신은 장인(匠人)들, 다시 말하면 영적존재나 인간들이 그들의 창조적 구상에 따라 성을 디자인

하도록 허용하십니다.

　물질주의 과학자들과 전통적인 종교인들은 이 세상의 모든 것이 미리 결정돼 있다는 개념에 이끌립니다. 하지만 이것은 세속적인 마음에서 생겨난 그릇된 생각입니다. 아무 것도 미리 결정돼 있지 않은데, 왜냐하면 모든 것이 영적인 존재들과 인간들, 양자(兩者)의 자유의지에 맡겨져 있기 때문입니다. 신은 불변의 청사진을 만들지 않으셨습니다. 신은 일종의 바탕이나 토대를 만드셨으며, 인간들이 공동창조자로서의 역할을 하여 그 토대에다 성을 세우기를 기대하고 계십니다. 성의 디자인은 세세한 모든 부분이 미리 결정돼 있지 않습니다. 그 성의 많은 측면들을 어떻게 설계하느냐는 인간들의 상상력과 구상에 달려 있습니다. 그리고 신은 자신의 아들과 딸들의 멋진 창조성에 경탄할 수 있게 되기를 바라고 계십니다. 그것이 바로 내가 말했던 "내 아버지께서 이제까지 일하시니 나도 일한다(요한복음 5:17)."[35]라는 말에 숨겨진 내적 의미입니다. 여러분이 그리스도 의식에 도달하게 되면, 신이 여러분의 창조성을 제한하지 않고 오히려 증대시키는 일련의 완전한 법칙들을 창조하셨다는 것을 압니다. 그러므로 여러분은 그 토대 위에다 건축 작업을 시작할 수 있고 신과 공동창조자로서의 정당한 역할을 이행할 수 있는 것입니다.

　인간들은 자신의 창조능력을 물질우주가 자체적으로 파괴되지 않도록 보장하기 위해 세워진 기본 법칙들에 맞게 사용할 필요가 있습니다. 이런 법칙들을 준수할지라도 여전히 창조적 표현을 위한 무한한 기회들이 존재합니다. 여러분의 창조행위가 신에 의해 규정된 기본 법칙을 따르는 한, 그것은 완전해질 것입니다. 하지만 어떤 것을 완벽하게 창조하는 데는 수많은 방식들이 있습니다.

　만약 인간들이 신의 법칙에 맞지 않게 창조를 한다면, 그들의 창조는 불완전해질 것입니다. 그렇다고 이것이 그런 실수를 한 것에 대해 신이 즉시 인간들을 벌한다는 의미가 아닙니다. 그것은 단지 신에 의해 창조된 일반 법칙들이 사람들의 창조물에 대해 자체적인 붕괴를 일으킬 것이라는 의미입니다. 과학에 의해 발견된 이런 기본 법칙들 가운데 하나는 〈열역학의 제2법칙〉입니다. 이 법칙은 폐쇄된 체계

---

35)"예수께서 저희에게 이르시되, 내 아버지께서 이제까지 일하시니 나도 일한다 하시매"

내의 무질서는 증가할 것이고 모든 구조들이 결국은 파괴될 것이라고 말합니다.

이 법칙은 신과 단절되었을 때 여러분이 창조하는 모든 것이 붕괴되고 자멸하게 되리라는 것을 실제로 보여줍니다. 사실 여러분이 신으로부터 단절된다는 것은 낮은 의식 상태로 떨어진다는 것을 의미합니다. 사람들이 이원성으로 떨어지게 되면, 그들은 〈열역학의 제2법칙〉의 지배를 받게 되며, 인간들이 이 지구상에 창조해 놓은 모든 것이 그러한 작용 하에 놓이게 됩니다. 인간의 저급한 의식은 자연에도 영향을 미치게 되는데, 그런 이유 때문에 여러분이 이 지구상에서 수많은 쇠퇴와 붕괴를 목격하고 있는 것입니다. 성모 마리아님은 〈너희의 행성을 구하라〉에서 이것을 아주 상세하게 설명하고 계십니다.

여러분 자신이 신으로부터 단절되는 것을 피하기 위해서는 낮은 의식 상태를 넘어서서 그리스도 의식이라는 어떤 단계에 도달해야 합니다. 그리스도 의식의 본질은 여러분이 높은 영적세계와 직접적인 연결 상태에 있다는 것입니다. 그런 연결을 통해서 여러분이 신의 법칙들을 알 수 있고, 그에 따라 그런 법칙들에 따라 창조를 할 수 있습니다. 결과적으로 여러분의 창조는 열역학의 제2법칙의 지배를 받지 않게 되고, 그것은 자체적으로 파괴되지 않을 것입니다. 여러분은 이 행성 위에다 참되고 영속적인 아름다움을 창조할 수 있습니다. 또한 불완전하게 창조된 현재의 인간 왕국과는 대조적으로, 파괴됨이 없이 영원히 지속될 신의 왕국을 창조할 수 있는 것입니다.

우리가 신에 의해 창조된 이래, 죄의 개념, 특히 원죄(原罪)의 개념이 잘못 해석돼 온 것으로 생각됩니다. 죄에 관한 예수님의 설명은 무엇인지요?

"죄"에 대한 히브리어의 정확한 번역은 "빗나감(실패)(missing the mark)"입니다. 그것을 방금 전에 우리가 이야기한 것에다 결부시켜 봅시다. 만약 여러분이 어떤 것을 신의 법칙들과 조화되게 창조한다면, 여러분의 창조는 완전한데, 이는 과녁에 적중했다(성공했다)는 것을 의미합니다. 그런데 여러분의 창조가 신의 법칙에 위배된다면, 그것은 빗나가고 있는 것입니다.

죄를 짓는다는 것은 즉 여러분이 신의 법칙에 맞게 창조하는 것에서 벗어나고 있다는 것을 의미합니다. 한 영혼이 창조되었을 때, 그 영혼은 어린아이에 비유될 수 있다는 것을 사람들이 깨닫는 것은 중요합니다. 신은 그 어린 영혼이 금방 모든 법칙들을 아는 것을 기대하지 않습니다. 신은 그 영혼이 성장과정을 거칠 것이고, 그에 따라 점차 자신의 모든 법칙들과 그런 법칙 내에서 창조하는 방법을 배울 거라고 기대하십니다. 마찬가지로 신은 인간이 완전할 거라고 기대하지 않으며, 때문에 실수하는 것에 대해 사람들을 책망하지 않으십니다.

하지만 신은 또한 사람들이 자기들의 실수에서 배우기를 기대하십니다. 그럼으로써 인간은 그들을 더욱 더 낮은 의식 상태로 추락시키는 끝없는 주기 속에서 똑같은 실수를 계속 반복하지 않게 되는 것이죠. 내가 여기서 말하고 있는 것은 신의 시각에서 볼 때, 죄와 죄책감은 큰 문제가 아니라는 것입니다.

걷는 법을 배우는 과정에 있는 어린 아이가 있다고 상상해 봅시다. 어떤 종류의 부모가 그 아이가 넘어진다고 해서 책망을 할까요? 어떤 부모가 즉시 걸을 수 없다는 것에 대해 그 아이가 죄책감을 느끼는 것을 바랄까요? 또 과연 어떤 부모가 (몇 번 넘어졌다고 해서) 그 아이가 결코 감히 다른 걸음을 내딛을 수 없는 불행한 죄인처럼 느끼기를 바라겠습니까? 자, 만약 인간의 부모들이 그들의 자녀가 즉시 걸을 수 없는 것을 책망하지 않는다면, 왜 이런 인간들은 그들의 천상의 부모가 그 최초의 시도에 실패했다고 해서 자기들을 책망할 거라고 상상한단 말입니까? 왜 사람들은 신이 그들에게 성장할 시간을 허용해 주었고 실수한 것에 대해 책망하지 않는다는 사실을 알지 못할까요?

분명히 신은 여러분이 성장하여 삶의 교훈들을 배우는 것을 보고 싶어 하십니다. 그렇게 함으로써 여러분은 늘 과녁을 적중시켜 신의 법칙과 조화된 창조를 할 수 있는 의식 상태에 신속히 도달할 수 있는 것입니다. 반면에 신은 인간들이 똑같은 실수를 계속 반복하는 것을 보고 싶어 하지 않으십니다. 또한 두려움과 죄의식, 혹은 자기들의 실수를 인정하지 않으려는 교만 때문에 더 나은 행동을 배우지 않는 것도 원치 않으십니다. 신은 여러분이 삶의 교훈 배우기를 망설이고 스스로 가로막는 것을 바라지 않습니다. 하지만 신은 인간들이 똑같은 실수를 되풀이할 때조차도 그들을 책망하지 않으십니다.

죄에 관해 이해해야 할 가장 중요한 것은 신의 시각에서 볼 때, 죄와 죄의식, 책망, 자책을 포함한 비난 간에는 별 관계가 없다는 것입니다. 신은 여러분이 과녁을 맞히지 못한 것에 대해 자신을 책망하기를 원치 않으시며, 다만 다음번에는 더 낫게 노력하기를 바라실 뿐입니다. 죄를 짓는다는 것은 단지 여러분이 과녁을 맞히지 못했고, 따라서 여러분의 창조가 신의 법칙과 충분히 조화롭게 되지 못했다는 것을 의미합니다. 그러니 여러분 자신을 책망하거나 다시 노력할 자격이 없다고 느끼지 말기 바랍니다. 다음 기회에는 더 낫게 행동할 수 있도록 단지 자신의 실수에서 배우고 즉시 다시 노력하십시오. 그것은 말에서 떨어지는 것과 매우 흡사합니다. 여러분은 즉시 다시 올라타야만 것입니다.

그렇다면 원죄의 개념은 어떻게 되는 거죠? 그것이 실제로 어떤 근거를 갖고 있나요?

그것은 복잡한 질문입니다. 원죄에 관한 현 (종교계의) 설명은 진실과는 거리가 있지만, 그 자체의 개념은 실제로 근거가 있습니다. 이것을 이해하기 위해서 원죄의 개념이 영혼에게는 적용되지 않는다는 점을 명확히 하도록 합시다. 영혼은 신의 법칙들을 알고 있는 영적인 자아에 의해 창조되었습니다. 그리고 모든 인간의 영혼은 완벽하게 창조되었습니다. 만약 어떤 영혼이 신의 법칙에 맞게 창조되었다면, 그때 그 영혼은 분명히 죄 속에서 창조될 수 없었습니다. 그 영혼은 죄를 짓기 위해 창조될 수 없었고, 따라서 원죄의 개념은 영혼에게 적합하지 않습니다.

대부분의 사람들이 저급한 의식 상태로 떨어져 있기 때문에 그들은 자기 영혼 본래의 순수한 시각을 상실했습니다. 대부분의 인간들은 그들 자신을 신의 모습과 닮은 속성으로 창조된 영적존재로 보지 않습니다. 그들은 자기들이 이 세상에서 보는 불완전한 것들과 육체에 의해 영향 받아 새로운 정체감을 형성했습니다. 사실 수많은 사람들이 그들 자신을 육체와 동일시하며, 그 이상은 아니라고 생각합니다.

지구가 창조되었을 때, 지구는 인간의 몸을 포함하여 신의 완전함과 순수성을 표현했습니다. 그런데 오랜 시대에 걸쳐 인간들은 지구에 대한 원래의 청사진을 오염시켰고, 저급한 의식의 불완전함에 의해 그것을 바꾸어 놓았습니다. 이것은 또한 인간의 몸에도 해당됩니다. 사람들이 현재 입고 있는 육체는 신의 완전함을 표현하지 않습니다. 그런 까닭에 여러분이 수많은 질병과 불완전함, 결함들을 보고 있는 것입니다.

일부 과학자들은 이미 그런 정보가 물질세계에서 창조를 하는 데 결정적인 역할을 한다는 것을 압니다. 인간은 자신의 마음의 힘을 통해서 신의 순수한 빛에다 어떤 이미지들을 투사합니다. 말하자면, 우주는 에너지로 창조되었고, 그런 (이미지의) 정보가 에너지로 하여금 특정의 형태를 취하도록 만들었다고 할 수 있습니다. 그리고 그 정보는 의식적인 마음에 의해 착상되거나 상상해낸 것임에 틀림없습니다.

대부분의 사람들은 육체가 유전자(DNA) 속에 저장된 정보에 따라 설계된 것이라는 사실을 압니다. 그런데 모든 과학자들이 아직 깨닫지 못하거나 인식하지 못하고 있는 것은 DNA 속에 저장된 어떤 정보들이 인간의 마음에서 유래되었다는 것입니다. 달리 말하면, 인간의 마음이 정보를 DNA 분자에다 투사한 것이며, 그럼으로써 육체 자체가 의식에 의해 영향을 받았다는 사실입니다.

기술적인 논의로 길게 나가는 것을 피하기 위해서 원래의 요점으로 돌아가도록 하겠습니다. 어떤 어머니가 아이를 임신했을 때, 부모의 DNA 속에 저장된 정보는 아이의 몸에 대한 청사진과 결합됩니다. 만약 두 부모가 저급한 의식 상태로 떨어져 있다면, 그들의 DNA 안의 정보에 그런 의식상태가 반영될 것입니다. 그러므로 그들이 임신한 그 몸은 아이의 육체에 대한 완벽한 청사진과 일치하지 않게 될 것입니다. 그 아이의 몸에 대한 청사진은 원래의 목표에서 빗나가게 될 것이며, 따라서 아이는 죄 속에서 잉태되어 태어났다고 말할 수가 있습니다.

내가 여기서 말하고 있는 것은 원죄의 개념이 실제로 근거가 있다는 것입니다. 그 부모들이 저급한 의식 상태에 빠져 있게 되면, 그들의 자녀들이 죄로 잉태될 것인데, 이는 그 아이들의 몸이 신의 완전한 표현체가 되지 못할 것이라는 의미입니다. 시작부터 아이들의 신체에 관한 청사진이 신의 완전함이라는 과녁에서 빗나가는 것입니다. 이것이 육체가 선천적으로 불완전하다거나 죄로 충만하다는 것을 뜻하지는 않는다는 점에 주의하기 바랍니다. 신은 완전한 (인간의) 육체를 창조하셨습니다. 그러므로 사람들이 그들의 의식을 끌어올린다면, 그들의 육체가 다시 한 번 그 완전함을 나타낼 것입니다. 몸이 선천적으로 죄악이 아니기 때문에, 원죄의 개념은 일시적인 현상을 말할 뿐입니다.

원죄의 개념이 성교(性交)의 행위를 말하는 것이 아님을 명확히 하겠습니다. 남성과 여성 간의 육체적 결합은 선천적으로 아무런 죄가 되지 않습니다. 이러한 성행위를 죄악적으로 만들 수 있는 것, 즉 빗나간 행위의 여부는 그 행위를 하는 의식 상태에 달려 있습니다. 이것은 인간들에 의해 행해지는 다른 어떤 행위들도 마찬가지입니다. 만약 어떤 행위가 저급한 의식 상태에서 행해진다면, 그것은 과녁에서 빗나갈 것입니다. 하지만 만약 그 동일한 행위가 그리스도 의식의 수준에서 행해진다면, 그것은 과녁을 맞힐 것입니다. 분명히 말하지만, 그렇다고 해서 여러분이 그리스도 의식 상태에서 살인을 할 경우, 그것이 죄가 되지 않는다고 내가 말하고 있는 것은 아닙니다. 그리스도 의식에 도달하게 되면, 여러분은 절대로 다른 인간을 살해하는 따위의 행위는 생각조차 하지 않을 것입니다.

여기서의 내 요점은 죄는 단지 외적행위의 문제가 아니라는 것입니다. 어떤 행위들은 항상 죄가 됩니다. 하지만 다수의 행위들은 오직 저급한 의식 상태에서 행해질 때만 죄가 됩니다. 그럼에도 이런 똑같은 행위들이 그리스도 의식 수준에서 행해질 수가 있고, 그에 따라 그것들이 죄가 되지 않을 것입니다. 나는 이것이 구별하기가 미묘하고 어려운 문제라는 것을 이해합니다. 그리고 저급한 의식은 이 전체적 개념을 거부할 것이라는 점도 충분히 알고 있습니다. 저급한 의식은 모든 것을 흑과 백의 견지에서 봅니다. 그것은 단순한 규칙을 가지기를 바라며, 이런 행위는 늘 죄가 되고 저런 행위는 늘 선(善)이 된다고 말하고 있습니다.

신은 이 우주를 저급한 의식에 기초해서 설계하지 않았습니다. 그런 저급한 의식에 편리하게 보이는 것과는 무관하게 신의 진실은 불변인 채로 남아 있습니다. 여러분은 저급한 마음의 상대성을 이용하여 어떤 행위가 죄가 될지의 여부를 결정할 수가 없습니다. 여러분은 오직 그리스도 마음의 고등한 기준을 이용함으로써만이 어떤 행위가 죄가 되는지를 결정할 수 있습니다.

저는 당신께서 말씀하신, 우리가 자신의 실수에서 배우고 신이 우리자신을 책망하지 않는다는 가르침을 이해합니다. 하지만 다른 생명의 죽음을 유발했던 심각한 실수를 저지른 사람들은 어떻습니까? 예컨대 저는 오래 전에 낙태(落胎)를 한 데 대해 여전히 죄책감을 갖고 있던 여러 명의 여성을 만난 적이 있습니다. 어떻게 사람들이 심각한 실수를 한 데 대한 죄의식과 고뇌를 극복할 수 있을까요?

어떤 인간과 어떤 형태의 실수에도 적용되는 가르침을 여러분에게 주도록 하겠습니다. 나는 단지 한 가지 예로 임신중절을 들어 말할 것입니다. 여러분이 해야 할 필요가 있는 첫 번째 것은 자신이 범한 실수에 대해 전적으로 인정하는 것입니다. 나는 이것이 어느 정도 진퇴양난의 상황이 된다는 것을 이해합니다. 만약 여러분이 자신의 실수를 인정한다면, 자동적으로 죄책감을 느낄 것입니다. 따라서 자신의 실수를 인정하지 않고 대신에 그 행위를 합리화하는 것이 안전할 것입니다. 인간들은 자기들의 실수에 대해 책임을 지지 않는 것에 유별나게 능숙합니다. 그럼에도 여러분이 진정한 영적 추구자라면, 이런 덫에 걸려드는 것을 허용할 수는 없습니다. 여러분이 조금이라도 저지를 수 있는 어떤 실수들은 제한된 의식상태의 산물입니다. 그런 마음의 틀을 넘어서는 유일한 길은 자신의 실수를 솔직히 인정하는 것입니다. 그리고 그것을 있는 그대로 보고나서 놓아버리는 것입니다. 여러분이 이어지는 가르침을 참으로 이해한다면, 자신의 실수를 인정하는 것으로 인해 죄의식의 덫에 걸려들게 되지는 않을 것입니다. 설사 그것이 심각한 실수라 할지라도 말입니다. 여러분은 단지 그런 실수에서 배우고, 유한한 의식을 뒤로하는 선택을 할 것이며, 그런 다음 신성을 향해 좀 더 가까이 옮겨가기 위해 발을 내딛을 것입니다.

일단 여러분이 자신의 실수를 인정한다면, 신이 여러분을 조건 없는 사랑으로 사랑하신다는 것을 받아들일 필요가 있습니다. 그러므로 그분은 이미 여러분을 용서하신 것입니다! 여러분이 그런 용서를 경험하는 데 있어서의 걸림돌은 자기 스스로 신의 그 용서를 받아들이지 못한다는 것입니다. 여러분은 신이 여러분을 용서하셨고, 나 예수 그리스도가 여러분을 용서했다는 것을 받아들일 필요가 있습니다. 그러므로 남은 것은 여러분이 자기 자신을 용서하는 것뿐입니다. 나는 사람들이 그들 자신을 용서한다고 말하는 것은 장님이 자기 눈이 뜨여 보인다고 말하는 것과 거의 유사하다는 것을 이해합니다. 그럼에도 진리가 여러분을 자유롭게 할 것입니다. 따라서 나는 여러분이 자신을 용서하는 데 도움이 될 수도 있는 숙고할만한 생각을 전하겠습니다.

〈너희의 행성을 구하라〉에서 성모님은 이 세상에는 신이 잘못되었음을 증명하려는 욕망에 몰두해 있는 세력이 있다고 설명하십니다. 그들은 신이 인간에게 자유의지를 주었을 때 실수한 것이라고 생각하고 이를 입증하고자 합니다. 이 세력들은 사람들이 신과 분리되어 자유의지를 오용하도록 만들기 위해 가능한 어떤 짓도 행할 것입니다. 앞서 언급한대로 신이 영혼들에게 자유의지를 주셨을 때, 그분은 그들이 신의 법칙을 어길 수 있는 능력도 주어야만 했습니다. 그렇지 않다면, 그들은 진정한 의미의 자유의지를 가졌다고 할 수 없을 것입니다. 이런 기회를 영혼들에게 줌으로써, 신은 그들이 자유의지를 경험함에 따라 신의 전반적인 비전과 계획의 틀 내에서 우주의 공동창조를 돕는 것이 그들의 가장 중요한 관심사이자 최고의 사랑이었음을 점차 깨닫기 바라셨습니다. 영혼들을 형상의 세계로 보낸 후에 신은 참으로 그것을 희망하셨고, 그들은 - 자신의 자유의지로 - 신과 일체감을 형성하는 것을 선택하고는 했었습니다.

그러나 신의 계획에 맞서서 활동하고 있는 세력들의 우선적인 목표는 사람들이 스스로 신과 분리되도록 만들어 그들 자신을 신과 분리된 존재로 보는 의식 상태에 고착되게 하는 것이었습니다. 이로 인해 그들은 지구에다 수많은 덫을 설치하게 되었습니다. 엄청난 수에 달하는 이런 덫의 전체적 목적은 사람들로 하여금 그들 자신을 신과 분리돼 있는 것으로 보게 만드는 것입니다. 또한 이 덫들은 사람들이 신의 법칙을 어기게끔 유발하는 목적을 갖고 있습니다. 이것은 거의 무제한의 교활한 거짓말을 만듦으로써 이루어지는데, 그런 거짓들이 신의 법칙을 어기는 것이 필요하고 정당하며 수용할만한 것처럼 생각되게 조장합니다.

여러분이 지구상에서 목격하는 모든 잔학한 행위들 뒤에 도사린 세력들은 바로 이런 의식 상태입니다. 그 계략은 사람들을 꼬드겨 그들이 자기의 운명을 결정할 권리가 있고 그들 자신에 대한 결정을 하기 위해 이런 저런 행위를 범할 수 있다고 믿는 사고방식을 조장하는 것입니다. 어둠의 세력들에 의해 이용된 교묘한 주장들 가운데 하나는 아직 태어나지 않은 아이는 (그냥 지워버리면 되는) 종이의 얼룩에 지나지 않는다는 것입니다. 하지만 임신중절을 했던 많은 여성들이 여러 수준의 큰 슬픔과 양심의 가책, 상실감을 경험했습니다. 바로 이 사실이 태아가 종이의 얼룩에 지나지 않는다는 의심을 불식시킬 것입니다. 그리고 그런 이유로 민감한 여성은 자신의 낙태행위가 어떤 영혼이 태어날 기회를 빼앗았다는 사실을 알 것입니다.

여러분은 여기서의 교묘한 계략을 이해할 수 있습니까? 비록 낙태 문제에 관련된 수많은 어둠의 의도들이 있긴 하지만, 그 전체적인 계획은 여성을 속여 무지와 무감각 상태에서 태아의 생명을 빼앗겠다는 것입니다. 그러므로 이제부터 임신중절을 한 여성에게는 어떤 일이 발생하는지를 깊이 생각해 봅시다.

확실한 것은 낙태를 한 모든 여성들이 자신이 실수를 저질렀다는 것을 자각하는 진실의 순간을 경험하리라는 것입니다. 하지만 이런 진실의 순간을 거의 알아차리지 못하거나 재빨리 제쳐놓음으로써 그것을 기억조차 할 수 없다고 주장하는 많은 여성들이 있습니다. 하지만 솔직한 약간의 조사만으로도 낙태 직전이나 직후에 진실을 순간을 경험했다는 어떤 여성에 대해 밝혀줄 것입니다. 이것은 인간이 조금이라도 저지를 수 있는 어떤 실수에 대해서도 마찬가지입니다. 언제나 진실의 순간은 존재합니다.

어떤 여성이 진실의 순간을 부정한다면, 그녀는 생명에 대해 둔감한 마음에 길들여져 있음으로써만이 그렇게 할 수가 있습니다. 또한 그녀는 오직 자신과 자궁 속 태아와의 관계를 부정함으로써만이 그렇게 할 수 있는 것입니다. 더 나아가 그녀는 모든 생명에 대한 자신의 연결을 부정함으로써만이, 특히 신성한 어머니 자신과의 연결을 부정함으로써만이 이런 관계를 부정할 수가 있습니다. 그러므로 내 요점은 생명에 대한 그녀의 연결을 부정함으로써 여성은 자기 자신을 신으로부터 따로 분리시키게 된다는 것입니다. 그녀는 자신이 신과 분리돼 있다고 생각하며, 따라서 그녀는 모든 생명과 분리돼 있는 것입니다. 그런 이유에서 그녀는 낙태가 생명을 빼앗는다는 개념을 부정할 수가 있습니다.

여성이 이런 반응에 길들여지게 되면, 어둠의 세력들이 승리를 거두게 되는데, 그녀가 자신을 신으로부터 분리시켰기 때문이지요. 그리고 많은 경우에 여성은 낙태를 하려는 자신의 결정을 정당화하기 위해 모든 노력을 다할 것이며, 그에 따라 신과의 분리감을 굳히게 됩니다. 심지어 그녀는 낙태가 아무 문제가 없다고 다른 사람까지 확신시키려는 짓도 서슴지 않을 수도 있습니다. 그리하여 결과적으로 그런 사람들도 자기 자신을 신과 분리된 존재로 보게 될 것입니다. 우선 그녀는 단지 스스로 실수를 저지르게 만든 교활한 거짓말을 영속시키고 있습니다.

이제 두 번째 시나리오, 즉 진실의 순간을 인정하고 고백하기로 선택한 여성의 사례를 살펴봅시다. 이런 여성은 자신이 실수를 했다는 것을 깨닫고 인정하는데, 이로 인해 교활한 거짓과 어둠의 세력으로부터 자유로워질 기회를 얻게 됩니다. 분명히 여성이 생명에 대한 어떤 관계를 인정했을 때만이 이런 결정을 할 수가 있습니다. 이런 연결 관계를 인정함으로써 그녀는 또한 신에 대한 자신의 관계를 인정하고 있습니다. 명백하게 이것은 어둠의 세력이 바라는 것과는 정 반대의 상황입니다. 하지만 이것이 그 여성에 대한 어둠의 세력의 싸움이 패배했다는 것을 의미하지는 않습니다. 그것은 단지 어둠의 세력이 이제 계획-B로 옮겨간다는 것을 뜻할 뿐입니다.

어둠의 세력의 1차 계획은 사람들로 하여금 신에 대한 그들의 관계를 부정하게 하고 그리하여 자기들이 실수를 저질렀다는 것도 부정하게 만드는 것입니다. 만약 어둠의 세력이 사람들이 스스로 실수했음을 인정하는 것을 막을 수 없다면, 그들은 자기들 계략의 다음 계획을 이용할 것입니다. 그 계획은 인간에게 그런 죄의식과 죄인이라는 존재감을 불어넣는 것이며, 이때 사람들은 결코 다시는 신과의 적절한 관계를 회복할 수 없다고 느낍니다.

여성이 낙태를 하게 되었을 때, 어둠의 세력은 여러분의 마음과 감정체에다 자신이 결코 보상할 수도 없는 그런 심각한 실수를 저질렀다는 생각과 느낌을 투사할 것입니다. 그들은 이것을 가지고 의도적으로 여러분으로 하여금 신의 눈으로 보실 때 자신이 결코 다시는 받아들여질 수 없다고 느끼게 만들기 위해 시도할 것입니다. 그로 인해 여러분은 자신이 신과 연결될 자격이 없다고 느낌으로써 신으로부터 자기 자신을 분리시키게 됩니다. 달리 말하면, 어둠의 세력들은 여러분이 설사 자신이 실수했음을 인정하더라도 결코 그 실수에서 자유로워지지 못할 것이라고 확신시키고자 시도하고 있는 것입니다.

여러분은 내가 지금 말하고 있는 것을 이해하겠습니까? 그들의 1차 계획은 사람들이 실수를 하게 하 고 그런 다음에는 자기들이 실수했음을 부정하도록 조종하는 것입니다. 그럼으로써 사람들은 자기들이 그 실수를 하도록 유발했던 의식에 빠져있다는 느낌에 따라 결코 그 실수로부터 자유로워지지 못할 것입니다. 만약 그 계획이 유효하지 않다면, 어둠의 세력은 여러분이 실수한 것에 대해 죄의식을 느끼고 그 실수로부터 자신이 자유로워지지 못할 거라고 확신시키고자 시도할 것입니다. 다시 말해 여기서의 계략은 여러분을 속여서 여러분이 신의 법칙을 어김으로써 실수를 저지르게 만드는 것입니다. 그럼 다음 그런 실수, 또는 그런 의식, 교활한 거짓에서 결코 자유로워질 수 없다고 농락하는 것입니다. 어둠의 세력들은 이처럼 사람들이 영적인 진퇴양난의 상황에 빠져 옴짝달싹도 못하도록 조종하려 하고 있습니다.

여러분은 이런 은밀한 음모가 얼마나 교묘하고 사악한지를 이해하나요? 수십억에 달하는 사람들이 이런 계략과 다양한 술책들에 의해 속고 농락당해 왔다는 것을 이해하겠습니까? 당신들은 이것이 결코 신이 자신의 아들과 딸들에게 자유의지를 주셨을 때 그분의 계획이 아니었음을 이해할 수 있나요? 신은 인간들이 그분과 하나임을 부정하는 의식상태 속에서 길을 잃는 것을 보고 싶어 하지 않으십니다. 그분은 오직 하나의 소망을 갖고 계십니다. 그리고 그것은 여러분이 자신을 신과 하나가 될 잠재력을 가진 신의 자녀로, 또한 신과 공동 창조자가 되고 이 물질우주의 신(God)이 될 잠재력을 가진 존재로 완전히 인식하는 모습을 보는 것입니다. 따라서 신은 결코 여러분이 자신을 그분과 분리된 존재로 보는 저급한 의식 상태에 빠져있는 것을 바라지 않으십니다. 그러므로 신은 일단 여러분이 저급한 의식에 떨어져 있게 되면, 단지 한 가지 소망을 가지십니다. 그것은 여러분이 그런 의식 상태를 극복하고 신 앞에서 결백한 아들딸로서의 자신의 참된 정체성을 받아들이는 것입니다.

신이 자유의지를 주셨을 때, 그분은 여러분에게 우주를 떠받치고 있는 자연법칙의 틀 내에서 실험할 권리도 주셨습니다. 에너지는 진동의 형태로 존재하기 때문에 그것은 쉽게 변화할 수가 있습니다. 물질우주는 사실상 여러분이 좋아하는 어떤 성(城)도 건축할 권리가 있는 우주적인 (놀이용) 모래상자와 같습니다. 어떤 성들은 있을 수 있는 최상의 모습이 되지 못할 것입니다. 하지만 여러분은 그 모래를 가지고 성의 모습을 바꾸지 않았으며, 단지 그것에다 바람직하지 않은 형태를 부여했을 뿐입니다. 여러분의 실수를 지워 없애기 위해서는 그저 성을 허물어버리고 더 나은 것으로 세우면 됩니다.

여러분이 잘못된 선택을 하고 신의 법칙을 어기게 되면, 신의 에너지의 일부 진동을 저하시킵니다. 여러분은 이것을 자신의 마음의 힘을 통해서 하고 있습니다. 그럼에도 여러분의 마음이 신의 에너지의 진동을 떨어뜨릴 힘을 가지고 있다는 바로 그 사실이 또한 반대로 그 에너지의 진동을 끌어올릴 힘도 갖고 있음을 증명할 것입니다. 이를 바꿔 말하면, 여러분이 이 우주에서 조금이라도 저지를 수 있는 실수들 가운데 완전히 지워버릴 수 없는 실수는 없다는 사실입니다. 실수는 단지 오염시킨 에너지입니다. 그리고 여러분이 일단 그 에너지의 진동을 높이게 되면, 여러분의 실수는 영원히 지워져 없어집니다. 내가 여기서 말하고 있는 것은 인간이 어떤 영구적인 실수를 한다는 것은 불가능하다는 것입니다. 이런 덧없는 우주 속에서 여러분이 행하는 어떤 것은 일시적인 나타남이 될 것이며, 따라서 그것은 지워질 수 있습니다.

만약 어떤 실수를 한다면, 신은 여러분이 실수한 것에 대해 죄의식을 느끼기를 바라지 않으십니다. 다만 신은 여러분이 실수한 것을 인식하고 인정하고 나서 미래에 더 나은 선택방법에 관한 교훈을 배우기를 바라십니다. 이것은 여러분이 실수를 저지르도록 유발한 교활한 거짓말을 간파하고 버리는 것을 배워야함을 의미합니다. 더 나아가 그 교활한 거짓말에 취약해지게 만든 완전히 이원적인 의식상태도 역시 마찬가지입니다. 일단 여러분이 그런 교훈을 배우고 실수하게 만든 믿음이나 의식을 진정으로 버린다면, 실수한 것에 대해 죄책감을 느끼는 것은 건설적이 아닙니다. 신은 여러분에게 자유의지를 주셨습니다. 그리고 신은 여러분이 그런 자유의지를 가지고 자연법칙을 위반하는 정도까지도 실험할 권리도 주셨습니다. 신이 이렇게 하신 이유는 신의 법칙을 따르는 것이 여러분의 최대 관심사이자 사실 여러분의 영혼이 가장 사랑하는 것이라는 사실을 배울 기회를 얻기를 바라셨기 때문이었습니다. 그러므로 신은 여러분이 죄책감을 느끼길 원치 않으십니다. 즉 신은 단지 여러분이 보다 높은 의식으로 올라설 수 있도록 털고 일어나 자신의 실수에서 배우길 원하십니다.

어둠의 세력들은 여러분이 자신을 신과 분리해서 보게 만드는 의식 상태에다 빠뜨리기 위해 시도하고 있습니다. 이렇게 하기 위한 한 가지 방법으로서 그들은 철저한 죄의식과 죄책감을 만들어 냈습니다. 여러분이 저지른 실수나 범한 죄를 결코 청산할 수 없다는 믿음은 신으로부터 온 것이 아니며, 그것은 명백히 사실상 적그리스도(Anti-christ)의 의식입니다.

내가 지상에 왔던 배후에 가려져 있는 가장 중요한 메시지 가운데 하나는 인간들이 이 지구상에서 저지른 어떤 실수도 청산될 수 있고 거기서 완전히 자유로워질 수 있다는 것입니다. 여러분은 마치 그 실수가 전혀 일어나지 않았던 것처럼 그것들로부터 자유로워질 수 있습니다. 그러나 불행하게도 많은 사람들이 교활하고 잘못된 의식의 포로가 되어 있고, 따라서 자기들이 결코 죄로부터 진정으로 회복될 수 없다고 생각합니다. 바로 이것이 그들이 신으로부터 용서받는 것을 방해합니다.

다시 한 번 말하지만, 어둠의 세력들의 교활함은 대단히 교묘하고 다루기가 쉽지 않습니다. 만약 그들이 여러분을 한 가지 방법으로 함정에 빠뜨릴 수 없다면, 그들은 다른 방법으로 덫을 놓기 위해 시도할 것입니다. 그러므로 내가 여기서 말하고 있는 것이 여러분이 실수를 했을 때 그것을 대수롭지 않게 가볍게 받아들여야 한다는 것을 의미하지 않습니다. 만약 그렇게 한다면, 여러분은 더 많은 실수를 할 것이고, 실수를 유발하게 만드는 그런 의식 속에 더더욱 빠져들게 될 것입니다. 이런 의식은 또한 여러분이 자신의 영적인 자아와의 접촉을 상실케 할 것이며, 카르마를 짓게 만들 것입니다. 따라서 누구나 거기에는 올바른 선택과 별로 옳지 않은 선택이 있다는 사실에 유의할 필요가 있습니다.

여러분이 신의 법칙을 어기는 선택을 할 때, 그것은 사실상 여러분 자신을 해치고 있는 것입니다. 만약 사람들이 자기들이 행하고 있는 것을 진정으로 이해한다면, 그들이 일부러 자신을 해치지는 않을 것입니다. 그렇기 때문에 그들은 주의할 필요가 있고, 자기들의 선택을 깊이 검토할 필요가 있습니다. 또한 그들은 "지혜가 제일이니 지혜를 얻으라. 무릇 너의 얻은 것을 가져 명철을 얻을지니라(잠언 4:7)."라는 말처럼, 자기들의 이해를 계속해서 확대해 나가려는 노력이 필요합니다. 그럼으로써 그들은 자신이 잘못된 선택을 할 때 그것을 직관적으로 알 수가 있습니다.

실수에 관련된 이상적인 시나리오를 개략적으로 언급하겠습니다. 여러분이 잘못된 선택을 할 때마다 거기에는 앞서 언급했던 진실의 순간이 있을 것입니다. 그때 정신을 차리고 자신이 실수했다는 것을 인정합니다. 그리고 가능한 한 어떻게 왜 그런 실수를 저지르게 되었는지에 대해 최대한의 이해를 얻기 위기 노력합니다. 이어서 여러분이 한 실수의 배후에 놓인 교활한 거짓말을 꿰뚫어보는 것을 배웁니다. 그런 다음 그 실수를 반복하지 않기로 결정하는 것입니다. 원칙적으로, 여러분으로 하여금 실수를 하게 만든 그 의식과 거짓을 버려야 합니다.

이렇게 한다면, 여러분이 저지른 모든 실수는 그리스도 의식으로 좀 더 가까이 다가가는 디딤돌이 됩니다. 이것이 바로 신이 여러분한테 보고 싶어 하시는 것이며, 또한 내가 보고 싶은 것입니다. 나는 대부분의 사람들이 저급한 의식 상태로 떨어져 있고 그들이 완전한 그리스도 의식에 이르는 점진적인 길을 따를 필요가 있음을 이해합니다. 그러므로 나는 사람들이 올바른 마음자세를 갖는 것을 보고 싶은 큰 바람이 있으며, 결과적으로 그들이 하는 모든 실수들이 그들을 그리스도 의식으로 좀 더 가까이 데려가는 계기가 될 것입니다. 그런 방식을 통해서만이 여러분이 승리할 수 있고 어둠의 세력이 여러분을 지배하지 못합니다. 즉 이 세상의 지배자가 오더라도 그가 여러분에게 얻을 것이 없게 되는 것이지요(요한복음 14:30).

그러므로 많은 사람들이 내가 하는 말을 잘못 이해하고 있습니다. 그것은 장차 이 세상의 지배자가 여러분에게 아무 것도 얻지 못하기 전에 여러분이 완벽해지거나 완전한 그리스도 의식에 도달해야 한다는 것을 뜻하지 않습니다. 그것은 여러분이 기꺼이 실수로부터 배우고, 모든 실수의 원천인 교활한 거짓말과 낮은 의식을 버리겠다는 자세를 가질 필요가 있음을 의미합니다. 여러분은 실수한 것에 대해 죄책감이 없이 자진해서 그 실수를 인정합니다. 그리고 단순히 그 실수에서 배운 후, 즉시 보다 높은 자신의 영적인 길로 옮겨가는 것입니다. 바울이 언급했듯이, 여러분의 인간적 자아의 일부는 날마다 죽어야 하는 것입니다(고린도전서-1 15:31).[36] 여러분은 낡은 인간과 육적인 마음을 벗고, 그리스도 마음을 입습니다. 이런 마음자세를 가질 때, 악마는 실수를 이용하여 여러분을 농락함으로써 얻을 것이 아무 것도 없게 됩니다. 물론 여러분은 여전히 다른 실수를 하게 만들 일부 교묘한 믿음들을 갖고 있을 수도 있습니다만, 그런 믿음들 또한 진보를 위한 발판이 됩니다.

여기서 중요한 점을 이해하겠습니까? 나는 낙태나 다른 실수들을 하는 것이 정당하다고 말하고 있는 것이 아닙니다. 나는 낙태를 하는 것이 하나의 실수이지만, 여러분이 결코 벗어날 수 없는 실수는 아니라는 것을 말하고 있는 겁니다. 여러분은 참으로 자유로워질 수가 있습니다. 그리고 그 첫 단계는 자신이 저지른 실수를 인정하는 것입니다. 두 번째 단계는 여러분이 실수를 하게 유발했던 그 의식을 진정으로 버리는 것입니다. 즉 잘못된 믿음, 교활한 거짓말 등을 정직한 마음으로 버립니다. 일단 이렇게 여러분이 그런 거짓을 꿰뚫어보고 버린다면, 그때 알아야 할 것은 바로 그 순간에 여러분의 실수가 신에 의해 용서를 받았다는 사실입니다. 이런 이해를 통해 다음 단계로 옮겨가게 되는데, 거기서 여러분은 단지 신의 용서를 받아들이겠다는 의식적인 결정을 하고 나서 죄책감에 스스로 묶이지 말고 옮겨갈 필요가 있습니다.

이런 내면의 변형을 겪은 후에는 어떤 실수들은 여러분 자신의 영혼 너머에까지 이르는 결과를 가져온다는 것을 인식해야 할 것입니

---

36)"형제들아, 내가 그리스도 예수 우리 주 안에서 가진바 너희에게 대한 나의 자랑을 두고 단언하노니, 나는 날마다 죽노라."

다. 만약 그 실수가 여러분 삶의 다른 부분에 영향을 끼쳤다면, 오염된 에너지의 형태로 카르마를 만들 것입니다. 그런데 여러분이 참으로 그 실수에서 자유로워지기 위해서는 자기 행위의 결과들을 무효화할 필요가 있습니다. 여러분은 카르마를 변형시키는 영적인 기법들을 이용하는 것을 포함해서 이것을 다양한 방법으로 상쇄할 수 있습니다.

그런 부정적인 결과들을 무효화하기까지는 시간이 걸릴 수가 있습니다. 그리고 민감한 사람들은 자신이 어떤 실수를 저지른 데 대한 삶의 부채를 아직 다 갚지 못했다는 것을 직감적으로 알 것입니다. 이로 인해 불필요한 것이긴 하지만, 여러분이 죄의식에 매달리게 될지도 모릅니다. 하지만 내가 설명하려고 노력했듯이, 일단 실수를 하게 만든 그 의식을 버렸다면, 죄의식을 느낄 필요가 없습니다. 여러분은 자신이 죄에서 벗어났다고 느낄 수 있도록 스스로 허용할 필요가 있습니다. 그런데 만약 여전히 죄책감에서 자유롭지 못한다면, 이것은 여러분이 이런 죄의식을 여러분의 마음과 감정체에다 투사하고 있는 어둠의 세력들에 의해 공격받고 있음을 보여줍니다. 앞서 내가 설명한 것처럼, 인류의 감정체에는 수많은 이상(異常)이 있습니다. 그렇기 때문에 어둠의 세력들이 여러분의 실수를 이용하여 감정체에다 죄의식의 느낌을 투사하는 것은 매우 쉽습니다.

자기가 벗어날 길이 없는 실수를 했다고 생각하는 모든 사람들에게 해주고 싶은 내 조언은 내가 여기서 말한 내용들을 깊이 묵상해 보라는 것입니다. 나는 사람들에게 모든 어둠의 세력들과 그들이 투사하는 죄의식과 두려움, 기타 부정적 감정들로부터 자신의 마음과 감정체를 봉인하기 위해 영적인 보호 도구들을 이용하라고 적극 충고합니다. 여러분은 그런 어둠의 세력들에 대한 심판을 요청할 수가 있습니다. 이럴 때는 여러분을 공격하는 어둠의 세력을 결박해서 소멸시켜 달라고 미카엘 대천사에게 요청해야 합니다. 또한 나는 실수의 결과로서 생기는 모든 카르마와 오염된 에너지를 소멸시키기 위해 성모님의 로사리오들을 이용하라고 충고하는 바입니다. 〈기적의 용서 로사리오〉는 여러분 자신을 용서하는 데 매우 효과적인 도구입니다.

마지막으로, 나는 사람들에게 그들을 실수하게 만든 교활한 거짓말들에 관한 깊은 이해를 얻기 위해서 내면의 조율 기법을 이용하라고 조언합니다.[37] 여러분은 또한 이 기법을 자신의 죄의식을 내게 건네주기 위해 이용할 수 있습니다. 단순히 여러분이 정원으로 들어가 내 맞은편에 앉는다고 마음으로 그려보기 바랍니다. 그런 다음 자신의 죄책감이나 다른 부정적 감정들을 취합하여 단단한 공속에다 밀어넣는다고 시각화하는 것입니다. 이제는 여러분이 그것을 손에 잡고 신성한 내 가슴에다 던진다고 상상하는데, 거기서 그것은 나의 조건 없는 사랑과 무한한 사랑에 의해 즉시 소멸됩니다. 이 연습을 여러분이 죄의식에서 자유롭다고 느껴질 때까지 하루에 한 번씩 하는 것이 좋습니다.

끝맺으며 생각하는 바, 여러분이 서로 맞서고 있는 두 세력들 간의 전쟁터에서 살고 있다는 것을 늘 명심하기 바랍니다. 여러분의 영혼은 줄다리기에 몰두해 있는 두 팀들 사이의 밧줄과 같습니다. 그 밧줄의 한쪽 편에는 죽음과 지옥 출신의 온갖 어둠의 세력들이 있고, 그들은 여러분이 성장하는 것을 방해하고 있습니다. 다른 쪽에는 완전한 상태의 승천한 대사들의 집단이 있으며, 우리는 여러분이 더 높이 올라서도록 끌어당기고 있습니다.

하지만 일반적인 줄다리기와는 달리 한쪽 팀이 다른 팀보다 월등히 더 강력하다는 것에는 의문의 여지가 없습니다. 우리 승천한 대사들은 어떤 순간에도 여러분을 위를 끌어올릴 힘을 갖고 있습니다. 그런데 문제는 우리가 종종 우리의 힘을 무력화시키는 불리한 조건을 갖고 있다는 것입니다. 그 불리한 조건은 여러분이 여러분 자신을 어떻게 보느냐에 관련해서 하는 결정입니다. 만약 여러분이 교활한 거짓말, 즉 자신이 언젠가 저지른 실수에 대해 죄의식을 느껴야 하는 불행한 죄인이라는 거짓말의 포로가 된다면, 그때 여러분은 다른 어둠의 팀에게 그들이 당신들을 아래로 끌어내릴 수 있는 부당한 이점을 주게 될 것입니다.

그러므로 단지 그런 교활한 거짓들을 간파하는 방법을 배우겠다고 결심하고 여러분의 형제자매인 승천한 대사들이 여러분을 위로 끌어올릴 수 있게 허용하기 바랍니다. 내가 "만약 내가 땅에서 들리면 모든 사람을 내게로 이끌겠노라(요한복음 12:32)"고 말하지 않았나요?

---

37) 이 기법은 〈그리스도는 여러분 내면에서 탄생한다〉에 나와 있다.

여러분은 내가 단지 장난을 쳤다고 생각하십니까? 나는 여러분을 우리 아버지의 왕국으로 끌어올릴 힘을 갖고 있습니다. 여러분이 내게 그렇게 하도록 해주기만 한다면 말입니다. 그러니 단순히 여러분을 지옥의 의식에다 계속 묶어두고 있는 죄의식을 놓아버리십시오.

12장

여러분의 영혼을 지휘하라

우리가 영혼에 관한 많은 것을 이야기했습니다만, 정작 영혼이 무엇인가에 대해서는 정의하지 않았습니다. 어떤 사람들은 영혼이 육체적인지, 영적인지, 아니면 양쪽 다인지를 궁금해 합니다.

내가 여러 번 이야기 했듯이, 모든 것은 에너지로 이루어져 있고, 에너지는 진동입니다. 진동에는 여러 수준들이 있으며, 어떤 형태의 에너지들은 이른바 물질우주의 주파수 범주 내에서 진동합니다. 그것이 바로 내가 육체적, 물질적 에너지라고 불렀던 것입니다. 다른 모든 것과 마찬가지로 영혼도 에너지로 이루어져 있습니다만, 그것은 물질적인 범주 내에서 진동하는 에너지로 이루어져 있지 않습니다. 그러므로 영혼은 물질적이 아닙니다.

모든 생명흐름(life stream)은 신이 개체화된 것입니다. 그리고 여러분의 개체성은 신아 속에 정박되어 있습니다. 여러분의 생명이 신의 창조계 내의 이런 수준에서 삶을 경험하기 위해 물질세계로 내려가기로 결정했을 때, 그것은 나중에 영혼이 된 자신의 한 확장체를 창조했습니다. 영적인 자아가 자신의 에너지로 그 영혼을 창조했습니다만, 그렇게 하는 과정에서 영혼 에너지의 진동이 낮아집니다. 영혼의 에너지는 물질세계의 에너지보다 약간 더 높은 수준에서 진동합니다. 따라서 영혼이 이 세상으로 들어올 수는 있으나, 이 세상에 속해 있지는 않다고 말할 수 있으며, 그것은 영혼이 이 세상의 에너지로 이루어져 있지 않다는 것을 의미합니다. 육체는 물질세계의 에너지로 이루어져 있습니다. 하지만 영혼은 단지 육체 안에 거주하고 있을 뿐이며, 이것은 운전사가 자동차의 일부가 되지 않고 차 안에 탈 수 있는 것과 매우 흡사한 것입니다.

영혼(soul)과 영(spirit) 사이에는 어떤 차이가 있습니까? 어떤 사람들은 그것에 혼란을 느끼는 것 같습니다.

그렇습니다. 많은 사람들이 영혼을 영과 동일한 것으로 간주합니다. 이것은 사람들이 영적인 자아인 신아(神我)의 존재에 관해 모르기 때문입니다. 그들은 영혼이 자기들을 이루고 있는 전부인 것으로 추측합니다. 어떤 의미에서 이것은 반드시 틀린 것은 아닌데, 왜냐하면 영혼은 영의 에너지로 이루어져 있고 그 영적인 자아의 개성을 표현하고 있기 때문입니다. 차이는 원리상의 차이가 아니라 단지 진동의 수준에서의 차이입니다. 하지만 여러분이 유의해야 할 것은 영적인 자아는 영원하고 물질세계의 에너지에 의해 영향 받을 수 없는데 반해, 영혼은 영원하지 않다는 것입니다. 영혼은 자유의지를 갖고 있고, 따라서 여러분은 영혼의 수준에서 선택을 합니다. 그런데 영혼이 물질세계로 내려오게 되면, 그것은 저급한 의식 상태로 떨어질 잠재성이 있습니다. 그리고 이런 일이 발생할 때, 영혼은 자신의 영적인 기원과 정체성조차 망각해버릴 수가 있습니다.

영혼은 이 물질세상의 에너지와 믿음들에 의해 영향을 받을 수가 있습니다. 그리하여 영혼은 불멸의 영적존재라는 실상 대신에 죽을 운명의 세속적 존재라는 잘못된 정체감을 형성할 수 있는 것이죠. 이로 인해 영혼의 에너지가 물질세계의 에너지에 심하게 말려들 수 있고, 결과적으로 영혼이 이 세상에서 길을 잃을 수가 있습니다. 말하자면 영혼이 이 세상의 어떤 에너지를 취하여 자기존재의 일부로 받아들인다고 할 수 있는 것입니다. 자유의지 때문에 영혼은 적어도 지금 이곳에서는 그가 자신이라고 생각하는 것일 수밖에 없습니다. 즉 만약 영혼이 자기 자신을 죽을 운명의 존재로 본다면, 그때 그것은 그런 유한한 존재로 작용할 것입니다.

당신은 영혼이 육체의 죽음에도 불구하고 살아남는다고 말씀하셨습니다만, 그것은 영원하거나 불멸적이지는 않습니다. 그 이유와 어떻게 하면 영혼이 자신의 영원한 생명을 얻을 수 있는지 설명해주시겠습니까?

내가 이미 언급했다시피, 여러분이라는 존재의 영원한 부분은 신아입니다. 영혼은 그 영적인 자아가 물질세계를 경험하고 신과 공동창조자로 일하기 위해 창조한 일종의 탈 것(vehicle)입니다. 비록 영혼이 영적인 자아의 개성을 가진 한 확장체이긴 하더라도 그 신아의 완전한 신적의식으로 창조된 것은 아닙니다. 물질세계에서의 자신의 여정을 통해 점차 이런 신적의식을 성취해 가는 것이 영혼의 참된 목적들 가운데 하나입니다. 영혼이 이런 의식을 얻고 자신이 신아의 한 확장체이자 절대자의 한 개체화라는 것을 깨닫게 되면, 그 영혼은 그리스도 의식에 도달한 것입니다. 그런 후에 영혼은 영적인 세계로 상승하여 불멸에 도달할 수가 있습니다. 또한 그 영혼은 이제 우리 승천한 대사들 그룹의 한 멤버가 되며, 우리 모두는 불사(不死)의 존재들입니다. 모든 영혼들은 이렇게 될 수 있는 잠재력이 있습니다. 하지만 영혼은 저급한 정체감에 빠질 선택 대신에 그리스도 의식에 이르는 선택을 함으로써 자신의 승천을 성취해야만 합니다.

영혼은 자유의지를 갖고 있기 때문에, 그 자신의 정체감과 현실감을 창조할 잠재력이 있습니다. 그렇다고 이것이 영혼이 신의 바깥에 있는 어떤 영원한 현실을 창조할 수 있다는 것을 의미하지 않습니다. 오히려 그것은 단지 영혼이 실제이고 영원하다고 믿는 정체감과 현실을 창조할 수 있다는 것을 의미합니다. 영혼이 이런 잘못된 정체감에 이끌리고, 자기 자신을 신과 분리돼 있거나 심지어 신과 대립하는 존

재로 보는 한, 그 영혼은 자신의 불멸을 얻을 수가 없습니다.

이 지구상의 거의 대부분의 영혼들은 불멸의 영혼들이 아닙니다. 나는 그들이 불멸의 영혼이 돼가고 있는 길에 있다고 말할 수 있기를 바라지만, 불행하게도 그것은 실상과는 거리가 있습니다. 내가 2,000년 전에 지구에 왔을 때, 그것은 그리스도 의식에 이르는 실행 가능한 길이 있고 그에 따라 불멸 - 내가 영원한 생명이라고 불렀던 것(요한복음 6:54) - 을 얻을 수 있음을 보여주기 위한 것이었습니다. 나는 모든 사람들이 따를 수 있는 하나의 본보기가 되기 위해 왔었습니다. 그러나 불행하게도 이 지상에서 나를 대리한다고 주장하는 바로 그 종교가 나를 일종의 우상으로 바꿔놓았던 것입니다. 그리고 그들은 나를 받침돌 위에다 올려놓고 혹시라도 사람들이 예수 그리스도가 간 길을 따를 수 있다고 주장할 경우, 그것을 신성모독이라고 규정하고 있습니다.

이것은 인간들이 창조할 수 있는 거짓된 종류의 현실과 정체의 완벽한 실례이며, 명백히 잘못된 것입니다. 그리고 내가 여러분에게 보증할 수 있는 것은 현재 형태의 기독교는 대단히 치명적이며 결코 오랜 기간 동안 살아남을 수가 없다는 것입니다. 그것은 영적인 부활의 과정을 통해 나의 참된 가르침으로 다시 조정되지 않는 한, 지금의 새 천년기 내에 급속히 쇠퇴하기 시작할 것입니다.

어떤 영적인 가르침들은 신이 우리에게 자유의지를 주셨을 때인 최초의 탄생시 우리가 상처를 입었고, 그래서 우리가 여전히 버려졌다고 느낀다고 말합니다. 맞는 이야기인가요?

여러분의 영혼은 여러분이 원래 영적으로 탄생하는 데서 상처를 받지 않았는데, 그것은 여러분의 신아의 탄생이었기 때문입니다. 그 탄생은 여러분의 영혼이 생겨나기 전에 발생했습니다. 앞서 말한 대로 여러분의 영혼은 신아에 의해 물질우주에서 활동하고 경험하기 위한 탈 것으로 창조되었습니다. 여러분의 영혼이 창조되었을 때 상처를 입지는 않았지만, 영혼은 선천적으로 주어진 과제를 갖고 있습니다. 그것은 신아와 신의 전체 몸을 포함한 보다 거대한 전체의 일부가 되는 동시에 개체의식을 유지하는 방법을 찾아야 합니다. 이것은 영혼이 그 해결책을 찾는 데 대개 오랜 시간이 걸리는 과제입니다. 이것은 점차 영혼이 성숙하고 자신의 정체감을 규정했을 때 일어나는데, 부분적으로는 물질세계에서 경험한 결과로서 나타납니다. 이 과제는 영혼이 그리스도 의식을 뜻하는 영적인 통달에 도달할 때까지는 완전히 해결되지 않습니다.

여러분의 영혼이 일부 사람들이 최초의 탄생이라 부르는 것에서 상처를 입기는 했지만, 그것은 사실 저급한 의식 상태로의 추락이었습니다. 이런 상태로 인해 여러분의 영혼이 자기 자신을 신아와 분리돼 있는 것으로 보게 된 것입니다. 이것이 수많은 영혼들로 하여금 버려져 있다고 느끼게 만들었는데, 그러나 실제상황은 여러분 영혼은 결코 신에게 버림받지 않았다는 사실입니다. 오히려 여러분의 영혼이 신과 신아로부터 돌아섰고, 신은 여러분의 자유의지를 존중했기 때문에 인간들의 선택에 아무런 간섭도 할 수 없었던 것입니다. 일단 신과 분리되면, 영혼이 이런 분리 이전에 자신이 존재하지 않았다는 것을 믿는 것이 가능해집니다. 그러므로 영혼은 그 분리를 최초의 탄생으로 잘못 볼 수도 있습니다. 하지만 신으로부터의 분리는 영혼의 탄생이 아니었습니다. 즉 그것은 에고의 탄생이었습니다.

어떤 사람들은 신이 우리를 독특한 개인들로 창조하셨을 때, 지구상에서 우리가 보고 있는 수많은 갈등과 충돌에 대한 준비를 하셨다

고 말합니다.

신이 여러분을 독특하게 창조하셨지만, 여러분의 신아와 다른 생명체의 신아 간에 경쟁이나 갈등의식은 없었습니다. 사람들 사이에 일어나는 충돌은 그들의 영적인 자아나 영혼들 간의 충돌이 아닙니다. 그것은 그들의 에고들 간의 충돌이고 육적인 마음들 간의 충돌입니다. 〈빛을 향한 내면의 길〉 2부에서 우리는 영혼과 에고 간의 관계와 어떻게 영혼이 에고를 버림으로써 자포자기감과 갈등을 극복할 수 있는지를 보다 상세히 다루고 있습니다.

신은 여러분의 생명을 아름다운 다이아몬드의 독특한 한 면처럼 창조하셨습니다. 각 단면은 독특하지만, 그것은 또한 다이아몬드의 일부입니다. 각각의 면들이 전체의 이미지를 높이기도 합니다만, 전체는 부분들의 총합 이상입니다. 따라서 각 단면은 자신을 개체적인 독특함과 커다란 전체의 일부, 양쪽으로 볼 때만이 완전한 것입니다. 달리 말하면, 여러분과 다른 영혼들 간의 차이점들은 그것이 여러분의 독특성을 떨어뜨리거나 경쟁적인 요소가 아니라는 것입니다. 다른 영혼들이 여러분과 다르다는 사실은 단지 여러분의 독특성을 강화시킬 뿐입니다. 어떤 영혼이 자신의 신아와 연결돼 있는 한, 그 영혼은 자기 자신을 (타인과의) 차이점들에 의해 위협을 받는다는 느낌이 없이 거대한 전체의 일부로 봅니다. 그러나 영혼이 이런 연결 상태를 상실했을 때, 그 영혼은 더 이상 자신과 다른 사람들의 사이가 서로 연결돼 있다는 것을 알지 못하며, 경쟁과 갈등의식의 열린 통로가 되고 맙니다. 신은 여러분의 생명을 독특한 특성으로 창조하셨는데, 왜냐하면 여러분이 다른 생명이 가져올 수 없는 선물을 이 우주에 가져오기를 바라셨기 때문입니다. 여러분은 이곳 지구에서 신과 공동창조자가 되어 향후의 인류발전을 위해 독특하고도 유례없이 귀중한 선물을 가져올 잠재력이 있습니다. 나는 영혼이 일단 낮은 의식 상태로 떨어지게 되면, 개성이 주요 문제를 일으킬 수 있다는 것을 인정합니다. 그럼에도 그런 난제를 만드는 것은 분리의식(分離意識)입니다. 그리고 영적인 길을 걸어 개인적인 신성에 도달함으로써 영혼은 자신의 영적인 자아와의 관계를 재건할 수가 있습니다. 그에 따라 여러분은 주의를 자신의 독특한 개성을 표현하는데다 집중할 수 있으며, 다른 사람들의 신념이나 행위들에 대해 덜 우려하게 됩니다. 여러분은 참된 여러분 자신이 되는 데 초점을 맞출 것이고, 다른 사람들이 진정한 그들 자신이 되도록 할 것입니다. 또는 다른 이들이 그 순간 그들이 되고자 선택하는 그들 자신이 되도록 놔둘 것입니다. 이처럼 여러분은 될 것이고, (타인들로 하여금) 되게 할 것인데, 그것이 마음의 평화를 이루는 열쇠입니다.

　당신은 우리의 영혼이 상처받을 수 있고, 우리가 영적인 길을 완성하기 위해서는 영혼을 치유할 필요가 있다고 말씀하셨습니다. 혹시 영혼의 질병 같은 것이 있습니까? 예를 들면, 정신분열증이 영혼, 마음, 또는 몸의 질병인가요?

　정신분열증과 같은 영혼의 질병은 복잡한 주제인데, 의학전문가들도 영혼의 모든 질병에 대해 명확한 정의를 갖고 있지 않기 때문입니다. 정신분열증이 좋은 실례이긴 합니다. 왜냐하면 많은 다른 증상들이 이 병에서 기인하니까요. 여러분이 다양한 증상들을 폭넓게 살펴본다면, 대부분의 인간들이 하나나 그 이상의 증상들을 가벼운 형태로 나타낸다는 사실을 알 것입니다.
　이런 관찰의 중요성은 정신분열증으로 진단받은 사람들이 어찌된 일인지 다른 사람들과 분리된 범주 내에 있지 않다는 것입니다. 사실 거의 대부분의 인간들이 그들 내면에 정신분열증의 씨앗을 갖고 있습니다. 정상적인 생활을 영위할 수 없을 만큼 심각해진 증상을 가진 사람들은 단지 소수입니다. 또는 이런 사람들이 그런 증상으로 진단받게 된 반면에 다른 사람들은 그렇지 않았다는 차이에 불과합니다. 일부 또는 모든 증상들을 지닌 채 진단이나 치료를 받지 않고도 어떻게든 살아보려고 하는 많은 사람들이 있습니다.
　만약 여러분이 보다 큰 시야를 갖고 다른 증상들의 세부적인 것들을 거리를 두고 생각한다면, 바꿔 말해서 나무들 대신에 숲을 본다면, 수많은 증상들 배후의 공통점이 경계 문제라는 것을 알게 될 것입니다. 즉 이런 증상들을 가진 사람들은 무엇이 실제이고 무엇이 실제가 아닌가, 또 무엇이 그들 자신의 일부이고 무엇이 그들 자신의 일부가 아닌가 사이에서 경계를 정하는 데 어려움을 겪습니다. 또한 이런 사람들은 그들 자신이 누구인가를 결정하는 데도 고통을 받는데, 따라서 그들의 생각과 느낌, 행위들은 종종 그들 자신의 외부로부터의 충격파에 의해 영향을 받습니다.

어떤 종류의 질병에는 항상 그 질병의 3가지 구성요소가 있습니다. 내가 앞서 언급했듯이, 물질우주는 참으로 물질의 의식과 비물질적 존재들의 반영입니다. 그러므로 여러분이 그 증상들을 살펴본다면, 분명히 그 질병의 육체적인 요소가 있다는 것을 알 수가 있습니다. 뇌의 화학반응이나 호르몬, 또는 바이러스와 같은 신체 내의 많은 요인들이 정신분열증에 영향을 미칠 수 있습니다. 하지만 심리적 질병의 주요 육체적 요소는 뇌의 전자기적 기능 내의 혼란입니다. 과학은 단지 뇌의 참된 기능들을 일종의 전자기 장치처럼 이해하기 시작했습니다. 나는 향후 수십 년 내에 이것에 관한 이해가 상당히 진전되리라고 예측합니다. 그리고 과학자들은 실제로 뇌 안의 전자기적 혼란을 치료하는 방법들을 개발할 것입니다.

여기서의 내 요점은 이런 육체적 요소들이 그 병의 원인은 아니라는 것이며, 그것은 단지 증상들이 확대되어 보이는 것뿐입니다. 따라서 그런 육체적 문제를 가진 사람들은 심리적인 증상들을 보통 인간들보다 좀 더 두드러진 정도로 나타내는 것일 수가 있습니다. 그리고 그런 이유 때문에 그들은 정신분열증으로 진단을 받은 것입니다. 그런 경우에 그 증상들을 최소화하기 위해 약물과 같은 물질적 수단을 사용하는 것이 효과가 있을 수가 있습니다. 하지만 증상들에 대한 이런 처치가 절대로 잘못된 치료가 되어서는 안 됩니다.

육체적인 요소 너머에 있는 것이 이른바 심리적인 요소들입니다. 이것이 대부분의 심리학자들이 모든 심리적 문제들의 주요 원인으로 보고 있는 것입니다. 그리고 그런 이유에서 그들은 그 문제들이 유전적이고 환경적인 요인들에서 생겨난다고 믿고 있습니다. 사실상 특정의 육체에 결부돼 있는 마음이 실제로 있습니다. 우리가 육체의 컴퓨터라고 부를 수 있는 마음은 양육기 동안 노출돼 있던 그 사람의 부모와 환경적 요인들의 유전구조(기질)에 의해 상당히 영향을 받습니다.

그러나 다시 한 번 말하지만, 이런 외적인 마음은 그 증상들의 원인이 아닙니다. 즉 그것은 단지 증상들이 확대되어 보이는 것입니다.

영혼은 여러분이라는 존재의 발달중인 측면입니다. 그것은 육체의 죽음 이후에도 살아남습니다. 그리고 육체가 죽을 때, 외적인 마음도 그렇게 됩니다. 영혼이 물질세계에서 자신을 표현하는 유일한 방법은 외적인 마음과 육체라는 여과기를 통해서입니다. 그러므로 몸과 외적인 마음은 이미 영혼 속에서 발견된 조건들을 확대할 것입니다. 외적인 마음과 몸은 영혼 속에서 볼 수 있는 조건들의 반영이라고까지 말할 수도 있습니다. 영혼은 특정한 몸에 정확히 이끌리는데, 왜냐하면 외적인 마음과 몸의 조건들이 그 영혼이 어떤 문제들을 해결하는 데 도움이 될 수 있기 때문이지요. 달리 말하자면, 만약 어떤 영혼이 정신분열증과 같은 영혼의 질병을 극복하겠다는 특별한 목적을 갖고 육화한다면, 그 영혼은 이런 증상을 확대함으로써 자신이 그 증상들을 다루는 데 도움을 줄 몸과 마음을 찾아낼 것입니다. 내가 여기서 말하고 있는 요점은 정신분열증의 진짜 원인은 영혼 속에서 발견된다는 사실입니다. 좋은 소식은 영혼의 어떤 상태도 처치가 가능하고 치료할 수 있다는 것입니다. 반대로 나쁜 소식은 그것은 어떤 작업이 필요하고, 영혼이 그런 작업을 실행하는 것을 매우 어렵게 만드는 조건들이 있다는 것입니다. 그런 한 가지 조건은 정신분열증이 심각한 경우입니다. 이것을 이해하기 위해서, 영혼에 관한 보다 심오한 내용을 여러분에게 전하겠습니다.

여러분의 신아는 여러분 자신의 독특한 개성에 관한 청사진을 갖고 있습니다. 영혼이라는 것을 높은 주파수나 빛 에너지로 이루어진 결정구조(結晶構造)로 묘사할 수도 있습니다. 영혼이 창조되었을 때, 그것은 완전하고도 자체적으로 완비된 빛 에너지의 결정구조로 형성되었습니다.

인간이 타락하기 전에 지구행성은 오늘날 세상에서 볼 수 있는 그 어떤 부정적인 조건들도 갖고 있지 않았습니다. 그러므로 영혼들이 물질세계로 내려와 지금의 세상에서는 예사로운 외상적 경험들에 노출됨이 없이 육체를 입을 수 있었습니다. 이것은 영혼이 사실상 원래의 모형과 청사진이 분열되거나 파괴되는 위험을 겪지 않고 움직였다는 것을 뜻합니다.

그런데 인간이 타락한 후에, 다수의 불완전한 조건들이 이 행성에 나타나기 시작했습니다. 이것이 의미하는 바는 많은 영혼들이 이제는 결코 원래 신의 계획의 일부가 아니었던 외상적 경험들에 노출되었다는 것입니다. 사실 영혼은 (신아가) 물질세계를 경험하고 이 세상을 공동창조하기 위한 도구입니다. 그런 까닭에 영혼은 물질세계의 긍정적 측면을 경험하려는 욕구가 있습니다. 하지만 영혼은 현재 이 지구상에서 볼 수 있는 불완전한 조건들을 경험하고자 하지는 않습니다. 따라서 영혼이 육체 안에 있고 매우 상처받기 쉬운 상황에 노출돼 있다면, 그 영혼은 그런 상황을 경험하고 싶지 않다고 실제로 결정할 수가 있습니다. 그러나 영혼이 육체 안에 사로잡혀 있기 때문에 그런 상황에서 벗어날 수가 없습니다. 그런 상황에서 일어날 수 있는 것이 영혼의 분열, 즉 영혼이 두 개나 그 이상의 작은 조각들로 쪼개지는 것입니다.

시각적인 설명을 하겠지만, 오히려 비선형 도해(no linear illustration)가 완전히 정확한 영혼관을 전해줄 수 있다는 점을 명확히 하겠습니다. 그 이유는 영혼이 신체만큼이나 선형적이 아니기 때문입니다. 영혼의 원래 청사진은 두 가지 요소를 갖고 있습니다. 하나는 외형, 즉 결정구조(crystalline structure)입니다. 그리고 다른 하나는 그 외형을 채우고 있는 내용입니다. 여러분은 영혼의 결정구조를 새장이나 짐승의 우리(cage)를 형성하는 금속 봉들로 상상해도 좋습니다. 그 우리 안에는 스티로폼(styrofoam)으로 이루어진 공들로 상상할 수 있는 보다 부드러운 재료가 들어 있습니다. 여기서 우리는 영혼의 천부적인 개성이고, 신성한 잠재력입니다. 영혼의 성숙해지는 만큼, 그 우리는 확대될 수 있고, 그 모양이 세련되어질 수가 있습니다. 우리 안에 있는 영혼재료는 의식(意識)의 운반장치인데, 이는 영혼의 기억들과 정체감을 의미합니다.

영혼이 정신외상적인 경험을 할 때, 그 영혼의 일부는 그런 경험하기를 원치 않는다는 결정을 합니다. 따라서 영혼의 한 부분이 그 경험으로부터 움츠려들거나 뒤로 물러날 수가 있습니다. 그리고 그것은 그 영혼의 주요 부분으로부터 실제로 자신을 단절하거나 분리시킬 수 있습니다. 그 구조(영혼)의 외형은 그대로 남아 있지만, 그 일부는 약화되었고, 그것은 이제 그 내부에 빈 곳을 갖고 있습니다. 정신적인 상처가 덜한 상황 속에서, 영혼 내부의 일부 공들은 밖으로 나오지 않을 수가 없고 그 영혼으로부터 분리됩니다.

여러분은 자연은 진공을 싫어한다는 말을 들어보았을지도 모릅니다. 영혼의 내용물이 쪼개지면, 영혼의 결정구조 내에는 진공이 생겨나게 되며, 어떤 것이 그 진공을 채울 것입니다. 이 지구상에서 볼 수 있는 불안정한 상황들 때문에 그 진공이 어둠의 영혼들이나 독성에너지들에 의해 침범되었을 가능성이 대단히 높습니다. 이들은 악마들처럼 악의적인 존재들일 수가 있습니다. 그들은 육신이 사망하여 몸이 없는 영혼들일 수 있지만, 그 영혼들은 영계(靈界)로 옮겨가지 않습니다. 그것은 또한 다른 영혼들의 일부일 수가 있습니다.

어떤 영혼의 결정구조가 외부의 세력에 의해 침범 당하게 되면, 그 영혼은 자기 자신 - 원래의 청사진을 의미함 - 과 외부세계 간의 경계선을 긋기가 어렵다는 것을 알게 됩니다. 그 영혼은 더 이상 무엇이 자신이고 무엇이 외부세력인지를 분별할 수가 없습니다. 즉 무엇이 실재이고 무엇이 비실재인지를 구분할 수가 없게 되는 것입니다.

내가 여러분에게 말할 수 있는 것은 지구행성의 폭력적인 과거로 인해 완전하고도 건강한 상태인 영혼들은 극소수에 불과하다는 것입니다. 거의 대부분의 인간들이 그들 영혼 내에 갈라지거나 찢어진 모종의 틈을 갖고 있습니다. 따라서 그들은 외부의 영향력에 의해 침범되어 있습니다. 물론 대부분의 사람들에게 이런 침범이 소위 정상생활을 영위할 수 없을 정도로 위험수위에 있지는 않지만, 그것이 영혼의 참된 잠재력을 심하게 저하시킵니다.

어떤 영혼들에게는 그런 손상된 틈이 매우 심각해져서 그들은 명확한 자기 정체감을 유지하지 못할 만큼 영혼의 내용물을 갖고 있지 못합니다. 그런 이유로 그들의 정체감이 붕괴되기 시작합니다. 그리고 그들은 자기들의 정체성 주변에 적절한 경계선을 긋는 데 어려움을 겪습니다. 이것이 정신분열증과 이중인격 증후군, 기타 수많은 심리적 증상들을 일으킬 수가 있습니다. 사실 모든 심리적 증상은 그 기원이 영혼의 분열에까지 거슬러 올라갈 수 있습니다.

잃어버린 영혼의 조각들을 되찾기 위한 어떤 영적인 기법들이 있나요?

영혼이 자신의 영혼 조각들을 회수하고 재통합하는 데 도움이 될 수 있는 다수의 영적 의식(儀式)과 심리기법들이 있습니다. 나는 모든 진지한 영적 탐구자나 구도자들이 영혼의 분열에 관한 주제를 공부하고 영혼 조각들을 회수하는 다양한 기법들을 사용하라고 적극 권고합니다. 여러분 스스로 실행할 수 있는 가장 효과적인 영적 의식들 가운데 하나는 성모 마리아님에 의해 주어진 동-서양의 로사리오입니다.

만약 여러분이 한 주(週)에 6일 동안은 다른 로사리오들을 행하고 7일째에는 동-서양의 로사리오를 하라는 성모님의 권고를 따른다면, 영혼 조각들을 회수하는 데 엄청난 진전을 이룰 것입니다.

하지만 여러분은 다른 기법들을 응용함으로써 그 진전 속도를 높일 수가 있습니다. 〈너희의 행성을 구하라〉에서 성모 마리아님은 어떻게 영적인 독(毒)들이 영혼 조각에 의해 남겨진 진공을 채우게 됨으로써 그 영혼 조각이 돌아올 여지가 없게 되는지를 설명하고 계십니다. 이런 영적인 독들은 여러분의 에너지장 속에 저장된 오염된 에너지와 상응합니다. 따라서 이런 독들을 제거할 필요가 있습니다. 그리고 이것은 부분적으로는 부정적인 감정에 몰두하지 않는 문제이고, 또 일부는 그 독들의 해로운 에너지를 변형시키는 문제입니다. 성모 마리아님의 로사리오들은 이런 에너지를 변형시키기 위해 고안된 것입니다. 하지만 〈그리스도는 여러분 내면에서 탄생한다〉에서 내가 전해준 보라색 화염 디크리들도 또한 그러합니다. 이와 마찬가지로 나는 영적인 보호 기법들을 사용할 것을 사람들에게 적극 권하는데, 그럼으로써 그들은 오염된 에너지에 의해 침범되는 것으로부터 자기들의 에너지장을 봉인할 수가 있습니다. 대천사 미카엘의 로사리오들을 사용함으로써 실재들[38]이나 악령들과 같은 비물질적 존재들로부터 여러분 자신을 보호하는 것 역시 중요합니다.

영혼 조각들을 재생하는 것에 관한 핵심적인 다른 부분은 여러분 가슴의 사랑입니다. 영적인 길에서 성장함에 따라 여러분의 가슴은 영혼 조각들을 원래의 위치로 끌어당길 자력(磁力)을 형성할 것입니다. 하지만 여러분의 가슴이 하나의 자석이 될 수 있기에 앞서, 당신들은 온전함의 어떤 수준에 이르러야 합니다. 달리 말해서, 여러분의

---

38) "실재들"이 무엇인가에 관해서는 〈그리스도는 여러분 내면에서 탄생한다〉 271 페이지에 자세히 설명되어 있다. (편집자 주)

284

영혼이 여전히 심하게 부서져 있다면, 가슴은 영혼 조각들을 다시 끌어올 만큼의 충분한 사랑을 담을 수가 없습니다. 그런 이유 때문에 독들을 정화하고 신의 사랑이 여러분을 통해 흐르는 것을 방해하는 에너지들로부터 자신의 에너지장을 보호하는 작업을 시작해야 하는 것입니다. 이것이 또한 여러분이 동-서양의 로사리오에서 기원하는 존재들과 같은 영적 존재들에게 지원을 요청해야 할 필요성인 것이지요.

〈빛을 향한 내면의 길〉에서 설명했듯이, 치유과정의 중요한 부분은 여러분이 과거에 했던 결정보다 더 나은 결정을 해서 과거의 그 불완전한 결정을 대체할 필요가 있다는 것입니다. 이것은 과거로 돌아가 자신에게 영혼분열을 일으켰던 그 결정을 다시 경험하는 것을 필요로 합니다. 여러분의 영혼을 난폭하게 분열시키고자 하는 악의적인 세력들이 존재합니다. 그럼에도 이런 세력들이 여러분의 자유의지를 거슬러서 여러분의 영혼을 분열시킬 수는 없습니다. 그러므로 그들은 여러분을 속여서 영혼분열을 일으키는 결정을 하도록 조종해야 합니다.

앞서 설명했듯이, 영혼은 두 가지 주요 기능이 있습니다. 하나는 형상의 세계에서 경험하는 것입니다. 다른 것은 그 형상의 세계를 공동 창조하는 것을 돕는 것입니다. 따라서 어둠의 세력들은 여러분의 영혼이 그런 상황을 경험하는 것을 원치 않든가, 아니면 공동 창조하는 것을 바라지 않는 결정을 하게끔 조종하고자 합니다. 그때 이것은 영혼분열을 유발시키는 핵심적인 결정이 됩니다. 예컨대, 만약 여러분이 전쟁에 참가한다든가, 겁탈을 당하는 것과 같은 매우 외상적인 상황을 겪는다면, 여러분의 영혼은 그런 경험을 겪고 싶지 않다는 결정을 할 수가 있습니다. 그리고 이것이 여러분의 영혼이 육체에 머물러 있는 동안 일부가 분열되어 떨어져 나오는 원인이 됩니다.

떨어져 나온 영혼 조각은 이제 (겪기 싫어했던) 경험으로부터 숨고자 합니다. 그리고 그렇게 하는 가운데 그것은 종종 형태의 세계의 특정 수준에 고착됩니다. 그런 조각을 충분히 회수하고 재통합하기 위해, 여러분은 원래의 상황으로 돌아가 그것을 다시 경험할 필요가 있을 수도 있습니다. 그럼으로써 이제 그 상황의 고통을 경험하는 것을 두려워할 필요가 없다고 결정할 수 있는 것이죠. 비로소 여러분은 두려움이 없이 그 상황의 고통을 겪을 수가 있게 됩니다. 그리고 그렇게 하는 가운데 그 영혼 조각이 원래의 집으로 돌아오도록 자유롭게 할 수가 있습니다. 이것은 다양한 형태의 치료법들을 통해 크게 도움이 될 수 있는 과정입니다. 이런 치료법은 여러분이 자격 있는 치료자의 인도와 더불어 안전한 환경 속에서 고통스런 상황을 경험할 수 있게 해줍니다.[39]

정확히 어디에 영혼 조각들이 고착하게 되나요?

영혼 조각들이 고착될 수 있는 많은 장소들이 있습니다. 가장 일반적인 장소들 가운데 하나는 물질세계 그 자체입니다. 예를 들면, 많은 집들이 과거의 소유자들에 의해 사로잡혀 유령(幽靈)이 출몰한다고 말해지고 있습니다. 그 이유는 이전 집주인의 실제의 영혼 조각이 그 집에 집착하게 되어 달라붙어 있기 때문입니다. 만약 그 영혼 조각이 분리된 정체감을 유지할 만큼 크지가 않다면, 그것은 진화할 수가 없습니다. 그리고 그런 까닭에 그것은 매우 오랜 기간 동안 그 집에 달라붙은 채로 남아 있습니다.

영혼들이 고착된 채로 남아 있는 또 다른 공통적인 장소는 흔히 심령계나 아스트랄계라고 불리는 곳입니다. 이 세계는 지구상의 감정체가 악용되는 곳이고, 이곳에서는 사악한 의도의 악령들과 같은 다수의 존재들을 볼 수가 있습니다. 이런 존재들은 이 세계 안에다 사람들이 오랜 시대에 걸쳐 상상해 왔던 지옥의 광경과 유사한 고립지역을 창조해 놓았습니다. 만약 여러분이 이런 아스트랄 지옥 중의 한 곳에 고착된 영혼 조각들을 갖고 있다면, 그것을 회수하기 위해 반드시 진지한 노력을 기울여야 할 것입니다.

아스트랄계는 감정체가 왜곡된 장소이므로 이곳에 고착된 영혼 조각들은 대단히 감정적으로 상처받은 상황으로 인한 결과라는 사실에 유의하기 바랍니다. 그것은 그 영혼이 매우 두렵고도 감정적인 고통을 겪는 것 같은 상황에서이며, 그래서 그 경험으로부터 숨고자 하는 것입니다.

---

[39]영혼 조각과 그것을 치료하는 방법에 관해 언급하고 있는 한 가지 책이 있으며, 그것은 샤쿤탈라 모디(Shakuntala Modi)가 저술한 〈리마커블 힐링(Remarkable Healing)〉이다.(저자 주)

모든 사람들이 영혼 조각들을 회수하기 위해 시작할 수 있는 치료법을 추천해 주시겠습니까?

내가 권고하고자 하는 것은 보호받기 위해서는 미카엘 대천사의 로사리오를 이용하고, 변형과 치유를 위해서는 성모님의 로사리오들을 이용하라는 것입니다. 여기에 더하여, 예컨대 내가 〈그리스도는 여러분 내면에서 탄생한다〉에서 전해준 내면의 조율기법을 이용함으로써 자신의 직관을 연마하기 위해 노력하라는 것입니다. 여러분은 영혼 조각들을 회수하기 위해 추가로 무엇을 해야 할 필요가 있는지에 관해 자신의 그리스도 자아로부터 점차 직관적인 통찰을 얻을 것입니다. 혹시라도 뭔가 느껴지는 것이 있다면, 모든 노력을 통해 이런 주제에 관한 다양한 책들을 공부해보기 바랍니다. 여러분이 영혼 조각에 관한 주제에 대해 보다 명확한 그림을 얻게 됨에 따라 여러 형태의 치료법들을 시작하고 싶은 충동을 받을 수도 있습니다. 만약 그렇다면, 모든 수단들에 의해 그런 내적 충동을 따르는 것이 좋습니다.

어떤 형태의 치료법이 가장 효과적이냐는 매우 개인적인 문제이기 때문에 나는 일반적인 권고를 하고 싶지는 않습니다. 내가 앞서 말했듯이, 학생이 준비가 되면 스승은 나타납니다. 영혼 회복을 위해 특정 형태의 치료법을 받을 준비가 된다면, 여러분의 그리스도 자아가 무엇을 해야 할 필요가 있는지를 말할 것입니다. 그저 내면의 인도에 마음을 열고 머물러 있기 바랍니다.

실제의 조각을 여러분의 영혼에다 되돌려 보내는 치유력에다 그 어떤 것도 비교하지 마십시오. 그것은 실질적으로 여러분이 어린 시절 이후 겪거나 종종 여러 생애에 걸쳐 겪은 문제들을 즉시 치료할 수가 있습니다.

내가 전에 이야기 했듯이, 오늘날 이용할 수 있는 그런 치료기법들이 2,000년 전에도 있었다면, 나는 나의 모든 제자들에게 영혼회복을 목적으로 모종의 치료를 받게 했을 것입니다. 따라서 나는 현재의 내 제자들도 그런 치료법에 대해 고려했으면 하는데, 그것이 참으로 여러분의 완전케 하고 신에 대한 여러분 봉사를 촉발할 것이기 때문입니다. 그리고 여러분의 영혼은 보다 거대한 전체의 일부이기 때문에, 여러분 자신을 치료함으로써 여러분은 그 전체가 치유되도록 도울 것입니다.

3부

보편적인 길을 완료하기

13장

외부의 길과 내부의 길

이제까지 우리는 사람들이 영적인 길을 취할 수 있는 일련의 단계들에 관해 이야기를 나누었습니다. 우리는 사람들이 불가항력의 느낌을 극복하기 위해 이용할 수 있는 2개의 R, 즉 계시(Revelation)와 의식(Ritual)에 관해 이야기함으로써 시작했습니다. 또한 우리는 영적인 길에서 중요한 진전을 이룰 수 있는 수많은 다른 단계들에 관해 이야기 했는데, 그 주요 단계들은 다음과 같습니다.

• 여러분의 직관능력을 높이고 자신의 그리스도 자아와의 관계를 확립하라.
• 영적인 보호를 기원하고 여러분 개인의 에너지장에 저장된 독성 에너지를 변형시킴으로써 그 에너지장을 지배하라.
• (저급한) 대중의식 및 이 세상을 지배하는 세력들에 의해 이용되는 거짓말들로부터 벗어나라.
• 여러분의 존재를 통해 흐르는 조건 없는 사랑의 흐름을 재건하라.

• 과거생의 카르마가 이번 생에 부정적인 사건의 형태로 나타나기 전에 그것을 변형시키기 위해 영적인 기법들을 이용하라.
• 이번 생과 전생의 정신외상적인 경험들을 통해 입은 여러분의 모든 영혼의 상처들을 치료하라.
• 어둠의 세력들로부터 여러분 자신을 보호하고 그들의 악영향을 넘어서라.
• 가장 어려운 상황들조차도 여러분의 성장을 위한 발판으로 이용하는 방법을 배우도록 하라.
• 죄의식과 자책감, 그리고 세상의 비난을 극복하라.
• 모든 분열과 상처들로부터 여러분의 영혼을 치유하라.

하나 말씀드리지 않을 수 없는 것은 제가 1976년에 처음 영적인 길을 발견했으므로 그것이 예수님이 앞 장(章)에서 전해 주신 보다 커다란 그림을 이해하는데 상당히 도움이 되었을 거라는 것입니다. 저는 실은 맹목적으로 영적인 길을 걷기 시작했고, 제가 계속해서 나무들과 부딪치는 대신에 숲을 볼 수 있기까지는 여러 해가 걸렸습니다. 그럼에도 저는 또한 당시 무엇인가 실제적인 것이 필요하다는 것을 깨달았고, 그런 실제적인 수단이 매우 도움이 되었다고 믿습니다. 저는 참으로 다양한 영적인 기법들을 사용하고 외부의 가르침들을 공부함으로써, 그리고 심리적 상처들을 치료하기 위해 여러 방법들을 이용함으로써 성장했습니다. 저는 영적인 길에 열려있는 모든 사람들이 이런 단계들을 따라가는 것이 크게 도움이 될 거라고 생각합니다. 사실 저는 많은 사람들에게 이것이 한동안 그들이 필요로 하는 모든 것이 될 것이라고까지 믿고 있습니다. 제 의견에 동의하시나요?

동의합니다. 서구문화에서 자라난 모든 사람들이 영적인 길에 관해 전혀 배우지 못했습니다. 따라서 그들은 그 길에 관한 명확한 이해가 없이 성장했고 그 길을 성공적으로 걷기 위해서는 무엇이 필요한지를 모릅니다. 결과적으로 어떤 사람이 영적인 길을 발견했을 때, 그 사람은 자신이 자라나면서 갖고 있던 여러 믿음들과 태도라는 여과기를 통해 그 길을 보기가 쉽습니다. 서구문화가 매우 실용적이고 결과-지향적이다 보니, 많은 사람들이 영적인 길에 대해서도 실용적인 접근법을 취할 것이라는 점은 불가피합니다. 그들은 영적인 길에 도달하기 위한 체계적인 과정을 원합니다.

이런 접근법에는 원래 잘못된 것이 아무 것도 없습니다. 부지런한 공부와 지속적인 노력이 영적인 길을 걷는데 필수적인 부분입니다. 그리고 여러분이 자진해서 체계적이고도 단호한 노력을 하지 않고는 결코 진정한 영적인 진보를 이룰 수가 없습니다. 그리고 내가 앞서 언급했듯이, 영적인 길을 돌파하여 새로운 실마리를 얻는 데는 시간이 좀 걸릴 것입니다. 그러므로 나는 서구에서 지난 수십 년 간 – 이런 저런 형태의 – 영적인 길을 발견하고 큰 결의와 꾸준함으로 그 길을 걸어온 많은 사람들에게 박수를 보냅니다.

하지만 사람들이 영적인 길은 이 세상의 대부분의 다른 활동들처럼 접근할 수 없다는 사실을 깨닫는 것은 매우 중요합니다. 비록 거기에 일부 기계적인 측면이 있긴 하지만, 영적인 길은 절대로 기계적인 과정이 아닙니다. 영적인 보호를 기원하고, 에너지장 속의 독성 에너지를 변형시키고, 여러분의 카르마의 성질을 바꾸는 것은 어느 정도 기계적인 과업들입니다. 만약 여러분이 적절한 영적인 기법을 사용하기만 한다면, 점차 불완전한 에너지들을 변형시키게 될 것입니다. 그에 따라 여러분을 과거의 낡은 습성과 사고 패턴으로 끌어당기는 중력의 힘을 감소시킬 것입니다.

외부의 도구들을 활발하게 이용하고, 외적 가르침들을 공부하고, 외부의 법칙들을 따르는 과정을 거치는 것은 많은 영혼들에게 필요합니다. 어찌 보면 지구상의 대부분의 영혼들이 불완전한 에너지와 믿음들이라는 장벽에 걸려있다고 말할 수 있습니다. 이런 속박에서 벗어나기 위해서 힘 있는 도구들을 이용하여 그런 장벽을 점차 붕괴시키는 것은 필수적이며, 그리하여 영혼은 자신의 편협한 사고방식 너머를 보기 시작하여 보다 폭넓은 시야에 이를 수가 있습니다. 많은 사람들이 일정 기간 동안 오직 외부적인 것에만 초점을 맞추는 것은 얼마든지 있을 수 있는 일입니다. 그럼에도 사람들이 이것이 하나의 단계이고, 그 길에서의 어떤 한 주기라는 사실을 깨닫는 것 역시 똑같이 중요합니다. 그리고 다른 단계로 옮겨가서 영적인 길의 모든 것에 관해 좀 더 큰 이해에 도달해야 할 때임을 자각하는 시점이 올 것입니다.

내가 모든 사람들이 영적인 길에 관해 이해했으면 하는 한 가지가 있다면, 그것은 그 길이 늘 진행 중인 과정이라는 것입니다. 여러분이 이 지구에 있는 한 그것은 중단되지 않을 것입니다. 왜냐하면 여러분이 천상으로 올라간 후에도 그것은 멈춰지지 않을 것이기 때문입니다. 그러므로 여러분은 절대로 자신이 여전히 정지해 있거나 경직된 사고방식에 고착되도록 허용해서는 안 됩니다. 영적인 길에 관련된 가장 큰 위험들 가운데 하나는 사람들이 구원에 필요한 모든 것을 갖고 있다고 주장하는 단체나 철학을 알게 된다는 것입니다. 이런 주장을 믿게 된다면, 영적인 길에서 어떤 수준에 고착되거나, 그로 인해 더 높이 성장할 수 있는 중요한 기회를 놓쳐버릴 위험성이 있습니다. 여러분이 내면으로부터 지도, 즉 자신의 그리스도 자아와 영적인 스승들로부터 인도를 받는 수준까지 올라설 필요가 있음을 깨닫는 것은 절대로 필수적입니다. 어떤 지구상의 세력도 여러분이 이런 내면의 인도를 묵살하거나 무시하게끔 영향력을 행사하게 해서는 안 됩니다. 만약 자신의 직관적인 접속능력을 확립하기 위해 의식적으로 노력한다면, 고착되는 것을 피할 수가 있습니다. 그리고 여러분이 성실한 영적인 추구자라면, 결코 자신이 무엇인가에 고착되도록 허용해서는 안 될 것입니다. 여러분이 어디에 있든, 또는 자신이 영적인 길을 걷고 있다고 생각하는 것과는 상관없이, 늘 다음 단계를 밟기 위해 노력해야 합니다. "이 지점에서부터, 앞을 향해!"가 모든 성실한 영적 추구자들의 슬로건입니다.

이것은 제 자신의 경험을 뒷받침해주네요. 18세 때, 저는 간단한 명상법을 장려하는 한 단체를 알게 되었습니다. 이 단체는 아침저녁으로 20분 정도 명상을 함으로써 모든 개인적인 문제들이 자동적으로 해결되고 몇 년 후에는 우리가 우주의식에 도달할 것이라고 주장했습니다. 우리는 동시에 세상의 모든 문제들도 풀 수가 있었습니다. 처음에는 이것이 매우 매력적으로 들리긴 했으나, 나는 곧 거기에는 뭔가가 결여돼 있다는 것을 깨달았습니다.

나는 나중에 영적인 길에 관한 더 방대하고 깊은 가르침들과 디크리와 독성 에너지 변형과 같은 매우 효과적인 여러 기법들을 가진 단체를 발견했습니다. 비록 내가 이런 도구들을 이용함으로써 큰 진전을 이루긴 했지만, 결국 나는 그 단체 또한 외적인 디크리 이용에 너무 치중하고 있다는 것을 깨닫기 시작했습니다. 우리가 외적인 도구들을 이용하고 어떤 규칙을 따르기만 한다면, 어느 날 각성하여 그리스도 의식에 도달했음을 깨달을 거라는 믿음과 풍토가 존재합니다. 그러나 나는 점차 외적인 도구들이 상당히 도움이 될 수는 있을지라도 그것이 자동으로 줄곧 우리를 그리스도 의식으로 데려갈 수는 없는 것이 아닌가하고 생각하게 되었습니다. 이런 견해에 동의하시나요?

그렇습니다. 그리고 영적인 길이 계속 진행 중인 과정이라는 사실을 받아들이는 사람들은 그 이유를 이해하기가 쉬울 것입니다. 그 핵심 개념은 "학생이 준비되면 스승은 나타난다."는 말입니다. 또한 어떤 사람이 처음으로 자신의 마음을 열게 되면, 그 사람은 현재의 영적 성숙도나 미성숙의 수준에 맞는 교사, 가르침, 또는 단체를 발견하게 될 것이라고 말할 수가 있습니다. 달리 말해서 모든 의식 수준을 위한 교사들이 있다는 것입니다. 그럼에도 어떤 사람들은 그리스도 의식 수준 아래로 너무 낮게 떨어져 있다 보니 그들은 결코 참된 영적 스승을 알아볼 수가 없습니다. 여러분은 성서에서 나를 직접 만났던 많은 사람들이 나의 영적인 도달 상태를 인식할 수 없었던 사례들을 볼 것입니다. 그들은 나를 평범한 보통 사람으로 보거나 심지어는 미치광이로 보았습니다.

영적인 가르침을 고를 때, 두 가지 요인들이 수반된다는 것을 사람들이 이해하는 것은 중요합니다. 하나는 그 가르침 속의 어떤 진리를 인식해야 한다는 것이고, 이런 인식은 여러분의 그리스도 자아로부터 생겨납니다. 다른 하나는 그 가르침에 대해 기분 좋게 느낀다는 것인데, 이런 만족감의 욕구는 여러분의 에고와 낮은 의식에서 옵니다. 만약 여러분이 그리스도 의식 수준보다 한 참 아래로 옮겨가 있다면, 진리는 거의 없고 에고를 기분 좋게 해주는 내용만 잔뜩 포함된 교설에 이끌리게 될 수 있습니다. 진리의 조각들을 내면화 한다면, 그것이 여러분의 영혼이 성장하도록 도울 것입니다. 반면에 허위의 조각들은 에고가 여러분이 그것을 무비판적으로 수용하도록 조종할 경우, 여러분의 성장을 방해하는 장애물이 될 수 있습니다.

내 요점은 대부분의 영적인 추구자나 구도자들이 진리와 허위가 뒤섞인 가르침을 발견함으로써 자기들의 영적인 길을 시작한다는 것입니다. 이것은 사람들이 내면의 인도를 받게 되어 결코 계속 정지해 있어서는 안 된다는 필요성을 인식하고 자진해서 고등한 진리를 찾기만 한다면, 반드시 문제는 아닙니다. 문제는 사람들이 에고로 하여금 자기들이 궁극의 스승과 필요한 모든 것을 보유한 종교 또는 단체를 찾았다고 믿게 만들도록 허용할 때 생겨납니다.

이런 사람들은 초기에는 종종 과거의 의식에 비교해서 매우 극적인 발전처럼 느낄 수 있는 급속한 성장을 경험하기도 합니다. 그럼에도 얼마 후에는 그 성장이 저하됩니다. 그리고 그 이유는 흔히 그들이 현재의 스승과 함께 이룰 수 있는 만큼 향상되었기 때문입니다. 더 높이 성장하기 위해서는 그 스승을 초월해야 합니다. 그리고 이미 대기하여 기다리고 있지만, 종종 그 사람의 외적인 의식에 의해서는 인식되지 않는 다음 스승을 찾아 나서야 합니다. 만약 사람들이 다음 스승을 발견하는 데 마음이 열려 있지 않다면, 그때는 에고가 그들이 현재 있는 곳에서 만족감을 느끼게 만드는 데 성공할 것입니다. 그런 다음 그들은 왜 자기들의 현 스승 너머를 볼 필요가 없는지에 관한 아주 정교한 주장과 함께 매우 경직된 사고방식을 형성할 것입니다. 그러므로 그들을 보다 높은 단계로 데려가기 위해 봉사하는 스승이었을지도 모를 그 스승이 이제는 그들의 성장을 방해하는 몇이 됩니다. 성실한 구도자는 외적인 스승, 교리, 단체대신에 영적인 길과 내면의 스승에 충실합니다.

내 요점은 영적인 길에는 두 가지 측면 혹은 단계가 있다는 것입니다. 내가 말했듯이, 서구의 수많은 사람들은 그 길에 관한 매우 실제적이고 체계적인 측면을 거칠 필요가 있습니다. 여러분은 자신의 영혼을 개인의 에너지와 대중의식을 포함한 독성 에너지의 중력적인 끌어당김에서 자유롭게 하기 위해 외적인 도구들을 이용합니다. 그렇게 하는 것은 이른바 외적인 길을 따르는 것입니다. 이때 여러분 주의(注意)의 주요 초점은 외적인 가르침, 도구들, 그리고 규칙들입니다. 이런 단계 동안에 많은 사람들이 그 길을 걷는 것에 관한 외적 틀을 제공해주는 종교단체나 영적단체의 한 멤버가 되는 것에서 이익을 얻을 수 있습니다. 이 단계에서 영혼의 주의는 외부 그 자체에 맞추어져 있습니다. 그리고 영혼은 영적인 발전을 이루고 구원되기 위해서 외부 자체로부터 무엇인가 필요하다고 믿습니다.

지구상의 수십억의 영혼들이 오늘날 이런 외적인 길이 자기들에게 필요하다는 의식수준에 있습니다. 이런 단계 동안에 영혼은 자신에게 필요한 모든 것이 자기 내면에 있다는 사실을 받아들일 만큼 아직 성숙돼 있지 않습니다. 그러므로 영혼은 안전하게 여러 외적인 도구들을 이용함으로써 구원받을 수 있다고 약속하는 외적인 단체나 스승을 따르는 것을 필요로 합니다. 이것이 참으로 여러분이 오늘날 수많은 사람들이 기존 종교나 새로 나타난 영적인 단체들에 의존하는 것을 보고 있는 이유입니다. 다시 말하지만, 이것이 반드시 잘못된 접근법은 아닙니다. 하지만 영적인 길을 완수하고 그리스도 의식에 도달하기 위해서는 이런 외적인 길을 초월해야 할 시점이 온다는 점을 깨닫는 것은 중요합니다.

이것이 꼭 외적인 단체나 기법, 가르침을 버려야한다는 것을 의미하지는 않습니다. 그러나 그것은 여러분이 외적인 가르침 너머를 볼 수 있는 자각의 수준으로 올라설 필요가 있음을 의미합니다. 외적인 길은 한마디로 초기단계나 신참자의 단계라고 말할 수가 있습니다. 여러분이 좀 더 성숙한 단계에 이르렀을 때는 그 단계를 넘어서 영적인 길의 진정한 목표는 영적존재로서의 새로운 정체감에 도달하는 것임을 깨달을 필요가 있습니다. 여러분이 외적인 길을 기계적으로 따라가지고는 자신의 진정한 정체의식을 재건할 수가 없습니다. 오직 외적인 가르침, 외적인 기법, 외적인 규칙 배후에 숨겨져 있는 내면의 길을 발견함으로써만이 그렇게 할 수가 있습니다. 오직 자신의 내부를 들여다봄으로써 그 내면의 길을 찾을 수가 있는데, 그 이유는 여러분의 정체의식이 여러분이라는 존재의 핵심이기 때문입니다. 외적인 도구들을 사용해가지고는 여러분의 정체감을 바꿀 수가 없습니다. 오직 내면으로 들어가 여러분 자신에 관한 유한한 믿음들을 자신이 정말로 영적존재라는 진실로 대체시키겠다는 선택을 함으로써만이 여러분의 정체감을 바꿀 수 있습니다. 여러분의 올바른 정체감을 재건하는 것은 기계적인 과정이 아니라, 여러분이 하는 선택에 기초한 예술적인 과정입니다.

여러분의 세속적인 정체감을 새로운 영적인 정체감으로 대체하는 것은 섬세한 과정입니다. 그럼에도 수백만의 사람들이 그런 과정을 밟을 준비가 돼 있습니다. 하지만 불행하게도 매우 극소수의 종교단체와 영적인 단체만이 영혼이 이런 내면의 길을 발견하여 걷는 것을 돕기 위해 고안된 영적 가르침과 도구들을 갖고 있습니다. 그것이 참으로 내가 이런 가르침과 여러 책들을 이 세상에다 제시하기로 결정했던 이유입니다. 나는 현재 내면의 길을 위해 준비된 수백만의 사람들에게 손을 내밀어 도와주기를 희망합니다. 나는 이 책의 나머지 부분을 사람들이 개인적인 신성에 이르는 내면의 길을 찾아 그 길에다 스스로 확고히 닻을 내리도록 돕는데 바치고 싶습니다. 첫 부분으로서 내가 얼마 전에 영혼성장의 여러 단계들에 관해 설명하며 설교했던 내용을 삽입하고자 합니다.

영적인 발전 단계들[1]

여러분이 이 지구상의 인간들의 행동과 태도, 믿음들을 조사해 본다면, 사람들이 수많은 여러 다른 의식 상태에 있고 그들이 다양한 영적 발전단계에 있다고 결론짓는 것이 어렵지 않을 것입니다. 이런 단계들은 삶의 영적인 면에 관한 갖가지 이해의 수준들과 상응합니다. 사람들이 대략적인 감을 잡는 것을 돕기 위해 이 행성에서 볼 수 있는 영적인 발전의 여러 단계들에 관한 조사내용을 여러분에게 전해 주고 싶습니다.

다음의 단계들은 가장 낮은 것에서부터 가장 높은 것에 이르기까지 간단히 등급을 매길 수는 없습니다. 어떤 영혼이 방향을 바꿔 신에게 다시 돌아가는 길을 오르기에 앞서 반드시 특정 단계로 내려갈 필요는 없습니다. 이 지구상에는 영적인 의식의 가장 낮은 단계까지는 전혀 내려가지 않은 많은 영혼들이 있습니다.

신에 맞서서 반항하는 영혼들

어떤 영혼들은 계획적이면서도 대부분 고의적으로 신의 뜻과 법칙

---

[1]예수님은 이 강론을 이 책의 대부분이 집필되기 전인 2004년 봄에 공개했다.

(저자 주)

에 맞서 반항하고자 하는 의식 상태에 있습니다. 이런 영혼들 가운데 어떤 이들은 그 저항이 노골적입니다. 일부는 무신론(無神論)과 불가지론(不可知論)을 조장합니다. 어떤 이들은 과학적 물질주의를 주장하고 창조적 존재의 필요성을 격렬하게 부정합니다. 또 일부는 공개적으로 악마숭배 행위를 실천합니다. 그리고 비록 그들이 신의 존재를 부정하지는 않더라도 신, 종교, 영성에 관련된 모든 것을 비방하고 업신여기고 비웃습니다.

이런 영혼들 가운데 일부의 경우, 신에 대한 그 저항이 정신 내부의 깊은 곳에 감추어져 있고, 그것이 종종 그 사람의 의식적인 마음에 의해서는 인식되지 않습니다. 그러므로 이런 저항이 흔히 종교적 믿음을 포함한 여러 믿음들의 외관 뒤에 위장되어 숨겨져 있을 수가 있습니다. 그것이 많은 사람들에게 놀라울 수도 있겠지만, 반항적인 이런 영혼들의 일부는 다양한 종교운동과 교회들 내에서 높은 지위에 올랐습니다. 그들은 자기들이 대단히 경건하며 신의 이상을 위해 일하고 있다고 주장합니다. 그렇지만 그들은 신에 대한 깊은 분노를 갖고 있고, 자기들이 신보다 우주가 어떻게 운영돼야 하고 인간들이 어떻게 구원돼야 하는지에 대해 더 잘 알고 있다고 믿습니다. 이들은 내가 "거짓 선지자들을 주의하라. 양의 옷을 입고 너희에게 오지만, 속에는 노략질하는 늑대들이니라(마태복음 7:15.)"라는 말에서 언급했던 자들입니다.

이 모든 사람들에게는 신으로부터 달아나려고 하고, 또 신이 존재하지 않거나 이 지구상에 그분이 안 계시다는 인상을 강화하려고 적극적으로 애를 쓰는 것이 공통적입니다. 이런 영혼들 중의 어떤 이들은 신이 존재하지 않는다는 것을 증명하려한다든지, 아니면 신이 잘못돼 있고 자기들이 옳다는 것을 입증하려고 끊임없이 몰두해서 추구합니다. 그들은 실제로 신이 존재하지 않고 신의 필요성이 없는 세상을 자기들이 창조할 수 있다는 것을 입증하려 하고 있습니다.

여러분은 어떻게 종교 활동에 종사하는 사람들이 이런 짓을 하고 신으로부터 도망칠 수 있느냐고 질문할지도 모릅니다. 거기에 대한 대답은 그들이 자기들의 힘을 신이 "저 위"의 하늘 속 어딘가에 계시다는 믿음을 굳히기 위해 사용하고 있다는 것입니다. 이들은 또한 예수 그리스도가 하나님의 유일한 독생자이고 아무도 나의 본보기를 따를 수 없다는 우상숭배적인 믿음을 공고히 하는 사람들입니다. 이들은 내가 과거에 내 자신을 신과 동일시하거나 신의 아들이라고 칭하는 말을 했을 때 그들이 그러했듯이(요한복음 10:33),[2] 종종 신성모독을 외치는 최초의 자들입니다.

신으로부터 숨기 위해 애쓰는 영혼들

많은 사람들이 신에 대해 공공연히 화를 냅니다. 지구상의 많은 영혼들이 상처를 받아 왔습니다. 그리고 그들은 신이 자기들에게 상처를 주거나, 부당하고 불공평하게 대우하거나, 불합리한 방식으로 다룬다고 믿고 있습니다. 많은 영혼들이 신을 두려워합니다. 또한 그들은 그분을 자기들이 사소한 규칙만 위반해도 늘 처벌할 준비가 돼 있는 분노하고 심판하는 존재로 봅니다. 이런 영혼들의 공통점은 그들이 신에 대해 반항하기 때문이 아닌 그 외의 이유로 도망치고 있다는 것입니다. 그들은 단지 자기들이 분노하고 벌하고 불공정하다고 보는 신으로부터 가능한 한 아주 멀리 떨어져 있기를 바랍니다. 그들은 신으로부터 숨기 위해 애를 쓰고 있습니다.

신으로부터 멀리 달아나는 것은 일종의 자기방어 행위입니다. 이들은 내가 "차든지 뜨겁든지 하면 좋겠다(요한 계시록 3:15~16)."라고 했던 말 속에서 언급한 사람들입니다. 이런 단계에 있는 사람들은 참으로 차갑습니다. 그들이 신에 대한 부정적인 이미지를 받아들였다는 점에서 차갑다는 것입니다. 그런 까닭에 그들은 그 이미지로부터 달아나고 있는 것입니다. 하지만 그들은 자기들의 느낌이 신에 대한 그릇되고 불완전하고 부적합한 이미지에 의해 유발되었다는 사실을 이해할 수만 있다면, 다시 돌아설 잠재력이 있습니다.

신에 대해 무관심한 영혼들

지구상의 다수의 영혼들이 신과 종교, 삶의 영적인 측면에 대해 무관심해졌고 미온적이 되었습니다. 이런 영혼들 중의 일부는 참으로 그들을 영적인 진리에 이르도록 하는 것을 거의 불가능하게 만드는

---

2)"유대인들이 대답하되, 선한 일을 인하여 우리가 너를 돌로 치려는 것이 아니라 참람함을 인함이니, 네가 사람이 되어 자칭 하나님이라 함이로라."

일종의 영적 혼수상태에 빠져 있습니다. 이런 영혼들 가운데 많은 이들이 한 때 몸담았다가 탈퇴한 종교에 의해 상처를 받거나 심하게 실망해왔습니다. 또한 그들은 자기들이 진정한 영적경험을 할 수도 있다는 생각을 포기해 버렸습니다.

이런 영혼들의 다수는 신에 대해 그릇되고 불완전하고 부적합한 이미지를 갖고 있습니다. 그럼에도 그들이 신에 대한 올바른 이미지를 보고 받아들이도록 돕는 것이 매우 어려운데, 왜냐하면 그들은 어떤 종류의 영적 메시지에도 반응하지 않을 것이기 때문입니다. 이런 영혼들 가운데 많은 이들이 삶의 영적인 측면에 관련된 어떤 것을 거부하기 위한 구실로 조직화된 종교의 결점들을 이용합니다. 만약 누군가가 그런 영혼들에게 영적인 메시지를 갖고 다가간다면, 그들은 흔히 매우 의심스러운 마음을 가지게 될 것입니다. 그리고 그 사람이 자기를 개종하거나, 조종하거나, 어떤 이익을 취하거나, 돈을 얻기 위해 온 것이라고 느낄 것입니다.

이런 영혼들은 모든 형태의 영성을 인정하지 않습니다. 그에 따라 그들은 자기들의 상처들을 치료하고 높은 길에 이르는 데 도움을 줄 수도 있는 도구들을 거부함으로써 그들 자신을 진퇴양난 속으로 밀어넣습니다. 이들은 종종 영적인 스승에게 도달할 수가 없습니다.

신에 관해 혼란스러운 영혼들

어떤 영혼들은 참으로 삶에는 모종의 영적측면이 있고 자기들이 신에 관한 높은 이해와 신과의 관계를 좀 더 깊이 알기 위해 따를 수 있는 길이 있음을 깨닫게 되었습니다. 이들은 신을 향해 돌아서서 다시 신에게 돌아가는 길을 걷기 시작한 영혼들입니다. 하지만 이런 영혼들 가운데 다수는 매우 깊은 상처를 갖고 있어서 그들이 영적인 길에 열심히 매진하기에 앞서 영적이고 영혼적인 치료가 필요합니다.

이런 영혼들의 일부는 육체적인 외상에 의해 상처를 입었지만, 다른 이들은 타인들이나 사회적인 제도와의 상호작용을 통해서 상처를 받았습니다. 여전히 다른 이들은 조직화된 종교의 결함에 의해 상처받거나, 삶에 관한 그들의 의문에 답해줄 수 없는 소위 무오류의 교리에 의해 상처받고 있습니다. 이런 상처들은 종종 그들이 신에 관한 개념이나 신과의 관계에 혼란을 느끼게 만듭니다. 그들은 종교가 이치에 맞지 않고 신에 관한 모순되거나 일관성이 없는 이미지를 제시한다고 느낄 수 있습니다. 그것이 대부분의 주류종교들에게 있어 진실입니다. 혹은 그들은 공정하고 사랑에 충만한 신이라면 자기들이 상처받게 해서는 안 된다고 생각할 수도 있습니다. 그들은 종종 자기 자신을 통제를 벗어난 힘의 희생자들처럼 느끼며, 자기들의 상황을 개인적으로 바꿀 방법이 없다고 생각합니다.

이런 영혼들은 자신들이 삶에서 물질적인 수단에 의해 얻어질 수 있는 것 이상을 원한다는 사실을 깨닫게 되었습니다. 그들은 영적인 이해와 치유법을 찾기 위해 가야할 곳이 틀림없이 있다는 것을 감지하고 있습니다. 그렇지만 그들은 너무 깊이 상처받고 부상이 심해서 아직 그런 이해를 향해 걷는 것을 시작할 수가 없습니다. 그들은 다리 하나가 부러진 사람들과 같으며, 따라서 자기들의 목표를 향해 걸음을 시작하기에 앞서 그 골절을 치료할 필요가 있습니다. 그렇기에 이런 영혼들은 자기들의 상처를 잘 인식하고 모든 에너지와 주의를 그 심리적 상처와 영혼에다 집중할 것입니다.

신의 창조를 경험하고 싶어 하는 영혼들

어떤 영혼들의 그룹은 아직 물질세계에서 오랜 시간을 보내지 않은 (많은 육화를 하지 않았다는 의미) 젊은 영혼들입니다. 이런 영혼들 가운데 어떤 이들은 여전히 물질세계의 모든 것을 경험하려는 욕구를 갖고 있습니다. 그리고 이것이 그들로 하여금 영적인 길에 대해 무관심하도록 만들 수가 있습니다. 그들은 단지 이 세상의 것들에 너무 마음을 빼앗겨서 영적인 추구에는 신경 쓸 여지가 없습니다.

일부 젊은 영혼들은 종교에 대해 열려 있지만, 그들은 종종 균형 잡히지 않은 방식으로 그것에 다가갑니다. 이로 인해 그들이 종교적인 추구를 극단적인 형태로 할 수가 있습니다. 그들은 흔히 종교를 이 세상을 초월하기 위한 길이 아니라 이 세상에서의 자기들 경험을 풍부하게 하기 위한 방법으로 이용합니다. 예를 들면, 그들이 어떤 종교운동 내에서 직책을 얻고자 할 수가 있는데, 그것이 인간들 사이에서 그들의 신분을 높여주기 때문입니다. 이런 영혼들은 아직 뱀처

럼 지혜롭고 비둘기처럼 무해한 존재의 균형을 성취할 만큼의 경험이 없습니다(마태복음 10:16).[3]

불행하게도 지구상의 현 상황들을 고려할 때, 이런 젊은 영혼들의 순진함은 물질적이고 비물질적인 세력들에 의해 상처받게 되거나 이용당하게 되는 것이 일반적입니다. 이것이 종종 그런 영혼들에게 그들의 순진성을 상실케 하고 실망과 분노에 빠져들게 합니다. 만약 이런 영혼들이 조직화된 종교에 의해 이용당할 경우, 그들은 신과 그 외적종교 사이를 분간할 수가 있고, 따라서 그들은 신에 대해 분노하게 됩니다.

신을 이해하고자 하는 영혼들

이런 영혼들은 삶에는 물질세계 이상의 것이 존재한다는 사실을 의식적으로 깨닫고 있습니다. 그들은 삶에 관해서는 학교와 주일학교에서 배운 것 이상으로 이해할 것이 많이 있음을 압니다. 그리고 그들은 그것을 찾아 나서기로 결정했습니다. 또한 이런 영혼들은 적어도 자기들의 가장 깊은 상처들의 일부를 치료했기 때문에 자기들의 주의를 삶의 영적인 측면을 공부하는 데다 돌릴 여지가 있습니다.

최대한의 성장을 이루기 위해서 이런 영혼들은 영적인 가르침들을 공부하고 다양한 영적인 기법들을 수련하며, 영적인 진리와 원리들을 내면화하고자 노력할 필요가 있습니다. 달리 말하면, 이런 영혼들은 그런 외적인 길을 따름으로써 커다란 이익을 얻을 수가 있습니다. 이 영혼들은 어떤 참된 영적운동의 "존재이유"입니다. 지구 행성의 미래에 대해 승천한 대사들의 그룹에게 큰 희망을 주고 있는 것은 바로 그들이 행하는 깨달음의 추구입니다.

다른 이들이 신을 이해하도록 돕고자 하는 영혼들

어떤 영혼이 영적인 가르침을 공부하고 영적성장을 위한 기법들을 수련하는 데 충분한 시간을 보낸 후, 그 영혼은 영적인 지식의 임계치의 양을 내면화하게 됩니다. 그 다음의 적절한 단계는 그 영혼이

---

3)"보라 내가 너희를 보냄이 양을 이리 가운데 보냄과 같도다. 그러므로 너희는 뱀 같이 지혜롭고 비둘기 같이 순결 하라."

다른 이들을 가르침으로써 그 지식을 나누어주는 것입니다.

어떤 개인이 매우 오랫동안 오직 학생일 수가 있습니다. 그런데 그 영혼이 어떤 수준에 이르게 되면, 그 자신이 내면화한 것을 가르치기 시작할 때까지는 더 이상 배울 수가 없습니다. 오직 다른 이들을 가르침으로써만이 그 영혼은 다음 수준으로 올라갈 수가 있는데, 왜냐하면 여러분이 진정으로 받는 것은 주는 것을 통해서이고, 진정으로 배우는 것은 가르치는 것을 통해서이기 때문입니다.

그럼에도 참된 교사가 되는 열쇠는 그 가르침을 자신의 일부로 만드는 것입니다. 그리고 그렇게 하기 위해서는 여러분이 내면의 길을 발견하고 따라야만 합니다. 달리 말해서 이 수준에 있는 사람들은 외적인 길을 가르치는 대신에 먼저 내면의 길을 찾을 필요가 있습니다. 만약 그들이 외부의 길을 계속한다면, 개인적으로나 교사로서도 충분한 잠재력에 이르지 못할 것입니다. 사실 이 수준에 있는 사람들은 영혼들을 속이고자 하는 거짓 교사들의 전형이 되어 잘못된 길로 빠지거나 고착될 실제의 위험성이 있습니다.

이런 영혼들이 내면의 길을 따른다면, 그들은 어떤 참된 영적운동의 중추적인 요소가 됩니다. 이 영혼들이 우리의 파트너로서 활동해주지 않고는 승천한 대사들의 그룹이 영적인 메시지를 다른 영혼들에게 전할 희망이 거의 없습니다.

신과의 합일을 추구하는 영혼들

영혼이 영적인 길을 올라감에 따라 점차 특정 종교나 영적인 가르침과 같은 외적인 것들에 덜 집착하게 됩니다. 영혼은 영적인 가르침의 수많은 다른 표현들 배후에는 초월적인 진실이 있다는 것을 보기 시작합니다. 그것은 외적인 종교, 단체, 가르침, 기법, 스승들 뒤에 있는 보편적인 길을 이해하기 시작합니다.

앞서의 두 단계 동안, 영혼이 한 특정 종교나 철학을 따르고 그것을 성장을 위한 도약판으로 이용할 수도 있습니다. 이것은 영혼이 특정 종교만이 참된 종교라거나 신을 이해하는 유일한 길이라는 생각에 빠지지 않는 한, 얼마든지 있을 수 있는 일입니다. 그런데 만약 영혼이 집착하게 될 경우, 내면의 길을 인식하기 시작할 때까지는 일정한 영적성장의 단계에 고착된 채로 있게 될 것입니다.

그 영혼이 내면의 길을 이해하기 시작할 때, 신비주의자가 되는 단계로 올라섭니다. 영혼은 이제 영적인 길의 궁극적인 목표는 신을 이해하는 것이 아니라, 신을 알고 경험하여 신과의 합일에 도달하는 것임을 깨닫습니다. 이것이 바로 내가 나의 삶으로 시범 보였던 것입니다. 그리고 그것이 "나와 내 아버지는 하나이니라(요한복음 10:30)."라는 내 말 속에 명확하게 나타나 있습니다.

어떤 신비주의자들은 세상적인 모든 활동을 끊고 그들의 모든 주의를 신과의 신비적인 합일에다 집중할 수도 있습니다. 하지만 오늘날의 시대에는 많은 이들이 세상 속에 머물러 활동하는 것을 선택할 기회가 있습니다. 그리고 참으로 이것이 대단히 필요한 것입니다. 이와 같은 영혼들은 그때 본보기에 의해 내면의 길을 시범보일 수 있고, 그들 가운데 일부는 그 길을 공개적으로 가르칠 수가 있습니다.

통달의 경지에 도달한 영혼들

영혼들이 영적인 길을 오르고 영적인 진리를 가르치기 시작함에 따라 그들은 점차 더욱 더 많은 진리와 빛을 내면화하기 시작합니다. 그리하여 그들은 점진적으로 이른바 육화한 "대사(Master)"라고 부를 수 있는 존재가 될 것입니다. 이들은 심오한 신비의 일부, 특히 "행위"와 "실재"간의 차이를 이해한 영혼들입니다. 여러분은 내가 다음과 같이 했던 말을 기억할 것입니다. "내가 아무 것도 스스로 할 수 없노라. 듣는 대로 심판하노니, 나는 나의 원대로 하려하지 않고 나를 보내신 이의 원대로 하려는 고로 내 심판은 의로우니라(요한복음 5:30)." 영혼이 통달의 상태에 도달했을 때, 더 이상 이 세상에서 어떤 것을 하려고 애쓰지 않습니다. 영혼은 단지 있는 그대로 존재하며, 그렇기에 신아 혹은 어쩌면 영적존재들이 자신을 통해서 작용하도록 허용합니다. 그 영혼은 아무도 닫을 수 없는 열린 문이 됩니다. 그 영혼은 고차원의 세계로부터 직접 오는 영적인 진리를 제시하는 봉사를 할 수도 있고, 따라서 살아 있는 말씀을 그 최상의 형태로 전할 수 있습니다. 혹은 이런 영혼들은 다른 재능으로 승천한 대사들의 대의(大義)를 추진하고 시범보이기 위해 일할 수도 있습니다. 이와 같은 영혼들은 말 그대로 지상에서 우리의 손과 발이 될 수가 있는 것입니다.

하지만 영적인 통달에 이른 영혼이 어떻게 행위하고 존재해야하는지에 대한 정확한 기준은 없습니다. 어떤 영혼들은 세상의 영적스승이 될 수도 있습니다. 또 어떤 이들은 외견상 평범한 삶을 살수도 있고 보통사람과 거의 구분할 수가 없습니다. 일부는 어려운 악조건이나 질병을 갖고 있을 수도 있습니다. 한편 어떤 존재들은 히말라야나 그 밖의 장소에서 동굴 속에 앉아 지구의 영적인 균형을 유지하기 위해 날마다 명상에 잠겨 있을 수도 있습니다. 다른 이들은 심지어 영적인 통달과 관련지어 생각할 수 없는 행동을 나타낼 수도 있습니다. 이런 영혼들의 주요 목표는 사람들의 정신적인 상자를 부수는 것이고, 그들이 생각하는 것이 인간에게 가능하다거나 허용되었다고 인간들에게 문제를 제기하는 것입니다.

이런 가르침을 오용하지 말라

경고의 말을 공식적으로 언급하겠습니다. 사람들이 그들 자신을 다른 이들과 비교할 수 있게 하는 모종의 가르침을 주는 데는 원래부터 위험성이 있습니다. 많은 사람들이 여전히 그 영혼의 헛된 경쟁심에 사로잡혀 있습니다. 그리고 그들은 내가 말한 영적발전의 단계들을 가지고 그들 자신을 판단하고 자기들의 진보상태를 타인들과 비교하기 위해 이용할 것입니다. 그들은 자신을 받침대 위에다 세워놓고 자기가 어떤 발전 수준에 이르렀으므로 다른 이들보다 더 낫다거나 더 중요하다고 판단하려고 할 것입니다. 하지만 사람들이 이런 의식 상태에 사로잡혀 있는 한, 그들은 아직 높은 영적발전 단계에 이르지 못한 것임을 명확히 하고자 합니다. 여러분이 그런 높은 수준에 도달했다면, 거기에는 어떤 가치판단이나 경쟁의식이 없습니다.

내가 이런 가르침을 주는 것은 영혼이 자신의 현 영적발전 수준을 깨닫고 그에 따라 더 높은 수준으로 신속히 올라서기 위한 적절한 조치를 취하는 것이 의미가 있고 중요하기 때문입니다. 낮은 영적발전 단계에 있는 영혼들이 자기들을 다시 신에게 인도해주는 길이 있다는 사실을 깨닫는 것은 중요합니다. 그런 영혼들이 그 길을 발견하고 그들 자신을 거기에다 확고히 정착시키는 것이 절대로 필요합니다. 마찬가지로, 상위단계에 있는 영혼들이 신에게로 가는 보편적인 내면의 길을 발견하는 것 역시 중요합니다. 이런 영혼들은 외부의 특정 종교에 대한 집착을 초월하는 것이 필요하며, 그에 따라 자기들의 신의 자녀로서의 잠재력을 완전히 발현하는 것이 목표임을 깨닫게 됩니다.

또한 내가 여기서 간략하게 제시한 단계들이 영적발전을 분류하는 유일한 방식으로 비쳐지는 것은 내 의도가 아님을 말하겠습니다. 다른 평가기준을 거론할 수 있고 다른 단계들을 생각해낼 수 있습니다. 또한 내가 제시한 단계를 나누어 좀 더 세분화된 그림을 얻을 수가 있습니다. 실제로 여러 단계들이 겹쳐지기도 하고, 한 영혼이 두 세 단계에서 동시에 활동할 수도 있습니다. 내 목적은 사람들이 전체적인 시야를 잃지 않고 세부적인 부분에다 초점을 맞출 수 있도록 너무 복잡하지 않은 그림을 주는 것입니다.

여러분이 한 걸음 물러서서 전체적인 그림을 살펴본다면, 거기에 공통분모가 있고, 그것이 각 단계들이 그 영혼이 신에 관계하는 다른 방식을 나타낸다는 사실을 이해할 것입니다. 이런 이해의 중요성은 한 영혼이 어느 발전단계에 있느냐와 관계없이, 그 영혼은 항상 자신의 신과의 관계를 해결하는 과제와 마주하고 있다는 것입니다. 모든 영혼들은 참으로 신이라는 무한자의 아들과 딸들이고, 신의 한 개체화입니다. 영혼은 자신의 신성한 잠재력을 완전히 자각하고 받아들임으로써 물질우주에서 신과 공동창조자가 되기로 예정돼 있습니다. 그러므로 모든 영혼에게 있어 가장 중요한 과업은 신에 관한 개념이나 신과의 관계 안에 있는 어떤 결함들을 해결하는 것입니다. 그것이 참으로 물질우주에서의 삶의 전부입니다. 삶의 목적은 영혼의 신에 대한 태도에 관련된 문제점들을 풀고 치료하는 것입니다. 그런 문제들이 영혼이 신과 하나가 되고 신과 공동창조자가 될 잠재력을 수용하는 길에 걸림돌로 놓여 있습니다.

왜 영혼들이 지구로 내려왔는가?

나는 지구행성으로 내려온 영혼들을 분류하는 다른 방법에 관한 간략한 가르침을 전하고자 합니다. 지구가 창조되었을 때, 지구는 이

행성을 창조한 일곱 엘로힘(Elohim)인 7명의 영적 존재들의 순수성
과 완전함을 그대로 나타냈습니다. 처음에 지구로 내려온 모든 영혼
들은 젊은 영혼들의 범주에 속해 있었습니다. 이 영혼들은 순수했고
신에 대한 부정성이 없었습니다. 그럼에도 그들 중의 일부는 물질세
계에서 경험할 수 있는 것들에 대해 커다란 욕구를 갖고 있었고, 따
라서 그들은 자기들의 모든 주의를 이 세계에서 즐기는 것에다 집중
하게 되었습니다. 그들은 삶의 영적인 측면에 관해서는 거의 생각하
지 않았습니다.

　다른 영혼들은 좀 더 영적으로 이끌렸지만, 그들 자신을 그 영적인
길에다 확고히 정착시키지 못했고, 자기들의 영적 정체성에 관한 영
구적인 자각에 이르지 못했습니다. 그 젊은 영혼들 외에 통달의 단계
에 도달한 영혼들의 집단이 있었습니다. 그리고 이 영혼들은 젊은 영
혼들의 교사로서 일했습니다. 매우 오랜 시간 동안 젊은 영혼들은 에
고와 육적인 마음에 사로잡히지 않은 채 지구에 내려오기를 계속했습
니다. 이런 영혼들 가운데 많은 이들이 비록 그 수명이 오늘날의 평
균수명보다 훨씬 길기는 했지만, 단지 한 번의 생을 산 후에 다시
신에게로 상승했습니다.

　어느 시점에 지구에서 변화가 일어나기 시작했습니다. 다수의 영혼
들이 물질세계의 의식에 집착하게 되거나 사로잡히기 시작했고, 그들
은 더욱 더 그런 의식 상태로 떨어지기 시작했습니다. 말하자면, 이
런 영혼들이 그들을 신으로부터 점점 멀어지게 하고 스스로 영적존재
라는 자각을 상실하게 만드는 길을 걷기 시작했다고 할 수 있습니다.

　인류의 의식이 점차 낮아짐에 따라 그것은 결국 결정적인 수준에
이르게 되었습니다. 이 결정적인 수준에서 이제 어떤 반역적인 영혼
들이 지구에 육화하기 시작하는 것이 가능해지게 되었습니다. 이 영
혼들은 영적인 세계나 다른 체제의 세계들에서 신에 맞서 반란을 일
으켰던 영혼들이었습니다. 이들은 참으로 반역적인 영혼들이었고, 수
천 년 동안 그들 가운데 다수가 이 행성에 계속해서 태어났습니다.
그들은 가능한 한 많은 영혼들을 자기들의 의식수준으로 끌어내리려
고 시도했으며, 신에 대한 자기들의 거역을 정당화하기까지 하여 받
아들이게 만들고자 했습니다. 그들은 자기들이 신이 존재하지 않는
세계를 창조할 수 있다는 목표를 입증하고자 매우 저돌적이고 야심적

으로 시도하고 있습니다. 그들은 사실상 이 지구에서 종교분야를 포함한 삶의 모든 측면에다 영향을 미치고 있습니다.

이 반역적인 영혼들의 영향은 이 행성에다 위험한 상황을 만들어 냈습니다. 여전히 이 지구에는 그 최초의 시기에 지구에 내려온 젊은 영혼들이 있지만, 이 지구상에서 볼 수 있는 조건들에 의해 그 영혼들이 상처받게 될 커다란 위험이 있습니다. 이것이 어떤 영혼을 점차 부상당한 영혼의 단계로 빠져들게 만들 수가 있습니다. 그때 그것은 더욱 더 심화되어 분노나 두려움으로 인해 신으로부터 숨으려고 하는 상황이 될 수도 있습니다. 영혼이 신의 뜻과 법칙에 고의적으로 반항하는 단계로까지 떨어지는 것도 가능합니다.

인류의 타락 이후에 고등한 영적발전 단계에 있는 다수의 영혼들이 이 지구에 육화했으며, 그들은 교사들이고 대사들이었습니다. 이 영혼들은 다른 영혼들이 영적인 길을 찾아 정착하도록 돕는 노력을 통해 그들을 구조하는 사명으로 내려왔습니다. 그리하여 그들은 자신의 영적 정체성을 회복할 때까지 그 길을 걷고 신과의 합일에 이르는 높은 단계를 시작할 수가 있습니다. 그런데 매우 진보된 영혼들 가운데 일부는 이 지구상의 조건들에 의해 상처를 입게 되어 낮은 의식 상태로 떨어졌습니다. 그들 중의 극소수는 심지어 신에게 거역까지 하게 되었는데, 왜냐하면 그들이 자신의 고등한 자아와의 연결을 유지할 수 없었기 때문입니다.

여러분은 어디로 향하고 있는가?

나는 또한 단계들에는 명확한 구분이 있다는 점을 언급하고 싶습니다. 그 등급의 중심에는 젊은 영혼들이 있고, 그들은 단지 이 지구상의 삶을 실험하고 있는 영혼들입니다. 한 영혼이 이런 공평무사한 단계를 매우 오랫동안 지속하도록 예정돼 있지는 않습니다. 이 지구상에 주어진 현 상황에서 모든 영혼들은 두 가지 중에 한 방향으로 재빨리 가지 않을 수 없게 될 것입니다. 그런 한 방향은 영혼이 의심에 사로잡히거나 여러 가지 방식으로 상처받는 것입니다. 이 영혼들은 이제 신으로부터 멀어지는 방향으로 움직이기 시작합니다. 다른 방향은 삶에는 물질세계 이상의 무엇인가가 있다는 것을 깨달은 영혼들에 의해 상징됩니다. 이런 영혼들은 영적인 길을 발견하고 신과의 합일을 향해 움직이고 있습니다. 그러므로 지구행성에서의 기본적인 두 가지 부분은 신으로부터 멀리 움직이고 있는 영혼들과 신과의 합일을 향해 움직이는 영혼들입니다. 중요하게 고려할 사항은 어떤 영혼이 신으로부터 멀어지는 쪽으로 움직이고 있는가, 아니면 신을 향해 움직이고 있는가인 것입니다.

신으로부터 멀어지고 있는 영혼들은 위험한 상황에 직면해 있습니다. 비록 영혼이 신으로부터 얼마나 멀리 움직일 수 있느냐에 대한 최종적 한도가 있긴 하지만, 영혼이 하락할 수 있는 매우 엄청난 거리가 있습니다. 문제는 물질우주 내의 모든 것이 한계들에 의해 특색을 이루고 있다는 것입니다. 이것은 영혼이 신에게 다시 돌아갈 수 있는 무제한의 시간을 갖고 있지 않다는 것을 의미합니다. 만약 영혼이 자신의 시간이 다 될 때까지 계속해서 신으로부터 멀리 움직인다면, 최종적인 심판에 직면할 것입니다. 만약 영혼이 긍정적으로 반응하지 않는다면, 즉 기꺼이 자신의 구원에 대해 책임을 지고 경로를 바꾸지 않을 경우, 그 영혼은 2차적인 죽음으로 알려진 의식(儀式) 속에서 해체될 것입니다. 그러므로 영혼이 소멸될 수 있다는 것은 정말로 가능합니다.

이런 시나리오를 피하기 위해서 영혼은 전환점에 도달해야만 합니다. 영혼은 실제로 신으로부터 멀리 달아나는 것을 멈추고 다시 신에게 이르는 길을 시작해야 합니다. 또한 영혼은 "나는 더 이상 이렇게 할 수는 없어!"라는 자각에 이르러야만 합니다. 어떻게 하면 영혼이 방향전환을 할 수 있을까요? 그것은 영혼의 발전단계에 달려 있습니다.

반역적인 영혼이 돌아서는 것은 매우 어렵습니다. 그런 영혼들은 흔히 영적인 교만에 사로잡혀 있고, 그들 가운데 어떤 이들은 자기들이 잘못되었다는 것을 인정하기보다는 차라리 죽음을 택할 것입니다. 하지만 일부 영혼들은 결국 신이 없는 세계를 창조하겠다는 자기들의 시도가 쓸모없다는 깨달음에 이를 수가 있습니다. 이것은 특히 그들이 신성에 도달한 인간과 마주하게 되어 이 세상의 어떤 것에 의해 변화되기를 거부할 때 발생합니다. 이런 일이 참으로 내가 2,000년 전에 육화했던 동안에 나를 보았던 소수의 영혼들에게 일어났습니다.

310

그들은 비록 자기들이 내 육신을 죽일 수는 있을지라도 내 영혼을 바꿀 수는 없다는 것을 깨달았습니다. 그리고 이로 인해 그들은 이 세상의 겉모습과는 상관없이 결국 신이 승리할 것이라는 사실을 자각하게 되었습니다.

두려움이나 분노 때문에 신으로부터 숨고자 하는 영혼은 돌아서는 것이 더 쉽다는 것을 알게 되는데, 자신이 옳다는 것을 증명할 필요가 없기 때문입니다. 그런 영혼들이 스스로 신에 대해 잘못되거나 불완전한 이미지를 갖고 있음을 깨닫는 것은 가능합니다. 그러므로 그들이 상처를 받거나, 또는 신에 대해 분노하거나 두려워하게 만들었던 것은 바로 이런 이미지였습니다.

신에 대해 무관심한 영혼은 영적인 스승에게 손을 뻗치기가 어려워질 수가 있습니다. 하지만 이런 영혼들은 그들 스스로 고난의 학교에다 등록한 상태이므로 많은 경우에 심각한 외적 위기에 의해 돌아서게 될 수가 있습니다. 이 사람들은 외적인 위기가 그들이 자신의 삶에 무엇인가 결여돼 있다는 것을 깨닫게 할 때까지는 삶의 영적인 측면에 대해 인정하기를 주저할 것입니다. 그들은 계속해서 잘못된 에너지를 외부로 내보내고 있기 때문에, 우주거울이 그 에너지를 그들에게 다시 반사하여 중요한 위기를 촉진하는 것은 시간문제입니다. 신에 관해 갈등하거나 깊이 상처받은 영혼들은 신이 그들을 해치지 않았고 그들이 신에 대해 갈등하는 그 교리를 만들지 않았다는 것을 깨달을 때 돌아설 수 있습니다. 이런 영혼들이 자유의지의 오용과 어둠의 세력들로 인해 참으로 이 지구에서 무슨 일이 벌어졌는가를 이해한다면, 신이 결코 자신에게 상처주지 않았다는 자각을 통해 즉각 방향전환을 할 수가 있습니다. 사실은 그런 게 아니라 신에게 거역했거나 분노했던 세력들과 인간들에 의해 그들이 피해를 입었던 것입니다. 그러므로 그런 영혼들은 신으로부터 도망칠 필요가 없다는 것을 쉽게 깨달을 것이며, 결과적으로 그들은 자신의 치유에 이르는 길을 시작할 수 있게 될 것입니다.

일단 영혼이 영적인 길을 발견하고 그 길에 스스로 닻을 내리게 되면, 그 영혼은 이미 방향전환을 한 것입니다. 그렇다고 해서 이것이 그 영혼이 고비를 넘겼다는 것을 의미하지는 않습니다. 신을 향해 움직이고 있는 영혼에게 중요한 점은 계속해서 움직여나갈 절대적인 필요성을 깨닫는 것이고, 지속적으로 신에 관한 자신의 이해를 초월해 가는 것입니다. 영혼이 영적인 길에 관한 외적인 특정 표현에 집착하지 않는 것은 절대로 필수적인데, 그런 집착이 영적성장을 멈추게 만들 것이기 때문입니다.

만약 영혼이 끊임없는 자기초월의 필요성을 이해하지 못한다면, 그 영혼은 영적인 길의 특정 수준에 고착될 수가 있습니다. 그리고 영혼이 오랜 기간 동안 고착된 채로 머물러 있다면, 불가피하게 거꾸로 퇴보하게 될 것입니다. 참으로 오늘날 이 지구에는 영적인 길을 발견하고 그 길을 걷고 있는 많은 영혼들이 있습니다. 그럼에도 그들은 그 길이 현재 진행 중이라는 충분한 자각에 이르지 못했습니다. 이 영혼들은 내면의 보편적인 길을 찾지는 못했으며, 따라서 그들은 아직 신비주의자가 아닙니다. 이런 영혼들이 그 길의 현재진행형의 속성과 신과의 합일이라는 궁극적인 목표를 인식하는 것은 매우 중요합니다.

14장

두 번째 전환점

영적인 길이 내면의 길이라는 것을 명확하게 하셨네요. 하지만 여러 해에 걸쳐 저는 사람들에게 있어 외부의 단체나 신앙체계가 성장의 열쇠이고 자기들에게 필요한 모든 것을 줄 수 있다고 믿는 것이 쉽다는 점을 알아차렸습니다. 어떤 사람들은 외적인 단체에 너무 마음을 빼앗기고 있다 보니 그들은 거의 내면에다 주의를 돌리지 못합니다. 이것에 대해 어떻게 보시는지요?

다시 한 번 말하지만, 비결은 영적성장에는 단계들이 있다는 점을 인식하는 것입니다. 영혼이 낮은 의식 상태 속에서 길을 잃었을 때는 영적인 길을 명확하게 인식할 수가 없습니다. 그러나 영혼이 영적인 길에 대해 깨어나게 되면, 보다 높은 이해가 필요하다는 것을 깨닫습니다. 그럼에도 영혼은 그런 이해를 자신의 내면에서 얻을 수는 없다는 것을 잠재의식적으로 감지합니다. 그래서 영혼은 외부의 단체나 교리, 스승에게 손을 뻗치게 되는 것이지요. 이런 반응에 잘못된 것은 없습니다. 영적인 길의 초기단계에서 영혼은 육적인 마음의 이원성 너머를 볼 수 없기 때문에 자신의 그리스도 자아로부터 정확한 지시를 받을 수가 없습니다. 이 단계에서 영혼은 외부적인 지침이 필요합니다. 그런데 위험성은 그 영혼이 외적인 단체나 교리, 스승에게 집착하게 되어 그것을 넘어서기를 거부할 수 있다는 것입니다. 바꿔 말하면, 영혼의 자유를 위한 도구로 예정돼 있던 것들이 이제는 오히려 영혼을 구속하는 감옥이 된다는 것이지요.

나는 종종 주류 기독교와 같은 제한적이고 완고한 문화 속에서 성장한 사람들이 우연히 높은 진리를 내포하고 있다고 느껴지는 개념이나 신념체계를 발견하는 것을 봅니다. 이 사람들의 마음은 자기들의 낡은 믿음을 훨씬 넘어선 이해에 갑자기 열려지게 됩니다. 많은 경우에 이들은 진정한 성장에 이르게 됩니다. 하지만 어떤 경우에는 이런 극적인 방향전환이나 전향 경험이 불균형적인 반응을 일으키기도 합니다. 다음과 같은 여러 가지 불균형적인 반응들이 있습니다.

• 어떤 사람들은 너무 완고한 극단에서 지나치게 개방적인 다른 극단으로 옮겨 갑니다. 그들은 자기들의 기존방식에 다가온 새로운 사상에 마음을 열게 되므로 때로는 순진하고 속기 쉽게 됩니다. 결과적으로 그들은 종종 나중에 후회하는 것들을 실행합니다.

• 어떤 사람들은 새로운 신념체계가 자기들이 필요한 모든 것을 줄 수 있다고 생각합니다. 그리고 그들은 그 밖의 어떤 것에 대해서는 마음을 닫습니다. 이런 사람들은 참된 길에 스스로 정착하지 못했습니다. 그들은 단지 하나의 폐쇄적인 신념체계를 다른 것으로 대체한 것입니다. 이것이 어느 정도의 진전에 이를 수는 있지만, 지속적인 발전으로 나타나지는 않을 것입니다.

• 어떤 사람들은 자기들의 낡은 신앙체계를 던져버릴 뿐만 아니라 그것을 나쁘고 그릇되거나 악마에 속한 것으로 보게 됩니다. 그들은 이제 자기들의 낡은 신앙체계가 나쁘다는 것을 입증하여 박멸하는 데 몰두합니다. 다시 말하면, 그들은 자기들의 주의를 높은 이해에 도달하는 데 집중하는 것이 아니라 기존의 제한된 이해와 투쟁합니다.

314

이런 균형 잡히지 않은 반응 대신에 나는 사람들이 안정된 방식으로 마음을 여는 것을 보고 싶습니다. 또한 나는 높은 이해를 향한 지속적이고 차분한 성장을 보고 싶습니다. 사람들은 영적인 성장의 가장 중요한 두 가지 특성이 지속성과 균형이라는 점을 깨달을 필요가 있습니다. 여러분은 그것을 남은 생 동안 계속해야 할 과정으로 봄으로써 자신의 성장을 위해 꾸준하게 노력해야 합니다.

너무나 많은 사람들이 전환 경험을 하지만, 그것을 이용하여 스스로 영적성장의 보편적 길에 확고히 정착하는 대신에 자신의 변화를 촉발했던 그 새로운 신념체계가 유일한 진리를 담고 있어야 한다고 결정합니다. 일단 사람들이 자신의 마음을 더 높은 이해를 향해 열었기 때문에 전환경험을 했던 것입니다. 그런데 그들은 이제 자기들이 유일한 참된 신념체계를 발견했다고 결정하고 나서는 그 신념체계를 넘어선 어떤 이해에 대해서는 마음을 닫아버립니다. 하지만 지구상의 어떤 신념체계도 신에 관한 완벽한 이해를 담고 있지 않습니다. 참으로 그리스도 의식에 도달하기 위해서는 자신의 그리스도 자아와의 연결되어야 하며, 그럼으로써 여러분은 내면으로부터 직접 이해를 얻을 수가 있습니다. 여러분이 외적인 신념체계를 따라가지고는 신성을 구현할 수가 없습니다. 그래서 영적인 길은 내면의 길인 것입니다. 그것은 여러분이 이곳 지구상에 있는 한은 계속해서 가게 될 현재진행형의 길입니다.

내가 사람들이 구체화하기 바라는 다른 측면은 균형입니다. 영혼은 결코 (정신적) 공백 속에서는 존재할 수가 없습니다. 그리고 나는 사람들이 지금의 신념체계를 던져버리고 갑자기 자기들이 그 신념체계에 의해 기만당했거나 조종되었다고 느끼며 분노하는 것을 보고 싶지 않습니다. 여러분의 현재의 믿음들이 무엇이든, 이유가 있기 때문에 그것을 받아들이게 된 것입니다. 모든 경우에 있어서 그 이유는 여러분이 그런 경험으로부터 무엇인가를 배울 필요가 있었기 때문입니다. 그 과거의 믿음이 불완전할 수도 있겠지만, 그럼에도 불구하고 그것은 일종의 교사로서 봉사한 것입니다. 그것은 여러분에게 개인적 성장의 기초를 제공해 주었습니다. 그리고 만약 그것을 정확하게 이용하기만 한다면, 그 경험이 여러분의 발전을 위한 디딤돌로 바뀔 수가 있습니다.

항상 균형 잡힌 상태로 머물러 있기 위해 노력하기 바랍니다. 여러분의 현 믿음을 어느 정도 넘어서 있는 이해에 대해 마음을 여십시오. 일단 여러분이 상위의 이해를 받아들여 내면화했다면, 자신을 영적인 길에서 더 높은 단계로 데려갈 이해에 대해서도 마음을 열어야 합니다. 나는 사람들이 힘에 의해 천국을 탈취하려고 시도하는 것을 바라지 않습니다(마태복음 11:12).[4] 나는 사람들이 꾸준한 발전을 이룸으로써, 그 발전이 내면화되어 계속 진행 중인 성장을 위한 확고한 토대가 되기를 원합니다.

한 극단에서 다른 극단으로 건너가는 식으로 함정에 빠지는 너무나 많은 사람들이 있습니다. 그러므로 만약 이 책을 읽는 기독교인들이 있다면, 나는 그들이 갑작스럽게 자기들의 교회가 완전히 잘못되었다고 결정하는 것을 원하지 않습니다. 나는 교회가 나쁘다고 입증하거나 다른 사람들에게 교회가 잘못됐다고 확신시키기 위해 어떤 종류의 박멸운동에 착수하는 사람들은 필요가 없습니다. 나는 영적인 길에다 확고히 닻을 내리고 높은 의식수준을 돌파할 때까지 한 번에 한 걸음씩 계속해서 밟아나가는 사람들이 필요합니다.

지나치게 많은 사람들이 외적인 마음만으로 결정하는 경향이 있습니다. 그리고 그런 결정들은 늘 이원성적인 결정들입니다. 영적성장의 열쇠는 세속적인 마음의 상대성을 극복하는 것입니다. 많은 사람들이 생각하는 것과는 반대로 그리스도 마음은 매우 균형 잡힌 마음입니다. 여러분이 그리스도의 분별력을 성취했을 때 균형을 얻게 되는데, 이원성의 의식에서 생겨나는 극단적이고 균형을 잃은 믿음을 초월해서 볼 수 있기 때문입니다.

불행하게도 가장 편협하고 완고한 사람들의 일부는 그들 자신의 눈으로는 종교적이고 영적인 사람들입니다. 여러분은 그런 이들을 전통적인 종교들과 많은 뉴에이지 단체들에서 발견할 수가 있습니다. 수많은 종교인들이 특정 종교의 교리를 그들 마음의 주변에다 나도 내 동료들도 전혀 침투할 수 없는 일종의 상자를 창조하기 위해 이용합니다. 무수한 종교인들이 자기들이 특정 종교에 소속돼 있고 그 종교의 모든 외적 규칙(율법)과 교리를 따르고 있기 때문에 자동으로 구

---

4)"세례요한의 때부터 지금까지 천국은 침노를 당하나니, 침노하는 자는 빼앗느니라."

원되리라고 믿고 있다는 것은 슬픈 사실입니다. 그들은 또한 자기네 단체나 스승이 세상을 구원하는 유일한 열쇠라고 믿습니다. 따라서 그들은 보편적인 길을 장려하는 대신에 세상의 나머지 사람들을 자기들의 신념체계로 개종시키는 데 골몰합니다.

하지만 거의 모든 종교와 영적 단체들이 사람들에게 필요한 모든 것을 자기들이 갖고 있고 자기네 단체의 멤버들은 자동적으로 구원될 것이라고 주장합니다. 그들의 주장이 잘못된 것일까요?

자동적인 구원의 개념은 "겉으로는 인간에게 옳은 것처럼 보이지만, 그 끝은 그로인해 죽음에 이르는 길이다(잠언 14:12)."라는 말 속에 언급되어 있습니다. 나는 그 말을 나의 제자들에게 종종 반복해서 언급했습니다.

나는 예수 그리스도입니다. 그리고 나는 영적 스승입니다. 나는 신의 실상을 알고 있고 또한 이 지구상의 현실을 알고 있습니다. 그렇기 때문에 나는 여러분에게 자동적인 구원과 같은 것은 없다고 말해야만 합니다. 냉엄한 진실은 여러분이 일종의 외투처럼 종교를 입음으로써 구원되지 않을 것이라는 사실입니다. 여러분은 특정 교회의 신도가 됨으로써 구원되지 않을 것입니다. 그리고 여러분은 어떤 종교 권위자에 의해 규정된 특정의 외적 교리에 의해 구원되지 않을 것입니다. 또한 여러분은 기계적이거나 틀에 박힌 방식으로 거행하는 특정의 종교의식에 의해 구원되지 않을 것입니다.

여러분은 예수나 붓다(佛陀), 혹은 뉴에이지의 스승인 어떤 구세주에 의해 구원되지 않을 것입니다. 여러분은 알라(Allah)나 여호와(Jehovah), 브라마(Brahma), 또는 여러분이 선호하는 명칭이 무엇이든, 신에 의해 구원되지 않을 것입니다. 단순한 사실은 여러분 자신의 외부에 있는 어떤 힘에 의해서 구원되지 않을 것이라는 점입니다. 냉엄한 진실은 신이 여러분을 구원하지 않을 것이라는 사실인데, 그렇다면 어떻게 여러분이 구원받을 수 있을까요? 내가 할 수 있는 말은 다음과 같습니다. *인간이여, 그대 자신을 구원하라!*

많은 사람들이 (구원이란 것이) 참고 삼키기에는 대단히 쓴 약임을 알게 되었을 것이라고 생각합니다. 지난 2,000년 동안 수많은 기독교인들이 당신을 구세주로 알게 되었습니다. 많은 뉴에이지(New Age) 사람들도 자기들의 차원상승을 이루기 위해서는 스승이나 외적인 가르침이 필요하다고 생각합니다. 지금 당신께서는 사람들을 구원하지 않을 거라고 말씀하고 계시고, 또 신이나 다른 어떤 영적스승도 마찬가지라고 하십니다. 그러므로 사람들이 약간 상실감을 느낄 것 같습니다.

나는 여러분에게 상황의 실상을 설명하는 두 가지 정보를 주었습니다. 나는 신이 모든 영혼들에게 자유의지를 주었다고 말했습니다. 그리고 어떤 영혼들은 그 자유의지를 더 이상 그들이 영적세계와 직접 접촉할 수 없는 의식 상태로 추락시키는 데다 사용했다고 했습니다. 이것은 신이 보고 싶어 했던 상황이 아닙니다만, 신은 영혼들에게 자유의지를 주셨고, 따라서 그런 일이 일어나도록 허용했던 것입니다.

사람들은 자기들이 이런 낮은 의식 상태로 떨어져있다 보니 구원에 대한 욕구를 갖고 있습니다. 그들은 자신의 자유의지를 어떤 선택을 하기 위해 사용함으로써 이런 의식 상태로 하락했습니다. 간단한 사실은 신이 그 영혼의 자유의지를 거슬러서 한 영혼을 구원할 수 없다는 것입니다. 여러분이 구원되기 위해서는 자발적으로 구원되겠다는 완전히 자유로운 선택을 해야만 합니다. 구원은 하나의 기적적인 사건으로 일어날 수가 없습니다. 구원은 여러분이 받아들이게 된 이원적인 환상으로부터 점차 자신의 마음을 자유롭게 해가는 과정입니다. 여러분은 선택을 함으로써 그런 환상을 받아들였습니다. 그리고 그것을 극복하는 유일한 방법은 더 나은 선택을 하는 것입니다. 영적성장의 필수적인 요소는 자신이 가진 유한한 믿음들 가운데 하나를 버리는 선택을 하는 것입니다. 그리고 영적인 길에서 성공하기 위한 열쇠는 자신의 유한한 믿음들을 포기하는 것을 절대로 멈추지 않는 것입니다. 여러분은 그렇게 하는 것을 기꺼이 무기한적으로 해야 합니다. 그럼으로써 스스로 멈춰서 있거나 어떤 신념체계 내지는 정체감에 안주하지 않게 될 것입니다.

좀 더 앞선 영적 추구자일수록 다음과 같은 엄숙한 사실을 깨닫는 것은 반드시 필요합니다. 그것은 여러분이 영적인 길에서 얼마나 높이 올라갔느냐에 관계없이, 또한 스스로 자신이 얼마나 세련되고 진보되었다고 생각하느냐와 관계없이, 영적인 전진을 멈출 수 있는 위험성이 늘 있다는 것입니다. 나는 앞에서 영혼이 그리스도 의식 아래로 얼마나 한참 내려가 있느냐에 상관없이, 그 영혼은 돌아설 수 있다고 말했습니다. 상황의 다른 면은 그 영혼이 얼마나 그리스도 의식에 근접했느냐에 관계없이, 거기에는 늘 멈춰서거나 심지어 퇴보하는 결정을 할 수 있는 위험이 상존한다는 것입니다. 영적인 길의 어느 단계에서 영혼은 자신의 유한한 믿음을 기꺼이 포기하지 않는 결정을 함으로써 이제 그 믿음이 그 영혼의 신이나 황금송아지(우상)가 되고 맙니다. 그 영혼은 진정한 절대자인 지속적인 성장과 자기초월의 신을 숭배하는 대신에 황금송아지를 절대적인 진리로 보고 그 주변에서 춤추기 시작합니다.

불행하게도 이런 일이 영적인 길에서 장족의 발전을 하면서 수년 내지 수십 년을 보낸 많은 영혼들에게 일어났습니다. 그들 가운데 어떤 이들은 마침내 영적인 단체 내에서 중요한 지위에 올랐습니다. 그리고 그들은 자기들의 지위를 포기하기를 마음내켜하지 않을 수가 있습니다. 다른 사람들은 몇 년 후 불안과 혼란을 느낍니다. 그러다 그들은 결국 자기들에게 안정과 위로, 안도감을 주는 믿음체계와 환경을 발견합니다. 그들은 한층 더 성장하기 위해서 이런 안락한 상황을 놓아버리는 것을 꺼려합니다. 나는 앞서 영혼이 영적인 길을 처음 발견했을 때 그 길을 여과장치를 통해서 본다고 언급했습니다. 참으로 여과장치의 그런 잔존물들은 영혼이 그리스도 의식에 도달할 때까지 영혼에게 남아 있습니다. 그리고 영적인 길의 어떤 지점에서 영혼은 그 길에 관한 어떤 시각에 집착하게 되어 그것을 넘어서기를 거부할 수가 있습니다.

슬픈 사실은 성숙한 많은 영적 추구자들이 자신의 상황에 대한 완전한 책임을 자진해서 받아들이지 않음으로써 자동적인 구원이라는 생각에 매달린다는 것입니다. 나는 앞에서 사람들이 영적인 길을 찾아 걷기 전에 자신의 삶에 대해 기꺼이 책임을 져야하고 그들 자신을 바꿔야 한다고 말했습니다. 여러분이 그 길을 오르는 만큼, 책임감과 변화하기 위한 자발성을 키워야만 합니다.

실제로 어떤 일이 발생했는가를 설명하겠습니다. 수많은 영혼들이 영적인 세계를 직접 지각하지 못하거나 접촉하지 못하는 저급한 의식 상태로 떨어졌습니다. 그리하여 이런 영혼들은 물질세계에서 길을 잃고 말았습니다. 어떻게 하면 영적인 스승들이 그런 영혼들을 도울 수 있겠습니까? 여러분은 문제가 존재한다는 것을 스스로 인식할 때까지는 절대로 그 문제를 해결할 수가 없습니다. 그러므로 우리는 사람들이 자기들의 환상을 극복할 필요가 있다는 사실을 인식하도록 도움으로써 시작해야 합니다. 대부분의 사람들에게 이런 인식은 어떤 종교나 영적인 가르침을 통해서 옵니다. 그리고 여러 가지 이유들로 해서 이것은 사람들이 구원되기 위해서는 외부의 구세주가 필요하다는 개념에 이르게 됩니다.

문제는 사람들이 삶의 영적인 측면과의 접촉을 잃어버렸을 때, 또한 그들이 대개 삶의 기본적인 사실에 관한 인식도 상실한다는 것입니다. 말하자면 그것은 그들이 자유의지를 부여받았고, 그렇기 때문에 그들 자신의 상황 내지는 현실을 창조할 능력이 있다는 사실입니다. 사람들은 우주가 일종의 거울이라는 것을 깨닫지 못합니다. 따라서 그들은 자기들이 현재 빠져 있는 외적 상황과 의식 상태를 어떻게 지배해야 하는지를 모릅니다. 그들은 어떤 외부적인 힘에 의해 희생되었다고 느끼는 경향이 있으며, 자기들의 상황을 스스로 창조했다는 것을 이해할 수 없거나, 없을 것입니다.

이런 사람들이 처음 자기들이 구원받을 필요가 있다고 의식적으로 인식하게 되었을 때, 그들은 현 상황을 자신이 창조했고 그것을 없애는 것도 자기에게 달려있다는 개념을 받아들일 수가 없습니다. 그들은 단지 자기들을 위해 온갖 궂은일을 해주고 자신이 손쓸 일이 없는 과정을 통해 그들을 고향에 데려다 줄 모종의 외부의 힘이 있다는 개념을 필요로 할뿐입니다. 불행하게도 어떤 영혼들은 외부의 구세주라는 믿음을 포기하기를 꺼려합니다. 그리고 심지어는 영적인 길을 수십 년 동안 걸은 후에도 여전히 외부의 단체, 가르침, 또는 스승이 자기들의 구원의 열쇠라고 생각합니다.

구세주에 관한 생각이 대부분 일종의 환상인 것처럼 생각되게 만들고 계시네요. 그런 말씀을 하고 계신 것인가요?

아닙니다. 내가 그런 말을 하고 있는 것은 아닙니다. 낮은 의식의 특성들 가운데 하나가 사람들이 모든 것을 흑백의 상대적이고 이원적인 견지에서 보는 성향임을 부디 이해하기 바랍니다. 이런 경우 한쪽의 말이 진실이라면, 반대쪽 말은 분명히 거짓이어야 합니다. 사람들은 모든 것이 진실과 거짓, 옳고 그름, 선과 악과 같은 두 가지 극단에 의해 규정되는 상대성의 저울 위에 올려져야만 한다고 생각하는 경향이 있습니다. 그들은 어떤 개념도 이런 평가기준에 맞아야 하고 그 개념이 진실이 아니면 거짓이라고 생각합니다.

신에 관한 진리와 실상은 세상의 이런 상대적인 관점에 억지로 밀어넣어질 수 없습니다. 진리는 상대적이 아닙니다. 따라서 그것은 인간들이 진실 또는 거짓으로 규정한 기준에 맞지가 않습니다. 이것은 사람들의 현 의식수준에 따라 규정된 상대적인 조건들입니다. 그 상대적인 기준은 사람들의 현 정신적 상자에 의해 규정되었다고 말할 수도 있습니다. 신의 진리와 실상은 인간들에 의해 만들어진 어떤 상대적인 평가기준이나 신념체계에 따라 규정될 수 없습니다. 그러므로 신의 진리와 실상을 알고자 한다면, 모든 것을 상대적인 견지에서 규정하게 만드는 이원적인 의식 상태를 초월하기 위한 노력을 기울여야 합니다.

내가 인간이 그들 자신을 구원할 필요가 있다고 말했을 때, 상대적인 인간의 의식은 즉각 – 방금 당신이 말한 것 같이 – 외부의 구세주가 필요치 않다고 언급한 것이 틀림없다는 식으로 말하게 만듭니다. 그리고 그것이 나, 예수가 구세주라는 기독교 교리와 모순되거나 스승이 필요하다는 뉴에이지의 믿음과 안 맞기 때문에 반드시 거짓된 말이 되고 맙니다. 달리 말하자면, 사람들이 흑백의 관점을 받아들이게 되는 것입니다. 그 상황의 실체는 많은 사람들이 영적인 세계와의 모든 관계를 상실한 그런 낮은 의식 상태로 떨어져 있다는 것입니다. 사람들은 그들 자신의 힘으로는 그 간격을 메울 수가 없습니다. 앞서 내가 진동의 여러 수준들에 관해 언급했던 것으로 돌아갑시다. 영적인 세계는 일정한 주파수의 진동들로 이루어져 있습니다. 영적인 세계에서는 특정 주파수 이하의 진동들은 찾아볼 수가 없습니다. 만약 여러분이 그런 주파수 아래로 들어간다면, 물질세계로 진입하게 됩니다.

사람들이 영적인 세계와의 접촉이 끊어지게 되면, 그들의 의식은 완전히 물질세계의 에너지로 감싸이게 됩니다. 물질세계의 에너지는 영적세계의 에너지보다 더 낮습니다. 여러분은 물질세계의 에너지를 사용해가지고는 자신을 구원할 수가 없습니다. 이것은 바벨탑에 관한 이야기에서 설명되는 부분입니다. 사람들이 물질세계의 에너지를 이용하여 하늘에 닿을 탑을 세우려고 시도했으나, 그들은 결코 성공할 수 없었습니다. 여러분은 자력(自力)에 의해서는 자신을 끌어올릴 수가 없습니다. 그리고 구원으로 가는 기계적이거나 자동적인 길은 없습니다.

일단 사람들이 영적인 세계와의 접촉을 상실하게 되면, 물질세계의 에너지를 사용해가지고는 그런 접촉을 회복할 수가 없습니다. 그들은 오직 영적세계로부터 오는 에너지를 이용함으로써만이 그 접촉을 재건할 수 있습니다. 하지만 사람들이 영적세계와의 접촉이 없을 때, 그들이 그 세계에 손을 뻗쳐 영적에너지를 끌어내릴 수가 없습니다. 따라서 그들은 그들의 현 의식수준과 영적세계 간의 간격을 메워줄 수 있는 외부의 구세주가 필요해집니다.

개인적인 수준에서, 그 구세주는 내가 〈그리스도는 여러분 내면에서 탄생한다〉에서 아주 상세히 설명하듯이, 그리스도 자아(Christ self)입니다. 하지만 많은 사람들이 자기들의 그리스도 자아로부터 들을 수 있는 능력이 없기 때문에 신은 또한 외부의 구세주를 영적스승의 형태로 보내셨습니다. 그런 외부의 구세주로 봉사하는 것이 나의 커다란 특권인데, 그것은 단순히 교사나 인도자를 의미하는 것 이상입니다. 신은 많은 다른 구세주를 보내셨고 계속해서 영적 스승들을 지구에다 보내십니다. 내가 여기서 지적하고자 하는 것은 구원의 진짜 열쇠는 외부의 구세주가 아니라는 것입니다. 이미 신은 구원될 필요가 있는 사람들을 기꺼이 돕기 위한 모든 준비를 해 놓았습니다. 신은 구원의 선물을 사람들에게 베푸는 외부의 구세주를 계속 보내십니다. 그것은 참으로 의로운 자나 불의한 자에게도 내리는 비인데(마태복음 5:45),[5] 왜냐하면 신은 하늘에서 구원의 선물이라는 비를 끊임없이 내리게 하시기 때문입니다.

하지만 개인적 수준에서 구원의 열쇠는 베풀어지는 그 선물 자체가 아닙니다. 구원의 열쇠는 그 선물을 받아들이는 것입니다. 나는 인류를 위한 외부의 구세주로 봉사할 특권을 갖고 있었습니다. 나는 지상을 걸었었고, 내가 만난 모든 사람들에게 그 선물을 대가 없이 베풀었습니다. 그리고 나는 수많은 사람들을 만났습니다. 나의 개인적인 경험을 통해 여러분에게 말할 수 있는 것은 내가 구원의 선물을 베풀었던 대부분의 사람들이 그 선물을 거부했다는 것입니다. 그들은 자기들이 받고 있다는 것을 알지도 못했거나, 아니면 그 선물을 활용하고 싶어 하지 않았습니다. 지구상의 삶에 관련된 냉엄한 현실은 신이 인간들에게 자유의지를 주었기 때문에, 신조차도 인간을 구원할 수 없다는 것입니다. 그것이 바로 "당신이 어떤 사람을 물가로 끌고 갈 수는 있지만, 그에게 억지로 물을 마시게 할 수는 없다"는 말의 의미입니다.

어떤 인간이 구원되고자 한다면, 그 사람은 여러 가지 결정을 해야 하고 점차 자신의 의식 상태를 높여가야 합니다. 구원되기 위해서는 여러분의 마음이 저급한 마음의 환영들, 상대적이고 이원적인 의식 상태로부터 자유로워져야 합니다. 하지만 이것은 여러분의 유한한 믿음들을 놓아버리는 계속 진행 중인 과정입니다. 그것은 어떤 외적인 힘에 의해 갑자기 여러분이 구원받은 상태로 들어 올려지는 즉각적인 기적 같은 것이 아닙니다. 구원의 진짜 선물은 점차 영혼을 그리스도 의식으로 인도하는 영적인 길이라고 말할 수 있습니다. 그럼에도 그 길을 따르는 것은 끊임없이 전진하는 노력을 필요로 합니다. 하지만 많은 영혼들이 즉각적인 구원을 찾으며, 기꺼이 계속적인 노력을 하려 하지 않습니다.

그렇다면 모든 사람들이 구원을 받아들이기만 한다면, 누구나 가능

---

5)"이는 하나님이 그 해를 악인과 선인에게 비취게 하시며, 비를 의로운 자와 불의한 자에게 내리우심이니라."

하다고 말씀하시는 것인가요?

　그렇습니다. 모든 사람의 마음이 현재의 믿음들로 이루어진 상자에 의해 둘러싸여 있다는 내 표현으로 다시 돌아가 봅시다. 어떻게 사람들이 그런 믿음들을 받아들이게 되었을까요? 어떤 믿음을 받아들이기 위해서는 여러분이 결정을 해야만 합니다. 나는 많은 사람들이 어떤 믿음들을 수용하도록 프로그램된 환경 속에서 성장했다는 것을 인정합니다. 그럼에도 여러분이 얼마나 많은 외부 압력에 노출돼 있는가와 상관없이, 어떤 믿음을 받아들이기에 앞서 결정을 해야 한다는 사실은 변함이 없습니다.

　많은 경우에 사람들은 의식적인 결정을 하지 않거나, 무엇이 그 결정을 유발하는지를 충분히 인식하지 못합니다. 그럼에도 불구하고 여러분이 어떤 생각을 받아들이기로 결정하지 않는 한, 그것이 여러분의 마음속으로 들어올 수는 없습니다. 이것은 수많은 사람들이 오랜 역사 내내 지구가 둥글고 평평하지 않다는 것과 같은 높은 이해를 수용하지 않고 거부했다는 사실에 의해 증명됩니다. 내 요점은 한계가 있고 잘못된 믿음들을 극복하는 유일한 길은 한층 높은 믿음과 이해들을 받아들이기로 결정하는 데 있다는 것입니다. 그러므로 구원의 열쇠는 여러분이 바울에 의해 언급된 "이 마음을 너희 안에 품어라, 그것 또한 예수 그리스도이니(빌립보서 2:5)"라는 요건을 완수할 때까지, 계속해서 자신의 삶에 관한 이해를 확대해가는 것입니다.

　구원으로 가는 열쇠는 무엇입니까? 지상으로 내려온 어떤 천상의 존재가 여러분을 휙 낚아채 하늘로 데려가는 것일까요? 아닙니다. 구원의 열쇠는 여러분이 그것을 입지 않고는 결혼축하연 입장이 허락되지 않을 결혼예복을 입어야 하는 것입니다(마태복음 22:2~14). 결혼축하연은 하늘나라를 의미합니다. 그리고 결혼예복은 의식상태, 즉 그리스도 의식을 나타냅니다. 내가 "너희는 먼저 그의 나라와 그의 의를 구하라. 그리하면 이 모든 것을 너희에게 더하시리라(마태복음 6:33)."라고 말했을 때, 나는 이런 의식 상태를 언급하고 있었습니다. 나는 내 말을 알기 쉽게 바꾸어 말하고자 이렇게 말할 것입니다. "먼저 삶에 관한 높은 이해를 구하라. 먼저 그리스도 의식을 구하라.

그리하면 구원을 뜻하는 나머지 모든 것들이 너희에게 더해질 것이다."

구원은 모든 이들에게 아낌없이 주어진 선물입니다. 하지만 사람들이 그 선물을 받아들일 때까지, 그들은 구원에 이르는 과정을 시작할 수 없습니다. 그 과정은 고등한 의식 상태로 인도되는 길입니다. 사람들은 빛나는 신의 실상을 볼 때까지 그들의 정신적 상자를 확장해야 합니다.

외부의 구세주에 관한 당신의 질문으로 돌아가 봅시다. 사람들은 그리스도의 이름으로 그들에게 한 잔의 냉수를 제공할 외부의 구세주를 필요로 합니다(마태복음 10:42).[6] 그 잔은 영적 에너지의 잔이고 이해의 잔입니다. 구원의 잔은 이미 지구상의 모든 인간들에게 주어졌습니다.(외부의 의식은 인식하지 못할 수도 있는 영혼 내면의 수준에서 말입니다) 따라서 그것은 구원이 모든 이들에게 가능할지의 문제가 아닌데, 왜냐하면 구원은 이미 있기 때문입니다. 진짜 문제는 사람들이 그 선물을 받아들일 것인지, 말 것인지 입니다. 신에 의해 사람들에게 자유의지가 부여돼 있기 때문에, 또 신께서 하늘에 있는 누구도 인간의 자유의지를 침해해서는 안 된다는 법칙을 정해 놓으셨기 때문에, 인간은 그들이 자진해서 구원되려고 할 때만 구원될 수가 있습니다.

설사 많은 종교들이 오직 그 종교의 신도들만이 구원되고 다른 모든 이들은 지옥에 떨어질 것이라고 주장하더라도 자동적인 구원은 거짓이라는 말씀인가요?

그렇습니다. 구원은 두 가지 요소를 포함하고 있습니다. 하나는 영적인 에너지와 이해의 형태로 주어지는 구원의 선물입니다. 이 선물은 오직 영적인 세계로부터 직접 주어질 수가 있습니다. 그러므로 그

---

6) "또 누구든지 제자의 이름으로 이 소자 중 하나에게 냉수 한 그릇이라도 주는 자는 내가 진실로 너희에게 이르노니, 그 사람이 결단코 상을 잃지 아니하리라 하시니라."

어떤 인간의 단체도 특허권이나 독점권을 얻을 수가 없습니다. 즉 어떠한 인간의 단체도 그 단체의 모든 추종자들을 구원의 상태로 바꾸어 주거나 자동으로 구원되게 보장할 수 없습니다. 마찬가지로 어떤 인간 권위자도 비신도나 불신자라고 해서 구원에서 탈락시키거나 구원되지 않을 것이라고 보증할 수가 없습니다. 지구상의 어떤 권위자나 종교단체도 누가 구원될 것이고 구원되지 않을 것인지를 결정할 권한을 결코 가진 적도 없고, 또 앞으로도 갖게 되지 않을 것입니다.

구원에 필요한 다른 요소는 내가 막 설명했다시피, 사람들의 자유의지입니다. 여러분은 오직 구원의 선물을 받아들이고 고등한 의식 상태에 이르는 영적성장의 과정을 따를 때만이 구원될 수 있습니다.

저는 이것이 자기가 은총에 의해 구원될지, 아니면 행위에 의해 구원될지를 걱정하는 기독교인들 사이의 오래된 갈등을 해결하는 데 이용될 수 있다고 생각합니다.

맞습니다. 양쪽 다 필요합니다. 여러분은 은총이 없이는 구원될 수 없지만, 신의 은총은 의로운 자나 불의한 자에게도 끊임없이 내리고 있습니다(마태복음 5:45). 그럼에도 그 은총을 받아들여 자기 것의 일부로 만들기 위해서는 여러분이 자신의 의식 상태를 자발적으로 높이고 행동을 취해야 합니다. 만약 여러분이 잘못된 믿음들로부터 자신을 자유롭게 하기 위해 요구되는 그런 노력을 하지 않는다면, 신의 은총을 받아들여 자기의 것으로 만들 수가 없습니다.

그렇다면 우리가 해야 할 필요가 있는 노력은 외적인 행위뿐만이 아니라 우리의 의식을 변형시키는 내면적인 작업도 해당된다고 말씀하고 계신 것인가요?

정확하게 짚었습니다! 성서를 올바르게 읽고 얼마나 내가 자주 가슴을 정화하라거나 어린아이처럼 되라고 언급하고 있는지를 보기 바랍니다. 이어서 어떻게 내가 서기관들과 바리새인들, 사두개인들, 대제사장들, 율법학자들을 질타하는지를 보십시오. 그리고 어떻게 내가 공공연히 자선행위를 하거나 단식하거나 기도하는 사람들을 책망하는지를 보십시오. 이 사람들은 자기들이 온갖 옳은 일들을 하고 있고 하나님이 자기들을 간단히 구원해야할 만큼 선하다고 믿었던 자들입니다. 그들은 하늘나라로 가는 길을 살수 있다고 생각했지만, 그들의 모든 외적인 행위들은 결코 용납될 수 없는 공물(供物)이었습니다.

받아들여질 수 있는 공물은 여러분이 신의 자녀라는 참된 정체성을 얻기 위해서 인간적 에고, 세속적인 의식상태, 그릇된 정체감을 제물로 바치는 것입니다. "누구든지 제 목숨을 구원코자 하면 잃을 것이요. 누구든지 나를 위하여 제 목숨을 잃으면 찾으리라(마태복음 16:25)."라는 말을 깊이 생각해 보기 바랍니다. 내가 진정으로 말하고 있는 것은 이 세상의 인간적 정체감을 고집하는 사람들은 그들의 영혼을 잃을 것이지만, 기꺼이 그 잘못된 정체성을 버리는 이들은 오직 그리스도 의식을 통해서만 가능한 영원한 생명을 얻으리라는 것입니다.

우리가 구원을 얻기 위해 필요한 모든 것을 갖춘 유일한 종교는 없다고 말씀하고 계신 것입니까?

그렇습니다. 단단한 벽들로 둘러싸인 어두운 방이 있다고 상상해 보십시오. 그 컴컴한 방안에는 다수의 사람들이 있고, 그들은 어둠 속에서 주변을 더듬거리다가 목재 더미를 발견합니다. 그것들 가운데 어떤 것은 둥근 원통형이고, 어떤 것은 정육면체이며, 또 다른 형태인 것도 있습니다. 일부 사람들은 그 목재 더미를 무시합니다. 어떤 사람들은 그것이 가치가 있다는 것을 부정합니다. 또한 어떤 이들은 그것을 둘러싸고 싸우기 시작하고 자기들이 골라잡은 목재를 가지고 다른 사람의 머리를 치는 데 이용합니다.

그러나 소수의 사람들은 그 목재를 서로 위쪽으로 쌓아올린다면, 자신들이 더 높이 올라갈 수 있다고 깨닫습니다. 일부 사람들은 이런 식으로 천장에 이를 때까지 계속해서 올라갑니다. 그리고 그들은 천장이 빛이 침투할 수 없는 부드러운 물질로 이루어져 있다는 것을 발견합니다. 그들이 그 물질을 막대기로 쑤셔 구멍을 내자 밝은 빛이 그 구멍을 통해 쏟아져 들어옵니다. 그 빛을 보았을 때 그들은 어둠으로부터 자유로워집니다.

이 비유에서 어두운 방은 이 세상이고, 단단한 벽은 인간들이 신의 에너지를 오용함으로써 만들어진 것입니다. 인간들이 자기들의 행위로 인해 신의 빛으로부터 그 방을 봉인한 것입니다. 신은 위에서 비추는 빛을 창조하셨습니다. 그리고 신은 영적인 진리를 상징하는 목재들을 그 방 안에다 던져 넣으셨습니다. 그럼에도 신이 인간들에게 자유의지를 주셨기 때문에, 신은 누군가에게 그 목재를 쌓아 그것을 딛고 위로 올라가 천장에다 구멍을 뚫으라고 강요할 수는 없습니다. 즉 신이 사람들에게 구원을 위한 수단을 주실 수는 있으나, 억지로 그것을 이용하게 만들 수는 없는 것입니다.

만약 여러분이 구원되려고 한다면, 신이 여러분을 구원할 수 없다는 것을 깨달아야 합니다. 여러분이 구원되고자 한다면, 자신의 노력을 통해 그 구원을 성취해야만 합니다. 여러분은 거기에다 얼마나 많은 노력을 기울일 것인지, 그리고 하나의 특정 목재에만 집착할 것인지, 아니면 그 방의 사방에서 여러 목재들 모을 것인지를 결정해야 합니다. 여러분이 천장에 이르러 구멍을 냄으로써 신의 빛이 여러분의 마음속으로 비춰 들어올 때까지 말입니다. 달리 말하면, 여러분이 자신을 구원하는 그 빛이 시작되게 할 수는 없지만, 모든 것을 비추는 그 빛에 대해 자신의 마음을 닫는 것을 멈출 수는 있습니다.

구원을 받아들인다는 개념은 우리가 앞서 이야기했던 개념에 결부될 수 있다고 생각하는데요, 즉 우리가 사랑의 흐름에 대한 장애물들을 제거해야한다는 것입니다.

훌륭한 관찰입니다. 구원에 대한 열쇠는 신성한 사랑입니다. 그리고 그것은 위(상위차원)로부터 계속해서 흐르고 있습니다. 여러분의 영혼은 신의 사랑이 이 세상으로 흐르게 하기 위한 일종의 운반수단

으로 설계되었습니다. 그런 까닭에 여러분의 구원에 대한 열쇠는 여러분을 통한 그 신의 사랑의 흐름을 받아들이는 것입니다. 하지만 여러분이 이원적인 의식 상태로 하락해 있기 때문에, 신의 사랑을 받아들이는 것을 방해하는 수많은 장애물들을 영혼 속에다 만들어 놓았습니다. 이런 장애물들 가운데 어떤 것은 여러분으로 하여금 자신이 신의 사랑을 받을 자격이 없다고 느끼게 만듭니다. 그러므로 이런 사랑의 흐름을 개방하는 열쇠는 자연적인 흐름이 재개될 수 있도록 체계적으로 그런 장애물들을 제거하는 것입니다.

말하자면 그 과제는 여러분이 원래 창조되었던 목적대로 – 이곳 지구에서 – 영적존재가 되는 것이라고 할 수 있습니다. 그렇기에 자신의 영적 정체성을 부정하는 것을 멈춰야합니다. 그리고 자신이 죽을 운명이고 유한하고 무가치한 인간이라고 생각하게 만드는 인위적인 정체감에 의해 그 참된 정체성을 덮어씌우기를 중단해야 합니다. 여러분은 신의 자녀이자 영적인 존재로서의 자신의 참된 정체성을 받아들여야 합니다.

사람들은 곧잘 왜 나의 개인적인 사명에 맞서던 그런 적대자들이 있었는가를 곰곰이 생각하고는 합니다. 왜 어떤 인간들이 나를 죽이는 것에 그렇게 몰두했던 것일까요? 그 이유는 이 세상의 그 세력들이 종말을 고하게 되는 것이 바로 여러분이 자신의 참된 정체성을 받아들이는 것이기 때문입니다. 그래서 그들이 나에게 도전했고, 내가 하나님의 아들이라고 말했을 때(요한복음 10:36),[7] 나를 신성모독이라고 비난하고 고발했던 것입니다. *그런 이유로 그들은 자기들이 나를 침묵시킬 수 없게 되자 나를 살해했던 것입니다. 또한 나의 가르침이 퍼져나가는 것을 막을 수 없게 되자, 그들은 그것을 왜곡하여*

---

7) "하물며 아버지께서 거룩하게 하사 세상에 보내신 자가 나는 하나님 아들이라 하는 것으로 너희가 어찌 참람하다 하느냐?"

예수 그리스도만이 하나님의 유일한 독생자라는 우상을 창조했던 것
이지요. 그렇게 해서 아무도 나의 행적을 뒤따를 수 없게 말입니다.

하지만 많은 종교와 문화들이 신이 심판적이고 그분의 사랑이 조건
적으로 주어지는 것처럼 묘사합니다. 제 말은 우리가 어떤 외적인 요
건에 따라 살지 않는 한, 결코 신의 사랑을 받을 자격이 없다고 믿게
끔 양육되었다는 것입니다. 이런 사고방식이 진실이 아니라고 말씀하
시는 것인가요?

그것은 옳지 못한 것일 뿐만 아니라, 여러분이 참된 정체성을 받아
들이는 것을 원치 않는 어둠의 세력들에 의한 공작입니다. 이런 마음
가짐은 이원성에서 생겨난 것이고 수많은 사람들이 육적인 마음에 의
해 덫에 걸린 채로 있게 되는 주요 원인입니다. 신은 완전하고도 철
저하게 이원성을 넘어서 있습니다. 그러므로 만약 신의 사랑이 인간
들이 문득 생각해낼 수 있는 어떤 이원성적인 조건들에 따라 주어진
다고 생각한다면, 여러분은 신의 사랑을 알지 못합니다. 여러분은 신
이 여러분에게 생명을 주셨다는 것 자체만으로 신의 사랑을 받을 자
격이 있습니다. 인간이 이 세상에서 어떻게든 할 수 있는 그 어떤 것
도 여러분이 신의 사랑을 받을 자격이 없게 만들 수가 없습니다. 확
실히 여러분이 신의 에너지를 오용한 데 대해 여전히 책임이 있긴 하
지만, 이것은 신의 사랑과는 별개의 문제입니다.

신의 사랑은 모든 영혼들에게 조건 없이 주어진 것입니다. 그럼에
도 신의 사랑이 무조건적이라는 것은 무슨 의미일까요? 첫째, 그것은
이 세상에는 여러분이 신의 사랑을 받을 자격이 없게 만들 수 있는
조건이 없다는 뜻입니다. 하지만 여러분이 스스로 자신이 신의 사랑
을 받을 자격이 없다고 느끼게 만들 수 있는 조건들은 있습니다. 그
리고 그것들은 여러분이 의로운 자나 불의한 자에게도 차별 없이 내
리는 신의 사랑을 받아들이는 것을 방해할 수 있습니다.

또한 조건 없는 사랑은 맹목적인 사랑이 아닌데, 이는 그 사랑이
여러분을 유한한 정체감에 멈춰서 있게 하지 않을 것이란 의미입니

다. 즉 그것은 여러분이 진정한 여러분 자신이 되는 것을 방해하는 어떤 조건들도 받아들이지 않을 것입니다. 신은 여러분이 창조된 본래의 전부가 되는 것, 다시 말하면 공동창조자 되기를 바라십니다. 그분은 여러분이 이원적인 정체감에 빠져 있기를 원치 않으십니다. 다음과 같은 말을 깊이 생각해보기 바랍니다. "너희가 참음은 징계를 받기 위함이라. 하나님이 아들과 같이 너희를 대우하시나니, 어찌 아비가 징계하지 않는 아들이 있으리요(히브리서 12:7)." 그 내적인 의미는 신의 조건 없는 사랑이 여러분을 홀로 내버려두지 않을 것이라는 뜻입니다. 즉 그것이 여러분을 유한한 정체감 속에 버려두지 않을 것입니다. 신이 여러분을 조건 없이 사랑하시기 때문에, 그분은 결코 인간들을 이원적인 마음의 틀 속에서 완전히 자족하게 놔두지 않는 하늘의 사냥개처럼 추격할 것입니다. 여러분은 마침내 돌아서서 자신의 신아와 대면할 때까지, 늘 안절부절 할 것입니다. 완전한 신의 사랑이 여러분의 모든 두려움을 몰아내어 이원적인 마음의 틀을 통해 창조한 유한한 정체감을 놓아버릴 수 있을 때까지 말입니다. 다음의 말을 숙고해 보기 바랍니다.

"사랑 안에 두려움이 없고, 온전한 사랑이 두려움을 내어 쫓나니 두려움에는 형벌이 있음이라. 두려워하는 자는 사랑 안에서 온전히 이루지 못하였느니라(요한1서 4:18)."

사랑 안에서 온전히 이룬다는 것은 여러분이 신의 사랑을 받아들여 그 사랑이 바로 그것과 다른 모든 것을 소멸시킬 수 있게 한다는 의미입니다. 여러분은 신의 사랑으로 하여금 여러분 자신이 본래 창조되었던 신분인 신의 아들딸이 아닌 어떤 것이라고 스스로 생각하게 만드는 모든 이원적인 조건들을 소멸시키도록 할 것입니다. 여러분은 내가 왜 "하늘에 계신 너희 아버지의 온전하심과 같이 너희도 온전하라."고 말했다고 생각하십니까? 여러분은 조건 없는 사랑에 의해 여러분 스스로 자신이 결코 온전하지 않다고 생각하게 만드는 조건들을 소멸시킴으로써만이 온전해질 수 있습니다. 다음의 구절을 깊이 생각해보십시오. "각양 좋은 은사와 온전한 선물이 다 위로부터 빛들의 아버지께로서 내려오나니, 그는 변함도 없으시고 회전하는 그림자도 없으시니라(야고보서 1:17)." 하나님 안에는 조건이 없고, 변하기 쉬운 것도 없으며, 회전하는 그림자도 없습니다. 그리고 여러분이 오직 자신의 참된 정체성을 부정하게 만드는 이원적인 조건들을 허용하는 한, 신으로부터 분리되어 있을 것입니다.

15장

그릇된 교사들을 극복하라

당신은 구원이 내면의 과정이라는 것을 매우 명확히 하고 계시지만, 다수의 종교들은 그 종교의 신도가 되는 외적행위를 통해서만 구원받을 수 있다고 주장합니다. 따라서 그들은 누가 구원되고 누가 구원되지 않을지를 결정할 힘이 있는 것입니다. 이것에 대해 어떻게 설명하시겠어요? 이런 생각이 어디에서 생겨난 것일까요?

우리가 이런 생각이 어디서 온 것인지를 설명하는 책을 따로 한 권 쓸 수도 있겠지만, 그것이 신으로부터 온 것은 아니라는 점은 분명히 하겠습니다. 종교단체들은 자기들이 마치 누가 구원받을지를 결정할 권한이 있는 것처럼 스스로 행세하는데, 이것은 인간들, 아니 좀 더 정확히 말하면 일부 인간들이 권력에 대해 매우 탐욕스러운 욕망을 갖고 있기 때문입니다. 나는 역사를 보는 객관적인 시각을 갖고 있는 어떤 사람이라면, 이 지구상에는 늘 권력투쟁이 상존해왔다는 것을 알 수 있을 거라고 생각합니다. 성모 마리아님은 이 점에 관해서 자신의 책, 〈너희의 행성을 구하라〉에서 아주 상세히 설명하고 계십니다.

어느 일정한 시기에 어떤 영혼들은 권력에 대한 독점권을 가진 엘리트로 자처하고자 할 것입니다. 이런 인간들은 사람들을 지배하는 절대적인 권력을 원합니다. 그런 권력을 얻는 데 있어서 여러분이 천국에 갈지, 아니면 지옥에 가서 영원히 고통 받을지를 결정할 권한이 있다고 주장하는 단체를 통하는 것보다 더 나은 방법이 있을까요? 그런데 만약 여러분이 어떤 단체가 그들의 요구대로 따르지 않을 경우 지옥에 보낼 권한이 있다고 믿는다면, 여러분의 영혼을 지배할 궁극적인 권력을 그 단체에게 준 것입니다.

나는 여기서 자유의지라는 선물에는 어떤 의무와 책임이 함께 수반된다고 말할 수가 있습니다. 신은 여러분에게 자유의지를 주셨습니다. 그리고 여러분은 자신이 믿는 것에 관해 완전히 자유롭게 선택할 권리가 있습니다. 그 결론은 여러분에게는 자유로운 선택을 할 자신의 권한을 남에게 거저 넘겨주지 않는다는 것을 보증하는 의무와 개인적 책임이 있다는 것입니다. 확실하게 여러분 스스로 선택을 하는 것과 세상의 어떤 권위자가 여러분을 대신해서 선택하게 하지 않는 것은 여러분의 책임입니다.

신은 여러분에게 자유로운 선택을 할 능력을 주셨습니다. 여러분은 그 능력을 처분할 수가 없습니다. 날마다의 모든 순간 여러분은 선택을 합니다. 불행하게도 많은 사람들이 자기들 스스로 선택하는 것을 두려워하는 의식 상태로 추락해 있습니다. 내가 앞서 말했듯이, 많은 사람들이 자신의 상황에 대한 책임을 받아들이길 원치 않으며, 그들의 현 상황이 자기들이 과거에 했던 선택의 결과라는 사실을 인정하려 하지 않습니다. 이렇게 개인적 책임을 받아들이는 것을 꺼려하는 성향 때문에 - 흔히 잠재의식적으로 - 많은 이들이 결정을 할 그들의 힘을 포기하고 있습니다. 그리고 사람들은 이 세상의 어떤 권위자가 그들에게 삶에 관해 믿어야하는 것을 말하도록 허용함으로써 그렇게 하고 있습니다.

영혼은 진공 속에서 존재할 수 없습니다. 영혼이 이원성 속에 빠져 있을 때, 자신의 그리스도 자아와의 직관적인 접촉을 잃어버립니다.

334

그리스도 자아는 영혼과 신 사이의 중개자입니다. 그런데 만약 영혼이 그리스도 자아와 접촉하게 되면, 그 영혼은 항상 상황에 관한 직관적인 이해에 도달할 수가 있습니다. 영혼이 이런 이해를 얻게 되었을 때, 무엇이 실행 가능한 최상의 선택을 나타내는지를 아는 것이 쉽습니다. 그때 영혼은 자신에게 이로운 현명한 선택을 할 수 있습니다.

영혼이 그리스도 자아와의 접촉을 상실하게 되면, 그 영혼은 더 이상 자신의 믿음과 행위를 평가하는 절대적인 기준이 없게 됩니다. 영혼은 이제 상대적인 의식 상태에 빠지며, 갑자기 자신의 모든 선택들이 바람직하지 못한 결과를 낳게 돼버립니다. 그리하여 많은 영혼들이 선택하는 것에 대한 두려움을 발전시킵니다. 그들은 자기들이 무엇을 선택해서 행하느냐와 관계없이 그것을 두려워하고, 결국 그것은 마음에 들지 않는 결과에 이르게 됩니다. 그들은 자기들이 이래도 문제, 저래도 문제라고 느낍니다. 이런 느낌은 정확한 것이지만, 이것은 단지 그 영혼이 그리스도 자아와의 접촉을 상실했기 때문입니다.

선택하는 것에 대한 이런 두려움으로 인해 많은 사람들이 다른 누군가가 자기들을 위해 결정해 주기를 원합니다. 그들은 무엇을 믿어야하고 삶을 어떻게 살아야 할지를 자기들에게 말해줄 수 있는 외부의 권위자를 찾습니다. 여러분이 이것을 소수의 엘리트들이 권력에 대한 탐욕스러운 욕망을 갖고 있다는 사실과 결합했을 때, 필연적인 결과를 깨닫게 됩니다. 즉 그 권력 엘리트들이 사람들에게 무엇을 믿을지와 어떻게 살 것인지를 말하는 이 세상의 종교 단체들을 세울 것이라는 사실입니다. 이 단체들은 짐작컨대, 궁극적인 의미에서 무엇이 옳고 그른가를 사람들에게 말하는 외적인 교리들을 규정합니다. 그들은 또한 사람들이 어떻게 살아야하는지에 대한 외적인 규칙들을 제정합니다. 그 대신에 이 단체들은 사람들이 그 교리를 믿고 규칙들을 따르기만 한다면, 그들이 자동으로 구원될 것이라고 약속합니다. 그것에 의해서 이런 단체의 지도자들은 내가 다음과 같은 구절에서 언급한 그릇된 교사들이 됩니다. "그냥 두어라. 저희는 소경이 되어 소경을 인도하는 자로다. 만일 소경이 소경을 인도하면, 둘이 다 구덩이에 빠지리라(마태복음 15:14)."

나는 그런 단체의 대부분의 지도자들이 실제로 자기들이 자동적인 구원을 약속할 힘이 있다고 믿는다는 것을 알고 있습니다. 그들은 자기들이 좋은 동기(動機)에서 일하고 있고 그들의 단체가 사람들을 약속한 천국으로 인도할 것이라고 실제로 믿습니다. 그리고 모든 신도들은 기쁘게 그 약속을 믿는데, 왜냐하면 그것이 그들의 개인적인 책임을 면해주고, 그들이 어려운 과업으로 보는 개인적인 선택을 하는 것에서 그들을 자유롭게 해주기 때문입니다. 이것은 권력을 원하는 자들과 힘을 거저 넘겨주려는 자들 간의 불순한 제휴가 됩니다. 결국 그것은 인도하는 자들과 추종하는 자들 양쪽 다에게 "겉으로는 인간에게 옳은 것처럼 보이지만, 그 끝은 그로인해 죽음에 이르는 길(잠언 14:12)"이 되고 맙니다.

제 경험으로는 많은 영적 추구자들이 거짓된 교사들이 있다는 것을 인정하길 꺼려합니다. 저는 그 이유의 일부가 그들이 전통적 기독교에 의해 조장된 그릇된 가르침들을 파악할 수 없기 때문이라고 생각합니다. 그런 가르침은 기본적으로 기존 교리에 위배되는 어떤 것은 악마에 속한 것이라고 말합니다. 이 문제에 관해 의견을 말씀해주시겠습니까?

훌륭한 관찰입니다. 육적인 마음이 선과 악이라는 이원적이고 상대적인 개념에 기초해 있다는 점을 다시 상기시키고자 합니다. 여러분이 그런 의식 상태에 빠지게 되면, 모든 것을 흑백의 견지에서 보는 경향이 있습니다. 여러분은 모든 것이 선악(善惡)과 같은 두 가지 정반대의 것에 의해서 규정될 수 있다고 생각하는 성향이 있습니다. 그리고 선악을 외부의 기준에 기초해서 규정하기가 쉽습니다. 한 가지 확실한 예는 자기네 종교만이 유일한 참된 종교이고 다른 모든 종교들은 잘못돼 있어 사람들을 지옥으로 보낼 것이라는 생각입니다. 결국 여러분은 삶에 대해 두려움에 기초한 접근법을 취하는 성향이 있는데, 이것은 여러분이 선(善)에 관한 자신의 정의에 맞지 않는 어떤 것은 피할 필요가 있다고 생각한다는 사실을 의미합니다. 이것이 자기들의 종교에서 벗어난 어떤 것에 대해 사람들이 마음을 닫게 되는 주요 원인입니다. 그리고 그것은 무신앙자들이나 자기네 종교를 위협하는 사람들을 살해하는 것이 정당화된다고 생각하게 만드는 광신(狂信)으로 발전할 수 있습니다. 이런 극단주의와 균형이 결여된 형태는 모든 종교 갈등의 원인이기도 합니다.

영혼이 영적인 길을 따라 점차 올라섬에 따라 종교에 대한 이런 흑백 접근법을 간파할 수 있는 성숙한 수준에 이를 것입니다. 영혼은 광신이 결코 옳지 않다는 점을 깨달을 것이고, 자연스런 반응으로서 모든 극단주의와 광신적 언동을 피하고자 할 것입니다. 이렇게 해서 많은 영혼들이 기존 종교문화에서 볼 수 있는 흑백의 관점을 거부하게 되었습니다. 이것이 참으로 여러분이 전통적 종교를 거부하고 뉴에이지 철학과 같은 좀 더 영적인 가르침을 따르는 수많은 이들을 보고 있는 이유입니다. 전통적 종교의 모순과 위선에 대한 이런 거부의 결과로서 사람들은 종종 기존 종교에 의해 조장된 다수의 개념들을 거부합니다. 그리고 이것이 참으로 많은 영적 구도자들에게 악의 개념이나 지구행성이 선의 세력과 악의 세력 간의 전쟁터라는 생각을 거부하게 만듭니다.

그런데 내가 사람들에게 이해시키고 싶은 것은 비록 이것이 이해할 수 있는 것이긴 하지만, 별로 바람직한 것은 아니라는 것입니다. 여러 기존 종교들에서 볼 수 있는 광신은 명백히 불균형적인 상태입니다. 그것은 하나의 극단, 다시 말하면 악에 대한 두려움을 나타낸다고 말할 수 있습니다. 만약 여러분이 악을 두려워한다면, 어둠의 세력에게 여러분을 지배할 힘을 주게 되는데, 왜냐하면 사람들을 조종하는 가장 효과적인 방법들 가운데 하나가 두려움을 통해서이기 때문입니다. 그러므로 두려움을 바탕으로 한 사고방식이 마음에 박힘으로써 여러분은 실제로 어둠의 세력이 여러분을 조종하기 쉽게 만들어줍니다. 이윽고 여러분은 자신이 두려워하는 것을 끌어당길 것입니다.

하지만 악의 존재를 무시하고, 부정하고, 교묘히 발뺌하는 것 역시도 균형을 잃은 반응이며, 그것은 단지 반대편 극단으로 가는 것입니다. 그것은 또한 여러분의 성장을 정지시킬 수 있는데, 그것을 무시한다고 해서 암(악)과 같은 종양이 사라지게 되지는 않을 것이기 때문입니다. 앞에서 내가 설명했듯이, 인간이 이원성에 빠지게 되면,

그들은 자신의 믿음에 따라 선과 악을 규정할 것입니다. 어떤 기독교인들은 사람들을 죄인이라고 규정하며, 여러분이 이 세상에서 하는 모든 것이 죄악적이라고 말합니다. 이것은 하나의 극단이며, 악에 관한 그릇된 정의(定義)에 토대를 두고 있습니다. 일부 뉴에이지 사람들은 모든 것을 선으로 규정하고 악은 전혀 없다거나, 혹은 악도 단지 신의 창조에 있어서 필요한 일부라고 말합니다. 하지만 이것은 또한 정반대의 극단이고, 선에 관한 그릇된 정의에 기초해 있습니다.

이런 양 극단은 육적인 마음의 결과이며, 그 자체의 상대성과 이원성입니다. 불행하게도 참으로 종교적이고 영적인 다수의 영혼들을 포함한 수많은 성실한 영혼들이 이런 극단들 가운데 하나에 사로잡혀 있습니다. 그들은 자기들의 삶 전체를 이런 선악에 관한 상대적 정의를 옹호하면서 보내며, 따라서 그들은 이원적인 의식 상태를 넘어서 신에 관한 절대적 진리를 이해하는 상태에 이르지 못합니다.

그 해결법은 선과 악에 관한 상대적인 정의 외에 무엇인가가 있다는 점을 깊이 묵상하는 것입니다. 거기에는 육적인 마음의 상대성을 넘어선 어떤 것이 있습니다. 여러분이 영적인 길에서 어떤 수준에 도달할 때까지는 이 사실을 이해할 수 없습니다. 그럼에도 여러분이 자신의 그리스도 자아와 의식적으로 접촉하는 단계에 이르게 되면, 육적인 마음의 상대성 너머를 볼 수 있게 될 것입니다. 그런 까닭에 그런 분별력이 영적성장의 필수적인 부분이라는 점을 모든 영적 추구자들이 깨닫는 것은 절대적입니다. 여러분이 최대한의 영적성장을 원한다면, 무엇이 절대적인 진리이고 무엇이 인간이 만든 진리에 관한 정의 – 상대적인 진리 – 인지 분별하는 능력을 연마해야 합니다. 이러한 참된 분별력은 외적인 종교나 가르침을 따라가지고는 생겨날 수가 없습니다. 그것은 오직 여러분이 내면으로 들어가 자신의 그리스도 자아 및 영적인 스승들과 접촉함으로써만이 생길 수 있습니다.

신이 이 우주를 설계했을 때, 그분은 안정되고 조화로운 성장을 보장하는 일련의 법칙들을 제정하셨습니다. 이런 성장에 대한 열쇠는 성모님이 〈너희의 행성을 구하라〉에서 설명하셨듯이, 균형, 특히 팽창하고 수축하는 힘들 간의 균형입니다. 그러므로 선(善) 또는 진리에 관한 참된 정의는 안정되고 조화로운 우주를 위한 신의 법칙 및 의도와 부합돼 있는 어떤 것입니다. 우주의 조화롭고 안정된 성장을 방해하거나 파괴하는 어떤 것은 절대적인 의미에서 악(惡)으로 규정될 수 있습니다. 악이 존재하는 이유는 신이 자유의지를 가진 수많은 자아의식적인 존재들을 창조하셨기 때문입니다. 자유의지의 불가피한 일부로서 이런 존재들은 신의 법칙을 어기고 신의 창조 의도에 맞서서 저항하는 능력을 갖고 있습니다. 신은 우주를 안전한 구조로 세우셨기 때문에 영혼들이 이렇게 하는 것을 허용하십니다. 앞서 설명했듯이, 열역학의 제2법칙은 영혼이 그 자신을 초월해가지 않을 경우, 결국 자멸에 이를 것이라는 점을 확실히 하고 있습니다. 달리 말하면, 신은 참으로 영혼이 계속 성장하고 있는 한은 어떤 실수를 하는 것에 관해서는 우려하지 않으십니다. 여러분이 심각한 실수를 저지를 수도 있지만, 계속해서 자신을 극복하고 초월해가는 한, 마침내 그런 실수에서 벗어나 성장할 것입니다.

영혼은 자기 자신과 자신의 현 믿음을 극복하길 거부할 능력도 갖고 있습니다. 만약 이럴 경우, 그 영혼은 더욱 더 낮은 의식 상태로 떨어질 것입니다. 이로 인해 이 지구상에 일시적인 세력, 즉 이 행성의 안정되고 조화로운 성장을 방해하는 세력이 창조되었습니다. 우리는 이런 세력의 멤버들을 "악마(Devil)"라고 부를 수 있습니다. 그리고 그들은 사람들을 함정에 빠뜨리기 위해 수많은 교활한 거짓말들을 이용하며, 인간들이 자신의 신성을 발현하는 것을 가로막고 있습니다.

나는 앞에서 언급하길, 여러분이 두려움에 바탕을 둔 마음가짐을 가질 경우, 어둠의 세력이 여러분을 조종하기 쉽도록 만들어주게 된다고 했습니다. 그럼에도 만약 여러분이 어둠의 세력이 존재하지 않는다거나 그것이 어느 정도 필요하다는 사고방식을 갖는다면, 그것 역시 마찬가지로 그런 세력이 여러분을 통제하기 쉽게 해주게 됩니다. 불행하게도 뉴에이지 운동 내의 많은 사람들이 이런 거짓말을 받아들였으며, 그것이 신성을 향한 그들의 영적성장을 심하게 저하시킬 수 있습니다. 어떤 기독교인들은 선악에 관한 자기들의 정의 속에서 그대들보다 더 성스럽다고 느낍니다. 일부 뉴에이지 사람들 역시 악을 부정하는 가운데 자기들이 신성한 체 합니다. 양쪽 다 똑같이 균형 잡혀 있지 않으며, 따라서 교활한 자들의 조종 목표물이 되기 쉽습니다. 내 요점은 영적인 길에서 성숙하는 만큼, 이런 불균형적인 반응들을 극복하고 선악에 관한 세속적인 정의를 초월해서 볼 필요가 있다는 것입니다. 여러분은 모든 것을 파괴하려고 하는 세력과 끊임없는 성장에 관한 신의 법칙을 거슬러서 현상유지 작업을 지속하려는 세력, 양쪽을 이해할 필요가 있습니다. 오직 여러분의 그리스도 자아만이 진정으로 무엇이 악이고, 무엇이 인간이 만든 악에 관한 정의인가에 관한 절대적인 지침을 제시해줄 수가 있는데, 진짜 악은 곧 신의 법칙에 대항하는 것을 의미합니다.

선과 악의 개념에 대한 올바른 응답을 찾는 열쇠는 다음과 같은 내 말에 있습니다. "보라, 내가 너희를 보냄이 양을 이리 가운데 보냄과 같도다. 그러므로 너희는 뱀 같이 지혜롭고 비둘기 같이 순결하라(마태복음 10:16)." 여러분이 그 내적인 의미를 이해했을 때, 악이 존재한다는 것을 알 필요가 있음을 깨닫습니다. 그리고 사악한 세력에 의해 유포된 거짓말들을 극복한다는 관점에서 방심하지 않을 필요가 있습니다. 나는 앞에서 영적인 구도자들이 지구가 위험한 환경이라는 사실을 인식하는 것은 중요하다고 말했습니다. 그 한 가지 이유는 실제로 이 지구상의 삶의 모든 측면이 교활한 거짓말들에 의해서 영향을 받아왔기 때문입니다. 도처에 수많은 거짓 개념들이 널려 있고 그런 거짓말들을 조장하는 무수한 사람들과 단체들이 있는데, 많은 경우에 그들은 자기들이 행하고 있는 것에 대한 자각도 없습니다. 그럼에도 불구하고 그것들을 극복하는 열쇠는 무집착과 결합된 그리스도 분별력입니다. 그리고 그것이 이원성적인 거짓들을 간파할 수 있게 해주어 여러분이 사랑이 아닌 어떤 것으로 반응하는 것을 예방합니다. 여러분은 교활한 자들이 존재한다는 것에 현명하겠지만, 여러분을 함정에 빠뜨리려는 그들의 시도에 피해를 입지 않기 바랍니다.

그렇다면 그릇된 가르침을 어떻게 정의하시나요?

그것은 삶의 실체, 즉 신의 창조목적과 – 모든 사람들이 그리스도의 마음을 구현할 영적 잠재력이 있다는 것을 포함한 – 신의 법칙에 관계된 허위의 생각들을 조장하는 어떤 개념입니다. 그러므로 우리는 그릇된 가르침이란 여러분의 신성을 구현하는 것을 방해하는 어떤 개념이라고 말할 수 있습니다. 우리는 또한 그것이 여러분이 그리스도 의식을 구현할 때까지 계속해서 성장하고 자신을 초월하도록 돕는 대신에 어떤 의식 상태나 세계관에다 묶어두고자 하는 개념이라고 말할 수 있습니다.

나는 많은 이들이 내가 좀 더 구체적으로 이런 저런 종교나 철학이 참인지, 아니면 거짓인지를 말해주길 원한다는 것을 압니다. 하지만 내가 설명하려고 노력했듯이, 그 전체적 상황은 흑과 백이 아닙니다. 그 현실은 현재 지구 행성이 100%의 진리를 담지 않은 종교적이거나 영적인 철학에 해당하는 그릇된 개념들에 의해 상당히 침식되어 있다는 것입니다. 모든 진리를 가진 철학은 없습니다. 그리고 인류가 어둠의 악령들이 지구에 육화하는 것을 막는 의식레벨로 올라설 때까지는 그런 방식이 지속될 것입니다. 마찬가지로 100%의 오류를 담은 철학도 없습니다. 모든 것이 진실과 거짓 개념들이 뒤섞여 있는데, 하지만 확실히 어떤 것은 진실의 비중이 더 높습니다.

그리스도 의식 아래로 한참 하락해 있는 어떤 영혼을 생각해 봅시다. 그 영혼이 돌아서는 체험을 하고나서 영적교사를 찾습니다. 그리고 그 사람은 자신의 현 의식수준에서 마음에 끌리는 가르침을 발견할 것입니다. 만약 여러분이 그리스도 의식 한참 아래로 떨어져 있다면, 결코 절대적인 진리를 인식할 수가 없습니다. 따라서 여러분은 상당한 양의 오류가 포함된 가르침을 발견하기 쉬울 것입니다. 그럼에도 그 가르침은 또한 얼마간의 진리를 포함하고 있을 것입니다. 그리고 만약 그 영혼이 그 진리를 자신의 일부로 만든다면, 의식수준을 좀 더 높이 끌어올릴 수 있습니다. 이것이 그 영혼으로 하여금 그 다음 교사, 즉 좀 더 높은 단계의 진리가 내포된 가르침에 손을 내밀게 할 것입니다. 만약 그 영혼이 계속해서 진리를 내면화하고 보다 더 높은 진리에 이른다면, 결국에는 자신의 그리스도 자아와 접촉하게 될 것입니다. 바꿔 말해서 그 영혼이 지속적으로 보다 높은 진리를 자진해서 찾기만 한다면, 어느 정도의 오류를 가진 단체의 신도가 되는 것은 큰 문제가 되지 않는다는 것이지요. 그들이 자신의 그리스도 자아와 접촉하지 못하고 그에 따라 그들의 성장이 중단되는 것은 단지 영혼들이 외적인 가르침, 단체 또는 교사에게 감정적으로 집착할 때입니다.

영적인 길의 핵심은 여러분이 결코 멈춰 서지 않는 것이고, 계속해서 자기초월을 해나가는 것입니다. 여러분이 지속적으로 앞을 향해 움직여 나가는 한, 결국 그리스도 의식에 도달하게 될 것입니다. 그럼에도 좀 더 영적으로 성숙해지는 만큼 여러분이 그리스도 의식에 이르는 것을 방해하기 위해 의도적으로 고안된 수많은 개념들이 있다는 점을 깨닫는 것은 대단히 도움이 될 수 있습니다. 이런 사실을 의식적으로 인식함으로써 이런 개념들에 의해 놓아진 덫을 피하는 것이 훨씬 쉬워질 것입니다. 마치 여러분이 위험한 세균이 존재한다는 것을 알았을 때 그것을 피하기가 매우 용이하듯이 말입니다.

그럼 그릇된 교사들에 대한 정의는 무엇입니까?

이것은 약간 더 복잡한 정의에 해당됩니다. 어떤 의미에서 우리는 그릇된 교사가 거짓 개념을 조장해내는 어떤 자들이라고 정의할 수도 있습니다만, 이것은 쉽사리 흑백론적인 정의가 될 수 있습니다. 거짓 개념을 조장한다고 해서 영구적으로 그릇된 교사가 되는 것은 아니라는 점을 덧붙일 필요가 있을 것입니다. 그럼에도 다음과 같은 성서의 구절에서 묘사되듯이, 누군가 거짓 개념들을 조장함으로써 일시적으로 그릇된 교사 노릇을 할 수가 있습니다.

[31] 인자가 많은 고난을 받고 장로들과 대제사장들과 서기관들에게 버린바 되어 죽임을 당하고 사흘만에 살아나야 할 것을 비로소 저희에게 가르치시되,
[32] 드러내놓고 이 말씀을 하시니, 베드로가 예수를 붙들고 간하매
[33] 예수께서 돌이키사 제자들을 보시며 베드로를 꾸짖어 가라사대, 사탄아! 내 뒤로 물러가라. 네가 하나님의 일을 생각지 아니하고 도리어 사람의 일을 생각하는도다 하시고.

342

이 상황은 종종 기독교 설교자들에 의해 잘못 해석되어 왔습니다. 하지만 그 참된 의미는 그 순간 베드로가 내 사명에다 이원성적인 생각을 얹어놓고자 함으로써 그릇된 교사 노릇을 하고 있었다는 것입니다. 앞서 내가 설명했듯이, 살아 있는 그리스도는 인간들에 의해 만들어진 정신적 상자에 들어맞을 수가 없습니다. 하지만 베드로는 내가 그 상자에 맞춰지기를 원했던 것입니다. 분명히 대부분의 사람들은 어떤 잘못된 믿음들을 갖고 있습니다. 그리고 그들이 높이 진리와 접했을 때 그런 거짓 개념들을 기꺼이 놓아버리지 않는 한, 그것을 그릇된 교사들에게 돌려주지 않고 계속 키우고 있습니다.

이런 상황에 부딪쳤을 경우, 우리는 늘 그 사람의 의도를 살펴볼 필요가 있습니다. 거짓개념들을 조장하는 많은 사람들이 있습니다만, 그들은 순수한 의도로 그렇게 하는 경우가 많습니다. 그들은 이런 거짓 개념들을 진리로 알게 되었고, 타인을 도우려는 순수한 의도로 그것을 권고합니다. 비록 그런 사람들이 부지불식중에 이 지구상에서 그런 행위를 하고 있을지라도 그들이 바로 그릇된 교사들이라고 규정될 수는 없습니다.

나는 많은 기독교인들이 여기에 동의하지 않을 두려움에 기초한 사고방식에 빠져 있다는 것을 이해합니다. 그들은 거짓 가르침을 조장하는 누군가는 - 그들의 정의에 따라 - 사탄에 속할 것이고 지옥에 갈 거라고 말할 것입니다. 그렇지만 우리 승천한 대사 집단이 인류가 영적으로 성장하게 돕기 위한 우리의 노력에 참여할 수 있는 사람을 지상에서 늘 찾는다는 것은 사실입니다. 우리는 항상 세상의 교사들로 봉사할 수 있는 사람들을 구하고 있습니다. 그리고 우리가 흑백의 인간기준에 따라 그런 완벽한 교사들을 요구하지는 않습니다. 우리가 찾고 있는 것은 그 의도의 순수성, 변화하려는 자발성, 그리고 자기초월의 추진력입니다. 설사 어떤 사람이 아직 어떤 잘못된 믿음을 갖고 있더라도 그 사람이 기꺼이 자기초월을 하려하고 계속해서 그렇게 노력하기만 한다면, 우리는 커다란 연민과 이해심을 갖고 있습니다. 최상의 것이 아닌 가르침을 위해 분투해온 사람들에 관한 많은 사례들이 있습니다. 그럼에도 성장에 대한 그들의 헌신 때문에 그들은 여전히 커다란 개인적인 발전을 이루었고, 다른 이들이 그 성장의 길을 따르도록 고취하고 있습니다. 우리는 외적인 완벽함보다는 오히려 내적인 자질과 장점을 찾고 있습니다.

그런 점에서 모든 사람들이 그들의 삶에 관한 이해를 끊임없이 확대할 필요가 있다는 사실에 유의해야 합니다. 바꿔 말해서 만약 여러분이 영적인 개념들을 더 많이 배워가고 있다면, 기꺼이 자기초월을 해가야 하고 보다 높은 이해에 이르러야한다는 것입니다. 그렇게 함에 따라 여러분은 잘못된 개념들을 버리고 더 높은 개념들을 받아들일 것입니다. 그런데 만약 여러분이 기꺼이 자기초월을 하지 않거나, 어떤 믿음체계 너머를 보려하지 않는다면, 그때는 여러분이 비록 순수한 의도를 갖고 있다고 하더라도 사실상 그릇된 교사 노릇을 할 수가 있습니다. 예를 들면, 선의의 기독교인들이 최선의 의도를 갖고 기존의 교리들을 계속해서 장려하고 전파합니다. 하지만 기꺼이 그 교리 너머를 보려하지 않기 때문에 그들은 인류가 신성에 이르는 것을 방해하고자 하는 그릇된 교사들의 목적에 봉사하고 있는 것입니다.

이제 마지막으로, 거짓된 개념을 고의적이고 의도적으로 조장하고 있는 사람들에 대해 살펴보도록 합시다. 이들은 명백히 그릇된 교사 노릇을 하고 있는 영혼들입니다. 그런데 문제는 이런 영혼들 가운데 많은 이들이 자기들의 의도를 선(善)으로 상당히 위장하고 있다는 것입니다. 그들은 종종 그들 자신을 진정한 영적교사로 묘사하며, 실제로 상당한 추종자들과 신봉자들을 끌어 모을 수가 있습니다. 하지만 결국에 그들은 자기들의 신도들이 신성에 이르러 영적으로 독립하는 것을 가로막고 있습니다. 이런 거짓된 교사들 가운데 많은 자들이 추종자들을 자신에게 종속되도록 만들고 있고, 그에 따라 그 교사는 자신의 학생들(신도들)의 영적인 빛을 도둑질할 수가 있습니다. 그리하여 학생들은 사실상 그 가짜 스승에 의해 영적인 빛을 추출당하는 가축처럼 됩니다.

이런 거짓 교사들 중에 많은 이들이 기존 종교들 내에서 높은 직책을 차지하고 있습니다. 또한 그들 가운데 많은 자들이 권능부여, 수행, 뉴에이지 분야에서 자칭 영적스승으로 자처합니다. 이들은 내가 겉으로는 양의 모습으로 나타나지만 속으로는 먹이를 노리는 늑대들인 거짓 예언자들에 관해 경고할 때(마태복음 7:15) 언급했던 자들입니다. 또는 죽은 인간들의 뼈들로 가득한 회칠한 무덤(마태복음 23:27)과 같은 이들입니다. 그런 교사들을 가려내는 최상의 방법은 그 교사가 여러분으로 하여금 그들 자신에게 의존케 만들고자 하는지를 숙고해보는 것입니다. 진정한 영적스승은 늘 여러분이 그 스승자신으로부터 완전히 독립해서 내면의 원천으로부터 필요한 모든 것을 얻을 수 있도록 그리스도 의식에 도달하게 도우려 할 것입니다. 그릇된 스승이 (초기에는) 수많은 참된 가르침으로 여러분을 유인할 수는 있지만, 마지막에 가서 그 스승은 여러분이 어떤 레벨을 넘어서서 진정으로 독립하는 것을 허용하지 않을 것입니다.

영적인 길을 발견한 이후, 저는 특정 단체나 가르침에 감정적으로 집착하게 된 다수의 사람들을 알게 되었습니다. 그들 중의 어떤 이들은 그 단체가 자기들이 차원상승을 하는데 필요한 모든 것을 갖추고 있다고 믿으며. 따라서 그들은 새로운 가르침이니 진보된 계시를 찾을 필요가 없습니다. 또 어떤 사람들은 자기들의 가르침이 세상의 모든 문제들을 풀 수 있다고 믿고 있습니다. 그러므로 그들은 자기들의 삶을 다른 모든 사람들을 개종시키고자 하는 데다 다 써버립니다. 일부 사람들은 당신이 설명하셨듯이, 어떤 단체 내에서 안락한 지위에 올라서 있고, 그것을 자진해서 버리는 위험을 감수하려 하지 않습니다. 다른 이들은 특정 단체나 가르침을 따르면서 수많은 시간과 노력을 바침으로써 자기들이 갖고 있다고 느끼는 것을 기꺼이 놓아버리려 하지 않습니다. 그들은 만족스러워진 것으로 보입니다. 그리고 그들은 더 성장하기 위해서 자기들의 그 안락함을 자발적으로 희생하려하지 않습니다.

저는 늘 계속 나아갈 필요가 있고 결코 멈춰 설 수 없다고 느꼈는데, 그것은 당신께서 저에게 말씀하신 것입니다. 왜 어떤 사람들이 영적인 길에서 스스로 극복할 수 없는 지점에 이르게 되는지 섧명해 주실 수 있을까요?

왜 사람들이 어떤 외적인 단체나 가르침, 혹은 스승에게 집착하게 되어 그것을 넘어 움직이는 것을 거부하는지에는 많은 이유들이 있습니다. 하지만 그 외부적인 이유들의 배후에는 그런 영혼들이 영적인 길의 기본적인 요소, 다시 말해 지속적이고도 영원한 자기초월을 진정으로 이해하거나 내면화하지 않았다는 사실이 존재합니다.

나는 〈그리스도는 여러분 내면에서 탄생한다〉에 나오는 유추법(類推法)을 우리가 이야기하고 있는 것에다 차용함으로써 이를 설명해 보겠습니다. 나는 지구상의 대부분의 사람들이 그리스도 의식 수준 한참 아래로 떨어져 있다고 말했습니다. 그들은 영적으로 불구자가 되었다고 말할 수 있고, 우리는 그것을 한 쪽 다리가 부러진 사람에다 비유할 수 있습니다. 다리 한쪽이 부러졌다면, 여러분은 그 다리가 치료될 때까지는 걸을 수가 없습니다. 더욱이 (치료가 되더라도) 절대로 침대에서 곧바로 뛰쳐나와 다시 걸을 수가 없습니다. 자신의 근육을 다시 단련하는 재활훈련이 필요하며, 그렇게 하기 위해서 한 쌍의 목발을 이용할 수도 있습니다. 목발을 이용함으로써 여러분은 자신의 힘으로 걸을 준비가 되기에 앞서 실제로 걸을 수가 있습니다. 그럼에도 그 목발은 확실히 여러분의 거동을 느려지게 하며, 단지 그것은 일시적인 보조기구로 예정돼 있습니다. 비로소 스스로의 힘으로 걸을 준비가 되면, 여러분은 목발을 간단히 던져 버립니다. 그리고 아무런 집착이나 후회도 없이 그것을 영원히 뒤로 할 것입니다. 그런데 만약 어떤 사람이 다리가 완전히 치료된 후에도 그 목발을 계속 사용하겠다고 고집한다면, 우리는 확실히 그 사람이 현재 정신적으로 미성숙한 상태라고 말할 수밖에 없을 것입니다.

여러분이 영적인 길을 처음으로 발견했을 때, 여러분 자신의 힘만으로는 그 길을 걸을 수가 없습니다. 그래서 대부분의 사람들은 한 쌍의 목발로서의 역할을 할 수 있는 외부의 가르침이나 단체, 교사에게 끌립니다. 내가 말했듯이, 여러분이 발견하는 그 가르침은 여러분의 현 성숙 수준과 엇비슷하게 부합할 것입니다. 그리고 그 가르침이 여러분이 영적인 길의 그 다음 단계에 이르도록 도울 수가 있습니다. 만약 그것이 좋은 가르침이라면, 내가 앞서 설명했듯이, 여러분이 아버지 집의 다음 층으로 오르는 것을 도울 수 있습니다. 그럼에도 여러분이 자신의 개인적인 길에서 그 다음 수준에 이르게 되면, 그 가르침은 여러분을 더 이상 앞으로 데려갈 수가 없습니다. 만약 그것을 계속 붙들고 있기를 고집한다면, 그것은 일종의 목발이 되어 여러분의 발전을 저하시키게 될 것입니다. 그 지점에서 여러분이 해야 할 필요가 있는 것은 단순히 그 목발을 던져버리고 더 높은 가르침에다 손을 뻗치는 것입니다. 학생이 준비가 되면, 그 다음 교사가 가까이 대기하여 기다리고 있습니다. 그렇지만 학생이 낡은 교사를 의식적으로 놓아버리고 자신의 마음을 열 때까지, 그 다음 교사는 나타날 수가 없습니다.

저는 그것이 많은 사람들이 빠져 있게 된 상황이라고 생각합니다. 그들은 기존 가르침이 불안정한 세상에서 자신들에게 확신과 안도감을 주었다고 느낍니다. 그리고 그들은 더 높은 어떤 것을 찾기 위해 자진해서 그 안정감을 놓아버리려고 하지 않습니다. 그들은 다음 단계로 올라서기 위해서 기꺼이 다시 한 번 끊임없는 변화의 상태로 들어가려고 하질 않는 것이죠.

대단히 정확한 지적입니다. 그로 인해 우리는 영적인 길에 관한 핵심적인 문제를 거론하는 단계에 이르렀습니다. 여러분은 이것이 나의 십자가상의 죽음에서 구체적으로 표출되어 있음을 압니다. 많은 기독교인들이 나를 우상화했고 내가 내 삶과 사명의 모든 측면을 완벽하게 통제했다고 생각합니다. 반면에 많은 영적인 사람들은 이런 기존의 맹목적 숭배를 받아들이지 않지만, 불행하게도 내 삶의 참된 교훈들을 무시합니다. 지금 여기서 이야기하고 있는 것은 내가 십자가에 매달려서 "나의 하나님! 나의 하나님! 어찌하여 나를 버리셨나이까? (마가복음 15:34)"라고 외쳤던 상황에 관한 것입니다.

나를 우상화하는 사람들은 이것이 진정으로 무엇을 의미하는지를 깊이 생각하지 않을 것이지만, 그것은 영혼이 영적인 길의 모든 단계에서 직면하는 기본적인 입문시험에 관한 극적인 실례입니다. 내가 말했듯이, 본질적인 문제는 인간이 자신들의 그릇된 정체감과 유한한 세계관을 형성한 저급한 의식 상태로 떨어졌다는 것입니다. 그리고 영적인 길의 요점은 여러분이 점차 올바른 정체의식과 온전한 세계관으로 올라서는 것입니다. 여러분은 결코 단 번에 낮은 의식 상태에서 그리스도 의식으로 뛰어오를 수가 없습니다. 그 이유는 이로 인해 여러분의 정체감이 산산이 붕괴되고 자신이 누구라고 하는 모든 의식을 잃게 될 것이기 때문입니다. 이것은 정신이상이 되기 쉬울 정도로 여러분의 영혼에게는 충격적일 것입니다.

그러므로 영적인 길은 여러분이 점차 자신의 유한한 정체의식을 절대자 내에서의 진정한 여러분 자신에 관한 고등한 정체의식으로 대체해 가는 것입니다. 그럼에도 그 길의 각 단계에서 기본적인 입문식과 마주하게 되는데, 다시 말하면, 보다 높은 정체감을 받아들이기 위해서 여러분이 누구라고 하는 것에 관련된 유한한 정체감을 기꺼이 놓아버려야 하는 것입니다. 우리는 여러분의 유한한 정체감이 여러분이 참된 신으로 보는 일종의 우상인 황금송아지라고 말할 수 있습니다. 영적인 길에서 더 높이 오르기 위해서는 모세가 보여주었던 것처럼, 황금송아지를 자진해서 버리고 신(神)의 산을 올라가야만 합니다. 그렇지만 여기서의 특성은 여러분을 인도하는 그 길이 어디에 있고 어떻게 그것이 끝날지에 관한 명확한 지식이 없이 이것을 실행해야 한다는 것입니다. 여러분은 기꺼이 신념을 갖고 그 여정이 여러분을 어디로 데려갈지에 대한 어떤 보증이 없이 앞을 향해 걸음을 내디뎌야 합니다. 그러므로 영적인 길은 여러분의 외적인 마음이나 에고에게 절대로 안전하고 보장된 길처럼 보이지 않을 것입니다.

안전에 대한 욕구는 에고와 육적인 마음에서 생겨나는 두려움에 기초한 욕구입니다. 그렇기에 여러분이 영적인 길을 향해 걸음을 내딛기 위해서는 기꺼이 자신의 두려움과 마주하고 그것을 사랑으로 정복해야 합니다. 여러분은 어떤 것을 안전이상으로 사랑해야 하며, 그렇지 않다면 자진해서 다음 단계를 밟지 못하게 될 것입니다. 그러므로 그 길의 어떤 단계에서 자신이 가진 모든 것을 놓아버리는 것에 관한 똑같은 입문시험과 마주할 것입니다. 나는 많은 사람들이 이번 생에서만도 길고 힘든 여정을 겪었다는 것을 이해합니다. 그들은 흔히 자기들이 커다란 희생을 치렀고 마침내 어느 정도 안정을 찾게 되었다고 느낍니다. 그렇지만 그 안도감이 어떤 외부의 단체나 가르침, 또는 사람에게 바탕을 두고 있다면, 그것은 사상누각(砂上樓閣)에 불과합니다.(마태복음 7:26)[8]

그것은 일종의 우상인데, 진정한 안전은 이 세상에 속한 것들에서 올 수 없기 때문입니다. 그것은 오직 내면으로부터 올 수가 있고, 여러분이 그리스도 의식을 구현함으로써만이 거기에 이를 수가 있습니다. 달리 말하면, 참된 안전은 그리스도 의식이라는 반석 위에 기초해 있어야 하며, 세속적 마음이라는 변하기 쉬운 모래 위에 있지 아니한 것입니다.(마태복음 7:24)[9]

나 역시도 그들이 나를 십자가에 매달았을 때인 그 운명의 날에 앞서서 길고도 힘든 여정을 겪었습니다. 나는 점차 하나님에 대한 신앙을 쌓았습니다. 그리고 나는 내가 십자가형을 둘러싼 상황을 받아들일 수 있게 한 어떤 세계관을 갖고 있다고 느꼈습니다. 나는 하나님이 나를 어떻게든 그 십자가에서 구하실 것이라는 어떤 기대와 희망을 갖고 있었습니다. 하지만 내가 거기에 매달려 있을 때, 나를 경멸하는 군중들이 내려다 보였고, 나는 갑자기 – 나의 사명 내내 나를 지탱해 주었던 – 신의 현존이 나를 그냥 내버려둘 것처럼 느꼈습니다. 그 순간 내가 어떤 식으로든 십자가에서 구해지게 될 것이라고 생각했던 나의 모든 기대들이 허물어지고 있었습니다. 나는 나의 기대들이 옳지 않았고 신이 다른 계획을 갖고 계시다는 현실과 마주해야만 했습니다. 나는 십자가에서 구원되지 않을 것이지만, 그 다음에 어떤 일이 일어날지에 대한 아무런 보장도 없이 그 십자가에 매달려 죽어야만 했습니다. 나는 처음에는 잠시 동안 큰 슬픔과 충격을 경험했습니다. 하지만 그때 하나님에 대한 나의 신앙이 충만한 힘으로 되살아났습니다. 그리고 나는 하나님의 비전이 내 것보다 더 낫다는 완전한 믿음으로 내 자신을 그분의 뜻에다 내맡겼습니다. 그런 다음 나는 환영(幻影)을 포기하고 사랑이 가득 찬 채로 육신을 뒤에 남기고 떠났습니다. 나의 부활과 승천의 문을 열어젖혔던 것은 내 주요 부분

---

8)"나의 이 말을 듣고 행치 아니하는 자는 그 집을 모래 위에 지은 어리석은 사람 같으리니"

9) "그러므로 누구든지 나의 이 말을 듣고 행하는 자는 그 집을 반석 위에 지은 지혜로운 사람 같으리니"

에 대한 이런 내맡김의 행위였습니다.

나는 이것이 극적인 하나의 사례이긴 하지만, 지나치게 극적인 것은 아니라고 이해합니다. 여러분이 영적인 길의 높은 단계로 올라감에 따라 그 시점에서 자신이 갖고 있는 모든 것을 놓아버리는 입문시험과 마주하게 될 것입니다. 여러분은 실제로 모든 외적인 기대들과 모든 인간적 안락감을 뒤로 해야 합니다. 그 길에서 더 높은 단계로 오르기 위해서 자신의 정체감을 포함한 모든 것을 포기해야 하며, 심지어는 육체적 생명도 버려야 합니다. 다시 한 번 다음과 같은 말을 깊이 생각해 보기 바랍니다. "누구든지 제 목숨을 구원코자 하면 잃을 것이요, 누구든지 나를 위하여 제 목숨을 잃으면 찾으리라(마태복음 16:25)." 그 내적인 의미는 여러분이 유한한 생명의 어떤 측면이나 정체감에 집착할 경우, 완전한 신성에 이르는 길을 지속할 수 없다는 것입니다. 따라서 여러분은 신성을 얻지 못할 것인데, 그것은 영적인 의미에서 생명의 참된 원천입니다. 만약 여러분이 자신의 유한한 목숨에 매달리고자 한다면, 그리스도 의식이라는 그 영원한 생명을 잃을 것입니다.

그렇다고 신성을 구현하기 위해서 여러분이 실제로 죽어야 한다는 것을 내가 말하고 있지 않다는 점을 분명히 하고자 합니다. 그리스도가 되기 전에 죽는 것은 불필요하며, 사실 나는 사람들이 이 지상에 있는 동안 그들의 신성을 구현하는 것이 아주 절실합니다. 여기서 중요한 점은 신성에 이르기 위해서 이 세상의 모든 것을 희생하겠다는 여러분의 자발성입니다. 그것은 더 높은 곳으로 움직여 나가겠다는 자발적인 마음이고, 이 세상적인 것들에 대한 무집착인데, 바로 이것이 영적인 길에서 입문시험들을 통과하는 핵심열쇠입니다. 영적인 길의 낮은 단계들에서 여러분은 단지 유한한 정체감의 일부를 버리는 것만을 필요로 합니다. 하지만 정상에 도달함에 따라 유한한 정체감에 남아 있는 모든 것을 희생할 것을 요구받게 될 것입니다. 오직 그 때만이 여러분이 그리스도라는 자신의 새로운 정체의식을 받아들일 수 있고, 여러분 자신을 신의 아들딸로 보게 됩니다. 그 열쇠는 여러분의 온 가슴으로 신을 사랑하는 것이며, 그럼으로써 신과의 합일에 이를 때까지 (영적인 길을) 멈추지 않을 것입니다.

놀라운 가르침이군요. 저는 그것이 앞서 말씀하신 것과 관계가 있다고 생각합니다. 다시 말하면, 어떤 가르침이나 교사가 그릇된 교사가 될 수 있을까요?

맞습니다. 그리고 이것이 다른 중요한 점을 환기시킵니다. 만약 여러분이 상당한 오류를 가진 가르침을 따를 경우, 자신의 신성을 구현하기 위해서는 그런 가르침을 버려야 할 것입니다. 하지만 영적인 길에서 성장함에 따라 결국 높은 단계의 진리가 담긴 가르침을 발견하게 될 것입니다. 그런 경우 여러분은 신성을 구현하기 위해서 그 가르침을 버릴 필요가 없을지도 모릅니다. 그럼에도 언젠가는 그 가르침을 기꺼이 뒤로 해야만 할 것입니다. 바꿔 말하면, 그 외적인 가르침에 무집착이 되어야한다는 것입니다. 만약 여러분이 어떤 가르침에 집착하게 된다면, - 설사 그것이 순수하고 높은 단계의 진리를 갖고 있더라도 - 그때 그것은 그릇된 가르침이 될 것입니다. 그 이유는 그릇된 가르침의 정의가 여러분이 자신의 신성에 도달하는 것을 방해하는 어떤 가르침이기 때문입니다. 그리고 비록 참된 가르침이라 할지라도 여러분이 그것에 집착하게 된다면, 그런 방해가 될 수 있습니다.

자신의 집착을 넘어설 경우, 어떤 단체에 머물러 있게 만드는 낡은 가르침에 대한 새로운 실마리를 발견할 수 있고 늘 신성을 향해 나아갈 수 있습니다. 여러분의 가족과 친구, 직업과 같은 삶에서의 다른 상황들에도 마찬가지입니다. 우리가 앞서 논의했듯이, 영적인 길의 새로운 단계로 올라서기 위해서는 외적인 상황이나 사람들 양쪽을 다 내버려두고 가야할 수도 있습니다. 그럼에도 만약 자신의 집착을 넘어설 수 있다면, 종종 의식 속에서는 계속 움직여나가면서도 외적인 상황과 함께 머물러 있을 수가 있습니다. 하지만 진정한 무집착이란 여러분이 외적인 상황에 머물러 있든지에 관계없이 기꺼이 계속 전진하는 것을 의미합니다. 여러분은 자신이 신성을 향한 다음 단계로 나가는 것을 방해하는 이 세상의 어떤 것도 허용하지 않을 것입니다. 또한 이 세상의 지배자가 여러분에게 어떤 영향을 미치는 것 역시도 허용치 않을 것입니다.

어떤 사람들은 말하기를, 우리가 영적인 길을 올라감에 따라 마주
치게 되는 입문시험들이 더 어려워지고 미묘해진다고 하며, 그래서
더욱 난처해지기 쉽다고 합니다. 이 말에 동의하십니까?

　　입문시험들이 보다 미묘해진다는 것은 사실입니다. 영적인 길의 낮
은 단계에서 여러분은 세상과 자신에 관한 외적인 믿음들을 포기하게
됩니다. 그리고 성장하고 성숙하게 됨에 따라 어떻게 여러분이 자기
자신과 신을 보느냐에 관한 보다 깊은 믿음들을 포기할 필요가 있습
니다. 그런 믿음들이 여러분의 정체성에 관한 더 심층적인 부분이기
때문에 그것을 제한하여 보거나 잘못 보는 것이 더욱 어려워질 수 있
습니다. 즉 그것이 오랜 기간 동안 여러분의 정체성의 일부였기 때문
에 그것을 버리기가 점점 더 어려워질 수 있는 것이죠. 여러분은 자
신이 그런 믿음들을 포기할 경우, 안정감을 잃고 혼돈이나 공허한 상
태에 빠져들게 되지 않을까하고 두려워할 수도 있습니다. 하지만 이
런 두려움은 단지 자신의 그리스도 자아와 명확한 연결 상태를 확립
하지 못한 사람들에만 엄습합니다. 그런 연결을 통해서 여러분은 자
신이 공허한 고립상태에 남겨지지 않을 것이라는 점을 알 것입니다.
　　다른 요인은 여러분이 그리스도 의식을 향해 성장하는 만큼, 어둠
의 세력들에게는 더욱 더 위협이 된다는 것입니다. 내가 앞서 언급했
듯이, 이런 세력들은 모든 대중들을 지배하고자 하며, 그릇된 교사들
에 의해 퍼뜨려진 거짓말들을 통해서 그렇게 통제하려합니다. 이 세
력들은 여러분이 신성을 구현하는 것을 방해하기 위해 자기들의 권력
으로 무슨 짓이든 할 것입니다. 그리고 여러분이 신성에 가까이 다가
가면 갈수록 더욱 더 여러분을 공격할 것입니다.
　　그럼에도 거기에는 또한 구조의 은총이 있습니다. 여러분이 영적인
길에서 더욱 앞으로 나갈수록, 자신을 보호하기 위해 더욱 더 많은
빛을 기원하여 끌어낼 수가 있습니다. 어둠의 세력들은 오직 육적인
마음에서 생겨나는 이원성의 거짓들을 통해서만 여러분을 지배할 수
있습니다. 여러분이 그리스도 자아와 접촉하는 수준에 이르게 되면,
그런 거짓들을 쉽게 꿰뚫어볼 수가 있고, 따라서 그들의 통제공작에
말려들지 않게 됩니다.

그리스도화한 존재는 수동적이거나 침묵한 채로 있지 않고 그런 교활한 거짓말들을 다른 이들에게 폭로할 것입니다. 그에 따라 여러분은 어둠의 세력에게 결정적인 위협이 되고, 그들은 여러분을 함정에 몰아넣기 위한 시도로 온갖 속임수를 사용할 것입니다. 그러므로 모든 영적인 구도자들은 어둠의 세력이 존재하고 그들이 한 가지 중요한 목표를 갖고 있다는 점을 인식할 필요가 있는데, 다시 말해 그것은 누군가가 이 지구에서 신성에 도달하는 것을 저지하는 것입니다. 내가 앞서 언급했듯이, 그들은 사람들이 영적인 길을 발견하고 그 길을 따르는 것을 막기 위해 무지와 두려움, 그리고 협박을 이용할 것입니다. 그럼에도 여러분이 그 길을 오르는 만큼, 그들의 책략도 약간씩 바뀔 것입니다. 그들이 이제는 여러분을 속여서 여러분이 완전한 신성에 이르기 전에 그 길을 중단하게 만들고자 할 것입니다. 그들은 사람들을 막다른 골목으로 몰아넣을 수 있는 거짓말 가운데 하나를 믿게 조종함으로써 이것을 할 것입니다. 이런 거짓말들의 다수가 사람들의 자만심이라는 허점을 자극하여 이용할 것입니다.

영적인 길의 하위단계에서 그릇된 교사들은 두려움을 통해 인간들을 조종하여 그들을 멈추게 하려고 시도합니다. 하지만 여러분이 이런 위협을 넘어서게 되면, 그들은 더욱 교묘해지게 되고, 이제는 자만심을 통해 여러분을 함정에 빠뜨리고자 합니다. 자만심을 자극함으로써 여러분의 영적성장을 멈추게 하려는 수많은 거짓말들이 있습니다. 예를 들면, 여러분이 자신에게 필요한 모든 것을 외적 가르침의 형태로 갖고 있고 이미 모든 것을 알고 있으므로 더 이상 배울 필요가 없다는 생각 같은 것입니다. 또한 자신이 유한한 믿음들을 버리거나 어떤 치욕적인 상황을 겪을 필요가 없을 만큼 영적으로 매우 진화했다든지, 혹은 이미 에고를 초월했을 정도로 매우 안식(眼識)이 높다는 식의 생각 같은 것입니다.

두려움과 교만은 동전의 양면에 해당됩니다. 그리고 그 두 가지는 무지에서 생겨나거나, 더욱이 특히 불완전한 지식에서 생겨납니다. 모든 두려움은 미지의 것에 대한 두려움인데, 왜냐하면 인간은 존재한다고 알고는 있지만 이해하지 못하는 것들을 두려워하기 때문입니다. 일단 여러분이 어떤 위협을 이해하게 되면, 또한 그 위협에 대처하는 방법을 알게 됩니다. 자만심이나 교만은 여러분이 수많은 지식에 이르렀지만 아직 삶에 관한 완전한 지식을 알지 못할 때 생겨납니다. 여러분은 이제 자신이 영적인 길에서 많은 것을 알고 있고 경험했으므로 어떤 지점들을 통과했으며 입문시험들을 넘어서 있다고 느끼기 시작합니다. 나는 광야에서 단식한 이후에 악마에 의해(마태복음 4:1~11), 그리고 내가 제자들에게 고난을 겪어야만 할 거라고 말했을 때, 베드로에 의해 자만심의 시험을 받았습니다. 베드로는 내가 이런 일을 당하지 않을 것이라고 생각했습니다. 그리고 나는 그를 단호히 꾸짖었는데, 그 순간 그를 통해서 말하고 있었던 것은 이 세상의 그릇된 교사들이었기 때문입니다(마태복음 16:21~26).10) 그것에 의해서 나는 영적인 길에서 시험받지 않는 자는 아무도 없다는 것과 우리 모두가 신성을 구현할 수 있기에 앞서 겸손의 시험을 통과해야 한다는 것을 보여주었던 것입니다.

여러분이 영적인 길의 어떤 지식에 도달하게 되면, 자신이 다른 이들보다 더 높이 올라와 있고 신의 눈으로 보시기에 이제 더욱 중요한 존재가 되었다고 느끼기가 매우 쉽습니다. 그렇지만 신은 사람을 차별하는 이가 아니십니다(사도행전 10:34). 그리고 그 이유는 그분이 모든 생명이 하나라는 것을 알고 계시기 때문입니다. 바다 속의 물방울 하나가 다른 물방울보다 더 중요합니까? 그러므로 단지 무지가 어떤 사람에게 자신이 다른 사람들보다 더욱 중요하다고 믿게끔 야기할 수 있는 것입니다.

---

10)[21] 이때로부터 예수 그리스도께서 자기가 예루살렘에 올라가 장로들과 대제사장들과 서기관들에게 많은 고난을 받고 죽임을 당하고 제 삼일에 살아나야 할 것을 제자들에게 비로소 가르치시니,
[22] 베드로가 예수를 붙들고 간하여 가로되, 주여! 그리 마옵소서. 이 일이 결코 주에게 미치지 아니 하리이다.
[23] 예수께서 돌이키시며 베드로에게 이르시되, 사단아, 내 뒤로 물러가라! 너는 나를 넘어지게 하는 자로다. 네가 하나님의 일을 생각지 아니하고 도리어 사람의 일을 생각하는도다 하시고,
[24] 이에 예수께서 제자들에게 이르시되, 아무든지 나를 따라 오려거든 자기를 부인하고 자기 십자가를 지고 나를 좇을 것이니라.
[25] 누구든지 제 목숨을 구원코자 하면 잃을 것이요, 누구든지 나를 위하여 제 목숨을 잃으면 찾으리라.
[26] 사람이 만일 온 천하를 얻고도 제 목숨을 잃으면 무엇이 유익하리요, 사람이 무엇을 주고 제 목숨을 바꾸겠느냐?

영적인 길을 오르는 만큼, 교만은 여러분이 이 지상에 있는 한 계속 따라다닐 매우 교묘한 힘이 됩니다. 그렇기에 진정한 구도자는 교만의 교묘한 유혹에 끊임없이 방심하지 말아야 합니다. 교만은 매우 미묘하기 때문에 그것은 종종 인식되지 않거나 잘못 이해하곤 합니다. 자신이 그런 습성을 익히게 되리라는 것을 알지 못하는 것도 교만입니다. 그것이 통찰력을 형성하는 것이 대단히 중요한 또 다른 이유이기도 합니다. 여러분의 그리스도 자아는 모든 교만을 넘어서 있고 즉시 교만에 관한 정확한 정보를 여러분에게 줄 수가 있습니다. 하지만 그것은 오직 여러분이 요청할 때만, 그리고 자신의 건방진 믿음들을 간파하는 것에 열려있을 때만 그렇게 할 수가 있습니다. 여러분은 그런 믿음들을 기꺼이 버려야 하고 에고의 외적인 의지를 여러분 내면의 보다 커다란 신아의 의지에다 내맡겨야 합니다. 내가 십자가상에서 보여주었던 것이 바로 이러한 더 높은 의지와 비전에다 완전히 내맡기는 것이었습니다. 여러분이 완전한 내맡김을 거치지 않고는 영적인 길의 정상에 오를 수가 없습니다.

어떻게 하면 우리가 교만을 극복할 수 있을까요?

육적인 마음의 이원성을 통해서는 교만을 극복할 수 없고, 따라서 여러분은 그런 의식 상태를 넘어선 어떤 것에 손을 뻗쳐야 합니다. 여러분은 오직 자신의 정신적 상자, 또는 개인적 교만이라는 거품 바깥에 있는 교사에게 귀를 기울임으로써만이 교만을 극복할 수 있습니다. 그 교사는 여러분의 그리스도 자아, 또는 개인적으로 승천한 대사일 수 있습니다. 혹은 그것은 허름한 외모로 위장하여 나타나지만 여전히 참된 스승을 대표하는 어떤 사람일 수도 있습니다. 학생이 준비되면, 스승은 나타납니다. 여러분이 교만에 빠져 있을 때, 거기에는 늘 그 교만을 극복하게 도울 수 있는 스승이 나타납니다. 하지만 교만의 속성 자체가 사람들로 하여금 그 스승을 알아보기 어렵게 만드는데, 그들이 참된 스승은 어떤 외부적인 조건에 맞게 살아야 한다고 생각하기 때문입니다.

영적인 길을 걷는 많은 사람들이 영적인 교만에 빠져 있다는 것은 슬픈 사실입니다. 그들은 자기들이 그 길에서 매우 앞서 있기 때문에 자신들에게 인가를 내리고 그들보다 높은 것처럼 보이는 스승들에게 만 귀를 기울일 필요가 있다고 느낍니다. 하지만 사실 여러분이 교만을 극복하도록 돕는 데 가장 적합한 스승은 초라하게 변장해서 나타나는 스승입니다. 그 계략은 여러분이 그 스승을 알아보기 위해서는 자신의 교만을 넘어서서 상대를 보아야만 한다는 것입니다. 그리고 그것이 절반 이상의 성공인 것입니다. "전령이 개미라면, 그것에 주의하라!"라는 옛말을 깊이 생각해보기 바랍니다. 여러분의 영적스승은 늘 깨달은 영적존재로만 나타나지는 않을 것입니다. 위장한 스승을 알아보는 것을 배우고, 어디에서든지 발견될 수 있는 진리를 찾아내는 것을 배우십시오. 중요한 것은 스승의 외모가 아니라 그 가르침 속의 진리입니다. 만약 여러분이 겉모습에만 집착한다면, 종종 그 스승을 못 알아보고 넘어가게 될 것입니다.

어떻게 하면 우리가 더 이상 그릇된 교사들의 유혹과 부딪치지 않는 단계에 이를 수 있겠습니까?

영적인 세계로 상승함으로써 입니다. 현재, 그릇된 교사들이 이 지구상에서 활개 칠 수 있는 이유는 인류의 의식이 아직도 매우 낮은 수준이기 때문입니다. 그렇기에 여러분이 이 세상에 있는 동안은 거짓말들에 의해 둘러싸여 있게 될 것입니다. 일단 여러분이 그리스도 의식에 도달하면 그릇된 교사들의 유혹을 쉽게 간파할 수 있게 될 것이지만, 그럼에도 여전히 날마다 그런 유혹들과 마주칠 것입니다. 이 지구상의 그리스도화한 존재로서의 여러분의 직분은 참된 교사로서 봉사하고 사람들이 그런 거짓말들을 극복할 수 있도록 돕는 것입니다. 이일은 항상 거짓말들에 대처하는 것이 요구될 것입니다.

어떻게 거짓말들을 극복할 수 있을까요? 이런 거짓들이 얼마나 여러분의 육적인 마음과 에고에게 편리하고 진실처럼 보이느냐에 상관없이, 거짓 이상으로 진리를 사랑함으로써 입니다. 여러분이 신을 사랑하고 진리를 사랑한다면, 절대로 거짓에 의해 만족할 수는 없습니다. 그리고 어둠을 빛으로 대체하듯이, 모든 거짓들을 대체할 높은 이해를 발견할 때까지는 마음 편히 있지 못할 것입니다.

인류의 의식이 계속해서 상승됨에 따라, 결국 그릇된 교사들의 대표자 역할을 하는 영혼들이 더 이상 이 지구상에 육화하는 것이 허용되지 않는 시점이 올 것입니다. 우리는 마침내 아스트랄계를 정화할 것이고, 그럼으로써 그곳에 거주하는 어둠의 세력들도 제거될 것입니다. 그런 다음 우리는 그릇된 교사들의 거짓으로부터 멘탈계와 에테르계도 정화할 수가 있습니다. 그리하여 결국에 지구는 영적인 빛을 방사하기 시작하고 영적인 태양이 될 것입니다.

지구가 정화되는 것을 돕기 위해 우리가 무엇을 할 수 있을까요?

내가 나중에 실제적인 제안을 몇 가지 할 것이지만, 가장 중요한 과업은 이원적인 의식상태에 대한 대안이 있다는 것을 보여주는 것입니다. 이 지구상의 주요 문제는 사람들이 형성한 정신적 이미지들, 즉 인간이 할 수 있다거나 할 거라고 생각하는 것을 제한하는 이미지들입니다. 따라서 그리스도가 된 존재의 가장 중요한 역할 중의 하나는 인간들의 정신적 상자에 의해 한정되지 않고도 사는 것이 가능하다는 점을 보여주는 것입니다.

여러분은 내가 메시아가 어떠해야 된다는 유대인들의 기대에 맞게 살지 않음으로써 그들에게 종종 충격을 주었다는 것을 알 것입니다. 사람들이 자기들의 인간적 기대를 초월해서 보고 그리스도의 실체를 올바로 이해하도록 돕는 것이 내 사명의 일부였습니다. 여러분이 신성에 도달했을 때, 그것이 마찬가지로 여러분이 수행할 사명의 일부가 됩니다. 그럼에도 그것은 내면으로부터 생겨나야 합니다. 여러분은 신성을 위조하거나 가장할 수 없고, 지적인 토대에서 그것을 가르칠 수가 없습니다. 여러분은 그리스도가 되거나, 아니면 그리스도가 되지 않거나 중에 양자택일을 할 수 있습니다.

여러분이 이 지구상의 상황을 개선하기 위해 어떻게든 할 수 있는 최상의 것은 바로 이곳 지구에서, 지금 이 시대에 그리스도가 되는 것입니다.

16장

내부의 적을 이겨내라

당신께서는 육적인 마음과 에고에 관해 많은 것을 말씀하셨습니다. 저는 당신이 이런 내부의 적들의 여러 측면에 대해 언급하셨다고 알고 있지만, 좀 더 상세한 설명을 해주실 수 있는지요?

영혼은 신아라는 태양 주변을 도는 하나의 행성과 같습니다. 에고와 육적인 마음은 여러분의 신아로부터 오는 빛을 가리기 위해 그 태양과 영혼 사이에 배치된 달을 만들어냅니다. 영적인 구도자의 과업은 이런 장애물을 제거하는 것이며, 그리하여 여러분의 영혼이 다시한 번 신아의 빛으로 덮여질 수 있습니다.

여러분의 영혼이 영적인 부모에 의해 창조되었을 때, 그들은 여러분의 영적인 자아에 영원히 닻이 내려진 독특한 개성을 여러분에게 주었습니다. 어떤 실수들을 여러분이 물질우주에서 저질렀다거나 어떤 믿음들을 외적인 의식으로 받아들였느냐에 상관없이, 아무 것도 여러분의 천부적인 개성을 바꿔놓거나 손상을 줄 수가 없습니다. 영혼이라는 것은 여러분의 신아의 한 확장체입니다. 그것은 여러분이 신의 창조계의 다른 수준을 경험하고 자신의 천부적 개성을 물질우주에서 표현할 수 있게 해줍니다. 여러분의 영혼이 신아와의 의식적인 접촉을 유지하는 한, 자신의 천부적인 개성을 표현하게 될 것입니다. 비록 여러분의 개성이 손상될 수는 없을지라도 여러분이 그 토대 위에다 (개성을) 확대하고 새로이 형성할 수는 있으며, 그렇게 하도록 예정돼 있습니다. 여러분의 영혼이 물질우주에만 한정되지 않은 신의 창조계를 통한 여정 동안 경험을 얻음에 따라, 자신의 원래의 개성에다 새로운 것을 형성할 수 있는 것입니다. 신과 함께 공동창조를 하는 가운데 여러분은 또한 여러분 자신을 공동으로 창조합니다.

영혼은 절대로 홀로 존재하도록 설계돼 있지 않습니다. 즉 그것은 영적인 자아의 한 확장체로 설계되어 있습니다. 영혼이 저급한 의식상태로 떨어지게 되면, 그것은 신아와의 직접적인 접촉을 잃어버리게 됩니다. 영혼은 이것을 커다란 상실감으로 경험하며, 홀로 있게 된 것을 견딜 수가 없기 때문에 가짜 정체성을 형성하게 되는데, 이것을 흔히 인간의 에고라고 부릅니다. 이 에고는 영혼과 영적인 자아 사이에 자리를 잡습니다. 이것은 여러분의 의식적 마음과 영적인 자아 사이에서 일종의 여과기 내지는 심지어 장애물로서 작용합니다.

앞에서 설명했듯이, 형상의 세계 내의 모든 것은 신의 빛의 흐름에 의해서 유지됩니다. 이 빛은 분화되어 있지 않지만, 그것이 여러분의 영혼으로 들어올 때 영적인 자아에 정착된 천부적인 개성을 통해 걸러지게 됩니다. 즉 여러분의 개성은 신의 순수한 빛을 색채로 물들이는 분광기(prism)처럼 작용합니다. 그렇다고 해서 이것이 신의 빛을 하락시키는 것은 아닙니다. 여러분의 영적인 자아는 그 빛의 진동을 저하시킴이 없이 단지 (개성을 통해) 표현하고 있는 것입니다. 여러분의 영혼이 영적 자아와 의식적인 접촉을 하게 되면, 신의 빛을 물질우주에서 저하시키지 않고 표현할 수가 있습니다. 여러분의 영혼은 신의 빛이 – 순수하지만 개성화된 형태로 – 이 세상으로 들어오게 하는 열린 문이 됩니다.

인간의 에고 또는 반(反)-자아는 물질세계의 에너지로 창조된 것입니다. 에고의 바로 그 속성은 여러분의 신이 부여한 개성과는 맞지가 않습니다. 그것은 단지 여러분의 영혼이 신아와의 접촉을 상실했기 때문에 창조된 것입니다. 만약 여러분의 영혼이 그런 접촉을 유지하고 자신의 천부적인 개성을 표현했다면, 에고는 결코 창조되지 않았을 것입니다. 그러므로 원죄의 개념이 에고에게 해당된다고 말할 수가 있습니다. 그것은 신으로부터 분리와 단절을 뜻하는 불완전한 상태로 창조되거나 잉태된 것입니다.

여러분의 신아로부터 오는 빛이 에고라는 여과기를 통과할 때, 그것은 (진동이) 저하됩니다. 앞서 언급한 것처럼, 그 빛의 진동이 어떤 수준 이하로 떨어지게 되고 그것이 곧 죄가 됩니다. 영혼이 에고에 의해 감싸이게 되면, 영혼을 통해 흐르는 모든 에너지들이 사실상 오염되고 진동의 임계 수준 아래로 떨어집니다. 하나의 기준이 있다고 말할 수 있는데, 말하자면 그리스도라는 기준입니다. 여러분이 신의 법칙과 조화롭게 작용할 때는 그 에너지가 자신이 늘 유지하는 진동의 어떤 수준보다 높게 표현됩니다. 그런데 에너지를 저급한 의식을 통해 표현할 경우, 그 에너지의 진동은 임계수준 이하로 떨어지게 될 것입니다.

그럼 이것이 〈너희의 행성을 구하라〉에서의 성모 마리아님의 가르침과 관련이 있나요? 그 책에서 그분은 신아와 영혼 간의 8자 형태의 흐름에 관해 이야기하고 계신데 말이죠.

그렇습니다. 내가 말했듯이, 인간들은 신과 공동창조자가 되기 위해 설계되었습니다. 이런 역할을 수행하고 있을 때, 여러분은 자신의 영적인 자아를 통해 신의 에너지를 받고 있습니다. 그 에너지는 여러분의 천부적인 개성에 의해 변화되지만, 진동의 임계수준보다 높게 유지됩니다. 그리고 그렇기 때문에 그것이 영적인 세계로 다시 흘러갈 수가 있습니다. 이런 식으로 영혼과 영적인 자아 간에는 8자형의 흐름이 있게 되는 것입니다.

여러분이 에너지를 다시 신에게 돌려보내게 되면, 신은 그 에너지를 배로 증대시킬 것입니다. 그리고 여러분은 더욱 많은 에너지를 돌려받게 될 것입니다. 그것이 씨앗을 뿌리는 것에 숨겨진 원리입니다. 단지 밀알 하나를 심지만, 그 대가로 많은 것을 수확합니다. 여러분이 신으로부터 받은 에너지를 배가시키게 되면, 보상을 받게 될 것입니다. 성서의 다음 구절은 그것을 말하고 있습니다. "무릇 있는 자는 받아 더욱 넉넉하게 되고, 무릇 없는 자는 그 있는 것도 빼앗기리라.(마태복음 13:12)"

만약 인간이 신의 에너지를 에고를 통해 표현한다면, 그 에너지는 기준 이하로 떨어질 것이고, 그것은 다시 영적인 세계로 올라갈 수가 없습니다. 말하자면, 여러분은 신의 에너지를 뜻하는 자신의 달란트(talent)를 땅 속에다 묻어버리고 있는 것입니다. 신에게 어떤 것을 돌려보내지 않은 경우, 거기에는 아무 것도 배가되는 것이 없습니다. 여러분의 영혼이 처음으로 물질세계에 내려오기로 선택했을 때, 여러분은 신의 에너지의 일정 몫을 가지고 이곳에 보내졌습니다. 이것이 신의 의해서 여러분에게 주어진 "달란트"입니다. 신이 여러분에게 종자돈을 주셨지만, 그것이 백지수표는 아니라고 말할 수 있습니다. 여러분이 그것을 어리석게 낭비한다면, 더 이상 받을 수가 없습니다. 신은 단지 그분의 법칙에 맞게 사용한 것만을 배가시켜주실 것입니다. 만약 영혼이 자신의 자유의지를 오용하고 일정한 진동 이하로 에너지를 오염시키기 시작하면, 그 영혼은 신으로부터 추가적인 에너지를 받을 수가 없습니다. 결국 영혼은 살아남는 데 충분한 에너지를 (다시) 받을 때까지 자신의 모든 유산을 탕진할 수 있는 것입니다(누가복음 15:11~32).[11]

---

11)[11] 또 가라사대 어떤 사람이 두 아들이 있는데
[12] 그 둘째가 아비에게 말하되, 아버지여! 재산 중에서 내게 돌아올 분깃을 내게 주소서 하는지라 아비가 그 살림을 각각 나눠 주었더니
[13] 그 후 며칠이 못되어 둘째 아들이 재산을 다 모아가지고 먼 나라에 가 거기서 허랑방탕하여 그 재산을 허비하더니
[14] 다 없이한 후 그 나라에 크게 흉년이 들어 저가 비로소 궁핍한지라.
[15] 가서 그 나라 백성 중 하나에게 붙여 사니 그가 저를 들로 보내어 돼지를 치게 하였는데,
[16] 저가 돼지 먹는 쥐엄 열매로 배를 채우고자 하되 주는 자가 없는지라.
[17] 이에 스스로 돌이켜 가로되, 내 아버지에게는 양식이 풍족한 품군이 얼마나 많은고, 나는 여기서 주려 죽는구나.
[18] 내가 일어나 아버지께 가서 이르기를, 아버지여! 내가 하늘과 아버지께 죄를 얻었사오니
[19] 지금부터는 아버지의 아들이라 일컬음을 감당치 못하겠나이다. 나를 품군의 하나

여러분이 영적인 길에서 진보해 나가기를 원한다면, 신의 제단에다 무엇인가를 가져와야 합니다. 다시 말하면, 신에 법칙에 맞게 사용한 에너지의 공물(供物)을 바쳐야 하는 것입니다. 여러분의 영혼은 자신의 그리스도 자아의 인도를 통해서만이 그런 에너지를 생성할 수가 있습니다. 오직 그리스도 의식을 통해서 생성된 것이 그것인데, 그렇기에 그것은 임계수준보다 높게 진동하며, 그때야 비로소 그것이 신의 제단에 가져가 받아들여질 만한 공물이 될 것입니다.

저급한 의식상태가 상대적이거나 이원적이라는 것은 정확히 무엇을 의미하는 것입니까?

영혼이 신아와 접촉하게 되면, 그 영혼은 신-중심적이 됩니다. 그것은 신이 이 우주를 창조하기 위해 사용한 원리에 기초한 절대적 기준입니다. 나는 이것이 여러분이 그런 원리들에 맞게 행동했을 때 분명해질 거라고 생각하는데, 즉 여러분이 행하는 모든 것이 여러분 자신의 삶과 주변 사람들의 삶을 끌어올리는 역할을 할 것입니다. 이때

로 보소서 하리라 하고
[20] 이에 일어나서 아버지께 돌아가니라. 아직도 상거가 먼데 아버지가 저를 보고 측은히 여겨 달려가 목을 안고 입을 맞추니
[21] 아들이 가로되, 아버지여 내가 하늘과 아버지께 죄를 얻었사오니 지금부터는 아버지의 아들이라 일컬음을 감당치 못하겠나이다 하나
[22] 아버지는 종들에게 이르되, 제일 좋은 옷을 내어다가 입히고 손에 가락지를 끼우고 발에 신을 신기라
[23] 그리고 살진 송아지를 끌어다가 잡으라 우리가 먹고 즐기자
[24] 이 내 아들을 죽었다가 다시 살아났으며 내가 잃었다가 다시 얻었노라 하니 저희가 즐거워하더라.
[25] 맏아들은 밭에 있다가 돌아와 집에 가까왔을 때에 풍류와 춤추는 소리를 듣고
[26] 한 종을 불러 이 무슨 일인가 물은대
[27] 대답하되, 당신의 동생이 돌아왔으매 당신의 아버지가 그의 건강한 몸을 다시 맞아들이게 됨을 인하여 살진 송아지를 잡았나이다 하니
[28] 저가 노하여 들어가기를 즐겨 아니하거늘, 아버지가 나와서 권한대
[29] 아버지께 대답하여 가로되, 내가 여러 해 아버지를 섬겨 명을 어김이 없거늘, 내게는 염소 새끼라도 주어 나와 내 벗으로 즐기게 하신 일이 없더니
[30] 아버지의 살림을 창기와 함께 먹어버린 이 아들이 돌아오매 이를 위하여 살진 송아지를 잡으셨나이다.
[31] 아버지가 이르되, 애 너는 항상 나와 함께 있으니 내 것이 다 네 것이로되
[32] 이 네 동생은 죽었다가 살았으며 내가 잃었다가 얻었기로 우리가 즐거워하고 기뻐하는 것이 마땅하다 하니라.

여러분의 생각과 감정, 행위들은 어떤 절대적 기준에서 생겨나며, 다시 말하면, 그 기준은 저급한 마음에 의해 만들어진 것이 아니라 신이나 여러분의 영적인 자아를 의미하는 고등한 존재에 의해 창조된 것입니다.

그러나 영혼이 신아와의 접촉을 상실했을 때, 그것은 더 이상은 이런 절대적 기준이나 척도에 접근하지 못합니다. 영혼은 이제 가짜 정체성인 인간적 에고를 형성하게 됩니다. 그리고 이 정체성은 신으로부터 분리돼 있는 영혼 자신의 속성에 의한 것입니다. 에고는 물질세계에서 볼 수 있는 에너지로 형성된 것입니다. 그것은 절대적인 척도가 없는 의식 상태에 바탕을 두고 있습니다. 이것이 성서에서 선악의 지식에 관한 나무(창세기 2:9)로 묘사된 것인데, 이는 상대적인 선악을 의미합니다. 앞서 설명했듯이, 나무나 과일은 옳고 그름 및 선악에 대한 절대적 기준이 없는 의식 상태에 관한 은유(隱喩)입니다.

신의 관점에서 볼 때, 문제는 간단합니다. "그것이 신의 법칙에 부합하느냐, 아니면 그 법칙에서 벗어나 있느냐?"인 것입니다. 여러분이 영적인 자아와 접촉하게 되면, 선악의 견지에서 생각하지 않습니다. 여러분의 유일한 관심은 어떤 것이 신에 속해 있느냐, 신에 속해 있지 않느냐 입니다. 여러분은 그 어떤 것이 좋다, 나쁘다에 따라 가치판단을 하지 않습니다. 그런데 여러분이 저급한 의식으로 떨어지게 되면, 더 이상 절대적인 기준이 없게 됩니다. 대신에 여러분은 상대적인 기준을 갖습니다. 이 상대적인 기준은 두 개의 정반대되는 것을 가진 저울에 기초해 있습니다. 여러분은 그것은 선과 악, 옳고 그름, 또는 그 밖의 어떤 것으로 부를 수가 있습니다. 이름이 중요한 것은 아니며, 문제는 그 저울(가치평가의 기준)이 정반대의 양극성에 따른 관계에 의해 규정돼 있다는 것입니다. 어떤 것이 좋거나 나쁘거나, 아니면 그 사이의 어디쯤에 해당되지만, 그것이 결코 저울 눈금을 벗어나지는 않습니다.

저급한 의식에 사로잡혔을 때, 여러분은 선악의 개념이 실제이고 자신의 선악에 관한 정의가 절대적이며 결코 오류가 없다고까지 생각합니다. 또한 그 상대적인 저울이 삶을 바라보는 유일한 방식이고 모든 것이 어떻게든 그 저울에 꼭 맞아야 한다고 생각합니다. 여러분은 현실을 선악에다 할당하는데, 즉 선과 악이 객관적인 현실이라고 생각합니다. 여러분은 결코 자신들의 선악에 관한 정의가 신의 실상과는 어긋나 있을 수 있다는 사실에 대해서 열려 있지 못합니다. 달리 말하자면, 여러분이 선이라고 생각하는 것조차도 신의 법칙을 어길 수가 있다는 것입니다. 여러분은 진실을 찾느라 그것을 볼 수 없거나 보지 못할 것이며, 그렇기에 상대적인 저울과 완전히 이원적인 의식을 초월해 볼 필요가 있습니다.

여러분이 저급한 의식을 극복하고 그리스도 의식에 도달하기 시작하면, 완전히 상대적인 가치평가기준과 이원적인 의식상태의 비현실성을 깨닫습니다. 그리고 만약 어떤 것이 신의 법칙에 맞으면, 그것이 실재라는 것을 깨닫습니다. 또한 어떤 것이 신의 법칙에서 벗어나 있으면, 그것은 실재가 아닙니다. 그것은 참으로 존재하는 것이 아닌데, 즉 영원한 실체가 없는 것입니다. 신의 법칙과 어긋나게 창조된 것은 영원히 존재하지 못합니다. 그것은 저급한 의식 상태로 있는 의식적 존재에 의해 창조된 것이고, 단지 그런 존재들이 이런 불완전한 이미지에다 주의를 집중하는 동안만 존속할 수 있습니다. 사람들이 주의를 다른 곳으로 돌리는 바로 그 순간, 그것은 붕괴되기 시작할 것인데, 왜냐하면 그것은 그 자체의 실체가 없기 때문입니다. 앞서 언급했듯이, 열역학의 제2법칙이 모든 불완전한 구조들을 붕괴시키고 자멸하게 만들 것입니다.

우리가 단지 죽을 운명의 존재라는 것은 이해하기가 어렵군요.

나는 내가 말하고 있는 것이 모든 사람들에게 무조건 다 이해되지는 않을 거라는 점을 알고 있습니다. 언어를 사용하여 신의 실상을 낮은 의식 상태에 있는 사람들에게 설명한다는 것은 사실상 불가능합니다. 여러분이 이원성에 사로잡혀 있게 되면, 그 너머를 볼 수가 없고, 그렇기에 세상의 이원적인 관점에 맞지 않는 어떤 것은 파악할 수가 없습니다. 그런 이유 때문에 수많은 사람들이 선(善)을 신과 관련지어 생각하고 악(惡)을 악마와 관련지어 생각합니다. 하지만 사실

신은 어떤 상대적이고 인간적인 기준에 따른 선이 아닙니다. 신은 악의 정반대되는 것으로서 규정된 선에 의한 상대적 기준을 넘어서 계십니다. 신은 반대쪽 것이 없으며, 단지 존재하실 뿐입니다.

여러분이 감정과 지성과 같은 상대적인 능력을 통해서는 신이라는 존재의 실상을 이해할 수 없습니다. 오랫동안 사람들은 인간의 지성에 이해될 수 있는 방식으로 신의 실상을 설명할 철학을 정립하기 위해 노력해 왔습니다. 하지만 이것은 절대로 이루어질 수 없는데, 왜냐하면 필연적으로 그들이 구약에서 우상이라고 부르는 것(출애굽기 20:4)을 창조하기 때문입니다. 이것은 결코 어떤 그림이나 조각이 아니라, 바로 인간지성의 상대성에 기초한 정신적 이미지입니다. 여러분이 신의 실상을 알기를 원한다면, 지성을 포함한 이원적인 의식 상태를 넘어서야 합니다. 이것은 오직 그리스도 의식을 통해서만 이뤄질 수 있으며, 그로써 여러분은 상대적이고 이원적인 마음상태 너머에 이르게 됩니다.

십자가에 관한 한 가지 해석은 수직 막대기가 저급한 의식을 넘어서 그리스도 의식에 이르는 인간의 능력을 상징한다는 것입니다. 그리고 수평 막대기는 상대적인 선악의 저울을 상징합니다. 여러분이 십자가에 못 박히게 되면, 그 십자가 수평 막대기의 고정된 위치에 속박되어 매달려 있게 됩니다. 여러분은 수평 막대기가 상징하는 수수께끼, 즉 모든 것이 두 개의 양극성 - 그 중의 어떤 것도 신의 실상을 나타내지 않습니다 - 에 관계돼 있는 것으로 생각되는 이원적 의식 상태를 풀 때까지는 그 위치에서 마비된 채로 있을 것입니다. 그 수수께끼를 풀기 위해서는 삶에 대한 수평적인 접근법을 넘어 수직적인 접근법을 취함으로써 그리스도 의식에 이르러야 합니다.

이것과 더불어 다른 중요한 영적 상징은 피라미드와 삼각형입니다. 삼각형은 영적인 길을 나타낸다고 말할 수 있습니다. 삼각형의 맨 아래 기저선(基底線)은 수평적이고 상대적인 의식 상태를 나타냅니다. 그 선의 한 쪽 끝은 여러분이 가진 상대적인 악(惡)이고, 다른 쪽 끝은 상대적인 선(善)입니다. 여러분이 신으로부터 벗어나 멀리 움직이게 되면, 그 삼각형을 더 크게 만들고 기저선의 길이를 늘이고 있는 것입니다. 여러분은 선과 악 사이의 간격을 늘이고 있습니다. 그것이 바로 신의 법칙에 맞서 반항하는 악마와 어둠의 모든 존재들이 오랜 기간 동안 행하고 있는 것입니다. 이원성의 양 극단으로 더욱 더 나감으로써 그들은 상대적인 선과 악 사이의 간격을 늘이고 있습니다. 그들이 상대적인 선악 간의 간격을 크게 하면 할수록, 더욱 더 사람들이 그 두 개의 양극단 너머를 보기가 어렵습니다. 여러분이 신으로부터 벗어나 멀리 움직일 때, 삼각형의 그 기저선을 확대하고 있다고 말할 수 있습니다. 문제는 얼마만큼 영혼이 그에 앞서 자진해서 이런 무익함을 깨닫고 방향을 바꿔 반대쪽으로 움직이기로 결정하느냐입니다.

영적인 길에서 성공하기 위한 열쇠는 진리라는 것은 상대적인 양극단 어느 쪽에서도 발견되지 않는다는 점을 깨닫는 것입니다. 진리는 삼각형의 기저선에서 발견되지 않습니다. 대신에 진리는 삼각형의 꼭대기를 통과하는 중도(中道)를 따름으로써 찾을 수 있습니다. 대중적인 믿음과는 반대로 중도는 선과 악 사이의 절충이나 타협이 아닙니다. 중도는 선악 간의 상대적인 갈등 범위를 벗어나 초월해 있습니다.

이에 관한 시각적인 상징으로서 삼각형 안의 중심에다 수직선을 그려보기 바랍니다. 여러분이 중도를 따를 때, 삼각형 내의 그 수직선을 오르고 있는 것입니다. 자신이 삼각형의 기저선에서 출발한다고 상상해 보십시오. 그 기저선은 여러분의 현 의식수준을 상징합니다. 기저선이 아주 길 경우, 그것은 상대적인 선악의 양 극단 간에 커다란 차이가 있다는 것을 나타냅니다. 내가 앞서 말했듯이, 영혼은 갑자기 이원적인 의식 상태를 버릴 수가 없는데, 정신적 진공 상태 속에 남겨지게 될 것이기 때문입니다. 그러므로 영적인 길을 걷는 열쇠는 서서히 상대적인 선악 간의 거리를 감소시켜 가는 것입니다. 시각적인 한 예로서 여러분이 삼각형의 그 중심선상에 있는 더 높은 지점을 향해 오르고 있다고 상상해 보십시오. 만약 여러분이 그 지점으로부터 새로운 기저선을 가로로 긋는다면, 그 선은 원래의 기저선보다 짧아지게 될 것입니다. 즉 상대적인 선악 간의 간격이 줄어들 것입니다. 그리고 양 극단 가운데 한쪽으로 이끌리는 대신에 중도에 머물러 집중하는 것이 훨씬 더 쉬워집니다.

여러분이 영적인 길로 나아가 자신의 그리스도 자아와 좀 더 직접적으로 접촉하기 시작했을 때, 더 이상 상대적인 선악의 극단으로 끌려가지 않을 것입니다. 대신에 여러분은 삶에 대해 보다 균형 잡힌 시각을 얻을 것이고, 결국 모든 상대성을 초월해서 보기 시작할 것입니다. 여러분은 저급한 의식 상태에서 생겨나는 수평적 세계관 대신에 신에 관한 수직적 진리를 이해하기 시작합니다. 여러분이 영적인 길을 오를 때, 삼각형의 꼭대기, 삶의 피라미드의 꼭대기를 향해 올라가는 것입니다. 그리고 그 지점에 이르게 되면, 그리스도 마음(christ mind)이라는 특이점에 도달한 것입니다. 비로소 여러분은 정반대의 양극성을 가진 저급한 마음의 이원성을 넘어선 것이지요. 여러분은 오직 유일신의 실상에 관한 하나의 진리를 이해합니다. 여러분은 더 이상 자신을 신과 분리돼 있다고 보지 않고 신의 한 확장체로 봅니다. 여러분은 위에서와 같이 아래에서도 그러합니다.

"눈은 몸의 등불이니, 그러므로 네 눈이 성하면 온 몸이 밝을 것이요(마태복음 6:22)."라는 내말을 기억하기 바랍니다. 수많은 사람들이 이 말 때문에 당황해 왔습니다. 여러분은 이제 그것이 무엇을 의미하는지 이해할 수 있습니다. 여러분의 시각이 하나일 때 – 이것은 상대적인 극단들을 초월했다는 것을 의미합니다 – 여러분의 존재 전체가 신의 빛, 그리스도의 빛으로 채워질 것입니다.
여러분은 세상의 빛, 산 위에 세워진 빛(마태복음 5:14)[12]이 될 것이고, 삶의 피라미드의 꼭대기가 될 것입니다.

그러한 지점에 도달하는 것, 그리고 여러분의 천부적 정체성이라는 빛을 저급한 의식의 어둠 속에다 햇불로서 비추는 것이 여러분 영혼의 진정한 소망입니다. 여러분이 태어나기 전에 여러분의 영혼은 그리스도 의식 상태에 도달함으로써 형제자매들을 안전한 항구로 인도할 수 있는 등대로 봉사하기를 원했습니다. 영혼의 가장 깊은 소망을 인식하기 바랍니다. 과감하게 자신의 피라미드 내부의 계단을 오르십시오. 그리고 용기를 갖고 그 꼭대기에 이르러 여러분의 신아와의 합일, 신과의 합일이라는 비범한 상태로 들어가십시오. 설사 어둠의 세력들이 나로 인해 여러분을 박해하더라도 대담하게 여러분의 빛을 비

---

12) "너희는 세상의 빛이라, 산위에 있는 동네가 숨기우지 못할 것이요."

추고, 그것을 다른 이들 앞에서 감추지 말기 바랍니다.

그렇다면 우리가 선행(善行)이라고 정의하는 많은 활동들이 그리스도 기준에 따르면 반드시 선한 것이 아니라고 말씀하시는 것인가요?

그렇습니다. 예를 들어 기독교인들을 포함한 많은 종교인들이 선한 사람이 어떻게 행동해야 되는가에 대한 외적인 규칙들을 정해 놓습니다. 많은 이들이 그런 규칙에 따라 움직이느라 평생을 보냅니다. 그리고 자기들이 선량하게 살았으므로 신이 단순히 자신을 구원해야만 한다고 믿습니다. 하지만 만약 그들이 육적인 마음의 이원성을 넘어서지 못했다면, 그들이 인간이 만든 기준에 따라 얼마나 선하게 살았다고 스스로 생각하느냐와는 무관하게 그들은 구원의 자격을 얻지 못한 것입니다. 그래서 내가 "너희에게 이르노니, 너희의 의로움이 서기관과 바리새인보다 더 낫지 못하면, 결단코 천국에 들어가지 못하리라(마태복음 5:20)."고 말했던 것입니다.

그 말씀이 수많은 종교인들에게는 삼키기 힘든 쓴 약이 될 것입니다. 확신하건대, 어떤 사람들은 그것이 우리가 선하냐, 아니냐는 문제가 되지 않는다는 소리처럼 들린다고 말할 것입니다.

예, 그럴 것입니다. 그리고 그 이유는 그들이 여전히 이원성의 마음으로 생각하고 있기 때문입니다. 내가 여기서 말하고 있는 것은 여러분이 구원 또는 상승의 자격을 얻기 위해서는 그리스도 의식에 도달할 필요가 있다는 것입니다. 그리고 그렇게 하기 위해서 여러분은 육적인 마음의 이원성을 넘어설 필요가 있습니다. 사람들로 하여금 상대적인 선악의 개념을 받아들이게 하고, 그들이 상대적으로 선할 경우 자기들이 자동적으로 구원될 것이라고 생각하게 만드는 것이 바로 이런 이원성입니다. 하지만 상대적인 선을 행하는 것은 여러분이 천국으로 들어가는 데 충분치 않으며, 여러분은 모든 이원성, 심지어는 상대적인 선조차도 초월해야 합니다.

그러나 상대적인 선을 행하는 것이 여러분이 영적인 길을 향해 나가는데 여전히 도움이 된다는 사실을 이해하는 것은 중요합니다. 만약 어떤 사람이 예를 들어, 범죄를 저지르거나 타인을 살해하는 등의 악행을 한다면, 그 사람은 기독교인의 이상에 따라 삶을 살고 있는 사람보다 훨씬 심각한 카르마를 짓고 있는 것입니다. 그러므로 선을 행함으로써 – 비록 그것이 상대적인 기준에 따른 것일지라도 – 여러분은 계속해서 영적인 길을 앞서 나가고 있는 것입니다. 문제는 여러분이 상대적인 선을 행하는 것이 자신들이 행해야 할 전부라고 생각할 경우, 그것이 일종의 덫이 될 수 있다는 것입니다.

수많은 기독교인들이 선한 기독교인의 삶을 살기 위해 진지하게 노력해 왔고, 이것이 자기들이 행해야 할 모든 것이라고 생각하고 있습니다. 그런데 그런 영혼들이 죽었을 때, 그들은 이것이 결코 충분하지 않으며 자신들이 "겉으로는 인간에게 옳은 것처럼 보이지만, 그 끝은 마침내 죽음에 이르는 길(잠언 14:12)"을 따르고 있었다는 것을 깨닫습니다. 불행하게도 이로 인해 이런 영혼들 가운데 어떤 이들은 분노하게 됩니다. 그리고 그들은 기존종교나 기독교에 대한 분노를 갖고 다음 생에 태어나게 됩니다. 이것이 그들로 하여금 모든 영적인 것을 포기하게 만들 수가 있는데, 이런 상황이 바로 거짓된 교사들이 원하는 것입니다. 이것에서 벗어나는 길은 모든 상대성과 이원성을 초월하고 그리스도의 마음을 입기 위해 노력하는 것입니다.

아주 오래 전에 나는 이 점을 이해하는 데 도움이 되었던 깊은 경험을 한 적이 있습니다. 나는 아프리카의 아주 가난한 지역에서 기독교 선교사로 30년 동안 일했던 한 남자를 만났습니다. 어느 날 그는 중병에 걸렸고, 다음 날 아침까지 살 수 있을 거라고 기대할 수 없었습니다. 이 사람은 선교사로서의 자신의 긴 생애를 반추하고 마무리 지으며 하나님을 위해 자신이 했던 모든 것을 곰곰이 생각하고 있었고, 그는 마땅히 구원받을 준비가 돼 있었습니다. 그런데 그 순간, 그는 자신이 단지 대가를 치른 것이라는 어떤 느낌을 그에게 전해주는 강력한 내면의 소리를 들었습니다. 이것이 그의 영혼에게 상당한 각성을 불러일으켰고, 그는 상대적인 선(善)을 행하는 것으로 충분하다는 생각의 오류를 깨달았습니다. 또한 그는 예수님의 삶에는 보다 심오한 의미와 전혀 이해하지 못했던 메시지가 있다는 것을 자각하게 되었지요. 그리고 이것이 그에게 계속 살아남아서 당신의 메시지를 자신의 일부로 만들고 싶다는 강한 소망을 주었습니다. 그날 밤 동안, 그의 병이 호전되었고, 그 후 그는 기독교인 된다는 것이 무엇을 의미하는가에 관해 완전히 새로운 인식을 갖고 오랫동안 살았습니다.

그렇다면 당신은 기존교리에 오래 빠져 있었지만 기꺼이 그것을 넘어섰던 아름다운 영혼을 만난 특권을 누린 것입니다. 여기서의 진짜 교훈은 여러분이 영적인 길을 시작했을 때, 육적인 마음의 이원성에 기초한 어떤 동기를 가질 수 있다는 것입니다. 예를 들면, 많은 영적인 구도자들은 자기들이 다른 이들보다 영적으로 진보돼 있다거나, 자신이 신을 위해 중요한 일을 하고 있고 또 지구를 구하는 것을 돕고 있다고 느끼고 싶은 욕구가 있습니다. 이것이 반드시 잘못된 것은 아닌데, 왜냐하면 영혼은 영적인 길을 발견했을 때 어떤 의식수준에 있었든 간에 그 길을 시작해야 하기 때문입니다.

그럼에도 영혼이 영적인 길을 올라감에 따라 그 길을 걷는 것에 대한 동기가 순화되어야만 합니다. 여러분은 점차 모든 인간적 동기, 특히 자만심이나 이 세상에서 높임을 받고자 하는 욕망(누가복음 16:15)[13]을 버려야 합니다. 그런 동기는 쉽게 교만이 될 수도 있고 여러분의 성장을 저하시키거나 멈추게 하는 막다른 골목으로 당신들을 몰아갈 수도 있습니다. 마침내 여러분은 유일한 동기가 사랑뿐인 지점으로 올라서야 합니다. 그때 다른 사람들을 사랑하고 그들이 더 나은 삶의 길을 찾을 수 있도록 돕고 싶은 소망을 가질 수도 있습니다. 또한 여러분 자신을 사랑하고 자신이 될 수 있는 모든 것이 되고자 하는 진지한 소망을 가질 수도 있습니다. 여러분이 영적인 자아를 사랑하고 자신을 신으로 보는 한, 여러분 자신을 사랑하는 것에는 아무 것도 잘못된 것이 없습니다. 여러분은 어떤 영적인 대사(大師)를

---

13) "예수께서 이르시되, 너희는 사람 앞에서 스스로 옳다 하는 자이나 너희 마음을 하나님께서 아시나니, 사람 중에 높임을 받는 그것은 하나님 앞에 미움을 받는 것이니라."

사랑하고 그 마스터에게 봉사하고자 하는 진지한 바람을 가질 수도 있습니다. 예컨대, 많은 기독교인들이 내 자신이나 성모님에 대한 강한 사랑과 우리의 사명이 성공하도록 돕기 위한 진심어린 소망을 갖고 있습니다. 하지만 그런 외적인 것에 대한 사랑도 전환될 수가 있습니다. 그리고 결국 여러분은 영적인 길을 걷는 이유가 오직 하나, 즉 여러분의 온 가슴과 영혼, 마음으로 신을 사랑하는 것인 단계에 이를 필요가 있습니다(마태복음 22:37).[14]

그런 단계에서 비로소 여러분은 두려움에서 사랑으로 옮겨가게 되고, 이제 신의 조건 없는 사랑이 이 세상에 전해지기 위한 열린 문이 됩니다. 이것이 바로 여러분이 하나님과 - 이 세상속의 사랑의 존재가 될 - 다른 사람들에게 해줄 수 있는 가장 참되고 가치 있는 봉사인 것입니다.

당신께서는 앞서 승천한 대사들이 새로운 영적 가르침을 전하기 위해 여러 단체들을 후원한 적이 있다고 언급하셨는데요. 그런 가르침 중에 어떤 것은 "입구의 거주자(dweller on the threshold)"에 관해 말합니다. 그 거주자는 단지 육적인 마음의 다른 명칭이거나 에고와 아주 유사한 것인가요?

입구의 거주자라는 개념은 에고와 같은 종류의 것인데, 〈빛을 향한 내면의 길〉에 그 에고가 설명되어 있습니다. 그 책은 육적인 마음을 주로 육체를 관리하기 위해 설계된 컴퓨터로 묘사합니다. 하지만 "육적인 마음"이라는 용어는 또한 인간의식의 전 복합체에 대한 일반적인 이름으로도 이용될 수 있는데, 거기에 에고가 포함됩니다. 이것은 바울에 의해 이용된 방법이고 내가 이 책에서 일반적으로 언급하는 방식입니다.

"입구의 거주자"라는 표현은 〈빛을 향한 내면의 길〉에서 설명했던 것으로서 영혼이 신으로부터 숨고자 결정하는 과정을 말합니다. 영혼

---

14)"예수께서 가라사대, 네 마음을 다하고 목숨을 다하고 뜻을 다하여 주 너의 하나님을 사랑하라 하셨으니"

자신이 신과 분리되는 한 가지 결과로서 영혼은 점차 신으로부터 더욱 더 멀리 걷는 과정을 시작하는데, 이것은 그 영혼이 계속해서 낮은 의식 상태로 떨어지는 것을 의미합니다. 영혼이 낮은 수준으로 떨어질 때마다 그런 하락을 일으키거나, 외견상 그것을 정당화하는 결정이 이루어집니다. 그 영혼이 영적인 길에 착수하여 신으로부터 멀어지는 과정을 돌이키기 시작했을 때, 영혼은 현 의식 수준으로 추락하게 만들었던 자신의 모든 결정을 직시하고 그것을 취소해야 합니다.

다시 한 번 영적인 길을 건물 내의 계단에다 비유함으로써 이것을 설명하겠습니다. 계단의 한쪽 부분은 지금의 층에서 다음 층으로 이어지는데, 그것은 그 다음 층으로 올라가는 계단 앞에 마련된 평대입니다. 각 층의 구역은 영적인 길의 한 가지 수준에 비교될 수 있으며, 따라서 각 수준마다 여러 개의 작은 계단들을 갖고 있습니다.

영혼이 영적인 길을 처음 시작했을 때, 그것은 방향전환을 하기에 앞서 자신이 떨어졌던 수준에 머물러 있습니다. 이제 영혼은 각각의 작은 계단들을 오르기 시작하고 그것들은 다음 층으로 이어집니다. 모든 계단은 어떤 의식 상태, 어떤 결정과 잘못 사용한 에너지를 상징합니다. 각 계단은 비교적 극복하기가 쉽습니다. 그럼에도 영혼이 그 계단의 가장 높은 곳 위에 섰을 때 영적인 길의 다음 수준으로 옮겨갈 준비가 된 것이며, 그 영혼은 자신을 그 수준 아래로 떨어지게 만들었던 원래의 결정과 마주해야 합니다. 그 결정을 이른바 "입구의 거주자"라고 하는 것입니다. 그것은 그 수준 아래로 내려가기로 한 여러분의 결정으로부터 태어난 에고의 일부입니다. 그것은 그 수준에서 상승하려는 여러분의 앞의 입구에서 기다리고 있습니다. 영혼이 마지막 단계를 밟아 영적인 길의 더 높은 수준으로 상승하기에 앞서, 영혼은 자신의 과거 결정과 마주하고 그것을 취소해야만 합니다.

만약 영혼이 영적인 길로 가는 체계적인 접근법을 채택하고 자신을 영적인 자아의 보다 높은 뜻에다 내맡긴다면, 그 거주자의 뜻을 포기하는 것은 별로 어렵지 않을 것입니다. 일단 여러분이 오용한 에너지들을 변형시키고 그 수준에서 했던 작은 결정들을 극복한다면, 이제 남은 것은 최종적인 결정을 철회하는 것입니다. 하지만 만약 영혼이 이런 결정을 극복할 필요성을 깨닫지 못한다면, 또한 왜 그런 결정이 잘못돼 있는가를 인식하지 못한다면, 영혼은 그 결정을 취소하지 못할 수도 있습니다. 영혼이 에고의 모든 측면을 버릴 필요성을 진정으로 이해하지 못할 경우, 신에게 거역했던 자신의 타성에 완전히 묶여 버릴지도 모릅니다. 그러므로 에고의 한 작은 부분 또는 거주자만을 취소할 것이 아니라 그 강한 타성과 싸워야 하며, 그 여세는 종종 압도적입니다. 따라서 영혼은 다음 수준으로 향한 마지막 단계를 밟을 수 없습니다. 그리하여 그 영혼은 참으로 고착될 수 있으며, 어쩌면 다시 그 계단 아래로 굴러 떨어질 수도 있는 것입니다.

입구의 거주자에 관한 개념은 쓸모 있는 개념이며, 특히 영혼이 진보해 나가는 길에 놓인 결정이 이해될 때 그렇습니다. 영혼은 무엇이 그런 결정을 하게 만들었고 왜 그것이 잘못인가를 완전히 인식함으로써만이 그 거주자를 극복할 수 있습니다. 그런 다음 그 잘못된 결정을 올바른 결정으로 대체하기 위해서 의식적인 선택을 해야 합니다. 영혼이 최종적인 승리를 얻기 전에 확실히 에고의 모든 측면, 층들, 거주자는 취소되어야 합니다.

그렇다면 영혼이 신에게 등을 돌리게 되었던 최초의 결정을 하고 계단 아래로 내려가기 시작했을 때, 에고가 그 층계의 꼭대기에 있었습니까?

맞습니다. 나는 앞에서 영혼이 잘못된 믿음을 받아들였을 때 그것은 의식의 흐름 속에다 돌을 던지는 것과 같다는 비유적 표현을 했었습니다. 또한 나는 영적인 길에서의 필수적인 부분이 여러분의 마음에서 잘못된 믿음들을 체계적으로 제거하는 것이라고 말했습니다. 자신의 의식흐름에서 그런 장애물을 제거함에 따라 여러분은 자신에게 던져졌던 최초의 돌인 커다란 바위 하나를 밝혀낼 것입니다. 그 바위가 바로 에고입니다. 하지만 이 바위는 단순히 물의 흐름을 방해하는 정도가 아니라 의식의 흐름을 막아 아예 아래쪽의 다른 방향으로 돌려놓을 만큼 거대합니다. 그러므로 여러분이 신성을 향한 최종적인 단계를 밟기 전에 그 에고를 노출시켜 그것이 잘못된 결정을 시작하게 했다는 것과 그 결정을 더 나은 것으로 대체하는 의식적인 선택을 해야 함을 깨달아야 합니다.

내가 이 책에서 설명했듯이, 여러분이 영적인 길에 열심히 정진한다면, 점차 이것이 일어날 것입니다. 여러분은 서서히 모든 잘못된 믿음과 온당치 않은 결정들을 꿰뚫어 보는 힘을 형성할 것입니다. 그리고 고통 없이 훨씬 낫게 그것들을 극복하게 될 것입니다. 그럼에도 에고가 존재하고 그것이 영적인 길에서 최종적인 과제가 되리라는 점을 인식하는 것이 도움이 될 것입니다. 우리는 〈빛을 향한 내면의 길〉이란 책에서 이에 관한 중요한 가르침을 전해주었습니다. 그리고 에고를 설명하는 다른 많은 책들이 있습니다. 그렇지만 여기서 몇 가지 생각들을 알려주겠습니다.

이상적인 시나리오를 살펴봄으로써 시작해봅시다. 여러분의 신아는 고차원의 세계에 존재하는 영적인 존재입니다. 먼 과거의 어느 시점에 여러분의 신아는 물질우주를 내면에서 경험하고 싶고 지구행성에다 신의 왕국을 공동 창조하는 것을 돕고 싶다고 결정했습니다. 그래서 신아는 물질세계의 낮은 진동 속으로 내려갈 수 있는 자신의 한 확장체를 창조했습니다. 이것이 여러분의 영혼이 된 것입니다.

내가 앞서 설명했듯이, 여러분의 영혼은 원래 홀로 있게 돼 있지가 않았습니다. 즉 그것은 여러분의 신아라는 태양 주변을 도는 한 행성이 되기로 예정돼 있었습니다. 우리는 여러분의 신아가 지구상에다 견고한 성(城)을 세우기를 원했다고 말할 수 있습니다. 신아는 건축가와 구조공학자로서의 역할을 했고, 성을 설계했으며, 그 구조가 튼튼할 거라고 확신하고 있었는데, 이는 그것이 신의 법칙과 조화되어 있었다는 의미입니다. 그런 다음 신아는 자기 자신의 일부, 즉 영혼을 실제로 그 성을 쌓을 장인(匠人)으로 일하게 하기 위해 지상에다 파송했습니다. 영혼은 내면에서 신아와의 접촉을 유지하기로 예정돼 있었고, 그럼으로써 영혼이 그 원천으로부터 직접 성에 관한 청사진을 받을 수가 있었습니다. 그에 따라 영혼은 신아에게 내재된 신의 법칙에 관한 충분한 지식이 없이도 성을 건축할 수 있게 될 것이었습니다. 그것은 아직은 기술자로부터 청사진을 받아야만 집을 지을 수 있는 건축공학학위가 없는 장인과 같았습니다.

이것은 마치 영혼이 단지 신아의 한 노예처럼 생각될 수도 있습니다만, 그것은 오직 어린 영혼들에게만 진실입니다. 영혼은 자유의지를 갖고 있고 그 내부에 빛의 불꽃을 지니고 있습니다. 이 빛의 불꽃은 신아로부터 생겨난 신의 화염의 작은 복제입니다. 어떤 비교적(秘敎的) 가르침에서 그것은 "삼중불꽃(threefold flame)"이라고 불리는데, 힘과 지혜와 사랑의 속성이 구체화되어 나타난 것이기 때문입니다. 하지만 모든 영혼들은 이런 3가지 특성들을 독특하게 결합된 형태로 지니고 있으며, 그것이 영혼에게 한 개체로서의 자아의식을 부여하고 있습니다. 영혼이 처음으로 (지상에) 내려왔을 때, 이는 신아에 의해서 영혼에게 주어진 청사진을 따른다는 것을 의미했습니다만, 영혼은 여전히 건물의 세부적 부분들의 많은 것을 결정할 자유의지가 있습니다. 말하자면 그 청사진의 전반적인 틀 내에서 영혼이 성의 수많은 세부적인 건축 부분과 장식들을 결정할 수 있는 것입니다.

안전한 뼈대 내에서 자신의 자유의지를 실습함으로써 영혼은 결코 신의 법칙을 어기지 않게 될 것입니다. 이것이 영혼의 모든 결정이 완벽해질 거라는 것을 의미하지는 않지만, 영혼이 절대로 심각한 실수를 하지는 않을 거라는 것을 뜻합니다. 그리고 영혼은 그렇기에 자신의 모든 결정들로부터 배울 수가 있고 그것들을 성장의 발판으로 이용할 수가 있습니다. 또한 영혼이 설사 작은 실수들을 하더라도 그것에 대한 죄의식이나 자신에 대한 책망이 없이 단순히 실수를 통해 배웁니다.

대부분의 사람들이 이해하기 어려운 것은 영혼이 내려온 참된 목적이 성을 세우는 것이 아니라는 점입니다. 성을 건축하는 과정은 단지 자각(自覺)으로 영혼의 성장을 촉진하기 위한 도구에 불과합니다. 영혼이 자유의지를 연습하고 자신의 달란트를 증식함에 따라 점차 지혜와 자각 속에서 성장합니다. 그것이 영혼의 결정구조(crystal line structure)를 확대할 수 있고, 그 구조 안에 담긴 빛을 증대시킬 수가 있습니다. 궁극적인 목표는 영혼이 자급자족이 가능한 존재로 존속할 수 있는 강한 자각에 도달하는 것입니다.

말하자면, 초기에 영혼은 신아로부터 오는 영적인 에너지의 흐름을

376

받음으로써만이 존재할 수가 있습니다. 이 빛은 영혼의 삼중불꽃이라는 열린 문을 통해 흐릅니다. 영혼이 성장하는 만큼, 영혼의 삼중불꽃도 더 커지며, 영혼은 이제 더 많은 빛을 운송할 수 있습니다. 이윽고 영혼의 자각이 높아짐에 따라 그리스도 의식을 성취하기 시작하는데, 이로 인해 영혼은 자신이 단순히 신아의 한 확장체가 아니라는 것을 깨닫습니다. 영혼은 사실상 신아로부터 떨어져 나와 존재하는 개별적인 한 존재가 아니라, 그 신아에 연결돼 있는 것입니다. 영혼은 실제로 자신이 신아와 하나라는 것을 깨닫습니다. 그리고 영혼은 이제 이렇게 외칩니다. "나와 내 아버지는 하나이다!(요한복음 10:30)"

영혼은 이제 비로소 그리스도 의식에 도달했고, 신의 왕국을 지상으로 가져올 수 있는 그리스도화한 존재로서 지구 위를 걸을 수가 있습니다. 하지만 영혼은 이 위에다 더 높이 형성할 수 있고 더 높은 자각을 성취할 수 있습니다. 그 다음 단계는 영혼이 자신의 신아가 더 거대한 전체의 일부, 즉 계속해서 하나님의 가장 높은 현현(顯現)에까지 미치는 영적 존재들의 위계조직의 일부라는 사실을 깨닫는 것입니다. 영혼이 신아로부터 받는 빛은 사실상 그 신아를 통해 흐르는 하나님의 빛이며, 그것은 영혼의 삼중불꽃 속으로 흘러들어갑니다. 그럼에도 그 빛은 근원으로부터, 다시 말해 신으로부터 옵니다.

그 다음 단계로서 영혼은 "만물이 그로 말미암아 지은바 되었으니, 지은 것이 하나도 그가 없이는 된 것이 없느니라(요한복음 1:3)."라는 말 속에 있는 진리를 깨닫습니다. 이를 달리 말하면, 모든 것은 신의 빛으로 만들어졌으며, 그분의 빛이 모든 것 안에 있습니다. 그러므로 모든 것은 자기 내부로부터 직접 그 빛을 끌어낼 잠재력이 있습니다. 영혼은 이제 더 이상 신아로부터 신의 빛을 받을 필요가 없다는 것을 깨닫는데, 왜냐하면 그 빛을 자기 내면으로부터 직접 받을 수 있기 때문입니다. 그 순간 영혼은 더 이상 신아라는 태양 주변을 도는 한 행성이 아닙니다. 영혼은 이제 그 자신의 빛으로 태양이 됩니다. 즉 자기 내면에서 직접 신의 빛을 방사하는 자체발광적인 존재가 되는 것입니다. 그 순간 영혼은 영적인 대사(spiritual master)가 되고 영원한 깨달음을 얻습니다. 이것이 그렇다고 영혼이 신아로부터 자신을 분리한다는 것을 의미하지 않습니다. 그것은 영혼이 신아와 마찬가지로 같은 은하계 내에서 자급자족할 수 있는 태양이 된다는 것을 뜻합니다. 영혼은 자신이 거대한 전체, 즉 신의 몸의 일부라는 것을 깨닫습니다.

이것이 영혼의 자연스러운 성장과정입니다. 그리고 타락이 일어나기 전, 많은 영혼들이 참으로 이런 패턴을 따랐습니다. 모든 영혼들이 여전히 이런 잠재력을 갖고 있습니다만, 그것이 더욱 어려워지게 되었습니다. 왜냐하면 영원한 자각을 성취하기 위해서는 영혼이 인간적 에고로부터 생겨나는 그릇된 자각을 버려야만 하기 때문입니다.

영혼의 타락과 인간적 에고의 탄생을 설명하기 위해서 에덴동산의 이야기로 시작해봅시다. 이 이야기는 지구상의 모든 영혼들에게 해당되는 것은 아니며, 그 내용을 말 그대로 받아들여서는 안 된다는 점을 분명히 하겠습니다. 그럼에도 그것은 진리를 담고 있습니다. 그리고 그것은 또한 성서 속에 삽입된 교활한 거짓말을 폭로하는 데 이용될 수 있습니다.

앞서 설명한대로, 에덴동산은 영혼들이 육체를 취하기 위한 준비로서 물질우주의 기초적인 기술을 교육받았던 일종의 신비학교(Mystery school)였습니다. 그리고 에덴동산의 신은 하나님의 대리자로서 마이트레야(彌勒)라는 이름의 영적스승이었습니다. 그는 영혼들이 자신의 신아와의 연결이 단절됨이 없이 육체를 입을 수 있도록 단계적인 교육과정을 계획해 두고 있었습니다. 그런데 어떤 영혼들은 단계적인 교습(敎習)을 견디지 못하고 조바심을 내게 되었고, 성급히 앞으로 건너뛰었습니다. 일부는 이것을 일종의 거역행위로서 저질렀고, 다른 이들은 그 지도자들을 따랐습니다. 그리고 여전히 다른 이들은 단지 남들보다 앞서가려는 자기들의 호기심에서 그렇게 했습니다. 결과적으로 다수의 영혼들이 이원적인 의식 상태로 빠져들기 시작했습니다.

어느 시점에 영혼은 진실을 알게 되었고 자신이 신아와의 연결을 상실했다는 것 - 이것은 은총으로부터 추락한 것이다 - 을 깨달았습니다. 그 순간 영혼은 매우 중요한 결정을 해야만 했습니다. 어떤 영혼들은 다시 스승에게 돌아가 자기들이 범한 실수들에 대해 책임을 지기로 선택했습니다. 이 영혼들은 조건 없는 사랑으로 받아들여졌고 그들의 영적인 연결을 회복할 수 있도록 도움을 받았습니다. 그런데 불행하게도 어떤 영혼들은 스승을 만나 자기들의 실수에 대해 책임지기 싫다고 생각했고, 따라서 그들은 스승으로부터 숨기로 결정했습니다. 자유의지의 법칙 때문에 스승은 이런 영혼들을 구할 수가 없었습니다. 그는 뒤로 물러나야 했고 그들의 선택을 존중해야만 했는데, 이는 그 영혼들이 그의 가르침 대신에 자기들의 경험으로부터 배우도록 허용하는 것입니다. 오직 영혼들이 도움을 요청할 때만 스승은 학생들을 도울 수가 있습니다.

영적인 추구자들이 성서상의 에덴동산 이야기가 여러 가지 면에서 잘못돼 있음을 깨닫는 것을 필수적입니다. 사실 그 타락한 영혼들이 동산에서 강제로 추방된 것이 아니었습니다. 그들은 단지 더 이상 에덴동산을 지각할 수 없을 때까지 그들의 의식이 하락했던 것이며, 그 동산은 여전히 높은 진동 수준에서는 존재하고 있습니다. 신은 영혼들이 에덴으로 돌아오는 것을 막으려 하시지 않지만, 거짓된 교사들은 그렇게 하려고 시도하고 있습니다. 이런 세력들이 영혼이 자신의 스승으로부터 계속 멀어지도록 이용하는 무기는 인간의 에고인데, 그러므로 에고에 대해 살펴보도록 하겠습니다.

진실의 순간에 영혼은 자신이 신아와의 연결을 잃어버렸다는 사실을 깨달았습니다. 만약 그때 영혼이 스승에게 돌아갔다면, 점차 이런 연결을 회복하고 자기가 그 영적인 자아의 한 확장체라는 자각을 얻었을 것입니다. 하지만 영혼이 스승에게 돌아가지 않았다면, 이제 영혼은 자신이 근원으로부터 분리돼 있다는 존재감에 기초한 새로운 자아의식을 형성해야만 했을 것입니다. 이 새로운 자아의식이 인간의 에고이며, 그것은 분리감에서 생겨난 것입니다. 그럼에도 에고는 단순히 분리에서만 탄생한 것이 아닙니다. 그것은 또한 영혼이 스승에게 등을 돌리기로 한 자신의 결정을 합리화하기 위해 이용했던 추론의 반영입니다. 그러므로 에고를 포기하기 위해서는 영혼이 이런 결정의 오류를 인식하고 인정한 후, 더 나은 결정으로 그것을 대체해야만 합니다. 영혼은 자신을 스승과 영적인 길로부터 돌아서게 만든 그 결정을 의식적으로 취소해야 하는 것입니다. 영혼들이 스승에게 등을 돌리기로 결정했던 데는 많은 이유들이 있지만, 여기서는 몇 가지만 언급하겠습니다.

● 어떤 영혼들은 고의적으로 신에게 맞서서 거역했다. 그들의 에고는 신이 잘못돼 있고 자기들이 신보다 더 잘 안다는 믿음에 기초해 있다. 이런 영혼들은 흔히 자기들이 매우 유능하다고 느끼며, 모든 것을 안다고 생각한다. 그들은 실제로 이런 타성을 따름으로써 영적인 길에서 어느 정도 높이 오를 수 있지만, 그럼에도 결국에는 최고의 과제와 마주해야만 한다. 그 과제는 그들의 에고가 신보다 더 낮게 알지 못하며 그들 자신의 노력에 의해서는 천국에 들어갈 수 없다는 사실을 인정해야만 하는 것이다.

● 어떤 영혼들은 그들의 지도자 역할을 했던 다른 영혼들을 추종했다. 그리고 그들의 에고는 상위의 권위자에게 복종해야 하고 자기들의 삶과 자신이 했던 결정에 책임질 필요가 없다는 생각에 기초해 있다. 이런 영혼들은 영적 교사를 따름으로써 실제적인 영적진보를 이룰 수는 있다. 그럼에도 그들은 외부의 지도자를 따르는 성향을 버려야 하고, 그들 자신의 구원에 대해 책임을 져야 한다. 그리고 그들 내면에 있는 그리스도의 권위를 따르겠다는 결정을 해야만 한다.

● 어떤 영혼들은 단지 실험을 하기 위해 자신의 호기심을 사용했다. 그리고 그들은 흔히 자기들이 결코 어떤 것을 실제로 그릇되게 할 수는 없으며 결국에는 모든 것이 정상인 것으로 판명될 것으로 생각한다. 이런 영혼들은 또한 커다란 영적진보를 이룰 수 있고, 그들은 종종 영적인 길에 대해 마음이 열려 있다. 그렇지만 그들은 결국 "무슨 짓을 해도 괜찮다"는 믿음을 극복해야 한다. 그리고 그들의 모든 선택이 결과를 가져오고 어떤 (잘못된) 선택들은 그들을 신아와의 합일로부터 멀어지게 할 것이라는 점을 인식해야 한다. 그러므로 여러분은 오직 그리스도 분별력을 이용함으로써만이 자신의 호기심을 안전하게 경험할 수가 있다. 이런 영혼들은 자기들의 호기심과 자유에 대한 욕구를 그들 내면에 있는 그리스

도의 높은 권위에다 내맡겨야 한다.

인간적 에고의 탄생은 어떤 부정적 감정들에 관계가 있습니다. 어떤 영혼들은 신을 두려워하고, 어떤 영혼들은 분노하고, 어떤 영혼들은 교만해집니다. 또 어떤 영혼들은 자기들이 무가치하며 신의 마음에 들지 않을 거라고 느낍니다. 그리고 어떤 영혼들은 신으로부터 숨고자 합니다. 많은 영혼들이 그런 감정들의 조합을 갖고 있고, 그들은 신과 화해를 이룰 수 있기 전에 그것들을 처리해야 합니다.

여러분이 왜 영혼들이 스승을 외면하는지 그 많은 이유들을 한 걸음 물러나서 생각한다면, 에고의 한 가지 중요한 요소가 신과의 분리감이라는 것을 깨닫습니다. 내가 말했듯이, 영혼은 절대로 홀로 있게 돼 있지 않으며, 따라서 이런 분리는 영혼에게 깊은 불안감을 줍니다. 영혼이 자신의 영적인 스승과 접촉하고 있는 한 불안을 느끼지 않는데, 스승이 항상 거기에 있을 거라는 사실을 알기 때문입니다. 그런데 그런 연결을 상실하게 되면, 불안감이 나타나고 그것이 그 영혼의 자아의식의 지배적인 부분이 됩니다. 어떤 영혼들에게 불안감은 결코 갖고 살 수 없을 정도로 견딜 수 없는 정신적 상처가 됩니다. 불안감을 극복하기 위해서 이제 에고가 개입하고 영적인 스승과 신아의 역할까지 접수하려고 시도합니다. 에고가 영혼에게 안도감을 주려고 하지만, 에고가 본래 분리로부터 태어나고 이원성 의식의 저급한 진동으로 이루어져 있기 때문에 에고는 결코 영혼이 완전히 안심하도록 만들 수가 없습니다. 에고는 물질세계의 모래위에 토대를 둔 가짜 안도감을 창조해내려고 애를 쓰고 있습니다. 하지만 이 세계는 늘 변화하고 있기 때문에 영혼은 절대로 이 세상에서 완전하게 안전을 느낄 수가 없습니다. 이것이 영혼에게 괴로운 것이긴 하지만, 그것은 또한 영혼을 영적인 세계로 이어주는 생명줄인데, 영혼이 이원성 속에서 완전히 길을 잃을 수는 없기 때문입니다.

영혼에게 안도감을 주려는 시도로 에고는 영혼의 외적상황과 세계관을 지배하려고 꾀합니다. 예컨대, 반역적인 영혼들은 신이 잘못돼 있고 자기들이 가장 잘 안다는 정신적 이미지를 만들 것입니다. 그들은 종종 사회에서 권력의 자리에 오르고자 할 것이고, 자기들이 옳다는 환상을 유지하기 위해 다른 모든 사람들을 통제하려고 할 것입니다. 그들은 자기 자신을 우상으로 짜 맞추어 세울 것입니다. 이것은 타락한 영혼들의 마음에 와 닿을 것인데, 왜냐하면 이런 영혼들은 그들 자신의 결정을 하지 않기 때문이죠. 이런 영혼들은 외부의 강한 지도자를 따름으로써 자기들이 구원받을 수 있다는 환상을 유지하기 위해 우상들을 찾고 있습니다. 호기심을 느끼는 영혼들은 그것으로 인해 자기들의 실험에 어떤 제한이 가해지는 것을 받아들이고 싶어 하지 않습니다. 그들은 아무 것도 잘못된 것은 없이 완벽하며 이원성적인 의식 상태로 실험함으로써 자기들이 결국 에덴동산으로 돌아가게 될 것이라는 환상을 형성했습니다.

그 공통분모는 인간의 에고가 환상 및 거짓에 기초해 있고, 그것은 늘 이런 환상을 유지하기 위한 시도로 영혼과 타인들, 세상을 지배하고자 한다는 것입니다. 에고는 영혼이 그 에고를 창조한 환상을 간파하는 것을 적극적이고 공격적으로 방해할 것입니다. 일단 에고가 만들어지면, 그것은 어떤 자아의식의 감각을 갖게 되고 생존본능을 함께 지니게 됩니다. 에고는 영혼이 만약 에고를 창조한 환상을 버릴 경우, 에고 자신이 죽을 것이라는 사실을 압니다. 그러므로 계속 살아남기 위해서 에고는 계속해서 영혼을 환상 속에 빠져 있게 해야만 하는 것입니다.

어떤 영적 교사들은 에고를 완전하게 하거나 끌어올릴 수 있다고 말합니다만, 이것은 잘못된 이야기인가요?

당치 않습니다. 에고는 영혼 자신의 영적근원으로부터의 분리감에서 생겨난 것입니다. 영혼이 구원될 수 있는 유일한 길 – 절대적인 유일한 길을 의미함 – 은 그 분리의식을 극복하고 자신의 신아와의 일체감에 도달하는 것입니다. 이런 것이 발생하는 과정에서 에고는 단순히 죽어야 합니다. 영혼은 에고를 낳은 환상을 꿰뚫어볼 수 있어야 하며, 그런 다음 그 환상을 영원히 버리겠다고 결정해야 합니다. 이런 행위는 영혼이 자신의 신아와 재통합하게 해줄 받아들일만한 공물 내지는 희생이 될 것입니다. 에고는 결코 자신을 창조한 환상을 놓지 않을 것이고, 따라서 에고를 완전하게 할 방법은 없습니다. 영혼은 에고를 버리고 그것이 죽도록 허용해야 합니다. 내가 말했듯이, 여러분이 두 명의 주인인 신과 재물을 함께 섬길 수는 없습니다(마태복음 6;24). 재물은 에고의 또 다른 이름입니다. 그리고 여러분이 구원받기 위해서는 누구를 섬길지를 선택해야 합니다(여호수아 24:15). 여러분은 생명, 즉 신아의 생명을 선택해야 합니다(신명기 30:19).

에고가 완전해진다는 꿈은 교만에서 생겨납니다. 그것은 자기들이 실수를 저질렀다는 것을 인정하지 않을 영혼들에 의해 만들어진 것이며, 따라서 그들은 저급한 의식으로 타락한 것에 대해 자신이 잘못한 것이 없는 것처럼 만들고 싶어 합니다. 그들은 에고가 실체가 없는 가짜임을 인정하지 않을 것이고, 결국 스승에게 돌아가 자기들의 창조물이 얼마나 완벽한가를 보여주기 위해서 그것을 완전하게 하려고 시도하고 있습니다. 그들은 이것이 잘 되어 나갈 것이라고 생각하지만, 그것은 처음부터 운명이 정해진 한낱 환상에 불과합니다. 이것은 그 길이 인간에게는 옳은 것처럼 보일지라도 그것이 결코 여러분을 천국으로 인도하지 않을 수 있다는 것에 관한 또 다른 실례입니다.

그렇다면 어떻게 하면 우리가 에고를 극복할 수 있겠습니까?

앞서 내가 설명한 것처럼, 여러분은 자신의 유한한 믿음과 유한한 정체성을 놓아버리는, 혹은 포기하는 방법을 배워야 합니다. 놓아버리고 포기하는 것은 영적인 길에서 핵심적인 부분임에도 많은 영적 추구자들이 이 점을 이해하지 못합니다.

여기서의 문제는 영혼이 타락하기 전에 자신의 힘으로는 행위를 할 수 없다는 사실을 알고 있었다는 것입니다. 영혼은 자신이 오직 신의 빛을 사용함으로써만이 행위 할 수 있다는 것을 알고 있었고, 신아로부터 오는 빛만을 받을 수 있다는 것을 깨닫고 있었습니다. 그러나 타락한 후에 영혼은 자신을 신아와는 별개의 존재로 보기 시작했고,

결국에는 신아가 존재한다는 사실 자체를 망각했습니다. 영혼이 이제 자신이 스스로의 힘으로 행위를 할 수 있다고 생각하기 시작한 것은 불가피했습니다. 타락한 후에도 영혼은 비록 의식적으로 알지는 못했더라도 여전히 자신의 신아로부터 빛을 받고 있습니다. 그런데 만약 영혼이 이 빛을 오용한다면, 신아로부터 그것이 단절됨으로써 영혼은 어떤 빛도 받지 못합니다. 그 때 영혼은 오직 다른 사람들로부터 빛을 도둑질함으로써만이 계속 존재할 수가 있습니다. 물론 그렇게 하는 것은 단지 영혼이 자신의 힘으로 행위 할 수 있다는 의식을 굳힐 뿐입니다.

앞서 설명했듯이, 처음으로 영적인 길을 발견했을 때 영혼은 여전히 자신의 힘으로 행위할 수 있다는 환상에 의해 영향 받고 있습니다. 그러므로 영혼은 자신의 노력에 의해 그 길을 걸을 수 있다는 생각으로 거기에 열중합니다. 어떤 면에서 이것은 사실인데, 왜냐하면 내가 외부의 길에 관해 이야기했을 때 설명했듯이, 그 길의 어떤 요소들은 어느 정도 기계적이기 때문입니다. 여러분은 자신의 노력에 의해 실제로 얼마간의 진전을 이룰 수가 있습니다. 하지만 그런 발전을 낳기 위해 여전히 신의 빛을 사용하고 있는 것입니다.

영혼이 영적인 길을 오름에 따라 잘못된 믿음과 정체감을 포기할 필요성을 이해하지 못하는 한, 더 이상의 진전을 이룰 수 없는 단계에 부딪칩니다. 그리고 많은 영혼들이 일생 동안 그런 단계에 고착되어 빠져나오지 못합니다. 더 높은 곳으로 옮겨가기 위한 열쇠는 여러분의 환상을 합리화하지 말고 그것을 과감히 놓아버리는 것입니다. 여러분이 이 한 가지 점을 이해할 수 있다면, 점차 영적인 길의 수많은 높은 단계들로 나아가게 됩니다. 여러분은 이제 자신이 행위자라는 그 생각 전체가 모두 환상이라는 것을 깨닫기 시작합니다. 사실 여러분은 자신의 신아와 분리돼 있지 않으며, 여러분이 하는 모든 것은 신의 빛으로 행해진 것입니다.

여러분은 이제 자신의 방식으로는 천상으로 돌아갈 수 없다는 것을 깨닫습니다. 계속해서 이원성의 마음으로 행동해 가지고는 구원받을 수가 없습니다. 여러분이 자신의 신아와의 연결을 회복하여 마침내 합일의 경지에 도달할 때까지의 열쇠는 모든 이원성의 믿음들을 포기

384

하고, 놓아버리는 것입니다. 그러므로 (이원성의 의식으로) 행동하기보다는 놓아버리는 것이 영적으로 진보하는 핵심비결입니다.

완전히 포기하기 위해서는 모든 것을 지배하려는 인간적 에고의 욕구를 극복해야 합니다. 여러분은 에고의 의지 - 대부분의 사람들은 그것을 자신의 의지로 보게 된다 - 를 더 높은 권위자, 다시 말하면 영적인 스승과 고등한 자아의 뜻에다 내 맡겨야 합니다. 이것이 어떤 영혼들에게는 매우 어려울 수 있는데, 그들은 자신을 에고와 완전히 동일시하게 되기 때문입니다. 그들은 진정으로 에고와 자신의 매우 탐욕스러운 지배욕이 그것 없이는 살수 없는 - 또는 살아서도 안 되는 - 필수적이고도 유익한 자기 정체성의 일부라고 생각합니다. 그 유일한 해결책은 영혼이 영적인 길을 따르고 자신의 환상을 버리는 법을 배우는 것입니다. 환상을 포기하고 희생하는 것에 대한 힘을 형성함으로써 영혼은 마침내 에고의 마지막 환상과 대결할 수 있는 내면의 강인함을 기르게 될 것입니다. 만약 영혼이 참으로 자신의 그리스도 자아 및 영적인 스승과 유대를 이루고 있다면, 에고를 극복하는 것이 큰 어려움이 되지는 않을 것입니다. 이윽고 자연스럽게 한 지점에 이를 것인데, 거기서 여러분은 이 세상의 어떤 것도 만약 그것이 그리스도 의식이 도달하는 것을 방해한다면 계속할 가치가 없음을 깨달을 것입니다. 그리고 그리스도 의식의 영원한 생명을 얻기 위해서 기꺼이 여러분의 유한한 생명을 포기할 것입니다.

저는 존재하는 것과 행위하는 것 사이의 차이에 관해 많은 것을 생각했습니다. 그리고 많은 사람들이 단순히 존재하는 것 대신에 행위하는 것에 몰두해 있다는 것을 알아차리게 되었지요. 어떻게 우리가 힘에 의해 하늘나라를 탈취하려는 - 존재하는 대신에 행위함으로써 천국에 들어가려는 - 성향을 극복할 수 있을까요?

존재하는 것과 행위하는 것 사이의 차이는 인간존재의 핵심적인 과제입니다. 그 두 가지 간의 차이가 그리스도 의식과 이원성 의식 간의 차이입니다. 나는 행위와 존재 간의 차이에 관해 여러분에게 지적인 이해를 전해줄 수는 없는데, 지성이 존재를 헤아릴 수는 없기 때문입니다. 영혼이 영적인 세계와의 접촉을 상실하면, 영혼은 이제 지성으로 추론하기 시작하며, 행위들이 감정에 의해 상당히 영향을 받게 됩니다. 이 두 기능들은 상대적인 기능들입니다. 그렇다고 이것이 지성과 감정에 본래부터 잘못된 어떤 점이 있다는 것을 의미하지는 않습니다. 이런 기능들은 영혼이 물질세계에서 자신을 표현하는 것을 돕도록 설계돼 있습니다. 그것들은 영혼의 하인으로 예정돼 있고, 영혼은 그 두 하인들을 지배하고 통솔해야 합니다. 이렇게 하기 위해서 영혼은 지성과 감정이라는 상대적 기능 외에 일종의 유도장치를 가져야만 합니다. 이것은 오직 영혼의 그리스도 자아와의 접촉을 통해서만이 이루어질 수가 있습니다. 그런데 영혼이 그런 접촉을 잃어버렸을 때는 더 이상 지성과 감정을 신의 법칙에 따라 유지하기 위한 유도장치를 갖지 못하게 돼버립니다. 이제 영혼은 지성과 감정의 상대성에 의해 쉽게 압도됩니다. 즉 지성과 감정이 영혼의 하인이 되는 대신에 오히려 영혼을 점거하여 노예화하는 성향을 띠게 되는 것이죠. 인간의 에고는 영혼을 통제하기 위해 지성과 감정을 이용할 것입니다. 그리고 영혼이 그리스도라는 반석 위에 서지 않는 한, 이런 공격을 거의 막아내지 못할 것입니다.

영혼이 자신의 행위들의 토대로서 낮은 마음을 사용할 때, 영혼은 행위자가 되는 모드에 있게 됩니다. 그 영혼은 자신을 행위자로 보는데, 왜냐하면 영적인 세계와의 연결을 상실했기 때문입니다. 이것은 영적인 길을 걷는 사람들에게 중요한 걸림돌이 됩니다. 지구상의 많은 영혼들이 저급한 의식에 완전히 몰두해 있고, 그들은 영적인 길에 관한 생각 자체가 없습니다. 영혼이 이런 잠에서 깨어나 어떤 길이 있다는 것을 깨닫기 시작하면, 영혼은 불가피하게 낮은 마음의 필터를 통해서 그 길을 바라보게 됩니다. 삶의 영적인 측면에 대해 깨어나기 전에 영혼은 외적인 마음으로 행위하는 데 열중해 있었습니다. 그리고 영혼이 영적인 길을 인식했을 때, 영혼은 대개 그 길을 걷는 방식이 외적인 마음으로 계속 행위하는 것이라고 생각합니다.

영혼이 깨어나기 전에 그것은 외적인 마음으로 행위를 하고 있습니다. 이제 영혼이 깨어나고, 이전의 자신의 행위들이 영적인 길에서 진보해 나가는 것을 방해하는 것임을 깨닫습니다. 문제를 일으키는 것은 특정한 외적 행위였다는 것을 논리적으로 판단하는 것은 매우 쉽습니다. 만약 여러분이 이런 외적인 행위들을 절제하고 좀 더 영적인 것으로 보이는 행위들에 치중한다면, 여러분은 틀림없이 영적인 길에서 전진하고 있는 것입니다. 그런데 이것은 진실이기도 하고 진실이 아니기도 합니다.

여러분이 저급한 마음의 상대성에 빠져 있다면, 어떤 것을 합리화할 수 있습니다. 어떤 사람들은 타인들의 권리를 침해하는 이기적 행위를 저지르면서도 정당하다고 느낍니다. 그러나 여러분이 이런 행위를 범한다면, 신의 에너지를 오용하는 것입니다. 그리고 이런 카르마는 자신의 영적인 진보에 장애물을 형성합니다. 만약 여러분이 자신의 행위를 개선하고 사심 없이 행동한다면, 영적인 길에서 상당한 진전을 이룰 것입니다. 하지만 영적인 길의 진정한 목표는 신에게 좀 더 가까이 다가가는 것입니다. 이런 접근의 징후는 그 무엇보다도 의식상태, 정체감, 신과 하나라는 내면의 느낌입니다. 그런 마음의 상태는 행위함에 의해서는 생겨날 수 없으며, 오직 존재함에 의해서만 이 발생할 수 있습니다.

내가 여기서 말하고 있는 것은 사람들이 영적인 길에 대해 처음으로 깨어났을 때, 그들은 낮은 의식 상태에 의해 심하게 영향을 받는다는 것이며, 그것은 자기들의 천상으로의 귀향을 위해 행동해야 한다고 생각한다는 것입니다. 그들은 영적인 길을 걷는 것이 외적인 행위들을 수행하여 숙달하는 것이라고 생각하고, 저급한 마음의 상대성을 이용하여 그런 행위들을 결정합니다. 그런 이유로 여러분이 매우 지적이고 감정적이 되어 영적인 길을 시작하는 수많은 사람들을 보게 되는 것이지요. 그들은 우리가 앞서 이야기를 나누었던 외적인 길을 따르고 있습니다.

자기들 자신을 대단히 영적인 존재로 생각하지만, 진정한 내면적 이해를 계발하지는 않고 영적인 길의 이런 저런 측면에 관해 지적으로 분석하는 데 대부분의 시간을 쓰는 사람들을 볼 수 있습니다. 우리는 그들이 많은 것을 알기는 하나, 내면화한 것은 거의 없다고 말할 수가 있습니다. 또한 강한 감정에 의해 움직이는 사람들도 볼 수 있습니다. 이런 사람들은 흔히 한 가지 특정 사상이나 교리가 절대적으로 옳다는 믿음에 집착하며, 자기들의 믿음을 수호하고 외적인 종교적 규칙을 따르는 데 광적이 됩니다. 이런 사람들은 강한 추진력을 갖고 있기는 하지만, 그것이 잘못된 방향으로 향해 있습니다.

내가 누군가를 비난하려고 이런 말을 하고 있는 것은 아닙니다. 여러분이 영적인 길에 대해 처음 깨어났을 때, 그 길에 대한 여러분의 접근법이 저급한 의식에 의해 영향을 받는 것은 자연스럽고 불가피합니다. 여러분은 하늘나라로의 귀향을 위해 행동하고자 하는 잠정적인 기간을 겪을 것입니다. 내가 사람들에게 이해시키고 싶은 것은 어떻게 에고가 여러분의 접근법에 영향을 미치는지를 의식적으로 알게 됨으로써, 이런 잠정적인 기간을 상당히 단축시킬 수 있다는 것입니다. 더욱 중요한 것은 막다른 골목에 빠져드는 것을 피할 수 있다는 것인데, 이런 일은 많은 사람들에게 일어납니다.

여러분이 영적인 운동을 하는 사람들을 관찰한다면, 그들 중의 많은 이들이 공개적으로 높은 영적 진리를 탐색하는 기간을 거쳤다는 사실을 알게 될 것입니다. 어느 시점에 그들은 특정 단체나 교리를 발견합니다. 그리고 그것이 자기들이 찾아왔던 것이라고 믿기 시작합니다. 그리고 이렇게 된 후에 그들은 자신의 그리스도 자아를 포함한 다른 원천들에서 오는 아이디어에 대해서는 마음을 닫아버립니다. 바꿔 말하면, 사람들은 종종 특정 단체나 교리를 자기들의 마음을 닫는 구실로 이용한다는 것입니다. 진리탐색을 멈추었음에도 그들은 자기들이 특정 단체에 속해 있기 때문에 대단히 영적이고 엄청난 영적진보를 이루고 있다고 믿습니다.

내가 앞서 말했듯이, 영적인 길의 본질은 삶의 영적인 측면에 관한 보다 높은 이해를 향해 끊임없이 나가는 것입니다. 어떤 외적인 단체나 교리도 신의 신비에 관한 완전한 이해를 가질 수는 없습니다. 만약 여러분이 영적인 길에서 최대한의 진전을 이루고자 한다면, 여러분의 진리탐구를 특정 단체나 교리에다 한정시킬 수는 없는 것입니다. 당신들은 탐구를 멈출 여유가 없습니다. 신에 관한 더 높은 이해를 계속해서 탐구해야 하며, 그런 이해가 발견될 수 있는 어느 곳에서든 기꺼이 찾아보아야만 합니다. 여러분이 그런 탐구를 한 가지 특정 교리나 믿음체계에다 한정시켜버린다면, 더 이상 영적인 길에서 최대의 진전을 이룰 수가 없습니다. (일부) 진전을 이룰 수는 있습니다. 하지만 외적인 원천이 아닌 오직 그리스도 자아로부터 올 수 있는 참으로 변형적인 인도에 순응함으로써 할 수 있는 만큼 신속히 진전을 이룰 수는 없습니다.

내 원래의 요점을 돌아가서 말하건대, 영적인 길의 핵심은 여러분이 저급한 마음으로 행위하는 의식, 그 낮은 의식을 초월하는 것입니다. 그리고 최대한의 진보를 이루기 위한 근본적인 열쇠는 어떻게 저급한 마음이 여러분의 삶에 대한 접근법에 영향을 미쳤는가를 의식적으로 알게 되는 것입니다. 저급한 마음으로 행위하는 것과 단순히 존재하는 것 사이의 차이를 이해하기 시작해야 합니다. 처음에는 이것이 어려워 보일 수도 있습니다. 하지만 영적인 길을 걷는 어떤 사람은 행위와 존재 간의 차이를 경험한 바가 있습니다. 어떻게 여러분이 중요한 결정을 해야 하는 상황을 처리하는지를 숙고해 보기 바랍니다. 어떤 경우, 여러분은 최종적인 답변을 생각해내지 않고도 이리저리 논쟁하기 위해 지성을 사용합니다. 때로는 여러분이 상상할 수 있는 모든 선택조건들이 어떤 결점들을 갖고 있는 것으로 보이고 어느 것이 더 나은지를 결정할 수가 없습니다. 다른 때는 자신이 잘못된 짓을 할 경우 바람직하지 못한 결과가 초래될 것이라는 두려움에서 매우 감정적이 될 수도 있습니다. 이 두 가지 사례에서 여러분은 명확히 저급한 마음으로 행위하고 있는 것이며, 그래서 내면의 평화가 없는 것입니다.

사람은 누구나 어려운 상황들에 대해 완전히 다른 대처방법을 경험합니다. 때때로 여러분은 직관적인 통찰력을 갖고 있고 즉각 무엇이 올바른 행동방침인지를 압니다. 이런 경우 여러분의 지성은 뒤로 밀려나는데, 이리저리 머리로 추론할 필요가 없기 때문입니다. 그리고 그 결과에 대해 두려워하거나 의심하지 않기 때문에 여러분의 감정은 작동하지 않습니다. 여러분은 단지 무엇을 할지를 알고 있고, 그것에 관해 내면의 평화로움을 느낍니다. 이러한 앎과 평화로움은 여러분의 그리스도 자아로부터 생겨납니다.

여러분이 그리스도 자아와의 연결고리를 상실했을 때, 저급한 마음의 상대성밖에는 없습니다. 그런 까닭에 그때 여러분은 폭풍에 의해 휩쓸리고 흔들리는 파도와도 같습니다(야고보서 1:6).[15] 그러나 그리스도 자아와 연결돼 있을 때는 그 그리스도라는 바위 위에 서 있는 데서 생겨나는 내면의 평화를 얻게 됩니다. 지성과 감정에 의해 영향을 받을 때, 여러분은 행위하고 있습니다. 하지만 그리스도 자아에 의해 영향을 받을 때, 여러분은 존재하고 있습니다.

영적인 길을 가는 모든 사람들은 자신의 그리스도 자아와의 직관적인 접속을 경험합니다. 만약 여러분이 이런 연결을 이루지 못했다면, 영적인 길을 걷지 못하게 될 것입니다. 그것은 사실상 그렇게 단순합니다. 행위하는 것과 존재하는 것 간의 차이에 관한 의문을 해결하기 위해서 여러분은 자신의 그리스도 자아와의 관계를 확대하는 데 집중할 필요가 있습니다. 여러분이 그런 연결 관계를 확대하는 만큼, 행위하는 것에서 벗어나 점차 존재하는 것으로 옮겨가게 될 것입니다. 그리고 그런 과정의 속도를 높이기 위해서 내가 이 책에서 언급한 도구들을 이용하십시오.

---

15)"오직 믿음으로 구하고 조금도 의심하지 말라. 의심하는 자는 마치 바람에 밀려 요동하는 바다 물결 같으니, 이런 사람은 무엇이든지 주께 얻기를 생각하지 말라."

17장

여러분의 정체성을 통솔하라

우리가 영적인 길에서 부딪치는 가장 커다란 과제가 무엇이라고 생각하시나요?

그 가장 큰 과제는 세상이 여러분에게 되기 바라는 것에 개의치 않고 진정한 여러분 자신이 되는 것입니다. 여러분은 자신의 천부적인 개성을 구현해야 하며, 설사 그 개성이 세상 및 여러분에게 가장 가까운 사람들, 또는 여러분의 에고에 의해 만들어진 틀에 맞지 않을 때도 그러합니다.

여러분은 이원적인 의식 상태에 의해 심하게 영향 받은 세상에서 살고 있습니다. 어둠의 세력들과 어떤 인간들은 그런 의식을 어느 정도 구체화시켰으며, 그들은 누군가가 이원성에 대한 대안이 있다는 사실을 아는 것을 바라지 않습니다. 이 세상의 세력들은 여러분이 개인적인 신성을 구현하고 자신의 천부적 개성을 표현하는 것을 원하지 않는데, 왜냐하면 그렇게 함으로써 저급한 의식 상태에 대한 대안이 있다는 것을 참으로 예증하는 것이기 때문입니다.

어둠의 세력들은 지구 행성을 완전히 장악하기 위해 시도하고 있습니다. 모든 것이 자유의지에 맡겨져 있는 까닭에 이 세력들은 오직 인간들이 잘못된 선택을 하도록 조종함으로써만이 이런 지배권을 얻을 수가 있습니다. 현재 이 세력들이 우세한 상황에 놓여있는데, 대부분의 사람들이 그들이 조종하기 쉬운 육적인 마음의 이원성에 사로잡혀 있기 때문이지요. 이 세력들은 인류가 이원성의 덫에 계속 빠져있기를 원합니다. 그들은 그리스도 의식을 구현하고 천부적 개성을 표현하는 어떤 인간의 모습을 보고 싶어 하지 않습니다. 그런 사람이 행하고 말하는 모든 것은 세속적인 의식 상태 외에는 아무 것도 없다는 어둠의 존재들의 거짓들을 반박합니다.

지구상의 어떤 인간들과 협력하고 있는 어둠의 세력들은 사람들이 다량의 거짓 개념들을 믿게 만듦으로써 일반 주민들을 통제하려고 시도하고 있습니다. 그런 그릇된 개념들에는 신이 없다거나 신의 권력이 국가나 교회와 같은 세속적인 권력에 의해 대체되었다는 것들이 포함돼 있습니다. 신이 궁극적인 권위자로 계시는 한, 그런 자들이 사람들을 지배하는 절대적인 권력을 얻을 수는 없습니다. 다시 한 번 말하지만, 여러분이 개인적인 신성에 도달하게 되면, 여러분 자신과 신 사이의 존재로서 세속적인 권위자들을 받아들이지 않을 것이기 때문에 이 권력 엘리트들에게는 위협이 됩니다.

영적인 길을 걷고 신성에 도달함에 따라 자신이 어둠의 세력의 공격목표가 된다는 것을 예상해야 합니다. 이 세력들은 여러분의 마음속에다 어떤 생각과 믿음들을 투사하고자 함으로써 여러분을 공격할 것입니다. 그것들은 특히 신에 관련된 것이나 신과 여러분과의 관계, 그리고 여러분의 자기가치에 관한 그릇된 개념들입니다. 그들은 여러분의 자긍심을 파괴하고, 여러분이 진정한 여러분 자신이 되어 영적인 길을 따르거나 신성을 구현할 권리가 없다고 느끼게 만들고자 할 것입니다. 어떻게 이런 세력들이 움직이는지를 이해하려면, C. S. 루이즈(Lewis)에 의해 집필된 〈스크루테이프 레터(The Screwtape Letter)〉를 읽거나 나의 삶에 관한 이야기를 공부하기 바랍니다.

이 세력들은 또한 독성 에너지로 여러분을 괴롭히기 위해 그런 에너지를 여러분에게 유도함으로써 공격할 것입니다. 그렇다고 내가 누군가를 겁먹게 하거나 영적인 길을 걷는 것에 관해 우려하게 만들려고 이런 말을 하고 있는 것이 아닙니다. 나는 사전경고를 해줌으로써 여러분이 미리 준비할 수 있기 때문에 이런 말을 하고 있는 것입니다. 나는 영적인 길을 걷기 시작하지만 어둠의 세력들로부터의 방해에 의해 압도당하는 사람들을 계속해서 목격합니다. 그 명백한 이유는 사람들이 이런 세력들의 존재를 부정하는 믿음을 갖고 자라나거나, 이런 세력들에 대해 실행 가능한 방어책을 제공받지 못하기 때문입니다.

다른 인간들로부터 장해가 올 때, 그것을 극복하는 최상의 방법은 자유의지에 대해 명확하고도 단호하게 존중하는 것입니다. 여러분은 모든 인간들이 선택적으로 반응할 권리가 있다는 것을 깨달아야 합니다. 다른 사람들의 여러분에 대한 반응이나 영적인 길에 대한 반응에 집착하지 마십시오. 그것은 대단히 중요합니다. 내가 여기서 대단히 중요하다고 말하는 의미는 타인들과의 모종의 갈등이나 싸움에 열중하지 말라는 것입니다. 그들이 여러분을 이원성의 갈등 속으로 끌어들이게 허용하지 말기 바랍니다. 그리고 여러분이 그들을 전향시켜야 한다고 느끼지 마십시오.

여러분은 또한 자신의 자유의지에 대한 단호한 존중을 유지해야 합니다. 설사 세상 전체가 여러분에게 반대하더라도 여러분은 자신의 개인적 신성을 구현할 권리가 있습니다. 당신들은 이것이 나의 삶에서 예증되었다는 사실을 알 것입니다. 내가 십자가형을 당하기 이전의 시기에 내 주변의 거의 모든 사람들이 나더러 사명수행에서 손을 떼라고 말하고자 했습니다. 여러 가지 이유로 그들은 내가 나의 길을 바꾸거나 내가 알고 있던 내 임무와 운명을 중단하기를 원했습니다. 그렇지만 나는 그들이 단지 자기들의 영적성숙 수준에 따라 반응하고 있다는 것을 알고 있었으며, 따라서 나는 무집착의 상태로 머물러 있었습니다.

내가 다른 이들의 충고를 무시해야 한다거나 내 말을 극단적 행위의 구실로 이용하라고 말하는 것이 아닙니다. 어떤 인간들은 참된 여러분 자신이 된다는 개념을 악용하며, 그들은 어떤 제한도 없이 에고의 욕망에 따라 행동하는 것이 있을 수 있는 일이라고 생각합니다. 하지만 명백히 이것은 신성 및 영적성장과는 아무런 관계가 없습니다. 균형이 늘 영적인 길을 걷는 것의 열쇠입니다. 하지만 여러분은 모든 사람이 자신의 현 의식수준에 따라 살 권리가 있다는 것을 인정해야 합니다.

확실히 모든 인간은 다른 임무를 갖고 있습니다. 많은 사람들에게 있어 신성을 표현하는 것이 공적인 직무가 아닐 수도 있습니다. 그러므로 나는 모든 사람들이 내가 부딪쳤던 외적 상황과 정확히 똑같이 마주칠 거라고 말하려 하지 않습니다. 내가 말하고 있는 것은 모든 사람들이 세상의 어떤 방해물들과 만날 거라는 것입니다. 그 방해물은 여러분의 영적전진을 무산시키고, 신성에 도달하거나 천부적 개성을 표현하는 것을 가로막고자 할 것입니다. 여러분이 이런 방해물이 다가오는 것을 미리 알았을 때는 그것에 의해 혼란되거나 지장을 받는 것을 피할 수가 있습니다. 그리고 어떻게 내가 악마에 의해 유혹받았는가에 관한 본보기에서 배우십시오. 나는 그런 유혹에 대해 무집착의 상태인 채로 있었고 그 악마에게 신경 쓰지 않았습니다. 나는 단지 내가 최상의 진리로 알고 있던 것을 그에게 표현함으로써 그를 책망했을 뿐입니다. 나의 영적형제인 고타마 부처님에 의해 마련된 멋진 사례에서 배우기 바랍니다. 그분 역시 이 세상의 악마들에 의해 공격을 받았고 무집착의 상태로 남아 있었습니다. 이 세상에서 고등한 의식을 구현할 자신의 권리를 보이기 위해서 그분은 땅을 짚은 후 "바즈라(Vajra)!"[16]라고 외쳤습니다. 여러분은 동일하게 실행해야 합니다. 여러분은 그리스도 의식의 빛을 저급한 의식이라는 어둠의 동굴로 가져올 여러분의 권리를 주장해야 합니다.

요컨대, 여러분이 그리스도가 되는 것에 대해 세상의 허락이 필요하다고 생각하는 한은 그리스도가 될 수 없다는 것입니다. 여러분은 이 세상의 세력들로부터 제시되는 선택조건들에 관계없이 그리스도가 되어야 합니다. 대담하게 진정한 여러분 자신이 되고 다른 이들의 반응에 집착하지 않도록 하십시오. 그리고 그리스도를 구현하는 것에 대해 세상이 여러분에게 보상해 줄 거라고 기대하지 말기 바랍니다. 여러분에 대한 보상은 하늘에서 있게 될 것입니다(마태복음 5:12)[17]. 그리고 그것은 인간들이 일찍이 상상할 수 있는 것보다 엄청나게 큰

---

16) 불교에서 번뇌를 깨뜨리는 보리심(菩提心)을 상징한다고 한다.(편집자 주)
17) "기뻐하고 즐거워하라. 하늘에서 너희의 상이 큼이라."

보상이 될 것입니다.

우리가 영적인 길을 걸음에 따라 좀 더 직관적인 의식 상태로 옮겨 갈 거라고 말씀하셨는데요. 그것이 새로운 정체감을 형성하는 것의 일부인가요?

내가 설명하려고 노력했듯이, 인류는 자신의 의식 상태를 서서히 높여가는 과정에 있습니다. 이것에는 참된 정체감을 회복하는 것도 포함됩니다. 사람들이 저급한 의식 상태에 빠진 이후에 그들의 정체 감은 왜곡되었습니다. 올바른 정체감을 형성하기 위한 열쇠는 여러분 의 존재에 관한 모든 부분에서 균형에 이르는 것입니다. 그리고 균형 에 도달하는 비결은 여러분의 직관을 이용하는 것입니다.

나는 사람들이 보다 이성적인 의식 상태로 올라서기로 예정돼 있는 영적시대를 개막하기 위해 왔습니다. 지난 2,000년에 걸쳐 사람들은 삶의 거의 모든 측면에 관해 대단히 폭넓은 이해를 발전시켰습니다. 다가오는 시대에 이루어질 필요가 있는 것은 사람들이 과학에 의해 계발된 합리적인 이해를 증대시키고 그 다음의 진화단계로 올라서는 것입니다. 과학과 종교, 그리고 물질과학의 발달 간의 간극(間隙)으 로 인한 불행한 결과는 과학이 인간의 지성을 찬양하게 되었다는 것 입니다. 현 시대의 사람들이 마주하고 있는 과제는 이성적인 생각과 지성에 대한 찬미와 신성시를 극복하는 것입니다. 사람들은 인류 진 화과정의 목표는 이원적인 의식 상태를 초월하는 것임을 깨달을 필요 가 있습니다. 육적인 마음은 완전해질 수 없고, 그것은 버려져야만 합니다. 합리적인 사고는 영적인 길에서 매우 중요한 디딤돌이긴 하 지만, 그것이 내내 여러분을 데려갈 수는 없습니다. 합리적 생각은 여러분에게 신의 법칙에 관한 이해를 주게 돼 있습니다. 그러나 그것 은 물질법칙에 관한 이해에 가장 적합합니다. 다가오는 시대에 사람 들은 이성적인 사고를 직관적인 탐구를 위한 토대로 이용함으로써 그 것을 넘어설 필요가 있으며, 그에 따라 그들은 영적인 법칙들을 점차 알 수 있는 것입니다. 오직 합리적인 사고와 직관적인 통찰을 융합함 으로써만이 현실에 관한 완전한 이해를 얻을 수 있습니다.

과거시대에는 사람들이 그들의 감정에 의해 압도돼 있었다고 말할 수 있습니다. 합리적 사고의 발전은 인류가 미신과 극단주의, 광신을 극복하도록 도움을 주었습니다. 그러나 불행하게도 많은 현대인들은 이제 지적인 추론에 고착되어 있습니다. 추가적인 진전을 이뤄내기 위해서는 사람들이 직관의 가치를 인식할 필요가 있으며, 그것이 그들로 하여금 참된 정체성과 기억체(memory body)에 이르러 진정한 여러분을 찾을 수 있게 할 것입니다. 이 정체성은 여러분의 신아 속에 닻이 내려져 있습니다. 자신의 참된 정체성을 발견한 후에 여러분은 인간적 에고에다 계속해서 증축하는 대신에 그 진정한 바탕 위에다 쌓아올릴 수가 있습니다. 만약 여러분이 저급한 마음으로 정체감을 창조한다면, 그것은 모래 위에 지어진 집이 될 것입니다. 그러나 여러분이 영적인 구도자라면, 자신의 정체성이 그리스도라는 반석 위에 세워지길 바랄 것입니다. 또한 바람직하지 못한 행동패턴을 바꾸기를 원한다면, 내가 가장 중요한 언급 가운데 하나로 여기는 "너희는 먼저 하나님의 나라 - 그리스도 의식을 의미함 - 와 그의 의를 구하라. 그리하면 이 모든 것을 너희에게 더하시리라(마태복음 6:33)."는 말을 따르기 바랍니다. 이를 달리 말하면, 먼저 영적존재로서의 여러분의 참된 정체성을 찾고자 노력하십시오, 그리하면 여러분의 생각과 감정, 행위가 그 정체감을 표현하게 될 것입니다.

당신께서는 종종 자신이 모든 사람이 따를 수 있는 영적인 길을 시범보이기 위해 왔고 우리가 당신을 하나의 본보기로 봐주기를 원한다고 말씀하십니다. 그렇지만 과연 얼마나 많은 사람들이 당신의 삶을 하나의 실제적 사례로 볼 수 있을까요? 제 말뜻은 "부활(復活)"이야기를 거론하는 것입니다. 우리가 당신의 십자가 처형과 그것을 둘러싼 극적인 모든 사건들을 파악하기는 매우 어렵습니다. 당신의 이야기 안에 우리의 영적인 길과 관련된 어떤 메시지가 있나요?

당신이 말하는 요점을 이해합니다. 그래서 나는 부활 이야기에 관한 다른 견해를 전하도록 하겠습니다. 먼저 말하고자 하는 것은 부활 이야기는 매우 의미심장하고 복잡하다는 것입니다. 그러므로 그것은 모든 것이 타당할 수 있는 수많은 다른 방식으로 해석될 수 있는데, 각 해석들이 그 이야기의 다른 축면을 드러내주기 때문입니다. 하지만 나는 생각할 거리로서 한 가지 관점을 제공하고 싶습니다.

내가 이 책에서 이해시키고자 하는 주요 메시지 가운데 하나는 나는 결코 내가 이 지구상의 나머지 사람들과 동떨어진 하나의 우상으로 떠받들어지기를 원하지 않았다는 것입니다. 나는 현재 수많은 기독교인들에 의해 묘사되듯이, 병적으로 자기중심적인 존재가 아닙니다. 그들은 성서상의 이야기를 말 그대로 받아들여야 한다고 주장하거나, 심지어는 나를 하나님이나 구세주로 만듦으로써 그 내용을 윤색까지 하고 있습니다. 나는 결코 다른 사람들이 내게 절대로 손을 내밀지 못하거나 내 족적을 따를 수 없을 만큼 아주 높은 사람으로 보이길 바라지 않았습니다.

그러므로 내가 모든 영적 구도자들에게 이해시키고 싶은 부활에 관한 이야기는 그것이 꼭 한 사람, 즉 나에 관한 것이 아니라는 것입니다. 사실 그것은 모든 영혼들의 이야기이고, 모든 영혼들이 따를 수 있는 길을 예시하기로 예정돼 있었습니다. 나는 많은 기독교인들이 예수 그리스도에 관해 맹목적으로 숭배하는 시각을 갖고 양육돼 왔다는 것을 이해합니다. 그리고 그들은 그런 우상숭배 신앙에서 스스로 벗어나기가 매우 어렵다는 것을 발견하곤 합니다. 따라서 그들은 내가 일찍이 이 지구 위를 걸었던 그 누구보다도 높고 초월적인 유일한 사람이었다고 주장합니다.

나는 참으로 독특한 사람이었고, 독특한 영적사명을 갖고 왔었습니다. 그럼에도 그 사명의 대부분은 지구상의 모든 영혼들의 영적잠재력에 관련된 보편적인 가르침을 공표하기 위한 것이었습니다. 신의 눈으로 보시기에는 모든 이들이 독특해 보입니다. 나는 그 가르침을 단지 내가 언급한 말을 통해서만 전하지는 않았으며, 내 삶으로 그것을 시범 보였습니다. 그러므로 내 삶의 모든 측면이 내가 이 행성에 가져왔던 그 보편적이고 내면적인 가르침의 일부를 예증합니다. 그리고 부활 이야기도 예외가 아닙니다. 달리 말하면, 부활 이야기는 모든 영혼들이 신성을 향한 자신의 길에서 따를 수 있는 진로의 실례이고, 그것은 영적인 세계로의 영구적인 승천입니다.

부활 이야기는 세 가지 주요 요소로 나눠질 수 있습니다. 그 첫 번째 요소는 나의 예루살렘으로의 입성이며, 거기서 나는 많은 사람들에 의해 왕으로 환영받았습니다. 우리는 그것을 모든 아이들의 탄생에다 비교할 수 있는데, 왜냐하면 모든 아이들이 그들의 부모와 가족들에 의해 환영받고 마치 그들 자신이 본래 특별한 어떤 사람이었던 것처럼 대우를 받기 때문입니다.

부활 이야기의 두 번째 부분은 나의 예루살렘 진입과 부활 사이에 일어난 것입니다. 이 단계는 영혼이 성장하기 시작했을 때 발생하는 일을 설명합니다. 사람들이 예루살렘으로 들어온 나를 환영했던 이유가 그들이 나에 대한 어떤 이미지를 갖고 있었기 때문이라는 점에 주목할 필요가 있습니다. 그들은 내가 왕이 되어 그들을 로마인들로부터 해방시킬 것이라는 어떤 기대를 갖고 있었습니다. 그리고 그들은 내가 자기들이 기대한대로 살아주기를 원했습니다. 하지만 그들 가운데 많은 이들이 내가 자신들의 기대를 충족시켜주지 않으리라는 것을 깨닫기까지는 그리 오래 걸리지 않았습니다. 내가 자기들이 기대한대로 움직이지 않을 것임을 깨달았을 때, 얼마나 재빨리 그들이 갑자기 나에게 등을 돌렸는지에 대해 주목하기 바랍니다. 성문에서 호산나(hosanna)[18]를 외쳤던 동일한 사람들 중의 일부는 이른바 나의 재판에서 "그자를 십자가에 못 박아라!"라고 소리 지르고 있었습니다. 이 모든 것은 영혼이 성장해서 자신의 개성을 발견하고 드러냄에 따라 경험하는 이야기입니다. 모든 영혼들이 직면하는 선택은 부모, 가족, 사회를 포함한 세상의 기대에 따라 살 것인지, 아니면 자신의 독특한 개성을 나타내고 영적사명을 수행할 것인지 입니다.

그렇다고 내가 모든 영혼들이 똑같은 영적성숙도와 영적임무를 갖고 있다고 말하고 있는 것은 아닙니다. 내가 영적발전의 단계들에 관해 설명했을 때 말했듯이, 어떤 영혼들은 영적여정을 마칠 준비가 돼 있지 않습니다. 왜냐하면 그들은 자신의 심리상태를 치료하고 변형시킬 필요가 있기 때문이지요. 그렇기에 어떤 사람들이 특별하게 영적이지 않은 삶을 살고 그들이 사회의 기대를 거스르지 않는 것은 얼마든지 있을 수 있는 일입니다. 하지만 좀 더 성숙한 영혼에게는 세상의 기대에 순응하기 위해 자신의 참된 개성과 영적임무를 부정할 것인지를 선택해야 하는 시점이 올 것입니다. 나의 삶은 인간이 그런 성숙지점에 이르렀을 때, 여러분 자신에게 진실해질 필요가 있다는

---

18) 하느님이나 그리스도를 찬양하는 소리.

것을 예증하기로 예정돼 있었습니다. 여러분은 세상이 여러분에게 어떤 반응을 보이든 거기에 상관없이 자신의 임무를 수행할 필요가 있습니다.

나의 이야기는 세상이 사람들에게 어떤 박해를 가할지라도 그것을 견디고, 더 나아가 만약 그들의 육신을 죽이려고 할 경우 그것을 허용할 용기를 갖게끔 그들을 고취할 예정이었습니다. 다행히 우리는 이 행성에서 좀 더 문명화된 단계로 이동했습니다. 그리고 세계의 많은 지역에서 여러분이 자신의 영적개성을 나타내거나 영적임무를 추구한다고 해서 살해될 것 같지는 않습니다. 그럼에도 여러분은 아직도 상당한 양의 박해에 노출될 가능성이 있습니다. 사실 그런 박해의 일부는 그들 자신을 선한 기독교인들로 여기는 사람들로부터 올 수도 있습니다.

부활 이야기에서 중요한 점은 내가 죽음을 당했다는 사실이 아닙니다. 중요한 점은 내가 기꺼이 세상이 나를 죽이게 했다는 것입니다. 다시 한 번 이것은 "누구든지 제 목숨을 구원코자 하면 잃을 것이요, 누구든지 나를 위하여 제 목숨을 잃으면 찾으리라(마태복음 16:25)."는 내 말 속에 표현되어 있습니다. 그 숨은 뜻은 여러분이 세상의 기대에 따라 자신의 영적 정체성을 부정하면, 영적인 의미에서 생명을 잃을 것이라는 말입니다. 하지만 변함없이 자신의 정체성에 대해 진실하다면, 기꺼이 세상이 여러분의 육신을 죽이도록 허용하는 상황에서도 여러분의 영혼은 그리스도 의식 속에서 불멸의 생명을 찾을 것입니다.

요컨대 과감하게 자신의 참된 정체성을 나타내고 영적사명을 추구하는 모든 사람들은 세상에 의해 박해받게 될 것이라는 사실입니다. 그들은 심지어 영적인 의미로 십자가형을 당할 것인데, 이것은 그들이 물질적인 십자가에 못 박히지는 않을 것이지만 세상의 기대에 의해 영적인 십자가게 못 박히게 될 것임을 의미합니다. 예를 들면, 많은 사람들이 내가 교회의 성직자들에 의해 그릇되게 묘사돼 온 것만큼이나 대중매체에 의한 조직적인 중상이나 인신공격의 방식으로 영적인 십자가형을 당해왔습니다.

요점은 세상이 여러분에게 자행하고 싶어 하는 것이 무엇이든 그것을 여러분이 허용할 경우, 그럼에도 잠시라도 자신의 정체성을 부정하지 않는다면 부활이라는 영적입문을 통과할 기회를 얻는다는 것입니다. 내 경우에는 그것이 모든 영혼들이 고등한 의식 상태와 정체감으로 부활할 잠재력이 있다는 것을 예증하기 위한 육체적 부활이었습니다. 이것은 영혼이 죽음을 극복하고 불멸의 생명을 얻을 수 있다는 것을 보여주기로 돼 있었습니다. 대부분의 기독교인들에 의해 이해되지 못했던 것은 불멸의 생명을 얻기 위해서는 기꺼이 영혼이 반드시 자신의 세속적 정체감을 십자가에서 죽게 해야 한다는 사실입니다.

요컨대 나는 내가 십자가에 매달려 있는 동안에도, 나의 인간적 정체감의 어떤 부분을 계속 붙들고 있을 것인지, 아니면 그 정체감을 기꺼이 하나님에게 전적으로 내맡길 것인지의 시험과 마주하고 있었습니다. 비록 내가 신에게 버림받았다고 잠시 느끼긴 했지만, 나는 마침내 내 자신을 완전히 신에게 내맡겼습니다. 그 순간 내 육체와 유한한 정체감이 죽었습니다. 그리고 그 순간 나는 영적입문을 통과하고 나의 부활을 얻었습니다.

나는 부활되기 위해서는 모든 사람이 육체적으로 십자가에 못 박혀 죽는 경험을 거쳐야만 한다고 말하고 있는 것이 아닙니다. 하지만 영적인 의미로 모든 사람이 십자가에 못 박혀 있는데, 이것은 자신의 카르마와 심리적 상처들, 잘못된 믿음들로 만들어진 십자가 위에 마비된 채 매달려 있는 것을 의미합니다. 영혼은 에고와 이 세상의 세력들에 의해 십자가에 못 박혀 있습니다. 그런데 영혼은 십자가에서 자신을 내릴 수가 없으며, 그것은 오직 영혼을 십자가와 그것이 상징하는 모든 것 위로 끌어올릴 높은 힘에다 전적으로 내맡길 수밖에 없습니다.

모든 영혼은 세상에 의해 자신에게 가해지는 박해를 무릅쓰고 자기의 영적 정체성을 나타내는 경험을 거쳐야만 합니다. 만약 영혼이 자신의 영적 정체성에 진실한 상태에서 인간적이거나 육적인 모든 측면을 기꺼이 포기한다면, 그때 영혼은 부활을 얻을 수 있습니다. 부활은 영혼이 이제 모든 인간적 정체성을 초월해서 신의 자녀로서의 새로운 정체성을 완전히 받아들이는 것을 의미합니다. 영혼은 그때 이 지구 행성에서의 최종적인 시험을 통과하고 영적인 세계로 상승할 자격을 얻게 됩니다. 달리 말하면, 영혼은 더 이상 환생의 수레바퀴에 의해 속박돼 있지 않으며, 이 지구로 다시 돌아와 태어날 필요가 없습니다. 영적인 세계로 영원히 옮겨가서 그곳에서 자신의 여정을 계속하게 되는 것입니다.

영적으로 준비된 사람들과 들을 귀를 가진 사람들이 부활 이야기에 관한 이런 내면의 가르침을 받아들였으면 하는 것이 나의 소망입니다. 그렇게 함으로써 그들은 나의 참된 내면적 가르침이 자신의 마음과 가슴에서 부활하는 것을 경험할 수가 있습니다. 영적으로 아는 사람이 해야 할 필요가 있는 첫 번째 것은 기존교리에 대달려 있는 기독교인들을 포함한 세상으로부터의 어떤 박해와도 상관없이 나의 내면적 가르침들에 대해 진실해지는 것입니다.

만약 여러분이 나와 나의 가르침에 관해 인간이 만든 모든 우상들을 기꺼이 놓아버린다면, 기꺼이 그런 우상들을 죽게 한다면, 그리고 기꺼이 그런 우상들에 기초한 여러분의 인간적 정체감을 죽게 한다면, 그때 나의 진정한 내면적 가르침을 깨닫는 부활을 할 수가 있습니다. 그 순간 나의 삶이 여러분 역시도 빛 속으로의 자신의 승천을 성취할 때까지 누구나 따를 수 있는 길을 예시했다는 것을 알 것입니다. 여러분이 그 길의 타당성을 인식한 후에는 이전보다 더욱 빠르게 그 길로 옮겨갈 수가 있습니다. 충분한 수의 준비된 사람들에게 나의 진정한 가르침이 전해지는 것이 나의 바람인데, 그들은 부활과 승천에 이르는 참된 내면의 길을 내부적인 수준에서 받아들일 사람들입니다. 이것이 참으로 원래의 부활 사건의 배후에 놓인 주요 목적 가운데 하나입니다. 나의 진정한 가르침들이 여러분의 가슴 속에서 부활되기를 바랍니다. 그리고 여러분이 우리 아버지의 왕국으로 들어와서 내가 인사할 수 있을 때까지 여러분의 영혼이 부활되어 내 발자국을 따를 수 있기를 기원합니다.

당신께서는 종종 우리가 그리스도가 될 필요가 있다고 말씀하십니다. 하지만 내 경험으로 볼 때, 사람들이 그들 자신이 그리스도라는 것을 받아들이기는 매우 어렵습니다. 대부분의 사람들에게 "나는 그리스도이다"라고 선언한다는 생각은 – 그들 자신에게도 – 매우 겁나는 일입니다. 어떻게 사람들이 그런 두려움을 극복할 수 있을까요?

왜 사람들이 자기들의 신성을 받아들이기가 어려운가에 대해서는 두 가지 주요 이유가 있습니다.

• 이 세상의 거짓 예언자들에 의해 외부적인 압력이 작용하기 때문입니다. 이들은 예수 그리스도라는 외적 인물 주변에다 종파나 맹목적 숭배를 형성한 예언자들인데, 내가 하나님의 유일한 독생자이기 때문에 신성을 구현할 수 있는 유일한 존재라고 말하고 있습니다. 이 거짓 예언자들은 거대한 세력, 엄청난 수의 짐승 같은 인간들을 형성했으며, 그들이 2,000년 동안 이 세상에 만연해 있습니다. 이 세력들은 정신적 감정적 수준에서 사람들을 공격합니다. 그리고 사람들이 그들 자신도 신성을 구현하여 내가 했던 일을 행할(요한복음 14:12)[19] 잠재력을 가진 신의 아들딸이라는 개념을 수용하기 어렵게 만듭니다.

• 내면적인 원인, 다시 말해 인간심리의 메커니즘 때문입니다. 이 원인이 그 사람의 인간적 에고, 또는 입구의 거주자입니다. 이 가짜 자아는 내면의 힘, 내면의 짐승처럼 작용하는데, 영혼을 공격합니다. 그리고 여러분이 신의 자녀라는 것을 받아들이는 데서 오는 가장 높은 자부심을 갖지 못하게 생각하고 느끼게 만들고자 합니다.

이런 내면적 원인의 다른 측면은 여러분이 스스로 신성을 구현할 잠재력이 있다는 것을 인식할 때, 또한 자신의 삶 전체와 인생관을 바꿀 필요성을 인식한다는 것입니다. 많은 사람들에게 이것은 그들이 자기 자신을 바라보는 방식과 삶을 바라보는 방식에 있어서의 완전한 방향전환을 의미할 것입니다. 그것은 또한 그들이 어떻게 자기들의 삶을 살 것인가 하는 문제에 있어서 극적인 변화를 만들어내야 한다는 것을 의미할 것입니다. 거짓된 자아(에고)는 항상 변화하는 것을 꺼려하고, 익숙해져 있는 것에 집착합니다. 설사 고난에 익숙해져 있는 경우에도 사람들은 자기들의 믿음과 생활방식을 완전히 바꾸는 것을 마음내켜하지 않습니다.

그래서 거짓 예언자들이 구원으로 가는 외적이고 자동적인 길에 대한 꿈을 사람들에게 팔아먹는 데 그렇게 성공을 거두고 있는 것입니

---

19) "내가 진실로 너희에게 이르노니, 나를 믿는 자는 나의 하는 일을 저도 할 것이요, 또한 이보다 큰 것도 하리니 이는 내가 아버지께로 감이니라."

다. 나를 자기들의 주님 내지는 구세주로 선언함으로써 진정으로 그들 자신을 변화시키지 않고도 구원될 수 있다고 믿는 것은 사람들에게 대단히 유혹적입니다. 실제로, 외부의 적과 내부의 적으로부터 오는 압력이 매우 큰 까닭에 누군가 그것을 즉시 극복할 수 있다고 기대하는 것이 무리일 것입니다. 그런 이유로 내가 점진적으로 영적인 길을 따르는 것의 중요성을 강조하는 것이지요. 자신의 현재 의식수준에서 출발해야 합니다. 그리고 여러분이 마침내 자신의 신성을 받아들일 수 있을 때까지 내가 전해준 도구들을 이용해서 점차 자신을 끌어올려야 합니다. 사람들을 즉시 그리스도화한 존재로 변화시킬 수 있는 간단한 방법이나 즉석 해결책, 마법은 결코 없습니다.

(모든 문제의) 근본적인 원인이 두려움이라는 것은 옳습니다. 그리고 일부 현대 심리학자들이 깨닫기 시작하고 있듯이, *오직 두 가지 기본적 감정만 존재하는데, 다시 말해 그것은 사랑과 두려움입니다.* 여러분은 자신이 사랑하는 것과 가까워지기를 원하고, 자신이 사랑하는 것과 합일에 이르기를 원합니다. 그리고 자신이 두려워하는 것으로부터 도망치기를 원하고, 역시 그것으로부터 분리되기를 바랍니다. 이 우주에 대한 신의 법칙과 신의 뜻에 맞서서 반란을 일으켰던 영혼들이 존재합니다. 성모 마리아님이 〈너희의 행성을 구하라〉에서 언급하셨듯이, 이 반란은 루시퍼(Lucifer)라는 이름의 천사와 더불어 시작되었고 그가 영적인 세계를 떠났을 때 그를 따랐던 많은 천사들에게 퍼져 나갔습니다. 루시퍼의 목적은 신으로부터 스스로 벗어나는 것이었고, 신을 볼 수 없는 세계를 창조하는 것이었습니다.

루시퍼의 추종자들은 아직도 가능한 한 신으로부터 멀어지려고 애쓰고 있습니다. 그리고 이것은 그들이 두려움에 의해 움직이고 있다는 것을 입증합니다. 신으로부터 멀어지려는 이런 욕구는 또한 두려움에서 시작된 교만과 분노와 같은 여러 감정들에 의해 영향 받고 있습니다. 그럼에도 불구하고 두려움, 분리감, 신으로부터 도망치려는 욕구 등은 모든 부정적인 인간의 감정들이 시작된 최초의 근본적인 감정입니다.

지난 2,000년은 사람들이 그들 자신을 신의 자녀로 보고 받아들이기로 예정돼 있던 시대를 상징했습니다. 따라서 이런 과거 2,000년 동안 그리스도가 되는 것에 관한 두려움, 또는 그리스도와 만나는 것에 관한 두려움이 이 지구상의 주된 두려움이었습니다.

그럼 사랑이 이런 두려움을 극복하는 열쇠인가요? 결국 성서는 두려움을 몰아내는 완전한 사랑에 관해 이야기하고 있습니다.(요한1서 4:18)

내가 이 책에서 이해시키고자 하는 가장 중요한 교훈은 일단 인간의 의식이 추락하여 육적인 마음의 덫에 걸리게 되면, 여러분 자신을 자유롭게 하기 위해 그 의식 상태를 사용할 수 없다는 것입니다. 이를 바꿔 말하면, 애초에 문제를 만들어낸 동일한 의식으로는 그 문제를 풀 수 없다는 것입니다. 여러분은 자신에게 그 길, 즉 내면의 길을 보여줄 수 있는 외부의 구세주가 필요하며, 그것에 의해 여러분이 점차 자신의 그리스도 자아라는 내부의 구세주와의 접촉을 회복할 수 있습니다.

두려움을 극복하기 위한 열쇠는 사랑입니다. 하지만 그 사랑은 인간적인 사랑이 아닙니다. 인간의 사랑은 두려움을 극복할 수 없습니다. 두려움을 극복할 수 있는 것은 완전한 사랑인데, 다시 말하면 신의 조건 없는 사랑입니다. 여러분은 그 사랑을 오직 자신의 그리스도 자아를 통해서나, 그리스도 자아와의 합일에 도달한 외적인 스승을 통해서만 받을 수 있고 경험할 수가 있습니다. 이것이 왜 즉각적인 구원과 즉각적인 신성획득 과정이 있을 수 없는가를 설명해 줍니다. 여러분이 신의 완전한 사랑을 경험하는 것을 방해하는 것은 잘못된 믿음들과 심리적 상처들, 그리고 자신의 에너지장에 쌓인 독성 에너지들입니다. 그러므로 신성에 이르는 길을 시작하기 위해서는 이런 장애물들을 제거하고 해결하는 힘든 작업을 실행함으로써 착수해야 합니다.

시각적인 한 가지 설명으로서 여러분의 의식이 일종의 만화경(萬華鏡)[20]이라고 상상해 보십시오. 여러분은 수천 년 동안 이 지구에 만연해 있는 우둔한 의식 상태로 수많은 육화를 했었습니다. 그리고 그런 오랜 환생들에 걸쳐 많은 잘못된 믿음들을 받아들였고, 수많은 심

---

20)원통 속에 여러 가지로 물들인 유리 조각을 장치하고 사각형의 유리판을 세모지게 짜 넣은 장난감. 통 끝의 구멍으로 들여다보면 온갖 형상이 대칭적으로 나타남.(역주)

리적 상처들을 받았으며, 오염된 어떤 에너지들을 생성했습니다. 이것은 자아라는 만화경 속에다 채색된 유리 조각들을 투입하는 것에 비교될 수 있습니다. 만화경 속에다 너무 많은 유리 조각들을 겹쳐 놓게 되면, 신의 순수한 빛이 여러분의 의식적인 마음을 통해 비출 수가 없습니다. 따라서 여러분은 신의 조건 없는 사랑을 경험할 수 없는데, 참으로 그 사랑은 의로운 자나 불의한 자에게도 차별 없이 퍼부어지는 것입니다. 이 사랑은 늘 이용 가능한 것이지만, 여러분은 이것을 받을 자격이 있음에도 그 사랑을 보지 못하거나, 받아들일 수 없거나 입니다.

그 교착상태를 타개하는 유일한 방법은 자아의 만화경 속에서 채색된 유리 조각들을 체계적으로 제거하기 시작하는 것입니다. 여러분이 그런 잔해들을 청소해 나감에 따라 점진적으로 신의 사랑을 경험하기 시작할 것입니다. 그리고 이 사랑이 여러분의 의식을 비출 때, 두려움의 어둠이 자연히 사라질 것입니다. 사랑을 경험하고 두려움을 극복하는 길은 신의 조건 없는 사랑이 여러분을 통해 흐를 수 있도록 자신의 의식을 청소하는 것입니다. 저급한 마음으로는 사랑을 생성할 수 없습니다. 여러분은 자신의 마음을 신의 사랑이 그것을 통해 이 세상으로 흐를 수 있는 도관이 되게 허용할 수 있습니다.

예수님은 인간이 영적인 길을 오름에 따라 어떻게 우리가 신성을 받아들이는 것을 방해하는 장애들을 점차 청소하게 되는지를 언급하셨습니다. 그렇지만 당신은 또한 그 길이 기계적이 아니라고 설명하셨는데요, 그렇다면 우리가 신성을 실현하기 위해 밟을 필요가 있는 최종적인 단계는 무엇인가요?

결정을 하십시오. 모든 것은 여러분의 자유의지를 중심으로 전개됩니다. 그러므로 신성은 기계적으로 장애들을 제거함으로 인해 얻어지는 자동적인 결과물이 아닙니다. 그럼에도 여러분이 충분한 양의 장애들을 제거할 때까지는 자신의 신성을 받아들일 선택권이 없습니다. 지금 이 순간, 여러분은 여러분이 스스로 여러분이라고 생각하는 것이 여러분입니다. 고로 그리스도가 되십시오. 여러분은 자신이 결코 그리스도가 아니라고 생각하는 것을 멈춰야 합니다. 하지만 장애들을 충분히 제거했을 때일지라도 여러분은 자신이 지구상의 살아 있는 그리스도라는 사실을 받아들여 확언하는 결정을 해야 합니다. 여러분은 기꺼이 거울 앞에 서서 다음과 같이 확언해야 합니다. "나는 나의 신과 함께 하는 존재가 되기로 선택한다. 그리고 그렇기에 나는 이곳에서 활동하고 있는 살아 있는 그리스도이다!"

여러분이 신성으로 가는 길에 놓인 어떤 장애들을 제거하기 전에 이런 결정을 할 수는 없습니다. 하지만 비록 자신의 잠재의식의 어떤 부분이 반드시 그것을 받아들일 수 없다고 하더라도 그런 결정을 해야 합니다. 여러분이 영적인 길에서 더 높이 올라감에 따라 자신의 그리스도 자아로부터 오는 신호들에 대해 민감해질 필요가 있습니다. 그리고 그런 신호들을 포착했을 때, 여러분은 의식적으로 자신의 신성을 받아들여 확언하는 결정을 할 필요가 있습니다. 그렇게 하게 되면, 이 세상의 세력들이 여러분에게 와서 여러분이 자신의 신성을 부정하도록 위협하고 유혹하려 할 것입니다. 여러분은 이것을 미리 알고 자기 존재의 모든 부분들이 그것을 받아들일 때까지 계속해서 자신의 신성을 긍정해야합니다. 그 때 이 세상의 지배자가 여러분에게 빼앗아 갈 것이 아무 것도 없으며, 여러분은 자신의 에고나 세상이 여러분이라고 생각하는 여러분이 아닌 진정한 여러분이 될 것입니다. 또한 그 순간 여러분은 이곳 지상에서 천상에 있는 모든 것을 이루게 될 것입니다.

일부 기독교 신비주의자들은 영혼의 어두운 밤에 관해서 이야기합니다. 이것이 예수님이 십자가상에서 경험하신 것과 유사한 것인가요? 그리고 어떻게 그것이 영적인 존재로서의 우리의 정체성 형성과 관련이 있는 것인지요?

영혼의 어두운 밤은 참으로 내가 십자가에서 겪은 것은 비슷하긴 합니다만, 그것이 꼭 극적인 사건을 통해 일어날 필요는 없습니다. 많은 영적인 구도자들은 그들의 일상적 삶 속에서 무엇이 일어나는지도 인식하지도 못한 채, 실제로 이런 입문과정을 거칩니다. 영혼의 어두운 밤은 매우 서서히 일어날 수 있으므로 사람들은 그런 전환이 어두운 밤을 상징한다는 것을 알아차리지 못합니다. 어두운 밤을 이해하기 위해서는 내가 전에 말한 것을 깨달을 필요가 있습니다. 다시 말하면, 영적인 길의 궁극적인 목표는 여러분이 전체가 되는 것이고, 자신이 이미 천상에 있는 것처럼 이곳 지상에서 영적인 존재가 되는 것입니다. 여러분은 영적으로 자급자족하는 존재가 될 필요가 있으며, 그럼으로써 자신의 내면에서 신의 빛을 방사하는 태양이 될 것입니다. 여러분은 더 이상 자신이 불완전하다고 느낄 필요가 없습니다. 또한 전체가 되거나 진정한 여러분 자신이 되기 위해 외부에서 어떤 것이 필요하다고 느낄 필요도 없습니다.

이것은 의식(意識)의 매우 극적인 전환이며, 모든 사람들이 영적인 길을 시작하기 전에 경험하는 에고중심적인 마음의 틀과 비교되는 정체감입니다. 이것은 과거 유대인들이 내가 신성모독을 했다고 해서 나를 돌로 치려고 했을 때 내가 언급했던 구약의 다음과 같은 한 구절을 묵상함으로써 충분히 이해될 수가 있습니다. "예수께서 가라사대, 너희 율법에 기록한바 '내가 너희를 신(god)이라 하였노라' 하지 아니하였느냐?(요한복음 10:34)" 내가 이 책의 전체에 걸쳐 설명했듯이, 여러분의 참된 정체성은 신이 개체화된 한 존재가 바로 여러분이라는 것입니다. 따라서 여러분은 신의 무한한 힘에 충분히 접근할 수 있으며, 그 힘에 접근하는 열쇠는 그 힘을 여러분 내면에서 찾는 것입니다. 내 말의 요점은 영적인 길의 궁극적인 목표는 여러분이 자신의 정체성을 신의 한 개체화로 완전히 받아들일 수 있는 단계에 도달하는 것이라는 사실입니다. 이런 상태에 이르기 위해서는 신과 분리돼 있다는 모든 의식, 자신이 불완전하다거나 외부에서 어떤 것이 필요하다는 모든 관념을 극복해야 합니다. 신의 왕국은 여러분 안에 있기 때문에 그 내면의 왕국 외에는 아무 것도 필요가 없습니다!

이것은 신비스러운 특성인데, 그러므로 내 말을 주의 깊게 생각해 보기 바랍니다. 내가 말했듯이, 영혼의 수준에서 여러분은 여러분이 자기 자신이라고 생각하는 것이 여러분입니다. 여러분은 신이 아닌 정체감, 신과 분리되고 불완전하고 결함 있는 존재로서의 정체감을 창조했습니다. 또한 여러분은 여러분 자신이 누구이고 자기가 무엇을 할 수 있고 없고에 관한 한계들을 규정해 놓았습니다. 실제로 여러분은 신이고 내면 속에 신의 힘을 갖고 있는데, 이것은 한계가 없다는 것을 의미합니다. 여러분을 제한시키고 있는 유일한 요소는 여러분이 스스로 자신의 마음속에 받아들인 그 한계들입니다. 그래서 내가 만약 사람들이 믿기만 한다면 산(山)도 옮길 수가 있고(마태복음 17:20)[21], 내가 했던 것들을 모두 할 수 있다고(요한복음 14:12)[22] 끊임없이 말했던 것입니다. 그 이유는 신이 나를 통해서 하셨던 것처럼, 그들을 통해서 작용하게 될 것이기 때문입니다.

여러분이 이런 그릇된 정체성을 극복하는 것을 돕기 위해서 승천한 대사들은 영적성장을 위한 점진적이면서도 체계적인 길로서 영적인 길에 관한 개념을 창안했습니다. 그 길은 낮은 의식수준에 있는 영혼들에게 대단히 유용합니다. 그럼에도 여러분이 완전한 그리스도 의식에 가까워짐에 따라 어떤 길에 관한 개념이 일종의 덫이 될 수 있는데, 그것이 여러분이 현재 있는 곳과 갈 필요가 있는 곳 사이의 거리를 나타내기 때문입니다. 여러분이 목표를 향해 걷고 있다고 생각하는 한, 여러분은 명백히 도착하지 않았습니다. 그리고 여러분이 자신과 자기의 목적지 간의 거리를 보고 있는 한, 당신들은 결코 목적지에 도착하지 못할 것입니다. 따라서 여러분은 그 길의 더 높은 수준에서 어떤 길에 대한 개념을 포기하고 여러분 자신과 신 사이의 분리감을 버려야합니다.

그런데 만약 사람들이 내가 이 책에서 준 가르침들을 이해하지 못할 경우, 이것이 그들에게 매우 어려운 과제일 수가 있습니다. 그로 인해 많은 구도자들이 막다른 골목으로 들어가게 되는데, 왜냐하면 - 여러 가지 이유로 - 그들이 완전해지고 자급자족하겠다는 최종적인 결정을 하지 못하기 때문입니다. 대부분의 영혼들이 따라가고 있는 과정을 상상해 보십시오. 그들은 저급한 의식 상태로 하락하여 외롭고 신에 의해 버려졌다고 느낍니다. 그러다가 어느 시점에 그들은 신을 향해 돌아서서 움직이기 시작하고, 이윽고 스승이 나타납니다. 그들이 영적인 길을 걷게 됨에 따라 그들은 점차 의식을 상승시키고, 자신의 그리스도 자아 및 영적인 스승들과 접촉하게 됩니다. 그들은 자기들이 신에 의해 버려진 적이 없고 우리 영적 스승들이 그들을 위

---

21)"가라사대 너희 믿음이 적은 연고니라. 진실로 너희에게 이르노니, 너희가 만일 믿음이 한 겨자씨 만큼만 있으면 이 산을 명하여 여기서 저기로 옮기라 하여도 옮길 것이요, 또 너희가 못할 것이 없으리라."
22)"내가 진실로 너희에게 이르노니, 나를 믿는 자는 나의 하는 일을 저도 할 것이요, 또한 이보다 큰 것도 하리니, 이는 내가 아버지께로 감이니라."

해 이곳에 있다는 것을 깨닫습니다. 그리하여 그들은 서서히 위로부터의 도움과 인도에 더욱 더 의존하게 됩니다. 그들은 신에 대한 자기들의 믿음을 형성하지만, 신을 그들 자신의 외부에 있는 존재로 봅니다.

외부의 신에 대한 이런 믿음은 영적인 길의 어느 단계에서는 매우 쓸모가 있습니다. 그러나 그런 신앙이 줄곧 그 영혼을 완전한 영적 자급자족의 상태로 데려갈 수는 없습니다. 달리 말하면, 비록 우리가 어떤 영혼의 영적스승일지라도 그 영혼이 모든 것이 자기 내면에 있다는 것을 깨닫는 최종적인 돌파지점으로 데려가 줄 수는 없다는 것입니다. 우리가 어떤 영혼을 마지막 입문시험과 마주하는 적절한 지점까지는 데려갈 수 있지만, 그 영혼이 내면의 빛으로 들어가는 최종적 단계를 밟도록 만들 수는 없습니다. 신의 왕국은 여러분 안에 있고, 여러분 자신의 힘으로 그곳에 들어가야만 합니다.

우리는 진정한 영적 스승들이기 때문에 영혼들이 우리에게 의존적이 되는 것을 보고 싶지 않습니다. 우리는 영혼들이 독립적이 되는 것을 원합니다. 그러므로 영혼이 영적인 길에서 더 높이 오름에 따라 우리는 그 영혼에 대한 지원을 거둬들여야 하고 또 철회할 것입니다. 우리는 영혼이 우리에게 의지하는 것을 떼어 놓아야 하는데, 결국 그 영혼은 자기 자신과 자기의 정체감 외에는 어떤 것에도 기대지 말아야 하기 때문입니다. 여러분의 영적인 스승들은 여전히 여러분 외부에 있으며, 그렇기에 여러분이 우리가 없이는 완전해지기가 어렵다고 생각하는 한은 완전해지지 못할 것입니다. 이것은 또한 여러분의 그리스도 자아에게도 진실이며, - 그것이 이해하기가 가장 어려운 부분입니다 - 만약 여러분이 신 또는 신아를 자신과 분리돼 있는 존재로 본다면, 그것 역시 마찬가지입니다. 신을 여러분 자신의 바깥에 있다거나 따로 떨어져 있는 존재로 묘사하는 어떤 정신적 이미지들은 최초의 두 가지 계명(誡命)을 어기는 일종의 우상입니다. 달리 말하면, 여러분은 어떤 외부의 원천으로부터의 지원에 의존하지 않고 과감하게 스스로 진정한 여러분 자신이 되는 지점에 이르러야 합니다.

영혼이 최종적인 입문을 향해 올라감에 따라 우리는 점차 그 영혼에 대한 지원을 거둬들일 것입니다. 그리고 어떤 영혼들에게 이것은 아주 충격적일 수가 있습니다. 그들은 내가 십자가상에서 그랬듯이,

곤혹스러움을 느낍니다. 설사 우리가 우리의 지원과 인도의 작은 부분만을 거둬들이기 시작하더라도, 어떤 영혼들은 영적인 자급자족을 향해 다음 단계 밟는 것을 거부합니다. 그리고 그렇다보니 그들은 영적인 길에서 그 수준에 고착될 수 있고 계속해서 스승이나 신을 자기들 자신의 외부에서 찾습니다.

여기서의 수수께끼는 영혼이 위로부터 오는 도움에 늘 의존하게 된다는 것이지만, 그럼에도 이제는 자신의 내면으로 들어가 더 이상 어떤 외부의 원천을 찾지 않는 것이 필요합니다. 만약 영혼이 자신의 내면으로 들어가지 않는다면, 자포자기의 심정이나 당혹감을 느낄 것입니다. 그리고 이런 느낌은 영혼이 그 수수께끼를 풀 때까지 지속될 것입니다. 문제는 우리가 영혼이 수수께끼를 풀도록 도울 수가 없다는 것인데, 영혼은 반드시 자신의 능력을 이용하여 그것을 풀어야 할 필요가 있기 때문입니다. 영혼은 외부의 원천에서 힘을 구하는 대신에 자기 내면에 있는 신의 힘을 사용함으로써 스스로 승리를 얻을 필요가 있습니다. 영적인 길의 목표는 영혼이 신을 발견하는 것이지만, 여러분은 오직 한 곳의 장소에서만 신을 찾을 수가 있는데, 다시 말하면 그곳은 여러분 안에 있는 신의 왕국인 것입니다. 그리고 자신의 외부에서 신을 찾는 한은 절대로 신을 발견하지 못할 것입니다!

어떤 스승도 여러분을 위해 이것을 해줄 수가 없습니다. 즉 여러분은 오직 절대자 안에서 참된 여러분 자신이 되겠다고 결정함으로써 그것을 해야만 합니다. 행위하는 것을 멈추고 단지 천부적으로 자유로운 존재로서의 여러분 자신이 되어야 합니다. 영혼이 이 수수께끼를 풀게 되면, 에고라는 유령을 포기하고 이제 자신의 내면에서 영혼을 관통해서 비추는 신의 빛 속으로 들어갈 수가 있습니다. 영혼은 더 이상 신아의 빛을 반사하는 달이 아닙니다. 다시 말해 그것은 이 세상에다 신의 빛을 방사하는 자급자족 상태의 태양인 것입니다. 그것은 이제 세상의 빛입니다(요한복음 8:12).[23] 그래서 나는 여러분에게 이렇게 말합니다. "세상의 빛이 되라!"

이것은 제가 오래 동안 숙고해 왔지만, 결코 말로는 표현할 수 없

---

23)"예수께서 또 일러 가라사대, 나는 세상의 빛이니 나를 따르는 자는 어두움에 다니지 아니하고 생명의 빛을 얻으리라."

었던 한 가지 의문을 불러일으킵니다. 누가 정확히 나인가요? 제 말 뜻은 저는 제가 인간적 에고가 아니라는 것과 이런 그릇된 정체감을 버려야 한다는 것을 이해합니다. 저는 신아와 저를 동일시해야 한다는 것을 이해합니다만, 누가 또는 무엇이 자신을 어떤 것과 동일시할 수 있고 자급자족하는 상태가 될 잠재력을 갖고 있음을 확인할 수 있을까요? 정확하게 나라는 존재, 내 정체성의 핵심은 무엇입니까?

여러분의 정체성의 핵심, 여러분 자신의 핵심은 여러분의 자아의식, 여러분이 누구라는 의식이라고 말할 수 있습니다. 비록 내가 여러분의 천부적인 개성이 신아에 닻이 내려져 있다고 말하긴 했으나, 여러분 자신의 핵심은 자아의식으로서 여러분의 영혼 속에 닻이 내려져 있습니다. 처음에 내가 말했듯이, 여러분은 지금 – 영혼의 수준에서라는 의미 – 여러분이 여러분 자신이라고 생각하는 것이 여러분입니다.

여러분은 이런 질문을 공식화하기가 어렵다는 것을 알게 되는 이유가 언어라는 것은 1차원적이고 답변은 1차원적이 아니기 때문임을 이해해야 합니다. 한 가지 가능한 설명으로서 우리는 여러분 영혼의 바로 핵심은 신(神)의 한 불꽃이라고 말할 수 있습니다. 그것이 여러분에게 여러분이 존재하고, 여러분 자신이 누구이고, 무엇이 되고 싶은지를 아는 능력을 줍니다. 이것이 여러분의 신성한 잠재력입니다. 그리고 그 불꽃이 신의 한 개체화인데, 신이 – 핵심적으로는 – 자아의식이고 자각상태에 있기 때문입니다. 여러분이 그것을 언어에 한정시킬 수 있다고 생각하지 않는 한, 그것은 나나 그 밖의 여러분과 같은 자아, 신성한 자아, 초자아(超自我)라고 부를 수 있습니다.

태초에는 오직 신만이 계셨고, 신은 전체이고 스스로 완전했습니다. 하지만 신은 또한 창조의 동인(動因)이었으며, 현재 상태보다 더 나아지기 위한 추진력이었습니다. 더 나아지려는 그 추진력에 의해 – 그것은 사실상 조건 없는 사랑이다 – 형상의 세계 전체가 창조되었습니다. 창조주가 이 형상의 세계를 창조하기 시작했을 때, 창조주는 외부에서뿐만이 아니라 내부에서도 그 세계를 경험하며 창조하고 싶다고 결정했습니다. 따라서 창조주라는 자급자족의 존재는 자신을 개체화(분화)시켜 자아의식을 지닌 두 존재를 형상의 세계 안에다 창조했습니다. 그리고 이 존재들은 창조주가 우주를 창조하기 위해 사용했던 두 가지 기본적인 양극성을 구체화시켰습니다. 그럼에도 이 두 존재들은 또한 경험하고 공동 창조할 수 있는 그들 자신의 확장체들을 창조했습니다. 이 과정이 형상의 세계를 구성하는 진동의 층들을 통해 무수한 회수로 반복되었습니다. 이것이 절대자인 신으로부터 여러분에 이르기까지 자아의식적인 존재들로 이루어진 위계구조를 만들게 된 것입니다.

창조계 내에서 모든 것을 움직이는 힘은 자체를 초월하여 더 나아지고자 하는 조건 없는 사랑입니다. 자아의식적인 한 존재가 창조될 때, 그것 자체로는 흠이 없거나 완전하지 않습니다. 그러므로 그 존재의 영적여정에서 첫 번째 부분은 이러한 완전성에 도달하는 것입니다. 완전함에 도달한다는 것은 여러분이 개체성의 수수께끼를 푼다는 것을 의미하며, 또한 자신이 전체의 일부라는 것을 인식하는 동시에 개체적 존재로서 여러분 자신이 누구인지를 결정한다는 것을 뜻합니다. 여러분은 신의 존재 안에서 자기의 자리를 인정하고, 신의 빛이 여러분자신의 내부로부터 여러분을 통해 비추게 하는 가운데 자급자족하게 됩니다.

자아의식적인 존재가 완전함에 도달하게 되면, 더 낮게 되고자 하는 소망으로 가득 차게 되고, 따라서 그것은 자신의 한 확장체를 창조합니다. 여러분의 신성한 영적 양친이 완전함에 도달했을 때, 그들은 더 나아지기를 원했습니다. 그리고 그들은 그들 자신의 한 개체화로서 여러분의 신아를 다른 형태로 창조했으며, 그것은 그들의 부분들의 총합 이상입니다. 여러분의 신아는 완전함에 도달할 때까지 영적인 세계에서 살았습니다. 그런 다음 그것은 좀 더 나아지겠다고 결정했고, 나중에 여러분의 영혼이 된 자신의 확장체를 창조했습니다. 여러분의 영혼은 또한 그 내부에 자각의 씨앗을 갖고 있습니다. 여러분의 당면한 과업은 완전성에 도달하는 것이고, 자급자족하고 스스로 빛을 발하는 존재가 되는 것입니다. 그때 여러분은 자기 내면의 신과 신아를 확대하게 됩니다. 그리고 여러분이 본래 내려온 자아의식적 존재들의 전체 위계구조의 위상을 높이게 되는 것입니다. 가장 높다는 의미에서의 절대자조차도 여러분을 통해서 더욱 높아지게 되는 것입니다. 그때 여러분은 영원한 생명을 얻게 되지만, 여정은 거기서 중단되지 않습니다. 여러분은 이제 자신의 불멸하는 정체성을 형성할 수 있고, 창조되어 원래 예정된 것 이상의 존재가 됩니다.

요컨대 여러분은 완전하고도 자체완비된 정체감을 형성할 능력이 있는 자각의 한 불꽃, 즉 신의식(神意識)과 존재의 한 불꽃인 것입니다. 정체성을 형성하는 것은 여러분의 선택으로서 여러분 자신에게 달려 있습니다. 그럼에도 여러분은 자신을 신의 장대한 창조의 일부인 천부적으로 자유로운 존재로 확인할 능력이 있습니다. 또한 여러분은 당신들을 통해 더 나아지고자 하는 신의 무한한 욕구의 일부인 것입니다.

여러분은 신을 도와 형상의 세계를 공동창조하고 그 세계를 여러분의 창조주가 상상할 수 있었던 것 이상으로 더 낫게 창조할 무한한 창조적 잠재력이 있습니다. 그러므로 진짜 문제는 "여러분이 당면한 현재 무엇이 되기를 원하고, 영원한 현재 속에서 무엇이 되고자 하는가?"인 것입니다. 영원한 현재 속의 여러분 자신과 당면한 현재 속의 여러분 자신 사이에 차이가 없을 때, 여러분이 있는 곳에서 움직이는 가운데 더 나은 존재가 되고 신이 되어가고 있는 것입니다. 그때 여러분은 아무도 닫을 수 없는 열린 문이 됩니다. 그리고 임계질량의 영혼들이 이런 영적통달의 상태에 도달했을 때, 신이 자신의 왕국을 이 지상에다 구현하게 될 것입니다. 그분은 이제 그분 자신이 형상화된 자기의 아들딸들을 통해 그렇게 할 것입니다. 그들은 자기들이 신들이라는 것을 압니다.

18장

위에서와 같이, 아래에서도

당신께서는 승천한 대사들의 집단과 여러분이 우리의 영적 스승들이라는 것에 관해 언급하셨는데요. 여러분은 정확히 우리가 여러분에 관해 무엇을 알기를 바라십니까?

나는 우선 사람들이 우리가 실제로 존재하고 있고 그들을 위해 이곳에 있다는 것을 알았으면 좋겠습니다. 여러분이 영적인 세계로 상승하게 되면, 모든 육적이고 에고중심적인 인간의 동기를 극복합니다. 우리가 이곳에 있는 것은 오직 한 가지 이유 때문인데, 다시 말하면, 우리가 신을 사랑하고, 아직 승천하지 못한 우리의 형제자매들을 사랑하고, 행성 지구를 사랑하기 때문입니다. 우리는 모든 인간에 대해 조건 없는 사랑을 갖고 있습니다. 그리고 우리는 모든 영혼들의 영적성장에 대한 확고한 책무를 지니고 있습니다. 한 집단으로서 우리는 모든 영혼들을 구하고 이 지구상에다 신의 왕국을 이룩하기 위해 일하고 있습니다.

그밖에도 지구상의 모든 영혼은 그 또는 그녀의 개인적 스승이자 인도자로 배정된 승천한 대사를 갖고 있습니다. 이 개인적 스승들은 여러분의 영적성장을 위해 절대적으로 헌신하며, 만약 여러분이 열린 마음과 가슴으로 요청만 한다면, 가르침과 지침을 주기 위해 늘 준비돼 있습니다.

우리는 사람들이 그들의 직관을 연마하고 마음과 가슴을 개방함으로써 마침내 그들이 자신의 스승과 직접 연결되는 상태를 형성하기를 원합니다. 이로 인해 그들은 어떻게 하면 자신이 지구에 온 목적과 신성한 계획을 완수할 수 있는지에 관해 직접 가르침을 받을 수 있을 것입니다. 우리들의 소망은 이 지구상에서 각자가 자신의 그리스도 자아 및 개인적 스승과 연결돼 있는 사람들로 구성된 단체, 즉 신의 단체가 형성되는 것을 보는 것입니다. 그런 수직적인 연결을 통해서 사람들은 그때 그들 간의 수평적인 관계를 형성할 수 있습니다. 그것에 따라 그들이 지구상에서 우리의 손발이 돼줄 수 있는 공동체나 운동을 이룰 수가 있는 것입니다. 그러므로 이 운동은 지구에서 어둠을 몰아내고 이 행성에다 신의 왕국을 완전히 이룩하는 수단이 될 수가 있습니다.

내가 또한 사람들이 알았으면 하는 것은 외견상 혼란스러운 상황에도 불구하고 우리 승천한 대사들은 인간 삶의 체계적인 개선과 모든 영혼들의 상승, 지구의 정화에 대한 계획을 갖고 있다는 것입니다. 우리는 지구에다 신의 왕국을 실현하고 자유, 평화, 풍요, 동등한 기회의 황금시대를 확립하는 것에 관한 계획이 있습니다. 이것은 환상이나 몽상가의 공상이 아닙니다. 그것은 이미 에테르계에서는 하나의 현실입니다. 그리고 그것이 끌어내려져 대략 수십 년 내에 물질세계에서 구현될 수가 있습니다. 하지만 우리는 자유의지의 방정식을 이해할 수 있는 임계수치의 사람들이 필요합니다.

내가 이 책의 곳곳에서 설명했듯이, 이 우주의 기본법칙은 자유의지의 법칙입니다. 우리 승천한 대사들의 군단은 지구에서 모든 어둠을 제거할 충분한 능력이 있습니다. 그리고 우리는 영원한 황금시대를 개막하는데 필요한 아이디어와 계획들을 제시할 수 있습니다. 그럼에도 자유의지의 법칙이 우리가 지구에서 직접 행동하는 것을 허용하지 않고 있으며, 그 이유는 우리가 더 이상 이 지구에서 육체로 있지 않기 때문입니다. 자유의지의 법칙은 오직 육체로 있는 영혼들만이 지구행성에서 직접적으로 행동할 수 있다고 명령하고 있습니다.

셰익스피어는 "온 세상이 무대이다."라고 말했는데, 우리 승천한 대사들의 무리는 더 이상 무대 위에 있지 않습니다. 그러므로 우리는 연극이 해피엔딩(happy ending)으로 끝날지에 직접 영향을 미칠 수가 없습니다. 단지 지구행성의 삶이라는 무대 위에 있는 사람들만이 그 연극을 행복한 결말로 마무리 지을 수가 있습니다. 하지만 우리 승천한 대사들은 무대 외부에서 승천하지 못한 우리의 형제자매들에게 아이디어를 주고 그들을 지도해 줌으로써 감독자로 활동할 수가 있습니다. 이런 일이 이루어지기 위해서는 임계수치의 사람들이 개인적인 신성의 길을 따르고 자신의 그리스도 자아 및 우리와 직접 연결되는 것이 필요합니다. 그것에 의해 우리가 지구에서 어둠을 제거하고 황금시대를 구현하기 위해 필요한 영적인 빛뿐만 아니라 아이디어도 제시할 수 있을 것입니다.

나는 사람들이 현재 이 지구에는 지구행성의 역사에 있어서 이 중대한 시기에 태어나기로 자원한 영혼들이 수백만 명이 있다는 사실을 알기 바랍니다. 그들도 또한 신과 다른 사람들, 그리고 지구에 대한 깊은 사랑을 갖고 있기에 이곳에 있는 것입니다. 그들은 황금시대가 실현되어 개막되는 것을 돕기 위해 이 결정적 시기에 육체로 있기를 원했습니다. 그리고 그들은 신의 왕국이 이 지상에서 이룩되는 것을 보고 싶다는 깊은 갈망이 있습니다. 그들은 또한 신의 왕국이 어떤 모습 같고 그것을 어떻게 실현할 것인지에 관한 직관적인 감을 갖고 있습니다. 하지만 불행하게도 이런 영혼들 가운데 많은 이들이 어둠의 세력들이 의도적으로 계획한 거짓들과 적그리스도 문화에 의해 함정에 빠져 있습니다. 이런 거짓말들과 왜곡된 문화는 그런 영혼들이 자기들의 신성을 구현하고 육체를 가진 살아 있는 그리스도로 지상을 걷는 것을 방해하기 위한 것입니다. 내가 개인적으로 얼마나 많은 걱정거리를 이 지구상의 어둠의 세력들에 유발시켰는지를 생각해보기 바랍니다. 그들이 원하는 마지막 것은 신성을 완전히 구현하여 이 지상을 걸어 다닐 수천 명의 사람들에 관련된 것입니다. 즉 그들은 이런 일이 발생하는 것을 저지하기 위해 자기들의 권력으로 무슨 짓이든 할 것입니다.

416

내가 〈그리스도는 여러분 내면에서 탄생한다〉에서 설명했듯이, 현재 이번 생에 신성을 완전히 구현할 잠재력을 가지고 육화해 있는 10,000명의 영혼들이 있습니다. 그리고 이번 생에 비교적 높은 단계의 신성을 구현할 수 있는 영혼들은 수백만 명이나 있습니다. 만약 황금시대가 정말로 실현될 예정이라면, 이런 영혼들이 영적인 길과 자기들의 그리스도적인 잠재력, 그리고 향후 수십 년 내에 황금시대를 이룩할 가능성에 대해 깨어나는 것은 절대적으로 중요합니다. 성모 마리아님이 〈너희의 행성을 구하라〉에서 설명하신 것처럼, 현재와 2012년 사이의 기간은 거대한 규모의 자연적인 재앙과 사회적인 변동을 피해야 한다는 의미에서 매우 위험한 시기입니다. 하지만 2012년 이후에도 사람들이 자기들의 신성을 구현하고 황금시대와 황금시대의 의식을 확립할 커다란 필요성이 있습니다. 우리가 이 책과 성모님의 책을 세상에 내놓는 진정한 바람은 지구에 황금시대가 세워지는 것을 돕겠다고 맹세한 영혼들의 마음을 움직이는 것입니다. 그들은 자신의 영혼이 육화하여 신성한 계획에 관한 기억을 망각하기 전에 이런 맹세를 했었습니다. 바라건대, 우리는 이런 영혼들이 깨어나 지구 행성이라고 부르는 연극무대로 그들이 들어오기 전에 하기로 맹세했던 역할을 의식적으로 시작할 수 있었으면 합니다.

나는 또한 사람들이 우리 승천한 대사들의 무리가 그저 수동적으로 앉아 있는 것이 아니라, 인간들이 깨어나기를 기다리고 있음을 알기 바랍니다. 모든 시대에는 영적인 길과 그리스도 마음을 구현할 자기들의 잠재력에 대해 깨닫고 있던 소수의 사람들이 있었습니다. 그런 사람들을 통해서 우리는 인간들이 그들 자신의 삶과 지구를 변형시키는 데 이용할 수 있는 가르침과 기법들을 전할 수가 있었습니다. 새로운 가르침의 공개는 지난 세기에 걸쳐 엄청난 발전을 촉진시켰습니다. 우리는 진보된 계시의 형태로 제시했던 새로운 영적 가르침들을 통해서 여러 조직들과 개인들을 배후에서 후원했습니다. 우리는 또한 이 책의 곳곳에서 언급했듯이, 독성 에너지를 변형시키는 새로운 영적기법들을 세상에 내놓았습니다. 나는 사람들이 우리가 아직 상승하지 못한 우리의 형제자매들에게 이야기하기를 멈추지 않았고 또 앞으로도 결코 그러지 않을 것임을 알았으면 합니다. 우리 승천한 대사들의 집단은 인류의 의식이 높아짐에 따라 거기에 맞춰 진보된 계시를 제시하는 일을 영원히 위임받았습니다. 우리는 2,000년 전이나 심지어 10년 전에 인간들에게 말할 수 있었던 것보다 오늘날에는 훨씬 더 많은 것을 이야기할 수 있습니다.

우리는 여러분이 매우 흥분되는 시대에 살고 있다는 것을 이해하기 바랍니다. 지구는 흔히 쌍어궁시대라고 부르는 영적인 한 시대에서 보병궁시대라는 다음의 영적 주기로 전환되는 과정에 있습니다. 이것은 흥분되는 시대인데, 천상으로부터 특별한 영적인 빛의 방출이 있기 때문입니다. 그리고 이러한 빛이 인간들에게 전례가 없는 영적성장의 기회를 주게 됩니다. 이것의 중요성은 인류의 의식이 현재 매우 급속히 올라가고 있다는 것입니다. 그리고 이것이 승천한 대사들의 무리가 진보된 계시의 형태로 새로운 영적 가르침들을 제시할 수 있는 문을 열어젖히게 됩니다.

지난 5년간에 걸쳐 지구 행성의식(planetary consciousness)의 주목할 만한 상승이 나타났습니다. 그런 이유 때문에 내가 이런 책들을 내놓고 성모님이 자신의 책과 로사리오들을 세상에 내놓은 것입니다. 또한 미카엘 대천사가 자신의 로사리오를 세상에 공개한 이유도 마찬가지입니다. 이것은 지구 행성을 위한 매우 중요한 섭리이자 영적선물입니다. 그리고 나는 가급적 많은 사람들이 이런 가르침들을 발견하여 활용할 수 있기를 원합니다. 사람들이 이런 도구들을 이용함으로써 실제로 어둠의 제거를 가속화할 수 있고, 그리하여 우리가 최소한의 사회변동과 자연환경의 격변만을 겪고 황금시대로 들어갈 수가 있습니다.

저는 참으로 많은 영혼들이 황금시대를 실현하는 데 일부 역할을 하고 싶다는 내적 갈망이 있음을 목격할 수 있습니다. 이런 욕구를 의식적으로 인식하기까지는 어느 정도 시간이 걸렸지만, 나중에 저는 그것을 알게 되었고, 제가 늘 이런 갈망이 있었다는 것을 깨달았습니다. 저는 유사한 경험들을 했던 많은 사람들을 만났습니다. 그리고 저는 아직 깨어나지 못한 다수의 사람들이 있다고 믿습니다. 어떻게 하면 이런 사람들이 깨어나 황금시대의 개막을 위해 도울 수 있을까요?

내가 말했듯이, 그들은 자유의지의 방정식을 깨달음으로써 시작할 수가 있습니다. 우리 승천한 대사들의 집단은 지구에서 모든 어둠의 세력들을 몰아내고 황금시대를 가져올 힘과 지혜, 사랑을 갖고 있습니다. 그럼에도 불구하고 우리는 지구상에서 직접 행동할 권한이 없습니다. 반면에 육체로 있는 사람들은 어둠의 존재들을 제거할 힘이 없지만, 그들은 이 행성에서 행동할 권한이 있습니다. 내 요점은 황금시대는 승천한 대사들의 힘으로도 가져올 수가 없고 승천하지 못한 우리의 형제자매들도 가져올 수 없다는 것입니다. 황금시대는 오직 우리 승천한 대사들의 집단과 승천하지 못한 우리 형제자매들 – 미승천한 집단이라고 부를 수 있음 – 간의 협력이 있을 때만 가져올 수 있습니다. 즉 양자(兩者) 간의 8자형의 에너지 흐름, 참된 일체감이 이뤄질 때만 가능해지는 것입니다.

　황금시대가 개막되기 위해서는 신의 완전함이 천상에 이미 구현돼 있듯이, 지상에서 구현될 수 있도록 우리가 하늘과 지구 간의 하나됨을 확립해야 합니다. 이런 목표에 있어서 가장 중요한 단계는 임계수치의 사람들이 성실히 영적인 길에 스스로 매진하는 것이고, 가능한 한 신속히 그들의 개인적인 신성실현을 향해 나아가는 것입니다. 이것을 위하여 나는 사람들에게 이 책에서 언급한 가르침과 도구들을 활용하라고 적극 권고합니다. 또한 나는 그들에게 영적인 수련의식을 선택하여 충실하게 실행할 것과 직관능력을 개발하여 강화하라고 격려하고자 합니다. 그리고 자신의 그리스도 자아와의 의식적인 접촉을 확립함으로써 그것을 통해 그들의 영적 스승들과도 소통하라고 권고하는 바입니다. 사람들이 개인적인 내면의 연결을 이루기 시작했을 때, 그들은 황금시대를 가져오기 위해 자기들이 무엇을 할 수 있는지에 관해 내적 지침을 받을 것입니다.

　사람들이 내면으로부터 그들 자신의 지침을 받는 것은 매우 중요한데, 단지 그때만이 이런 지침들이 충분히 내면화될 것이기 때문입니다. 그리고 오직 진정으로 내면화된 지침들만이 완전한 힘으로 작용될 수가 있습니다. 천 년간에 걸쳐 우리는 지구를 구할 필요성에 대해 깨닫게 된 수많은 사람들을 목격했습니다. 하지만 그들은 자기들의 구원을 얻기 위해서이거나 인간들 사이에서 현명해지기 위한 것 같은 인간적 동기로 뭔가 중요한 일을 하겠다고 이런 과업에 접근했습니다. 그때 이런 사람들은 해야 할 필요가 있는 것을 결정하기 위해 외적인 마음, 인간적 지성을 사용했습니다. 따라서 그들의 노력은 오직 신의 마음으로부터만 나오는 진정한 힘이 되지 못했던 것입니다. 그리고 그들은 오직 그리스도의 마음으로부터만 생겨나는 참된 비전이 없었습니다. 게다가 그들은 조건 없는 사랑에 의해 동기를 부여받지도 못했습니다. 결과적으로 이런 사람들의 노력은 옆길로 빠지거나, 자기들만이 인류문제에 대한 해결책을 갖고 있다고 생각했던 모든 인간집단들 간에 갈등을 조성했습니다.

이것은 우리가 지금 시대에 반드시 극복해야만 하는 패턴입니다. 그리고 그것은 모든 이들 각자가 (천상과의) 수직적 관계를 이룸으로써만이 극복될 수 있으며, 그럼으로써 누구나 승천한 대사들에게 연결되어 우리들로부터 직접 지시를 받을 수가 있습니다. 우리는 지휘센터이고, 통합된 계획과 비전을 갖고 있습니다. 우리는 이 지구상의 수많은 사람들, 즉 중앙조직이나 종교를 통해 수평적으로 연결될 필요가 없는 사람들과 기꺼이 함께 일을 합니다. 우리는 지상에 연계돼 있지는 않을지도 모르지만 여전히 수직적으로 승천한 존재들과 연결돼 있는 개인 및 집단들과 일하기를 선호합니다. 그때 우리는 비록 그들이 직접 관계돼 있지 않거나 동일한 대의(大義)를 위해 일하고 있다는 것을 의식적으로 알지 못하더라도 같은 방향으로 움직이도록 위에서 지시할 수가 있습니다.

과거에 우리는 중앙집권화한 단체가 어떻게 권력 엘리트들에게 점거될 수 있는지를 보았는데, 그들은 그 종교로 주민들을 지배하고 그 사람들이 신성에 이르는 것을 막기 위해 이용하기 시작합니다. 이런 일이 벌어지는 것은 우리가 지금 시대에 더 이상은 보고 싶지 않은 모습입니다. 그렇기에 우리는 하나의 단체에 완전한 권한을 주지 않을 것입니다. 대신에 우리는 개인들이 그런 후원을 받을 만할 때, 그들에게 후원을 제공할 것입니다. 물론 우리는 수많은 개인들이 높은 단계의 신성에 도달하고 그런 다음 함께 모여 지구의 특정 상황을 개선하기 위해 일할 수 있는 공동체, 조직, 운동이 형성되는 것을 보고 싶습니다. 또한 우리는 이런 조직들이 지구상의 주된 권력자들에 의해 통제받지는 않지만 천상의 승천한 대사들의 지휘 하에 있는, 느슨하게 결합된 네트워크로 연결되는 것도 보고 싶습니다. 아래의 내용은 황금시대의 개막을 돕기 위해 행동할 수 있는 사람들을 위한 구체적인 제안들입니다.

● 하나의 종교적 수련 의식(儀式)을 선택하여 충실히 수행하라. 우리가 지난 세기에 걸쳐 공개한 영적인 기법들을 공부하고, 어떤 것이 자신의 마음에 드는지를 결정한 후 그것을 성실하게 이용하라. 사람들이 함께 모여 그런 의식을 집단적으로 수련하는 것은 커다란 영향력을 갖게 된다. 한 사람이 미카엘 대천사의 로사리오를 행하는 것도 강력하지만, 수십 수백 명의 사람들이 같은 장소에서, 또는 인터넷을 통해 같은 시간에 행하는 것은 훨씬 더 엄청난 힘을 갖게 된다. 로사리오의 효과는 그것을 다수의 사람들이 함께 행함으로써 기하급수적으로 증대된다. 이런 원리는 어떤 다른 영적 의식들도 마찬가지이다. 적절한 의식의 진정한 중요성은 그것을 수행할 때 여러분이 승천한 대사들의 집단에게 지구에서 활동할 권한을 주게 된다는 것이다. 예를 들어, 미카엘 대천사의 로사리오는 우리들에게 그 로사리오에서 언급된 불완전한 에너지들이나 어둠의 세력들을 제거할 권한을 부여한다. 따라서 우리는 베일을 뚫고 들어가서 그런 의식(로사리오)을 통해 지구에서 활동할 수가 있다. 그 의식들은 승천한 대사들의 힘과 승천하지 못한 우리 형제자매들의 권한을 결합시킨다.

● 영적인 길이 있다는 것과 여러분의 삶에 대한 그 길의 중요성에 관해 다른 사람들에게 말하라. 보편적인 영적인 길에 관해 그들에게 말하되, 그들을 특정의 믿음체계나 단체로 변경시키고자 하는 함정에 빠지지는 말라. 과거에 수많은 사람들이 모든 이들을 특정의 한 종교로 개종시키려고 시도했었다. 장차 지구의 상황을 진정으로 변화시키는 것은 사람들이 보편적인 길을 따르는 것이다. 그리고 그들은 어떤 영적단체나 종교단체의 일원이 되거나, 또는 단체에 몸담지 않음으로써 그렇게 할 수가 있다. 그러므로 진정한 시대적인 요청은 사람들을 특정 단체나 종교로 개종시키는 데 여러분의 에너지를 소모하는 대신에 그들에게 보편적인 길에 관해 알려 주는 것이다.

● 삶의 어떤 분야가 여러분의 가슴에 와 닿든 간에 진리에 대한 태도를 정

하라. 내가 이 책의 곳곳에서 설명하듯이, 이 지구상의 삶의 모든 분야가 적그리스도 세력에 의해 퍼뜨려진 거짓말들이 침투돼 있고 영향 받고 있다. 그렇기에 삶의 특정분야 내의 여건들을 개선하고 그들 자신을 그 분야의 전문가로 만들 사랑과 추진력을 가진 사람들이 대단히 필요하다. 또한 이런 전문지식의 획득과 더불어 이런 사람들이 자신의 그리스도 자아 및 승천한 대사 집단과 수직적 관계를 형성하는 것이 필요하다. 그때 우리는 그런 거짓들을 폭로하고 그들의 전문적인 특정분야의 진리를 제시하기 위해 그들에게 필요한 지침과 아이디어들을 전해줄 것이다.

● 지구상의 삶을 개선할 새로운 아이디어를 낳는 열린 문이 되도록 하라. 많은 인간들이 이 지구에 발전을 가져오는 것에 관해 비현실적인 견해를 갖고 있다. 그들은 실제로 인간이 발전을 이끌어내는 과학과 기술, 아이디어들을 발견했다고 믿는다. 사실 이 행성에 발전을 가져왔던 대부분의 아이디어들은 승천한 대사들의 집단으로부터 직접 영감의 형태로 주어진 것이다. 이런 아이디어를 생각해낸 사람들은 단지 통로들이었으며, 그들은 마음과 가슴의 어떤 감수성을 형성했기 때문에 이런 아이디어들을 받은 것이다. 우리는 전해주기를 갈망하는 훨씬 더 많은 아이디어들을 갖고 있다. 그리고 우리는 도리에 맞는 순수한 동기와 열린 마음과 가슴을 가진 그 누구와도 기꺼이 함께 일하고자 한다. 우리는 자발적으로 자신의 그리스도 자아와 연결되려고 노력하는 사람들이 필요하며, 그리하여 그들이 이 행성에 새로운 아이디어를 가져오는 열린 문이 될 수가 있다. 우리는 이상적인 사회가 어떤 모습인지를 볼 수 있도록 자진해서 자기들의 비전을 정화하는 사람들이 필요하다. 사람들은 지구에 대한 순결한 비전을 확고히 유지함으로써 중요한 봉사를 할 수가 있다.

● 내가 성서에서 "내가 세상에 있는 동안에 나는 세상의 빛이니라(요한복음 9:5)."고 말했듯이, 세상의 빛이 되라. 어떤 사람이 높은 단계의 신성에 도달하게 되면, 그 사람은 빛과 신의 사랑이 이 세상으로 흘러들어오는 열린 문이 된다. 장차 세상을 변형시키고 어둠을 바꾸어 놓는 것은 바로 이런 빛이다. 세상의 빛이 되는 열쇠는 무엇일까? 다시 한 번 더 "눈은 몸의 등불이니, 그러므로 네 눈이 성하면 온 몸이 밝을 것이요(마태복음 6:22)." 라는 내 말을 숙고해보라. 여러분이 이원성을 극복하고 여러분의 온몸 - 여러

분의 4가지 하위 체(體)들 전부를 의미한다 - 이 빛으로 채워지게 되면, 그리고 그때 "너희는 세상의 빛이라, 산위에 있는 동네를 숨기지 못할 것이다(마태복음 5:14)." 그것이 내가 이번 생에 높은 단계의 신성을 구현할 잠재력이 있는 수백만의 모든 사람들에게 보고 싶은 것이다. 신의 빛이 여러분을 통해 흐르도록 허용함으로써 다른 어떤 방법보다도 더 빨리 황금시대를 가져올 수 있다. 그것은 여러분이 세상을 구하는 것을 도울 수 있다는 외적인 마음으로 행동하기보다는 스스로 세상의 빛이 됨으로써 이다.

● 우리는 또한 새로운 영적 가르침을 제시해야 할 상당한 필요성이 있으며, 이런 가르침을 위해 기꺼이 열린 문이 되어줄 사람들이 필요하다. 이와 같은 사람들이 우리가 전하고자 하는 가르침들이 고정된 교리 형태로 오지 않으리라는 점을 이해하는 것은 중요하다. 우리는 기꺼이 세상 종교들의 기존 교리를 넘어서서 새로운 가르침을 살아 있는 말씀의 형태로 제시하려는 사람들이 필요하다. 살아 있는 말씀은 단순히 받아 적거나 말로 이야기될 수 있는 것이 아니다. 살아 있는 말씀은 사람들의 의식을 끌어올릴 진리의 진동과 힘을 전달한다. 우리는 기꺼이 스스로 살아 있는 말씀을 전하는 열린 문이 되기 위한 엄격한 훈련과정을 거칠 사람들이 긴급히 필요하다. 이 책 전체는 참으로 살아 있는 말씀을 전하는 하나의 본보기이다. 그리고 이 책 속에는 지면에 인쇄된 말들 이상의 훨씬 많은 것들이 담겨져 있다. 이런 말씀들은 민감한 영혼들이 인식하게 될 진동을 운반한다. 사람들을 영적인 잠에서 깨우고 그들의 의식을 변형시킬 힘은 이런 진동이다. 우리는 살아 있는 말씀을 전할 수 있는 훨씬 많은 사람들이 필요하다. 그리고 우리는 장차 그런 사람들을 훈련하기 위한 과정을 기꺼이 공개하고 학교를 설립하겠다. 기독교가 살아 있는 말씀을 전하는 것에 기초한 하나의 운동이 되었으면 하는 것이 원래 나의 소망이었다. 이것은 초기 기독교시대 수십 년 동안 일어났지만, 전통적 교회가 형성되기 시작했을 때 슬프게도 소멸되고 말았다. 이런 교회는 살아 있는 말씀을 죽은 교리로 대체했고, 또한 율법의 영(spirit)을 율법의 문서(조문)로 대체시켰다. 바야흐로 율법의 영을 재건할 좋은 기회이다. 그렇기에 나는 영혼 내면 깊은 곳에서 자신이 살아 있는 말씀을 전하는 도구가 될 잠재력이 있음을 아는 사람들을 부르고 있다.

● 앞서 언급했듯이, 우리는 삶의 모든 분야에서 황금시대의 의식과 황금시

대의 사상이 열매 맺는 것을 돕게 될 공동체와 운동을 형성할 사람들이 절실히 필요하다. 또한 우리는 모든 외적인 종교들을 초월한 영적인 길에 관한 보편적인 가르침을 기꺼이 제시할 사람들이 대단히 필요하다. 그리고 우리는 세상의 종교들을 통합한 보편적인 길을 보여줌으로써 그 종교들이 하나가 되게 하는 일을 할 사람들이 필요하다. 우리는 또한 과학과 종교를 통합하고 이 지구상의 모든 영적인 성향의 사람들을 하나로 묶는 일을 할 사람들이 필요하다. 우리의 진정한 목표는 이 지구상에서 하나님의 몸통(집단)이 형성되는 모습을 보는 것이며, 이것은 황금시대의 실현과 자신의 그리스도 자아와의 관계형성에 헌신적인 사람들을 뜻한다. 이런 사람들은 지구상에서 신의 집단을 형성할 수 있는데, 그것은 천상에 있는 신의 집단의 확장체, 다시 말해 승천한 대사들 집단의 확장체로서의 역할을 할 수 있다. 우리는 기꺼이 이곳 지상에서 우리가 있는 천상의 모든 것이 될 사람들이 필요하다.

〈그리스도는 여러분 내면에서 탄생한다〉에서 예수님은 지난 세기 동안 승천한 대사들의 후원을 받았던 여러 영적 단체들을 언급하셨는데요. 당신 말씀에 따르면, 이런 단체들은 진보된 계시를 세상에 전하기 위한 특별한 목적으로 시작되었습니다. 그리고 그 단체들은 각자 한동안 그런 역할을 했습니다. 바꿔 말하면, 중요한 것은 새로운 계시였지, 그 외적인 단체가 아니었습니다. 승천한 대사들의 목적에 헌신적인 사람들일 경우, 늘 최신의 계시를 찾아야만 하나요? 아니면 비록 새로운 계시를 제시하지 못하더라도 그냥 특정단체에 남아 있어도 괜찮을까요?

사실상 지난 1,000년 동안 승천한 대사 집단은 어떤 형태의 영적 지식들을 일반 대중들에게 허용하지 않았습니다. 이런 조치는 인류가 여전히 저급한 의식 상태에 머물러 있고, 그로 인해 그런 지식이 광범위하게 오용될 심각한 위험이 있었기 때문이었습니다. 그래서 이와 같은 지식들은 영적 스승들의 가까운 제자들이나 비밀 공동체에서만 전수되고 가르쳐졌습니다. 당신은 내가 대중들에게는 비유로 가르치고 나의 제자들에게는 모든 것을 상세히 설명했다는 것을 알 것입니다(마태복음 14:34~35).[24]

    1800년대 말에 우리는 이런 영적 지식들을 누구나 이용할 수 있도록 그 일부를 책으로 공개하라는 임무를 받았습니다. 그때 이후 우리는 다수의 개인들과 단체를 통해 이런 지식들을 공개했습니다. 이런 단체들 중의 어떤 것은 승천한 대사 집단의 한 멤버나 여러 멤버들에 의해 좀 더 공식적으로 후원을 받았습니다. 하지만 그 지식은 에테르계에서는 얼마든지 입수가 가능하며, 자신의 의식을 에테르 수준까지 끌어올릴 수 있는 사람은 누구나 그 정보에 접근하여 그것을 대중에게 전하는 열린 문이 될 수 있습니다.

    분명히 사람의 의식과 동기의 순수성이 그 사람을 통해 오고 있는 정보가 얼마나 정확하고 쓸모 있는가를 결정하는 주요 요소입니다. 내가 설명했듯이, 어떤 채널러들(Channeller)은 아스트랄계나 멘탈계에 주파수가 맞춰져 정보를 수신하는데, 그것은 부분적으로 오류가 있거나 불완전합니다. 우리는 가장 확실한 정보를 사람들에게 전해주기 위한 시도로 여러 단체들을 후원했습니다. 그렇지만 우리의 후원은 그 정보를 가져오는 메신저의 자유의지에 의해 지배를 받습니다. 그리고 메신저가 그 정보에 영향을 주어 채색하지 않는다는 보장이 없습니다. 그런 이유 때문에 우리는 결코 어떤 개인이나 단체에게 독점권을 주지 않았고, 또 앞으로도 절대로 그렇게 하지 않을 것입니다.

    여러분이 역사를 살펴본다면, 지구상의 종교에서의 주요 문제들 가운데 하나가 육적인 마음의 상대성에 의해 오직 유일한 참된 종교가 있을 수 있다는 생각이 생겨나는 것임을 알 것입니다. 나는 이런 믿음의 잘못된 점을 〈그리스도는 여러분 내면에서 탄생한다〉에서 밝힌 바가 있습니다. 승천한 대사들은 이런 문제점을 너무나 잘 알고 있기에 우리는 어떤 단체만의 독점권을 인정하지 않습니다. 우리는 우리가 공개하고자 하는 가르침의 대부분을 갖고 있습니다. 그리고 우리는 결코 세상의 미래를 극소수의 사람들이나 단일의 단체에다 의존해서 맡길 수가 없습니다. 우리가 어떤 한 메신저나 단체를 후원한다면, 그것은 모종의 가르침의 주요 부분을 세상에다 제시하려는 목적

---

24)"예수께서 이 모든 것을 무리에게 비유로 말씀하시고 비유가 아니면 아무 것도 말씀하지 아니하셨으니, 이는 선지자로 말씀하신바, 내가 입을 열어 비유로 말하고 창세부터 감추인 것들을 드러내리라함을 이루려 하심이니라."

때문입니다. 그 목적이 실현되었을 때, 우리는 그 다음 수준의 가르침을 제시하기 위해 옮겨가서 다른 단체를 시작합니다. 더군다나 메신저나 어떤 단체의 회원들이 교만의 유혹에 빠져 자기들의 단체가 승천한 대사들의 집단에 대해 독점권을 갖고 있다고 믿기 시작한다면, 우리는 간단히 다른 곳으로 옮겨가서 우리의 후원을 취소할 것입니다. 이것은 종종 그 단체의 회원들이나 심지어 메신저도 눈치 채지 못한 채로 진행됩니다.

여기서의 내 요점은 진보적인 계시는 예견할 수 있는 미래에도 끝나지 않을 진행 중에 있는 과정이라는 것입니다. 우리의 목표는 예컨대 중세시대에 가톨릭교회가 그러했듯이 새 시대에 어떤 유일종교가 만들어져 지배하게 되는 것을 피하는 것입니다. 이것이 우리가 여러 단체들을 후원했던 주요 이유이며, 또 왜 계속해서 여러 단체와 개인들과 함께 일할 것인지에 대한 답입니다.

내가 말했듯이, 모든 구도자들은 어떤 가르침이 그들을 데려갈 수 있는 곳까지 데려갔을 때 이르게 되는 지점이 있음을 인식할 필요가 있습니다. 그들이 자신의 그리스도 자아로부터 그런 지시를 받았을 때, 그들은 자진해서 다른 곳으로 옮겨가서 그 다음 가르침을 찾아야 합니다. 만약 그들이 기꺼이 그렇게 하지 않는다면, 그때 반드시 그들의 발전은 중단되고 맙니다. 그럼에도 어떤 사람들이 특정 가르침에 대한 자기들의 접근법을 초월해서 어떤 단체에 머물러 있는 것 또한 가능합니다.

우리는 우리가 후원했던 단체가 사라지는 것을 보고 싶지는 않습니다. 왜냐하면 그들이 여전히 영적 추구자들에게 가치가 있을 수 있는 실용적인 가르침을 보유하고 있기 때문입니다. 하지만 우리는 모든 영적인 교사들과 단체들이 자기들이 타인이나 다른 단체보다 더 중요하다든지, 혹은 자기들만이 유일한 참된 종교라는 식으로 느끼는 욕구를 극복했으면 하는 바람을 갖고 있습니다. 이런 믿음은 명백히 이원성 의식의 산물이므로 진정한 영적교사나 추구자들은 이런 환상에 빠져서는 안 됩니다.

왜 진보적인 계시가 중요한지에 관한 한 가지 실례를 우리에게 들어주실 수 있을까요?

426

만약 누군가가 더 이상 진보적인 계시를 제시하지 못하는 어떤 단체의 회원이거나 신도라면, 그 사람이 설사 그 단체에 머물러 있다고 하더라도 우리가 새롭게 내놓는 다음 단계의 가르침들을 공부해야 합니다. 여러분은 지구상의 상황이 매우 급속히 바뀌고 있다는 것을 깨달을 필요가 있습니다. 그러므로 여러분이 승천한 대사 집단의 대의에 충실하다면, 우리의 가장 최신정보를 얻을 필요가 있는 것입니다. 결국 여러분은 지구상의 어떤 단체나 스승에게 충실하렵니까? 아니면 천상에 있는 여러분의 승천한 형제자매들에게 충실하겠습니까? 여러분은 오로지 우리가 1세기 전이나 10여 년 전에 전했던 정보에만 의지할 수는 없습니다.

예를 들어, 우리는 이전의 여러 단체들에서 그들의 상승을 이룰 필요성에 관해 이야기를 했습니다. 당시의 주어진 인류의 의식수준에서 그것은 가장 현실적인 목표였습니다. 그때 이후로 지구의 수준이 상당히 끌어올려졌고, 우리의 초점은 이제 사람들이 아직 지상에 있을 때 그들의 신성을 완전히 구현하는 것에 맞추어져 있습니다. 앞서 언급한대로, 현재 이번 생 안에 완전히 신성을 구현할 잠재력이 있는 10,000명의 사람들이 육화되어 있습니다. 그리고 더 많은 수백만 명의 사람들이 높은 단계의 신성을 구현할 수가 있습니다. 만약 이런 사람들 가운데 누군가가 과거의 가르침에 고착되어 자기들의 상승을 이루는 데만 골몰한다면, 그리고 그로 인해 자기들이 지상을 떠날 때까지 신성에 이르지 못할 거라고 생각한다면, 이는 비극이 될 것입니다. 나는 이런 사람들이 가능한 한 빨리 자기들의 신성을 구현하는 데다 초점을 맞추게 할 필요가 있습니다.

시간의 참된 필요성은 우리가 신성을 구현하는 수많은 사람들이 있다는 것인데, 왜냐하면 이것이 어떤 다른 요인보다 인류의 의식을 훨씬 더 끌어올릴 것이기 때문입니다. 이것이 진정한 그리스도의 재림입니다. 그리고 이것이 참으로 새로운 시대, 더 나은 시대를 가져올 유일한 실체입니다. 그래서 향후 2,000년에 걸쳐 인류를 인도하기로 예정된 새로운 황금률은 "천상의 모든 것을 이곳 지상에다 실현하라."입니다.

19장

예수는 구시대의 인물인가?

제가 영적인 길에 대해 마음이 열려 있는 많은 사람들을 만났지만, 그들은 예수 그리스도를 구시대의 인물이라고 생각합니다. 그들 중에 어떤 이들은 전통적 기독교의 결점들을 간파하고는 예수님은 실제의 영적 메시지가 없다고 생각하고 있습니다. 다른 이들은 영적인 시대의 발전을 이해하고 당신을 과거 쌍어궁시대의 주요 영적 스승으로 봅니다. 하지만 우리가 지금 보병궁시대로 이동했기 때문에 그들은 당신이 더 이상 필요하지 않다고 생각합니다. 그런 사람들에게 뭐라고 말씀하시겠습니까?

나는 왜 수많은 사람들이 나를 거부하는지를 충분히 이해합니다. 또한 나는 왜 수많은 이들이 모든 종교를 포기하고 진저리를 내는지 이해하는데, 그들이 기존의 기독교에 실망했기 때문입니다. 그리고 나는 왜 수많은 영적인 구도자들과 뉴에이지 사람들이 기독교를 혐오하고 기독교에 관련된 어떤 것도 거부하는지를 충분히 이해하고 있습니다. 그러나 이런 사람들은 그들 자신의 그리스도 자녀라는 좋은 점을 인간의 권력투쟁이라는 나쁜 것과 함께 갖다버리고 있습니다. 전통적 기독교에 의해 내가 어떻게 묘사되었는지에 관계없이 사실 나는 보편적인 영적스승입니다. 그리고 나는 오늘날의 영적 구도자들에게 많은 것을 제공하고 있습니다.

모든 영적인 추구자들이 이 지구상의 종교적인 삶, 영적인 진화에는 어떤 주기(週期)들이 있다는 점을 깨닫는 것은 중요합니다. 각 주기 또는 시대는 대략 2,000년 정도 지속됩니다. 그리고 그 시기 동안 인류는 새로운 영적자각의 수준으로 성장하도록 되어 있습니다. 한 개인으로서 여러분은 현 주기를 이해함으로써 많은 이점과 영적성장의 기회를 얻을 수가 있습니다. 이것은 특히 지금 시대에 진실인데, 왜냐하면 우리가 독특한 성장의 기회가 있는 새로운 주기, 보병궁시대로 옮겨가고 있기 때문입니다.

당신이 지적했듯이, 수많은 영적인 성향의 사람들이 영적인 주기의 발전을 받아들였고 내가 쌍어궁시대의 영적인 고위성직자였다는 것을 깨닫고 있습니다. 그들은 또한 내가 다음 2,000년 주기의 보병궁시대를 담당한 영적인 대사가 아니라는 사실도 알고 있습니다.[25] 하지만 내가 보장하건대, 다음과 같이 "내가 세상 끝 날까지 너희와 항상 함께 있으리라(마태복음 28:20)."라는 인용구절에 나타나 있듯이, 나는 지구행성과 결별하지 않습니다. 나는 여전히 이 행성에 제공할 많은 것들을 갖고 있고, 사람들이 영적주기가 연속적으로 진행된다는 것을 이해할 때 이것을 명확히 알게 될 것입니다.

많은 영적 추구자들은 하나의 영적주기가 그 이전 주기 위에 증축된다는 사실을 간과하는 것처럼 보입니다. 쌍어궁시대는 보병궁시대를 위한 확고한 토대를 만들기로 예정돼 있었습니다. 그러므로 여러분이 성실한 영적 구도자라면, 보병궁의 의식(意識)으로 이동하기 위한 열쇠는 쌍어궁의 의식을 완전히 이해하고 내면화하는 것임을 명확하게 인식해야 합니다. 만약 여러분이 이전 시대의 의식을 건너뛰어 나아가려고 한다면, 그것은 마치 기초가 없이 집을 건축하려고 하는 것과 같습니다.

---

25)앞으로의 보병궁시대를 담당한 영적스승은 성 저메인(St. Germain) 대사이다.(감수자 주)

많은 사람들이 보병궁시대가 자유의 시대라는 것을 깨닫고는 있지만, 과연 무엇이 자유로워지기 위한 열쇠일까요? 인간이 새로운 시대에 도달하지 않으면 안 되는 진정한 자유는 영적인 자유이고 독립입니다. 사람들은 영적으로 자급자족할 수 있게 되어야 합니다. 그럼으로써 그들은 더 이상 외부의 독단적 종교가 필요 없이 다음과 같은 예언을 실현할 수가 있습니다.

"하지만 그들이 모든 인간들을 자신의 포도나무와 무화과나무 아래에 앉힐 것이다. 그리고 만군의 주님께서 그것을 말씀하셨기에, 아무도 그들을 두렵게 만들지 못할 것이다(미가서 4:4)."[26]

무엇이 영적인 자유의 열쇠일까요? 나는 그것이 육적인 마음의 이원성을 초월하여 그리스도 의식에 도달하는 것임을 명확히 하고자 합니다. 오직 그런 세속적인 마음의 이원적인 극단들로부터 자유로워짐으로써만이 영적인 자유를 얻을 수가 있습니다. 따라서 여러분은 육적인 마음에서 생겨나는 상대적인 정반대의 것들을 넘어서야 합니다. 그런 양극단 가운데 한 가지는 오직 기독교 교회의 신도가 되어야만 구원받을 수 있다는 수많은 기독교인들의 믿음입니다. 그 반대쪽의 극단은 다수의 뉴에이지 사람들에 의해 유지되는 믿음인데, 그것은 곧 모든 조직화된 종교들을 거부하고 좋다고 느껴지는 것은 그 무엇이든 행하는 행위자가 될 필요가 있다는 생각입니다. 이런 두 가지 양극단들은 자유에 관한 제한된 이해를 토대로 하고 있습니다.

이 세상의 교활한 자들은 자유의 개념을 왜곡하는 두 가지 방법을 발견했습니다. 하나는 과도한 통제를 통해 자유를 빼앗고자 하는 것입니다. 그리고 이것이 독단적인 종교와 정치적인 압제 속에 표출돼 있음을 보게 됩니다. 다른 방법은 뉴에이지 운동의 어떤 부분들이나 정치적인 철학에서 보듯이, 모든 제한들을 제거하고 인간은 자기들이 원하는 것은 무엇이든 할 수 있다고 말하는 것입니다. 이 두 가지 접근방식이 가진 문제는 그리스도 분별력의 필요성을 부정한다는 것입니다. 한 가지 극단은 교회나 국가가 사람들을 위해 생각할 것이기 때문에 그들 스스로 생각해서는 안 된다고 말합니다. 다른 극단은 무슨 짓을 해도 괜찮기 때문에 사람들이 스스로 생각할 필요가 없다고

---

26)미가서: 구약성서 12 소예언서(小豫言書) 중 여섯 번째 책(히브리어 성서)

말합니다.

자유에 대한 열쇠는 우주가 여러분이 외부로 내보내는 것이 무엇이든 그것을 다시 반사할 것이기 때문에 신의 법칙에 맞게 삶을 영위함으로써만이 자유롭게 될 수 있다는 것입니다. 그 밖의 다른 것들은 단지 여러분에게 상처만 주고 여러분의 자유를 제한할 것입니다. 인류가 보병궁시대에 도달하지 않으면 안 되는 참된 영적자유는 오직 그리스도 의식을 통해서만 얻을 수가 있습니다. 그리고 그리스도 의식을 구현하는 방법은 신성으로 가는 내면의 길에 관한 나의 참된 가르침을 찾아 내면화하는 것입니다.

나는 이 내면의 길이 전통적 기독교에 의해 완전히 왜곡돼 있고 감추어져 있음을 깨닫고 있습니다. 그래서 내가 오늘날의 영적 구도자들에게 참된 길에 관해 말하기 위해 지금 새로운 가르침을 제시하고 있는 것입니다. 그 이유는 여러분이 그 길을 따라 어느 정도의 개인적인 신성에 도달할 때까지는 결코 보병궁시대의 의식으로 이동할 수 없기 때문입니다.

수많은 영적 구도자들은 영성의 새로운 시대를 가져오는 것에 관해 성실합니다. 만약 이런 사람들이 진심으로 이 황금시대의 실현을 돕고자 한다면, 그들 자신이 쌍어궁시대에 배우기로 돼 있던 교훈을 배워야 비로소 새로운 시대가 온다는 점을 깨달을 필요가 있습니다. 수많은 사람들이 새로운 영적 가르침에 열려 있지만, 나를 구시대의 존재로 거부합니다. 왜 여러분은 쌍어궁시대의 교훈을 배우고 보병궁시대로 진입하는 견고한 토대를 만들기 위해 나의 참된 메시지에 관한 새로운 가르침을 찾지 않습니까?

한 시대에서 그 다음 시대로의 진행은 어떤 날짜가 갔다고 해서 자동적으로 오는 그 무엇이 아닙니다. 그것은 의식의 변형이 그 무엇보다 중요합니다. 그러므로 지구는 임계수치의 사람들이 원래 쌍어궁시대에 달성하기로 예정돼 있던 그리스도 의식을 구현할 때까지는 완전히 보병궁시대로 옮겨가지 않을 것입니다. 당장의 문제는 이러한 목표가 달성되지 못했고, 따라서 지구가 현재 불안정한 위치에 놓여 있다는 것입니다. 지구는 두 가지 의식상태 사이에서 흔들리고 있습니다. 그리고 성모님이 〈너희의 행성을 구하라〉에서 설명하셨듯이, 이것이 잠재적으로 자연의 대변동과 사회적 격변으로 이끌 수가 있습니다. 이런 난국을 타개하도록 누가 기꺼이 우리에게 도움을 주게 될까요?

자진해서 나의 진정한 가르침들을 진지하게 주목해야만 하는 사람들입니다. 왜냐하면 나는 신성으로 가는 영적인 길에 관해 사람들에게 가르치기 위해 보내졌던 주요 영적스승이었고, 내가 결코 현 시대에 뒤떨어져 있는 것이 아니기 때문입니다. 사실 보다 성숙된 대다수의 영적 구도자들은 내가 이 책에서 전해 준 가르침들을 내면화함으로써 인류의 성장에 엄청난 기여를 할 수 있습니다. 만약 여러분이 오늘날의 지구 현실을 바라본다면, 주류 기독교인들이 내가 이 책에서 준 가르침들을 받아들일 가능성이 낮다는 점을 아는 것은 별로 어렵지 않을 겁니다. 그러므로 신속히 지구를 보병궁시대의 의식으로 끌어올리기 위한 나의 최대의 희망은 이미 이런저런 형태의 영적인 길을 발견한 사람들입니다. 나는 시대의 요청은 개인적인 신성이며 그 밖의 어떤 것도 아님을 깨달은 사람들이 필요합니다.

황금시대는 임계수치의 사람들이 개인적인 신성을 구현할 때까지는 오지 않을 것입니다. 내가 앞서 언급했듯이, 현재 지구상에는 내면의 수준에서 높은 단계의 개인적인 신성을 드러낸 10,000명의 사람들이 존재합니다. 하지만 불행하게도 이런 사람들의 대다수는 자기들의 내적인 도달상태를 의식적으로 인식하지 못하고 있습니다. 그리고 그렇기에 그들은 그것을 과감하게 인정하고 표현하지 못하고 있습니다. 세상에는 또한 높은 단계의 신성을 나타낸 수백만 명의 사람들이 있습니다. 만약 이런 사람들이 자신의 잠재력을 의식적으로 인정하고 기꺼이 신성을 확장하는 길에 착수한다면, 그들은 신속하게 엄청난 진보를 이룰 수가 있습니다.

이와 같은 사람들은 삶의 모든 분야에서 찾아볼 수 있습니다. 이들 가운데 다수는 전통적 기독교에서도 발견되고, 다른 종교들에도 발견됩니다. 또한 많은 이들이 특정 종교에 속해 있지 않거나, 과학적 물질주의에 찬성하지 않습니다. 그리고 그들 중의 상당한 비율은 뉴에이지 운동에서 발견됩니다. 이런 사람들은 신속히 그들 자신이 누구이고 왜 이곳에 있는지에 관해 의식적으로 자각하는 것이 필요합니다. 나는 계속해서 이런 모든 사람들에게 손을 뻗치기 위해 노력하고 있습니다. 하지만 나는 가장 이해력이 빠른 모든 사람들은 이미 영적인 길을 찾은 사람들일 것이라고 믿습니다.

　　많은 기독교인들이 당신을 믿는 것이 천국으로 가는 유일한 길임을 주장하기 위해 다음과 같은 성경구절을 이용합니다. "예수께서 가라사대, 내가 곧 길이요, 진리요, 생명이니 나로 말미암지 않고는 아버지께로 올 자가 없느니라(요한복음 14:6)."이것에 대해 어떻게 답변하시겠습니까?

　　내 답변은 이 구절에 대한 기존교회의 해석이 잘못돼 있다는 것입니다. 내가 이 책에서 설명했듯이, 기독교 교회의 신도들은 자동으로 천국에 들어가지 못할 것입니다. 그러므로 좀 더 정확한 해석을 말한다면, 내가 우주적인 그리스도 마음과 합일된 경지에 도달해 있었기 때문에 나는 그런 마음의 입장에서 이야기하고 있었다는 것입니다. 달리 말하면, 누구도 그리스도의 마음이라는 예복을 입지 않고는 아버지에게 오지 못한다는 것입니다. 그럼에도 불구하고 그 구절은 보다 깊은 의미를 갖고 있습니다.

　　하나의 영적인 시대가 마감되었을 때, 그 시대를 담당했던 영적인 고위성직자는 단순히 사라지지 않습니다. 그 영적인 대사는 더 높은 직책으로 승격됩니다. 그리고 나는 참으로 모든 인간들의 구세주라는 영적인 직책을 부여받았습니다. 그렇기에 영적인 세계로 영원히 상승하기 위해서 영혼은 나의 직책과 신성한 가슴을 통과해야만 합니다. 이것은 어떤 결과들을 낳습니다.

　　나의 직책으로 인해, 나는 영혼들이 그리스도 의식에 도달할 때까지는 그들이 영적인 세계로 들어가는 것을 허용할 수가 없습니다. 그렇게 허용하는 것은 신으로부터 부여받은 임무를 저버리는 일이 될 것입니다. 다시 한 번 말하지만, 이것은 어떤 영혼이 기독교라는 종교의 신도가 되어야한다는 것을 의미하지 않습니다. 하지만 그것은 영혼이 나와 나의 직책에 접근하는 선택을 해야 한다는 것을 뜻합니다.

　　영혼은 내게 다가올 때까지는 절대로 천국에 들어갈 수가 없습니다. 그리고 영혼은 나와 내가 나타내는 모든 것과 화해하지 않고는 그렇게 할 수가 없습니다. 그것이 이 책과 다른 책들, 웹사이트 등의 가르침들이 매우 중요한 또 다른 이유입니다. 현재 성장이 정체돼 있는 수많은 영혼들이 있는데, 이것은 그들이 나에 대한 그릇된 이미지를 받아들였기 때문입니다. 이런 영혼들은 이런 잘못된 이미지들을 놓아버림으로써 그들의 발전 속도를 상당히 높일 수 있습니다. 그리하여 그들은 나를 그들이 영적인 길을 걸어 그리스도 의식에 도달하는 것을 돕기 위해 이곳에 있는 보편적인 영적스승으로서, 자기들의 형제자매로서 받아들일 수가 있습니다. 나는 진심으로 내가 이런 영혼들에게 나의 내적 가르침들로 손을 뻗쳐 도울 수 있기를 희망합니다. 나는 기꺼이 지구상의 모든 영혼들과 화해하고자 합니다. 그리고 나는 모든 영적 추구자들이 나와 기꺼이 화해해주기를 바랍니다.

　당신은 어떤 가르침도 진리에 대한 독점권이 없고 어떤 인간이나 단체도 우리가 영적인 길에 관해 알 필요가 있는 모든 것을 줄 수 없다고 말씀하셨는데요. 저는 그것이 이 책에도 해당되며, 사람들이 이 책을 자기들에게 필요한 모든 것을 담고 있다고 보아서는 안 된다고 생각합니다. 바꿔 말한다면, 그들이 다른 원천의 정보를 찾는 데 자유롭게 느껴야 한다는 것이지요. 제 생각이 옳은 것인가요?

　책 한 권으로 영적인 길에 관해 알아야할 모든 것을 제공해 주는 것이 내 의도는 아닙니다. 성서에서 "예수의 행하신 일이 이 외에도 많으니, 만일 낱낱이 기록된다면, 이 세상이라도 이 기록된 책을 두기에 부족할 줄 아노라(요한복음 21:25)."라고 설명하듯이, 그것은 결코 가능하지 않을 것입니다. 나는 참으로 영적인 길에 관해 말할 것이 훨씬 많이 있고, 그 길이 여러 가지 방식으로 묘사될 수 있음을 이해하는 것은 중요합니다. 즉 이 책은 한 가지 방식이지만, 유일한 방식은 아닙니다.

　이 책에 대한 내 목표는 사람들이 영적인 길을 발견하고 그 길에 확고히 정착하기 위해 알아야 할 것들을 전해주는 것이었습니다. 그러한 목표는 성취되었습니다. 왜냐하면 만약 사람들이 내가 설명한 도구들을 이용하고 내가 준 통찰력을 내면화한다면, 그들은 점차 자신의 그리스도 자아와 관계를 형성하게 될 것이기 때문입니다. 이 책의 진짜 목적은 여러분을 여러분의 그리스도 자아와 연결시키는 것입니다. 그리고 간과하기 쉬운 숨겨진 보석들을 찾기 위해 이 책을 여러 번 읽는 것은 대단히 유익할 것입니다.

일단 여러분이 자신의 그리스도 자아와 관계를 형성하게 되면, 내면으로부터 개인적인 지침을 받게 될 것입니다. 이것은 다른 영적 가르침을 공부하는 것에 대한 지시를 포함할 수도 있고, 또는 어떤 문서화된 가르침을 넘어선 직접적인 계시를 포함할 수도 있습니다. 결국 거기에는 글로 기재할 수 없는 영적인 신비들이 있는데, 그것들은 직접 경험해보아야 하기 때문입니다. 이 책은 그런 내면의 경험들을 여는 열쇠들을 담고 있지만, 그것은 오직 사람들이 어떤 감수성의 수준으로 이 책을 읽을 때만 작동할 수 있습니다.

사람들이 영적인 길에 관해 이해할 수 있는 가장 중요한 것은 그 길을 따르는 열쇠는 이 책이나 또는 다른 책에 있지 않다는 것입니다. 신의 왕국으로 들어가는 열쇠는 여러분 자신의 내면에 있습니다. 절대자에게로 가는 오직 하나의 길이 있으며, 그것은 내면의 길입니다. 영적인 길의 어떤 단계에서 영혼은 외적인 가르침이 필요하고 그 가르침을 따르는 것이 필요합니다. 영혼은 보호, 지침, 그리고 정박지점이 필요하기 때문에 이것은 자연스러운 것입니다. 하지만 그 길의 상위단계에서 영혼은 어떤 외적인 가르침을 넘어서 움직이는 것이 필요합니다. 영혼은 승천한 대사 집단의 참된 길을 따르는 것이 필요한데, 그 길은 우리가 영겁을 통해 이 행성에다 제시해 왔던 것입니다. 그 참된 길은 다음과 같습니다.

• 가르침을 공부한다.
• 그 가르침을 흡수한다.
• 그 가르침과 하나가 된다.
• 스승과 하나가 된다.
• 그런 다음 여러분이 스승이 된다. 여러분이 영적인 길에 관한 진리를 입증하는 그 다음 스승이 된다.

이것이 여러분의 과업입니다. 우리 승천한 대사 집단은 영적인 길에 관한 참된 가르침을 제시하기 위해 많은 단체들을 후원해 왔습니다. 하지만 우리의 목표는 결코 영원히 학생이나 제자로 남아 있는 학도들을 양성하는 것이 아니었습니다. 우리의 목표는 아직 지구상에 있는 동안 여러분의 참 모습인 마스터가 될 때까지 여러분을 끌어올리는 것이었고, 그런 마스터들이 되게 하는 것이었습니다. 우리가 일찍이 주었던 유일한 가르침은 내면의 길에 관한 가르침입니다. 그것은 수많은 다른 외적 가르침들과 교회 및 영성단체들을 통해 표현되었습니다. 그것은 또한 수없이 위장된 형태로 표현되기도 했습니다. 그러나 유일한 하나의 가르침, 하나의 진리, 하나의 길이 있습니다. 그리고 그것은 여러분 자신이 전체가 되어가는 내면의 길입니다. 그러므로 그 길을 따라 이곳 지상에서 천상의 모든 것이 되십시오. 이것이 신의 왕국이 천상에 구현되어 있듯이, 지구에다 신의 왕국을 이룩하는 핵심열쇠인 것입니다.

■ 예수 그리스도의 짧은 서신

자진해서 나와의 좀 더 직접적인 상호작용을 시작하고 영적인 길에 관한 추가적인 지침을 받으려는 사람들을 위해 나는 신성으로 가는 단계들을 여러분에게 가르치는 특별한 과정을 제공하고 있습니다. 만약 여러분이 나와의 개인적인 관계를 느낀다면, 이것은 여러분이 오늘날의 나의 제자들 가운데 한 사람이 될 기회입니다. "비유가 아니면 말씀하지 아니하시고, 다만 혼자 계실 때에 그 제자들에게 모든 것을 해석 하시더라(마가복음 4:34)."라는 성서의 구절을 기억하기 바랍니다. 인류가 아직 준비되지 않았기 때문에 현 시점에 공식적으로 공개할 수는 없지만, 나는 지금 기꺼이 현대의 나의 제자들에게 가르침을 주고 있습니다. 나는 여러분의 그물을 내버려두고 나를 따르라고 초대합니다. 그러면 나는 여러분을 영혼을 낚는 어부로 만들 것입니다. 여러분 스스로 시작하십시오.

■ 부록

미카엘 대천사의 로사리오

이 로사리오는 여러분 자신과 다른 사람들의 영적인 보호를 기원하는 완벽한 도구이다. 이것은 또한 사람들을 어둠의 힘들로부터 차단하여 자유롭게 하고 세상의 상황을 변화시키는 데도 매우 강력한 효능이 있다. 자신의 개인적인 보호를 위해 미카엘 대천사의 디크리/확언 대신에 이 로사리오를 이용할 수 있다. 이 로사리오에 관한 가르침을 읽기 바란다.

※안내: 이 로사리오를 처음부터 끝까지 행하는 데 약 35분이 소요된다. 만약 이 로사리오 전체를 할 시간이 없다면, 자신의 날마다의 보호를 위해 1,2부와 5부만을 할 수가 있다. 또는 "어서 오소서, 미카엘이시여!"를 9회 행한 후에 "나는 생명을 선택한다!"라는 확언을 행할 수 있다.(시간이 허락한다면 더 많이 해도 좋다)

1부

성부와 성자, 성령, 그리고 기적의 어머니의 조건 없는 사랑의 이름으로, 아멘.

사랑하는 대천사 미카엘이시여, 나는 이 로사리오를 신의 뜻과 신의 왕국을 구현하는 데 바칩니다.
(… 이곳에다 미카엘 대천사와 그의 천사들이 해결해주기를 원하는 자신의 상황과 조건들을 진술한다.)

주기도문(Lord's Prayer)

모든 생명 안에 거하고 계신 우리의 아버지-어머니 신이시여, 우리는 우리 안에 계신 당신의 현존, 신아를 공경합니다. 우리는 당신의 왕국이 우리를 통해 지상에 구현됨을 받아들입니다. 우리는 당신의 뜻이 천상에서 이루어지듯이, 그 뜻을 지상에서 이룰 우리의 책임을 받아들입니다.

우리는 당신께서 우리에게 당신 자신의 모든 것이 될 기회를 날마다 주고 계심을 받아들입니다. 우리는 우리가 서로를 용서하고 우리의 뜻을 우리 안의 보다 높은 뜻에다 내맡길 때, 당신께서 우리의 결함들을 용서해주고 계심에 감사드립니다. 그러므로 우리는 우리가 내보낸 것들을 우주가 우리에게 되돌려 보낸다는 진리를 받아들입니다.

우리는 우리의 삶과 지구행성에 대해 책임을 집니다. 우리는 저급한 자아의 유혹들을 극복하겠다고 맹세하며, 그럼으로써 당신께서 우리를 모든 불완전한 에너지들로부터 구해내실 수가 있습니다. 우리는 당신의 왕국, 힘, 영광이 지금 그리고 영원히 이 지상에서 구현됨을 확언하는 바입니다. 아멘.

대천사 미카엘이시여, 어둠의 영혼들을 제압해주소서

1.내 안에 있는 그리스도 화염의 권능으로, 나는 대천사 미카엘에게 요청합니다. 당신의 불타오르는 현존을 내게 나타내시어 나의 에너지장 주변에다 침투할 수 없는 보호막을 형성해주소서. 나를 모든 불완전한 에너지들, 어둠의 영혼들, 육화하지 않은 영혼들, 적-그리스도 세력들로부터 보호해주소서. 그리고 내가 어둠의 진동들을 식별할 수 있도록 내 마음을 밝혀주소서. 나는 이로써 내게 침투하는 모든 어둠을 차단하기로 선택합니다. 대천사 미카엘이시여, 모든 불완전한 에너지들과 어둠의 영혼들로부터 모든 사람들을 보호해 주십시오.

미카엘 대천사님이시여!
천사들의 군주(君主)이신 미카엘 대천사님이시여!
당신의 현존이 늘 우리와 함께 하고 있습니다.
모든 어둠의 세력들로부터 우리를 보호해주시고

우리 내부의 적들을 결박해 주소서.
우리는 우리의 삶을 지배하고
신의 왕국을 지상에다 이룩합니다.

신앙의 수호자인 신성한 미카엘이시여!
우리는 당신의 푸른-화염검(Blue-Flame Sword)에 호소합니다.
적그리스도의 거짓들로부터 우리를 차단하여 자유롭게 해주소서.
그리하여 우리는 분리의 베일을 간파할 수 있습니다.
우리는 우리와 신과의 합일을 확언하며
지상에서 신의 집단을 형성합니다.

2.대천사 미카엘이시여, 당신의 불타오르는 현존을 나의 에너지장 속
에 나타내소서. 나의 마음과 감정들을 압도하기 위해 위협하는 모든
불완전한 에너지들을 결박하여 소멸시켜 주소서. 부정적 에너지들로
이루어진 지구상의 모든 보텍스들의 영향으로부터 나를 차단시켜 자
유롭게 해주소서. 내가 내 존재 안의 모든 불완전한 에너지들을 확인
할 수 있도록 나를 깨닫게 해주소서. 내가 그들이 내 존재의 일부가
아니고 나는 그들이 필요치 않음을 알 수 있게 도와주소서. 나는 이
제 모든 어둠의 에너지들을 놓아버리기로 선택합니다. 대천사 미카엘
이시여, 모든 사람들의 에너지장 속에 있는 독성의 진동들을 소멸시
켜 주십시오.

어서 오소서, 미카엘이시여!

3.대천사 미카엘이시여, 나의 존재 속으로 침투해서 내부에서 나를
통제하고자하는 모든 어둠의 영혼들과 육체가 없는 영혼들을 결박하
여 소멸시켜주소서. 나의 내부에 있는 이런 적들을 확인할 수 있도록
나를 깨닫게 해주소서. 그들이 나의 참된 정체의 일부가 아니고 나는
그들이 필요치 않음을 알 수 있게 도와주소서. 나는 이제 모든 어둠
의 영혼들을 놓아버리기로 선택합니다. 대천사 미카엘이시여, 모든
사람들을 어둠의 영혼들로부터 차단시켜 자유롭게 해주십시오.

어서 오소서, 미카엘이시여!

4.대천사 미카엘이시여, 나의 존재 내의 모든 영적인 유독물질들을 결박하여 소멸시켜주소서. 무지, 분노, 교만, 탐욕, 시기심, 그리고 무의지, 비실재로 이루어진 이런 유독물질로부터 나를 차단하여 자유롭게 해주소서. 나의 존재 속에 있는 이런 모든 영적인 유독물질들을 확인할 수 있도록 나를 깨닫게 해주소서. 그들이 내 존재의 일부가 아니고 나는 그들이 필요치 않음을 알 수 있게 도와주소서. 나는 이제 모든 영적인 유독물질들을 놓아버리기로 선택합니다. 대천사 미카엘이시여, 모든 사람들을 영적인 유독물질들로부터 차단시켜 자유롭게 해주십시오.

미카엘 대천사님이시여!
천사들의 군주(君主)이신 미카엘 대천사님이시여!
당신의 현존이 늘 우리와 함께 하고 있습니다.
모든 어둠의 세력들로부터 우리를 보호해주시고
우리 내부의 적들을 결박해 주소서.
우리는 우리의 삶을 지배하고
신의 왕국을 지상에다 이룩합니다.

신앙의 수호자인 신성한 미카엘이시여!
우리는 당신의 푸른-화염검(Blue-Flame Sword)에 호소합니다.
적그리스도의 거짓들로부터 우리를 차단하여 자유롭게 해주소서.
그리하여 우리는 분리의 베일을 간파할 수 있습니다.
우리는 우리와 신과의 합일을 확언하며
지상에서 신의 집단을 형성합니다.

5.대천사 미카엘이시여, 내가 나의 참된 정체성을 받아들이는 것을 방해하고자 하는 나의 육적인 마음과 인간적 에고, 반-자아(anti-self)를 결박하여 소멸시켜주소서. 나의 반자아가 나의 행위, 생각, 감정, 정체감을 통제하기 위해 이용하는 거짓말들을 확인할 수 있도록 나를 깨닫게 해주소서. 이 반자아가 나의 참된 정체성의 일부가

아니고 나는 그것이 필요치 않음을 알 수 있게 도와주소서. 나는 이제 나의 반자아를 놓아버리기로 선택합니다. 대천사 미카엘이시여, 내게서 나의 반자아를 제거해 주시고 기꺼이 자유로워지고자 하는 모든 사람들의 반자아를 결박해 주십시오.

어서 오소서, 미카엘이시여!

6.대천사 미카엘이시여, 가장 저급한 공통분모를 극복할 수 없게 하고 그리스도의 마음을 구현할 잠재력을 부정케 하기 위해 나를 잇따른 관습으로 끌어당기는 대중의식의 중력적인 힘으로부터 차단시켜 자유롭게 해주소서. 내가 외견상 인간에게 옳은 것처럼 보이는 방식보다 더 나은 삶의 방식이 있음을 알 수 있게 모든 영적무지를 제거해 주소서. 내가 대중의식으로부터 떨어져 나와 분리되고 선택된 사람들에게 속할 수 있는 용기를 주소서. 나는 이제 생명의 길, 그리스도 의식으로 가는 길을 따르기로 결심합니다. 대천사 미카엘이시여, 대중의식으로부터 기꺼이 자유로워지고자 하는 모든 사람들을 그 의식으로부터 차단하여 자유롭게 해주십시오.

어서 오소서, 미카엘이시여!

7.대천사 미카엘이시여, 이 세상의 것들에 대해 집착을 느끼게 만드는 물질주의 의식으로부터 나를 차단시켜 자유롭게 해주소서. 그리스도 잠재력이 풍요로운 삶에 대한 참된 열쇠임을 알 수 있게 도와주소서. 나는 이제 신의 왕국을 먼저 추구하기로 선택합니다. 그리고 나는 내가 그리스도 의식에 도달했을 때, 모든 것이 내게 더해질 것임을 압니다. 대천사 미카엘이시여, 물질주의 의식, 죽음의 의식을 기꺼이 극복하고자 하는 모든 사람들을 그런 의식으로부터 차단하여 자유롭게 해 주십시오.

어서 오소서, 미카엘이시여!

8.대천사 미카엘이시여, 나의 현 믿음들에 대한 집착과 내가 나의 유

한한 믿음들을 포기할 경우 내 정체감을 잃을지도 모른다는 두려움으로부터 나를 차단시켜 자유롭게 해주소서. 교회와 국가에 의해 내 마음 속에 프로그램된 모든 이원성적인 믿음들을 꿰뚫어 볼 수 있게 내 마음을 밝혀주소서. 이런 이원성적인 믿음들, 인간이 만든 이런 우상들을 포기함으로써 내가 그리스도 안에서 참된 정체성을 얻을 것임을 알게 도와주소서. 나는 이런 세속적인 믿음들이라는 황금송아지 주변에서 춤추는 것을 중단하기로 선택합니다. 대천사 미카엘이시여, 이원성의 의식, 죽음의 의식을 기꺼이 극복하려는 모든 사람들을 그런 의식으로부터 차단하여 자유롭게 해 주십시오.

어서 오소서, 미카엘이시여!

9.대천사 미카엘이시여, 나의 인간적 정체감에 대한 모든 집착과 내가 이런 육적인 마음을 포기할 경우 내 정체감이 없어질 것이라는 모든 두려움으로부터 나를 차단시켜 자유롭게 해주소서. 내가 나의 반자아의 비실재성을 꿰뚫어 보고 그 배후에 불멸의 영적존재로서의 내 참된 정체성이 있음을 알도록 내 마음을 밝혀주소서. 나는 이제 생명을 선택하고 나의 참된 정체성을 그리스도로 받아들입니다. 대천사 미카엘이시여, 모든 그릇된 정체감을 기꺼이 극복하려는 모든 사람들을 그런 의식으로부터 차단하여 자유롭게 해 주십시오.

미카엘 대천사님이시여!
천사들의 군주(君主)이신 미카엘 대천사님이시여!
당신의 현존이 늘 우리와 함께 하고 있습니다.
모든 어둠의 세력들로부터 우리를 보호해주시고
우리 내부의 적들을 결박해 주소서.
우리는 우리의 삶을 지배하고
신의 왕국을 지상에다 이룩합니다.

신앙의 수호자인 신성한 미카엘이시여!
우리는 당신의 푸른-화염검(Blue-Flame Sword)에 호소합니다.
적그리스도의 거짓들로부터 우리를 차단하여 자유롭게 해주소서.

그리하여 우리는 분리의 베일을 간파할 수 있습니다.
우리는 우리와 신과의 합일을 확언하며
지상에서 신의 집단을 형성합니다.

2부

나는 생명을 선택한다!
사랑하는 대천사 미카엘이시여, 내가 죽지 않도록 나를 구해주소서!
(3회)

대천사 미카엘이시여, 내 자신을 신과 분리된 죽을 운명의 인간으로 인정하게 만드는 죽음의 의식으로부터 나를 구해주소서.

사랑하는 대천사 미카엘이시여, 당신, 내 신앙의 수호자시여, 만약 사람들이 더 낮게 안다면, 그들은 더 낮게 행동할 것입니다. 그리고 나의 천부적인 자유의지의 권한에 의해 나는 기꺼이 더 낮게 알겠다고 선언합니다. 나는 내 영혼을 포위하고 있는, 그래서 탈출구가 없어 보이는 거짓말의 거미줄 망에 사로잡혀 있는데, 나는 자진해서 이런 적그리스도의 거짓말들을 끊고 자유로워지겠습니다. 대천사 미카엘이시여, 나는 기꺼이 죽음의 의식을 극복하고 그리스도의 진리와 빛나는 신의 실체를 보기 위해 자유로워지겠습니다. 나는 기꺼이 나의 신을 보겠으며, 더 이상 인간으로 살지 않고 진정한 나인 영적존재로 살겠습니다.

대천사 미카엘이시여, 나는 기꺼이 나의 삶을 변화시키겠습니다. 나는 이 세상의 한계들과 육적인 마음의 이원성에 기초해 있는 나의 세속적인 생명의식과 인간적인 정체감을 기꺼이 버리겠습니다. 나는 기꺼이 내 눈이 하나가 되게 할 것이며, 그럼으로써 나는 교활한 자들의 거짓말들을 간파할 수 있고 그리스도의 빛으로 채워질 수 있습니다. 나는 자진해서 이 세상에 속한 것들과 매우 실제처럼 보이는 한계들에 대한 나의 감정적인 집착을 버리겠습니다. 나는 그리스도 의식이라는 불멸의 생명을 얻기 위해 이런 유한한 생명에 관한 의식을 버리겠으며, 신의 아들딸로서의 참된 정체성을 받아들이겠습니다.

그러므로 이제 나는 내 자유의지의 완전한 권한과 내 안에 있는 그리스도 화염의 힘으로 말합니다.

나는 생명을 선택한다! (4회)

나는 생명의 의식, 그리스도 의식을 선택합니다. 그리고 나는 그리스도의 빛 속에서 영원토록 살아있음을 받아들입니다. 나는 이 세상의 모든 겉모습 뒤에는 신의 실재가 존재하심을 받아들입니다. 그리고 그렇기에 나는 더 이상 세상적인 겉모습에 영원성을 부여하지 않겠다고 맹세합니다. 나는 신이 어디에나 계시며, 그러므로 또한 내 안에도 계심을 확언합니다.

나는 나의 신과 하나가 되기로 선택합니다. 그리고 그렇기에 나는 곧 이 세상에서 대천사 미카엘의 현존입니다.

대천사 미카엘이시여, 적그리스도의 거짓말들을 제압해주소서

1.내 안에 있는 그리스도 화염의 권능으로, 나는 대천사 미카엘에게 요청합니다. 인간이 원래 죄인이고 죄 속에서 잉태되었으며 우리가 행하는 모든 것이 죄라는 거짓말로부터 우리를 차단하여 자유롭게 해주소서. 이 거짓말에서 생겨나는 자책과 비난, 죄의식으로부터 우리를 자유롭게 해주소서. 대천사 미카엘이시여, 이런 거짓을 조장하는 모든 개인들, 단체들, 그리고 어둠의 세력들을 결박해주소서. 이런 거짓을 폭로하고, 사람들이 우리가 우리의 아버지/어머니 신에 의해 그분들 자신의 완전한 모습대로 설계되어 창조되었다는 진리를 자유롭게 받아들이도록 해주십시오.

어서 오소서, 미카엘이시여!

2.대천사 미카엘이시여, 아버지의 확장하는 힘이 어머니의 수축하는 힘에 대립한다는, 그리고 아버지는 선이고 어머니는 악이라는 거짓말로부터 우리를 차단하여 자유롭게 해주소서. 이런 거짓말에서 생겨나

444

는 신성한 어머니에 대한 증오, 여성에 대한 증오, 그리고 모든 영혼의 여성적 측면에 대한 부정으로부터 우리를 자유롭게 해주소서. 대천사 미카엘이시여! 이런 거짓말을 조장하는 모든 개인들, 단체들, 어둠의 세력들을 결박해주소서. 이런 거짓말을 폭로하고, 사람들이 창조주께서는 남성과 여성적 측면 양쪽을 갖고 있으시며 그분들이 완벽한 조화 속에 계시다는 진리를 자유롭게 받아들이도록 해주십시오.

미카엘 대천사님이시여!
천사들의 군주(君主)이신 미카엘 대천사님이시여!
당신의 현존이 늘 우리와 함께 하고 있습니다.
모든 어둠의 세력들로부터 우리를 보호해주시고
우리 내부의 적들을 결박해 주소서.
우리는 우리의 삶을 지배하고
신의 왕국을 지상에다 이룩합니다.

신앙의 수호자인 신성한 미카엘이시여!
우리는 당신의 푸른-화염검(Blue-Flame Sword)에 호소합니다.
적그리스도의 거짓들로부터 우리를 차단하여 자유롭게 해주소서.
그리하여 우리는 분리의 베일을 간파할 수 있습니다.
우리는 우리와 신과의 합일을 확언하며
지상에서 신의 집단을 형성합니다.

3.대천사 미카엘이시여, 하나님이 분노와 심판의 신이고 일단 우리가 한 번 실수를 저지르면 영원히 그리고 더 이상은 신의 사랑을 받을 자격이 없다는 거짓말로부터 우리를 차단하여 자유롭게 해주소서. 이런 거짓말에서 생겨나는 영원한 천벌과 신을 대면하는 것에 대한 두려움으로부터 우리를 자유롭게 해주소서. 대천사 미카엘이시여! 이런 거짓말을 조장하는 모든 개인들, 단체들, 어둠의 세력들을 결박해주소서. 이런 거짓말을 폭로하고, 사람들이 우리가 신을 대면하여 죽음의 의식을 버리고 진심으로 용서를 청한다면, 신의 조건 없는 사랑에 의해 즉시 용서받는다는 진리를 자유롭게 받아들이도록 해주십시오.

어서 오소서, 미카엘이시여!

4.대천사 미카엘이시여, 우리가 되돌릴 수 없는 죄를 지을 수 있고 물질우주가 탈출구가 없는 감옥이라는 거짓말로부터 우리를 차단하여 자유롭게 해주소서. 이런 거짓말에서 생겨나는 절망과 낙담, 영적인 마비로부터 우리를 자유롭게 해주소서. 대천사 미카엘이시여! 이런 거짓말을 조장하는 모든 개인들, 단체들, 어둠의 세력들을 결박해주소서. 이런 거짓말을 폭로하고, 사람들이 모든 것이 에너지이며, 그렇기에 우리가 저지른 어떤 실수도 그 자체와 다른 모든 것을 소멸시키는 신의 빛을 기원함으로써 무효화할 수 있다는 진리를 자유롭게 받아들이도록 해주십시오.

어서 오소서, 미카엘이시여!

5.대천사 미카엘이시여, 우리가 우리의 통제를 벗어난 상황의 희생자들이고 우리의 삶에 책임질 필요가 없으며 우리 자신의 구원을 성취하기위해 할 수 있는 것이 아무 것도 없다는 거짓말로부터 우리를 차단하여 자유롭게 해주소서. 이런 거짓말에서 생겨나는 무책임과 무관심으로부터 우리를 자유롭게 해주소서. 대천사 미카엘이시여! 이런 거짓말을 조장하는 모든 개인들, 단체들, 어둠의 세력들을 결박해주소서. 이런 거짓말을 폭로하고, 사람들이 우주는 우리가 내보낸 것들을 다시 우리에게 반사하는 거울이기에 우리가 우리의 의식을 변화시키고 그리스도의 마음을 입음으로써만이 세상을 바꿀 수 있다는 진리를 자유롭게 받아들이도록 해주십시오.

어서 오소서, 미카엘이시여!

6.대천사 미카엘이시여, 물질우주가 신과 분리돼 있고 신이 우리의 내부가 아닌 아주 멀리 있다는 거짓말로부터 우리를 차단하여 자유롭게 해주소서. 이런 거짓말에서 생겨나는 버림받음과 쓸쓸함의 느낌으로부터 우리를 자유롭게 해주소서. 대천사 미카엘이시여! 이런 거짓말을 조장하는 모든 개인들, 단체들, 어둠의 세력들을 결박해주소서.

이런 거짓말을 폭로하고, 사람들이 신이 없이는 기존의 어떤 것도 만들어지지 않았다는 진리를 자유롭게 받아들이도록 해주십시오. 그러므로 신의 왕국은 우리 내부에 있으며, 모든 불완전한 조건들도 단지 빛나는 신의 실체와 완전함을 감추고 있는 것입니다.

어서 오소서, 미카엘이시여!

7. 대천사 미카엘이시여, 우리가 신과 분리돼 있고 우리 스스로 신에게 도달할 수 없으며 우리는 신의 아들딸이 될 자격이 없다는 거짓말로부터 우리를 차단하여 자유롭게 해주소서. 이런 거짓말에서 생겨나는 육적인 마음과 그릇된 정체감으로부터 우리를 자유롭게 해주소서. 대천사 미카엘이시여! 이런 거짓말을 조장하는 모든 개인들, 단체들, 어둠의 세력들을 결박해주소서. 이런 거짓말을 폭로하고, 사람들이 우리 내면에 있는 신의 왕국으로 들어감으로써 신에게 도달할 수 있는 영적인 존재로서, 신의 자녀로서의 참된 정체성을 자유롭게 받아들이도록 해주십시오.

어서 오소서, 미카엘이시여!

8. 대천사 미카엘이시여, 우리가 상대적인 선과 악 사이에서 선택해야만 하고 대안이나 중도(中道)가 없다는 거짓말로부터 우리를 차단하여 자유롭게 해주소서. 이런 거짓말에서 생겨나는 불균형과 극단주의, 광신으로부터 우리를 자유롭게 해주소서. 대천사 미카엘이시여! 이런 거짓말을 조장하는 모든 개인들, 단체들, 어둠의 세력들을 결박해주소서. 이런 거짓말을 폭로하고, 사람들이 그리스도의 실체는 상대적인 정반대의 선과 악을 넘어서 있다는 진리를 자유롭게 받아들이도록 해주십시오. 그러므로 우리는 그리스도 의식의 중도를 따름으로써만이 조화와 내면의 평화를 찾을 수가 있습니다.

미카엘 대천사님이시여!
천사들의 군주(君主)이신 미카엘 대천사님이시여!
당신의 현존이 늘 우리와 함께 하고 있습니다.

모든 어둠의 세력들로부터 우리를 보호해주시고
우리 내부의 적들을 결박해 주소서.
우리는 우리의 삶을 지배하고
신의 왕국을 지상에다 이룩합니다.

신앙의 수호자인 신성한 미카엘이시여!
우리는 당신의 푸른-화염검(Blue-Flame Sword)에 호소합니다.
적그리스도의 거짓들로부터 우리를 차단하여 자유롭게 해주소서.
그리하여 우리는 분리의 베일을 간파할 수 있습니다.
우리는 우리와 신과의 합일을 확언하며 지상에서 신의 집단을 형성합
니다.

9. 대천사 미카엘이시여, 예수님이 신의 유일한 아들이고, 그렇기에 우리가 그의 발자국을 따라서 그가 행한 일들을 하는 것은 신성모독이라는 거짓말로부터 우리를 차단하여 자유롭게 해주소서. 이런 거짓말에서 생겨나는 우리 내면의 그리스도에 대해 부정하는 적그리스도 의식으로부터 우리를 자유롭게 해주소서. 대천사 미카엘이시여! 이런 거짓말을 조장하는 모든 개인들, 단체들, 어둠의 세력들을 결박해주소서. 이런 거짓말을 폭로하고, 예수 그리스도가 그러했듯이 우리 또한 이런 마음을 우리 안에 품을 잠재력이 있다는 진리

를 자유롭게 받아들이도록 해주소서. 그러므로 하나님이 예수님을 통해서 했던 그 일들을 우리를 통해서 하실 수가 있습니다.

어서 오소서, 미카엘이시여!

3부

나는 창조주께 지구 행성의 권리를 요구합니다!

1.내 안에 있는 그리스도 화염의 권능으로, 나는 창조주와 승천한 대사 집단에게 지구 행성의 권리를 요구합니다. 나는 적그리스도 세력들이 신께서 우리에게 자유의지를 주심으로써 잘못했다는 것을 입증하려는 시도로 이 행성을 파괴하는 것을 허용하지 않을 것입니다. 나는 그들이 신에게 앙갚음하기 위한 교만한 생각으로 영혼들을 파멸시키는 것을 허용하지 않을 것입니다. 그러므로 나는 나의 자유의지를 사용하여 적그리스도의 거짓들을 제압하는 그리스도의 진리를 선택합니다.

사랑하는 대천사 미카엘이시여, 수십억의 푸른 화염의 천사들을 보내주소서. 그리하여 모든 영혼들을 적그리스도의 거짓들, 죽음의 의식, 그리고 분리의 베일로부터 차단하여 그들을 자유롭게 하소서. 사랑하는 예수님이시여, 당신의 심판의 천사들을 모든 영혼들에게 보내시어 그들이 육적인 마음의 이원성 너머를 볼 수 있게 도와주십시오. 그리하여 그들이 누구를 섬길지를 자유롭게 선택할 수 있습니다. 성모 마리아님이시여, 당신의 조건 없는 사랑의 천사들을 보내시어 모든 영혼들을 두려움으로부터 해방시켜 주소서. 나는 모든 영혼들이 죽음의 의식과 삶(생명)의 의식 사이에서 완전히 자유롭게 선택할 수 있게 하기를 요구합니다.

삶(생명)을 선택하라! (4회)

대천사 미카엘이시여, 죽음을 선택하는 모든 영혼들을 결박하여 지구에서 그들을 제거해 주소서. 그리하여 그들이 인류를 자기들이 스스로 창조한 지옥 속으로 끌어내릴 수 없게 됩니다. 대천사 미카엘이시여, 삶을 선택하는 모든 영혼들을 보호해 주십시오. 그리하여 그들이 그리스도 의식을 구현하고 지구에 신의 왕국을 가져오는 열린 문이 될 수가 있습니다.

나는 신께 지구 행성의 권리를 요구합니다. 그리고 나는 예수 그리

스도를 지구의 영적인 왕으로 지금 그리고 영원히 받아들입니다. 아
멘.

대천사 미카엘이시여, 적그리스도 세력들을 제압해주소서

1.내 안에 있는 그리스도 화염의 권능으로, 나는 대천사 미카엘에게 거짓말을 통해 사람들을 지배하고자 하는 적그리스도 세력들을 결박해 줄 것을 요청합니다. 이 세력들은 궁극적인 자유는 오직 신의 법칙에 저항함으로써만이 얻어질 수 있고, 그렇기에 우리가 그들을 따라 신에 대한 그들의 반란에 동조해야 한다고 속이고 있습니다. 이런 세력들을 폭로하고, 궁극적인 자유는 오직 사랑의 법칙을 이용하여 지구에다 신의 왕국을 창조함으로써만이 찾을 수 있다는 진리를 자유롭게 받아들이도록 해주십시오.

미카엘 대천사님이시여!
천사들의 군주(君主)이신 미카엘 대천사님이시여!
당신의 현존이 늘 우리와 함께 하고 있습니다.
모든 어둠의 세력들로부터 우리를 보호해주시고
우리 내부의 적들을 결박해 주소서.
우리는 우리의 삶을 지배하고
신의 왕국을 지상에다 이룩합니다.

신앙의 수호자인 신성한 미카엘이시여!
우리는 당신의 푸른-화염검(Blue-Flame Sword)에 호소합니다.
적그리스도의 거짓들로부터 우리를 차단하여 자유롭게 해주소서.
그리하여 우리는 분리의 베일을 간파할 수 있습니다.
우리는 우리와 신과의 합일을 확언하며
지상에서 신의 집단을 형성합니다.

2.대천사 미카엘이시여, 우리의 행위에는 결과가 따르지 않고 만약 어떤 것이 좋게 느껴지면 잘못된 것이 없다는 거짓말을 통해 사람들을 지배하고자 하는 적그리스도 세력들을 결박해주소서. 이런 세력들

을 폭로하고, 우리가 내보낸 에너지가 다시 우리에게 돌아오기 때문에 신의 법칙은 공정하다는 진리를 사람들이 자유롭게 받아들이도록 해주십시오.

어서 오소서, 미카엘이시여!

3.대천사 미카엘이시여, 자유의지는 위험하며, 그렇기에 우리가 그들의 지구상의 왕국이 신의 왕국보다 더 낫다고 주장하는 엘리트들을 따라야 한다는 거짓말을 통해 사람들을 지배하고자 하는 적그리스도 세력들을 결박해주소서. 이런 세력들을 폭로하고, 세속적인 권위는 우리를 천국으로 인도할 수 없으며, 그렇기에 우리는 우리 내면에 살아 있는 그리스도의 참된 권위를 따름으로써만이 구원받을 수 있다는 진리를 사람들이 자유롭게 받아들이도록 해주십시오.

어서 오소서, 미카엘이시여!

4.대천사 미카엘이시여, 우리가 우리자신을 다스릴 수 없고, 그렇기에 우리가 엘리트들을 따르고 그들을 지구상의 신들로 숭배해야 한다는 거짓말을 통해 사람들을 지배하고자 하는 적그리스도 세력들을 결박해주소서. 이런 세력들을 폭로하고, 신의 법칙을 거역하는 자들이 우리의 영적인 빛을 훔쳐서 신이 잘못돼 있다는 것을 입증하려 하기 때문에 그들이 우리를 노예화하고자 한다는 진리를 사람들이 자유롭게 받아들이도록 해주십시오.

어서 오소서, 미카엘이시여!

5.대천사 미카엘이시여, 목적이 수단을 정당화할 수 있고, 그렇기에 결과가 좋으면 악을 행하는 것도 필요하다는 거짓말을 통해 사람들을 지배하고자 하는 적그리스도 세력들을 결박해주소서. 이런 세력들을 폭로하고, 어떠한 선(善)도 결코 신의 법칙을 어기는 데서 생겨날 수 없다는 진리를 사람들이 자유롭게 받아들이도록 해주소서. 그러므로 우리는 오직 육적인 마음의 극단주의와 광신을 버림으로써, 그리스도

마음의 중도를 걸음으로써, 그리고 모든 상황들에 대해 사랑으로 반응함으로써만이 이 지구에서 악을 제거할 수가 있습니다.

어서 오소서, 미카엘이시여!

6. 대천사 미카엘이시여, 복수는 필요하고 정당하며, 그렇기에 우리가 폭력과 전쟁을 외치는 자들을 따라야 한다는 거짓말을 통해 사람들을 지배하고자 하는 적그리스도 세력들을 결박해주소서. 이런 세력들을 폭로하고, 사람들이 궁극적인 자유는 우리의 적들을 사랑하고 우리에게 해를 끼친 자들조차도 용서함으로써만이 찾을 수 있다는 진리를 사람들이 자유롭게 받아들이도록 해주소서. 그러므로 우리는 오직 육적인 마음의 극단주의와 광신을 버림으로써, 그리스도 마음의 중도를 걸음으로써, 그리고 모든 상황들에 대해 사랑으로 반응함으로써만이 이 지구에서 악을 제거할 수가 있습니다. 우리가 모든 부정적인 에너지들을 버리고 어린아이처럼 되어야 천국에 들어갈 수 있습니다.

어서 오소서, 미카엘이시여!

7. 대천사 미카엘이시여, 우리가 끊임없는 성장과 자기초월에 관한 신의 법칙을 따를 필요가 없고, 또 모든 것이 그대로 남아 있을 수 있고 남아 있어야 한다는 거짓말을 통해 사람들을 지배하고자 하는 적그리스도 세력들을 결박해주소서. 이런 세력들을 폭로하고, 궁극적인 안정과 안전은 물질우주의 변천하는 모래 위에 쌓아올려 가지고는 얻을 수 없다는 진리를 사람들이 자유롭게 받아들이도록 해주십시오. 불변성(不變性)은 오직 그리스도의 반석을 통해서만 얻어질 수 있으며, 그것이 우리가 생명의 강과 더불어 흘러가서 끊임없이 더 나은 신이 될 수 있게 합니다.

미카엘 대천사님이시여!
천사들의 군주(君主)이신 미카엘 대천사님이시여!
당신의 현존이 늘 우리와 함께 하고 있습니다.
모든 어둠의 세력들로부터 우리를 보호해주시고

452

우리 내부의 적들을 결박해 주소서.
우리는 우리의 삶을 지배하고
신의 왕국을 지상에다 이룩합니다.

신앙의 수호자인 신성한 미카엘이시여!
우리는 당신의 푸른-화염검(Blue-Flame Sword)에 호소합니다.
적그리스도의 거짓들로부터 우리를 차단하여 자유롭게 해주소서.
그리하여 우리는 분리의 베일을 간파할 수 있습니다.
우리는 우리와 신과의 합일을 확언하며
지상에서 신의 집단을 형성합니다.

8.대천사 미카엘이시여, 우리가 신에게 이르기 위한 외적인 종교가
필요하고 오직 소수의 엘리트들만이 신과 소통할 수 있다는 거짓말을
통해 사람들을 지배하고자 하는 적그리스도 세력들을 결박해주소서.
이런 세력들을 폭로하고, 모든 사람이 그리스도 자아를 갖고 있으며
그것이 어떤 인간 권위자도 닫을 수 없는 열린 문이라는 진리를 사람
들이 자유롭게 받아들이도록 해주십시오. 그러므로 우리 모두는 그리
스도 의식이라는 결혼예복을 입음으로써 신과 교감할 수 있습니다.

어서 오소서, 미카엘이시여!

9.대천사 미카엘이시여, 우리가 오직 외적인 종교를 통해서만 구원받
을 수 있고 소수의 엘리트가 우리를 구원하거나 폐기처분할 권력을
갖고 있다는 거짓말을 통해 사람들을 지배하고자 하는 적그리스도 세
력들을 결박해주소서. 이런 세력들을 폭로하고, 신의 왕국은 우리 내
면에 있기 때문에 어떤 지구상의 권위자도 우리를 천국에서 멀어지게
할 권한이 없다는 진리를 사람들이 자유롭게 받아들이도록 해주소서.
그러므로 예수님은 우리를 위해 모든 것을 대신 해주려고 오신 것이
아니라 우리가 우리 내면의 그리스도를 통해 구원을 얻을 수 있게 도
와주려고 오신 것입니다. 우리는 우리가 예수님의 발자국을 따르고
"나와 나의 하나님은 하나이다."라는 것을 받아들일 때 구원됩니다.

어서 오소서, 미카엘이시여!

4부

모든 사람들은 생명의 수호(守護)에 대해 깨어나라

사랑하는 대천사 미카엘이시여, 모든 사람들이 어디에서든 지금 학대받고 파괴되고 있는 생명을 수호할 필요성에 대해 깨어나도록 당신의 타오르는 현존을 지상에 나타내시고, 수십억의 푸른 화염의 천사들을 보내주소서. 사람들이 파멸의 구렁텅이에서 학대받고 있는 것을 보지 못하게 가로막는 타성과 무관심, 영적무지로부터 모든 이들을 자유롭게 하소서. "이제 그만! 나는 더 이상 이 지구에서 생명의 학대를 허용하지 않을 것이다."라고 말하는 것을 방해하는 감정적 상처들, 둔감함, 자기도취로부터 모든 사람들을 차단하여 자유롭게 해주소서.

대천사 미카엘이시여, 사람들이 권력 엘리트들로부터 벗어날 수 있도록 그들을 일깨워주소서. 이런 엘리트들은 권력과 통제라는 끝없는 게임 속의 일용품이나 체스판의 도구처럼 생명을 오용하고 사람들을 위협합니다. 그들이 떨어져 나와 분리되어 선택된 사람들, 신에게 소명을 받은 이들이 되도록 도와주소서. 이들이 특별한 이유는 그들은 선택된 생명을 갖고 있고, 이 행성을 돌아다니며 먹어치우고자 하는 어둠의 세력들에 맞서 생명을 방어하기로 선택했기 때문입니다.

대천사 미카엘이시여, 사람들을 자유의지의 힘에 대해 일깨워주소서. 그리하여 그들이 당신께서 기꺼이 이 행성에서 어둠을 제거하려 하지만 우리가 그것 또한 예수 그리스도인 이런 마음을 품음으로써 어둠의 세력으로부터 분리될 때까지는 당신이 활동할 수 없다는 것을 깨달을 수 있습니다. 나는 이제 나의 자유의지를 사용하여 지구상의 사람들에게 이렇게 요청합니다.

깨어나서 생명을 수호하라! (4회)

깨어나서 낙태와 폭력, 마약의 구렁텅이 속에 있는 생명을 수호하세요. 모든 아이들을 성적(性的)이고 감정적인 학대, 매춘과 노예노동에서 지키십시오. 10대 청소년들을 마약과 동류집단압력, "그것이 좋게 느껴지면 해라!"는 식의 향락문화에서 지키십시오. 지금 권력 엘리트들에 의해 일용품으로 위협당하고 인질로 이용되고 있는 성인들을 지키십시오. 그들의 지혜를 건설적으로 이용하기보다는 쓸모없는 퇴물로 취급받고 있는 중장년층을 지키십시오. 어떤 것도 늘 충분하지 않거나 만족스럽지 않다는 부패적인 사고방식으로부터 모든 생명을 지키십시오.

잠에서 깨어나 자유의지의 힘을 되찾으세요. 그리고 미카엘 대천사와 승천한 대사 집단에게 모든 어둠을 몰아내고 지구에다 신의 왕국을 이룩할 힘을 주십시오! 나는 신께 지구 행성의 권리를 요구합니다. 그리고 나는 예수 그리스도를 지구의 영적인 왕으로 지금 그리고 영원히 받아들입니다. 아멘.

대천사 미카엘이시여, 권력 엘리트들을 제압해주소서

1.내 안에 있는 그리스도 화염의 권능으로, 나는 대천사 미카엘에게 자기들이 신보다 모든 것이 어떻게 되어야 하는지를 더 낫게 알고 있다고 믿는 권력 엘리트들을 결박해 줄 것을 요청합니다. 권력 엘리트들이 부정할 수 없는 절대 권력을 손에 넣은 이후에 자기들을 지구의 신들로 내세우기 위해 이용한 모든 권력남용과 적그리스도적인 거짓말, 부패를 폭로하고 소멸시켜주소서. 사람들이 이런 권력 엘리트들로부터 벗어나 자유롭게 되게 해주소서. 그리하여 그들이 분리되어 선택된 사람들이 될 수 있습니다. 그들이 권력 엘리트들은 있어서는 안 될 신성한 권위의 장소에 서 있는 폐허의 혐오물임을 알게 도와주소서. 그들이 오직 어떤 지구상의 권위도 초월해 있는 진정한 유일의 하나님만을 숭배하게 도와주십시오.

미카엘 대천사님이시여!
천사들의 군주(君主)이신 미카엘 대천사님이시여!
당신의 현존이 늘 우리와 함께 하고 있습니다.
모든 어둠의 세력들로부터 우리를 보호해주시고

우리 내부의 적들을 결박해 주소서.
우리는 우리의 삶을 지배하고
신의 왕국을 지상에다 이룩합니다.
신앙의 수호자인 신성한 미카엘이시여!
우리는 당신의 푸른-화염검(Blue-Flame Sword)에 호소합니다.
적그리스도의 거짓들로부터 우리를 차단하여 자유롭게 해주소서.
그리하여 우리는 분리의 베일을 간파할 수 있습니다.
우리는 우리와 신과의 합일을 확언하며
지상에서 신의 집단을 형성합니다.

2.대천사 미카엘이시여, 사람들이 신과 하나가 되는 것을 가로막고 있고 두려움을 통해 사람들을 노예화하기 위해 종교를 이용하는 권력 엘리트들을 결박해주소서. 나는 특히 예수님이 자신의 참된 제자들의 가슴을 통해 다시 오시는 것을 방해하려고 하는 자들을 결박해달라고 요청합니다. 세상의 종교들 내의 모든 권력남용과 부패를 폭로하고 소멸시켜주소서. 사람들이 모든 그릇된 종교들로부터 벗어나 자유롭게 되게 해주소서. 그리하여 그들이 분리되어 선택된 사람들이 될 수 있습니다. 그들이 그릇된 종교들에 의해 만들어진 우상들, 새겨진 이미지, 황금 송아지를 초월해 있는 진정한 유일의 하나님만을 숭배하게 도와주소서. 그들이 오직 어떤 지구상의 권위도 초월해 있는 진정한 유일의 하나님만을 숭배하게 도와주십시오.

어서 오소서, 미카엘이시여!

3.대천사 미카엘이시여, 엘리트들에게 특권을 부여하는 부당한 법을 통해 사람들을 노예화하기 위해 정부들을 이용하는 권력 엘리트들을 결박해주소서. 나는 특히 민주정치의 과정을 조작함으로써 민주주의를 파괴하고자 하는 자들을 결박해달라고 요청합니다. 세상의 정부들 내의 모든 권력남용과 부패를 폭로하고 소멸시켜주소서. 사람들이 모든 불법적인 정부들로부터 벗어나 자유롭게 되게 해주소서. 그리하여 그들이 분리되어 선택된 사람들이 될 수 있습니다. 그들이 불공정하고 속임수적인 법률에 용감히 맞서도록 도와주십시오. 그럼으로써 하

나님이 그들을 통해 작용하고 신적인 정부를 지상에 가져올 수 있습니다.

어서 오소서, 미카엘이시여!

4. 대천사 미카엘이시여, 사람들을 노예화하고 모든 부(富)를 소수의 엘리트들의 손아귀에다 집중시키기 위해 금융시스템을 이용하는 권력 엘리트들을 결박해주소서. 나는 특히 자유 시장경제를 파괴하고 정부의 법규들을 통해 독점자본주의를 조장하고자 하는 자들을 결박해달라고 요청합니다. 세상의 경제들 내의 모든 권력남용과 부패를 폭로하고 소멸시켜주소서. 사람들이 모든 불공정한 경제로부터 벗어나 자유롭게 되게 해주소서. 그리하여 그들이 분리되어 선택된 사람들이 될 수 있습니다. 그들이 개인적이고 국가적인 부채의 멍에를 벗어던질 수 있도록 도와주십시오. 그럼으로써 하나님이 그들을 통해 작용하고 풍요로운 삶을 지상에 가져올 수 있습니다.

어서 오소서, 미카엘이시여!

5. 대천사 미카엘이시여, 폭력과 테러, 전쟁으로 귀착되는 해결 불가능한 갈등을 조장함으로써 사람들을 노예화하고자 전쟁기기들을 이용하는 권력 엘리트들을 결박해주소서. 나는 특히 3차 세계대전을 시작함으로써 하나의 〈세계정부〉를 창설하려고 시도하고 있는 자들을 결박해달라고 요청합니다. 군(軍)과 감시기술을 이용하는 가운데 자행되는 모든 권력남용과 부패를 폭로하고 소멸시켜주소서. 사람들이 모든 전쟁기기로부터 벗어나 자유롭게 되게 해주소서. 그리하여 그들이 분리되어 선택된 사람들이 될 수 있습니다. 그들이 전쟁도발자들에게 용감히 맞서도록 도와주십시오. 그럼으로써 하나님이 그들을 통해 작용하고 진정한 평화를 지상에 가져올 수 있습니다.

미카엘 대천사님이시여!
천사들의 군주(君主)이신 미카엘 대천사님이시여!
당신의 현존이 늘 우리와 함께 하고 있습니다.

모든 어둠의 세력들로부터 우리를 보호해주시고
우리 내부의 적들을 결박해 주소서.
우리는 우리의 삶을 지배하고
신의 왕국을 지상에다 이룩합니다.

신앙의 수호자인 신성한 미카엘이시여!
우리는 당신의 푸른-화염검(Blue-Flame Sword)에 호소합니다.
적그리스도의 거짓들로부터 우리를 차단하여 자유롭게 해주소서.
그리하여 우리는 분리의 베일을 간파할 수 있습니다.
우리는 우리와 신과의 합일을 확언하며
지상에서 신의 집단을 형성합니다.

6.대천사 미카엘이시여, 역사의 잘못으로부터 진실과 교훈을 배우는
것을 방해함으로써 사람들을 노예화하기 위해 대중매체와 교육제도를
이용하는 권력 엘리트들을 결박해주소서. 나는 특히 인간을 천년 동
안 노예화했던 권력 엘리트들에 관해 사람들이 아는 것을 막으려고
하는 자들을 결박해달라고 요청합니다. 세상의 대중매체와 교육제도
내의 모든 권력남용과 부패를 폭로하고 소멸시켜주소서. 사람들이
정보기술의 모든 속임수적인 이용에서 벗어나 자유롭게 되게 해주소
서. 그리하여 그들이 분리되어 선택된 사람들이 될 수 있습니다. 그
들이 모든 거짓들에 용감히 맞서도록 도와주십시오. 그럼으로써 하나
님이 그들을 통해 작용하고 권력 엘리트들을 뒤엎을 수가 있습니다.

어서 오소서, 미카엘이시여!

7.대천사 미카엘이시여, 높은 신분, 돈과 권력에 대한 끝없는 추구,
또는 물질주의, 마약, 술, 섹스, 음란물, 기타 온갖 형태의 중독들을
통해 사람들의 영적성장을 좌절시키기 위해 자기들의 힘 있는 지위를
이용하는 권력 엘리트들을 결박해주소서. 나는 특히 "그것이 좋게 느
껴지면 해라!"는 식의 향락문화를 조장함으로써 사람들의 몸과 마음
을 노예화하고자 하는 자들을 결박해달라고 요청합니다. 문화를 형성
하는 제도들 내의 모든 권력남용과 부패를 폭로하고 소멸시켜주소서.

사람들이 방종한 문화에서 벗어나 자유롭게 되게 해주소서. 그리하여 그들이 분리되어 선택된 사람들이 될 수 있습니다. 그들이 물질주의에 용감히 맞서도록 도와주십시오. 그럼으로써 하나님이 그들을 통해 작용하고 지구를 영혼들의 상승을 위한 더 나은 무대로 바꿀 수가 있습니다.

어서 오소서, 미카엘이시여!

8.대천사 미카엘이시여, 개인의 자유와 인간의 권리에 대한 완전한 경멸을 통해 사람들의 영적임무를 달성하지 못하게 하기 위해 자기들의 지위를 이용하는 권력 엘리트들을 결박해주소서. 나는 특히 부당한 감금, 부채, 노예노동, 매춘, 사회공학, 또는 정치적 종교적 문화적 세뇌를 통해 사람들을 노예화하고자 하는 자들을 결박해달라고 요청합니다. 인간권리 옹호를 책임지고 있는 기구들 내의 모든 권력남용과 부패를 폭로하고 소멸시켜주소서. 인간의 천부적 권리를 빼앗기 위한 모든 시도들로부터 사람들이 벗어나 자유롭게 되게 해주소서. 그리하여 그들이 분리되어 선택된 사람들이 될 수 있습니다. 그들이 자유를 파괴하려는 모든 시도들에 용감히 맞서도록 도와주십시오. 그럼으로써 하나님이 그들을 통해 작용하고 모든 이들에게 동등한 기회가 있는 자유롭고 공정한 사회가 보장될 수 있습니다.

어서 오소서, 미카엘이시여!

9.대천사 미카엘이시여, 인간생명의 존엄을 완전히 묵살함으로써 사람들을 노예화하기 위해 자기들의 지위를 이용하는 권력 엘리트들을 결박해주소서. 나는 특히 인구억제, 낙태, 비참한 가난, 불공정한 법률, 질병의 계획적인 이용, 굶주림 등을 통해 영혼들이 태어나는 것을 방해하고자 하는 자들을 결박해달라고 요청합니다. 인간생명의 옹호를 책임지고 있는 제도들 내의 모든 권력남용과 부패를 폭로하고 소멸시켜주소서. 인구억제에 대한 모든 시도들로부터 사람들이 벗어나 자유롭게 되게 해주소서. 그리하여 그들이 분리되어 선택된 사람들이 될 수 있습니다. 그들이 생명을 파괴하려는 모든 시도들에 용감

히 맞서도록 도와주십시오. 그럼으로써 하나님이 그들을 통해 작용하고 많은 영혼들이 육화할 권리가 보장될 수 있습니다.

미카엘 대천사님이시여!
천사들의 군주(君主)이신 미카엘 대천사님이시여!
당신의 현존이 늘 우리와 함께 하고 있습니다.
모든 어둠의 세력들로부터 우리를 보호해주시고
우리 내부의 적들을 결박해 주소서.
우리는 우리의 삶을 지배하고
신의 왕국을 지상에다 이룩합니다.

신앙의 수호자인 신성한 미카엘이시여!
우리는 당신의 푸른-화염검(Blue-Flame Sword)에 호소합니다.
적그리스도의 거짓들로부터 우리를 차단하여 자유롭게 해주소서.
그리하여 우리는 분리의 베일을 간파할 수 있습니다.
우리는 우리와 신과의 합일을 확언하며
지상에서 신의 집단을 형성합니다.

5부

나는 대천사 미카엘과 그의 수십억의 푸른 화염의 천사들이 모든 사람들을 어둠의 영혼들과 어둠의 에너지들로부터 차단하여 자유롭게 하고 있음을 확언합니다.

나는 대천사 미카엘과 그의 수십억의 푸른 화염의 천사들이 모든 사람들을 적그리스도의 거짓들로부터 차단하여 자유롭게 하고 있음을 확언합니다.

나는 대천사 미카엘과 그의 수십억의 푸른 화염의 천사들이 모든 사람들을 적그리스도 세력 하의 영적인 노예상태로부터 차단하여 자유롭게 하고 있음을 확언합니다.

나는 대천사 미카엘과 그의 수십억의 푸른 화염의 천사들이 모든 사람들을 권력 엘리트 하의 물질적인 노예상태로부터 차단하여 자유롭게 하고 있음을 확언합니다.

나는 나의 신과 하나가 되기로 선택합니다. 그렇기에 나는 행성 지구상의 권력 엘리트를 결박하는 대천사 미카엘의 현존입니다.

어서 오소서, 마리아님이시여,
오, 성모 마리아님이시여, 우리는 평화가 아닌
모든 생각과 감정들을 방출하며,
이제는 낡은 모든 양식(樣式)을 포기합니다.
우리는 유한한 인간적 속성을 버립니다.
생명의 강, 영원한 흐름인
우리는 살 것이고, 우리는 성장할 것입니다.
우리는 스스로를 초월하여 더 나은 존재가 될 것이고,
그것이 우리가 열망하는 생명의 기쁨입니다.(9회)

※안내: 위의 성모 마리아 로사리오는 지금의 보병궁시대 의식에 가장 적합한 것이다. 아래의 것은 원래 쌍어궁시대와 보병궁시대 의식 간의 전환 용도로 주어진 것이다. 자신에게 잘 공명된다고 느껴지는 어느 것이든 하나를 택하여 이용할 수 있다.

어서 오소서, 마리아님이시여,
은총과 하나이신 마리아님이시여,
주님은 당신을 통해 우리와 함께 하십니다.
당신의 기적의 은총에 의해, 그리고 당신의 아들, 예수님의
기적적인 사랑에 의해 축복을 받은 것은 우리입니다.
성스러운 마리아, 기적의 어머니시여,
우리는 우리의 두려움을 지금 그리고 영원히 버립니다.
우리는 신의 조건 없는 사랑을 받아들이며,

기적의 왕국이 지구상에 실현됨을 봅니다.(9회)

나는 성모 마리아께서 나를 신성한 어머니의 무한하고 조건 없는 사랑으로 감싸는 것을 받아들입니다. 나는 내가 그 사랑을 받을 가치가 있음을 받아들이고, 그것을 나의 존재 속으로 흡수합니다. 나는 이 완전한 사랑이 나의 두려움과 다른 불완전한 감정들을 모두 몰아내도록 허용하는 바입니다. 나는 나의 영혼이 마침내 자유로이 모든 상황들에 대해 사랑으로 반응하는 것을 받아들입니다. 나는 내가 만나는 모든 이들에게 신성한 사랑을 방사하는 태양이라는 것을 받아들입니다. 나는 신의 사랑이 나를 통해 흐른다는 것을 받아들이며, 그 사랑이 그 자체와 다른 모든 것을 소멸시키고 이 지구상의 모든 반(反)-사랑의 세력들을 일소해 버립니다.

지구는 주님의 것이고, 그렇기에 지구에 충만해 계십니다.(3회) **아멘. 성부와 성자, 성령, 그리고 기적의 어머니의 조건 없는 사랑의 이름으로, 아멘.**

봉인하기

나는 대천사 미카엘과 그의 푸른 화염의 천사들이 내 자신과 나의 가족, 그리고 모든 사람들을 침투할 수 없는 푸른 화염의 에너지 보호막으로 에워싸는 것을 확언합니다. 나는 우리가 이 세상의 세력들에 의해서 우리에게 보내진 모든 독성 에너지들로부터 봉인되었음을 확언합니다. 나는 우리가 적그리스도 세력들의 모든 증오, 반발, 복수로부터 봉인되었음을 확언하며, 그들은 우리가 이런 로사리오(묵주기도)를 행할 때 분노합니다. 나는 대천사 미카엘이 내 안에 있는 적(敵)인 나의 인간적 에고를 결박하는 것을 받아들입니다. 그럼으로써 이 세상의 지배자가 왔을 때, 그는 내게서 얻을 것이 없습니다. 나는 나의 반(反)-자아를 포기하고 그것이 보랏빛 화염과 성모 마리아의 조건 없는 사랑에 의해 소멸되었음을 받아들입니다. 나는 나의 반-자아가 그리스도 자아에 의해 지금 그리고 영원히 대체되었음을 받아들입니다.

내 안에 있는 그리스도 화염의 힘에 의해, 나는 신의 왕국이 지상에 나타난다는 것을 확언합니다. 그것은 나의 신아와 자재신의 현존, 미카엘 대천사를 통해 작용하고 있는 절대자의 무한한 힘에 의해서 실현됩니다. 아멘

◇역자 약력

*우은수: 대학에서 경영학을 전공했다. 10대 시절부터 인간의 영성과 자연생태계, 종교,
영적 문제에 관심을 가지고 탐구해 왔다. 현재 생업에 충실히 종사하며 틈나는 대로 번
역을 하고 있다. 역서로는 〈관세음보살, 모든 질문에 답하다〉가 있다.

여러분 자신을 구원하라

초판 1쇄 발행 / 2015년 5월 29일
저자 / 킴 마이클즈
옮긴이 / 우은수, 광솔
발행인 / 朴燦鎬
발행처 / 도서출판 은하문명
등록 / 2002년 7월 30일 (제22-723호)
주소 / 서울특별시 종로구 수송동 58번지, 332호
전화 / (02)737-8436
팩스 / (02)737-8486
인터넷 홈페이지(www.ufogalaxy.co.kr)

파본은 서점에서 교환해 드립니다.
가격 21,000원

ISBN: 978-89-94287-12-6 (03230)